KB042389

통상정책론

무역정책의 이론 · 역사 · 국제관계

· 노택환 저 ·

박영사

더 넓은 범위의 무역자유화·더 공정하고 엄격한 무역자유화를 지향하는 새로운 레짐으로서 WTO체제가 출범한지 20여 년이 되었다. 이와 같은 다자주의(multilateralism)를 통한 무역자유화와 더불어 지역주의(regionalism)를 바탕으로 하는 무역자유화 움직임이 역시 WTO출범 이후 더욱 활발히 전개되는 동시에 최근에는 보다 광역화하려는 경쟁적인 시도를 보여주고 있다.

그럼에도 불구하고 세계경제는 2008년 글로벌 금융위기 이후 맞이한 경기침체와 저성장의 그림자를 지워내지 못한 채 새로운 보호무역주의 출현에 대한 우려의 목소리가 높다. WTO출범 직후 많은 장애와 애로를 극복하고 겨우 출범한 DDA협상은 당초 목표한 기한을 훨씬 넘긴 채 표류하고 있고 주요국의 주요 정치인들은 틈만 나면 보호주의를 통하여 자국의 이익을 지켜내겠다는 선동적인 구호를 공공연히 토해내고 있다.

이에 주요국들은 보호주의 강화에 따른 국제무역의 위축가능성에 대한 우려를 표시하고 있고 G20·APEC 등 국제회의가 열릴 때마다 무역과 투자에 대한 장벽을 높이지 않아야 하며 다자주의를 통한 무역자유화의 강화를 결의하고 있다. 이러한 여러 가지 변화들을 바라보면서 통상정책과 관련되는 개념·이론·역사·국제통상환경에 대한 기초적 소양과 전문적 지식을 한 학기 동안 강의할 수 있도록 집필한 것이 본서의 목표이다.

본 서는 필자가 2008년에 출판한 「국제통상정책론」의 후속편이자 개정판이다. 집필의 목표나 집필의 기획에 있어 근본적으로 달라진 점은 없지만 다음과 같은 점에서 변화를 시도하였다.

(1) 제 5 편 제 9 장으로 구성된 종전의 내용 중 제 9 장(대외무역과 경제발전)을 생략하고 제 8 장(국제지역경제통합)의 내용 중 기본적인 내용만을 다루어 제 4 편 제 8 장으로 축소하였다. 지난 출판도서가 너무 분량이 많아 한 학기 동안 강의하기에 벅찬 점이 없지 않았고 경제통합과 관련하여서는 관련 강좌들이 새로이 개설되어 운영되고 있는 점을 고려하였다.

(2) 이렇게 전체 포맷면에서 크게 달라진 점이 없는 대신 그동안에 이루어진 여러 가지 국제통상의 변화들을 수용하는 동시에 이 책으로 학습하는 학생들이 보다 쉽고 체계적으로 이해할 수 있도록 집필체계를 바꾸고 거의 모든 내용을 수정·보완하는 작업을 행하였다.

아 무쪼록 본서가, 여러 가지 부족함에도 불구하고, 국제통상을 연구하고 학습하는 동학들에게 통상정책과 관련되는 지식의 습득과 이해에 좋은 보탬이 되기를 기대한다. 아울러 본서의 출판을 위하여 애써준 박세기 차장과 장규식, 그리고 김효선 편집자의 노고에 감사드린다.

2016년 12월 31일

저 자 謹識

머리말

(구 국제통상정책론, 2008)

지난 20여 년간 국제통상을 둘러싼 정치경제적 환경이 급속히 변화되었다. 2차 대전 이후 세계무역의 자유화를 고양하고 관리해오던 GATT체제가 막을 내리고 더 넓은 범위의 무역자유화·더 공정하고 엄격한 무역자유화를 지향하는 국제레짐으로서 WTO체제가 출범하였다. 세계화(globalization)라는 도도한 물결 속에서 일국의 주권(主權)을 바탕으로 하는 통상정책의 성격이나 기능이 변질되었으며 이와 관련된 국제경제관계의 기본적 틀이 변화되고 있다. 또한 다자주의(multilateralism)라는 기본적 흐름과 병행하여 지역주의(regionalism)나 쌍무주의(bilateralism)라는 흐름 역시 동시에 진행되는 모순된 모습을 보여 주고 있다.

이러한 여러 가지 변화들을 포괄하면서 국제통상정책과 관련되는 개념·이론·역사·국제경제관계에 대한 기초적 소양과 전문적 지식을 한 학기 동안 강의할 수 있도록 집필한 것이 본서의 목표이다. 국제통상정책과 관련된 훌륭한 서적들이 이미 다수 존재하고 있음에도 불구하고 이제 또다시 한 권의 책을 출판하면서 오랫동안 기획하고 집필한 결실이 이루어졌다는 기쁨 못지않게 우려되는 점 역시 작지 않다.

새로운 책을 집필할 때마다 '나는 왜 이 책을 집필해야 하는가?'를 수없이 반문해본다. 그것이 도달되기 어려운 줄 알면서도 나는 이런 책을 집필하고자 하였다. 전체적인 개념(숲)과 전문적인 지식(나무)까지를 한 권의 책으로 볼 수 있어 특별히 다른 책을 병행하여 보지 않아도 괜찮은 책, 저자의 관심사나 가치평가에 따라 전체의 구성과 내용이 치우치지 않고 균형을 이루고 있어 누구라도 가르치고 익히는데 어느 정도 표준적인 책, 깊은 사유(思惟)에 익숙하지 않아 현학적이지 않은 내용과 간결한 포맷을 요구하는 요즘 학생들의 수요에 어느 정도 부응하는 책이다. 본서가 이러한 나의 목표에 도달되기에는 턱없이 부족한 것이 사실이지만 나름대로 이러한 목표들에 충실하기 위하여 다음과 같은 점들에 유의하였다.

첫째로, 본서는 국제통상정책의 범위를 좁은 의미의 통상정책, 즉 '무역정책'으로 국한하였다. '국제통상'을 광의로 정의하는 경우 국제무역 이외에 국제투자와 국제금융까지를 포괄할 수 있지만 본서는 국제무역과 관련되는 무역정책만을 다루었다. 이렇게 그 범위를 축소한 것은 한 학기강의로써 이 모두를 포괄하기도 힘들지만 국제투자나 국제금융의 경우 이와 관련된 과목들이 따로 개설되어 있기 때문이다.

둘째로, 본서는 국제무역정책과 관련된 개념·이론·역사·국제관계를 포괄하고 있다. 이를 위하여 총설, 자유무역과 보호무역, 무역정책수단과 경제적 효과, 국제통상기구와 국제통상규범, 국제통상관계(국제지역경제통합, 대외무역과 경제발전) 등 5편 9장으로 구성하였다. 한 학기 강의분량으로서는 좀 벅찬 점이 없지 않지만 강의교수의 학문적 접근방식에 따라 적절히 운용할 수 있도록 하고자 하였기 때문이다.

셋째로, 본서는 기초적인 개념(숲)을 이해하면서 전문적인 지식(나무)을 함께 볼 수 있도록 하기 위한 포맷을 나름대로 시도하였다. 좀 더 깊이 이해하여야 하거나 병행하여 이해하여야 할 내용들을 [보충학습]으로 처리하여 각자의 목표에 따라 활용할 수 있도록 하였고, 또한 본문의 내용을 가능한 〈표〉로써 요약·정리하고 작은 소제목(小題目)들을 가능한 많이 설정하여 학생들이 학습하는 데 도움이 되도록 하였다.

그러나 이제 본서의 출판을 앞두고 최종교정을 끝내면서 아쉬운 점이 하나둘이 아니다. 경제학적 관점을 훼손하지 않으면서 국제통상과 관련되는 정치경제적 관점을 포함시키려고 노력하였는데 어떤 부분은 지나치고 또 어떤 부분은 미흡하지 않았나 하는 생각이 든다. 또한 제4편의 내용이 지나치게 길어지는 등, 숲과 나무를 동시에 볼 수 있도록 하려는 당초의 의도가 제대로 이루어지지 못한 점 역시 없지 않다. 여전히 미흡하고 부족하여 스스로 '이만하면 되었다'라는 최소한 만족도 못한 채 출판하게 되어 송구스럽다. 이러한 아쉬움이 집필자의 한계인 동시에 앞으로 보완해야 할 과제라고 생각한다. 동학 제현들의 아낌없는 충고와 질타를 겸허히 앙망해본다.

끝으로 본서가, 여러 가지 부족함에도 불구하고, 국제통상을 연구하고 학습하는 동학들에게 조금이나마 보탬이 되는 영광이 있다면 내게 학문의 길을 열어주신 스승님과 선비가 되기를 원하셨던 아버님의 영전에 바치고 싶다. 또한 본서의 출판을 위하여 애써주신 박영사 李龜萬 부장과 이경희 편집위원의 노고에 감사드리며, 교정에 도움을 준 영남대학교 국제통상학부 박사과정 김귀옥·이희용·강현재 강사에게도 감사한다.

2008년 2월 설날(舊正) 해거름에 멀리서 다가오는 봄의 소리를 들으며

저 자 謹識

차 례

❚ 제 1 편 ❚ 총 설

제 1 장 통상정책의 의의와 목표

▌제 2 편 ▌ 자유무역과 보호무역

제 2 장 ┃ 자유무역정책론과 보후무역정책론

❚ 제 3 편 ❚ 무역정책수단

제 4 장 관세정책

▌ 제 4 편 ▌   국제통상환경

제 6 장   GATT와 WTO체제

제 7 장 **WTO의 국제통상협정**

제 8 장 국제지역경제통합

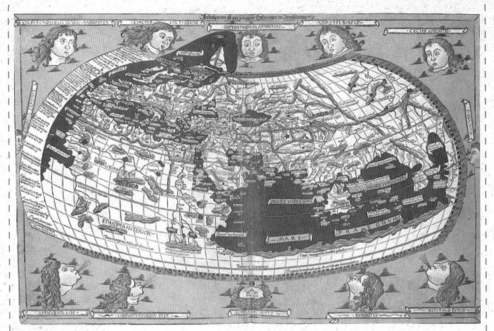

콜럼버스가 이용, 세계 역사를 바꾼 15세기 세계지도

제 1 편

총   설

제1장 통상정책의 의의와 목표

국제경제이론에서는 국제무역이나 국제투자에 대한 아무런 장애가 존재하지 않는 자유로운 상태를 가정한다. 그러나 현실의 국제무역이나 국제투자는 일국 내에서 이루어지는 경제행위가 아니라 국가와 국가 간에 이루어지는 경제행위라는 점 때문에 많은 제약요인들이 작용하고 있다.

따라서 많은 국가들이 자국의 국익극대화를 위하여 대외무역과 투자를 제한하거나 촉진하기도 하고 여러 가지 국가목표를 달성하기 위하여 민간의 거래를 조정하거나 관리하기도 한다. 대외무역이나 대외투자에 대하여 제한·촉진·조정·관리하는 이러한 일련의 경제적 조치들이 통상정책이고 이를 다루는 학문분야가 통상정책론이다.

따라서 본편에서는 이러한 통상정책과 통상정책론에 대한 다음과 같은 3가지의 총론적 고찰을 통하여 이후 학습하게 될 내용들에 대한 기초적 개념과 식견을 제공한다.

첫째, 국제통상정책의 개념적 정의는 무엇이고 이러한 통상정책은 여타의 경제정책과 비교할 때 어떠한 특성과 차이점을 가지는가? (제1절 통상정책의 개념과 특성)

둘째, 국가가 통상정책을 수행하는 목표는 무엇이고 이러한 목표를 추구하기 위한 정책수단에는 어떠한 것들이 있는가? (제2절 통상정책의 목표와 수단)

셋째, 본서의 목표와 범위는 무엇이고 이를 위하여 본서는 어떻게 구성되어 있는가? (제3절 본서의 목표와 구성)

제1장 통상정책의 의의와 목표

1절 | 통상정책의 개념과 특성

1 무역정책과 통상정책의 개념

1.1 무역정책의 개념과 의의

① 일반적으로 「경제정책」(economic policy)이란, 경제 현실(現實)과 이상(理想) 사이에 존재하는 괴리와 모순을 극복하기 위하여 어떤 목표를 세우고 그 목표를 달성하기 위하여 인위적인 정책수단을 활용하여 이상적인 상태를 이룩하려는 행위나 조치를 말한다. 따라서 「무역정책」(trade policy)이란, 대외무역에서 발생되는 여러 가지 모순을 극복하고 지양하기 위하여 국가가 어떤 정책목표를 세우고 그러한 목표를 달성하기 위하여 인위적으로 개입하는 경제행위나 조치를 말한다. 이러한 정책의 수행과정에서 국가는 인위적으로 개입하여 개별 경제주체들의 행위를 직접 또는 간접으로 규제 (regulate)하고 조정(adjust)하며 촉진(promote)시킨다.

② 그렇다면 이러한 무역정책이 왜 필요한가? 그 대답은 '국가와 국가 간에 행해지는 국제무역에 있어 가장 이상적인 자유무역이 왜 실현되지 않는가' 또는 '무역정책이 존재하지 않는다면 현실적으로 어떠한 결과를 초래할 것인가' 라는 문제로 치환하

여 생각해 보면 이해할 수 있다. 이러한 관점에서 「무역정책의 필요성」을 열거해보면 다음과 같다.

　　비교우위원리의 실현　　국내경제거래를 지배하는 경제메커니즘은 절대적 경쟁원리(절대우위원리)이지만 국제경제거래는 상대적 경쟁원리(비교우위원리)에 의해 이루어진다. 따라서 국제거래를 국내거래에서와 같은 절대적 경쟁원리가 지배하도록 방치해두면 개별 국민경제에 여러 가지 불리한 결과가 초래될 수 있다.

　　예컨대 상품수지가 입초상태에 있는 나라가 절대적 경쟁원리에 따라 수입가격이 국내가격보다 낮다고 하여 수입을 계속하거나 출초상태에 있는 나라가 절대적 경쟁원리에 따라 수출이 유리하다고 하여 수출을 계속하는 경우 무역불균형이 심화되고 국내생산구조가 편향되며 이에 따라 국민경제가 파괴되는 부작용 등이 유발될 수 있다.

　　국제거래의 차별적 성격 극복　　일국 내에서 이루어지는 국내거래와 국가와 국가 간에 이루어지는 국제거래는 서로 다른 원리와 목표가 존재하기 때문에 이렇게 서로 상충되는 원리와 목표를 조화시키기 위해서는 일정한 규제·조정·촉진이 필요하다.

　　국내경제거래는 동일한 경제제도·화폐·법체계 하에서 서로 같은 국민들 사이에 이루어지므로 거래주체들 간에 어떤 차별적 성격이 존재하지 않지만 국제경제거래는 서로 다른 경제제도·화폐·법체계 하에서 서로 다른 국민들 간에 이루어지므로 차별적 성격이 나타난다. 따라서 이러한 국제거래를 국내거래와 같이 시장에만 맡겨둘 경우 국가 간에 존재하는 여러 가지 차별성으로 인한 경제적 불이익이 발생하게 된다. 예컨대 아직 경제발전수준이 유치하여 선진국과의 자유경쟁이 불가능한 후진국이 시장메커니즘에 따른 자유무역만을 한다면 이 나라는 영원히 자신의 국내산업을 육성하고 국제경쟁력을 갖출 기회를 잃게 될 것이다.

　　이론적 당위성과 현실의 괴리 극복　　자유무역이 무역에 참여하는 무역당사국의 후생을 극대화한다는 이론적 당위성은 그러한 이론이 전제하고 있는 가정들이 제대로 충족될 때에만 타당할 수 있다. 뒤에서 논의하는 바와 같이 자유무역정책론이 주장하는 이상적인 경제적 효과가 나타나기 위해서는 이러한 정책론이 기초하고 있는 가정과 전제가 충족되어야 하는데 현실적으로 이러한 가정과 전제들이 충족되지 않는다.

　　예컨대 완전경쟁·완전고용의 전제가 충족되지 않거나 생산물시장·요소시장에 왜곡이 있는 경우, 특히 생산요소의 이동이 자유롭지 못하여 산업 간 임금 및 생산성 격차가 존재하는 개도국의 경우 자유무역에 따른 생산 및 소비의 최적배분이 실현되지 못하여 자유무역론자들이 주장하는 바와 같은 무역이익이 실현되지 못한다. 이러한 경우 자유무역보다 오히려 보호무역을 통하여 이에 대한 시정이 필요할 수도 있다.

　　미시적·거시적 이익의 조화　　국제경제거래를 실제로 행하는 주체는 개인이나 기업이지만 국제경제거래의 원인과 영향을 논의함에 있어서 기본이 되는 단위는 국민경제이다. 따라서 국제무역의 행위주체는 개인이나 기업이지만 국제무역의 기본주체는 국민경제라고 할 수 있다. 이 때문에 무역을 행하는 개인이나 개별기업의 목표와 행위는 그 개인이나 기업이 속하는 국민경제의 이익이라는 국익의 테두리 내에서 제약을 받지 않을 수 없다.

　　말하자면 국가는 개인이나 기업이 행하는 무역거래에 대하여 국제수지 균형·자원의 효율적 배분·고용증대·물가안정·경제성장 등과 같은 국가목표를 달성하기 위하여 일정한 관리를 행할 필요가 있고 또한 국가 전체이익을 극대화시키기 위하여 때로는 개인이나 개별기업의 통상을 규제하거나 진흥시키는 정책을 펼칠 필요도 있다.

　　이와 같이 절대적 경쟁원리가 아닌 상대적 경쟁원리에 의해 국제경제거래가 이루어지도록 하기 위하여, 국제거래의 차별적 성격 때문에 발생되는 부작용이나 문제점들을 최소화하기 위하여, 또한 개인 또는 개별기업의 미시적 이익과 국가전체의 거시적 이익을 조화시키기 위하여 일정한 정책적 개입과 조정이 필요해지게 되는데, 이것이 무역정책이 필요한 근본적인 이유이다.

1.2 무역정책과 통상정책의 범위

　　① 최근에 들어와 국제무역과 국제통상이라는 용어가 혼용되어 사용되면서 무역정책(trade policy)과 통상정책(commercial policy)은 어떻게 다른가 하는 문제가 제기된다. 이것은 국제무역과 국제통상을 어떻게 개념화 하는가에 따라 그 결론이 달라지는데 두 개의 용어가 널리 혼용되고 있으면서도 여전히 그 개념정의가 통일적으로 확립되어 있지는 못하여 다음과 같이 다양한 개념적 차별화가 주장되고 있다.

　　(1) 통상정책은 무역정책보다 그 대상과 범위가 넓고 다면적이다. 무역정책은 상품무역(협의의 국제통상)과 관련되는 수입제한 또는 수출촉진 정책 등을 의미하지만 통상정책은 상품무역 뿐만 아니라 서비스·지적재산권·기술 등의 무형무역이나 국제자본이동·국제투자·국제금융과 관련되는 대외투자정책·국제수지정책 등과 같은 대외경제정책들을 포함하기 때문이다. 따라서 국제경제거래가 상품의 수출입 위주로 이루어지던 시대에는 무역정책이었지만 오늘날 같이 국제경제거래의 범위가 광범위해진 상황

을 반영하는 것은 통상정책이다.

　(2) 국제무역과 국제통상은 거래대상의 차이라기보다 운영주체의 차이를 반영한다. 국제무역과 국제통상 모두 국제경제 교류활동과 관계되지만 무역의 행위주체는 개인이나 기업 등 개별주체인데 반하여 국제통상의 행위주체는 국가나 국제기구 등으로 파악된다. 따라서 국제통상은 공공적·국가적 측면의 경제활동과 관련되어지는데 이러한 사실은 국가와 국가 간에 이루어지는 국제적 협상/협정을 무역협상/협정보다는 통상협상/협정이라는 용어를 주로 사용한다는 사실에서 확인된다.

　(3) '통상'이란 상(商)을 통(通)하게 한다는 의미에서 국가와 국가 간의 경제교류에서 개재되는 제약요인을 제거하고 국가 간의 상거래를 통하게 만드는 활동이라는 적극적인 이미지를 내포하고 있다. 따라서 국제통상정책은 국제경제거래를 통하여 국가이익을 극대화시키기 위하여 국제거래행위를 진흥하고 촉진시키며 조정하는 보다 적극적인 정책행위를 내포하고 있다.

　(4) 국제무역은 전통적이고 일상적인 용어로서 무역정책이 주로 '자국 본위의 정책수행'에 중점을 두었음에 비하여, 국제통상은 법적·제도적 측면과 국제관계적 측면까지를 포괄하는 보다 전문적이고 현대적인 용어다. 따라서 통상정책이란 자국 본위로 수행하는 정책 뿐만 아니라 쌍무적·다자적·지역적 협상을 통한 국제적 협조·조정 등과 관련되는 '국제관계적 정책행위'까지를 중시하는 개념으로 확장된다고 할 수 있다.[1]

　이상과 같이 국제통상의 개념은 다양하게 정의될 수 있으므로 현실적으로 사용되는 국제통상이라는 용어가 어떤 의미로 사용되는가를 보다 구체적으로 파악할 필요가 있다. 그런데 위에서 보여준 다양한 차별화개념들이 나름의 의의를 지니고 있지만 국제무역과 국제통상 또는 무역정책과 통상정책의 차이는 그 대상과 범위의 차이라고 보는 것이 타당할 것이다. 통상정책 대신에 무역정책이라고 하여 그것이 사적인 측면만을 지칭한다고 보기 어렵고 무역정책이라고 하여 그 개념 속에 국가의 적극적인 정책행위가 배제되거나 자국 본위의 정책만을 지칭하고 국제관계적 정책행위가 배제될 수 없기 때문이다.

---

1 이것은 오늘날 국제경제활동의 형태가 더욱 다양해지고 복잡해짐에 따라 국제통상의 개념이 보다 확장되었음은 물론 그 내용과 성격 역시 변화되었기 때문이다. 예컨대 과거 대외무역(통상)정책의 이상이 무역장벽의 완화 내지 철폐를 통한 자유무역(free trade)의 실현이었다면 최근에는 이와 관련되는 국내정책의 변화까지를 요구하는 공정무역(fair trade)의 실현이 되고 있어 국가 간 협의와 협조대상이 무역관련 노동기준·환경기준 등으로까지 확장됨에 따라 국제통상활동에 있어서의 협상이나 협력과 관련되는 전략적 고려가 추가적으로 필요하게 되었다.

② 이처럼 국제통상과 국제무역의 차이를 대상과 범위의 차이로 파악한다고 하였을 때 「국제통상의 범위」와 관련하여서는 다음과 같은 3종류의 개념으로 정의된다.

협의의 국제통상　국제통상을 가장 '좁은 의미'로 해석하는 경우로서, 국가와 국가 간에 일어나는 상품(재화)의 거래, 즉 국제무역(International trade)과 같은 의미로 정의된다. 그런데 국제무역은, 우리의 육안으로 볼 수 있는 상품거래인 유형무역(visible trade)과 우리의 육안으로 보이지 않는 통신·금융·보험·운송·유통·관광·컨설팅 등의 서비스와 지적재산권 등과 같은 무형의 상품거래인 무형무역(invisible trade)으로 나눌 수 있다. 전통적으로 국제무역이라고 하면 유형무역을 지칭하는 것으로 이해하였지만 오늘날과 같이 국제적 상품거래의 범위가 확장된 환경 하에서 국제무역의 개념은 유형무역과 무형무역을 모두 포함한다.

광의의 국제통상　국제통상의 개념을 좀 더 '넓은 의미'로 사용하는 경우로서, 국가 간에 이루어지는 상품이동(국제무역) 뿐만 아니라 국가와 국가 간의 노동·실물자본·기술·경영능력 등과 같은 생산요소 이동, 즉 국제투자(international investment)까지를 포함하는 개념으로 정의된다. 국제통상 문제를 다루는 많은 사람들이 이러한 개념으로 국제통상을 정의하고 있고 또한 서구의 많은 국제통상 관련 문헌들이 국제무역과 국제투자를 통합적으로 다루고 있다.

최광의의 국제통상　국제통상의 개념을 '가장 넓은 의미'로 정의하는 경우로서, '국가와 국가 간에 일어나는 모든 국제경제거래'(all international economic transactions)를 의미한다. 따라서 이러한 국제통상의 개념에는 국가와 국가 간에 일어나는 무역거래·금융거래·투자거래가 모두 포함된다고 할 수 있다. 전통적인 국제경제거래는 국가 간 상품의 이동인 국제무역이 주종을 이루었으나 최근에는 화폐 및 금융자산의 이동이나 노동·자본·기술·경영능력 등 생산요소의 결합체 이동이 활발히 이루어짐으로써 국제금융이나 국제투자의 중요성이 날로 증대되고 있기 때문이다.

③ 이처럼 국제통상은 그 범위의 광협에 따라 3가지로 구분해 볼 수 있지만 최근에 이르러 국제통상의 개념을 종전보다 확대하여 보다 넓은 개념으로 정의하려는 보편적 경향이 있는 것이 사실이다. 이렇게 보다 넓은 의미로 개념을 정의하는 사람들은, 급속한 경제의 개방화·국제화·세계화의 진전에 따라 국제경제거래가 양적으로 급속히 팽창되었을 뿐만 아니라 거래의 대상과 범위 역시 급속히 확대되고 고도화되고 있기 때문에, 국제무역과 함께 국제투자 또는 국제금융까지를 국제통상의 범주로 포괄하는 것이 오늘날의 국제경제 현실에 더 적합하다고 주장한다.

말하자면 국가 간 경제활동이 단순한 상품거래에 머물렀던 시절과 오늘날처럼 서비스교역의 비중이 증대되고 있고 해외직접투자로 인하여 생산과 판매의 글로벌화가 일반화되고 있는 시점에 있어서의 국제통상의 범위가 동일할 수 없는 만큼 이러한 변화를 국제통상의 개념에 포함시키는 것이 마땅하다는 것이다.[2] (국제통상의 개념을 보다 넓게 확장하여 개념화 하려는 사람들의 주장과 논거에 대해서는 [보충학습 1-1] 참조.)

국제통상의 개념을 국제무역보다는 더 넓은 개념으로 설정하는 것이 바람직하다고 생각된다. 이러한 개념화가 오늘날의 국제경제 현실에 더 적합할 뿐만 아니라, 오늘날 국가 간에 이루어지는 무역·금융·투자의 상호관련성이 더욱 심화되고 있음을 고려할 때 이들에 대한 이론·정책·전략 등을 종합적으로 논의하여야 할 학문적 관점에서도 이들을 하나의 범주로 통합하여 논의하는 것이 바람직하기 때문이다.

국제통상의 개념을 이렇게 넓게 정의한다면 통상정책 역시 상품무역과 관련되는 정책 뿐만 아니라 서비스 및 지적재산권, 노동·자본·기술 등과 같은 생산요소 이동과 국제투자까지를 포괄하는 국제경제거래 전반과 관련되는 정책을 의미하게 된다. 그럼에도 불구하고 국제통상의 개념을 좁게 정의하여 통상정책의 논의범위를 국제무역(상품 및 서비스거래)으로 좁힌다면 그러한 경우 무역정책과 통상정책은 동일한 의미를 가지게 될 것이다.

보충학습 1-1 **국제통상의 개념적 정의에 대한 논의**

1. 국제무역과 국제통상의 어휘적 논의

위에서 설명한 바와 같이 국제통상을 좁은 의미로 정의할 때는 국제무역만을 지칭하나 넓은 의미로 사용할 때는 국제투자까지를 포함하는 것으로 정의된다. 이러한 개념 정의와 관련하여 국제무역과 국제통상의 관계에 대한 논란들이 제기되고 있다. 이 문제에 답하기 위하여 우선 국제무역과 국제통상에 대한 사전(辭典)상의 의미가 어떠한가를 살펴보면 다음과 같다.

(1) 우리말 사전에 무역(貿易)은 교역과 같은 뜻으로 '각지의 물품을 교환함', '국제 간 재물의 교환', '국제 간 상품의 수출입거래', '국제 간 상업거래' 등으로 풀이된다. 또한 통상(通商)은 '다른 나라와 교통하여 서로 상업행위를 행함', '외국과의 거래', '외국과의 무역' 등으로 풀이된다. 따라서 양자는 모두 교환·거래·매매 등을 의미한다는 점에서 근본적인 개념의 차이는 존재하지 않는다고 할 수 있다.

---

2 동지 강인수 외 국제통상론(박영사, 1998) p.3 및 박종수, 국제통상론(박영사, 2000.6) p.4.

(2) 한편 우리말의 무역과 통상의 영문표기 역시 통일적으로 이루어지고 있지 못하지만 보편적인 경향은 '무역'을 'trade'로, '통상'을 'commerce'로 사용하는 것이다. 영어사전의 경우 'trade'와 'commerce'를 정의함에 있어 약간의 차이(규모의 대규모성, 운송의 포함 등)를 두고 있어[3] 'trade'를 '무역'으로, 'commerce'를 '통상'으로 번역하여 사용하는 것이 나름대로의 의미를 지닌다고 할 수 있다. 그러나 실제의 사용에는 이 양자가 혼용되고 있다.[4]

이같이 '무역'과 '통상'이라는 용어는 어휘적인 관점에서 큰 차이를 지니고 있지 않음에도 불구하고 양자의 개념에 대한 논의가 우리나라에서 활발히 이루어진 것은, 우리나라 대학에서 '무역학과'와 '국제통상학과'가 병행하여 존립함으로써 이 양자의 관계를 어떻게 정립하는가 하는 문제와도 관련된다. 그러나 1990년대 중반에 이르러 많은 대학들이 종전의 무역학과를 국제통상학과로 개칭하거나 새로이 국제통상학과를 신설하는 대학들이 늘어났다. 이러한 변화는, 경제의 세계화현상이 심화되고 있고 GATT를 대신하는 WTO체제가 출범함에 따라 이러한 새로운 환경변화에 걸맞는 새로운 전문인력을 양성하려는 의지의 표현이라고도 할 수 있다.

2. 넓은 의미(광의)의 개념화가 필요한 이유

이러한 문제와 관련하여 국제통상의 범위와 대상을 국제무역만으로 정의하는 협의의 개념보다 국제무역·국제투자 및 금융까지를 포함하는 광의의 개념으로 사용하는 것이 바람직하다는 주장들이 많다. 이처럼 국제통상의 개념을 넓은 의미로 설정하는 것이 바람직하다는 주장의 주요한 논거는 다음과 같다.

(1) 국제무역과 국제통상이라는 용어는 사전적인 개념상의 차이는 없다고 하더라도 실제의 언어사용에 있어서는 약간의 어휘적 뉘앙스(semantic nuance) 차이를 지니고 있다. 예컨대 '국제무역분쟁·국제무역협상·국제무역협력' 등과 '국제통상분쟁·국제통상협상·국제통상협력' 등의 경우, 전자가 주로 국가와 국가 간에 이루어지는 재화의 수출입(무역)과 관련되는 문제로 인식되는 반면, 후자는 그러한 무역문제 뿐만 아니라 서비스·지적소유권·기술·외환과 금융·투자·경제정책 등과 관련되는 문제로 인식

---

3 'trade'는 'the business of buying and selling or bartering commodities'로 정의한 반면, 'commerce'는 'the exchange or buying and selling of commodities on a large scale involving transportation from place to place'로 정의하고 있다. (Webster New College Dictionary, 1990)
4 예컨대 우리나라의 외교통상부(Ministry of Foreign Affairs and Trade)의 경우 '통상'이라는 용어를 'trade'로 사용하고 있고 조직 내에 통상교섭본부(Economy and Trade Information)를 둔 반면, 무역정책국(Trade Policy Bureau)을 두고 있는 산업자원부(Ministry of Commerce, Industry and Energy)의 경우 '무역'의 의미로 'commerce'를 사용하고 있다. 또한 무역마찰과 통상마찰(trade friction), 무역사절단과 통상사절단(trade delegation), 무역협정과 통상협정(trade agreement)의 경우 양자를 함께 사용하고 있다.

되고 있기 때문이다. 따라서 이러한 뉘앙스의 차이가 존중되는 것이 바람직하다.

(2) 역사적으로 국제경제거래활동 또는 기업의 국제상거래활동이 재화의 수출입형태의 무역(유형무역)으로부터 점차 서비스무역(무형무역), 더 나아가 해외투자 형태로 확장되었다. 따라서 오늘날 국가 간 경제마찰 역시 종래에는 상품교역에 관한 무역마찰에 머물렀으나 점차 기술마찰·투자마찰·구조마찰의 시대로 확대되고 있다. 이것은 각국 경제의 상호의존성이 높아져 무역의 세계·금융의 세계화·생산의 세계화가 급속히 진전됨에 따라 국제경제거래의 내용과 성격이 변화하고 있기 때문이다. 따라서 이렇게 확대된 국제경제거래 형태 등을 통칭하는 하나의 개념화로서 국제통상이라는 용어가 사용될 수 있다. 또한 구미의 국제무역 관련 교과서들 중에는 'International Trade and Investment'라는 제목들이 많은데 이는 국제무역에 못지않게 국제투자의 비중과 중요성이 커지고 있음을 나타내는 것이며, 또한 양자의 관계가 종전에는 상호대체적인 성격을 띠고 있었지만 점차 상호보완적인 성격으로 변화하고 있기 때문이다.

(3) 미국의 통상법 301조에서 '국제통상'은 '특정물품의 국제무역과 관련된 서비스·보의 이전 및 해외투자로서 재화 및 서비스교역과 관련이 있는 것'으로 정의되어 있으며, 또한 미국의 통합법전(USC: United States Code) 역시 통상(commerce)이란 용어를 이같이 정의하고 있고, 전자상거래에 관한 UNCITRAL모델법의 총칙에서도 '물품과 용역의 무역거래·판매계약·대리점·팩토링·리스·공장건설·컨설팅·엔지니어링·라이선싱 투자 금융·은행업·보험·채광계약·합작투자 또는 이와 유사한 협력형태, 승객 및 물품의 운송을 포함하는 상업적 성격을 가지는 모든 관계에서 발생되는 일들'을 포괄하도록 규정하고 있다.

(4) 이러한 변화를 반영하여 GATT를 대신하는 WTO체제의 규범은 그 범위를 지적재산권, 서비스(금융·보험·건설 등)교역, 무역 관련 투자(TRIMs)까지를 포함하였고 UR협상의 후속협상인 DDA협상의 아젠다로서 서비스무역·환경·투자·경쟁정책 등이 논의되어 왔다. 이러한 국제통상규범의 변화를 수용하는 동시에 이러한 변화를 포괄하는 용어로서 국제통상이라는 용어의 개념화가 바람직하다.

말하자면, 현실적인 언어사용의 뉘앙스를 존중하는 동시에 경제의 개방화·국제화·세계화의 급속한 진전에 따른 국제경제 환경변화를 더 잘 수용하기 위하여, 국제무역과 함께 국제투자, 더 나아가 국제금융까지를 국제통상의 범주로 개념화하는 것이 더욱 바람직하다는 것이다.

2 통상정책의 성격

2.1 국제무역의 이론·정책·현실의 상호관계

(1) 무역정책의 규범적 성격 (무역이론과 무역정책)

국제무역에 대한 연구와 분석 역시 다른 학문연구와 마찬가지로 실증적 측면과 규범적 측면으로 대별할 수 있다. 국제무역의 성립근거와 무역패턴의 결정요인 등을 논의하는 「국제무역이론」(international trade theory)이 국제무역의 실증적 측면이라면, 국제무역에 있어 어떠한 상태가 가장 바람직하고 그러한 상태를 이룩하기 위해서는 어떤 정책수단들이 필요한가 등을 논의하는 「무역정책론」(commercial/trade policy)은 국제무역의 규범적 측면이다.

일반적으로 경제학의 분석은 실증적 분석과 규범적 분석으로 구분된다.

「실증적 분석」(positive analysis)이란, 현실경제에 내재하는 경제법칙을 규명하기 위하여 현실경제 내의 주요한 경제변수들을 발견하고 일정한 행태가설 하에서 그 변수들의 법칙성을 규명하며 그러한 경제법칙의 결과를 예측하는 분석이다. 따라서 이러한 분석은 경제에 내재하고 있는 원리와 법칙을 규명하는 것으로서 분석자의 가치판단이 개재됨이 없이 '사실 그대로'(what actually is)의 경제현상을 객관적으로 분석하는 '존재(sein)의 분석'이다.

「규범적 분석」(normative analysis)이란 경제의 후생분석(welfare analysis)으로서, 현실의 경제현상이나 경제정책이 어떠한 후생적 효과를 가지느냐를 평가하고 이러한 후생의 증진을 위하여 '무엇이 더 바람직한가' 또는 '마땅히 있어야 할 상태(what ought to be)가 무엇인가'를 분석하는 '당위(sollen)의 분석'이다. 따라서 이러한 규범적 분석에 있어서는 무엇이 바람직한가에 대한 분석자의 가치판단이 개재되고 이러한 가치판단의 차이에 따라 그 결론이 달라지기도 한다.

이러한 양자의 관계를 종합적으로 말한다면, 경제학의 일차적 목표는 경제현상의 객관적 인식과 법칙성의 발견이라는 실증적 분석이 되겠으나 경제학의 궁극적 목표는 후생증진의 문제를 다루는 규범적 분석이라고 할 수 있다. 무역이론과 무역정책의 관계 역시 이 같은 경제이론과 경제정책 간의 상호관계와 같다. 무역정책은 무역이론의 이론적 기초 위에서 국제거래에 대한 정부의 정책적 개입이 그 국민경제나 특정경제부문에 어떤 효과를 가져올 것인가, 또는 대외거래를 바람직한 방향으로 유도하기 위하여 어떠한 정책수단을 어느 범위 내에서 어떻게 실시할 것인가 하는 문제들을 포괄하기 때문이다.

따라서 대외무역에 바람직한 상태가 무엇인지에 대한 가치판단이 서로 다르면 객관적인 하나의 답이 존재하지 않기 때문에 이러한 가치판단의 차이에 따라 서로 상반된 주장이 동시에 존재하기도 하고, 따라서 무역정책의 수립과 집행에는 항상 선택이 필요하다. 이것이 무역정책론이 무역이론과 구별되는 특성이고 본질이다.

(2) 무역정책에 대한 이론과 현실 (이론과 현실의 이율배반성)

무역정책과 관련하여 오랜 역사를 통하여 끊임없는 논쟁의 대상이 되어 왔고 또한 오늘날에 있어서도 여전히 계속 논쟁의 중심이 되고 있는 실로 '오래고도 새로운'(old and new) 하나의 갈등이 자유무역과 보호무역의 문제이다. 이론적으로는 자유무역이 옳다고 주장되면서도 실제의 정책은 보호무역을 실시하는 이율배반적인 경향을 띠면서 전개되어 왔고, 전통적으로 자유무역을 주장해온 국가들도 자국의 이익을 추구해야 할 필요성이 있을 때는 보호무역으로 선회하였던 것이 엄연한 역사적 사실이었다.

일국의 무역정책 기조가 자유무역이든 보호무역이든 동서고금을 막론하고 변치 않는 사실은 어느 나라도 자신의 국익을 포기하지 않는다는 것이다. 따라서 무역체제를 논하는 행위의 저변에는 자국의 이익실현이라는 1차적 목표가 있고 경제적 자유증진이나 인류의 복지증진 등과 같은 고상한 표현은 외교적 수식어이거나 부수적인 목표일 경우가 많다.

따라서 자유무역론과 보호무역론 역시 그 자체 나름대로의 논리적 타당성을 지니고 있지만 동시에 자국의 국익극대화를 위한 이데올로기적 도구로서의 성격을 지니고 있다. 또한 자유무역과 보호무역의 역사적 전개라는 관점에서 보더라도, 자유무역과 보호무역에 관한 이론적 논거들이 서로 대립되고 교차되면서 발전되어 왔듯이, 실제의 무역정책 역시 그 정책의 목표나 수단들을 달리하면서 서로 대립되고 교차되는 역사적 과정을 거치며 진행되어 왔다.

따라서 근대 이후 오늘날까지 세계무역의 정책기조는 자유무역과 보호무역이 서로 교차되는 모습을 보였다고 할 수 있지만, 그 내용을 보다 면밀히 관찰하면 세계무역의 보편적 역사는 보호무역의 역사였고 자유무역은 오히려 예외적으로 존재하였다. 따라서 이론적으로는 항상 자유무역이 최선의 정책이라고 주장되지만 자유무역과 보호무역은 그때마다의 세계경제 상황과 각국경제의 현실에 따라 변동되고 변화해가는 「현실적이고 역사적인 성격」을 내포하고 있다. 이 때문에 자유무역과 보호무역에 대한 올바른 이해를 위해서는 이론적이고 논리적인 측면 뿐만 아니라 현실적이고 역사적인 측면에서 이해하고 고찰해야할 필요가 있다.

2.2 통상정책의 종합적 성격

모든 경제정책은 단순히 어떤 해당 부문에 대한 직접적 영향을 주는 데 그치지 않고 국민경제 전반에 영향을 미치므로 정책목표의 수립과 집행을 국민경제 전체적인 입장에서 행하여야 한다. 국제통상정책 역시 경제정책의 일부이며 또한 정책의 궁극적인 목표 역시 국민경제의 성장과 발전·균형과 안정에 있는 만큼 여타의 경제정책(산업정책·금융정책·재정정책)과 밀접한 관계를 지닌다. 그러나 무역정책이나 통상정책의 경우 그 정책의 효과가 전체적인 국민경제에 미치는 효과에 있어 다른 어떤 경제정책보다 더욱 크고 직접적이어서 어떠한 경제정책보다 더 「종합적인 정책」으로서의 특성을 지닌다.

통상정책은 국제통상이라는 대외문제를 대상으로 하지만 그 정책효과는 국민경제 전체의 안정과 발전에 직접적으로 관련되기 때문이다. 예컨대 대외통상에 의해 국내 산업구조가 변화되고 대외통상의 상황에 따라 국내경기(안정과 성장)가 좌우되며 대외통상의 발전 여하에 따라 국민경제의 성장과 발전이 결정된다. 또한 수출장려책이 해당 산업의 수출증가를 가져오는 것은 물론 그러한 수출증대는 해당 산업 뿐만 아니라 관련 산업의 생산과 고용을 증가시키며 더 나아가 물가·국민소득·국제수지 등 국민경제활동 전반에 걸쳐 영향을 미치게 된다. 또한 일국의 대외정책으로서 통상정책은 국내경제적 여건을 반영할 수밖에 없으므로 그 역(逆) 또한 성립된다.

따라서 통상정책은 어떤 다른 경제정책보다도 더 포괄적이고 종합적인 성격을 지닌다. 예컨대 재정정책·금융정책·농업정책·고용정책·산업정책 등과 같은 경제정책들은 종국적으로는 국민경제 전체와 관련되기는 하지만 해당 부문의 정책효과가 1차적으로 중시된다. 그러나 통상정책은 그 대상이 국제무역이나 국제투자에 대한 정책이지만 그 효과가 국제무역이나 국제투자에만 미치지 않고 일국의 국민경제 전체에 직접적이고 전반적인 영향을 미치게 된다.

이러한 특성 때문에 통상정책은 여러 가지 경제정책들과 보완적으로 실시되어야만 본래의 정책목표를 제대로 달성할 수 있다. 예컨대 국제수지개선을 위한 통상정책의 경우 이것만으로 당초의 정책목표를 달성하기 어렵고 총수요관리정책(재정금융정책)이나 외환정책 등이 보완적으로 실시되어야 하며 보다 종국적으로는 국내산업의 경쟁력 향상이 이루어져야 한다. 또한 국내산업보호를 위한 수입제한정책 역시 수입제한만으로 국내산업이 육성되는 것은 아니므로 국내산업의 진흥이나 경쟁력 향상을 위한 여러 가지 산업정책 등과 적절히 병행되어야 한다. 이러한 점 때문에 통상정책에 대한 논의는 여러 가지 대내적 정책, 특히 산업적 측면과 관련하여 종합적으로 고려되어야 한다.

또한 통상정책은 그 자체 대외적 거래와 관련되는 정책인 만큼 교역상대국의 반응을 고려하고 상대국과의 협상을 통하여 적절한 조화를 이룩해야 하는 상호성을 지니므로 그 나라의 외교적인 측면과 연계된다. 또한 통상정책은 국제적으로나 국내적으로 국제통상을 통하여 이득을 얻는 자와 손실을 입는 자를 만들어내어 이에 따른 정치경제적 이해관계가 발생하므로 이러한 대내외적 이해관계를 적절히 조정하고 조화시키는 문제와 관련된다. 따라서 일국의 통상정책은 종합적 정책으로서, 특히 ① 산업정책적 성격, ② 외교정책적 성격, ③ 정치경제적 성격을 동시에 가진다고 할 수 있다.

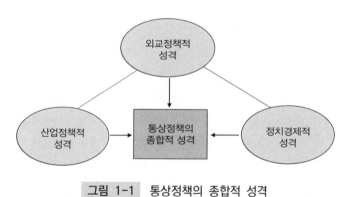

그림 1-1 통상정책의 종합적 성격

(1) 통상정책의 산업정책적 성격

상술한 대로 통상정책은 다른 어떤 경제정책보다도 여타의 경제부문과 밀접한 연관을 지니지만 이러한 경향은 통상과 산업과의 관계에서 더욱 두드러진다. 국제무역은 일국의 소득증대·경제성장에 지대한 영향을 미칠 뿐만 아니라 일국의 산업구조 및 산업경쟁력과 불가분의 관계를 가진다. 국제무역의 발전은 산업의 발전을 가져오고 또한 산업의 발전이 뒷받침되지 않고는 국제무역의 발전이 이루어질 수 없기 때문에 국제무역은 특히 산업과 밀접한 상호작용을 가지기 때문이다. 이러한 상호연관성 때문에 정책적으로도 양자의 연관성이 중시되어 정부의 경제부처조직이 이 양자를 결합시키는 형태로 구성되는 예를 흔히 볼 수 있다.[5]

자유무역과 보호무역의 채택은 일국의 산업발전 및 성쇠, 이러한 과정에서 발생하는 비교우위·경쟁력의 변화와 관련된다. 이 때문에 자유무역과 보호무역의 논쟁에 있어서도 가장 핵심이 되는 주제는 국내산업의 보호문제이다. 역사적으로 어떠한 국가도 자국의 산업발전을 포기한 나라는 없었던 만큼 모든 나라들이 외국으로부터의 수입을 제한하여 국내산업을 보호하고 육성하려는 목표를 주요한 정책목표로 삼아왔기 때문이다.

다만 이러한 「국내산업보호론」은 그 시대, 그 국가의 환경과 특성에 따라 보호대상이 되는 국내산업이 무엇인가에 따라 서로 다른 보호무역론으로 이론화되었을 뿐이다. 예컨대, 산업발전이 후진적인 후진국의 경우 국내 유망산업의 경쟁력 향상을 위한 유치산업보호론, 산업의 균형발전을 위한 산업분화론, 산업구조고도화를 위한 산업고도화론 등의 형태로 국내산업보호론을 제기하였고, 선진국의 경우 경쟁력을 잃게 된 전통산업의 보호를 위한 정체(사양)산업보호론이나 새로운 첨단기술산업의 지원·육성을 위한 첨단산업보호론 등의 형태로 국내산업보호론을 제기하였다.

또한 역사적으로도 세계무역체제는 전통적인 산업과 새로운 산업의 등장과 쇠퇴, 이에 수반되는 국가 간 산업의 경쟁력 변화와 관련되어진다. 세계의 산업구조변화와 이에 따른 비교우위구조·무역구조가 이질적·보완적 성격을 나타내고 있는 시대에는 자유무역체제가 선호되지만, 동질적·경쟁적 성격으로 전환하는 과정에서는 보호주의가 성행하게 되는 속성을 나타낸다. 또한 세계열강들 간 비교우위의 수직적 구조가 안정적일 때는 자유무역체제가 가능하지만 이러한 비교우위의 수직적 구조가 깨뜨려지고 혼란스러운 시기에는 보호주의적 경향이 나타났던 역사적 경험 역시 국제무역과 산업의 연관성을 대변해주는 사실이다.

(2) 통상정책의 외교정책적 성격 (상호주의적 성격)

① 통상정책은 각각의 정책주권을 지닌 개별국가가 수립하고 실천하는 정책이므로 기본적으로는 개별국가에 의해 독립적·자주적으로 결정되는 것이지만, 정책의 대상이

---

5 일본의 「通商産業省」 또는 「經濟産業省」(현재), 우리나라의 「통상산업부」나 「산업통상자원부」(현재) 등이 그 대표적인 예이다.

되는 대외통상이 서로 다른 주권을 지닌 교역상대국과의 관계를 통해 이루어지는 만큼 상대국의 존재와 의사를 고려하여야 한다.

예컨대 어느 나라가 자국의 국익을 위하여 수입제한정책이나 수출촉진정책을 취하는 경우 그 나라는 그러한 정책에 의해 수출증대·고용확대·소득증대·국내산업보호·국제수지개선·교역조건개선 등과 같은 유리한 결과를 얻을 수 있지만, 교역상대국은 필연적으로 이로 인한 수출억제·고용감소·소득감소·산업위축·국제수지 악화·교역조건 악화 등과 같은 불리함을 감수하게 된다. 이런 관점에서 무역정책은 일종의 제로−섬게임(zero-sum game)적 성격을 지닌다.

따라서 자국의 이익만을 위하여 관세를 높이거나 평가절하를 행하는 등 지나치게 이기적이고 일방적인 대외무역정책을 수행하는 것은 '타국의 희생 위에서 자신의 이익을 향유하는'(gains at the expenses of others), 이른바 「근린궁핍화정책」(beggar thy neighbour policy)으로 비난받게 된다. 이러한 경우 상대국 역시 똑같은 방법으로 대응(like for like)하여 경쟁적 보복관세를 부과하거나 경쟁적 평가절하를 단행하게 되면, 본래의 정책목표는 달성하지 못한 채 국제무역의 상호적인 위축과 혼란만 야기되고 그로 인한 피해가 결국 스스로에게로 돌아오게 되어 모든 나라가 손실을 입는 결과로 종결되게 된다.

자국의 경제적 이익만을 위하여 보호무역을 강화하는 근린궁핍화정책이 자신을 포함한 모든 나라에 손실을 끼쳐 결국 그 피해가 자신에게로 돌아오게 되는 역사적 경험은 수없이 많지만 이러한 대표적 사례로서 많은 사람들이 미국의 「스무트홀리(Smoot−Hawley) 관세법」을 예로 든다. 동 법은 1929년 미국의 대공황이 발발하자 관세의 대폭적인 인상을 통하여 국내산업을 보호하고 실업을 감소시키기 위하여 1930년에 미국 의회가 입법화한 보호무역입법이었다. 그러나 미국의 이러한 조치는 곧바로 외국의 보복을 초래하여 60여개 국가들이 자국의 관세를 즉각 인상하였는데 그 결과 1930년대 전 세계 무역량이 1920년대의 1/4 수준으로 떨어지게 되었다.

당시 미국은 국내의 극심한 불경기를 해결하고자 이러한 조치를 취했지만 이러한 무역량감소로 인하여 대공황을 해결하기는커녕 오히려 이를 심화시킨 원인으로 작용하였다. 이에 따라 미국의회는 무역자유화를 위한 일련의 조치를 취하게 되었는데 그 대표적인 조치가 1934년 통과시킨 「상호무역협정법」이다. 이 법은 미국대통령이 다른 나라와 관세인하를 위한 쌍무협상을 체결할 수 있는 권한을 강화시킨 법으로서 무역정책의 입안을 의회로부터 대통령으로 이관하는 계기가 되었고 이 법에 구현된 일반원리는 그 후 미국 무역입법의 기초로 작용하게 되었다.

　② 이같이 일 국가가 수행하는 무역정책의 효과와 영향은 자신의 나라에 국한되지 않고 상대방국가로 확산되는데, 이러한 경향은 무역정책을 실시하는 국가의 경제규모가 크고 국제경제에서 차지하는 비중과 역할이 크면 클수록 더 커진다. 따라서 무역정책은 여타의 국내경제정책과 달리, 정책의 수립·집행과정에서 교역상대국의 반응을 고려하여 신중하게 하지 않을 수 없고 상대방국가와의 의사조정은 물론 상대방국가의 정치·경제적 입장을 고려해야 하는 상호성(reciprocity) 내지 상호작용성(interaction)을 지닌다.

　더욱이 최근에 이르러 경제의 상호의존성이 더욱 높아짐에 따라 대외통상의 이해관계가 무역당사국 간의 쌍무적 차원에 머물지 않고 다자주의적·지역주의적 차원에서 다루어져 대외무역에 대한 규범의 제정이나 이해관계의 조정이 다자적 차원이나 지역적 차원에서도 이루어지고 있다. 이처럼 국제통상의 상호주의적 성격은 전통적으로 두 국가 간의 쌍무적인 통상관계에서 더 뚜렷이 나타났지만 최근에는 선진국그룹과 후진국그룹·공업국그룹과 농업국그룹·EU와 ASEAN 등과 같이 집단적 국가그룹 간에도 작용한다.

　이에 따라 일 국가의 통상정책은 무역상대국의 존재나 의사를 고려해야 함은 물론 다자적 차원에서나 지역적 차원에서 만들어진 규범이나 제도에 순응해야 할 필요성이 더욱 높아지고 있다. 이런 의미에서 통상정책은 상대방국가의 대응이나 국제무역규범의 테두리 하에서 자국의 이익을 극대화하기 위한 정책수행, 즉 일정한 제약조건 하에서의 최적선택을 모색하는 국제정치경제 게임(game)으로서의 성격을 지닌다고도 할 수 있다.

　이 때문에 통상정책은 대외적으로 외교적인 측면과 관련성이 높다. 오늘날 국제관계의 중심이 정치적 관계로부터 경제적인 관계로 이전되면서 외교에 있어서도 경제외교의 중요성이 커지고 있기 때문이다. 이에 따라 일국의 통상관계는 외교정책의 중요한 일부분이 되어 통상정책은 경제정책인 동시에 외교정책의 성격도 가지고 있다. 많은 나라의 정부조직이 외교와 통상을 통합시킨 형태로 운영하는 것 역시 이러한 특성을 반영한 것임은 두말할 필요도 없다.

(3) 통상정책의 정치경제적 성격 (이해관계의 상충과 조정)

① 자유무역이 바람직한가 아니면 보호무역이 바람직한가에 대한 논쟁이 영원히 해결되지 못한 주제이기는 하지만, 자유무역정책이 비록 완전한 것은 아니라고 하더라도 '꽤 좋은 정책'(pretty good policy)이며 이것을 일탈하려는 보호무역정책의 논리가 아무리 정교하다고 하더라도 결국 득(得)보다 실(失)을 초래할 것이라는 것이 경제학자들의 보편적인 견해이다. 그럼에도 불구하고 현실적으로는 이러한 자유무역정책이 보호무역정책보다 영향력이 작은 것이 사실이다.[6]

이러한 사실들이 통상정책의 정치경제적 성격을 반영한다. 왜냐하면 일국의 통상정책은 항상 서로 다른 집단에 차별적인 효과(differential effect)를 유발하여 무역으로부터 이득을 보는 사람 뿐만 아니라 손실을 보는 사람을 만들기 때문이다. 이렇게 무역은 「승자와 패자」(winner and loser)를 만들어내므로 정치적으로 그러한 이해관계를 조정해 나가지 않으면 안 되는 핵심적인 정치이슈(political issue)가 된다.

따라서 일국의 통상정책에 대해서는 항상 서로 다른 차원의 주장과 논리가 대립되게 마련이다. 예컨대 어떤 산업의 경쟁력 약화로 인해 기업이 도산하고 실업이 증대되는 경우, 자유무역론자들은 고용유지가 목적이라면 소득이전과 직업재훈련 등과 같은 구조조정정책이 보호무역정책보다 월등히 나은 정책이라고 주장하지만, 당해 산업의 자본가·노동자는 물론 정치인이나 일반국민들까지도 이러한 산업에 대한 보호무역장벽의 설치를 통하여 고용을 보호하려는 경향을 지닌다.

실제로 보호무역정책의 후생효과를 연구한 실증적 연구들은, 사양산업보호로 인한 사회적 비용은 그 산업의 고용을 유지하였을 때 노동자들이 받는 임금총액의 수배에 달함을 보여주고 있어, 보호무역을 통하여 그러한 산업을 보호하는 것보다 자유무역을 통하여 외국제품을 수입하고 그에 따른 구조조정비용을 국가가 부담하는 것이 오히려 효율적이라고 주장한다. 그럼에도 불구하고 실제의 통상정책은 보호를 주장하는 목소리가 받아들여져 자유무역보다는 보호정책으로 나가기가 쉽다. 이 때문에 학자들은, '국제무역분야만큼 잘못된 정책선택으로 인해 엄청난 경제적 손실과 비용을 초래하고 또한 이론과 현실의 괴리가 심한 분야는 없다'라고 지적하기도 한다.[7]

---

6 최병선, 무역정치경제론(박영사, 1999) p.4.
7 A. Dixit, *The Making Economic Policy: A Transaction-Costs Politics Perspectives*(MIT Press, 1996) p.11.

② 국제통상이 이같이 정치경제적 성격을 강하게 띠는 것은 국제무역에 따른 「소득재분배문제」와 관련된다. 국제무역은 무역이 없을 경우에 비하여 무역을 행하는 당사국 모두에게 절대적 이득(absolute gains)의 증대를 가져온다는 점에 동의하지만 전체 무역이익의 국가 간 배분문제에 대해서는 국가 간 이해관계의 대립이 일어나게 된다. 또한 대내적으로도 국제통상에 참여한 그룹과 참여하지 못한 그룹·수출산업과 수입대체산업·생산자와 소비자·자본가와 노동자 간의 소득재분배문제가 야기되므로,[8] 이러한 이익집단(interest group) 간에 다양한 갈등관계가 이루어진다. 따라서 이러한 대내외적 갈등과 협력관계가 정치경제학의 주요한 주제가 된다.

위에서 언급한 대로 국제통상은 서로 상대방이 있는 거래인만큼 무역에 참가하는 당사국 간의 이익분배문제가 중요해지고 이러한 국가 간 이익배분문제 때문에 국제통상은 항상 국제정치경제의 주요한 주제가 된다. 국가 간 경제적 이익의 배분문제는 국가권력의 재분배와 연관이 있고 이에 대한 영향을 미칠 뿐만 아니라 국가와 국가 간에 이루어지는 국제적 협력과 갈등의 형태에 국제통상이 주요한 영향을 끼친다. 따라서 통상정책은 국제정치경제의 주요한 핵심영역이 된다.

이처럼 국제통상에 따른 소득재분배 문제는 국제적인 정치경제문제임은 물론 국내적으로도 주요한 정치경제적 이해관계를 발생시킨다. 국제무역에 의한 소득재분배와 관련하여 서로 상반되는 주장과 이러한 주장을 뒷받침하는 각각의 경험적 연구결과들이 있어서 논쟁이 계속되고 있다. 이러한 논의들 중 어느 것이 더 타당한가와 상관없이 이러한 논쟁 자체가 통상정책의 정치경제적 성격을 대변해 준다. 따라서 통상정책을 연구하고 평가함에 있어서는 반드시 이러한 정치경제적 시각 위에서 고찰하여야 함을 보여준다.

국제통상의 이러한 정치경제적 성격 때문에 통상정책의 수립과 실천에는 많은 「이해관계의 조정」이 필요해진다. 우선 대외적으로 교역당사국 간의 이해조정이 필요할 뿐만 아니라 대내적으로도 여러 국내이익집단 간의 이해조정도 필요하기 때문이다. 이 때문에 통상정책은 대외정책인 동시에 대내정책으로서의 성격도 지니게 되며 때로는 이러한 양자의 정책목표 간에 갈등이 발생하기도 한다. 따라서 통상정책의 결정과정에서는 어떤 특정산업·특정부문·특정집단의 경제적 이익과 국가전체의 경제적

---

8 후술하는 바와 같이 대외무역의 소득재분배문제와 관련되는 국내이익집단 간의 경쟁유형에 대해서는 2가지 이론이 있다. 그 중 하나는 스톨프–사무엘슨정리(Stolper–Samuelson theorem)를 기초로 하는 생산요소 간(자본과 노동)의 계급적 갈등관계를 중시하는 시각이고, 다른 하나는 산업 간(수출산업과 수입경쟁산업) 갈등관계를 중시하는 시각이다.

이익을 종합적으로 고려하는 최적선택이 이루어져야 한다.

| 보충학습 1-2 | 통상정책의 정치경제적 특성 : 역사적 사례 |

통상정책의 기본방향이 국내이해관계집단 간의 경쟁에 따라 결정되는 정치경제적 성격을 가진다는 것을 보여주는 역사적 사례는 수없이 많지만 가장 대표적인 고전적 사례로서는 영국의 곡물법과 미국의 남북전쟁을 들 수 있다. 곡물법논쟁이 당시 영국의 정치경제적 지형변화에 따라 자유무역이 강화된 사례였다면 남북전쟁은 당시 미국의 정치경제적 요인에 의해 보호무역이 강화된 대표적 사례였다고 할 수 있기 때문이다.

1. 영국 곡물법과 통상정책의 변화

□ 곡물법의 의의와 진행과정

1815년에 제정되어 1846년에 폐지된 영국의 곡물법논쟁은 오늘날의 시각에서 보더라도 대단히 치열했던 자유무역 대 보호무역 논쟁의 전형이었고 무역정책이 어떠한 정치경제적 함의를 지니는가를 극명하게 보여주는 역사적인 증거라고 할 수 있다.

영국의 곡물법(The Corn Law)은 충분한 곡물을 확보하는 동시에 곡물가격을 일정수준으로 유지시키기 위하여 곡물수입에 관세를 부과하는 것이 주요 내용이었는데 영국에서 이 법이 최초로 제정된 것은 1436년이었다. 이 법은 지주들에게는 아주 유리한 법이었지만 일반대중에게는 매우 경제적 부담이 큰 법이었다. 높은 곡물가로 인해 식품비부담이 높아졌지만 정부는 임금통제를 가하여 노동자들의 고통이 심하였고 더 나아가 계급 간의 경제적 격차를 영속화시키는 굴레가 되었다. 이후 16~18세기를 거치면서 정치경제적 상황변화에 따라 여러 차례 개정되기도 하였다.

이후 19세기에 들어와 산업혁명의 진전·인구증가 등으로 곡물에 대한 수요가 증가하면서 곡물가격이 상승하여 지주들이 그에 따른 이익을 누리고 있었으나 나폴레옹전쟁 직후 곡물가격이 폭락하자 당시 지주계급이 다수파를 형성하고 있던 영국의회가 곡물가격이 일정 수준으로 회복될 때까지 거의 모든 곡물수입을 금지시키는 경직적인 곡물법을 1815년에 제정하였다. 이에 대해 지나치게 보호주의적이라는 비판이 일어났고 이 때문에 정부의 재정수입도 감소하는 결과를 초래하자 몇 차례의 개정이 이루어지기도 하였다.

그러나 곡물법에 대한 폐지논쟁이 본격적으로 이루어진 것은 1830년대 전후였다. 당시 영국의 인구가 급격히 늘어나 농업의 자급능력이 상실되고 있었고, 신흥산업인 제조업(섬유공업)의 생산과 무역업의 수출신장세가 둔화하자 산업자본가들은 농업(곡물)에 대한 불공정한 보호에 대해 불만을 터뜨렸다. 이러한 시대상황 하에서 흉작과 함께 경기침체가 심화되자 산업자본가들은 곡물법폐지운동에 적극 참여하게 되었다. 이러한 시대적 배경 하에서 곡물법폐지를 주장하는 전국 규모의 정치적 압력단체인 반곡물협회 · 반곡물연맹 등이 결성되었고 이에 맞서 곡물법폐지를 반대하는 반연맹 · 농업보호회 등이 결성되어 서로 대립하였다.

이렇게 곡물법논쟁은 표면적으로는 곡물수입문제를 둘러싼 단순한 대립같이 보이지만 그 이면에는 성장하는 공업 및 무역부문과 쇠퇴하는 농업부문 간의 갈등, 산업적 중산계급과 지주귀족계급 간의 정치경제적 이해관계대립의 산물이었다. 당시 필(Peel) 수상 역시 논리적으로는 곡물법폐지에 공감하였으나 지주귀족들이 주축을 이루고 있는 자신의 정당이 취하고 있는 정치적 입장 때문에 이러지도 저러지도 못하고 있었다. 이러한 와중에 1840년대 중반 엄청난 아일랜드 감자기근(potato famine)이 일어났고 이어 밀농사 흉작이 겹치면서 곡물법의 즉각적이고 완전한 폐지를 주장하는 압력이 폭발 지경에 이르렀다. 이러한 위기 속에 당시 내각은 곡물법을 폐지하기로 결심하였고 드디어 1846년 5월 16일 의회에서 327 대 229로 곡물법폐지를 가결하였다.

□ 곡물법폐지의 정치경제적 함의

이렇게 영국에서 산업혁명이 일어난 지 150여 년이 지난 시점에서 곡물법이 폐지되었던 것은 정치적 · 경제적 · 역사적 · 사회적으로 매우 큰 의미를 지녔다고 할 수 있는데 당시 곡물법폐지 논쟁의 주요 논점과 정치경제적 의미를 정리해보면 다음과 같다.

(1) 계급 간 갈등의 산물이었다. 곡물법폐지를 주장한 산업자본가들은 곡물법이 지주계급의 착취수단이라고 주장한 반면 이를 반대한 지주계급들은 저임금을 향유하기 위한 산업자본가들의 음모라고 주장하였다. 말하자면 급성장하기 시작한 공업부문 및 무역업에 종사하는 중간계급과 쇠퇴의 길에 들어선 농업부문 지주계급 간의 경제적 갈등이 정치적 갈등으로 대변되었다고 할 수 있다.

(2) 식품가격과 임금의 상관관계가 큰 논쟁점이 되었다. 곡물법폐지론자들은 자유로운 수입으로 곡가가 낮아지면 노동자들의 식료품비가 감소되어 후생이 증대된다고 주장한 반면, 반대론자들은 곡물법폐지의 진정한 동기는 저임금을 유지하려는 음모라고 주장하면서 곡물법폐지 이후 외국의 곡물수출업자가 시장을 독점하여 가격을 올리게 되면 식품가격은 다시 오르게 되고 더 나아가 농업이 쇠퇴하여 이농이 늘면 노동자의 임금은 오히려 하락할 것이라고 주장하였다.

(3) 곡물법폐지 반대론자(보호무역론자)들은 영국이 공산품에 특화하기 위하여 농산물의 자급자족을 포기하는 것은 국가안보에 큰 위협이 될 수 있고 곡물법폐지로 정부재정수입이 감소되어 외국에 대한 이자지불을 어렵게 할 것이라고 주장하였다. 반면 곡물법폐지론자(자유무역론자)들은 영국이 대륙국가들과의 전쟁기간에도 적대국인 프랑스로부터 곡물을 수입한 역사적 사실을 적시하면서 국가안보문제는 반드시 맞는 말이 아니며 곡물법폐지에 따라 공업이 활발해지고 수출이 증대되면 정부의 재정수입이 오히

려 증대될 수 있다고 주장하였다. 아울러 폐지론자들은 어떤 산업이든 채산성이 맞으면 육성되지만 그렇지 않으면 문을 닫고 다른 산업에 자원을 배분하는 것이 효율적인 것인 만큼 농업도 예외가 아니라고 주장하였다.

이상에서 알 수 있듯이 우리는 '1815년에 제정된 곡물법이 논쟁 끝에 1846년에 폐지되었다'라고 단순하게 말하지만 이러한 변화가 있기까지는 많은 이해관계집단 간의 피나는 논쟁과 정치적 대립이 있었으며 이러한 논쟁과 대립의 배후에는 여러 가지 정치경제적 요인들이 배경으로 깔려 있었음을 알 수 있다. 아울러 자유무역과 보호무역의 논쟁에 있어서도 오늘날 우리들이 주장하는 논리와 논거들이 이미 19세기 초반에 꼭 그대로 곡물법을 둘러싸고 논쟁되었음을 발견하게 된다.

이러한 이유 때문에 영국의 곡물법문제는 오늘날까지도 경제학자들 뿐만 아니라 정치학자들이 관심을 가지는 주요 연구대상이 되고 있다. 이에 어떤 사람들은 곡물법폐지는 산업자본가계급이 지주계급을 누르고 명실상부한 지배계급으로 등장한 결정적 사건으로서 이후 자유무역이 뿌리내리게 되었고 영국의 자본주의가 눈부신 발전을 이룩하게 된 자유무역의 승리였다고 평가하고, 또 다른 사람들은 영국이 곡물법을 폐지한 것은 영국에 의한 세계경제의 패권을 행사하기 시작한 출발점이었다고 평가하기도 한다.

2. 미국의 남북전쟁과 통상정책의 변화

미국의 남북전쟁(American Civil War)은 1860년대 초 미국에서 일어난 내전으로서 전쟁 결과 남부군이 패하고 미국 전역에서 약 400만의 흑인노예가 해방되는 중요한 계기가 되었고 이후 미국의 통상정책기조가 보호주의적으로 선회되는 계기가 되었다. 앞에서 소개한 곡물법논쟁과는 반대로 남북전쟁은 당시 미국의 정치경제적 이해관계대립으로 보호무역이 강화된 역사적 사례였다고 할 수 있다.

□ 남북전쟁의 정치사회적 배경

모든 전쟁이 그러하듯 전쟁이 발생한 원인과 배경은 매우 복합적이지만 남북전쟁은 1차적으로는 노예제도와 관련한 사회적 갈등과 함께 진행된 연방정부와 주정부 간의 관계를 둘러싼 이해관계대립이 원인이었다고 할 수 있다.

노예제 논쟁 (사회적 갈등)　미국의 노예폐지운동은 18세기부터 시작되어 노예제를 폐지한 북부와 노예제를 여전히 법으로 인정하는 남부 간의 사회적 갈등은 피할 수 없었다. 이러한 갈등이 심화되고 있는 가운데 1857년 미국 대법원이 내린 판결(드레드 스콧 대 샌포드 사건)은 논란을 더욱 가속화시켰다. 연방 대법원장이 집필한 판결문은, 노예들은 굉장히 열등한 존재이기 때문에 백인들이 가진 권한을 동일하게 가질 수 없다고 전제하고 북부 영토에 거주하는 시민들의 노예소유를 금지하는 의회결정은 헌법에 근거하지 않은 사항으로서 무효로 한다고 판시했다. 이러한 판결에 대해 민주당은 열렬한 지지를 보냈지만 공화당은 이 결정이 헌법의 자의적 왜곡이라고 반발하면서 노예제도를 둘러싼 남북 간 갈등이 고조되었다.

　연방주의 논쟁(정치적 갈등)　노예제도를 둘러싼 이러한 갈등과 더불어 과거 건국 초기부터 제기된 연방주의와 분리주의의 대립이 첨예화 되었다. 1840년대 말 미국은 오리건과 캘리포니아를 획득하면서 알래스카를 제외한 현재 미국의 영토를 확보하게 되었는데 노예제도에 대한 사상통합이 이루어지지 않은 상태에서 새로운 영토획득은 국론분열의 원인이 되었다. 즉 북부 정치가들이 새로 얻은 영토에는 노예제를 금지한다는 월코트조항을 논의하자 남북의 첨예한 의견대립이 격하되게 되었고 이러한 대립은 주가 연방으로부터 분리 탈퇴가 헌법에서 인정되는가에 대한 헌법해석의 대립문제로 발전하였다.

　남부인들은 연방헌법이 주와 주 사이의 계약에 불과하므로 어떤 주든지 불만이 있으면 합중국에서 탈퇴할 수 있다고 주장한 반면, 당시 뷰캐넌 대통령을 비롯한 북부인들은 헌법은 인민 상호간의 계약이므로 주가 탈퇴하는 것은 위법이며 영구연합을 위해 노력했던 조상들의 정신에도 위배된다며 각 주들이 연방에서 탈퇴할 권한이 없다고 주장하였다. 이런 정치적 갈등이 일어난 것은 북부는 강력한 중앙정부가 국내의 안정과 번영을 위해 필요하다는 관점이었던데 반하여 남부는 지방자치를 중요시하며 중앙정부의 힘을 최소화 하고자 하였기 때문인데, 이러한 지역주의와 합헌논쟁이 노예문제와 결합되면서 남북 간의 정치적 갈등이 더욱 첨예화되는 원인이 되었다.

　□ 전쟁의 진행 과정과 결말

　이처럼 남북 간의 정치사회적 갈등이 심화되어 가는 가운데 1860년 북부를 대변하는 공화당의 링컨이 남부를 대변하는 민주당의 더글러스 후보를 누르고 대통령으로 당선되자 남부 7개 주들은 링컨이 대통령으로 취임하기도 전에 미합중국으로부터의 분리를 선언하고 자신들의 새로운 헌법을 채택하고 임시수도를 정하는 등 대립적인 태도를 보였다. 이후 1861년 4월 12일 남부연합군이 사우스캐롤라이나 주 찰스턴항의 섬 터요새 포격을 시작으로 전쟁이 발발되었다. 전쟁초기에는 남부의 높은 사기와 뛰어난 전략 등으로 북군이 밀렸지만 이후 전세가 역전되면서 남부의 수도 리치먼드근교의 전투를 끝으로 남부연합군 사령관 리장군이 항복을 선언함으로써 1865년 4월 9일 종전이 이루어졌다.

　이처럼 약 4년 동안 진행되었던 남북전쟁으로 군인 62만 명이 죽고 무수한 민간인 사상자들이 발생하여 20~45세 연령의 북부 남성 중 약 10%가 사망하고 18~40세 연령의 남부 백인남성 중 약 30%가 사망하는 등 미국 역사상 가장 참혹한 전쟁으로 기록되고 있다. 후일 역사가들은 남북전쟁에서 북군이 승리하고 남군이 패배하게 된 원인에 대한 많은 토론과 평가를 행하였는데 남부가 패전한 이유로서는 다음과 같은 요인들이 지적되었다.

(1) 남북의 인구수 격차가 너무 컸다. 1861년 당시 북부연합의 인구가 2,200만, 남부연합이 900만이었는데 남부인구 중 350만 명 이상이 노예였으므로 백인인구로만 보면 북부가 남부보다 4배 이상 많았다. 전쟁이 진행되는 동안 북부연합은 확장되는 남부지역에 수비대를 주둔시켜 통제하고 남부 미시시피강 저편의 일부분을 차단하면서 이러한 백인인구의 남북 간 격차는 더욱 벌어졌다.

(2) 북부의 산업화가 가져다주는 힘이 컸다. 전쟁초기 북부는 조선소·기선, 강과 배, 그리고 함대의 80% 이상을 통제함으로써 북부는 내륙 하천은 물론 남부의 해안선 전체를 봉쇄할 수 있게 하였다. 또한 북부는 도시 사이를 연결하는 훌륭한 철도로 군대와 군용품들을 빠르고 값싸게 이동시킬 수 있었던데 비하여 남부의 교통체계와 수송은 열악하였고 전쟁이 진행되면서 더욱더 침체되었다.

(3) 초기 밀리던 북군이 전세를 뒤집은 결정적 계기는 1862년에 행한 링컨대통령의 노예해방령이었다. 국내적으로는 남부인들에게 노예반란의 위기감을 증폭시키고 해방된 흑인들과 탈출 노예들의 북부군 입대를 촉발시켰고, 국제적으로는 남북전쟁의 원인이 남부의 부도덕한 노예제 때문이라는 인식을 높여 유럽의 노예제반대론자들의 지지를 확보함으로써 남부연합이 국제적으로 고립되는 결과를 가져왔다. 남부연합은 북부해군의 해안선봉쇄로 인해 유럽과의 상품무역이 위축당하고 있는 가운데 이러한 봉쇄를 깨기 위한 유럽(특히 영국과 프랑스)의 지지가 필요하였지만 노예제 때문에 이러한 협력을 얻는데 실패하였다.

(4) 합중국과 개별 주 간의 정치적 관계에 대한 북부의 연방주의와 남부의 분리주의 갈등 역시 북군의 승리에 힘이 되었다. 주정부의 자치권한이 막강했던 남부연합은 의견도출이 쉽지 않아 하나의 의견이나 정책을 결정하기가 쉽지 않았던 반면, 북부는 강력한 연방정부를 중심으로 전쟁수행이나 외교상 필요한 정책이나 의견을 결정하기가 매우 쉬웠기 때문이다.

□ 남북전쟁 정치경제적 함의

이처럼 미국의 남북전쟁은 명분상으로는 노예제도나 연방주의 등 서로 다른 이상(理想) 추구 때문에 발발하였다고 할 수 있지만 이러한 갈등과 대립의 근저에는 남북 간의 경제적 환경 및 정치경제적 이해관계대립과 갈등이 내재되어 있었다. 미국의 북부와 남부는 식민지건설 때부터 종교와 경제를 달리하고 있었다. 북부는 건설단계에서 서유럽 및 북유럽의 이민을 받아들여 혼합인종의 새로운 미국민족을 형성하였으나 남부는 여전히 보수적이고 영국의 전통을 중시하고 있었다. 이러한 차이로 인해 북부에서는 자연법과 이성의 기초 위에서 노예제의 즉각 전면폐지를 주장하는 급진론이 대두한 반면, 남부에서는 중농주의사상을 받아들여 상업체제를 비난하고 농업체제사회를

신성시하면서 북부의 노동자계급의 빈곤문제가 남부의 노예제도보다 더욱 도덕적인
죄악이라고 보았다.

이러한 사회문화적 갈등 속에서 남북전쟁 당시 정치경제적 이해관계가 상충된 당사
자는 남부의 농업자본과 북부의 공업/금융자본이었다. 남북전쟁이 발발 당시만 해도
미국은 농업이 산업의 근간이던 농업국이었고 따라서 국가정책도 농업위주로 흘러갈
수밖에 없었던 시기였다. 이에 남부 농업자본가들은 모두 드넓은 대농장에서 면화와
담배를 재배하여 영국에 수출하고 생활필수품을 수입하는 대외무역구조를 통하여 번
영을 누렸다. 반면 북부의 공업/금융자본가들은 유럽의 산업혁명의 영향을 받아 성장
하기 시작했지만 아직 경쟁력을 갖추지 못한 자신들의 산업육성과 보호를 위해서는 경
쟁력이 앞서 있는 유럽제품으로부터 자신들의 잠재력을 보호받을 수 있는 정책전환이
필요하였다.

이때 이러한 변화를 요구하는 북부의 공업/금융자본들이 내세운 이슈가 노예제도였
다. 1800년부터 1860년의 기간 동안 북부지역이 산업화·도시화되고 생산성 높은 농
장을 통해 노예제의 필요가 점점 없어진 반면, 남부에서는 여전히 노예노동에 기반한
플랜테이션농업이 주를 이루고 있었지만 점차 노예제도가 쇠퇴하면서 노예가격도 급
격히 상승하고 있었다. 이러한 상황 속에서 북부의 공업자본들은 노예해방이 이루어지
면 노예노동력에 의존하는 농업자본이 쇠퇴할 수밖에 없고 해방된 노예들을 저렴한 인
건비로 고용하면 자신들의 공업생산력이 증대될 수 있었다.

이러한 남북 간의 차이와 갈등은 대외무역정책의 기조에 대한 갈등으로 반영되었다.
남부는 유럽(영국)에 농산물을 내다팔고 유럽으로부터 생필품을 수입하는 자유무역의
혜택을 누리고 있었던 반면, 북부는 자신들의 식량이기도 한 농산물이 유럽으로 팔려
나가도록 내버려두는 것이 못마땅하기도 하였고 이제 막 기지개를 켜기 시작하는 산업
의 잠재력이 유럽의 경쟁력 앞에서 보호받기를 원하였다. 따라서 남부는 자유무역주의
를 고수하여 심지어는 남부연합 자체의 헌법에 자유무역을 못 박아 놓기까지 하였다.

반면 북부는 보호무역주의의 필요성을 강하게 요구하는 상황에서 농업자본에 의해 좌
우되던 대외무역의 정책기조를 두고 둘 사이의 갈등이 조장되는 것은 필연적인 과정이었
다. 또한 이러한 산업적 특성 차이로 인하여 북부는 보다 강력한 중앙집권화를 선호한
반면 남부는 지방분권 및 지방자치를 원하는 정치적 갈등도 작용하게 되었다. 요약하자
면 남북전쟁의 배경 및 원인은 남북의 경제력·산업구조의 차이 때문이었고 이로 인한
노예제·연방주의와 분권주의·자유무역과 보호무역의 갈등 때문이었다고 할 수 있다.

이러한 갈등으로 인해 발발된 남북전쟁(1861~1865)의 결과가 북부 산업자본의 승리
로 끝나자 미국의 통상정책은 보호주의적 성격을 더욱 강하게 띠게 되었다. 그 후
1890년의 맥킨리관세법(Mckinley Tariff Act)과 1897년의 딩그리관세법(Dingley Tariff Act)
등의 실시로 보호주의는 더욱 강화되었다. 이러한 보호주의 강화의 역사적 과정을 통

하여 미국의 유치산업은 현저히 육성되었고 광대한 국내시장을 가진 미국의 산업자본
은 급속한 발전을 이루어 20세기 초 세계 제1위의 공업국으로 성장할 수 있는 기틀을
마련하였다.

2절 통상정책의 목표·수단·주체

1 통상정책의 목표와 수단

1.1 통상정책의 목표

모든 경제정책과 마찬가지로 통상정책 역시 경제정책의 일부에 지나지 않으며 또
한 통상정책의 종합적 성격 때문에 통상정책의 목표가 일반적 경제정책의 목표와 다
를 바 없다. 이러한 관점에서 국제통상정책의 「정책적 목표」(policy aims/objectives/goals)
를 종합적으로 열거하면, ① 자원의 효율적 배분, ② 국민후생과 복지의 증진, ③ 국민
소득증대(경제성장)와 경제발전, ④ 국내산업의 보호와 육성, ⑤ 고용의 증대, ⑥ 물가의
안정, ⑦ 국제수지의 개선, ⑧ 소득분배개선, ⑨ 교역조건개선, ⑩ 국제협조체제의 달
성, ⑪ 국가의 위신 및 안보의 강화 등을 들 수 있다. (〈표 1-1〉 참조)

표 1-1	통상정책의 일반적 목표	
경제정책 일반의 목표	효율적 자원배분과 후생증대	▪ 자원의 효율적 배분 ▪ 국민후생복지 증진
	국민경제 성장과 발전	▪ 경제성장과 발전 ▪ 국내산업의 육성·강화 ▪ 국내 산업구조/경제구조의 고도화
	국민경제 균형과 안정	▪ 완전고용·물가안정(대내균형의 달성) ▪ 국제수지균형(대외균형의 달성)
	소득분배의 형평성 제고	▪ 무역을 통한 소득재분배
통상정책 특유의 목표	무역을 통한 국익극대화	▪ 특정산업(사양산업·전략산업)의 보호 ▪ 대외교역조건의 개선
	국제협력체제 달성	▪ 대외환경변화에 대한 대응과 조정 ▪ 국제협력체제의 유지와 달성
	비경제적 목표달성	▪ 국가의 위신유지 ▪ 국방력(안보)의 강화

다만, 통상정책은 대외적 경제정책이라는 이유 때문에 국내의 경제정책보다 더 추가되거나 강조되는 정책목표들이 있게 된다. 예컨대 ① 국제수지균형·국내산업보호라는 목표는 대외무역과 관련하여 더욱 중요성을 띠게 되고, ② 교역조건개선이라는 목표는 통상정책에서 추가되는 정책목표이며, ③ 또한 위에서 말한 무역정책의 상호성 때문에 상대방국가 및 세계전체의 이익과도 조화하기 위한 대외적 과제가 추가되고, ④ 외국과의 무역이라는 이유 때문에 추가되는 여러 가지 비경제적 목표들이 개재되기도 한다.

그런데 이러한 여러 가지 정책목표를 달성함에 있어서, 고용증대·국제수지개선·교역조건개선·비경제적 목표달성 등과 같은 정책목표들은 보다 보호적인 정책(보호무역정책)을 통하여 그러한 목표가 달성되는 반면, 자원의 합리적 배분·후생과 효율증대·물가안정·국제협력증대 등과 같은 정책적 목표는 보다 개방적인 정책(자유무역정책)을 통하여 더 잘 추구될 수 있다. 또한 어떤 정책은 단기적인 관점에서는 바람직하지만 장기적인 관점에서 바람직하지 않은 반면 또 다른 정책은 그 반대의 경우도 있다. 따라서 이러한 통상정책의 목표들 간에는 상호 모순되는 「상충관계」(trade-off)가 존재한다.

따라서 일국의 무역정책기조가 자유무역이냐 보호무역이냐는 결국 그 나라가 어떠한 정책목표에 우선순위를 두느냐에 따라 결정되게 되는데, 이는 다시 그 나라가 처한 정치경제적 여건과 함께 그 나라가 어떠한 정책적 선택이나 정치적 결단을 행하느냐에 따라 달라진다. 결국 가장 합리적인 무역정책의 수립과 운용은, 국제무역에 대한 제한과 촉진(보호무역과 자유무역), 대외적 통상정책과 대내적 경제정책 간의 적절한 「정책조합」(policy mix)을 통하여 그것의 긍정적 효과를 극대화하면서 그것의 부정적 효과를 극소화하는 합리적 노력에 의하여 이루어진다고 할 수 있다.

또한 어떤 나라도 완전한 자유무역을 행하거나 완전한 보호무역을 행하는 경우는 없다. 따라서 자국의 통상정책목표에 따라 어느 정도의 보호조치를 취할 것이며 어느 수준에서의 정부개입을 행할 것인지에 대한 선택이 이루어져야 한다.

1.2 통상정책의 정책수단

이상과 같이 통상정책의 정책목표가 책정되고 어느 수준에서 정부개입이 이루어져야 하는지에 대한 선택이 이루어지면 그러한 목표들을 달성하기 위한 정부개입수단 (instrument of intervention), 즉 「정책수단」(policy instruments)이 채택되어야 한다. 전술한대

로 국제통상을 가장 넓은 의미로 해석하여 '모든 국제경제거래'로 정의할 경우 국제통
상정책은 '모든 대외경제정책'으로 정의할 수 있는데 이러한 대외경제정책의 정책수단
은 크게 다음과 같이 분류할 수 있다.

　　무역정책 수단　　일국의 수출입거래에 대한 정책수단으로서 수입제한을 위한 관세
(tariff)가 가장 전통적인 정책수단이었으나 오늘날에 있어서는 비관세장벽(NTB: non-
tariff barrier)의 중요성이 커졌고 또한 보조금 등 수출촉진정책(export promotion policy)도
그 중요성을 더해가고 있다.

　　국제수지정책 수단　　일국의 국제수지균형을 달성하기 위한 정책수단으로서는 ① 지
출조정정책(expenditure adjusting policy)으로서 재정정책(fiscal policy)과 금융정책(monetary
policy), ② 지출전환정책(expenditure switching policy)으로서 외환정책(foreign exchange policy)
과 환율정책, ③ 기타 대외거래에 대한 행정적 조치를 통한 직접적 통제(direct controls)
정책을 들 수 있다.

　　국제투자정책 수단　　국제적인 자본이동(차관·간접투자·직접투자 등)에 대하여서는 거의
모든 나라들이 한편으로는 이를 장려하여 이것이 가져다주는 편익을 극대화하면서 또
다른 한편으로는 이것이 가져올 수 있는 비용을 극소화하려는 태도를 지니고 있다.
전자가 국제자본이동에 대한 유인정책(investment inducement policy)이고 후자가 규제정책
(investment restriction policy)이다.

　　이와 같은 국제통상정책의 여러 가지 정책수단을 보여주는 것이 〈표 1-2〉인데,
여기서 각 점(dot)들은 각각의 정책영역과 가장 밀접한 관계를 가지는 정책수단들이
무엇인가를 나타내준다. 이처럼 넓은 의미의 통상정책(대외경제정책)은 무역정책·국제수
지정책·국제투자정책 등이 포함되지만, 좁은 의미의 통상정책(무역정책)에는 수입을 제
한하기 위한 정책수단으로서 관세와 비관세장벽, 자국의 수출을 장려하기 위한 보조
금 등과 같은 수출촉진정책으로 구분된다.

표 1-2　국제통상정책의 영역과 정책수단

정책수단 \ 정책영역	수입제한정책 관세정책	수입제한정책 비관세장벽	수출촉진정책	지출조정정책 재정정책	지출조정정책 금융정책	지출전환정책 환수급조정	지출전환정책 환율정책	직접적통제수단	국제투자정책 규제정책	국제투자정책 유인정책
무역정책	●	●	●							
국제수지정책				●	●	●	●	●		
국제투자정책									●	●

2 통상정책의 주체와 행정조직

2.1 통상 관련 행정조직 유형

앞에서 살펴본 바와 같이 통상정책은, 국내산업과 밀접한 관계를 가지고 더 나아가 국민경제 전반에 영향을 미치는 종합적 정책으로서 성격, 정책주권을 행사하는 외국과의 관계를 고려하여야 하는 상호주의적 성격, 또한 국제통상과 관련되는 이해관계를 조정하고 조화하는 정치경제적 성격을 지니고 있다. 따라서 통상정책의 효율적인 수행을 위해서는 통상정책의 운영주체 및 행정조직 역시 이러한 복합적인 성격이 잘 반영될 수 있도록 구성되어야 한다.

① 통상정책의 정치경제적 성격과 관련하여 앞에서도 보았듯이 기업·경제단체·노동조합·학계 등 민간부문의 각 이해당사자나 압력단체들은 통상정책의 수립과 집행이 자신들이 원하는 방향으로 이루어지도록 정부에 압력을 행사하기도 하여 이러한 이해당사자들이 통상정책의 수립과 집행에 일정한 영향을 주는 것이 사실이지만, 통상정책을 수립하고 집행하는 행위주체는 어디까지나 정부나 공공기관이다.

이러한 행위주체들 중 통상정책의 중심·통상정책의 결정권한이 어디에 있느냐에 따라 「통상정책의 운영형태」를 분류해보면 다음과 같은 3가지 유형이 있다.

의회중심형 (미국형) 통상정책에 관하여 의회·행정부·민간부문 간의 이해관계 조정과 합의를 중시하지만 통상정책의 결정과정에 있어 상대적으로 비중과 역할이 높은 것이 의회인 유형으로서 미국의 경우가 이에 해당된다. 따라서 통상정책의 결정과정에서 의회와 행정부가 끊임없이 주도권경쟁을 벌이고 있지만 기본적으로 견제와 균형의 원리가 작동하고 있다. 미국무역대표부(USTR)나 미국무역위원회(USITC) 역시 이러한 견제와 균형의 필요성에서 나온 제도적 산물이라고 할 수 있고 이러한 과정에서 민간부문의 의견이나 여론을 수용하는 통상정책이 이루어지고 있다.

전문관료중심형 (일본형) 통상정책 결정에 있어서 행정부, 특히 전문 관료집단이 절대적인 영향력을 발휘하고 의회는 이러한 관료기구의 결정에 정당성을 부여하는 유형으로서 일본의 경우가 이에 해당된다. 일본의 경우 정경분리원칙 하에 산업정책에 우위를 둔 통상정책을 수행하여 국내산업정책과 높은 연계성을 유지하며 통상정책을 운영하고 각종 심의회·압력단체의 역할도 관료기구 결정에 보완적 역할을 한다.

    절충형(EU형)　EU는 EU 전체와 회원국 간의 합의에 의하여 의사결정이 이루어지는 초국가적 성격을 띠고 있는 만큼 의사결정구조와 과정이 매우 복잡한데, 통상정책의 경우 집행위원회와 각료이사회의 상호작용에 의하여 정책결정이 이루어지는 절충형이라고 할 수 있다. 공동무역정책의 수립을 위한 정책제안권과 제3국과의 협상권한을 집행위원회에 부여하고 각료이사회가 이를 결정하도록 하여 양자의 상호작용을 중시하기 때문이다. 또한 EU회원국들은 공동의 통상정책을 추구하지만 실제로 상당한 자율성도 확보하고 있다.

    ② 한편 이러한 통상성책의 행정기능을 어떠한 행정조직에 두느냐에 따라 「통상행정조직의 유형」은 다음과 같이 독립조직형·외교통상형·산업통상형 등 3가지 유형이 있는데 이들 각 유형의 장단점은 〈표 1−3〉과 같다.

표 1-3　통상행정조직의 유형과 장단점

구분	장점	단점
독립조직형	▪ 일관성 있는 정책추진 가능 ▪ 통상협상의 전문화 ▪ 국가차원의 통상정책 집행 ▪ 통상전문인력 양성 용이	▪ 외국 통상압력의 표적화 우려 ▪ 부서신설로 정부조직 확대 ▪ 산업·자원정책과의 연계 미흡
외교통상형	▪ 외교와 통상의 종합적 정책수행 ▪ 다양한 외교채널과 축적된 정보 활용 ▪ 외교망의 이용, 대외친선 강화 용이	▪ 국내 산업 및 경제와 연계 미흡 ▪ 경제부문의 전문성 부족 ▪ 정부 내 부처 간 조정력 미흡
산업통상형	▪ 무역·산업·자원정책의 연계 ▪ 부처 간 통상기능 강화, 결과 집행 용이 ▪ 민간부문 협조와 지원 용이 ▪ 사안별 전문적·기술적 대응 용이	▪ 국가차원의 통상업무추진 미흡 (국내산업 및 압력단체 영향 우려) ▪ 제조업 이외의 통상문제 어려움 ▪ 부처 간 업무중복 및 마찰 우려

자료: 박종수, 국제통상론(박영사, 2000) p.137 일부수정

    독립조직형　미국의 무역대표부(USTR)나 중국의 대외무역부와 같이 대외통상만을 전담하는 독립적인 행정부서를 두는 유형이다. 국가차원에서의 일관성 있는 정책을 추진할 수 있고 통상협상의 전문화·통상전문인력의 전문화를 이룩하기 쉽지만 부서의 독립적 신설로 정부조직이 확대되고 통상정책과 산업정책·자원정책과의 연계성이 미흡해질 가능성이 있다.

    외교통상형　호주·캐나다와 같이 외교와 통상을 동일부서에서 담당하는 유형이다. 다양한 외교채널과 축전된 정보를 활용하여 외교와 통상을 종합적으로 수행할 수 있

다는 장점이 있는 반면 경제부문의 전문성이나 산업 및 경제 부문과의 연계성이 부족할 가능성이 있다.

산업통상형   일본·영국·프랑스·독일·대만 등과 같이 산업정책과 통상정책을 동일부서에서 담당하는 유형이다.[9] 무역·산업·자원정책과의 연계가 용이하고, 결과를 집행하기 용이하며 민간부문의 협조와 지원이 용이하다는 장점이 있는 반면, 국내산업 및 압력단체 영향이 커질 우려가 있어 국가차원의 통상업무추진이 미흡하고 부처간 업무중복 및 마찰이 발생할 우려가 있다는 단점이 있다.

2.2 우리나라 통상 관련 행정조직

오늘날 일국의 국제통상정책은 사실상 거의 모든 정부부처와 관련이 있지만 그동안 우리나라 정부조직 편제상 국제통상 관련 업무를 주관한 종래의 주무부처는 대체로 재정경제원·산업자원부·외무부였다. 따라서 이들 부처들은 국제통상과 관련되는 기능을 수행하기 위하여 각기 별도의 행정조직을 편성·운영하여 왔다. 따라서 행정조직이 상당부분 중복될 수밖에 없었고 정부부처 간 정책조정 때문에 불필요한 어려움이 수반되었으며 주요 협상 시마다 협상주도권을 둘러싼 마찰을 야기하기도 하였다.

이에 우리 정부는 1998년 3월 정부조직 개편 시 종래의 재경원을 재경부로 축소조정하고 종래의 외무부를 외교통상부로 확대 개편하면서 「외교통상부」 내에 통상교섭본부를 설치하여 대외협상기능을 일원화하는 작업을 행하였다. 그러나 2008년 신정부에 들어와 정부조직 개편에서는 외교부에 통합되어 있던 통상업무를 「산업통상자원부」로 이관하는 조치가 이루어졌다. 말하자면 우리나라 통상관련 행정조직은 당초 산업통상형에서 외교통상형으로 전환되었다가 다시 산업통상형으로 개편되는 과정으로 변화되어 왔다.

이러한 변화가 있을 때 마다 산업 관련부처와 외교 관련부처는 각기 자신의 조직 속에 통상업무를 포괄하는 것이 바람직하다는 목소리를 높여왔다. 이러한 정부조직 개편과정에서 종래의 산업 및 외교 관련 부처의 주요한 주장들을 살펴보면 다음과 같다.

---

9 일본의 경우 1949년 상공성을 폐지하고 그 유명한 「통상산업성」(MITI: Ministry of International Trade and Industry)이 설치되어 오랫 동안 일본경제의 총사령탑으로서 고도성장의 견인차역할을 수행했다. 2001년 이후에는 통산산업성과 경제기획청과 통합한 「경제산업성」을 설치하여 통상과 경제를 통합운영하고 있다.

산업 관련 부처 주장   ① 경제문제를 비경제부처가 담당하는 것은 전문성부족의 문제가 따른다. ② 통상정책의 대외적 교섭기능과 대내적 정책조정기능이 분리되면 총괄적 조정기능수행이 어렵다. ③ 협상창구의 다원화로 책임소재가 불분명하여 정책의 일관성이 없어지고 대외신뢰성 확보에도 어려움이 있다. ④ 외교부의 경우 잦은 인사와 협상대표의 교체로 전문성이 축적되기 어렵고 재외공관의 경우도 통상문제 대처능력이나 자국 기업의 해외활동 지원기능이 미흡하다. ⑤ 세계주요 50개국의 통상행정조직 유형을 보면 산업통상형(54%), 독립조직형(24%), 외교통상형(22%) 순서임을 고려할 때 통상업무를 산업 관련 부처에 편제하는 것이 바람직하다.

외교 관련 부처 주장   ① 통상 관련 전문성은 실물경제와 관련된 것보다 대외교섭과 관련되는 전문지식이 더 중요하고 특정산업 전담부서는 통상교섭 총괄관리에 한계가 있다. ② 통상과 외교가 분리될 경우 국가차원의 정치적·안보적 이익이 훼손될 수 있을 뿐만 아니라 대외적으로 일관된 입장을 표명하기 어렵게 된다. ③ 산업 관련 부처로 통상업무가 가면 정무외교와 통상외교 간 시너지효과가 단절된다. ④ 통상행정조직 유형에 있어서도 최근에 이를수록 외교통상형·독립기관형으로 진화하고 있는데 이러한 추세에 역행하는 것은 바람직하지 않다.

이상과 같은 논란들을 통하여 볼 때 현재 우리나라의 통상업무가 산업통상자원부로 이관된 조치는, 통상정책의 수립과 집행과정에서 산업계의 의견수렴과 이익보호에는 유리한 측면이 있게 되었지만 통상과 업계의 연계강화로 보호주의적 성향이 강해지거나 대외적 교섭이 보다 경직적이 될 우려가 있다는 지적을 받고 있는 셈이다.

3절 본서의 목표와 구성

1 본서의 목표와 범위

앞에서 설명한 바와 같이 국제통상을 가장 광의로 해석하는 경우 그 대상은 국제무역·국제투자·국제금융까지를 포함하고 따라서 통상정책의 범주 역시 '모든 대외경제정책'으로 정의할 수 있다. 그러나 본서에서는 이들 중 좁은 의미의 국제통상, 즉 전통적인 국제무역만을 대상으로 하는 무역정책에 대하여 논의한다.[10] 이렇게 그 대

---

10 따라서 본서의 서명이 「통상정책론」이지만 그 내용은 「무역정책론」과 다를 바 없다.

상을 좁혀서 논의하는 것은 한 학기 강의로 이 모든 것을 커버하기 어려울 뿐만 아니라 대부분의 상경계열 학과 또는 학부의 교과과정에서 국제투자·국제수지·국제금융과 관련되는 과목들을 따로 개설하고 있기 때문이다.

이같이 논의대상을 협의로 설정하여 국제무역과 관련되는 정책문제를 논의함에도 불구하고 ① 자국의 국익을 극대화시키기 위한 대외무역행위를 진흥하고 촉진시키며 조정하는 적극적 정책행위, ② 대외무역과 관련되는 대내적 정책(산업정책, 무역진흥정책, 국제경쟁력강화정책 등) 뿐만 아니라 이와 관련되는 국가의 대외적 정책조정과 협력, ③ 종래의 무역정책에서와 같은 전통적인 자국 본위의 정책수행 외에 국제적 협조·조정 등과 관련되는 국제관계적 정책까지를 포함하는 것으로 논의의 시각을 확장하고 있음은 너무도 당연하다.

따라서 본서는 대외무역(통상)정책의 성격, 정책수단과 경제적 효과, 세계무역체제로서 WTO와 WTO통상규범, 국제지역경제통합 등에 대한 폭넓은 고찰을 통하여 국제무역의 규범적 측면에 대한 기초지식과 전문적 소양을 배양시키는 것을 목표로 하고 있다.

2 본서의 구성

이러한 목표를 위하여 본서는 무역정책과 관련되는 이론적 측면, 역사적 측면, 국제관계적 측면을 전체 4편으로 구성하여 논의하고 있는데 그 중심된 내용은 다음과 같다.

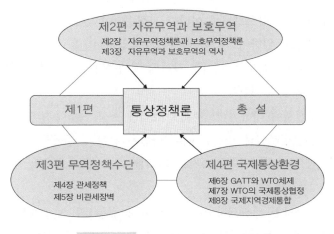

그림 1-2 본서(통상정책론)의 구성

□ **자유무역과 보호무역** (제2편)

자유무역과 보호무역의 문제는 오랜 역사를 통하여 끊임없는 논쟁의 대상이 되어왔고 또한 오늘날에 있어서도 여전히 계속 논쟁의 중심에 서 있는 실로 '오래고도 새로운'(old and new) 하나의 갈등이다. 따라서 이러한 자유와 보호의 논쟁은 이론적으로 국제경제의 여러 가지 문제들 중 가장 핵심적이면서도 가장 난해한 하나의 쟁점이었으며 역사적으로도 아직 해결되어 보지 못한 하나의 난제였다. 이에 제2편에서는 다음과 같은 주제들을 논의한다.

(1) 자유무역과 보호무역을 주장하는 자유무역정책론과 보호무역정책론이 각각 어떠한 이론적 논거 위에서 주장되어 왔고 그러한 논거에 대한 이론적 비판내용은 무엇인가, 또한 이들에 대하여 우리는 어떠한 종합적 평가를 내릴 수 있는가를 논의한다. (제2장 자유무역정책론과 보호무역정책론)

(2) 이러한 이론적 논거들이 대립되어 왔듯이 현실적으로 자유무역과 보호무역이 서로 교차되며 전개되어 왔다. 따라서 무역정책이 역사적으로 어떠한 과정을 거치며 변천되어 왔는가를 살펴보고 이러한 역사적 과정은 어떠한 배경 위에서 어떠한 내용으로 전개되어 왔으며 그러한 체제를 있게 한 역사적 배경과 이데올로기(ideology)는 무엇인가를 고찰한다. (제3장 자유무역과 보호무역의 역사)

□ **무역정책수단** (제3편)

모든 경제정책과 마찬가지로 무역정책에 있어서도 어떤 정책목표가 설정되면 그러한 정책목표를 달성하기 위한 정책수단(policy instruments)이 채택되고 할당되어야 하는데 이러한 무역정책수단으로서는 어떠한 정책수단이 있고 그 경제적 효과는 어떠한가를 논의한다. 이를 위하여 제3편에서는 무역정책수단을 관세(tariff)와 비관세장벽(NTB: non-tariff barrier)으로 나누어 이들 각각의 정책수단들이 어떤 의의와 경제적 효과를 나타내고 있는가를 논의한다.

(1) 먼저 관세정책에 대하여 그 경제적 효과를 소국(小國)의 경우와 대국(大國)의 경우로 나누어 부분균형분석과 일반균형분석방법을 통하여 분석하고, 관세정책의 운용에 있어서의 가장 중요한 의미를 가지는 최적관세와 실효보호율의 개념을 고찰한다. (제4장 관세정책)

(2) 다음으로 다양한 비관세장벽들 중 ① 가장 전통적인 수입제한정책수단으로 평가되는 수입할당제와 관세할당제, ② 수출촉진을 위한 정책수단으로서 보조금제도와

가격차별화정책, ③ 1970년대 이후 선진국의 주요한 무역정책수단으로 활용되어온 수출자율규제조치(VERs) 등 관리무역정책수단에 대하여 고찰한다. (제5장 비관세장벽)

□ 국제통상환경 (제4편)

통상정책은 정책주권을 지닌 개별국가가 수립·실행하는 정책이므로 기본적으로는 개별국가에 의해 자주적·독립적으로 이루어지지만 서로 다른 주권을 지닌 거래상대국과 이루어지므로 상대국과의 관계를 고려하여야 한다. 더욱이 오늘날 경제의 상호의존성이 급속히 증대됨에 따라 대외통상의 이해관계가 무역당사국 간의 쌍무적인 차원에 머물지 않고 다자주의적 차원이나 지역주의적 차원에서 이루어진다.

이 때문에 대외통상정책은 무역상대국의 존재나 의사를 고려하여야 함은 물론 다자적(세계적) 차원의 국제규범·제도·기구 등에 순응해야 할 필요성도 높아지게 되었다. 이에 제4편은 국제통상기구·국제통상협정·지역경제통합에 대한 고찰을 통하여 통상정책과 관련되는 국제통상환경이나 국제통상관계를 이해시키고자 한다.

(1) 국제통상관계를 형성하는 요인들은 광범위하지만 여기서는 다자주의적 국제무역체제, 즉 GATT체제·WTO체제가 어떠한 과정을 거치며 진전되어 왔고 어떠한 성과와 한계를 지고 있는가를 논의하고, 새로운 다자간 협상으로서 DDA에 대하여 논의한다. (제6장 GATT와 WTO체제)

(2) 이어서 WTO체제에서 맺어진 국제통상협정에 대하여 논의한다. 전체 통상협정의 체계를 개관하고 이러한 체계에 따라 각각의 통상협정의 핵심적 내용을 이해할 수 있도록 요약 소개한다. (제7장 WTO의 국제통상협정)

(3) 최근 급격히 증가되고 있는 국제지역주의의 배경과 특성은 무엇이고 지역경제통합의 형태와 경제적 효과는 어떠한가에 대하여 논의한다. (제8장 국제지역경제통합)

영국의 자유무역론자 Adam Smith (1723~1790)　　독일의 보호무역론자 Friedrich List (1789~1846)

제 2 편

자유무역과 보호무역

자유무역정책론과 보호무역정책론의 문제는 오랜 역사를 통하여 끊임없는 논쟁의 대상이 되어 왔고 또한 오늘날에 있어서도 여전히 계속 논쟁의 중심이 되고 있는 실로 '오래고도 새로운'(old and new) 하나의 갈등이다. 따라서 이러한 자유와 보호의 논쟁은 이론적으로 국제경제의 여러 가지 문제들 중 가장 핵심적이면서도 가장 난해한 하나의 쟁점이었으며 역사적으로도 아직 해결되어 보지 못한 하나의 난제였다.

이론적으로는 자유무역이 옳다고 주장되면서도 실제의 정책은 보호무역을 실시하는 이율배반의 경향을 띠면서 전개되어 왔고, 전통적으로 자유무역을 주장해온 국가들도 자국의 이익을 추구해야 할 필요성이 있을 때는 과감하게 보호무역정책을 실행하였던 것이 엄연한 역사적 사실이었다.

또한 자유무역과 보호무역의 역사적 전개를 보더라도, 자유무역과 보호무역에 관한 이론적 논거들이 서로 대립되고 교차되면서 발전되어 왔듯이 실제의 무역정책 역시, 그 시대와 국가가 처해 있는 자본주의발전의 정도나 세계경제환경의 변화 및 각 국민경제가 처해 있는 경제적 상황과 전제의 차이에 따라 그 정책의 목표나 수단들을 달리하면서 서로 대립되고 교차되는 역사적 과정을 거치며 진행되어 왔다.

따라서 제2편에서는, 자유무역정책론과 보호무역정책론의 이론적 논거와 비판에 대하여 소개하고 이들에 대한 종합적 평가를 내려보고 (제2장 자유무역정책론과 보호무역정책론), 또한 자유무역과 보호무역이 역사적으로 어떻게 전개되어 왔으며 그러한 체제를 있게 한 역사적 배경과 이데올로기는 무엇인가를 고찰하고 세계무역체제의 기조가 결정되는 요인을 평가해본다. (제3장 자유무역과 보호무역의 역사)

제2장 자유무역정책론과 보호무역정책론

제2장에서는 무역정책과 관련하여 가장 핵심적인 논쟁점이 되는 자유무역과 보호무역의 이론적 논쟁에 대하여 논의한다. 이를 위하여 자유무역과 보호무역을 주장하는 자유무역정책론과 보호무역정책론의 이론적 논거가 무엇인가를 살펴보고 이들에 대한 상호 비판내용이 무엇인가를 논의한다. 이러한 논의를 바탕으로 자유무역정책론과 보호무역정책론은 이론적 전제 및 성격면에서 어떠한 차이를 지니고 있는가를 종합적으로 평가해 본다.

1절 자유무역정책론

1 고전적 자유무역정책론

국가와 국가 간의 교역에 있어 '왜 자유무역이 더 바람직한 정책인가'에 대한 논의는 애덤 스미스(A. Smith)와 리카도(D. Ricardo) 등 고전학파의 무역정책론에서 체계화되었다. 그러나 이러한 자유무역 정책사상은 고전학파 이전, 농업만이 부를 축적할 수 있다고 생각한 중농주의(重農主義, physiocracy)의 사상 속에서도 발견된다.

이러한 고전적 자유무역정책론들은, 16C부터 유럽을 지배하던 중상주의(重商主義, mercantilism)체제가 지나친 보호무역정책을 채택함으로써 그로 인한 폐해가 지대하였음을 지적하고 이에 대한 비판으로부터 출발하였던 측면이 없지 않다. 여기서는 중농학파의 자유방임주의와 애덤 스미스의 국부론이 주장하고 있는 고전적 자유무역정책론의 주요 내용을 살펴본다.

1.1 중농주의의 자유방임론

① 중농주의(physiocracy)란 18세기 후반 프랑스의 케네(F. Quesney)에 의해 체계화된 농업중시의 사상과 그 정책을 의미한다. 케네는 1758년 경제순환의 총 과정에 대한 「경제표」를 구성하였는데 여기에 그의 중농주의사상이 반영되고 있다.

자연법사상·자유방임주의   그는 자연법사상에 기초를 두고 사회질서를 신이 창조한 자연적 질서(ordre naturel)와 인간이 만든 인위적 질서(ordre positif)로 나누고, 후자는 전자에 따르지 않으면 안 된다고 주장하였다.[1] 그는 또한 개인의 이익이 보장되면 사회의 유대관계도 강화된다고 전제하고 따라서 개인이익의 향상과 사회진보를 위해서는 자유경쟁이 성립되어야 하며 국가는 다만 개인의 생명과 재산을 안전하게 보호함에 그쳐야 한다고 주장하였다. 중농주의의 이러한 자연법사상을 정책적인 관점에서 대변하는 표어가 「자유방임」(laissez faire)이었다.[2]

농업중시·자유무역정책   케네는 이러한 자연법적 사상에 기초하여 중상주의의 극단적인 보호간섭주의를 비판하고 또한 국부의 증진은 금·은의 증가에 있는 것이 아니라 재화의 총량을 증가시키는데 있으므로 토지야말로 모든 재화를 생산하는 근원이며 따라서 농업만이 국부를 형성할 수 있다고 주장하였다. 이러한 케네의 사상은 당시 콜베르(J. B. Colbert)의 중상주의정책이 무역차액론에 입각하여 수출정책에만 열중한 나머지, 노동자의 임금인하를 통한 공산품의 수출증가를 꾀하는 한편 곡물수출은 금지시키고 저렴한 외국농산물의 수입을 장려하는 공업중심적 중상주의정책에 치중함으로써, 노동자와 농민이 고통 받던 시대적 상황을 배경으로 하고 있었다.

이에 케네는 농업중시·곡물자유거래·토지에 대한 단일세·특권폐지 등을 주장하면서 대외적으로는 자유무역정책을 주장하였다. 그러나 이 같은 중농주의의 자유무역

---

1 현재 중농주의라고 번역되는 physiocratie는 원래 자연(physis)의 권위(kratos)를 존중한다는 뜻이었으나 애덤 스미스(A. Smith)가 그들의 사상을 농본주의적 체계라고 지칭한 이래 농업중시의 경제이론의 의미로 한정되어 버렸다.

2 이 용어의 어원은 '나에게 간섭하지 말라'(lassiz nous faire)라는 말로서 처음으로 그의 저서에 사용하였던 사람은 달쟝손(M. d'Argenson)이었다. 이는 그 후 영국의 공리학자 벤덤(J. Benthem) 등에 의해 널리 퍼지게 되었다.

론은 자유무역 자체의 이익을 위해서라기보다는, 농업생산이 과잉일 때는 수출하고 농업생산이 흉작일 때는 수입하여 농산물가격의 안정을 유지함으로써 농업을 대농법화하기 위한 것이었다.

② 이와 같이 자연법적 사상과 자유방임주의에 기초하고 있는 중농주의의 자유무역론은 그 자체가 ① 자유무역의 경제적 이익에 착안하여 세워진 이론이 아니었고, ② 오히려 상업의 가치를 부인하고 상공업배격이라는 편협한 농업주의에 빠져 있으며, ③ 농업보호를 위해 곡물수입업자에게 세금을 부과해야 한다는 주장 등을 함으로써 자유무역정신에 배치되기도 하였다. 따라서 무역정책상 미친 영향은 별로 크지 못하다.

또한 이러한 중농주의의 정책제안은 프랑스에서만, 그것도 루이 15세 치하에서 일시 채택되었다가 귀족과 승려들의 반발로 충분히 관철되지 못하였다. 다만 이러한 중농주의의 자유방임주의는 후에 영국의 고전학파에 계승되어 고전적 자유무역정책론으로 발전되었다는 점에서 그 의의를 가진다고 하겠다.

1.2 애덤 스미스의 자유무역정책론

애덤 스미스(A. Smith)의 「국부론」(國富論, An Inquiry into the Nature and Causes of the Wealth of Nations)은 근대사회의 여명기, 산업혁명에 의한 산업자본주의의 태동기라고 할 수 있는 1776년에 출간되었다. 따라서 국부론은 이전의 중상주의(mercantilism)에 대한 비판으로서, 또한 18세기 중엽부터 본격적으로 싹트기 시작한 영국의 자유주의(liberalism)와 계몽주의(enlightenment)를 그 사상적 배경으로 하여 출발하고 있다.

이러한 스미스의 사상체계는 19세기 자유무역정책론의 사상적 바탕이 되는 것으로서 그 주된 내용은 다음과 같은 국제분업론·자유경쟁론·소비자이익론으로 대표된다. 이러한 애덤 스미스의 사상 중 국제분업론은 국제무역의 발생원인과 이익을 설명하는 절대생산비설로 구체화되었고, 자유경쟁론과 소비자이익론은 자유무역정책론의 주요한 논거가 되었다.

□ 국제분업론

자유무역의 우월성을 주장하는 논리로서 오늘날까지도 자유무역의 가장 유력한 논거가 되는 사상이 국제분업론(international division of labor theory)이다. 스미스는 그의 국부론을 통하여 국부(國富, wealth of nations)란, 종전의 중상주의자들이 주장하는 것처럼 금·은 등과 같은 귀금속(화폐) 그 자체가 아니라, 그 국민경제가 생산할 수 있는 '매년의 생산물'(annual products)이라고 규정하였다. 또한 그는 이러한 부(富)의 원천은 토지 그 자체가 아니라 노동임을 강조하였다. 따라서 국부의 증대는 노동량의 증가나 노동생산성의 증대에 의해 이루어지게 되는데, 후자를 이룩하기 위해서는 「분업」(division of labor)이 필요함을 역설하였다.

그에 의하면, 경제적 의미에 있어서의 분업이란 생산비의 관점에서 절대적으로 유리한 업종에 종사하는 것을 말하는 것으로, 절대적 생산비 차이에 따른 이러한 분업이 이루어지면 각자가 모든 재화를 자급자족하는 것보다 훨씬 능률적이므로 노동생산성이 제고될 뿐 아니라 이기심에 의한 자유경쟁이 촉진됨으로써 생산물의 교환가치가 증대된다는 것이다.

스미스는 이러한 국내분업의 원리를 국제무역에 적용시켜 이러한 분업에 따른 국제분업의 원리와 이익을 이른바 절대생산비설(theory of absolute cost)을 통하여 설명하였다. 스미스의 이러한 국제분업론은 그 후 리카도(D. Ricardo)에 계승되어 비교생산비설(theory of comparative cost)로서 보다 일반화되었다. 이러한 논리를 바탕으로 이후 또 다른 자유주의 경제학자인 밀(J. S. Mill)은 자유무역의 이익을 더욱 확장시키고 자유무역정책의 유리함을 강조하였다.

□ 자유경쟁론

스미스는 개인의 이익과 사회전체의 이익의 관계를 신의 섭리에 의해 예정적으로 조화된다는 예정조화설의 관점에서 파악하였다. 그에 의하면 인간이 각자의 이기심(利己心)에 따라 자기 이익을 추구하면 결국 '보이지 않는 손'에 따라 사회전체의 이익과 행복이 추구된다고 설명하였다. 이러한 그의 자연법적 사상은 자유방임주의 및 경제적 자유주의의 사상적 기초가 되는 것으로서 국가의 간섭을 최소한으로 축소하고 자유경쟁의 원리에 따라 개인의 활동을 자유방임하는 것이 국가전체의 이익을 가져온다는 것을 강조하고 있다. 스미스는 이러한 원리를 확장하여 일국 내에서 자유경쟁이 유익하듯이 외국과의 무역에서도 자유무역이 유익함을 주장하였다.

□ 소비자이익론

스미스는 경제행위의 최종적인 목표는 소비이므로 최종적으로는 소비자의 이익이 어떠한가가 중요한 문제임을 전제하고 이러한 관점에서도 자유무역이 유익함을 주장하였다. 즉 국가가 보호관세를 부과할 경우 소비자들은 품질이나 가격면에서 불리한 국산품의 소비를 강요당함으로써 그 후생이 감소될 수 있으며, 또한 국가가 수출장려금을 지급할 경우 이는 결국 소비자들의 조세부담을 높이고 이에 따른 물가등귀로 인하여 소비자의 후생감소가 있게 된다는 것이다.

2 자유무역정책론의 일반적 논거

이상에서 살펴본 바와 같이 자유무역정책론의 주요한 논거는 중농주의 무역사상이나 애덤 스미스(A. Smith)와 리카도(D. Ricardo) 등 고전학파의 무역정책론을 통하여 이미 체계화되었다. 그러나 이러한 고전적 자유무역정책론은 상술한 대로 그 이전의 중상주의(mercantilism)적 보호무역정책에 대한 비판으로부터 출발하였던 측면이 없지 않다. 따라서 자유무역정책론의 이론적 논거를 자유무역의 경제적 효과를 바탕으로 하여 논의해 볼 수 있다.

자유무역의 경제적 효과는 정태적 측면과 동태적 측면으로 나누어 논의할 수 있다. 전자는 자원이 보다 효율적으로 배분되고 이전됨으로써 누리는 경제적 효과들을 의미하는데 비하여 후자는 자유무역을 통하여 일국의 경제를 성장시키고 발전시키는 경제적 효과를 의미한다. 또한 자유무역은 자유로운 경쟁을 전제로 하므로 이러한 자유경쟁이 가져다주는 경제적 효과도 있으며 자유로운 교역은 국제적인 협조와 세계평화에 기여하는 효과도 있다.

따라서 자유무역의 경제적 효과를 기초로 하는 자유무역정책론은, ① 자유무역의 정태적 효과와 관련되는 자원의 효율적 배분론·후생증대론·소득분배개선론, ② 자유경쟁이 가져다주는 경제적 효율성과 관련되는 자유경쟁론, ③ 자유무역의 동태적 효과와 관련되는 대외무역을 통한 경제발전론으로 대표될 수 있고, ④ 이에 추가하여 비경제적 논거로서 자유무역을 통한 세계평화론/국제협력론 등으로 요약할 수 있다. 이러한 자유무역정책의 이론적 논거들을 정리한 것이 〈표 2-1〉이다.

| 표 2-1 | 자유무역의 경제적 효과와 자유무역정책론 |

구분		자유무역의 경제적 효과	자유무역정책론
정태적 효과	자원의 효율적 배분효과	• 비교생산비 차이에 따른 자원의 효율적 배분 (생산특화효과, 소비확장효과)	• 자원의 효율적 배분론
	후생증대효과	• 자유교환 의한 소비자이익 및 사회적 후생 증대	• 후생증대론
	소득 재분배효과	• 요소가격변화 의한 소득배분 변화 (생산자−소비자, 수출산업−수입대체산업)	• 소득분배개선론
자유경쟁의 효과		• 경쟁 통한 효율증대 및 경쟁력 향상	• 자유경쟁론
동태적 효과	수출의 동태적 효과	• 필요외화조달 • 국민소득증대 • 시장규모 확대 • 생산성증대효과 • 국내저축증대 및 자본축적효과	• 대외무역 통한 경제발전론
	수입의 동태적 효과	• 경제발전 위한 필요물자의 조달 • 새로운 수요·투자·개발의지 확대	
비경제적·대외적 효과		• 자유무역 통한 국제협력 및 세계평화 증진	• 세계평화론/국제협력론

2.1 자원의 효율적 배분론

자유무역은 각국의 비교우위의 차이에 따른 국제적 분업을 통하여 생산특화와 소비확장을 통하여 자원을 보다 효율적으로 배분하는 경제적 효과를 발생시킨다.

국제분업론   자유무역의 우월성을 주장하는 논리로서 오늘날까지도 자유무역의 가장 유력한 논거가 되는 사상이 국제분업론(international division of labor theory)이다. 전술한 대로 스미스(A. Smith)는 절대적 생산비 차이에 따른 분업이 이루어지면 각자가 모든 재화를 자급생산하는 것보다 훨씬 능률적이므로 노동생산성이 제고될 뿐만 아니라 이기심에 의한 자유경쟁이 촉진됨으로써 생산물의 교환가치가 증대된다고 주장하고, 이러한 국내분업의 원리를 국제무역에 적용시켜 국제분업의 원리와 이익을 이른바 절대생산비설(theory of absolute cost)을 통하여 설명하였다.

스미스의 이러한 국제분업론은 그 후 리카도(D. Ricardo)에 계승되어 비교생산비설(theory of comparative cost)로서 보다 일반화되었다. 이러한 논리를 바탕으로 이후 또 다른 자유주의 경제학자인 밀(J. S. Mill)은 자유무역의 이익을 더욱 확장시키고 자유무역정책의 유리함을 강조하였다. 이같이 고전적 자유주의학파의 국제무역에 대한 사상은 이론적으로는 비교우위론으로 나타났지만, 정책으로는 국내적으로 분업이 바람직한 것처럼 국제적으로도 각국이 생산비의 절대적 차에 따라 국제분업을 이룩하고 그에 따른 생산물들을 자유롭게 교역하는 자유무역정책이 생산의 증대·생산요소의 절약 등과 같은 효율의 증대가 이루어짐을 강조하였다.

생산특화효과   이렇게 비교생산비 차이에 따른 국제분업(무역)이 이루어지면 각국은 비교우위재화의 생산에 특화(specialization)하게 된다. 이러한 특화가 이루어지면 폐쇄경제하의 생산균형점은 자유무역 하에서 생산자에게 이윤극대화를 보장해주는 생산점, 즉 비교우위재생산이 보다 증가되는 새로운 균형점으로 이동된다. 따라서 자유무역은 비교우위재화를 더 생산하고 비교열위재화를 덜 생산하도록 국내자원을 재배분하는 결과를 가져온다. 자유무역에 의한 이러한 생산패턴의 변화를 생산특화효과라고 한다. 자유무역은 이러한 생산특화효과를 통하여 무역이 이루어지지 않았을 경우나 보호무역이 이루어졌을 경우보다 더 효율적인 자원배분을 이룩할 수 있게 된다.

소비확장효과   한편 이러한 생산특화효과로 인하여 무역참가국의 총소비는 무역이 발생하지 않는 자급자족상태나 보호무역이 이루어졌을 경우보다 더 높은 수준의 소비를 가능하게 하므로 자유무역은 그 나라의 총 소비수준을 향상시키는 소비확장효과가 발생된다. 뿐만 아니라 자유무역은 소비자의 선택범위를 더욱 넓혀 보다 합리적이고 보다 효용이 높은 소비를 누릴 수 있게 된다. 이러한 생산특화효과와 소비확장효과를 통하여 보다 효율적인 자원배분효과를 누리게 된다.[3]

2.2 후생증대론

① 자유무역은 비교우위에 따른 생산특화와 자유로운 교환을 통해 자원을 효율적으로 배분하는 효과를 통하여 소비자후생을 증대시킴은 물론 무역에 참여하는 무역당사국의 사회적 후생은 물론 세계전체의 후생수준을 증대시킬 수 있다.

소비자이익론   전술한 대로 스미스는 '소비는 목적이며 생산은 수단'이라고 하여 경제행위의 최종목표는 소비이므로 상업정책 역시 소비자의 이익과 사회후생이라는 관점에서 실시되어야 하는 만큼 자유무역이 유익함을 역설하면서, 소비자이익의 극대화를 위해서 자유무역이 가장 바람직한 정책이라는 이른바 소비자이익론을 주장하였다. 이 이론은 소비자이익을 주안점으로 삼았던 고전적 자유무역론으로서 일찍이 스미스가 처음으로 주장한 후 다시 리카도에 의해 보다 철저하게 논증된 이후 자유무역론의 유력한 근거가 되어 왔다.

---

3 이러한 자유무역에 의한 자원의 효율적 배분효과를 거꾸로 말하면, 관세와 같은 보호무역정책수단을 실행할 경우 이로 인하여 생산과 소비의 왜곡(distortion)이 일어나 자원의 비효율적 배분이 발생된다. 이에 대해서는 관세 등 무역정책수단의 경제적 효과와 관련하여 다시 논의한다.

사회적 후생증대론   이러한 소비자이익론은 오늘날에 있어서는 보다 일반적인 형태로서 자유무역이 사회적 후생을 증대시킨다는 사회적 후생증대론으로 논의되고 있다. 위에서 설명한 바와 같이 자유무역은 생산특화효과를 통하여 비교우위재화의 생산에 자원을 재배분하는 자원의 재분배효과를 통하여 무역당사국 전체의 사회적 후생을 증진시키는 효과가 있다.

세계후생증대론   이러한 후생증대론과 관련하여 자유무역론자들은 자유무역주의의 기본원리로서 이른바 세계후생증대론을 제기한다. 각국이 비교우위재화를 생산하고 비교열위재화를 수입하는 자유무역을 행할 경우 주어진 세계전체의 자원이 보다 효율적으로 이용되어질 수 있으므로 세계전체의 생산량이 증가하고 이에 따른 후생의 증가도 있게 되므로 자유무역은 교역당사국의 후생은 물론 세계전체의 후생을 증대시킨다는 것이다.

② 자유무역에 의한 사회적 후생증대와 관련하여 자유무역을 통한 자원의 재분배가 사회 전체적으로 과연 바람직한 것인가 하는 문제가 제기된다. 아래에서 설명하는 바와 같이, 자유무역은 일국 내에 자원의 재분배를 초래하여 사회구성원 중 일부의 후생은 증가되는 반면 다른 일부는 후생의 감소를 입게 되는데 구성원 간 효용함수가 서로 다른 상태에서 자유무역에 의해 일국 전체의 사회적 후생이 증가했는지 감소했는지를 판단하기가 쉽지 않다.

이때 이러한 사회후생효과의 분석은 주로 「사회무차별곡선」(social indifference curve)을 통해 이루어진다. 그것은 사회무차별곡선이 가지는 여러 가지 개념적 난점이 있지만 이를 통한 분석이 보다 명확하고 용이하기 때문이다. 사회무차별곡선을 통하여 사회적 후생효과를 분석하는 사람들은 일국의 소비수준이 무역이 이루어지기 전보다 무역 후에 더 높은 사회무차별곡선에 도달됨으로써 더 높은 수준의 후생을 달성하고 있다고 평가한다.

그러나 사회무차별곡선의 개념을 통하여 자유무역이 사회후생을 증가시킨다는 논의는 재고의 여지가 있다. 사회무차별곡선은 어떤 특정한 소득분배 상태에서의 효용수준을 나타내므로 자유무역에 의하여 소득분배가 변화되면 그렇게 변화된 소득분배에 따라 그려지는 사회무차별곡선은 기존의 사회무차별곡선과 교차할 수도 있기 때문이다. 이렇게 무차별곡선은 서수적인 개념이므로 서로 다른 개인과 계층의 후생을 절대적으로 비교할 수 없는 만큼 자유무역으로 인한 이익계층과 손실계층의 후생을 비교하는 것은 논리적으로 결함이 있기 때문이다.

자유무역의 잠재적 후생효과   이러한 어려움을 극복하고 자유무역의 사회후생효과를 옹호하는 입장에서 제시되어진 것이 '자유무역의 잠재적 사회후생효과'이다. 여기서 잠재적 사회후생(potential social welfare)이란 무역으로 인해 변경된 소득배분을 적절한 정책에 의해 교정함으로써 얻을 수 있는 사회후생수준을 뜻한다. 예컨대 적절한 소득 재분배에 의해 자유무역으로 이익을 얻은 계층이 손해를 입은 계층의 손실을 보상함으로써 사회후생수준이 무역 이전보다 증가될 수 있다면 자유무역은 잠재적인 사회후생을 증대시키는 효과가 가진다는 것이다.

보상의 원리   이처럼 자유무역으로 이득을 얻는 계층의 후생증가가 자유무역으로 인하여 손실을 입는 계층의 후생감소보다 더 큰 경우 자유무역의 사회후생효과가 플러스(+)로 나타날 수 있다는 명제가 보상의 원리(principle of compensation)이다.[4] 즉 자유무역으로 인하여 분배할 파이(pie)가 더 커져 자유무역으로부터 발생된 손해를 보상하고도 남음이 있다면 무역을 하지 않았을 때보다 더 큰 이득을 얻게 된다는 것이다. 물론 이때 자유무역을 통하여 이득을 본 사람들이 손해를 입은 사람들의 손실을 실제로 보상하지는 않으므로 한 나라 전체가 자유무역을 통하여 사회적 후생이 증대될 '가능성'이 있다고 말할 수 있는 것이다.

2.3 소득분배개선론

① 위에서 언급한 대로 자유무역이 사회전체의 후생을 증대시킬 수 있다고 하더라도 그 이득이 구성원 모두에게 균등하게 주어지는 것이 아닌 만큼 국제무역은 일국 내의 구성원들 간에 '승자와 패자'(winner and loser)를 만들어낸다. 따라서 자유무역의 경제적 효과를 논의함에 있어서는 국가경제 전체에 미치는 사회적 후생 뿐만 아니라 구성원 개인이나 집단에 미치는 후생변화를 고려하지 않으면 안 된다.

---

4 이렇게 보상의 원리와 잠재적 후생의 개념을 통한 자유무역의 사회후생효과의 분석은 사무엘슨(P. A. Samuelson, 1939)에 의해 최초로 시도된 이후 볼드윈(R. Baldwin, 1952)·켐프(M. C. Kemp, 1962)·사무엘슨(P. A. Samuelson, 1962)·바그와티(J. Bhagwati, 1968) 등에 의해 더욱 확장 발전되었다. P. A. Samuelson, "The Gains from International Trade," *Canadian Journal of Economics and Political Science*, vol Ⅴ(May. 1938); R. Bhaldwin, "The New Welfare Economics and Gains in International Trade," *Quarterly Journal of Economics*, vol LⅩⅣ(Feb. 1952); M. C. Kemp, "The Gains from International Trade," *Economic Journal*, vol LⅩⅩⅡ(Dec. 1962); P. A. Samuelson, "The Gains from international Trade Once Again," *Economic Journal*, vol LⅩⅩⅡ(Dec. 1962); J. Bhagwati, "The Gains from International Trade Once Again," *Oxford Economic Papers*, vol ⅩⅩ (July. 1968).

앞에서 논의한 대로 자유무역은 일국 내에 존재하는 자원의 재분배를 통해서 필연적으로 소득재분배를 초래하게 되어 이득을 얻는 주체와 손실을 입는 주체가 발생하게 된다. 국제무역으로 인한 이러한 소득재분배효과는 수출산업(X산업)과 수입경쟁산업(Y산업), 소비자와 생산자, 노동과 자본 등 다양한 집단 간의 관계로 나타날 수 있지만 이에 대한 대표적 무역이론모델은 [보충학습 2−1]이 설명하고 있듯이 ① 산업 간의 재분배로 설명하는「리카도모델」, ② 요소 간의 재분배로 설명하는「헥셔−오린모델」, ③ 수출산업과 수입경쟁산업의 특수요소 간의 재분배로 설명하는「특수요소모델」이 있다.

이러한 자유무역의 소득재분배효과는 일국의 무역정책을 선택함에 있어 정치적 논쟁대상이 될 수 있다. 예컨대 농산물생산이 비교열위에 있고 공산물생산에 비교우위가 있을 경우 농민들은 보호무역을 주장하는 반면 제조업 고용노동자들은 자유무역을 주장하게 될 것이다. 또한 일반적으로 자유무역은 국내소비자에게 유리하고 국내생산자에게 불리한 결과를 가져오는 만큼 소비자들은 자유무역을 선호하지만 국내생산자들은 보호무역을 선호하게 될 것이다. 따라서 이러한 소득분배개선론은 국내 요소 중 어느 쪽의 소득분배개선을 목표로 하느냐에 따라 자유무역정책론의 논거가 되기도 하고, 이후에 설명하는 것처럼 보호무역정책론의 논거가 될 수도 있다.

② 이처럼 자유무역의 소득재분배효과는 다양한 집단 간의 관계로 나타날 수 있지만 무역이론이나 정책론에서 주목받는 소득재분배문제는 일반적 생산요소, 즉 노동과 자본 간의 소득재분배문제이다. 재화가격과 요소가격 간의 1 : 1 대응관계를 전제하는 헥셔−오린(Heckscher-Ohlin)모델 하에서, 자유무역으로 양국의 재화가격이 변동되면 이에 따라 요소가격이 변동되는「요소가격효과」가 발생되고[5] 이러한 요소가격변동이 소득재분배효과를 발생시킨다.

자유무역의「소득재분배효과」란 무역에 의해 비교우위재화 생산에 특화가 이루어지면 그 재화의 생산에 집약적으로 투입되는 생산요소에 유리하게 소득이 재분배되는 효과이다. 이것은 비교우위재의 생산이 증가함에 따라 그 재화의 생산에 집약적으로 투입되는 생산요소에 대한 수요가 증가함으로써 그 생산요소의 가격이 상승하기 때문이다.

---

5 이러한 요소가격효과는 다시 ① 요소가격변동에 의해 일국 내 소득분배가 변동되는 대내적인「소득재분배효과」와 ② 요소가격변동에 의해 요소가격이 국제적으로 균등화되는 대외적인「요소가격의 국제적 균등화효과」가 있다.

예컨대 자유무역으로 노동풍부국(A국)이 노동집약재(X재)에 특화하면 노동가격(w)은 상승하고 자본가격(r)은 하락하게 된다. 무역 이전과 이후에 완전경쟁을 가정하는 한 이 같은 요소가격변화는 노동자의 실질소득은 증가시키고 자본가의 실질소득을 감소시킨다.[6] 따라서 노동풍부국의 경우 자유무역은 노동자에게 유리하고 자본가에게 불리한 소득재분배를 가져온다.

이를 보다 일반화하면, 자유무역은 일국 내에서 상대적으로 풍부한 생산요소의 실질소득을 증가시키고 상대적으로 희소한 생산요소의 실질소득을 감소시키는 소득재분배효과를 가진다. 이러한 경우 상대적으로 풍부한 요소에게 유리한 소득배분이 이루어지기 위해서는 자유무역이 이루어져야 하는데, 이러한 관점에서 자유무역을 주장하는 논거가 「소득분배개선을 위한 자유무역정책론」이다.[7]

보충학습 2-1   국제무역의 소득재분배효과에 대한 이론모델

국제무역이 국내경제주체들 간에 소득을 재분배하는 소득재분배효과를 설명하는 무역이론모델은 다음과 같은 3가지로 유형화할 수 있다.

리카도모델   국제무역에 대한 고전적 리카도(D. Ricardo)모델은 노동을 유일한 생산요소로 보고 있을 뿐만 아니라 노동이라는 생산요소가 산업(부문) 간에 자유롭게 이동한다고 전제하므로 국제무역이 소득재분배에 미치는 영향을 논의하지 않는다. 그러나 생산요소(노동)의 완전이동성을 가정하는 것은 현실적이지 않다. 따라서 노동을 유일한 생산요소라고 하더라도 산업(부문)간에 이동성(mobility)이 없다고 가정하면, 무역으로 인해 수출상품의 가격이 상승하고 수입경쟁상품의 가격이 하락하므로 수출산업부문에 종사하는 노동자는 이득을 얻고 수입경쟁산업부문에 종사하는 노동자는 손실을 입게 되는 유형의 소득재분배가 일어난다.

헥셔-오린모델   국제무역에 대한 헥셔–오린(Heckscher-Ohlin)모델은 노동과 자본이라는 2개의 요소를 전제로 하여 국제무역을 설명하므로 무역패턴을 설명하는 이론으로서뿐만 아니라 무역의 소득재분배효과에 대한 설명과 예측을 제공하는 이론으로서의 성격을 지니고 있다. 헥셔–오린의 무역모델은 자유무역에 의하여 비교우위산업에 대한 생산

---

6 여기서 유의할 점은 이러한 모든 결과가 헥셔-오린의 기본가정이 유지되는 상태에서만 가능하다는 것이다. 특히 완전경쟁의 가정이 무너지면 요소가격변화의 방향을 알 수 없고 따라서 소득재분배의 방향도 불명확해진다.

7 이러한 소득재분배효과를 자본풍부국의 입장에서 보면, 자유무역으로 인한 노동집약재의 수입이 국내노동자의 실질임금을 저하시키므로 그 경제에 희소한 요소(노동)의 실질소득을 증가시키기 위해서는 보호무역이 필요하다. 이러한 주장을 하는 이론이 스톨퍼–사무엘슨 정리(Stolper-Samuelson theorem)인데 이에 대해서는 보호무역정책론의 이론적 논거와 관련하여 후술한다.

특화가 이루어지면 이 산업에 집약적으로 투입되는 생산요소에 유리한 소득분배가 일어나는 효과를 설명해 준다. 이것은 자유무역에 따라 비교우위산업의 생산이 증가하고 그 산업에 집약적으로 투입되는 생산요소에 대한 수요가 증가함으로써 그 생산요소의 가격이 상승하기 때문이다.

따라서 헥셔-오린의 무역패턴에 따라 자유무역이 이루어지면 그 경제에 상대적으로 풍부한 생산요소의 실질소득이 증대되어 유리한 소득재분배효과가 나타나는 반면, 상대적으로 희소한 생산요소의 실질소득이 저하되어 불리한 소득재분배효과가 나타나게 된다. 예컨대 노동풍부국의 경우 자유무역으로 인하여 노동자에게 유리하고 자본가에게 불리한 소득재분배가 일어나는 반면, 자본풍부국의 경우 자본가에게 유리하고 노동자에게 불리한 소득재분배가 발생된다. 이러한 결과는 생산요소가 산업부문 간에 불이동성을 가지는 경우와 유사한 결과를 보여준다.

특수요소모델   헥셔-오린모델은 동질적 생산요소를 가정하여 산업부문 간에 이동이 자유로운 일반적 생산요소(generic factor)라고 전제하는데 대하여, 국제무역의 특수요소모델(specific-factor model)은 생산요소 중에는 노동과 같이 비교적 이동성이 높은 일반적 생산요소가 있는가 하면 특수한 기계장치·토지·기술 등과 같이 이동성이 낮고 특정한 목적에만 사용되는 특수적 요소(specific-factor)가 있다고 가정한다. 이러한 경우 자유무역이 이루어지면 수출부문의 특정적인 특수요소는 국제무역으로부터 이득을 얻는 반면 수입경쟁부문의 특정적인 특수요소는 국제무역으로부터 손실을 입게 된다.

2.4 자유경쟁론

① 앞에서 살펴본 바와 같이 중농주의자 「케네」(F. Quesney)는 개인의 이익이 보장되면 사회의 유대관계도 강화된다고 전제하고, 개인이익의 향상과 사회진보를 위해서는 자유경쟁이 성립되어야 하며 국가는 다만 개인의 생명과 재산을 안전하게 보호함에 그쳐야 한다고 주장하는 「자유방임(laissez faire)주의」를 주장하였다. 또한 그는 농업만이 국부를 형성할 수 있다는 중농주의를 주장하면서, 무역차액론에 입각하여 수출정책과 수입제한정책에만 열중한 종전의 중상주의적 보호정책을 비판하고 곡물의 자유거래를 위한 자유무역정책을 주장하였다.

이후 「애덤 스미스」(A. Smith)는, 개인의 이익과 사회전체의 이익이 신의 섭리에 의해 예정적으로 조화된다는 예정조화설의 관점에서, 인간은 제각기 이기심에 따라 자기의 이익을 추구하면 결국 「보이지 않는 손」(invisible hand)의 작용에 따라 사회전체의 이익과 행복이 추구된다고 설명하였다. 이러한 그의 자연법적 사상은 자유방임주의 내지 경제적 자유주의의 사상적 기초가 되는 것으로서 국가의 간섭을 최소한으로 축소하고 자유경쟁의 원리에 따라 개인의 활동을 방임하는 것이 국가전체의 이익을 가져옴을 강조하고 있다. 그는 이러한 논리의 연장선상에서, 일국 내에서 자유경쟁이 유익하듯이 외국과의 무역에서도 자유무역이 유익함을 주장하였다.

이러한 스미스의 사상을 프랑스에서 최초로 계승한 학자 「세이」(J. B. Say)는 자신의 저서 「경제학요론」에서, 상업은 재화를 어떤 장소로부터 다른 장소로 옮겨 그 가치를 증대시키므로 공업과 마찬가지로 그만큼 사회의 부를 증대시킨다고 규정하였고, 그의 이러한 상업관은 자유경쟁을 매우 중요시하는 철저한 자유무역론으로 나타났다. 그는 국내적으로 상업상 자유경쟁이 행해지면 생산기술의 진보와 개선·생산비절감을 가져와 물가를 하락시키고 사회경제적 진보를 촉진시키는 것과 같이, 국제적으로도 자유무역을 통한 자유경쟁이 이루어지면 일국의 생산기술과 경영방법에 자극제가 되어 개량과 진보를 촉구하게 된다고 주장하였다.[8]

② 확실히 자유무역은 「경쟁압력의 극대화」를 가져올 수 있다. 약간의 예외를 제외하고는 세계의 거의 모든 산업과 시장에는 수많은 국가의 수많은 공급자(생산자)가 존재하고 또한 새로운 공급자가 끊임없이 등장하므로 세계시장에서의 경쟁은 국내시장과는 달리 무한대로 커진다. 이와 같은 치열한 경쟁압력 속에서 모든 공급자는 끊임없이 생산성을 높이고 신기술을 개발하고 경영을 혁신하지 않으면 생존할 수 없다. 따라서 자유경쟁을 전제로 하는 자유무역은 이런 면에서 끊임없는 생산성향상·기술진보·경영혁신의 유인을 부여하게 된다. 이 때문에 자유주의론자들은 '자유무역이 인류문명진보의 근본원인이다'라고 말하기도 한다.

또한 자유무역을 통한 자유경쟁이 이루어지는 세계에서는 장기적으로 독과점적 이윤을 누릴 수 있는 기업은 존재하기 어렵다. 개별국가의 수준에서는 독점과 같은 존재가 어느 정도 가능하기도 하지만 세계시장에서는 독점적 지위를 누리는 기업이 존재하기 어렵고, 비록 단기적으로 이러한 독점이 허용되더라도 장기적으로 이러한 독점을 유지하기란 거의 불가능하게 된다. 일국의 시장개방이 개별국가 내의 독점문제를 완화하거나 해소하는 가장 강력한 정책수단이 되는 것도 이 때문이다. 외국으로

---

8 또한 그는 보호무역의 경우 ① 이러한 경쟁효과가 발휘될 수 없고, ② 소수의 생산자는 이익을 보지만 다수의 소비자는 희생을 강요당하며, ③ 보호정도가 높아지면 국민의 의타심만 강화되어 이익추구정신이 박약해지고 이에 따라 국민경제발전도 침체되지 않을 수 없다고 주장하였다.

부터 저렴하고 질 좋은 제품과 서비스가 자유로운 교역을 통하여 수입될 때 국내의
독점기업이 횡포를 부리거나 독점적 이윤을 누리는 것은 불가능해진다. 실제로 많은
나라들이 국내의 독점적 폐해를 해소하기 위하여 시장개방을 행하는 경우가 많은 것
도 이러한 자유경쟁의 효과 때문이다.

2.5 자유무역을 통한 경제발전론

① 전통적 비교우위론은 일국의 자원을 효율적으로 배분함으로써 얻을 수 있는 정
태적 이익을 주된 관심사로 하여 이를 강조하고 있다. 그러나 자유무역론자들은 대외
무역이 이러한 정태적 이익 뿐만 아니라 이를 통하여 무역당사국의 경제가 성장하고
발전하는 「성장의 원동력」(engine of growth)으로서의 동태적 이익이 있음을 주장하였
다. 말하자면 이들은 자유무역이 바람직한 이유로서 이른바 '대외무역을 통한 경제발
전론'을 주장하였다.

대외무역을 통한 경제발전론의 내용은 다양하지만 그 주요한 내용은 대체로 [보충
학습 2-2]가 보여주는 바와 같다. 즉 자유무역은 자급자족적 경제에서 가질 수 없는
소득증대 및 생산유발효과, 외화조달 및 자본축적효과, 시장규모 확대효과, 생산성(기
술)향상 효과, 새로운 수요의 창출효과 등을 통하여 무역당사국의 경제성장 및 발전효
과를 가져온다는 것이다. 따라서 이들은 무역이 저개발국의 경제발전에 도움이 되며
무역이익과 성장이익은 상호 조화되므로 저개발국은 자유무역을 지향하여 적극적으로
참여할 것을 주장한다.

② 또한 자유무역론자들은, 이렇게 자유무역이 이론적으로 바람직하다는 것이 근
대경제학의 가장 강력한 명제로서 자리매김하여 왔을 뿐만 아니라 자유무역의 우월성
이 「역사적·경험적으로도 입증」되어 왔다고 주장한다. 특히 1960년대 개도국의 경제
개발과정에서 대외지향적 성장전략(outward-looking growth strategy)을 추구했던 개도국들
이 수입대체적 성장전략(import substitution growth strategy)을 고집했던 개도국들에 비하여
상대적으로 월등한 경제적 성과를 이룩하였다는 역사적 사실을 이들은 강조하였다.

보충학습 2-2 **자유무역을 통한 경제발전효과 (동태적 효과)**

자유무역이 일국의 경제성장과 경제발전을 가져올 수 있다는 주장은 다음과 같이 수출의 동태적 효과와 수입의 동태적 효과로 나누어서 논의할 수 있다.

1. 수출의 경제발전효과

일국의 수출이 국민경제의 성장과 발전에 기여하는 효과는 대체로 다음과 같다.

필요한 외화조달효과   수출은 국민경제가 필요로 하는 외화조달의 원천이 된다. 특히 경제발전을 위하여 필수불가결한 자본재·시설재 등의 수입을 위한 외화를 수출을 통하여 획득할 수 있다. 물론 국민경제에 필요한 외화획득은 이전거래 또는 외국으로부터의 차관 등을 통해서도 달성될 수 있지만, 이전거래는 그 규모가 상대적으로 작은 것이 보통이며 차관은 원리금상환의 압박이 있다. 따라서 결국 국민경제의 발전과 향상에 바람직한 외화조달방법은 수출을 통한 외화획득이라고 할 수 있다.

소득증대효과   수출은 이른바 승수효과(multiplier effect)를 통하여 수출금액의 몇 배에 해당되는 국내총수요를 증대시킴으로써 국민소득을 증가시킨다. 또한 수출은 수출이 이루어지는 당해 수출산업의 생산증대를 가져올 뿐만 아니라 이러한 수출산업의 발전에 따른 전방연관효과(forward linkage effect)와 후방연관효과(backward linkage effect)를 가진다. 수출은 이러한 직접·간접의 역할과 기능을 통하여 결국 경제성장의 원동력(engine of economic growth)으로서의 역할을 하게 된다. 수출이 경제성장을 위한 엔진으로서의 역할을 수행할 수 있었던 역사적 경험은 19C에 있어서 몇몇 국가들이 수출을 그들의 경제개발전략으로 삼았던 사실에서도 찾을 수 있을 뿐 아니라 1970년대 이후 이른바 신흥공업국들이 모두 높은 수출성장을 통한 경제성장을 이룩했던 사실에서도 찾을 수 있다.

시장규모확대 및 생산성증대효과   역사적으로 볼 때 저개발국의 경제개발에 있어 시장의 규모는 매우 중요한 역할을 하였는데 무역은 이러한 시장문제의 해결수단이 된다. 수출은 이러한 국내시장의 협소문제를 해결하여 규모의 경제를 실현함으로써 생산성을 증대시키는 효과를 가진다. 일반적으로 해외시장에 대한 수출이 이루어지면 종래 시장규모의 협소 때문에 이룩할 수 없었던 규모의 경제(economic of scale)를 이룩해 준다. 이러한 규모의 경제가 실현되면 생산비인하, 경영능률향상, 새로운 기술촉진을 가져와 제품의 국제경쟁력이 강화되어 더욱 수출이 증대되는 관계를 형성한다. 또한 이러한 과정을 통하여 저개발국이 더욱 신속한 공업화를 추진할 수 있게 하며 나아가서는 그 나라 산업구조의 고도화에도 이바지하게 된다.

자유무역   이러한 동태적 효과는 일찍부터 애덤 스미스(A. Smith)·밀(J. S. Mill)·민트

(H. Myint)·하벌러(G. Haberler) 등에 의해 거듭 강조된 바 있다.[9] 한편 베릴(K. Berill)은 또 다른 관점에서 무역이 갖는 이러한 시장규모 확대효과를 강조하였다.[10] 그에 의하면, 무역이 없는 경우 판로는 국내시장에만 의존하게 되어 그 경제는 한계적(marginal)이고 점진적(gradual)인 변화만이 가능해지므로 무역이 없는 경제성장은 매우 느리고 또한 도약(take-off)의 형태를 가지기 어렵다. 그런데 역사적으로 성공적인 경제발전은 한계적이거나 점진적인 경우보다도 오히려 단속적인 도약의 형태를 취해왔을 뿐만 아니라 특정산업의 급성장으로 이루어져 왔는바 무역은 이러한 변화를 불러오는 중요한 창구였다는 것이다.

국내저축증대 및 자본축적효과   자본부족은 공업화를 염원하는 저개발국들의 1차적인 제약조건이 되므로 이들의 1차적인 목표는 국내저축증대와 자본축적이다. 경제발전이 이룩될 수 있는 정치적·사회적·문화적 여건이 있다 할지라도 이러한 저축증대와 자본축적 없이는 저개발국의 공업화·생산성향상·기술진보 등이 이룩될 수 없다. 그런데 무역은 이러한 국내저축증대와 자본축적이라는 목표에도 기여한다.

우선 수출을 통한 소득증대는 국내저축증대에 기여한다. 국제무역에 의해 자원배분의 효율성이 증가되면 실질소득이 증가하고 그에 따라 저축능력이 높아지며, 또한 무역을 통해 시장이 확대되면 수확체증이 실현되어 투자의 촉진요인이 강화된다. 또한 무역을 통하여 성장잠재력이 작은 재화를 성장잠재력이 큰 재화와 교환함으로써 주어진 저축능력으로부터의 발전효과가 가속화될 수 있다. 예컨대 과잉인구를 가진 저개발국이 국내에서 자본재를 직접 생산하지 않고 노동집약재인 소비재를 생산하여 이를 수출하고 이와 교환으로 외국의 자본재를 수입해오면 이는 국내에서 자본재를 직접 생산하는 것보다 더 효율적인 자본축적방법이 된다.[11]

또한 수출을 통한 분업 및 시장의 확대에 따른 수출산업의 이윤율 증가는 선진국으로부터의 자본유입을 보다 원활하게 하는 자본유입효과를 가짐으로써 자본부족을 보전함과 동시에 기술이전효과 등을 가져와 결국 저개발국의 경제발전에 기여하게 된다.

2. 수입의 경제발전효과

수출증대가 그 나라의 경제발전에 기여하는 것은 물론 수입 역시 그 나라의 경제성장과 발전에 기여하는 바가 크다. 수입의 경제발전효과는 대체로 다음과 같다.

---

9 밀은 이러한 무역의 동태적 효과를 국제무역의 간접효과(indirect benefits)라고 하였고 민트는 이를 생산성효과(productivity theory)라고 명명하였다.

10 K. Berill, "International Trade and Rate of Growth," *The Economic History Review*, Vol.XII, No.3 (1960).

11 J. R. Hicks, *Essays in World Economics* (Oxford Univ. Press, 1959) p.132 및 pp.180-8; W. M. Corden, "The Effects of Trade on the Rate of Growth, in Trade," in J. Bhagwati *et als*(ed.) *Balance of Payments and Growth* (North-Holland, 1971).

필요물자의 조달효과 국민경제를 이끌어가는데 필요한 모든 물자를 하나도 빠짐없이 보유하고 있는 나라는 없으므로 수입은 이와 같은 필요물자의 조달창구로서의 역할을 함으로써 경제발전을 촉진시킨다. 특히 국내에서 생산할 수 없는 비경쟁적 수입(non-competitive import)일 경우 이는 더욱 그러하다. 예컨대 저개발국이 생산할 수 없는 선진자본재의 수입이 이루어지면 이를 통한 국내투자증대와 경제발전이 촉진되며, 원유·원광·원목·원면 등 원자재의 수입으로 필요한 국내생산 증대가 가능해지며, 또한 저개발국이 보유하지 못한 선진기술의 도입은 저개발국의 경제발전을 촉진시킨다.

경쟁촉진효과 저개발국의 국내에서도 생산되지만 보다 가격이 저렴하고 품질이 우수한 소비재를 수입하는 경쟁적 수입(competitive import)의 경우, 이를 통한 후생증대는 물론 국내산업과의 건전한 경쟁을 촉진시키고 특정산업의 비능률적인 독점화를 견제하는 효과를 가짐으로써 경제발전에 대한 간접적 효과를 지닌다. 외국으로부터 보다 저렴하고 우수하며 다양한 상품들과 경쟁하게 되는 국내산업들은 생산성향상과 경영합리화를 통한 품질고급화와 다양화를 도모하기 때문이다. 따라서 시장개방을 통한 자유무역과 경쟁의 유도는 국내산업의 대외경쟁력을 제고시킴으로써 일국의 비교우위를 고도화시킴과 동시에 경제발전에도 이바지하게 된다.

국제전시효과 무역, 특히 수입은 선진국으로부터의 기술이전 및 모방의 채널로서의 역할을 한다. 저개발국들이 경제를 발전시키려면 하루속히 선진국이 이루어 놓은 것들을 도입하고 모방하는 것이 급선무인데 수입은 이를 가능케 하는 중요한 채널이 된다. 하벌러(G. Haberler)가 일찍이 지적하였듯이 수입은 다른 나라의 기술·노하우·경영능력·기업가정신·새로운 상품지식 등을 이전시키는 효과가 있기 때문이다.

수입은 또한 새로운 차원에서의 수요를 창출한다. TV나 컴퓨터가 없던 경제에 수입을 통하여 이러한 신제품이 알려지면 종전에는 잠재적으로만 존재하던 욕망이 현실적으로 구현되도록 한다. 따라서 물질적 욕망이 침체되어 있고 경제발전이 정체되어 있던 경제에 새로운 욕망을 일깨워 유휴자원이 활용되고 이에 따른 투자의 확대가 이루어지는 계기가 된다. 이 같은 무역의 역할은 선진국과 저개발국의 교류에 의해 저개발국이 그들의 빈곤을 의식하고 이에 의해 경제발전이 어떻게 자극되는가를 지적하고 있는 것인데 이를 국제무역의 전시효과(demonstration effect)라고 한다.[12]

---

12 이러한 효과를 뮈르달(G. Myrdal)은 '위대한 각성'(the great awakening)이라고 하였고 크라우스(W. Krause)는 '빈곤의 의식'(awareness of poverty)이라고 하였으며, 루이스(W. A. Lewis)는 '경제화 하려는 의지'(will to economize), 허시만(A. O. Hirschman)은 '발전의지'(development will)라고 표현하였고 민트(H. Myint)는 이를 '무역의 잉여분출효과'(vent for surplus effect)로 설명하였다. G. Myrdal, *Rich Lands and Poor* (Harper and Brothers, 1957) pp.7-8; W. Krause, Economic Development (Wadsworth Publishing Co. Inc, 1961) p.31; W. A. Lewis, Theory of Economic Growth (George Allen & Unwin Ltd. 1955) ch. 2; H. Myint, "The Classical Theory of International Trade and Underdeveloped Countries," *The Economic Journal* (June. 1958).

수입은 이와 같은 경제적 효과를 통하여 새로운 투자를 유발시키는 투자유발효과를 가진다. 저개발국에 있어서 신제품에 대한 투자는 그 상품이 생소하여 국내시장도 없고 기존의 생산기술도 없으므로 투자위험이 크기 때문에 투자가 일어나지 못하지만 국내생산에 앞서 그러한 상품의 수입이 있게 되면 그러한 위험이 경감되기 때문이다. 따라서 수입은 국내생산에 선행하여 이루어지고 또한 수입이 많은 상품일수록 국내생산이 빨리 촉진되며 그럴수록 빨리 비교우위도 갖게 된다. 이러한 점에서 허시만(A. O. Hirschman)은 수입이 '수요의 척후병(demand reconnaissance) 또는 가정교사'의 역할을 하게 된다고 설명하였다.[13]

2절 | 보호무역정책론

앞에서 살펴본 것처럼 이론적으로는 자유무역이 바람직한 정책이라고 주장되지만 그럼에도 불구하고 자유무역이 과연 최선의 정책(the best policy)인가에 대한 의문이 계속 제기되어 왔고, 이 때문에 자유무역이 반드시 지배적인 정책기조가 되지 못하는 현실이 존재하여 왔다. 따라서 이러한 현실을 정당화해 주는 보호무역정책론들이 국가와 시대에 따라 다양하게 제시되어 왔을 뿐만 아니라 오늘날에도 여전히 새로운 논리들이 다양하게 개발되고 있다.

자유무역정책론과 관련하여 설명한 바와 같이 자유무역이 가장 최선의 정책이라고 말하는 주요한 근거는 자유무역이 무역당사국의 자원배분이나 후생이라는 관점에서 더 바람직한 정책이라는 것이다. 따라서 보호무역정책론의 논거는, '이렇게 자원배분이나 후생 측면에서 더 바람직한 정책이 자유무역임에도 불구하고 보호무역이 선호되는 모순이 왜 발생하는가?'로부터 찾아야 할 것이다.

그 이유는 크게 보아 2가지 관점에서 찾을 수 있을 것이다. ① 하나는 보호로 인하여 발생되는 후생수준저하라는 비용(cost)을 지불하고서도 그것을 상쇄하는 또 다른 어떤 보호의 편익(benefit)이 있는 경우이고, ② 다른 하나는 자유무역이 후생수준을 극대화한다고 주장하지만 현실적으로 그러한 가설이 충족되지 않으므로 보호무역을 통하여 오히려 후생수준을 높일 수 있는 경우이다.

---

13 H. O. Hirschman, *The Strategy of Economic Development* (Yale Univ. Press, 1958) p.120.

전자의 경우로서는 고용·국제수지·성장 등과 같은 거시경제적 목표를 달성하기
위한 경우, 국내산업을 보호하고자 하는 경우, 국가안보 등 비경제적 목표를 달성하고
자하는 경우 등이 있을 수 있다. 후자의 경우로서는 시장왜곡이 존재하여 보호무역을
통하여 오히려 후생을 극대화 할 수 있는 경우, 일정한 조건 하에서 최적관세를 통하
여 교역조건을 개선함으로써 후생을 극대화하는 경우 등이 있다.

표 2-2 보호무역정책론과 주요 논거

보호목적	보호무역정책론	보호의 구체적 목표
거시경제적 목표	고용증대(보호)론	보호를 통한 국내산업의 고용증대 및 고용안정
	재정수입증대론	관세부과 등을 통한 정부 재정수입의 증대
	국제수지개선론	외국으로부터의 수입제한을 통한 국제수지의 개선
	경제성장론/물가안정론	보호무역을 통한 경제성장 또는 물가안정의 달성
산업보호 목표	유치산업보호론	현재는 비교우위를 확보하지 못하였지만 보호를 통해 비교우위를 가질 수 있는 개도국 유망산업의 육성
	정체산업보호론 (사양산업보호론)	국제경쟁력이 약화되어 도산위기(정체)에 있는 산업과 그러한 산업의 종사자 보호
	첨단기술산업보호론 산업분화(고도화)론	신생기에 있는 선진국 첨단기술산업의 보호·육성, 산업의 균형발전 또는 구조고도화를 위한 보호·육성
후생증진/ 소득분배개선 목표	시장왜곡개선론	생산물시장과 요소시장의 파레토 최적조건을 저해하는 시장왜곡의 개선을 통한 후생의 증대
	교역조건개선론	관세부과 등을 통한 교역조건개선과 후생의 증대
	소득분배개선론	자유무역에 의한 소득배분의 왜곡과 피해의 방지 (저임금노동보호론, 선진국생활수준 유지론)
신보호주의 이념적 목표	공정무역론	상대국 불공정 무역행위(덤핑·보조금)에 대한 제재, 공정경쟁을 위한 수입제재 또는 상대국의 시장개방요구
	전략적 무역정책론	과점적 전략산업에 대한 전략적 지원을 통한 경쟁기업의 진입저지·시장점유율 및 초과이윤 확보·후생증대
비경제적 (정치경제적) 목표	국민경제자립론 (자급자족론)	국민경제의 과도한 해외의존도의 경감, 국민경제의 안정과 건전한 자급자족체제의 구축
	생산/소비목표론	일정한 생산량(증대)/소비량(억제) 목표의 달성
	국가안보론(국방론)	안보·국방과 관련되는 산업의 육성과 보호
	산업선택론	국민이나 정부가 중요하다고 생각하는 특정산업의 보호·육성 (집단선호산업·가치산업보호론)
	협상전략적 보호론	상대국과의 무역협상에서 유리한 조건을 확보하기 위해 수입제한조치를 높여두기 위한 보호론

이렇게 보호무역을 주장하는 구체적 논거는 매우 다양하지만 이러한 보호무역정책론의 다양한 논거들을 보호목적에 따라 분류하여 정리한 것이 〈표 2−2〉이다. 이하에서는 이러한 다양한 보호무역론들을 ① 국내산업보호를 위한 보호론, ② 후생증대·소득분배개선을 위한 보호론, ③ 신보호무역주의적 보호론(공정무역론·전략적 산업정책론), ④ 거시경제적·비경제적 목표를 위한 보호론으로 나누어 보다 구체적으로 살펴보기로 한다.

1 국내산업보호론

역사적으로 어떠한 국가도 자국의 산업발전을 포기한 나라는 없었던 만큼 모든 나라들이 외국으로부터의 수입을 제한함으로써 국내산업을 보호하고 육성하려는 목표를 주요한 정책목표로 삼아왔다. 다만 이러한 국내산업보호론은 그 시대 그 국가의 특성에 따라 보호대상이 되는 국내산업이 무엇인가에 따라 서로 다른 보호무역론으로 이론화되었다.

예컨대, 산업발전이 후진적인 후진국의 경우 국내 유망산업의 경쟁력 향상을 위한 유치산업보호론이나 산업의 균형발전이나 산업구조고도화를 위한 산업분화론·산업고도화론 등의 형태로 국내산업보호론을 제기하였고, 선진국의 경우 경쟁력을 잃게 된 전통산업의 보호를 위한 정체(사양)산업보호론이나 새로운 첨단기술산업의 지원·육성을 위한 첨단산업보호론 등의 형태로 국내산업보호론을 제기하였다.

1.1 유치산업보호론

(1) 유치산업보호론의 개념

① 「유치산업보호론」(infant industry arguments for protection)이란,[14] 어떤 산업이 현재는 비록 미발전된 상태여서 국내에서 생산하는 것보다 수입하는 것이 후생면에서 유리하지만 일정기간 그 산업에 대한 적정한 보호정책을 수행할 경우 예측 가능한 장래에 비교우위산업이 되어 국민경제발전에 공헌할 가능성이 클 경우, 국가는 보호무역

---

14 유치산업보호론이 보호무역정책의 가장 유력한 논거로서 사용되고 있지만 그 영어표현이 '이론'(theory)이 아니고 '주장'(argument)으로 쓰이는 것은, 이러한 사고가 일찍이 중상주의시대의 문헌에서부터 나타나 오늘날에까지 이르고 있지만, 여전히 엄밀한 이론적 구조와 체계를 갖추고 있지 못하고 거듭된 논란에도 불구하고 명확한 결론에 도달되지 못하였음을 의미한다고 할 수 있다.

으로 인한 후생저하라는 단기적 비용에도 불구하고 그러한 잠재적 비교우위산업을 보호·육성하여야 한다는 주장이다.

역사적으로 이 이론은 18세기 후반 미국의 재무장관 해밀턴(A. Hamilton)에 의해 「산업분화론」이라는 이름의 소박한 형태의 공업보호론으로 제시되었다. 그는 미국의 초대 재무장관으로서 「제조공업 보고서」(Report on Manufactures, 1791)를 통하여 당시 농업위주의 산업구조를 농업과 공업의 균형있는 산업구조로 발전시키기 위해서는 제조업의 육성이 중요하고 유럽에 비하여 경쟁력을 갖추지 못한 이러한 제조업의 육성을 위해서는 일정한 보호무역과 정부의 강력한 육성이 필요함을 역설하였다.

그 후 19세기 중엽 독일의 역사학파인 리스트(F. List)의 저서 「정치경제학의 국민적 체계」(Das Nationale System der Politischen Ökenomie, 1834)에 의해 유치산업보호론으로 체계화되었다. 이러한 유치산업보호론에 대하여서는 자유무역론자인 영국의 고전학파 밀(J. S. Mill) 역시 보호무역이 정당화될 수 있는 유일한 예외임을 인정하였고[15] 이후 뮈르달(G. Myrdal) 및 로진슈타인-로당(Rosenstein-Rodan) 등 근대개발론자들에 의해서 그 이론적 타당성이 보완되었다.

리스트(F. List)는, 자유무역정책론은 개별국가의 경제발전단계나 경제적 환경의 차이를 고려하지 못한 채 모든 국가가 동일한 조건에 놓여있음을 전제하고 국제무역이 가져다줄 수 있는 이익만을 강조하였을 뿐이므로 모든 국가에 동일하게 적용할 수 있는 보편타당성을 가지지 못한다는 점을 강조하였다. 따라서 일국의 무역정책은 그들이 처해있는 경제적 환경에 따라 서로 다른 내용으로 수행되어야 한다고 주장하면서, 당시 선도적 산업국가였던 영국에 비하여 경제규모나 기술수준에서 뒤떨어져 있던 후발국인 독일이 자유무역을 실시한다면 영국의 공업제품시장으로 전락함으로써 공업화의 기회를 박탈당할 것이라고 생각하였다.

따라서 그는 독일의 유치산업인 공업부문의 경쟁력을 확보하기 위해서는 경쟁력이 배양될 때까지의 일정한 기간 동안은 관세와 같은 무역정책수단을 사용하여 공업부문을 보호하고 육성하는 보호무역정책이 필요하고도 또 바람직하다고 주장하였다.

---

15 밀(J. S. Mill)은 1848년 발간된 「정치경제학원리」를 통하여 '보호무역론이 대체로 잘못된 관념에서 나온 것이지만 예외적으로 신생국이 외국에서 도입한 산업을 토착화하려고 할 때 보호관세가 정당화될 수 있다'고 전제하고 그 이유로서 '특정산업에서 기술과 경험이 부족한 국가가 먼 미래에는 선발국보다 생산을 더 잘 할 수도 있지만 개인들이 위험과 손실을 무릅쓰고 새로운 산업에 뛰어들기를 기대하기 어렵기 때문이다'라고 하였다.

(2) 유치산업보호론의 의의와 특성

리스트의 이러한 유치산업보호론은 선진국경제에 대한 저개발국경제의 입장을 가장 최초로 명확하고 광범위하게 논의한 것으로서 오늘날까지도 보호무역정책론의 가장 전통적이고 유력한 이론적 근간을 형성하고 있다. 자유무역정책론이 리카도(D. Ricardo) 중심의 비교우위론에 기초하고 있는 것이라면 보호무역정책론은 이러한 유치산업보호론에 기초하고 있다는 점에서, 비교우위론과 유치산업보호론이 전통적인 무역정책론의 양대 산맥을 형성하고 있다고 할 수 있다.

또한 이러한 유치산업보호론은 역사적으로 미국 및 유럽제국으로 하여금 19세기 보호주의적 수입정책을 강화하는데 이론적인 뒷받침을 제공하여 그들이 선진공업국으로 발전할 수 있는 터전을 마련하는 바탕이 되었다. 역사적으로 볼 때 세계의 3대 경제권은 모두 보호무역의 장벽 하에서 산업화를 시작하였다고 할 수 있다. 미국과 독일은 19C에 높은 관세의 보호 아래서 산업화를 이룩하였고 일본 역시 1970년대까지 광범위한 수입의 통제 하에서 제조업의 발전을 이룩하였기 때문이다.

또한 오늘날에 있어서도 유치산업보호론의 논리는 이른바 신흥공업국의 공업화전략으로 재발견되어 저개발국의 산업 및 무역정책에 중요한 의미를 시사해주고 있을 뿐 아니라 때때로 선진국의 신흥공업 및 쇠퇴산업의 보호를 위한 방어논리로서도 원용되고 있다. 이와 같은 유치산업보호론의 이론적 특성을 [보충학습 2-3]이 설명하고 있다.

보충학습 2-3　**유치산업보호론의 이론적 특성**

보호무역정책을 옹호하는 고전적 논거로서 제시되는 리스트의 유치산업보호론은 다음과 같은 이론적 배경과 특성을 지니고 있다.

국민경제사상　애덤 스미스 등의 고전학파적 경제사상에 대비되는 국민경제사상을 그 이론적 바탕으로 하고 있다. 리스트의 유치산업보호론은 ① 고전학파의 만민주의경제학에 대비되는 국민주의경제학, ② 국가마다의 경제력의 차이를 고려치 않는 고전학파의 경제학을 비판하고 역사적 방법론에 입각한 경제발전단계설,[16] ③ 고전학의 교환가치이론에 대립되는 생산력이론이 그 사상적 배경이 되고 있다. 그는 이러한 사상적

---

16 리스트는 국민경제의 발전단계를 ① 미개, ② 목축, ③ 농업, ④ 농공, ⑤ 농공상의 단계로 구분하고 당시 영국은 이미 농공상의 단계에 진입하였지만 독일은 아직 농업중심사회를 벗어나지 못하였기 때문에 자유무역을 하면 영국제조업이 독일시장을 장악할 것이라고 주장하였다.

배경 하에서 일국의 생산력 향상이나 경제발전을 위하여 기술적·물리적 요소 뿐만 아니라 문화나 도덕심과 같은 국가의 정신적 요소도 중요하다고 주장하였고 따라서 경제발전에 있어서의 국가의 역할을 중시하는 애국적 국민경제사상에 바탕을 두고 있었다.

후진국보호론   19세기 중엽 독일의 경제적 상황을 전제로 한 후진국입장에서의 경제논리이다. 즉 당시의 독일로서는 이미 패권적 지위를 확보하고 독점력을 행사하고 있는 영국산업과 경쟁하기 위해서는, 또한 영국의 공산품시장으로 전락한 채 공업화의 기회를 상실하는 일이 없기 위해서는 적절한 보호정책을 통해 국내산업의 경쟁력을 배양하여야 했기 때문이다. 이러한 점에서 애덤 스미스의 자유무역론이 선두주자로서의 선진공업국인 영국의 이익을 대변한 것이었다면, 리스트의 유치산업보호론은 아직 경쟁력을 갖추지 못한 당시의 후진국인 독일의 이익을 대변한 것이었다. 따라서 오늘날에 있어서도 선진국보다는 저개발국의 경우에 보다 설득력 있는 이론이다.

공업보호론   리스트의 유치산업보호론은, 농업생산에만 의존할 경우 외국으로부터의 나쁜 영향을 받기 쉬우며 또한 생산력을 형성함에 있어서는 농업보다는 공업이 유리함을 역설하는 공업보호론의 성격을 지닌다. 또한 리스트는 경제성장을 달성하기 위해서는 농공업의 균형적 발전이 반드시 필요함을 주장하고 있어 이러한 범위 내에서 균형성장론과 그 맥을 같이하고 있으며 또한 비교우위의 원리에 배치된 공업화를 주장한다는 점에서 수입대체적 성장론과 중복된다고 할 수 있다.

장기적·동태적 이론   고전학파적 자유무역정책론이 일정 시점에서의 무역을 파악하는 정태적(static) 개념을 전제로 함에 비하여, 리스트의 유치산업보호론은 현재로서는 비교열위에 있지만 적절한 보호를 통하여 비교우위산업이 될 수 있음을 전제로 하는 동태적(dynamic) 관점의 이론이다. 또한 유치산업보호에 의해 현재의 국민후생은 저하되지만 산업이 발전되면 장래의 국민후생은 오히려 증대됨을 고려하는 장기적 관점의 이론이다.

일시적·제한적 보호론   리스트의 유치산업보호론은, 대상산업의 선정이나 보호의 정도 등에 있어 장래발전성이 없는 산업부문까지를 유치산업보호라는 미명 하에 지나치게 과보호하는 정책적 오류를 경고하고 잠재적 비교우위의 산업을 선택적으로 보호해야 한다는 제한적 보호를 전제로 하고 있다. 또한 유치산업보호론은, 보호정책이 영구히 계속되는 것이 아니라 외국산업과의 경쟁이 가능할 때까지만 보호해 주는 일시적·잠정적 보호(temporary protection)로서 보호된 산업이 경쟁력을 갖게 되면 자유경쟁의 원칙에 따른다는 교육적·육성적 보호의 성격을 지닌다. 이에 리스트는 '보호는 수단에 지나지 않으며 자유야말로 목표'라고 역설하였고 이러한 점에서 유치산업보호론은 비교우위론과 이론적으로 모순되지 않는 성격을 지니고 있고 자유무역이 최선이라고 하는 자유무역정책론과 타협할 수 있는 여지를 가진다.[17]

---

17 리스트 자신은 그의 독특한 역사적 경제발전론적 시각에 입각하여 ① 경제발전 초기에는 자유무역정

보호관세 의한 보호론   리스트의 유치산업보호론은 국내공업의 보호와 육성에 있어서
도 이를 위한 모든 정책수단을 대상으로 하여 논의하는 것이 아니라 생산력을 증대시
키기 위한 정책수단으로서의 「보호관세」만을 논의하고 있다.

---

(3) 유치산업보호론에 대한 비판

이상과 같은 유치산업보호론은 보호무역정책론의 가장 전통적이고 유력한 이론적
근간을 이루고 있으며 또한 역사적으로도 오늘날의 선진공업국 및 신흥공업국의 공업
화전략으로 채택되었음은 전술한 바와 같다. 그러나 이러한 유치산업보호론에 대해서
도 많은 함정이 있음을 지적하는 경제학자들이 있는데 그들은 특히 다음과 같은 정책
운용상의 문제점들을 비판하고 있다. (보다 구체적인 내용은 [보충학습 2-4] 참조)

보호대상 선정과 범위문제   유치산업보호론은 잠재적 비교우위산업을 선택적으로 보
호해야 한다는 제한적 보호론이며 또한 이를 위한 선정기준도 논의되고 있다. 그러나
실제로 유치산업보호정책을 수행함에 있어서는 개도국들이 유치산업보호라는 이름으
로 전면적인 산업보호를 정당화하려고 하여 자칫 「유치경제보호론」이 될 수 있는 위
험이 있다. 또한 선진국의 경우 역시 최근 첨단과학을 비롯한 신흥산업이나 기존의
비교우위를 상실한 쇠퇴산업의 경우에 대해서도 유치산업보호론을 원용하려는 오류를
범하기도 하는데 이러한 경우 보호되는 산업은 미래에 경쟁력을 갖추게 될 유치산업
이 아니라 단순히 「허약산업 또는 경쟁력 약한 산업」에 지나지 않게 된다.

보호 시점·기간·정도 문제   미래에 비교우위를 갖게 될 산업을 현재의 시점에서 보
호하는 정책을 시행하는 것이 항상 좋은 일이 아니다. 예컨대 한국은 1980년대 이후
부터 자동차수출국이 되었지만 자본과 숙련노동이 부족했던 1960년대에 자동차산업을
발전시키려고 하였다면 좋은 생각이 아니었을 것이다.

또한 유치산업보호론은 외국산업과의 경쟁이 가능할 때까지만 보호한다는 「교육
적·육성적 보호」로서 그 보호기간은 당연히 일시적·잠정적인 것이어야 한다. 그러나
구체적으로 어느 정도의 보호기간을 설정할 것인가를 판단하는 것은 쉬운 일이 아니
며 더욱이 한 번 이루어진 보호는 계속되려는 속성을 지니고 있어 현실적으로 보호기
간이 장기화되는 경향이 있다. 이러한 경우 유치산업은 오히려 효율증대와 자립의 기

책을 채택하여 야만적 상태에서 벗어남과 동시에 우선적으로 농업을 선진화하고, ② 다음 단계에서는
보호무역을 통하여 제조업·어업·해운업·무역업의 성장을 촉진하며, ③ 마지막 단계에서는 점진적인
자유무역을 이행함으로써 경쟁원리가 작용할 수 있도록 하여야 한다고 주장하였다.

회를 잃어 경제 전체의 부담으로 남을 수 있다.

보호수단 문제   유치산업보호론이 주장하는 바대로 유치산업에 대한 보호를 통하여 더 높은 후생수준에 도달할 수 있다고 하더라도 보호의 정책수단과 관련하여 ① 관세에 의해 유치산업보호론이 기대하는 효과가 과연 실현될 수 있는가라는 유효성문제, ② 비록 그러한 효과가 발생된다고 하더라도 관세라는 정책수단이 가장 바람직한 것인가라는 문제가 제기된다. 이에 대하여 유치산업보호의 필요성은 인정된다고 하더라도 그 정책수단으로서의 보호관세의 효과는 의문시되고, 오히려 유치산업보호의 생산효과를 극대화하는 동시에 소비면에서의 후생손실을 극소화하는 최적수단은 유치산업 내 선발기업들에 대한 선별적이고 직접적인 생산보조금정책이라고 주장된다.[18]

보충학습 2-4   **유치산업보호론에 대한 비판 (보충)**

위에서 요약한 유치산업보호론에 대한 비판내용을 좀 더 구체적으로 살펴보면 다음과 같다.

1. 보호대상산업의 선정과 범위 문제

유치산업보호론은 잠재적 비교우위의 산업을 선택적으로 보호해야 한다는 제한적 보호론이며 또한 이를 위한 선정기준도 논의되고 있다. 그러나 실제로 유치산업보호정책을 수행함에 있어서는 다음과 같은 문제점이 발생될 수 있다.

(1) 일정기간 후 비교우위성을 가질 수 있는 잠재적 비교우위산업을 미리 판정하기는 용이하지 않으며 더욱이 보호기간 중의 손실보다 자립 후의 이익이 더 클 것인가라는 후생효과를 미리 측정하기는 더욱 어렵다. 이에 따라 장래발전성이 없는 이른바 허약산업이 유치산업보호라는 미명 하에 보호받게 됨으로써 후생과 효율의 저하, 경제의 왜곡, 손실의 사회화와 같은 왜곡효과(distortion effect)만을 초래할 수 있다. 더욱이 발전성이 없는 산업이 이해관계자의 압력이나 정책결정자의 그릇된 자의적 결정 때문에 유치산업으로 보호될 경우 이러한 문제점이 더욱 확대될 수 있다.

(2) 또한 보호로 인한 여러 가지의 왜곡효과는 잘 나타나는 것이 아니므로, 실제로는 유치산업보호가 미미한 경제효과밖에 없고 잠재적인 왜곡효과가 매우 커서 전자가 후자를 충분히 보전하지 못함에도 불구하고, 가시적으로 나타나는 미미한 보호의 효과만을 고집하여 보호를 채택할 우려가 있다. 저개발국의 경우 유치산업보호라는 이름으로 전

---

18 뒤에서 논의하는 바와 같이 관세는 생산과 소비 양쪽의 왜곡을 초래하는 반면 생산보조금은 소비 측면의 왜곡을 초래함이 없이 생산 측면의 왜곡만을 초래하므로 보호에 의한 후생손실이 극소화되기 때문이다.

면적인 산업보호를 정당화하려는 움직임이 있을 수 있는데, 이것은 유치산업보호론이 아니라 유치경제보호론(infant economy argument for protection)이라고 할 수 있을 것이다.

(3) 선진국의 경우 역시 최근 첨단과학을 비롯한 신흥산업이나 기존의 비교우위를 상실한 쇠퇴산업의 경우에 대해 유치산업보호론을 원용하려는 오류를 범하고 있다. 그러나 유치산업보호론이 본디 시장도 협소하고 자본시장도 발달되지 못한 저개발국의 경우에 설득력을 가진다는 점에서 상대적으로 넓은 시장과 고도로 발달된 자본시장을 가진 선진국의 대기업들에 의한 신흥산업의 경우 설득력을 갖지 못하며 또한 이 경우 보호의 이익이 국민경제전체의 손실보다도 크다고 말할 수 없다. 또한 쇠퇴산업의 경우 역시 장기적·동태적 관점에서 보아 일정기간의 보호로 비교우위산업이 될 수 있는 가능성을 갖지 못하며 보호의 이익이 보호의 손실을 보상할 여지는 더욱 없다.

2. 보호의 시점, 기간과 보호정도 문제

미래에 비교우위를 갖게 될 산업을 현재의 시점에서 보호하는 정책을 시행하는 것이 항상 좋은 일이 아니다. 예컨대 한국은 1980년대 이후부터 자동차수출국이 되었지만 자본과 숙련노동이 부족했던 1960년대에 자동차산업을 발전시키려고 하였다면 좋은 생각이 아니었을 것이다.

유치산업보호론은 외국산업과의 경쟁이 가능할 때까지만 보호한다는 교육적·육성적 보호로서 그 보호기간은 당연히 일시적·잠정적인 것이어야 한다. 그러나 구체적으로 어느 정도의 보호기간을 설정할 것인가를 판단하는 것은 쉬운 일이 아니며 더욱이 현실적으로 보호기간은 장기화되는 경향이 있다. 이는 유치산업이 성장하여 이미 보호가 필요치 않게 되었음에도 불구하고 보호상태에서 벗어나지 않으려는 기득권자들의 협력이 치열하게 수행됨으로써 보호가 반영구화되는 경향이 있기 때문이다. 유치산업을 보호함에 있어 그 보호정도가 지나친 과도한 보호는 여러 가지의 대내적인 왜곡효과를 가져옴과 동시에 관세보복과 같은 대외적인 마찰을 가져올 수 있다. 그러한 이러한 적정보호 역시 일의적으로 결정할 수는 없으며 또한 보호를 받는 산업은 보다 높은 보호 속에서 안주하려는 경향도 가진다.

3. 외부경제효과 문제

켐프의 선정기준과 관련하여 논의하듯이 유치산업보호론의 유력한 논거 중의 하나가 외부경제효과이다. 그러나 이러한 외부경제효과와 관련하여 다음과 같은 문제점들이 논의되어진다.

(1) 습득효과를 통해 얻어진 경험과 기술의 파급효과가 수입대체산업인 공업부문에 존재함을 전제로 하고 있으나 이러한 외부경제효과가 수입대체산업에만 존재하고 수출산업에는 존재하지 않는다는 선험적인 이유가 없다.

(2) 수입대체부문이 보호정책의 지속적인 특혜에만 의거해서 외부경제가 실현되고 보호정책이 철회되면 그 외부경제가 소멸되어 버린다면 그것은 일시적인 보호로써 그칠 수 없으며 따라서 효율적인 보호정책이라고 할 수 없다. 또한 보호받는 기업이나 산업이 외부경제효과를 창출한다 하더라도 이렇게 창출된 외부경제효과가 보호받지 못하는 기업이나 산업의 손실을 보상하고 남는가 하는 점도 논의되어야 한다.

(3) 보호를 받는 기업이나 산업이 보호기간 중 습득한 경험이나 기술을 타 기업·타 산업에 개방하지 않고 전유함으로써 이를 통한 독점적 이익을 향유하려는 경우, 이러한 외부경제효과가 제한된다. 이와 같은 경우 보호이익은 보호받는 기업 또는 산업의 내부에 국한되어 보호에 따른 파급효과는 그만큼 축소된다.

(4) 저개발국의 경우 유치산업보호를 위해 관세장벽을 높일 경우 지금까지 완제품을 공급하던 외국기업들이 해외직접투자로써 개도국에 진출하여 개도국의 산업보호이익을 오히려 그들이 향유하게 될 위험이 존재한다.

4. 보호수단의 문제

유치산업보호론은 보호의 정책수단으로서 보호관세를 주장한다. 그러나 이러한 보호관세에 대해서는 ① 보호관세에 의해 유치산업보호론이 기대하는 효과가 과연 실현될 수 있는가라는 유효성 문제와, ② 비록 그러한 효과가 발생된다고 하더라도 관세라는 정책수단이 가장 바람직한 것인가라는 최적성 문제가 이론적인 차원에서 논의되어진다.

뒤에서 켐프의 선정기준과 관련하여 논의하듯이 유치산업보호론은, 어떤 선발기업이 출혈생산하여 이룩한 경험과 기술 등의 습득이익이 후발경쟁기업에도 유출되고 파급되는 외부효과를 가질 경우 그 선발기업은 그들과의 경쟁 때문에 습득과정상의 손실을 보상받을 수 없어 투자를 감행하지 않으므로, 선발기업으로 하여금 기술향상이나 기술습득을 위한 투자가 일어날 수 있도록 하는 유인으로서의 보호가 필요함을 주장한다. 그러나 여러 학자들은 보호관세가 이러한 유인으로서의 작용을 충분히 한다는 보장이 없다고 비판한다.

즉 보호관세는 제품의 시장가격을 인상시킴으로써 유치산업 전체를 보호하는 산업 차원의 보호효과가 있어 그 산업에 속하는 선발기업 뿐만 아니라 후발경쟁기업에게도 그 효과가 동시에 작용하므로 반드시 선발기업의 기술향상이나 기술습득을 위한 투자 유인책이 되는 것은 아니다. 더욱이 이러한 상황 하에서는 기술향상을 위한 투자를 행하는 선발기업이 그들의 투자결실을 보다 저렴한 비용으로 습득하는 후발경쟁기업들 때문에 오히려 도태되기도 한다. 따라서 동일산업 내 일 기업의 기술이 타 기업으로 쉽게 유출되는 외부효과를 가지는 경우 개별기업차원이 아닌 유치산업차원에서 이루어지는 관세보호는 선발기업의 기술투자를 유인하려는 본래의 목적을 달성할 수 없게 된다. 따라서 이러한 경우 보호관세보다는 선발기업들에 대한 선별적이고 직접적인 생산보조금정책이 오히려 바람직한 대안이 된다.

한편 보호관세가 생산면에서의 유효성을 가진다 하더라도 그것이 소비면에 주는 효과를 고려할 때 이는 어디까지나 차선의 정책(the second best policy)일 뿐 최선의 정책(the best policy)이 되지 못한다는 점이 지적되었다. 전술한대로 수입관세의 부과는 국내가격과 국제가격의 괴리를 가져와 생산과 소비의 왜곡이 모두 발생하지만 생산보조금을 지급하는 경우 생산의 왜곡만 발생하고 소비의 왜곡은 발생되지 않으므로 관세보다 우월한 정책수단이라고 할 수 있기 때문이다.

이상의 논의를 통해서 볼 때 유치산업보호의 필요성은 인정된다고 하더라도 그 정책수단으로서의 보호관세의 효과는 의문시되고, 오히려 유치산업보호의 생산효과를 극대화하는 동시에 소비면에서의 후생손실을 극소화하기 위한 최적수단은 유치산업 내 선발기업들에 대한 선별적이고 직접적인 생산보조금정책이라고 할 것이다.

---

(4) 유치산업의 선정기준

이상에서 살펴본 바와 같이 유치산업보호론에 대한 가장 1차적인 비판은 '과연 어떤 산업이 보호육성의 대상이 될 수 있는가'라는 보호의 대상과 범위문제였다. 리스트는 유치산업보호론을 체계화함에 있어 어떤 산업을 유치산업으로 보호할 것인가를 명확히 밝히지 못하였다. 따라서 리스트 이후의 유치산업보호론에 대한 논의는 주로 보호대상의 선정문제였다.

이는 자유무역론자들조차 유치산업의 보호 자체를 반대하지 않음으로써 유치산업보호 논의는 결국 자유무역이냐 보호무역이냐의 차원에서보다 어떤 산업이 어떠한 방법으로 보호되어야 하는가라는 차원에서 전개되었기 때문이다. 또한 이러한 선정기준들은 유치산업보호론이 순수한 경제학적 보호론으로 용인되기 위한 요건일 뿐만 아니라 유치산업보호라는 미명 하에 보호조치가 남용되지 않도록 한다는 정책적 의의를 가진다.

국내의 유치산업을 보호·육성하기 위하여 보호무역을 행하는 것은 이로 인한 후생손실을 피할 수 없지만 이러한 보호를 통하여 그 산업이 성장하고 그에 따른 후생증가라는 미래의 이익이 있기 때문에 정당화될 수 있다. 따라서 유치산업의 선정은 결국 현재의 손실과 미래의 이득 간 비교에 의하여 이루어진다. 이러한 양자의 비교와 관련하여 지금까지 제시된 대표적인 「유치산업 선정기준」으로는 다음과 같은 3가지 기준이 제시된다.

밀의 기준 (국제경쟁력효과)   밀(J. S. Mill)은 현재로서는 기술적 경험부족 때문에 생산성이 낮아 비교열위에 있지만 출혈생산을 감행할 경우 그 과정에서의 숙련과 경험을 통해 기술을 습득하고 생산성이 향상되어 비교우위를 확립할 수 있는 산업은 그러한 습득과정(learning process) 동안 보호가 이루어져야 한다고 주장하면서, 그러한 습득과정 중의 위험과 손실을 민간기업이 부담하기는 어려울 것이므로 보호관세와 같은 사회적 비용에 의해 부담되어야 한다고 역설하였다.[19] 따라서 밀의 이러한 주장은 결국 일정기간 보호에 의해 더 이상의 보호 없이 자립할 수 있는 경쟁력을 갖출 수 있는 산업을 유치산업으로 선정하여야 한다는 것이다. 이같이 보호의 국제경쟁력 효과를 강조한 기준을 우리는 「밀의 선정기준」(Mill's test)이라고 한다.

바스테이블의 기준 (사회후생효과)   바스테이블(C. F. Bastable)은 유치산업의 선정기준으로서 ① 보호받을 산업이 일정기간 후 더 이상의 보호 없이 자립할 수 있을 뿐 아니라, ② 보호기간 중에 발생된 사회적 손실이 그 산업의 발전에 따른 사회적 이익으로 충분히 보상될 수 있는 여지가 있는 산업으로 규정하였다.[20] 이러한 「바스테이블의 선정기준」(Bastable's test)은 밀의 기준에 사회후생효과를 추가하여 보다 엄격히 한 것이다.

켐프의 기준 (외부경제효과)   켐프(M. C. Kemp)는 이상의 선정기준이 충족된 것만으로 산업보호가 정당화될 수 없다고 비판하고 유치산업의 선정기준으로서 습득과정의 내부경제와 외부경제를 추가하였다.[21] 그는 밀−바스테이블의 선정기준이 충족되더라도, 습득과정에서의 이익이 당해 기업 내부에만 미치는 내부경제효과의 경우에는 보호가 필요 없고, 습득과정에서의 이익이 타 기업 특히 후발기업에도 미치는 외부경제효과를 가질 경우에만 보호가 정당화될 수 있다고 규정하였다. 따라서 「켐프의 선정기준」(Kemp's test)은 밀−바스테이블의 기준 위에 그 산업의 발전이 외부경제효과를 가질 것을 추가적인 요건으로 삼고 있다.

이상과 같은 켐프의 주장에 동의하고 있는 학자들은, 어떤 산업의 발전이 내부경제효과만을 가질 경우 그 기업은 그러한 효과를 통하여 생산비를 인하하고 그들이 습득한 지식이나 경험을 장기간 전유할 수 있게 되어 보호 없이도 경쟁력을 가져 자주적으로 발전할 수 있으며, 만약 상당한 기간 후에도 경쟁력을 갖지 못할 산업이라면 국민경제적 입장에서 보호하지 않는 것이 바람직한 만큼, 어느 경우에도 보호는 불필

---

19 J. S. Mill, op cit, (1848).
20 C. F. Bastable, The Commerce of Nations, 9th edition (Orginal, 1891).
21 M. C. Kemp, "Mill−Bstable Infant Industry Dogma," *Journal of Political Economy*, vol. 68(Feb. 1960).

요하다고 주장한다.

　　반면 어떤 선발기업이 출혈 생산하여 이룩한 경험과 기술 등의 습득이익이 다른 기업 특히 후발경쟁기업에게 유출되고 파급되는 외부경제효과를 가지는 경우, 후발기 업들은 선발기업과 동일한 생산비조건으로 경쟁할 수 있게 되어 선발기업은 그들과의 경쟁에서 도태되거나 습득과정상의 손실을 보상받을 수 없게 된다. 이러한 경우 선발 기업은 기술향상을 위한 투자를 감행할 수 없으므로 그들이 투자를 감행할 수 있도록 이러한 선발기업의 손실을 정부가 부담해 주는 보호가 필요하다고 주장한다.

보충학습 2-5　　**유치산업보호론의 경제적 해석**

---

　1. 전통적 해석 (내부경제와 학습효과)

　　현재는 비교열위에 있는 산업이지만 일정한 보호를 통하여 비교우위산업이 될 수 있 는 유망한 산업의 육성을 위하여 보호무역이 필요하다는 유치산업보호론의 가장 기본 적인 전제는 시간이 지남에 따라 그 산업의 생산비가 저하한다는 것이다. 따라서 유치 산업보호론의 논거로서는 이러한 생산비 저하를 가져다주는 다음과 같은 요인들이 일 반적으로 제시되어 왔다.

　　내부경제 (규모의 경제)　　내부경제(internal economy)란 개별기업의 생산규모가 확대됨 에 따라 그 기업의 평균생산비가 감소되는 이른바 규모의 경제(economy of scale)효과 이다. 일반적으로 개도국의 수입대체산업은 규모의 경제가 있는 산업인데 이러한 산업 이 비교열위에 있는 상태에서 자유무역을 행하면 그 산업은 성장의 기회를 잃어버리고 쇠퇴하지만 보호무역을 통하여 이러한 산업의 국내생산이 증가하면 생산량 증가에 따 른 규모의 경제효과가 나타나 단위당 생산비가 감소하고 이를 통하여 경제가 발전하게 된다.

　　학습효과 (동태적 효과)　　학습효과(learning by doing effect)란 실제적인 생산경험이 없을 때는 생산성이 낮지만 생산경험이 축적됨에 따라 생산성과 기술수준이 향상되어 발전 이 이루어지는 효과이다. 따라서 현재는 생산경험의 부족 때문에 생산성이 낮아 비교 열위에 있는 산업이지만 보호무역을 통하여 국내생산을 증가시키면 그 과정에서 경험 과 숙련이 축적되는 학습효과를 통하여 장차 비교우위산업이 될 수 있는 동태적 효과 를 말한다.

　2. 새로운 해석 (시장불완전성)

　　① 이상에서와 같이 전통적인 유치산업보호론은 일정한 기간 동안의 보호를 통하여 내부경제(규모의 경제) · 학습효과(learning by doing)를 실현함으로써 동태적 이득을 얻는

다는 것으로 해석되어 왔다. 그러나 최근 많은 개도국들은 이와 같은 전통적 의미의 유치산업보호론이 아니라 그들의 시장이 불완전하기 때문에 유치산업을 보호하여야 한다는 '시장의 불완전성(market imperfection)에 기초한 유치산업보호론'을 주장하고 있다.

이러한 유치산업보호론은, 만약 그 나라의 은행과 주식시장 등 금융시장이 잘 발달되어 있다면 시장기능을 통해 그 나라의 유망한 산업(유치산업)이 보호·육성될 것이지만 그렇지 못할 경우 정부가 인위적으로 이러한 유망한 산업을 보호·육성하여야 한다는 것이다. 말하자면 정부가 인위적으로 유치산업을 보호·육성하는 것은 시장이 완전하지 못하다는 전제가 필요하다는 것이다. 따라서 시장불완전성에 기초한 유치산업보호론이란, 시장이 불완전한 개도국의 경우 현재는 비록 미발전된 상태이지만 장래에 비교우위산업이 되어 국민경제발전에 공헌할 가능성이 큰 산업의 경우 정부가 보호무역을 통해 보호해 주어야 한다는 주장이다.

② 이렇게 시장불완전성에 기초한 유치산업보호론이 전제하는 개도국시장의 불완전성은 대체로 다음과 같은 2가지 관점에서 주장된다.

자본시장의 불완전성　개도국들이 전통산업에서 새로운 산업으로 산업구조를 전환하는 데에는 엄청난 자금이 필요하다. 자본시장이 잘 발달된 선진국의 경우에는 기업의 장래이윤 전망을 근거로 창업자금이 지원되거나 자본시장에서 주식이나 채권이 발행되어 자금조달이 가능하다. 그러나 자본시장이 발달되지 못하고 기업의 장래이윤에 대한 정보도 부족하고 이를 평가할 만한 전문가도 부족한 개도국의 경우 정부가 보호무역정책을 통하여 이러한 기업을 육성하는 것이 필요하다. 이러한 경우 최선의 정책은 물론 자본시장을 발전시키는 것이지만 개도국의 경우 여러 가지 제약요인 때문에 그것이 용이하지 않기 때문에 그러한 산업의 성장과 발전을 이룩하기 위해서는 보호무역정책을 통하여 보호하는 것이 차선책이 된다는 것이다.

외부경제의 발생　새로운 유치산업에 진출하는 기업은, 외국으로부터 새로운 기술을 도입하여 적용시키거나 새로운 시장을 창출하여 후발기업들이 정착하는 데 소요되는 비용을 감소시키는 등 일정한 외부경제(external economies)를 발생시킨다. 외부경제란 특정산업이 육성되는 과정에서 자체 개발한 생산방식이나 외국으로부터 습득된 선진기술이 타 기업·타 산업에 전파됨으로써 타 기업·타 산업의 생산조건을 개선시키는 경제적 효과이다.

어떤 기업이나 산업이 이러한 외부경제효과를 가지는 경우 이러한 기업이나 산업에 대한 보호가 필요하다. 이들이 힘들게 획득한 기술이 보호받지 못하여 다른 기업이나 산업이 이러한 기술을 모방하여 동일한 생산비조건으로 경쟁하게 되면 이러한 외부경제효과를 발생하는 기업이나 산업이 기술을 습득하는 과정에서 입은 손실을 보상받지 못하게 되기 때문이다. 이러한 경우 최선의 정책은 이러한 외부경제를 발생시키는 기업에게 사회적 이득을 보상해 주는 제도적 장치를 마련하는 일이다. 그러한 제도적 장치가 존재하지 않으면 어떤 기업도 그러한 산업에 진입하려 하지 않을 것이다. 이러한 제도적 장치가 여의치 않을 경우 차선책으로 보호무역장벽을 설치하여 이러한 새로운 유치산업에 기업들이 진출하도록 장려하는 것이 필요하다.

③ 이러한 시장불완전성에 기초한 유치산업보호론에 대해서도, 실무적으로 어떠한 사업들이 실제로 특별하게 보호를 해야 하는지에 대하여 명확한 기준이 없고, 개발을 촉진하기 위하여 행해진 보호정책이 특정한 이익집단에게 특혜를 제공하는 결과만을 초래할 위험이 있다는 비판이 여전히 내려지고 있다.

1.2 정체산업보호론/첨단산업보호론

전술한 대로 국내산업보호를 위한 보호무역정책론으로서 기장 전통적이고 유력한 이론이 유치산업보호론이지만 이러한 국내산업보호론은 그 시대 그 국가의 특성에 따라 보호대상이 되는 국내산업이 무엇인가에 따라 서로 다른 보호무역론으로 이론화되었다. 이하에서는 이러한 보호무역론들 중 「정체(사양)산업보호론」·「첨단기술산업보호론」·「산업고도화론」 등에 대해 언급한다.

(1) 정체산업보호론

① 「정체(사양)산업 보호론」(senescent industry argument)이란, 비교우위를 상실하고 외국과의 경쟁에서 쇠퇴하고 있는 국내기업이나 산업에 종사하고 있는 계층의 고용안정과 소득을 보호하기 위하여 보호무역정책이 필요하다는 주장이다.

시장에서 새로운 경쟁자가 출현하고 소비자의 기호가 변동되어 기존 산업이 사양화되고 정체되는 동태적인 변화과정에서 구조조정 속도가 느려서 사양산업으로부터 노동·자본과 같은 생산요소가 비교우위산업으로 순조롭게 이동하지 못하면 사양산업 부문에서 실업이 발생되고 사양산업에 속한 계층의 소득이 감소하여 사회적 불안과 비효율이 초래되게 된다. 따라서 자유무역에 의한 노동의 실업과 자본의 유휴화를 막고 사양산업의 구조조정과정에서 발생되는 문제를 극소화하기 위하여 그러한 사양산업에 대한 보호조치가 필요하다는 주장이 정체산업보호론이다.

② 이러한 정체산업보호론에 대해서는 다음과 같은 「비판」이 가해진다.

(1) 정체산업보호론은 주로 후발국에 의해 주장되는 유치산업보호론과 달리 선진국들에 의해 주장되는 보호무역정책론이다. 따라서 유치산업보호론이 현재는 비교열위산업이지만 장차 새로운 비교우위를 확보하기 위한 동태적인 관점의 보호무역론이라면, 정체산업보호론은 비교우위를 상실해가는 산업의 보호를 위하여 진행되고 있는 동태적 변화를 저지하거나 연장시키기 위한 보호무역정책론이다. 따라서 전자가 일정한 기간 동안의 잠정적·교육적 보호를 전제로 하는 것이라면 후자의 경우 그러한 보호가 시작되면 영구적이어야 한다.

(2) 자유시장 경쟁체제의 기본원리는 시장논리에 따라 기업과 산업의 성패가 결정되는 것이 가장 바람직하다는 것이다. 말하자면 시장의 수요공급원리에 따라 경쟁자만큼 저렴하게 생산하지 못하거나 경쟁자만큼 소비자를 만족시키지 못하면 도태되고 그 기업이나 산업에서 사용되던 자원이 보다 효율적인 부문으로 이동하도록 하는 것이 경제전체의 효율성을 높인다는 것이다. 이러한 원리를 국제무역에 대입하면 국가간의 무역도 자유경쟁의 원리에 따라 비교우위를 상실하는 기업이나 산업은 도태되는 것이 효율면에서 바람직하다는 것이 자유무역정책론이다.

이러한 비판에 대하여 정체산업보호론자들은 다음과 같이 「반론」한다.

(1) 어떤 산업부문에 고용되고 있는 생산요소가 다른 산업부문으로 항상 자유롭게 이동될 수 있는 것도 아니고 이동되더라도 동일한 소득을 보장받을 수 없으며, 외국산업과의 경쟁에서 도태되는 기업이나 산업이 그냥 도태되는 것보다는 정부가 개입해서 그러한 기업이나 산업을 구제하는 것이 더 바람직하다고 할 수 있다.

(2) 외국으로부터의 균형파괴적 요인의 충격적 효과가 너무 심대하여 국내경제에 상당한 기간 불균형이 존속되고 이러한 불균형을 해소하려는 산업구조조정의 코스트가 너무 큰 경우 자유무역에 대한 일시적인 제한이 필요할 수 있다.

③ 어느 쪽이든 정체산업보호론과 관련된 주장은 경제적 합리성이나 논리성보다는 정치적인 정서와 감정에 기초하고 있고 따라서 현실적으로 호소력이 있는 것이 사실이다. 또한 국내적인 경쟁에서 탈락한 기업이나 산업은 어쩔 수 없다고 하더라도 외국과의 경쟁 때문에 피해를 입은 기업이나 산업은 특별히 구제해야 한다는 국민적 정서가 강한 것도 사실이다. 이러한 주장은 선진국의 섬유산업 보호에서 그 전형을 찾을 수 있듯이 역사적으로 그 사례가 풍부하다.

그러나 경제학자들은 이러한 정체산업보호는 자원의 효율적 배분을 해치고 지나치게 높은 보호비용을 수반하게 될 뿐만 아니라 자국의 산업보호를 위하여 상대국에게 희생을 요구하므로 상대국도 이와 똑같은 보호조치를 취할 수 있다고 비판한다. 뿐만 아니라 사양산업의 고용문제를 해결하가 위하여 보호정책을 주장하는 것은 한정성규칙(specificity rule)에 어긋난다고 주장한다. 문제를 해결하기 위해서는 문제발생의 원인에 대한 처방을 내려야 하는데 정체산업보호론의 주장은 문제의 원인보다는 문제에 따른 결과를 해소하기 위한 주장이라는 것이다.

문제는 자국 산업의 경쟁력 하락이 원인인 만큼 이에 대한 대책은 사양산업의 경쟁력을 제고시키는 정책을 강구하는 것이 오히려 더 좋은 대안이며, 장기적으로 도저히 희망이 없는 산업이라면 노동자들이 다른 산업으로 이동하는 데 따른 보상금지급이나 기술훈련 등을 제공하는 것이 더 바람직한 대안이지 이러한 산업에 대한 보호무역정책을 펼치는 것은 올바른 대안이 될 수 없다고 주장한다.

(2) 첨단산업보호론/산업고도화론

① 1970년대 중반 이후 이른바 신보호무역주의가 확산되면서 미국 등 선진국을 중심으로 「첨단기술산업보호론」(high technology industry argument)이 제기되었는데, 이것은 신생기에 있는 컴퓨터·유전공학·신소재 등과 같은 첨단기술산업을 정부가 강력히 보호하여 육성하여야 한다는 보호정책론이다.

이러한 첨단기술산업보호론은 상술한 유치산업보호론의 특수한 해석이라고 볼 수 있으나 이와는 상반되는 논리를 지니고 있다. 우선 유치산업보호론이 선진국에 비하여 뒤떨어져 있는 후발국들의 유망산업이 경쟁력을 갖추도록 일정한 기간 보호하여야 한다는 주장인데 비하여 첨단산업보호론은 선진국들이 앞서가는 선발산업의 경쟁력과 선점효과를 확보하거나 유지하기 위하여 보호하여야 한다는 주장이다. 따라서 전자가 경쟁관계에 있는 외국의 수입제품에 대하여 관세 등을 부과하여야 한다고 주장하는데 비하여 후자는 첨단기술의 개발이나 이미 보유하고 있는 기술의 보호를 위하여 보조금을 지급하거나 타국의 지적재산권침해에 대한 강력한 보호조치 등을 취해야 한다고 주장한다.

또한 이러한 첨단산업보호론이나 상술한 정체산업보호론 모두 신보호주의 하에서 이루어진 선진국의 보호논리로서 전자가 이미 후진국들에게 경쟁력을 잃고 있는 분야에 대한 보호이고 후자 역시 선후진국 간 기술격차가 축소됨에 따라 이러한 기술격차를 유지·확장시키려는 보호라는 점에서 유사성을 지니지만, 전자는 선진국들이 경쟁력을 잃고 있는 사양산업과 그 종사자들을 보호하려는 보호정책론인데 비하여 후자는 선진국들이 이미 보유하고 있는 기술적 우위를 유지·강화하려는 보호정책론이라는 점에서 서로 다르다.

표 2-3	유치산업보호론·정체산업보호론·첨단산업보호론 비교	
유치산업보호론	정체산업보호론	첨단산업보호론
▪ 후발국(개도국) ▪ 유망산업의 경쟁력 확보 ▪ 수입제한정책	▪ 선진국 ▪ 경쟁력 약화된 산업과 　고용노동자 보호 ▪ 수입제한정책	▪ 선진국 ▪ 선발산업의 경쟁력 확보와 　시장선점 목표 ▪ 보조금정책

　②　이처럼 첨단기술산업보호론이 주로 선진국들이 그들의 국내산업을 위한 보호정책론이라면 개도국 역시 자국의 산업발전이나 산업구조변화를 위한 보호정책론을 주장하였다. 일찍이 19C 농업 위주의 산업구조를 가진 미국이 공업도 함께 발전시켜 균형적인 산업구조를 이룩하기 위하여 국내제조업의 육성을 위하여 보호무역이 필요하다는 주장이나 최근에 이르러 전통산업과 신산업 간의 균형적인 발전을 위하여 신산업분야에 대한 보호가 필요하다는 「산업분화론」, 또한 비교우위의 동태적 변화과정에서 일국의 산업구조를 고도화하기 위하여 보다 부가가치가 높고 기술집약적인 산업들을 지원·육성하기 위하여 보호무역이 필요하다는 「산업고도화론」 등이 그러한 보호정책론들이다.

2 후생증대·소득분배개선을 위한 보호론

　일반적으로 자유무역이 무역참가국의 후생을 증대시키는 반면 보호무역정책은 그 나라의 후생을 감소시키지만, 때때로 보호무역을 통하여 오히려 그 나라의 후생을 증대시킬 수 있다는 주장이 제기되었다. 예컨대, 자유무역정책론이 전제하고 있는 가정이 충족되어 있지 못하고 시장이 왜곡되어 있는 경우 오히려 보호무역을 통하여 그러한 왜곡을 시정함으로써 후생을 증진시킬 수 있다는 「시장왜곡개선론」, 또한 경제적 대국(大國)의 경우 관세를 부과하여 교역조건을 개선시키면 이로 인한 후생증대를 이룩할 수 있다는 「교역조건개선론」 등이 그것이다.

　한편 자유무역정책과 관련하여 설명하였듯이 국제무역은 무역당사국 내 소득재분배를 가져오게 되는데, 자유무역으로 인하여 실질소득의 저하를 가져오는 집단·계층을 보호하고 그에 따른 소득불평등을 개선하기 위하여 외국의 수입품에 대한 일정한 보호가 필요하다는 주장 역시 제기되었는데 그것이 「소득분배개선론」이다.

2.1 시장왜곡개선을 위한 보호론

(1) 시장왜곡개선론의 의의

자유무역론자들은 자유무역이 무역당사국이나 세계전체의 후생을 극대화한다고 주장한다. 이에 대하여 보호무역론자들은, 자유무역이 세계전체의 후생을 극대화시킬 수는 있지만 일국의 후생 측면에서는 자유무역이 최선의 정책이 되지 못하는 경우가 있다고 주장하면서, 일정한 경우 보호무역이 오히려 그 나라의 후생을 증대시킬 수 있다고 주장한다. 이러한 주장의 근거로서는 여러 가지 경제적·비경제적 요인들이 다양하게 제시되지만 가장 대표적인 경우가 시장왜곡이 존재하는 경우이다.

따라서 「시장왜곡개선론」(distortion arguments for protection)이란 시장에 불완전경쟁이나 외부효과 등으로 인한 시장왜곡(market distortion)이 존재하는 경우 보호무역을 통하여 그러한 왜곡을 개선하는 것이 자유무역의 경우보다 오히려 그 나라의 후생을 극대화시킬 수 있다는 보호무역정책론이다.

자유무역이 일국의 후생을 극대화시킨다는 자유무역정책론의 명제는 가격기구에 의해 자원의 효율적 배분이 이루어지고 이에 따라 후생이 극대화되는 상태, 즉 완전경쟁(perfect competition) 하에서 파레토최적조건(Pareto optimality condition)을 충족하는 생산과 소비가 이루어지는 상태를 전제로 한다.[22] 따라서 시장왜곡개선론은 이러한 조건이 성립되지 않는 왜곡상태(distortion state) 하에서는 자유무역이 그 나라의 후생을 극대화하는 최선의 정책이 아니고 보호무역이 오히려 그 나라의 후생을 극대화시킬 수 있는 차선의 정책(the second best policy)이 된다는 것이다.[23]

---

[22] 파레토최적(Pareto optimality)의 상태란 한 사람의 이득을 희생시키지 않고는 다른 사람의 이득을 제고할 수 없는 상태를 말한다.

[23] 차선이론(theory of the second best)에 따르면 한 시장에서 시장기능이 실패할 경우 정부가 다른 시장에 개입하지 않는 것이 결코 최적정책이 아니므로 시장왜곡이 존재하는 경우 자유무역정책이 결코 최적정책이 될 수 없다는 것이다.

(2) 시장왜곡 유형별 보호효과

개방경제 하에서 이러한 시장왜곡이 존재하는 원인과 유형에 대해서는 [보충학습 2-6]이 설명하고 있지만, 보호무역을 통하여 그 나라의 국민후생을 극대화시킬 수 있다고 주장되는 대표적인 시장왜곡의 유형과 보호효과를 살펴보면 다음과 같다.

수요독점 의한 국제시장 왜곡   일국의 수입규모가 국제교역시장에 차지하는 비중이 매우 커서 어느 정도 수요독점적 위치를 가지는 경우 그 나라의 무역상황이 국제교역 조건에 영향을 주게 되는 해외시장의 왜곡이 발생된다. 이러한 경우 그 나라는 최적 관세(보호무역)를 부과함으로써 파레토최적조건에 도달될 수 있다. 이에 대해서는 교역 조건개선효과 또는 최적관세론과 관련하여 다시 논의한다.

외부경제 의한 국내생산 왜곡   일국의 어떤 산업생산에 외부경제효과가 발생하는 경우 그 기업이 직면하는 사적 편익(private benefit)은 사회적 편익(social benefit)보다 낮으므로 사회적으로 바람직한 생산수준보다 낮은 수준의 생산이 이루어지는 생산왜곡이 발생된다. 예컨대 어떤 맥주생산업체가 맥주생산을 위하여 지역의 수질개선에 노력하는 경우 그로 인한 사회적 편익은 그 기업이 직면하는 사적 편익보다 더 높게 평가되어야 하지만 그에 대한 어떤 보상이 이루어지지 않는 한 사회적으로 적정한 양만큼 생산하지 않고 과소생산하게 된다. 이 경우 외국으로부터 수입되는 맥주에 정부가 관세를 부과하여 그 맥주의 국내가격이 상승하게 되면 그 회사는 맥주의 생산을 늘리게 된다. 따라서 맥주의 국내생산이 사회적으로 바람직한 수준으로 증대되어 생산왜곡이 시정되는 동시에 사회후생이 극대화된다.

외부불경제 의한 국내소비 왜곡   수입재의 국내소비에 외부불경제가 존재하는 경우 사회적으로 바람직한 수준보다 과대한 소비가 발생된다. 이 경우 수입품에 관세를 부과하면 국내가격이 상승하여 사회적으로 바람직한 수준으로 소비가 감소하게 된다. 예컨대 자동차의 소비가 매연(공해)을 유발하여 다른 사람의 건강을 해치는 외부불경제가 있는 경우 그 제품의 사회적 편익은 사적 편익보다 그만큼 낮아지므로 그 제품의 소비에 대한 적절한 제재가 가해지지 않는다면 사회적으로 과다 소비되는 문제가 발생된다. 따라서 이러한 제품의 수입에 관세가 부과되어 수입재의 국내가격을 상승시키면 수입재의 소비가 사회적으로 적정한 수준으로 감소되어 소비왜곡을 시정하는 동시에 사회적 후생을 극대화시킬 수 있다.[24]

---

24 한편 국내생산에 왜곡이 있는 또 다른 경우로서 수입경쟁재산업이 독과점적 성격을 가지는 경우를 들

요소시장의 왜곡   요소시장이 불완전경쟁 하에 있거나 외부효과가 있는 경우 역시 보호무역을 통하여 이러한 왜곡을 시정하는 동시에 그 나라의 후생을 극대화할 수 있다. 예컨대 수입경쟁산업의 노동조합이 너무 강력하여 그 산업의 임금이 수출산업의 임금보다 상대적으로 높아지면 수입경쟁재는 과소 생산되고 수출재는 과다 생산되어 사회적으로 바람직한 후생수준에 도달되지 못한다. 이 경우 정부가 수입재에 대한 관세를 부과하여 동제품의 국내가격이 상승하면 수입경쟁재의 생산이 사회적으로 바람직한 수준으로 증가하여 요소시장의 왜곡이 개선되는 동시에 이에 따라 후생도 증대된다.

보충학습 2-6   시장왜곡의 원인과 유형

시장왜곡개선을 위한 보호무역론을 이해하기 위해서는 우선 시장왜곡을 이해해야 하고 시장왜곡을 이해하기 위해서는 개방경제 하의 파레토최적조건을 이해하여야 한다. 시장왜곡이 존재하면 자원의 효율적 배분이 이루어지지 않아 일국의 경제후생이 극대화되는 파레토최적상태에 도달되지 못하기 때문이다. 개방경제 하에서 사회후생이 극대화되는 파레토최적이 이루어지기 위해서는 생산물시장과 요소시장에 왜곡이 없어야 한다. 여기서는 시장왜곡의 유형을 생산물시장과 요소시장으로 나누어 간략히 설명한다.

1. 개방경제 하의 생산물시장 왜곡

개방경제 하에서 생산물시장의 파레토최적조건이 성립되기 위해서는 생산의 한계변형률(MRT_{XY})과 소비의 한계대체율(MRS_{XY}) 및 국제교역조건(TOT_{XY})이 서로 일치하여야 한다. 이러한 조건이 성립되면, 기하학적으로는 생산가능곡선상의 생산점에서의 접선은 사회무차별곡선상의 소비점에서의 접선과 일치하여야 하며 이들 접선의 기울기는 국제교역조건선과 일치하게 된다.

$$MRT_{XY} \quad = \quad MRS_{XY} \quad = \quad TOT_{XY}$$

(생산의 한계변형률) (소비의 한계대체율) (국제교역조건)
(생산가능곡선의   (사회무차별곡선의
접선의 기울기)   접선의 기울기)

수 있다. 이러한 경우 독과점생산업체는 이윤극대화를 위하여 사회적으로 바람직한 생산수준에 미달하는 국내생산을 함으로써 생산왜곡이 발생된다. 그러나 이러한 경우에는 자유무역을 통하여 국내독점을 제거하는 것이 국내가격인하·국내생산증가·국민후생증대를 가져오므로 이러한 유형의 생산왜곡은 보호무역정책론의 논거가 되지 못한다.

이러한 조건들 중 어느 하나의 조건이라도 충족되지 못하는 경우 생산물시장의 왜곡이 발생된다. 생산물시장의 왜곡은 그 발생원인에 따라 내생적 왜곡과 정책적 왜곡으로 구분한다. 이때 정책적 왜곡(policy imposed distortion)이란 정책의 실패에 의해서 일어나는 왜곡으로서 이러한 왜곡은 잘못된 정책을 시정함으로써 제거될 수 있다. 반면 내생적 왜곡(endogenous distortion)이란 경제 내에 시장실패(market failure)가 발생하여 일어나는 왜곡으로서 그 주된 원인은 다음과 같다.

시장의 불완전성　어느 산업의 일부에 독점이나 과점 등 시장의 불완전성이 존재하는 경우 무역이 발생하기 전 그들 독과점기업들은 이윤을 극대화하도록 생산량과 가격을 결정한다. 이 경우 독과점기업들이 책정하는 수입경쟁재의 가격은 한계생산비보다 높기 때문에 파레토최적을 충족시키지 못한다.

외부경제효과　시장이 비록 완전경쟁조건을 충족하더라도 외부경제효과, 즉 외부경제(external economy) 또는 외부불경제(external diseconomy)가 발생하여 사적 편익/비용(private benefit/cost)과 사회적 편익/비용(social benefit/cost)이 괴리되는 경우를 들 수 있다.

이와 같이 여러 가지 원인에 의해 발생되는 개방경제 하의 시장왜곡형태는 다양할 수 있지만 자유무역의 파레토최적상태가 성립되지 않는 구체적 형태는 다음과 같은 3가지 유형으로 구분할 수 있다.

해외시장의 왜곡 ($MRT_{XY} = MRS_{XY} \neq TOT_{XY}$)　국내시장에서의 생산과 소비는 최적상태가 충족되지만($MRT_{XY} = MRS_{XY}$) 국제시장에 왜곡이 발생되어 파레토최적이 달성되지 않는 경우이다. 예컨대 일국의 경제규모가 매우 커서 국제시장에서의 수요와 공급에「독점력」을 행사할 수 있는 경우 이 나라의 무역정책이 국제교역조건에 영향을 주게 되는 경우이다.

국내생산의 왜곡 ($MRT_{XY} \neq MRS_{XY} = TOT_{XY}$)　국내소비의 한계대체율($MRS_{XY}$)과 국제교역조건선($TOT_{XY}$)이 일치하여 소비면에서의 파레토최적은 성립되지만, 이것이 한계변형률(MRT_{XY})과 일치하지 않아 국내생산의 왜곡이 발생하는 경우이다. 이러한 국내생산의 왜곡이 발생하는 것은 앞서 설명한 대로 국내생산물시장에 독과점 등「시장불완전성 요인」이 존재하는 경우와 국내생산에「외부경제효과」가 존재하는 경우이다.

국내소비의 왜곡 ($MRS_{XY} \neq MRT_{XY} = TOT_{XY}$)　국내생산의 한계변형률과 국제교역조건은 일치하여 생산면에서의 파레토최적은 성립되지만 이것이 소비의 한계대체율과 일치하지 않아 국내소비의 왜곡이 발생하는 경우이다. 이러한 국내소비의 왜곡은 소비수요에「독점」이 존재하거나 소비에「외부경제 또는 외부불경제」가 있는 경우이다.

2. 요소시장 왜곡

개방경제 하에서 요소시장의 파레토최적조건이 성립되기 위해서는 수출재(X재)생산에 있어서 노동과 자본의 한계기술대체율($MRTS_{LK}^{X}$)과 수입재(Y재)생산의 한계기술대체율($MRTS_{LK}^{Y}$) 및 생산요소의 상대가격(w/r)이 일치하여야 한다. 이러한 조건이 성립되면 결국 요소배분점이 박스다이아그램(box-diagram)의 계약곡선상의 한 점에서 수출재와 수입재의 등량곡선이 접하며 두 등량곡선의 접선이 일치하게 된다.

$$MRTS_{LK}^{X} \quad = \quad MRTS_{LK}^{Y} \quad = \quad w/r$$

(X재의 자본과 노동의 한계기술대체율) · (Y재의 자본과 노동의 한계기술대체율) · (생산요소의 상대가격)

만약 수출재(X재)산업의 노동과 자본의 한계기술대체율($MRTS_{LK}^{X}$)과 수입재(Y재)산업의 노동과 자본의 한계기술대체율($MRTS_{LK}^{Y}$)이 일치하지 않는 경우 요소시장의 왜곡이 발생하게 되는데 이 경우 요소배분점이 계약곡선상에 위치하지 못하게 되어 그 점에서의 한계기술대체율이 서로 일치하지 않게 된다. 이러한 요소시장의 왜곡은 산업 간 「요소가격의 격차」가 있거나 요소시장에 「외부효과」가 존재하는 경우이다.

이들 중 산업 간 요소가격 격차가 존재하여 발생되는 왜곡은 특히 개도국의 경제구조를 특징짓는 것으로서 후진국경제개발에 관심을 가진 개발경제학자들의 경우 이에 대한 관심이 높다. 이러한 왜곡이 발생되는 예로서는, 요소시장이 불완전경쟁의 형태를 띠게 되는 경우를 들 수 있다. 예컨대 노동조합의 존재·요소이동의 제한·정보의 부족·고용의 차별 등에 의하여 산업 간 임금격차가 발생되는 경우이다. 다음으로는 산업 간 요소가격이 동일하더라도 요소가격이 요소의 한계생산물을 반영하지 못하는 경우이다. 예컨대 공업부문과 농업부문의 임금이 동일하더라도 농업부문의 임금이 농업의 한계생산물과 일치하지 않고 농업의 평균생산물과 일치하는 경우 이로 인한 농업임금과 공업임금의 실질적 차이가 존재하는 경우이다.

(2) 시장왜곡개선을 위한 보호론의 평가

① 이상과 같이 시장왜곡이 존재하는 경우 자유무역보다는 보호무역이 오히려 일국의 후생을 극대화시킬 수 있다는 시장왜곡개선을 위한 보호론의 주장은 완전경쟁과 파레토최적조건 등 여러 가지 비현실적인 가정들을 기초로 하여 정립된 자유무역정책론의 비현실성을 지적해 준다. 뿐만 아니라 선진국과는 달리 시장의 실패와 왜곡이 만연되어 있는 개도국의 입장에서 보호무역의 정당성을 높여주는 주요한 논거로 자리잡게 되었다. 그러나 이러한 시장왜곡개선을 위한 보호무역정책론에 대해서는 다음과 같은 「이론적·정책적 비판」들이 가해지고 있다.

정책목표에 대한 정책수단의 적정성　시장실패나 시장왜곡이 있는 경우 그것을 시정하기 위해서는 왜곡 그 자체의 근원을 직접 겨냥하여 제거하는 여러 가지 국내정책(예컨대 생산세·소비세·보조금 등)이 최선이고 관세 등 무역정책을 통하여 이를 시정하려는 것은 기껏해야 차선의 정책(the second best policy)일 뿐이다. 따라서 시장왜곡을 개선하기 위한 보호무역정책은 정책수단으로서의 적정성을 갖지 못한다.

(1) 관세부과를 통하여 시장왜곡을 개선하는 경우 생산면(소비면)에서의 파레토최적은 달성될 수 있지만 이로 인해 소비면(생산면)에서 새로운 왜곡이 발생되어 생산과 소비의 파레토최적이 동시에 달성되지 못한다. 이것은 어떤 정책을 실행함에 있어서는 그 정책에 따른 비용을 상호간에 비교하여 더 나은 정책수단을 채택하여야 한다는 전제에서 보았을 때 국내정책(직접적 정책)보다 무역정책(간접적 정책)으로 인한 비용이 일반적으로 더 크기 때문에 결코 바람직하지 못하다.

(2) 따라서 시장왜곡이 있는 경우 관세를 부과하는 무역정책보다「과세－보조금정책」(tax cum subsidy policy)에 의하여 보다 높은 국민후생수준이 보장될 수 있다. 예컨대 외부효과로 인하여 사회적으로 바람직한 수준보다 과소 생산하는 산업에 대한 보조금 지급, 사회적으로 바람직한 수준보다 과다 생산하는 산업에 대한 세금부과, 또는 후자에 대하여 거둬들인 세금으로 전자에 대하여 보조금을 지급하는 정책 등을 통하여 시장왜곡 그 자체를 시정하는 것이 관세를 부과하는 경우보다 더 우월한 정책이 된다.

(3) 생산요소의 이동성이 없는 경우 직업소개, 노동의 재훈련, 업종전환 장려금과 융자제도와 같은 국내정책이 바람직하고 임금격차가 존재하는 경우 노동의 이동성을 높이는 정책과 함께 고임금부문의 고용에 과세하고 저임금부분의 고용에 보조금을 주는 정책이 바람직하다. 말하자면 여러 가지 시장왜곡은 그 원인에 따른 적절한 국내정책에 따라 시정될 수 있고 또 그것이 관세정책보다 우월하다는 것이다.

경제발전 따른 장기적 효과 무시 저개발국의 경우 도시와 시골, 공업부문과 농업부문 간에 커다란 임금격차가 존재하고 또 어떤 분야는 완전고용상태이지만 다른 분야는 대량실업이 존재하고 있는 경우가 많으므로 이러한 점에서 이 이론은 개도국에 대해 보다 현실성 있는 무역정책이론이라고 할 수 있다. 그러나 경제가 발전할수록 요소시장의 노동이동성이 증대하여 임금격차가 줄어들게 마련이므로 개도국의 경제가 발전할수록 보호무역이 자유무역보다 바람직할 여지는 점차 축소된다고 하겠다.

현실적 정책수행의 곤란성 시장의 실패나 왜곡이 발생한다고 하더라도 그러한 실패와 왜곡의 존재를 정밀하게 파악하는 일, 그 크기를 정밀하게 가늠하는 일이 현실적으로 쉽지 않다. 이같이 경제학자나 정부가 보호정책을 실시할 만큼의 시장왜곡이 존재하는가를 정밀하게 식별하고 충분히 진단하기가 어렵기 때문에 이에 대한 어떤 정책을 적정하게 처방하기도 매우 어렵다.

최적관세론의 한계성   어떤 나라가 수요독점적 위치에 있을 때 최적관세부과(보호무역)를 통한 후생극대화는 이론적으로는 가능하지만 현실적으로는 규모가 거대한 대국(大國)의 일정한 경우 예외적으로만 가능하며, 뒤에서 설명하는 바와 같이, 수출국의 공급탄력성이나 상대국의 대응태도가 어떠한가에 따라 그 효과가 달라질 수 있다.

② 〈표 2-4〉는 지금까지 논의한 개방경제 하에서 대표적인 시장왜곡유형과 그에 기초한 보호무역정책론의 논거를 보여주는 동시에 시장왜곡개선을 위한 보호무역정책론에 대한 비판의 주요 논점들을 정리하고 있다.

표 2-4   시장왜곡유형에 따른 보호정책의 논거 및 비판

왜곡의 유형		보호정책의 논거	비판의 주요 내용
국제시장의 왜곡	국제시장에 수요독점적 위치에 있는 국가 존재	최적관세 부과→ 후생극대화	▪ 규모가 거대한 대국의 경우 예외적으로만 가능함
국내 생산 왜곡	외부 경제	수입경쟁산업의 외부경제효과→ 사회적으로 바람직한 생산수준의 미달	관세(보호무역)→ 국내가격 상승→ 국내생산 증가·후생증대효과	▪ 관세부과를 통하여 생산면(소비면)에서의 파레토최적이 달성되지만, 소비면(생산면)에서의 새로운 왜곡이 발생되어 생산과 소비의 동시적인 파레토최적이 달성되지 못함
국내 소비 왜곡	외부 불경제	수입재의 국내소비에 외부불경제→사회적으로 바람직한 소비수준의 초과	관세(보호무역)→ 국내가격 상승→ 국내소비 감소·후생증대효과	▪ 무역정책(관세부과 등) 보다 왜곡을 제거하는 직접적 정책, 또는 과세–보조금정책(tax cum subsidy policy)에 의하여 보다 높은 후생수준이 보장될 수 있음
국내 요소 시장 왜곡	산업 간 임금 격차	강력한 노동조합→ 수입경쟁산업 고임금→ 수입재의 과소생산·수출재의 과다생산	관세(보호무역)→ 국내가격 상승→ 수입경쟁재의 생산 증가·후생증대효과	

이상과 같은 이론적 한계와 비판에도 불구하고 현실의 정책은 이러한 국내정책보다도 보호무역정책을 우선적으로 채택하는 경향이 있다. 예컨대 1980년대 미국의 자동차부문의 노동자를 보호하기 위해 취할 수 있는 정책대안으로서 외국자동차의 수입을 제한하기 위한 수입할당제와 국내자동차부문의 육성을 위한 보조금지급방법이 있다고 하였을 때, 이론적으로는 후자가 더 바람직한 정책수단이지만 현실의 정책은 오히려 전자가 선호되는 경향이 있어 왔다. 이것은 앞서 설명한 통상정책의 「정치경제적 성격」 때문이라고 할 수 있다.

2.2 교역조건개선을 위한 보호론

(1) 교역조건개선론의 의의

① 일반적으로 관세는 관세부과국의 국민후생을 저하시키므로 자유무역이 후생을 극대화하는 정책이다. 그러나 일정한 경우 관세부과가 그 나라의 대외교역조건을 개선시켜 관세부과국의 후생을 오히려 증진시킬 수 있다. 이처럼 보호무역을 통하여 자국의 국제교역조건을 개선하고 이를 통하여 자국의 국민후생을 증대시키기 위하여 보호무역정책을 하여야 한다는 주장이 교역조건개선론이다.

「교역조건」(terms of trade)이란 교역당사국 간 상품의 교환비율, 즉 수출품과 수입품 간의 국제적 교환비율을 말한다.[25] 따라서 이러한 국제교역조건은 무역당사국 간의 무역이익의 배분을 결정한다. 예컨대 국제교역조건이 개선되면 무역으로부터 발생되는 이익이 증대되는 것이고 교역조건이 악화되면 무역으로부터 발생되는 이익이 저하된다는 것이다. 따라서 모든 나라들은 교역량의 증대와 함께 자국의 교역조건을 개선시키고자 한다.

상대국의 수입품에 대하여 관세를 부과하면 이에 따라 수입품의 국내가격이 상승하게 되고 이로 인하여 수입수요가 감퇴되므로 그 상품을 공급하고 있는 상대방 수출국의 수출량이 감소하고 수출시장점유율이 하락하게 된다. 그런데 이때 수입국의 규모가 매우 커서 이러한 변화가 수출국에게 큰 타격을 주는 경우 수출국은 이러한 결과가 초래되는 것을 막기 위하여 수출품의 가격을 인하시키려는 경향이 있게 된다. 이러한 가격인하가 이루어지는 경우 수입국(관세부과국)은 그만큼 그 재화를 싸게 구입할 수 있으므로 자국의 교역조건이 개선되는 「교역조건개선효과」(terms of trade effect)를 누리게 되고 이에 따라 자국의 국민후생이 증대된다.

② 이러한 이론을 처음으로 제시한 사람은 영국의 토렌스(Robert Torrence)였다. 그는 일찍이 1815년경에 리카도(D. Ricardo)보다 먼저 비교우위의 원리를 인식했던 학자로 알려질 만큼 철저한 자유무역론자였다. 그런 그가 1840년대 초 영국에서 전개되었던 관세논쟁에서 교역조건개선론을 펼치면서 '지금까지 일방적 자유무역정책(unilateral

---

25 국제교역조건이란 자국이 한 단위의 재화를 수출하는 대신 상대국으로부터 받고자 하는 수입재의 양을 말한다. 따라서 이를 수출재의 가격(P_x)과 수입재의 가격(P_y)으로 표시하면 국제교역조건은 P_x/P_y로서 수입재에 대한 수출재의 상대가격이다. 따라서 국제교역조건이 개선(악화)된다는 것은 수입재에 대한 수출재의 상대가격이 상승(하락)하는 것으로서 한 단위의 수출재와 교환되는 수입재의 양이 증가(감소)한다는 것이므로 무역으로부터 발생되는 이익이 증가(감소)한다는 것이다.

free trade policy)을 취해온 영국도 상호주의(reciprocity)에 입각하여 관세가 높은 나라에 대해서는 높은 관세를 유지하고 관세가 낮은 나라에 대해서는 낮은 관세를 부과하여야 한다'고 주장하였다.

당시는 애덤 스미스(A. Smith)의 자유무역사상이 절대적인 영향력을 떨치던 시기였던 만큼 그의 이러한 주장은 경제학자들로부터 이단시되었으나 이후 밀(J. S. Mill)을 거쳐 20C 초반 마샬(A. Marshall), 에지워스(F. Y. Edgeworth), 타우식(F. W. Taussig) 등 여러 고전파 경제학자들에 의해 이러한 교역조건개선론의 타당성이 거듭 확인되게 되었다. 이들은 수입품에 대하여 관세를 부과하면 교역상대국은 이로 인해 손실을 입게 되지만 관세부과국은 상대국의 희생으로 이익을 얻을 수 있다고 주장하였고, 특히 마샬과 에지워스는 수입품에 대하여 적당하게 관세를 부과하면 자유무역을 하는 경우보다 유리한 효과가 발생된다고 주장하기도 하였다.

(2) 교역조건개선과 최적관세론

이상에서 설명한 바와 같이, 관세부과는 국내산업보호를 위하여 수입국의 후생수준이 저하되는 것을 용인하는 정책수단이지만 일정한 경제규모를 가진 대국(大國)이 당해 상품에 대한 시장지배력을 가지는 경우 수입품에 대하여 관세를 부과하면 자국의 교역조건이 개선됨으로써 그 나라의 후생이 오히려 증대될 수 있다. 이같이 교역조건개선을 통하여 관세부과국의 국민후생을 극대화시켜 주는 관세를 「최적관세」(optimum tariff)라고 하고 이러한 최적관세부과를 통하여 그 나라의 후생을 극대화할 수 있다는 주장이 「최적관세론」(optimum tariff theory)이다.[26]

이러한 최적관세론이 무역정책론으로서 의미를 가지는 것은 보호무역을 통하여서도 자국의 후생을 증대시킬 수 있다는 것으로서, 이러한 주장은 자유무역보다도 보호무역이 그 나라의 후생을 오히려 증대시킬 수 있다는 논리적 근거를 제공함으로써 보호무역정책의 이론적 논거로서 제시되어 왔다.

(3) 최적관세론의 한계

그러나 최적관세론은 그 자체로 다음과 같은 이론적·현실적 한계를 지니고 있다.

---

26 자세한 내용은 제3장 2절 교역조건개선효과와 3절 최적관세와 관련하여 설명하고 있다. 그런데 이러한 교역조건개선론 또는 최적관세론은, 앞에서 설명한 시장왜곡의 유형 중 수입국의 규모가 매우 커서 그들의 관세부과가 국제교역조건에 영향을 줄 수 있는 해외시장독점의 경우를 전제로 하는, 일종의 시장왜곡개선론이라고 할 수 있다.

따라서 교역조건개선을 위한 보호론이나 최적관세론은 자유무역을 반대하는 지적으로서는 나무랄 데 없지만 유용성면에서는 의심스럽다. 이 때문에 이러한 논리는 정부가 채택하는 실제의 보호정책수단으로 사용되기보다 경제학자들에 의한 이론적 명제로서 더 많이 강조되고 있는 것이 사실이다.[27]

현실적 적용가능성   관세부과국이 소국(小國)인 경우에는 관세부과로 인한 수입량의 축소가 이 재화의 국제가격에 영향을 미치지 못하여 교역조건개선효과를 발생시키지 못하므로 관세부과국이 국제시장에서 어느 정도 가격지배력·독점력을 지닌 대국(大國)이어야만 한다. 따라서 국제교역조건에 영향을 미칠 수 없는 소국의 경우 자유무역정책이 후생을 극대화하는 정책이고 국제교역조건에 영향을 미칠 수 있는 대국의 경우에만 최적관세가 존재한다. 그러나 국제교역조건에 영향을 미치는 대국이란 조건이 이론적으로는 가능하지만 현실적으로 존재하기가 쉽지 않으므로 이러한 최적관세론이 적용될 수 있는 경우는 현실적으로 매우 드물다.

근린궁핍화정책   또한 여기서 '최적'이란 용어는 세계적 관점에서 본 최적이 아니라 관세부과국의 입장에서 본 최적일 뿐이며, 또한 최선의 관세라기보다 교역조건개선론에 의해 정당화되는 최적일 뿐이다. 따라서 최적관세로 인한 관세부과국의 후생증대는 결국 타국(세계)의 후생저하라는 희생 위에서 얻어지는 수입국의 이익이다. 이러한 점에서 최적관세정책은 일종의 근린궁핍화정책으로서 결국 네거티브-섬게임(negative sum game)적 성격을 지니고 있다.

상대국의 보복가능성   따라서 관세부과를 통하여 교역조건을 개선할 수 있는 대국이 이러한 약탈적 정책을 채택하는 경우 다른 대국의 보복을 초래할 수 있다. 그런데 최적관세의 효과는 상대국의 보복이 없는 경우에만 발생하고 상대국 역시 보복관세(retaliatory tariff)로 대응하는 경우 이러한 효과는 실현되지 못한다. 실제로 1880년대 말 프랑스와 이탈리아 간의 보복적 관세전쟁이나 1930년대의 경쟁적 관세인상은 결국 어떤 국가도 자국의 교역조건개선·후생증대라는 결과는 가져오지 못한 채 상호간의 무역을 축소시키는 결과만을 초래한 바 있다.

---

27 P. R. Krugman, M. Obstfeld, *International Economics: Theory and Policy* 8th ed. (Prentice Hall, 2009) p.249.

2.3 소득분배개선을 위한 보호론

(1) 소득분배개선론의 의의

자유무역의 소득분배개선효과와 관련하여 설명하였듯이 대외무역이 모든 사람들에게 이득을 주는 것이라면 자유무역을 반대할 사람이 아무도 없을 것이다. 그러나 국제무역은 결과적으로 무역을 통하여 이득을 얻는 자와 손실을 입는 자, 즉 '승자와 패자'(winners and losers)를 만들어낸다. 따라서 국제무역의 문제는 반드시 이러한 승자와 패자 간의 이해상충이라는 정치경제적 문제를 수반하게 된다.

「소득분배개선을 위한 보호무역정책론」이란, 국제무역으로 인한 소득재분배과정에서 피해를 입게 되는 생산요소·집단·계층·산업의 손실과 불평등을 방지하거나 보상하기 위하여 보호무역을 행하여야 한다는 주장이다. 말하자면 자유무역으로부터 피해를 입게 되는 경제적 약자의 피해를 막아주고 자유무역으로 인해 발생되는 소득분배의 왜곡을 개선하기 위해 보호무역을 실시하여야 한다는 주장이다.

이때 이러한 소득재분배과정에서 불이익을 받는 집단이 누구인가에 따라 다양한 보호정책론이 제기될 수 있지만 가장 주목받는 대상이 국내노동자들인 만큼 자유무역으로 인하여 피해를 받게 되는 국내노동자들의 실질임금저하를 막기 위하여 일정한 보호무역정책이 필요하다는 주장이 헥셔-오린모델을 기초로 하는 「스톨퍼-사무엘슨의 정리」(Stolper-Samuelson theorem)이다.

(2) 소득분배개선론과 스톨퍼-사무엘슨정리

헥셔-오린(Heckscher-Ohlin)의 요소부존도이론에 따른 자유무역이 이루어지면 상대적으로 풍부한 요소(abundant factors)의 가격이 상승하여 그들에게 유리한 소득재배분이 이루어지고 상대적으로 희소한 요소(scarce factors)의 가격은 하락하여 그들에게 불리한 소득재분배를 가져온다. 이러한 헥셔-오린이론의 명제를 무역정책에 도입하여, 자유무역은 자본풍부국인 미국노동자들의 실질임금을 저하시킬 우려가 있으므로 이를 방지하기 위하여 저임금국으로부터 수입되는 재화에 관세를 부과할 필요가 있다는 주장이 「스톨퍼-사무엘슨의 정리」이다.

스톨퍼(W. F. Stolper)와 사무엘슨(P. A. Samuelson)은 1941년 '보호무역과 실질임금'이라는 그들의 논문을 통하여, 고임금인 미국근로자의 실질임금이 저임금국과의 자유무역에 의해 점진적으로 하락하는 경향이 있음을 파악하고 이를 방지하기 위해서는 보

호관세가 필요하다고 주장하였는데,[28] 이러한 스톨퍼－사무엘슨의 정리는 오늘날까지
도 보호무역정책의 유력한 논거가 되고 있다. 또한 역사적으로도 영국의 공업화과정
에서 지주세력들이 곡물수입에 대한 관세부과를 주장한 일, 우리나라와 같은 개도국
들의 공업화과정에서 자본가들이 외국의 공업제품수입에 관세부과를 주장한 일들 모
두 이 정리의 의미로 볼 때 당연한 것이었다고 할 수 있다.

　　이러한 보호무역정책론은 결국 선진국 노동자들의 실질임금의 저하를 막기 위하
여 보호무역을 행하여야 한다는 주장이라는 점에서 이를 「저임금노동론」 또는 「선진
국생활유지론」 등으로 부르기도 한다. 선진국 노동자들이 보호무역을 주장하는 논리
는 저임금을 바탕으로 하는 후진국과 자유무역을 하는 경우 낮은 생산비로 생산된 그
들의 제품이 낮은 가격으로 선진국에 수입되면 선진국기업들은 도산하고 노동자들은
실직하게 되거나 임금상승이 억제되어 자신들의 생활수준을 유지할 수 없게 된다는
것이다.

(3) 소득분배개선을 위한 보호론 비판

　　이상과 같은 소득분배개선론에 대해서는, 소득재분배효과를 이유로 보호무역을 행
하는 것이 정당한 논리가 아닐뿐더러 효율적인 방법도 아니라는 근본적인 주장에서부
터 이러한 주장이 전제하고 있는 가정의 한계성문제, 특정한 이익집단에 의해 정책이
선택되는 정치경제적 비용문제에 이르기까지 다양한 비판들이 제기되고 있다.

　　보호목표의 정당성문제　손실을 보는 계층과 이득을 보는 계층이 발생되는 소득재분
배효과가 국제무역에 의해서만 발생되는 고유한 것이 아니다. 따라서 유독 무역으로
부터 손실을 입는 계층의 피해를 막고 그러한 소득재분배효과를 개선하기 위하여 보
호무역을 하여야 한다는 주장은 정당하지 않고 비효율적이다. 실제로 1980년대 이후
미국 미숙련노동자들의 실질임금이 하향압력을 받아왔지만 그것의 주요 원인은 대외
무역이 아니라 기술변화 때문이라는 많은 연구결과들이 제시되었다. 예컨대 컴퓨터의
발달은 숙련노동자들의 고용기회를 확대하지만 미숙련노동의 해고를 초래하므로 미숙
련노동의 실질임금 저하를 초래하였다.

　　이처럼 기술의 새로운 혁신·소비자기호의 변화·부존자원의 고갈·산업구조의 전
환·새로운 자원의 발견 등과 같은 경제적 변화가 모두 소득분배의 변화를 가져온다.

28　W. F. Stolper and P. A. Samuelson, "Protection and Real Wages," *Review of Economic Studies*
　　(Nov. 1941).

이러한 경우 손실을 입는 계층의 소득재분배를 개선하고 실질임금의 저하를 방지하기 위하여 이러한 변화를 제한하거나 규제한다면 경제 전체의 효율이 오히려 크게 저하될 우려가 있다.

　　보상의 원리의 작동　　따라서 소득분배개선을 이유로 무역을 제한하는 것보다 자유무역을 허용하고 필요하다면 그로부터 손실을 입는 집단에 대한 보상을 증대시키는 것이 바람직하다. 자유무역론자들은 자유무역 이후 소득증대가 이루어지는 집단·계층과 소득감소가 이루어지는 집단·계층이 존재하게 되지만 이때 전자의 이익이 후자의 손실을 능가하여 전체로서의 순이익(net gains)이 발생되고 이러한 순이익이 보상(compensation) 차원에서의 재분배가 이루어져 이득을 얻는 자와 손실을 입는 자 간의 형평성을 기할 수 있다고 주장한다. 말하자면 「보상의 원리」(principle of compensation)가 제대로 작동한다면 소득분배개선을 위한 보호무역론은 정당성을 갖지 못한다고 비판하면서 이러한 소득의 재분배장치가 실제로 어렵지 않게 이루어질 수 있다고 주장한다.[29]

　　스톨퍼-사무엘슨정리의 전제　　스톨퍼-사무엘슨정리는 무역정책이 소득배분에 미치는 효과에 대한 유용한 통찰력을 제공하고 있지만 이러한 이론이 성립되기 위해서는 ① 요소부존도의 차이에 따라 무역패턴이 결정되는 헥셔-오린정리가 성립되어야 하고, ② 관세부과가 수입재의 국내가격을 반드시 상승시켜야 하며, ③ 관세부과로 종전의 무역패턴이 변하지 않아야 하고, ④ 산업 간 생산요소의 이동이 자유로워야 한다는 등 몇 가지의 전제들이 현실적으로 성립되어야 한다.[30]

　　저임금노동론의 전제　　저임금국에서 생산된 노동집약상품의 수입을 억제하여 선진국 노동자의 실질임금하락을 방지한다는 저임금노동론 내지 선진국생활유지론은 임금과 제품가격과의 관계를 잘못 이해하고 있다. 제품가격은 임금수준에 의해서만 결정되는 것이 아니고 노동생산성에 의해서도 영향을 받는 만큼 선진국의 임금이 높더라도 노동생산성이 높을 경우 제품가격은 낮아질 수 있고 개도국의 임금이 낮더라도 노동생산성이 낮다면 제품의 가격은 높아질 수 있다. 또한 선진국의 노동자들이 개도국으로부터 수입되는 저렴한 제품을 소비하는 경우 이로 인해 오히려 그들의 생활수준

29　이러한 주장에 대하여 보호무역론자들은, 이러한 소득의 재분배장치가 원활하게 이루어지지 않으므로 자유무역으로 인한 피해 집단·계층은 자유무역으로 인한 소득불평등에 직면하게 되므로 오히려 보호무역을 통하여 이러한 손실집단을 보호해주어야 할 필요성이 존재한다고 주장한다.

30　상형도표를 통한 스톨퍼-사무엘슨정리의 내용과 이 정리의 한계에 대한 자세한 설명은 제4장 2절 관세의 경제적 효과 중 '관세의 소득재분배효과'를 참조할 것.

은 향상될 수 있으며, 또한 선진국의 임금이 높은 것은 생산성이 높기 때문이 아니라 강력한 노동조합에 의한 경우도 많으므로 이러한 경우 실질임금의 보장을 위하여 수입을 제한하는 것은 바람직한 일이 아니다.

단기적 관점   자본풍부국이 저임금국가로부터 들어오는 노동집약재의 수입을 제한하면 단기적으로 노동임금이 높아지고(하락하지 않고) 노동의 상대적 소득배분이 개선되는(악화되지 않는) 경향이 있으므로 소득분배개선론 내지 저임금론은 일면의 진리가 있다. 그러나 장기적 관점에서 보면 비교생산비원리에 따라서 노동집약재를 수입하는 대신 자본집약재를 수출하는 자유무역이 더 큰 무역이익을 가져다주게 되어 노동자의 실질소득수준이 증대될 수 있다. 따라서 소득분배개선론은 이러한 장기적 관점을 결여한 단기적 관점의 논리이다.

정치적 선택에 의한 비효율성   무역에 의한 소득재분배효과로 인하여 정치경제적 이해관계가 대립되고 상충되어 자유무역을 지지하는 계층·집단과 보호무역을 지지하는 계층·집단이 대립되게 된다. 무역정책의 지향점은 이러한 이해상충을 어떻게 조정하고 조화시키느냐에 있지만 자유무역으로부터 손실을 보는 집단은 대체로 이득을 얻는 집단에 비하여 상대적으로 소수이지만 더 결속력이 높아 정부에 더 강력한 압력과 로비를 행사할 수 있으므로 현실의 정치적 선택은 손실계층에 유리하도록 편향되어 보호무역 쪽으로 흐르기 쉬운 속성을 지니고 있다.

예컨대 화장품의 자유수입으로 이득을 보는 것은 전체 소비자인 반면 손실을 입는 것은 소수의 과점적 화장품산업이지만 화장품회사들이 단합된 힘으로 정부에 강력한 수입억제를 요구하여 보호정책이 채택되기 쉽다. 그러나 이러한 보호정책은 국제적으로나 국내적으로 자원의 효율적 이용을 저해하고 기술혁신이나 생산성 향상의 유인을 약화시키는 해악적인 결과를 초래한다.

보충학습 2-7   소득분배개선론에 대한 또 다른 쟁점

① 이상과 같이 소득분배개선을 위한 보호무역정책론이나 이를 대변하는 스톨퍼−사무엘슨의 정리에 대해서는 논쟁의 여지가 없지 않았다. 이러한 논쟁들과 더불어 제기되는 또 다른 쟁점은 자유무역으로 인한 소득재분배의 갈등이 생산요소 간에 일어나느냐 아니면 각 산업 간에 일어나느냐의 문제에 대한 논쟁이다. 자유무역으로 인한 소득분배효과 및 이로 인한 갈등유형을 설명하는 데에는 다음과 같은 두 가지의 큰 이론적 관점이 있다.

요소 간 소득재분배　　위에서 설명한 스톨퍼-사무엘슨정리는 생산요소(production factor)간의 소득재분배에 주목하여 보호무역(자유무역)의 채택은 상대적으로 풍부한 요소에 불리(유리)하고 희소한 요소에 유리(불리)한 소득분배가 이루어진다고 주장한다. 따라서 자본이 풍부하고 노동이 희소한 선진국들의 경우 자본가는 자유무역을 선호하고 노동자는 보호무역을 선호하는 반면 자본이 빈약하고 노동이 풍부한 개도국들의 경우 자본가는 보호무역을 선호하고 노동자는 자유무역을 선호한다는 결론이 나오게 된다. 이러한 시각은 결국 무역정책과 관련된 국내정치적 문제는 생산요소 간의 갈등양태를 띤다는 것이다.

산업 간 소득재분배　　또 다른 학자들은 생산요소의 산업 간 이동성이 그리 크지 않기 때문에 무역자유화는 수출산업에 이익을 주는 반면 수입대체산업에 불이익을 주게 되므로 수출산업은 자유무역을 지지하는 반면 수입대체산업은 보호무역을 지지한다는 것이다. 이러한 주장을 바탕으로 일국의 무역정책과 관련되는 국내정치사회적 갈등양상은 산업 간 갈등형태를 취한다고 분석한다. 앞서 소개한 산업부문 간 요소의 이동성이 제한적이라고 전제하는 모델이나 특수요소모델은 대체로 이러한 결론을 지지한다.

② 이러한 두 가지 모델을 적용시킨 기존의 경험적 분석들이 내린 결론은 서로 상반되는 측면이 있다. 어떤 연구결과들은 요소 간 갈등의 형태로 나타난다는 결과를 도출하였지만 또 다른 연구결과는 산업 간 갈등이 유형이 더 크다는 결론을 얻기도 하였다. 일반적으로 이러한 두 모델 간의 주요 차이점이 무엇인가에 대해서는 다음과 같은 2가지 요인이 작용한다고 할 수 있다.

요소의 이동성 문제　　이상과 같은 2가지 주장은 생산요소의 이동성(factor mobility)에 대하여 다른 가정을 가지고 있다. 스톨퍼-사무엘슨에 의하면 완전한 생산요소이동성에 따라 생산요소가 어떤 산업에 종사하든 상관없이 일정한 이익을 얻는다고 주장하는 반면, 이와 다른 주장은 생산요소이동의 불완전성의 가정에 근거를 두고 있다. 생산요소가 타 산업부문으로의 이전하는 데에는 경제적 비용이 수반되기 때문에 국제무역으로 인한 정치적 갈등은 산업 간 갈등이 지배적이라는 주장이다. 따라서 이들은 생산요소의 이동성이 높은 경우 요소 간 갈등으로 나타나지만 이동성이 낮을 경우에는 산업 간 갈등으로 나타난다고 주장한다.

분석기간의 문제　　또 다른 시각에서 이를 바라보는 주장들은 분석기간이 어떠한가에 따라 달라진다고 주장한다. 어떤 생산요소들은 적어도 단기간에는 특정산업에 속하여 산업 간 자유로운 이동이 어렵기 때문에 생산요소의 완전한 이동성을 가정하는 것은 적절하지 않으므로 장기적으로는 생산요소 간의 계급적 갈등이 있을 수 있지만 단기적·중기적으로는 산업 간 갈등이 지배적이라고 주장한다.

3 공정무역 실현을 위한 보호론 (신보호주의적 보호론Ⅰ)

1970년대의 석유위기로 시작된 세계경제의 위기, 독일과 일본의 경제적 부상에 따른 미국경제의 상대적 하락 등을 배경으로 한 「신보호무역주의」(new-protectionism)는 미국통상정책의 기본방향과 행태를 바꾸어 놓았고 이러한 과정에서 종전에는 찾아볼 수 없었던 이데올로기적 보호무역정책론들이 새로이 나타나게 되었다.

이러한 보호무역정책론으로서는 1980년대 이후 주로 미국의 통상정책 전개과정에서 나타난 공정무역론과 전략적 산업정책론을 들 수 있는데 「공정무역론」은 외국의 불공정무역행위나 산업정책을 통한 수출증대행위에 대하여 수입을 제한하거나 상대국의 시장개방을 요구하는 형태의 보호무역정책론을 말하는데 비하여, 「전략적 산업정책론」은 산업정책의 한 형태로서 특정산업·특정기업에 대한 보조와 지원을 함으로써 자국의 경쟁력 향상과 수출증대를 이룩하려는 정책이다.

따라서 전자는 외국의 불공정행위나 산업정책 실행으로 인하여 발생되는 자국의 피해를 제거하려고 하는 것인데 비하여, 후자는 산업정책 등을 적극적으로 활용하여 자국의 이익을 극대화하려는 것이라는 점에서 상호 논리적 모순이 있다. 그럼에도 불구하고 실제의 통상정책은 한편으로는 공정무역을 강조하면서 다른 한편으로는 전략적 무역정책론을 주장하는 이율배반적인 양상을 보여주었다.

3.1 공정무역의 개념

일찍이 19C부터 1980년대까지 이른바 「공정무역」(fair trade)이라는 개념이 대외무역정책의 이념으로서 사용되어 왔지만 '무엇이 공정(公正)한 것인가' 라는 공정성(公正性, fairness)의 개념이 시대에 따라 사용자에 따라 서로 다른 개념과 목적으로 사용되어 공정무역의 개념 자체가 매우 다의적이다. 이 때문에 공정무역론의 내용 역시 다음과 같이 다양하고 다의적이다.[31]

---

31 따라서 여기서 말하는 공정무역은 최근 하나의 소비자운동 내지 사회운동으로서 전개되고 있는 공정무역과는 개념이 다르다. 후자의 공정무역은, 3세계 생산자와 노동자들이 환경친화적으로 만든 제품을 공정한 가격·정당한 대가를 지불하고 구입함으로써 빈곤에 시달리는 개도국의 생산자와 노동자를 보호하는 동시에 환경보호를 이룩하기 위한 대안적 무역형태이자 윤리적 녹색소비자운동이다.

(1) 공정무역론의 전통적 개념

일찍이 19C 영국은 가장 먼저 산업혁명을 이룩하고 자국의 시장을 일방적으로 개방하는 일방적 자유무역체제를 기반으로 하여 세계의 공장으로 군림하였다. 그러나 1870년대 이후 후발국이었던 미국·독일 등이 보호무역을 통하여 산업경쟁력을 갖추고 추격함에 따라 국제경쟁력이 약화되어 영국의 공산품이 제3국시장에서 경쟁압박을 받기 시작하고 자국 시장에까지 외국제품이 진출하기 시작하였다.

이로 인해 영국의 국제수지 악화·경제력의 상대적 약화라는 상황을 맞이하게 되자 영국 산업계에서는 미국·독일에 대한 경계심이 고조되었고 언론이나 의회 역시 이러한 상황변화에 지대한 관심을 가지게 되었다. 특히 외국제품이 영국시장이나 영연방시장에서 덤핑을 통하여 본국으로 진출하고 영국제품의 이름을 도용하여 판매된다는 소리가 높아지자 외국의 불공정한 무역관행에 대한 비판과 불만이 고조되었다.

이에 따라 1880년대에는 외국의 불공정무역관행에 대응하여 자신들도 보호무역을 행해야 한다고 주장하는 제조업자이 결성한 '공정무역 전국동맹'(The National Fair Trade League)이 출범하였고, 1900년 초기에는 독일의 비스마르크관세(1879)·미국의 맥킨리관세법(1890)과 딩그리관세법(1897)에 대항하기 위하여 자국의 관세제도를 바꾸어야 한다는 관세개혁운동(tariff reform campaign)이 활발히 전개되었다.[32] 이러한 운동은, 당시까지 영국이 취하였던 일방적 자유무역정책이 영국의 산업경쟁력을 떨어뜨리고 결국 영국경제에 타격을 줄 것이므로 상대국의 시장개방을 유도하고 무역이익을 증가시키기 위해서는, 일방적 자유무역정책보다는 상호주의적 입장에서 공정한 무역을 이룩하도록 하여야 한다는 것이었다.

말하자면 종전까지 영국이 취해온 일방적 자유무역정책을 공정무역정책으로 전환하여, 상대국이 제공하는 양허수준에 상응하는 양허를 상대국에 제공하고 상대국의 보호무역에 대해서는 자신도 보호무역으로써 대응하여 쌍방 간 균형을 이루도록 하는 「수동적 상호주의」(passive reciprocity)를 채택하여야 한다는 것이었다. 어느 한쪽의 일방적인 자유무역이나 일방적인 보호무역은 불공정하기 때문에 이에 대처할 수 있는 조치로서 상호주의에 기초한 공정무역이 이루어져야 한다는 것이다.

---

32 당시 이러한 과정을 주도한 챔버린(Joseph Chamberlain)은 '외국의 문호가 고관세로 닫혀져 있어 영국이 외국시장을 상실하고 있는데 그들 제품은 영국시장에 침투하여 일자리를 빼앗는 것은 불공정(unfair)한 것이므로 영국 역시 상대국 상품에 대해서도 고관세를 부과하여야 한다'고 주장하였다.

(2) GATT의 공정무역주의

GATT체제는 자유무역이라는 목표와 함께 공정무역이라는 목표를 동시에 추구하고 있다. 자유무역이란 인위적인 모든 무역규제를 철폐하는 것임에 대해여 공정무역이란 국제무역에 참여하는 모든 당사자들에게 동등한 조건을 부여하는 것이다. 따라서 자유무역이라는 목표를 달성을 위해서는 공정한 경쟁규칙을 수립하는 것이 매우 중요하므로 자유무역과 공정무역은 서로 보완적인 관계에 있다고 할 수 있다.

GATT체제는, 무역의 자유화를 기본적인 목표로 하였음은 물론 모든 회원국들에 차별적 대우를 해서는 안 된다는 비차별주의(principle of nondiscrimination)를 기본원리로 채택하여 최혜국대우(MFN: most favored nations)를 규정함으로써 모든 무역당사자들에게 동등한 조건을 부여하도록 하는 공정무역을 지향하였다. 이러한 GATT의 공정무역주의는 결국 모든 회원국들에게 자유롭고 균등한 기회(opportunity)를 제공할 수 있도록 공정한 경쟁규칙(rules)을 제공하는 것으로서, 말하자면 「기회의 공정성·경쟁규칙의 공정성」을 규정한 것이다.

이에 더하여 GATT는 특정국의 불공정 무역행위에 대해서는 각 회원국에게 일정한 대응조치를 행할 수 있는 권한을 부여하였다. 예컨대 무역상대국이 덤핑·보조금 등 차별적이고 제한적인 불공정무역(unfair trade)을 행하는 경우 이에 대한 제재조치로서 반덤핑관세나 상계관세를 부과하여 불공정행위의 피해를 방어할 수 있는 보복행위를 허용하였다. GATT가 이렇게 상대방의 불공정 무역행위에 대하여 일정한 보복이 가능하도록 한 것은 상대국의 불공정에 대한 「방어적 상호주의」(defensive reciprocity)를 전제한 것이다.

(3) 1970년대 이후 신보호주의적 공정무역론

이처럼 GATT가 전제한 공정무역은 모든 당사국에게 균등한 기회를 제공한다는 기회의 공정성과 상대국의 불공정행위에 대한 일정한 제재를 행할 수 있다는 방어적 상호주의를 전제로 하는 개념이었지만, 신보호주의의 파고가 높아진 1980년대 이후에는 공정무역의 의미가 일방적·자의적으로 해석되고 왜곡되어 그 적용범위가 확대되어 새로운 보호무역정책의 수단으로써 활용되는 사례가 보편화되었다.

물론 GATT체제에서 공정무역주의를 실현하기 위한 수단으로 채택된 반덤핑관세나 상계관세가 남용됨으로써 그것이 선진국들의 보호수단으로 활용되기도 하였지만,

이른바 신보호주의 하에서 주장된 공정무역정책론은 자유무역이라는 이상을 목표(전제)로 하면서 그러한 목표를 달성하기 위하여 다양한 보호주의적 수단(운용)을 정당화하려는 또 다른 보호주의논리였다. 말하자면 공정성(fairness)의 개념을 자의적으로 규정하고 그 범위를 확대시킨 보호무역론이라고 할 수 있다.

3.2 신보호주의적 공정무역론의 특성

이렇게 새로운 보호주의적 수단으로 활용되는 신보호주의적 공정무역론이 내포하고 있는 특성 내지는 기존의 공정무역 개념과 차별되는 전제는 다음과 같다.

□ 경쟁조건(경쟁환경)의 동등화

신보호주의 하에서 선진국들은 국제무역에서 공정한 경쟁규칙의 적용 뿐만 아니라 무역당사국의 근로조건·임금수준·환경기준·정부지원 등 국제통상에 영향을 미치는 모든 면에서의 공평한 경쟁조건·경쟁환경이 보장되어야 한다고 주장하는 등 공정무역개념의 적용범위를 확대하였다. 말하자면 외국의 불공정행위나 수출진흥을 위한 산업정책의 효과를 중화시키기 위하여 수입국도 그에 대한 일정한 보복을 행할 수 있다는 소극적 논리를 넘어 국제무역은 동등한 상태에 있는 사람들 간에 이루어지도록 「평평한 경기장」(level playing ground)을 만들어 「경쟁조건의 동등화」를 이룩해야 한다는 것이다.

예컨대 미국시장은 외국기업에게 마음대로 접근하도록 개방되어 있지만 상대국시장은 미국기업에게 대해 폐쇄적인 경우, 미국기업은 정부로부터 지원을 받고 있지 않는데 상대국기업은 정부의 산업정책에 의하여 지원받고 있는 경우, 미국기업은 엄격한 독점금지법의 적용을 받고 있지만 상대국기업은 그렇지 않은 경우, 미국기업은 높은 수준의 노동기준과 노동임금을 제공하고 있지만 상대국기업은 그렇지 않은 경우, 미국기업은 엄격한 환경규제와 비용을 부담하고 있지만 상대국기업은 이러한 환경비용을 부담하지 않는 경우, 미국과 이러한 상대국이 자유 경쟁하는 무역은 공정한 무역이 아니라는 것이다.

따라서 더 폐쇄적인 시장, 더 높은 지원, 더 낮은 임금수준과 환경기준을 바탕으로 이룩된 무역에 대하여 일정한 제재를 가함은 물론 상대국 역시 이러한 경쟁조건을 갖추도록 하거나 아니면 자국 역시 상대국과 같이 환경기준을 낮추거나 산업정책을 실행하여 상호 동일한 조건 하에서 경쟁하도록 하는 경쟁조건의 동등성이 확보되어야 한다는 것이 공정무역론의 기본개념이다. 이때 이러한 공정성은 GATT 등을 통하여 보장되어야 하지만 그렇지 못한 현실에서는 부득이 미국법의 일방적인 적용을 통하여 이러한 동등한 경쟁조건을 만들어야 한다는 것이 미국의 논리였고, 이러한 논리는 미국의 무역적자가 심각해지기 시작한 1970년대 초반에 통상법 301조의 제정 등을 통하여 현실적으로 나타났다.

□ 결과지향적 공정성

GATT체제 하의 공정무역 개념이 모든 회원국들에게 자유롭고 균등한 기회(opportunity)를 제공할 수 있도록 공정한 경쟁규칙(rules)을 제공하는 기회의 공정성·경쟁규칙의 공정성을 규정한 것이었지만, 1980년대 이후 성행한 공정무역론은 기회나 규칙의 공정성이 아닌 결과(results)의 공정성'을 요구하는 「결과지향적(result-oriented) 공정」의 개념을 전제로 하였다. 이러한 결과지향적 공정개념은 상대국시장이 얼마나 개방되어 있고 얼마나 공평한 시장접근을 보장하고 있느냐 하는 것은 얼마나 동등한 규칙이 설정되어 있느냐보다는 그 국가와 행해진 무역의 결과가 얼마나 균형되어 있느냐에 따라 판단해야 한다는 정서를 내포하고 있다.

이러한 결과지향적 공정성은 특정국과의 무역에 있어서 불리한 결과가 생긴 경우에는 적용되는 정책이나 조치를 불공정 또는 불합리한 것으로 인정하는 것을 의미한다. 따라서 1980년대 중반 이후 미국이 빈번하게 채택하였던 수출자율규제(VERs) 등의 관리무역정책수단은, 어떤 수출입량 등 수량적 목표를 설정하여 결과적으로 이러한 목표가 달성되도록 실현시키려는 「목표수치 설정형 무역정책」(numerical target based trade policy)으로서, 결과지향적 공정무역의 개념을 바탕으로 한 전형적인 보호수단이었다. 또한 1980년대 초반 이래 미국은 양국 간 무역수지불균형을 이유로 흑자국인 일본 등의 시장개방을 강하게 요구한 것 역시 이러한 결과지향적 사고를 반영한 것이었다.[33]

□ 공격적 상호주의

전통적 의미의 상호주의가 무역당사국 간의 호혜적인 관계로서 상대국이 제공하

[33] 이러한 설명은 1970년대 이후 선진국의 개도국에 대한 결과지향적 통상압력을 말하는 것이지만 이러한 '결과지향적 공정성'의 개념을 바탕으로 한 공정무역론은 일찍이 개도국들이 자신의 특혜적 대우를 정당화하는 논리적 배경으로 활용되기도 하였다. 즉 국제교역조건이나 국제경쟁력상 불리한 입장에 있는 개도국들은 시장점유율의 공정한 보장을 위하여 개도국들에게 보다 많은 수출기회를 주도록 교역량을 인위적으로 할당하여 선진국과 개도국 간에 균형적인 교역이 이루어지도록 해야 한다는 이데올로기적 주장을 하였다.

는 양허의 수준에 상응하는 양허를 상대국에 제공하고 상대국의 보호에 대해서는 자국도 보호로써 대응함으로써 쌍방 간 균형을 이루도록 하는 것을 의미하는 수동적 상호주의였고, GATT체제 하의 공정개념 역시 상대방의 불공정 무역행위에 대하여 일정한 보복을 통하여 자국 시장의 피해를 방지하는 방어적 상호주의(defensive reciprocity)였다면, 1980년대 중반 이후 성행한 공정무역론은 상대국의 시장개방을 요구하고 이러한 요구가 이루어지지 않을 경우 보복할 것을 위협하며 강요하는「공격적 상호주의」(aggressive reciprocity)를 이념적 배경으로 한다.

이러한 공격적 상호주의는 상품시장이나 서비스시장 등 모든 면에서 자국이 시장을 개방한 수준만큼 상대국도 시장을 개방할 것을 요구하였다. 또한 이러한 공격적 상호주의는 결코 보호주의적인 것이 아니고 오히려 자유무역을 신장시키는 것이라고 주장하기도 하였다.[34] 또한 이러한 공격적 상호주의는 상대국이 이러한 요구에 응하도록 만드는 보복위협(threat of retaliation)을 수단으로 하는 보호무역론이다.

미국은 1974년 통상관세법 201조와 301조를 통하여 교역상대국의 시장개방 압력을 강화하기 위한 보복조치를 취할 수 있도록 규정하고 시장개방의 범위도 상품분야에서 서비스·지적재산권·투자 등으로 확대하였다. 이러한 공격적 상호주의의 특성은 1980년대 중반 미국의회에 무수하게 제출된 상호주의법안들이나 1988년 종합무역법을 통하여 나타났고 훨씬 강화된 형태로 출현한 슈퍼 301조(Super 301)나 스페셜 301조(Special 301)에서 극명하게 나타났다. 이러한 미국법률상의 '일방적 보복조치'는 GATT에서 규정하고 있는 '통제된 보복'과는 전혀 다른 성격을 지니고 있다.

이처럼 공격적 상호주의는 미국이 새로이 고안해 낸 발명품이지만 이러한 정책이 미국만의 전유물은 아니었다. 예컨대 1980년대 이후 일본·한국 등 선발개도국에 대한 EU의 시장개방공세 역시 이러한 공격적 상호주의의 하나였으며 또한 양국 간 무역관계에 있어서도 상품수지의 적자국이 흑자국에게 시장개방 압력을 가하는 것 역시 이러한 공격적 상호주의였다고 할 수 있기 때문이다.

3.3 신보호주의적 공정무역론의 평가

① 이와 같이 전통적 공정무역론이나 GATT의 공정무역주의는 경쟁규칙의 공정성

---

34 보호주의처럼 자국의 수입 장벽을 높이려는 것이 아니라 외국의 시장을 좀 더 개방시켜 세계무역자유화에 기여하게 되므로 자유무역이라는 이상을 실현하기 위한 수단이라고 강조하였다.

·기회의 공정성·방어적 상호주의를 전제로 하는 개념이었지만 신보호주의 이후 주장된 공정무역론은 경쟁조건의 공정성·결과의 공정성·공격적 상호주의를 전제로 하였던 것으로서, 공정무역의 개념을 보다 자의적으로 해석하고 그 적용범위를 확대하여 새로운 보호정책의 논거로서 활용된 점이 없지 않았다. 이러한 공정무역론에 대해서는 다음과 같은 「비판과 우려」들이 제기되었다.

왜소해진 거인증후군 보호주의   바그와티(Jagdish Bagwati)는 그의 저서 「보호무역주의」(Protectionism, 1988)를 통하여, 1970~80년대 기간 동안 미국을 중심으로 한 선진국들이 공정하고 경쟁적인 무역이 이루어지도록 하기 위하여 허용한 반덤핑관세나 상계관세를 얼마나 보호주의적으로 활용하였는가를 지적하면서 공정의 개념은 하나의 이상(理想)이었을 뿐이라고 비판하였다. 그는 또한 19C 후반 패권국인 영국이 그랬듯이 20C의 패권국 미국 역시 1980년대 초 눈덩이처럼 불어난 국제수지 적자문제에 봉착하게 되자 공정무역이라는 논리를 앞세워 상호주의 실현을 외치기 시작하였다고 규정하면서, 공정무역론이란 결국 세계경제에서의 경제적 지배력이 약화된 패권국 자신의 상대적 지위저하와 경제적 어려움에 대처하여 보호무역주의로 회귀하는 성향인 '왜소해진 거인증후군'(diminished giant syndrome)일 뿐이라고 비판하였다.[35]

공정성의 자의적 기준, 위장된 보호주의   공정과 불공정에 대하여 국제적으로 합의된 판정기준이 내려지지 못한 상황에서 결국 공정성(fairness)의 기준과 판단이 특정국에 의하여 자의적이고 일방적으로 설정되기 때문에 선진국들이 주장하는 공정무역론은 객관성이나 투명성을 가질 수 없다. 더욱이 무역의 결과를 기준으로 불공정성을 판단하여 국제수지 역조가 곧 시장접근의 불완전성으로 해석하는 결과지향적 공정성 기준은 불합리한 것이며, 이처럼 객관적 기준이 결여된 공정성개념에 입각한 무역규제는 자유무역을 확립하기 위한 공정무역이 아니라 자국의 국내산업을 보호하고 국제경쟁력을 강화시키기 위한 보호주의로서 위장된 무역제한조치일 뿐이다.

경쟁조건 평준화론의 위험 (비교우위정신 파괴)   선진국들이 노동·환경·경쟁조건 등의 차이에 의하여 발생된 무역거래를 불공정관행으로 규정하여 이에 대한 규제를 정당화하려는 것은 국제무역이 국가와 국가 간에 존재하는 상대적인 차이(부존자원도·기술수준 등)와 자유분업에 의해서 이루어진다는 비교우위론의 기본원리를 부정하는 것이다. 노동이 풍부한 국가는 노동집약재에 비교우위를 가지고 자본이 풍부한 국가는 자본집약재에 비교우위를 가진다는 것은 너무나 자명하고 또한 이러한 차이에 의하여 자유무

---

35 Bhagwati Jagdish, *Protectionism* (MIT Press, 1988) p.35.

역이 발생되는데, 선진국들이 개도국의 저렴한 노동비용을 불공정무역이라고 규정하여 보호조치를 한다면 개도국 역시 선진국의 저렴한 자본비용이나 높은 기술수준을 불공정무역이라고 하여 보호무역을 행해야 할 것이다.

또한 정말 모든 면에서 모든 것을 조화시킨 평평한 운동장을 만들기란 사실상 불가능하므로 이러한 주장은 결국 국제무역의 논거 자체를 부정하는 것일 뿐만 아니라, 공정성의 개념에 있어서도 모든 경쟁조건과 환경이 동일해야 한다는 기준은 '형식적 공정성'의 개념으로서 서로 상이한 경제적 여건을 고려하여 '같은 것은 같게 그리고 다른 것은 다르게' 대우하는 '실질적 공정성'의 개념에 위배된다. 따라서 이러한 주장은 결국 자유무역의 정통성과 실현가능성의 기초를 은밀하게 훼손하고 있는 것이다.

바닥으로의 경주 우려   무역당사국의 노동·환경조건 등이 평준화되어야 한다는 공정무역론의 논리는, 한편으로는 이러한 기준을 충족하고 있지 못한 수출국(개도국)으로부터의 수입을 제한하는 보호주의적 결과를 더욱 강화시킬 수 있지만, 또 다른 한편으로는 수입국(선진국)의 노동·환경조건 등이 더 낮아지거나 악화되는 결과를 초래할 수 있다.

노동·환경조건이 열악한 개도국제품의 수입이 증가하면 선진국 생산자들은, 자국의 노동·환경기준을 개도국들이 달성하기 어려운 수준으로 높이고 '평평한 운동장' 논리를 내세워 이러한 기준을 확보하지 못한 개도국의 수출을 사실상 불가능하도록 하거나 아니면 자국의 노동·환경기준 역시 상대국과 같은 수준으로 낮추도록 정치적 압력을 행사할 수 있다. 후자의 경우 선진국의 노동·환경기준이 이러한 보호정책 때문에 종전보다 열악해질 수 있고 이러한 현상이 상호적으로 이루어지면 이른바 노동·환경기준이 최저수준을 향하여 경쟁적으로 뛰어 내려가는 하향평준화, 이른바 「바닥으로의 경주」(race to the bottom)가 조장될 수도 있다.[36] 노동·환경운동가들은 이러한 결과를 몹시 우려하고 있다.

② 이상과 같이 신보호무역주의적 공정무역론은 국제무역에서 제기되는 불공정성 문제에 대한 해결책을 제시하기보다는 오히려 자국의 보호조치와 상대국에 대한 보복조치를 정당화하고 상대국의 무역정책을 비난하기 위한 수단으로 활용되어 왔다. 또한 이러한 논리에 기초한 공정무역론이 공정한 세계무역이 이루어지도록 하는 데 얼

36 Bhagwati Jagdish, "Fair Trade, Reciprocity and Harmonization: The New Challenge to the Theory and Policy of Free Trade," in A. V. Deardorff and Robert M. Stern, *Analytical and Negotiating Issues in the Global Trading System* (University of Michigan Press, 1994) p.238.

마나 기여하였는가도 의문으로 남는다. 따라서 공정무역이 자유무역의 선행조건이라든지 공격적 상호주의가 보호지향적인 것이 아니고 자유지향적이라는 주장 역시 결국 하나의 수사(修辭, rhetoric)에 불과하다. 이러한 수사가 정치논리에 휘말리면서 더욱 심화되는 경향이 강해졌던 만큼 공정무역론은 다분히 정치적·이데올로기적 성격이 강한 보호무역정책론이었다.

4 전략적 무역정책론 (신보호주의적 보호론 Ⅱ)

4.1 전략적 무역정책론의 의의와 특성

(1) 전략적 무역정책론의 의의

앞에서 설명한 공정무역론과 함께 1970년대 이후 나타난 신보호주의의 이데올로기로 제기된 또 하나의 보호무역정책론이 전략적 무역정책론이다. 앞에서 설명한「공정무역론」이 외국의 불공정무역행위나 산업정책을 통한 수출증대행위에 대하여 수입을 제한하거나 상대국의 시장개방을 요구하는 형태의 보호정책론임에 대하여「전략적 산업정책론」은 산업정책의 한 형태로서 특정산업·특정기업에 대한 보조와 지원을 함으로써 자국의 경쟁력 향상과 수출증대를 이룩하려는 정책이다.

따라서 전자는 외국의 불공정행위나 산업정책으로 인한 자국의 피해를 제거하려고 하는 것인데 비하여 후자는 산업정책 등을 통하여 자국의 이익을 극대화하려는 것이라는 점에서 상호 논리적 모순이 있다. 그럼에도 불구하고 실제의 통상정책은 한편으로는 공정무역을 강조하면서 다른 한편으로는 전략적 무역정책론을 주장하는 이율배반적인 양상을 보여주었다.

1980년대 이후 세계무역이 점점 과점적 경쟁으로 변화해가는 무역현실에 착안하여 이러한 과점적 산업의 초과이윤확보나 세계시장점유율확보를 위한 정부간섭을 옹호하는「전략적 무역정책론」(strategic trade policy)이 제기되었다. 전략적 무역정책론은 불완전경쟁(imperfect competition)이 지배하는 세계시장에서 어떤 특정산업부문에 대하여 정부가 전략적인 정책수단으로 지원과 보호를 해주면 그 산업의 경쟁력 향상·초과이윤 확보·시장점유율 향상이 이룩되고 이를 통하여 국민후생이 증대될 수 있다는 보호무역정책론이다.[37]

---

37 이러한 점에서 전략적 무역정책론은 '국내산업보호를 위한 보호정책론'이나 '후생증대를 위한 보호정

앞서 살펴보았던 유치산업보호론이 19세기 당시 후발국들이 경제적 자립과 주요산업의 육성을 위해서는 한시적 보호가 필요하다는 보호정책론이었다면, 전략적 무역정책론은 20세기 후반 일본이나 신흥공업국(NICs)들이 산업·무역정책을 통하여 강자로 떠오른 반면 미국의 국가산업력이 쇠퇴하고 있다는 우려가 팽배하는 가운데 특정한 첨단기술산업에 대한 전략적 지원과 정책이 필요하다는 보호무역정책이라고 할 수 있다.

아래에서 논의하는 바와 같이 이러한 전략적 무역정책론의 가정과 논리는 현실세계에서의 적용가능성에 대한 논란의 여지를 남겼지만 1980년대에 미국 내 정부 및 기업의 이해집단에게 큰 반향을 불러 일으켰으며 각광을 받기도 하였다.

(2) 전략적 무역정책론의 특성

이러한 전략적 무역정책론의 내용은 논자에 따라 다소 상이하지만 다음과 같이 시장불완전성을 전제로 하여 전략적 개념을 강조하는 새로운 무역정책론이라고 할 수 있다.

시장불완전성 전제　자유무역정책론이 완전경쟁을 전제로 하는 주장임에 대하여 전략적 무역정책론은 불완전경쟁의 존재를 전제로 한다. 예컨대 철강·자동차·통신·반도체·항공기산업 등과 같이 막대한 초기설비투자가 필요하고 따라서 규모의 경제효과가 크게 작용하는 산업에서 소수 기업만이 시장경쟁에 참여하는 과점적 세계경쟁이 이루어지는 경우 이들 산업에 대한 보호관세나 보조금지원이 가져다주는 경제적 효과를 중시한다. 이렇게 전략적 무역정책론이 불완전경쟁을 전제로 하는 만큼 전략적 무역정책론이 나타난 시대적 배경 역시 시장의 불완전성이 더욱 심화되기 시작한 1980년대의 무역현실 속에서 찾을 수 있다.[38]

전략적 개념 전제　전략적 무역정책론은 어떤 특정한 전략적 산업부문·전략적 기업행동·전략적 정부행동·전략적 경쟁 등과 같은 전략적 개념의 존재를 전제로 한다. 말하자면 타국의 경쟁기업이 누릴 수 있는 '전략적 이점'(strategic advantage)에 버금가는

책론'으로서의 성격을 지니고 있다고 할 수 있다. 한편 이러한 전략적 무역정책론은 국내기업에 대한 지원과 보조를 통하여 자국 기업의 경쟁력을 향상시키고 이를 통하여 외국기업의 이익을 희생시키고자 하는 정책인 만큼, 보조금 등 산업정책을 활용한 외국의 불공정무역관행에 대하여 제재하거나 대응하려는 목표를 가진 공정무역론과는 서로 이율배반적인 논리를 지닌다고 할 수 있다.

38 1980년대에 이르러 국제무역에서의 비교우위가 가격경쟁력보다는 비가격경쟁력에 의해 지배됨으로써 점점 인위적으로 결정되어 가는 경향이 강하고, 다국적기업 등에 의해 세계시장이 소수의 거대기업에 의해 지배되는 과점적 경쟁이 심화되기 시작하였으며, 일본이나 신흥공업국들이 산업정책을 통하여 자국의 특정산업의 경쟁력을 전략적으로 높임으로써 불공정무역이라는 비판이 쏟아지기 시작하였다.

이점을 자국의 특정산업에 대한 정부의 보조를 통하여 제공하는 것과 같으므로 이러한 산업정책을 '전략적 무역정책'(strategic trade policy)이라고 부른다.

따라서 이 이론은 자국 기업과 외국기업이 전략적인 경쟁 또는 게임(game)이 이루어지는 상황에서 무역정책이 어떤 결과를 가져올 수 있는가를 논의하는 방식으로 전개된다. 게임이란 두 명 이상의 경쟁자들이 상호관계를 통해 자신의 이익을 추구하는 경쟁적 상황을 말하고 전략이란 자신이 어떤 선택을 할 것인가에 대한 일종의 계획을 말한다. 따라서 전략적 무역정책은 서로 다른 기업 또는 서로 다른 나라 기업의 선택에 영향을 주어 자신에게 바람직한 결과를 가져오도록 하는 정책이다.

산업정책과 연계   전략적 무역정책은 다양한 형태로 나타날 수 있지만 많은 경우 산업정책과 결부지어 설명하고 있다. 산업정책(industrial policy)이란, 정부가 개입하여 상대적으로 제한된 재원을 경제성장과 국가이익에 도움이 되는 특정산업분야에 집중적으로 투자하는 정책을 의미한다. 1980년대 이후 이러한 이론이 새로운 무역정책론으로 부상하게 된 배경에는, 당시 일본이 급속한 경제성장을 이룩한 원동력 중의 하나가 일본정부에 의한 산업정책이었다고 믿는 사람들이 많았고 따라서 미국을 비롯한 선진국들 역시 이러한 산업정책의 필요하다는 주장에 대한 공감대가 널리 퍼져있었던 현실과 무관하지 않다. 이러한 점에서 전략적 무역정책론은 시장실패를 보정하기 위한 선진국정부의 개입정책과 산업정책을 합리화하려는 논리라고 할 수 있다.

보호무역정책의 새로운 논거   전략적 무역정책론은 전략적 보호수단을 통하여 시장실패를 시정하고 국민경제의 후생을 향상시킬 수 있다는 명제를 전제로 한다. 그들은 전략적 무역정책이 해외 경쟁상대국의 초과이윤을 자국으로 전환함으로써 경쟁상대국의 희생을 바탕으로 자국의 후생을 증대시킬 수 있다는 주장을 한다. 따라서 전략적 무역정책론은 완전경쟁원리를 바탕으로 자유무역의 우월성을 주장해 온 전통적 이론과는 상충되는 새로운 보호무역주의, 불완전경쟁이라는 보다 현실적인 가정 하에서 기업과 정치가들이 끊임없이 주장해 온 산업정책들을 합리화할 수 있는 새로운 보호무역정책론의 논거로서 자리매김하게 되었다.

4.2 전략적 무역정책론의 주요 내용

상술한 대로 전략적인 무역정책 및 산업정책이 필요하다는 전략적 무역정책론의 논리는 기본적으로 시장불완전성 내지 시장실패를 전제로 삼고 있다. 이와 관련하여 전략적 무역정책이 강조하는 시장실패의 원인으로서는 대체로 ① 기술개발과 외부경제효과, ② 고도로 집중된 과점산업에서의 규모의 경제와 초과이윤, ③ 외국의 불공정 산업/무역정책 등이 논의되어 왔다.

(1) 기술개발과 외부경제효과

전략적 무역정책이론이 시장실패의 주요한 원인으로 삼는 개념이 「외부경제효과」 (external economies)이다. 예컨대 컴퓨터·전자·우주공학 등과 같은 첨단기술산업에서 기업들은 신제품개발이나 새로운 공정개발에 엄청난 기업자금을 투입한다. 그러나 이러한 기업들은 막대한 투자를 통하여 얻어진 기술과 지식으로부터 발생되는 이윤 중 일부만을 자기 것으로 할 수 있을 뿐 나머지 이윤은 그러한 선도기업의 기술을 모방하고 활용하는 다른 기업으로 이전된다. 이 경우 기술선도기업이 개발한 새로운 기술과 지식이 다른 기업들에게 파급되는 외부경제효과가 발생된다.

기술개발에 이러한 외부경제효과(external economy)가 발생되면 새로운 기술개발이나 지식창출이 사회적으로 바람직한 수준에 미달하게 될 것이다. 새로운 기술개발기업이 새로운 지식창출을 행하기 위해서는 막대한 자금이 소요되고 초기손실이나 실패위험의 감수가 요구되지만 그 이후 다른 기업이 아무런 대가를 지불하지 않고 그것을 사용할 수 있다면 기술선도기업은 그에 대한 대가의 일부를 받지 못하게 되고 따라서 이러한 기술개발이 활발하게 일어나지 않을 것이기 때문이다.

이러한 경우 기업이 직면하는 기술개발의 사적 비용이 사회적 비용을 초과하기 때문에 사회적으로 바람직한 수준으로 기술개발을 촉진시키기 위해서는 정부가 적절한 산업정책을 통하여 사적 비용과 사회적 비용이 같아질 수 있도록 기술선도기업을 전략적으로 지원하고 보조하는 산업정책이 필요하다는 것이다. 이러한 전략적 개입의 필요성은 그 기업의 기술선도력이 높을수록, 전후방연관효과가 클수록, 산업의 특성상 규모의 경제효과가 클수록 더욱 높아질 것이다.

말하자면 기술개발에 외부효과가 존재하는 경우 정부는 과점적 시장구조로 귀착될 수밖에 없다고 생각되는 산업을 전략적으로 선정하여 집중적으로 지원 육성함으로써 국내적으로 다른 산업부문에 외부경제효과를 파급시키는 동시에 세계시장에서 경쟁력우위를 신속하게 확보할 수 있도록 하는 전략적 산업정책을 취할 수 있다는 것이다. 그런데 이러한 필요성이 강한 산업이 주로 첨단기술산업인 만큼 이러한 의미의 전략적 무역정책론은 「첨단기술산업 정부지원론」으로 나타나게 된다.

(2) 과점적 산업에서의 초과이윤효과

① 소수의 기업만이 실질적인 경쟁에 참여하고 있는 불완전경쟁(과점)이 존재하는 경우 경쟁에서 이기는 기업은 경쟁 하에서 얻을 수 있는 정상적 이윤을 초과하는 초과이윤(excess profits)이 존재하게 된다. 이러한 과점적 경쟁은 서로 다른 국가의 기업 간에도 일어나게 되는데 이때 이러한 초과이윤을 누가 얻을 것인가를 둘러싸고 국제적인 경쟁이 벌어지게 된다. 이러한 경우 정부가 적절한 산업정책을 통하여 외국기업으로부터 자국 기업으로 초과이윤을 이전시키도록 게임의 규칙을 변경할 수 있다는 것이 전략적 무역정책론의 요지이다. 가장 간단한 예로 국내기업에 대한 보조금이 지급되는 경우 외국 경쟁사가 투자와 생산을 자제함으로써 국내기업의; 이윤을 보조금 이상으로 끌어올릴 수 있다는 것이다.

이렇게 과점적 산업에서의 서로 다른 국가의 기업 간 경쟁을 대상으로 하는 전략적 무역정책론의 연구를 처음으로 촉발시킨 학자는 캐나다 UBC(University of British Columbia)의 브랜더와 스팬서(James Brander & Barbara Spencer)교수였다. 그들은 두 기업이 전략적으로 상호작용하는 과점적 시장에서 일국 정부가 수출보조금이나 관세를 부과할 경우 이것이 과점적 경쟁기업 간의 전략적 의사결정과 상호작용에 어떤 영향을 미칠 것인가를 분석하였다.[39]

② 그들은 이러한 논의를 미국의 보잉(Boeing)과 유럽의 에어버스(Airbus) 간의 가상적 시장게임을 통하여 설명하였다. 세계적으로 대형제트여객기를 개발가능한 기업은 보잉과 에어버스밖에 없다고 가정할 때, 세계수요의 제한성 때문에 어느 한 기업만이 여객기를 생산한다면 이익을 얻을 수 있지만 두 기업 모두 여객기생산에 진입하면 막대한 초기의 시설투자비용 때문에 모두가 적자를 면치 못할 수 있다고 가정하자.

이 경우 두 기업은 서로 자신이 반드시 여객기생산에 돌입할 것이라는 의지를 보여 다른 기업으로 하여금 여객기생산을 포기하도록 하려는 전략적 경쟁게임을 하게 된다. 이러한 게임의 결과 어떤 한 기업이 다른 경쟁기업의 진입을 저지하면 그 기업은 경쟁사의 시장진입을 저지한 대가로 더 큰 초과이윤을 누리게 된다. 따라서 유럽정부

39 J. A. Brander and B. J. Spencer, "Tariffs and the Extraction of Foreign Monopoly Rents under Potential Entry," *Canadian Journal of Economics* 14 (1981), "Tariffs Protection and Imperfect Competition," in H. kierzkowski ed., Monopolistic Competition and International Trade (Oxford Univ. Press, 1984), "Export Subsidy and International Market Share Rivalry," *Journal of International Economics* 59 (1985).

가 보잉이 여객기생산에 진입하더라도 자체적인 이익이 발생할 정도의 보조금을 에어버스에 지원한다는 정책을 발표하면 보잉사는 여객기생산의 진입이 하등의 이익을 보장해 주지 못하므로 결국 진입을 포기하고 에어버스에게 시장을 넘겨버릴 것이다.

이러한 전략적 무역정책은 다음과 같은 두 가지의 경제적 효과를 발생시킨다.

(1) 우선 유럽의 보조금정책이 보잉의 선점권·독점권을 빼앗아 에어버스에게 넘겨줌으로써 외국경쟁기업의 진입을 막는「진입저지효과」(entry foreclosure effect)를 가져다 준다.[40]

(2) 이러한 결과로서 에어버스가 차지하는 이익은 유럽정부의 보조금 뿐만 아니라 세계시장에서의 독점을 확보한 데 따른 초과이윤(rents) 역시 포함되게 되는데, 이러한 에어버스의 이익이 곧 유럽의 이익이 된다. 그런데 이러한 이익은 결국 미국의 비용(희생)으로 발생된 것이며 또한 이러한 유럽의 보조금정책이 보잉이 누리게 될 초과이윤을 에어버스로 이전시키는「이윤이전효과」(profit-shifting effect)를 발생시킨 것이다.

③ 이러한 보잉과 에어버스 간의 경쟁과 전략적 선택은 흔히들 게임이론을 사용하여 설명하기도 한다. 「게임이론」(game theory)이란, 어떤 경제주체의 의사결정이나 행위가 서로에게 영향을 미치는 경쟁적 대립상황에서 각자 자신의 이익을 극대화하려는 전략적 행동을 분석·연구하기 위한 이론으로서, 보잉과 에어버스가 과점적 경쟁을 행하는 가운데 행한 자신의 의사결정과 그로부터 얻을 수 있는 이윤이 어떻게 연관되어 있는가를 〈표 2-5〉가 보여주고 있다.

표 2-5 기업경쟁과 전략적 무역정책

a. 경쟁관계		에어버스	
		생산	비생산
보잉	생산	(-5, -5)	(+100, 0)
	비생산	(0, +100)	(0, 0)
b. 보조금 효과		에어버스	
		생산	비생산
보잉	생산	(-5, +20)	(+100, 0)
	비생산	(0, +125)	(0, 0)

주: ( ) 속의 숫자 앞은 보잉, 뒤는 에어버스의 이윤

---

40 이러한 효과가 더욱 확장되면 특수한 경우 전략적 무역정책이 상대국의 입장에서 바람직한 특화패턴을 봉쇄(locked in)시키는 원인으로 작용할 수도 있다.

(1) 두 회사 모두 새로운 모델인 150개 좌석의 신형여객기를 생산할 수 있는데, 위쪽의 표 [a]에서와 같이 두 회사 중 한 회사만 비행기를 생산하면 일정한 이윤 (+100)을 얻을 수 있지만 두 회사가 모두 신제품을 생산할 경우 두 회사 모두 손실 (-5)을 입게 된다고 가정한다. 이러한 경우 어느 회사가 이익을 누리게 되느냐는 누가 먼저 생산을 시작하느냐에 달려있게 된다.

(2) 이러한 상황에서 유럽정부가 에어버스에게 일정한 보조금(25)을 지불하겠다고 선제적으로 약속을 하는 경우 이제는 아래쪽 표 [b]와 같은 게임이 일어나게 된다. 유럽정부의 보조금시행으로 에어버스는 보잉이 신제품을 생산하든 생산하지 않든 신제품을 생산하는 것이 이득이 되게 된다. 특히 보잉이 신제품생산을 포기하는 경우 보조금 25 보다 훨씬 높은 125의 이윤을 얻게 된다.

(3) 이러한 상황에서 보잉은 에어버스와의 신제품경쟁을 피할 수 없게 되고 경쟁하면 손실을 보게 된다는 것을 알게 되므로 결국 생산을 포기하게 된다. 이 경우 유럽정부의 보조금정책이 항공기생산에 따르는 선점의 이익을 보잉사로부터 에어버스로 이전한 셈이 된다. 말하자면 유럽정부의 전략적 무역정책이 보잉사의 진입저지효과와 함께 에어버스에게 초과이윤이전효과를 가져다 준 것이다.

④ 이후 크루그만(P. Krugman)은 규모의 경제가 작용하는 산업에서 미국기업과 일본기업이 서로 분리된 양국의 시장에서 동시에 쿠르노(Cournot)적 복점경쟁게임(duopoly game theory)을 하는 경우를 상정하여 전략적 무역정책을 설명하였다.[41]

가령 일본정부가 자국 시장에서 '국산품애용'과 같은 보호무역정책을 시행하였을 경우 일본시장에서 미국의 시장점유율은 감소하는 대신 일본의 시장점유율이 증가하는데 이러한 산업의 경우 규모의 경제가 작용하므로 생산증가에 따라 일본기업의 생산단가는 줄게 된다. 일본기업의 이러한 한계비용감소는 일본시장에서의 자국 시장점유율을 높이는 것은 물론 미국시장에서의 시장점유율도 증가시킨다. 말하자면 이것은 수입경쟁시장을 보호하는 전략적 무역정책이 곧 수출을 증대시키는, 이른바 「수출촉진을 위한 수입보호론」(import protection as export promotion)이다.

이는 자국 기업이 국제적 수준의 경쟁력을 확보할 때까지 시장개방을 허용하지 않음으로써 국내생산을 증가시켜 단기간에 규모의 경제효과나 학습효과를 이룩한 후

---

41 Paul R. Krugman, "Import Protection as Export Promotion," in H. kierzkowski ed., *Monopolistic Competition and International Trade* (Oxford Univ. Press, 1984).

수출드라이브(export drive)에 시동을 거는 정책이다. 전략적 무역정책론자들은 실제로 이와 같은 사례가 1980년대 초 메모리반도체시장에서 일본기업이 급속하게 성장한 사실에서 찾을 수 있다고 주장한다. 일본정부가 직접적으로 수출보조를 하지 않았다고 하더라도 규모의 경제가 존재하는 산업에서 자국 시장을 폐쇄함으로써 수출보조를 한 것과 같은 효과를 거둘 수 있었다는 것이다.

(3) 외국의 불공정 산업/무역정책에 대한 대응

전략적 무역정책론의 또 다른 주장은 다른 나라의 불공정한 산업/무역정책에 대항하기 위하여 적절한 대응과 전략적 정책이 필요하다는 것이다. 외국정부가 각종 무역장벽과 산업정책을 통하여 자국 기업의 경쟁력을 인위적으로 키워주는 불공정행위를 행하는 데에도 국내기업들이 자국 정부로부터 아무런 도움을 받지 못한다면 억울한 피해를 당할 것이므로 이에 대하 대응책이 필요하다는 것이다. 이러한 주장은 특히 1990년대 초 미국에서 활발하게 전개된 바 있고 미국 내 정부 및 기업의 이해집단에게 큰 반향을 불러 일으켰으며 각광을 받기도 하였다.

이것은 당시 미국이 경제력약화와 제조업후퇴를 경험하면서 미국시장을 잠식하는 일본의 등장이 미국 제조업계에 큰 충격을 가져오고 있었기 때문이다. 따라서 전략적 무역정책론자들은 일본과 같은 나라들이 채택한 산업정책의 효과를 중화시키고 미국의 산업이 다시 경쟁력과 시장을 확보하기 위해서는 미국 역시 과감한 산업정책과 무역정책을 활용하는 전략수행이 필요하다고 주장하였다. 다양한 관점에서 다양한 주장이 제기되었는데 대표적인 주장을 요약해보면 다음과 같다.

(1) 클린턴 행정부에서 노동부장관을 역임하고 오바마 대통령의 경제자문위원을 맡기도 했던 로버트 라이시(Robert B. Reich)는 그의 저서 「국가의 과제」(Works of Nations, 1991) 등을 통하여 고부가가치산업의 지원을 위한 미국의 산업정책을 강력하게 지지하였다.

(2) 써로우(L. Thurow)는 미국의 문제를 해결하기 위해서는 전통산업(sunset)에서 첨단산업(sunrise)으로의 자원재배분이 이루어져야 한다고 주장하면서 자신의 저서 「세계경제전쟁」(Head to Head, 1992)을 통하여 외국의 전략적 산업정책을 비판만 할 것이 아니라 미국 역시 무언가 전략적 조치를 취해야 한다고 주장하였다.

(3) 클린턴행정부의 경제자문위원회 위원장을 지낸 로라 타이슨(L. Tyson) 역시 「누가 누구를 때리는가?」(Who's Bashing Whom?, 1992)를 통하여 경쟁국들의 불공정무역관행

이 미국경제의 침체원인이라고 주장하면서 미국 역시 과감한 산업정책과 무역정책을 통하여 국가경쟁력을 살려야 한다고 주장하였다.

4.3 전략적 무역정책론의 평가

① 전략적 무역정책론은 이처럼 국가의 미래 경제성장에 핵심적 역할을 행할 첨단 기술산업에 대한 정부의 적극적 지원과 산업정책을 통하여 비교우위를 창출할 수 있 다는 주장을 행하고 있다. 이러한 첨단기술산업은 위험성이 높고 규모의 경제를 누릴 수 있는 대규모생산이 가능하며 성공하게 되는 경우 광범위한 외부경제효과를 발생시 킴으로써 그 산업의 비교우위 창출은 물론 국가의 미래발전에도 기여한다는 것이다.

이러한 전략적 무역정책론은 산업조직론이나 게임이론의 이론적 성과를 국제무역 에 적용하여 완전경쟁에 바탕을 둔 전통적 무역이론이나 자유무역정책론이 설명하기 어려운 여러 현상, 즉 규모의 경제·학습효과·초과이윤·진입장벽·경영전략 등과 같은 요인들을 고려하는 과점적 모형을 통하여 설명될 수 있다. 또한 이러한 과점적 모형 은 보호무역의 경제적 효과가 기업 간의 전략적인 행동에 의하여 수정될 수 있음을 입증하여 이에 대한 새로운 인식의 틀을 제공하기도 하였다.

역사적으로도 일본이나 유럽의 산업발전과정에서 그 전형을 발견할 수 있는 것으 로 평가되기도 하였다. 일본의 경우 1950년대 철강산업과 1980~90년대 반도체산업의 발전이 전략적 산업/무역정책의 결과물이었다고 평가되기도 하였고, 유럽의 경우 1970년대 초음속비행기 콩코드의 개발이나 이후 이루어진 에어버스의 개발이 이러한 전략적 산업/무역정책의 결과물이었다고 평가되기도 하였다. 또한 일본경제의 급격한 부상 앞에서 위협을 느끼던 1980년대에 미국 내 정부 및 기업의 이해집단에게 큰 반 향을 불러 일으켰으며 각광을 받기도 하였다.

② 이처럼 전략적 무역정책은 과점적 경쟁 하에서 보호무역의 정당성을 주장한다 는 점에서 많은 흥미를 불러일으켰고 많은 사람들로부터 각광을 받기도 하였지만, 그 주장이 기초하고 있는 가정들이 비현실적이고 국제무역체제나 국내정치에 여러 가지 부정적 영향을 미치게 된다는 등, 그에 대한 많은 흥미 못지않은 많은 「한계와 문제 점」에 대한 비판을 받았고,[42] 이 이론의 주장자와 보급자들마저 이를 실제로 시행하는

---

42 D. A. Irwin, *Against the Tide: An Intellectual History of Free Trade* (Prinston Univ. Press, 1996) pp.211–216; 최병선, 무역정치경제론 (박영사, 1999) pp.105–109 참조.

데 심각한 어려움이 있음을 인정하기도 하였다.

가정의 비현실성 문제　전략적 무역정책론이 상정하고 있는 여러 가지 가정과 상황이 비현실적이어서 현실적 적용가능성이 높지 못하다.

⑴ 세계시장에서의 과점경쟁은 이론적으로는 가능하지만 이러한 모형에 해당되는 산업은 극히 소수에 불과하며 실제로 이러한 시장에 독점적 이윤이 존재할 수 있는가도 의문스럽다. 이러한 모형으로서 흔히 예거되는 항공기산업의 경우 산업집중도가 대단히 높은 것이 사실이나 경쟁사 간의 경쟁도 매우 높아 전략적 무역정책론이 설명하는 것과 같은 시나리오가 성립될 수 있는가에 대해서 일치된 견해가 존재하지 않는다.

⑵ 또한 그러한 과점적 시장에 대한 새로운 신기업의 진입가능성을 고려하지 않고 있지만 이러한 새로운 기업의 진입이 일어나면 독점이윤은 사라지게 된다. 따라서 특정한 불완전경쟁모델을 통하여 일반적인 결론을 도출하는 것이 위험할 수 있다.

⑶ 이 이론은 수출보조금을 지급함으로써 국내기업의 산출량이 더 증가하고 이에 반응하여 외국의 경쟁기업의 산출량은 더 작아지는 산출량경쟁을 전제로 한다. 그러나 이때 만약 경쟁기업이 산출량경쟁이 아닌 가격경쟁을 하는 경우 결국 상호간 가격전쟁이 야기되어 외국기업 뿐만 아니라 자국 기업의 이윤도 감소하게 되므로 보조금정책이 자국 기업의 이윤증대를 가져온다는 전략적 무역정책론은 성립되지 않게 된다.

⑷ 전략적 무역정책으로 인한 이윤이전효과가 이루어지는 경우 국내의 전략적 산업이 국내기업에 의해 소유되어야만 이로 인한 국민후생증대효과가 나타나는데 전략적 개입을 필요로 하는 산업에 종사하는 대부분의 기업들은 다국적기업들이 장악하고 있다는 현실을 고려할 때 이러한 점에서도 전략적 무역정책론의 현실적 한계가 있다.

현실적 실행의 어려움　세계적 과점경쟁시장에 대한 전략적 무역정책론이 유효적절하게 활용되기 위해서는 정부와 기업이 자신의 전략적 행동의 결과를 사전적으로 정확히 판단하여 적정한 정책을 찾아내야 한다. 예컨대 자국 산업이 독점권을 행사하도록 지원하였지만 상대국 경쟁기업의 시장진입을 저지하지 못한다면 전략적 무역정책의 효과는 나타날 수 없다. 따라서 전략적 무역정책의 성공 여부는 상황을 얼마나 정확히 측정할 수 있느냐에 달려 있는데, 이를 위해서는 엄청난 양의 정보가 필요하다.

전략적 무역정책론자들은 이러한 정책의 효과를 게임이론을 통하여 보여주고 있지만 게임이론에서 상정하고 있는 이윤효과에 신뢰성 있는 숫자(이윤행렬)를 채워 넣기가 쉽지 않다. 만약 정부가 잘못된 숫자를 채워 넣거나 자의적 평가를 통해 채워 넣는다면 보조금정책은 값비싼 오판이 될 수 있다. 말하자면 정확한 정보를 얻어 정확한 평가를 내리는 데에는 심각한 한계가 있으며 또한 이러한 정보가 확보되더라도 정책 입안자가 과연 얼마나 객관적이고 합리적으로 공정한 판단을 행할 수 있는가 하는 문제가 얼마든지 발생할 수 있다.

대내적 비효율성 문제 전략적 무역정책론이 적정한 선택에 의해서 이루어졌다고 하더라도 정부에 의한 특정산업에 대한 집중적 지원은 다른 산업의 희생 위에서 이루어지는 것이므로 전략적 무역정책의 득실은 경제전체적 차원에서 판단해야만 한다. 이와 관련하여 특수 이익집단이 무역정책과정을 포획하여 경제적으로 비효율적인 프로그램이 시행될 위험성도 매우 높다. 산업보호를 위한 보호무역정책론이 대체로 그러하듯이 이러한 전략적 무역정책 역시 다수의 분산된 이익을 희생하여 소수의 집단에게 집중적인 이익을 안겨주는 성격을 띠고 있기 때문이다.

또한 전략적 무역정책의 수혜자들에 의한 지대추구행위(rent-seeking behavior)로 인해 그것이 가져다 줄 긍정적 효과가 크게 훼손될 수 있다. 이는 기업들이 필요 이상으로 보조금을 요구할 수 있을 뿐만 아니라 심지어는 전략적 무역정책이 필요하지 않은 경우에도 정부로부터 보조금을 타내려는 시도가 일어나기 때문이다.

대외적 마찰문제 전략적 무역정책론이 초점을 맞추고 있는 것은 국가 간 초과이윤을 둘러싼 다툼이라고 할 수 있는데, 이는 최적관세론과 마찬가지로 결국 타국의 희생 위에서 자국의 이익을 극대화하려는 근린궁핍화정책(beggar-thy-neighbor policy)의 전형이라고 할 수 있다. 이러한 신중상주의적 정책은 결국 상대국의 보복과 대응을 불러오기 쉽다.[43]

특히 전략적 무역정책론이 모델로 삼고 있는 규모의 경제가 큰 과점적 산업은 주로 지식집약적 하이테크산업들인데 이러한 산업들은 오늘날 모든 선진국들이 매우 중요시하는 산업인 만큼 이러한 보복과 대응의 가능성은 매우 크다. 이러한 보복과 대응이 이루어지는 경우 이로 인해 세계무역의 위축이 초래될 뿐만 아니라 대부분의 선진국들이 동시에 이러한 전략적 무역정책을 실행하게 된다면 그들의 노력이 서로 상쇄되어 전략적 무역정책으로 인한 잠재적 이익은 크게 훼손될 수밖에 없다.

---

43 실제로 위에서 전략적 무역정책의 예로서 거론한 보잉과 에어버스 간의 갈등은 1992년 미국과 유럽의 상호합의에 의하여 진화되었다. 미국의 항공산업에 대항하여 대형여객기를 생산하기 위한 유럽의 컨소시엄 에어버스를 지원하기 위하여 적극적으로 보조금을 지원하였다. 이에 미국은 1991년 유럽의 보조금문제를 GATT에 제소하는 한편 이를 중지하지 않으면 일방적인 보복조치를 취하겠다고 위협하였다. 미국의 보복위협이 증가하고 GATT가 이를 옹호하자 1992년 유럽은 앞으로 공적인 지원을 하지 않겠다는 양자협정을 체결하여 이 문제를 종결지었다.

이 때문에 전략적 무역정책론을 주장하는 사람들 중에서도 이러한 정책을 먼저 사용할 것이 아니라 다른 국가들이 이러한 정책수단을 사용할 때 보복을 하기 위한 정책으로 준비하여야 한다고 주장하기도 한다. 또한 자유주의자들은 경쟁력이라는 개념만으로 전략적 무역정책론의 논리적 정당성을 찾을 수 없으며 이러한 전략적 무역정책론은 결국 세계를 무역전쟁 또는 1930년대의 보호주의로 회귀하게 하는 정책적 결과를 가져올 것이라고 비판하였다.

5 거시경제적·비경제적 목표를 위한 보호론

5.1 거시경제적 목표를 위한 보호론

(1) 거시경제적 목표를 위한 보호론의 내용

무역정책의 목표와 관련하여 소개한 바와 같이 모든 국가들은 정도의 차이는 있지만 수입을 제한하고 수출을 장려하는 보호무역정책을 통하여 자국의 여러 가지 거시경제목표, 즉 고용증대·재정수입증대·국제수지개선·경제성장·물가안정 등을 달성하려는 노력을 행한다. 이러한 거시경제목표를 달성하기 위한 보호무역정책론이 고용보호론·재정수입증대론·국제수지개선론·경제성장론·물가안정론 등이다.

고용증대론/고용보호론　보호무역조치, 예컨대 수입관세가 부과되어 수입이 감소하면 먼저 국내 수입대체산업의 생산이 활성화되어 고용이 증대하고 이러한 현상이 다시 연관산업에 파급되어 경제전반에 걸쳐 고용이 증대된다. 또한 수입제품으로 인하여 경쟁력을 잃게 되는 국내사양산업의 경우 수입품에 대한 관세가 부과되면 이러한 산업의 도태를 막게 되므로 실업이 감소하고 국내고용이 유지될 수 있다. 이렇게 수입관세를 통하여 고용을 증대시키거나 고용의 안정을 가져올 수 있다는 주장이 보호무역을 통한「고용증대론」내지는「고용보호론」이다.

재정수입증대론　관세수입은 일국의 재정수입의 주요한 원천으로서 큰 비중을 차지하고 있고 또한 관세는 다른 세금과는 달리 반대급부가 존재하지 않는 특성을 지니므로 전통적으로 관세는 재정수입을 목적으로 하는 재정관세로부터 출발하였다. 이렇게 국가재정수입을 증대하기 위하여 관세를 부과한다는 주장이「재정수입증대론」이다. 그러나 오늘날 대부분의 관세는 재정관세로서가 아니라 보호관세로서의 성격이 강해서 더 이상 보호가 필요 없는 산업이나 커피·차·향료 등 기호품의 수입에 대한 관세만이 여전히 재정관세로서의 성격을 지니고 있다.

　　국제수지개선론　　국제수지가 적자인 나라의 경우 국제수지의 개선이나 균형달성을 위해서는 보호무역조치를 통하여 수입을 억제해야 한다는 주장이 「국제수지개선론」이다. 이러한 주장은 만성적인 국제수지적자가 해당국의 대외지불능력을 약화시켜 해당국의 원활한 대외거래를 저해하여 국민경제의 안정기조를 동요시키고 경제발전을 이룩할 수 없다는 이유에서부터 외국과의 무역에서 더 많은 차액을 남겨야 한다는 중상주의적 논거까지 다양하다.

　　보호를 통한 경제발전론　　자유무역론자들과 마찬가지로 보호무역론자들 역시 국내시장과 수요의 확대를 통한 경제발전을 이룩하기 위하여 보호무역이 바람직하다고 주장한다. 로젠슈타인 로당(P. N. Rosenstein Rodin) 등은 산업의 불균형적 발전보다는 균형적 발전이 국내산업 간의 상호수요와 상호시장을 확대함으로써 경제발전이 이룩될 수 있다는 균형성장론(balanced growth strategy)을 강조한다.[44] 반면 허시만(A. O. Hirschman) 등은, 어떤 일 산업의 육성이 그 산업과 연관성을 가지는 전후방산업의 수요와 시장을 확대시켜 타 산업을 연쇄적으로 발전시키는 연관효과(linkage effect)를 강조하면서[45] 이러한 연관효과가 가장 큰 산업에 대한 집중투자를 행하는 불균형성장론(unbalanced growth strategy)을 주장한다. 그런데 이러한 균형성장론과 불균형성장론은 공히 저개발국에 있어서의 보호무역정책을 지지하게 된다.

　　(1) 균형성장론의 경우 대외무역에 대해서 수출재와 수입경쟁재의 동시적인 성장을 주장하므로 무역정책면에서는 보호무역정책을 내포하게 된다. 예컨대 저개발국들은 공업보다는 농업, 중공업보다는 경공업에 비교우위를 가지는데, 균형성장론의 입장에서 후진적인 공업 또는 중화학공업을 육성하기 위해서는 보호무역이 필요하다고 주장하게 된다. 이러한 균형성장론적 보호주의 논리는 앞에서 설명하였던 해밀턴(A. Hamilton)의 산업분화론에서 그 고전적 형태를 발견할 수 있다.

　　(2) 불균형성장론의 경우 어떤 경제에서 수출산업과 수입대체산업 중 어느 산업이 더 큰 연관효과를 가지느냐에 따라 자유무역과 보호무역의 정책방향이 결정되는데, 일반적으로 농업보다는 공업, 경공업보다는 중화학공업의 생산과정이 보다 큰 연관효

---

44 예컨대 농업부문의 생산증대는 농민의 소득증대를 가져와 공산물의 수요증대를 가져오며 동일한 이유로 공업부문의 생산증대는 농산물의 수요증대를 가져오므로, 농업부문 또는 공업부문만이 발전하는 경우보다 농업부문과 공업부문이 동시에 균형적으로 발전되는 경우가 보다 확대된 시장을 제공하므로 경제전체의 발전을 촉진할 수 있다는 것이다.

45 A. O. Hirschman, *op. cit.* (1958).

과를 발휘하므로 주로 농산품이나 경공업제품을 수출하는 저개발국의 경우 미래의 경제발전을 위하여 자유무역보다는 보호무역을 지지한다.

(2) 거시경제적 목표를 위한 보호론의 비판

이렇게 보호무역을 통하여 수출촉진·수입억제를 함으로써 국제수지균형(대외적 완균형)과 완전고용·물가안정(대내적 균형)과 같은 거시경제적 목표를 달성하려는 보호무역정책은 단기적으로 일정한 성과를 나타낼 수 있고 또한 국민정서면에서도 호응을 얻기 쉽다. 예컨대 국내실업문제가 심각할 때 수입증가로 인하여 국내의 수입대체산업이 도산하고 이 때문에 실업자가 양산되는 것을 목격할 때 고용보호를 위한 보호무역을 하여야 한다는 주장이나 국제수지적자가 심각해질 때 국제수지방어를 위하여 수입을 제한하여야 한다는 주장 등은 정치적으로 그리고 국민정서면에서 매우 감동적이고 설득력 있는 주장처럼 보일 수 있다.

그러나 이러한 보호론은 다음과 같은 「근본적 문제점」이 있다.

(1) 수입국이 보호무역을 통하여 이러한 거시경제목표를 달성하는 경우 이러한 목표달성은 상대수출국 이익의 침해나 희생 위에서 추구되는 전형적인 「근린궁핍화정책」(beggar thy neighbour policy)으로서 국제적 비난의 대상이 되어 정당성을 인정받기 어려울 뿐만 아니라 상대국 역시 자신의 거시경제 목표달성을 위하여 보호무역으로 대응하는 결과를 초래하게 된다.

(2) 뿐만 아니라 이러한 거시경제목표는 보호무역을 통하여 장기적으로 보장되지 않는 목표이며 또한 그러한 목표를 달성하는 데 가장 적합하고 효율적인 정책수단도 아니다. (보호무역정책론의 일반적 비판과 관련하여 후술)

5.2 비경제적 목표를 위한 보호론

(1) 비경제적 목표를 위한 보호론의 내용

이상과 같은 보호무역정책론과 함께 여러 가지 비경제적·정치경제적 관점에서 보호무역의 필요성을 주장하는 논거들이 제시되어 왔다. 이러한 보호무역정책론들은 이러한 목표달성을 통하여 얻게 되는 비경제적·정치경제적 편익(benefit)이 경제원칙에 입각한 경제적 비용(cost)보다 더 중요하다고 생각하는 가치판단에 입각한 주장들이다. 이러한 관점에서 제기되는 다양한 보호무역정책론들 중 대표적인 논거들을 살펴보면 다음과 같다.

　　국민경제자립론/자급자족론　　세계 각국은 각자 비교우위에 따른 특화와 자유무역을 통하여 국민경제활동을 영위하고 있다. 그러나 이러한 자유무역체제에서는 외국의 경기변동·교역조건변동 등으로 인한 충격이 국내경제에 영향을 미치고 이러한 영향 때문에 때로는 재정정책이나 통화정책과 같은 거시경제정책을 독립적으로 시행하기 어렵게 된다. 더욱이 국가 간 정치경제적·군사적 갈등이나 마찰로 인하여 국제경제환경이 급변하는 경우 국민경제가 지나치게 대외의존적인 국가는 심각한 충격을 받게 된다. 이러한 대외적 영향을 최소화하고 미래에 발생할지도 모르는 위험과 충격을 미연에 방지하기 위하여 과도한 대외의존을 줄이고 국민경제의 자립도를 높이기 위하여 또는 일정한 수준의 자급자족도(self-sufficiency)를 유지하기 위하여 일정한 보호무역정책이 필요하다는 주장이 「국민경제자립론」 또는 「자급자족론」이다.

　　소비목표론/생산목표론　　어떤 사회적 이유 때문에 특정상품(예컨대 사치품)의 국내소비를 일정수준 이하로 억제하기 위하여 보호무역정책이 필요하다는 주장이 「소비목표론」이다. 이러한 소비목표론은 주로 개도국이 국제수지방어를 위하여 채택하는 경향이 있다. 나라에 따라서는 자원의 효율적 배분이라는 경제적 차원보다는 국가안보·사회·문화·보건 등 비경제적 차원에서 특정산업의 국내생산을 일정수준 이상으로 촉진하거나 일정수준 이하로 억제하는 정책목표를 세우는 경우가 있는데 이러한 목표를 위하여 보호무역정책이 필요하다는 주장이 「생산목표론」이다. 이러한 생산목표론의 대표적인 경우가 아래에서 설명하는 국가안보론이나 집단선호론이다.

　　국가안보론/국방론　　국방상의 이유 또는 안보상의 이유 때문에 특정산업제품에 대한 일정량의 국내생산이 유지되도록 하기 위하여 보호무역정책이 필요하다는 주장이 국가안보론 또는 국방론이다. 예컨대 무기산업·기간산업·전시소모품산업 등은 유사시에 대비하여 국내공급원을 확보하는 것이 바람직하다. 16C 이후 중상주의자들도 이러한 논거에 기초하여 해운산업의 보호를 주장하였고 자유무역론자인 애덤 스미스(A. Smith)도 그의 국부론에서 '국방은 경제적 풍요보다 중요하다'고 주장하며 국방을 위한 예외적 보호조치를 인정하였다.

　　이처럼 전통적인 국가안보론은 특정산업제품의 일정한 국내생산과 유지를 목표로 하는 것이지만 최근에 이르러 첨단과학기술의 국가적 보호와 육성이 국가의 경제적·군사적 안보상 중대한 비중을 차지함에 따라 전략적으로 중요한 물자가 다른(적대) 국가로 수출되어 국가안전을 위태롭게 하거나 할 우려가 있을 경우 그러한 거래행위를 금지시키는 통상규제 역시 중요해지고 있다.

산업선택론/집단선호산업론/가치산업론   개인과 마찬가지로 국민경제 역시 하나의 독립된 경제공동체로서의 기반·위신을 유지하기 위하여 국민들이 일반적으로 중요하다고 여기는 특정산업이 존재할 수 있다. 예컨대 자동차·철강산업·반도체산업·항공기산업·원자력산업 등과 같이 국민들이 일국의 존립에 불가결하다고 생각하는 필수적 산업(essential industry), 경제발전이나 국가경제의 정상적인 운영을 위하여 가치 있고 중요하다고 생각하는 전략적 산업(strategic industry)이나 기간산업(key industry) 등이 그러하다. 말하자면 국민이나 정부차원에서 중요하고 가치 있는 산업이라고 평가되는 특별한 산업을 선택하여 보호·육성하여야 한다는 주장이다.

예컨대 개도국들이 경제개발과정에서 선진국들이 먼저 이룩한 공업화를 자신도 하루 빨리 이룩하는 것이 경제발전에 필수적일 뿐만 아니라 선진국이 되기 위하여 갖추어야 할 국가적 위신·자존심이라고 생각하여 비교우위원리와는 배치되는 공업중심의 산업구조를 갈망하는 것 역시 이러한 범주 속에 포함시킬 수 있다.

또한 1980년대 이후 미국 등 선진국정부는 자국의 경쟁우위가 철강·자동차와 같은 전통적인 '굴뚝산업'으로부터 컴퓨터·유전공학과 같은 '첨단기술산업'으로 전환되어야 한다고 주장하면서 ① 1인당 부가가치가 높은 산업, ② 산업연관효과가 큰 산업, ③ 미래성장잠재력이 높은 산업, ④ 외국정부가 목표로 삼고 있는 산업 등이 성장할 수 있도록 정부가 지원·육성해야 한다고 주장하여 왔는데[46] 이러한 주장 역시 이러한 범주 속에 포함시킬 수 있다.

이와 같이 국민이나 정부가 어떤 특정산업을 선택하여 이 산업의 보호와 육성을 위하여 보호무역정책이 필요하다는 주장이 「산업선택론」이고 사람에 따라서 이를 「집단선호산업보호론」 내지는 「가치산업(merit industry)보호론」이라고도 한다. 앞에서 설명한 선진국들의 첨단기술산업보호론이나 전략적 산업정책론 역시 이러한 보호정책론의 범주에 포함될 수 있을 것이다.

경제안보론   이처럼 국내 특정산업의 보호를 위해 보호무역이 필요하다는 주장은 때때로 경제적 안보를 위하여 보호무역이 필요하다는 「경제안보론」으로 연결된다. 자국의 중요한 산업이 경쟁력을 잃거나 주도권을 갖지 못하여 자국 산업에 대한 외국기업의 영향력이 적정한 수준을 넘게 되면 그 산업에 대한 산업주권을 상실하게 되고

---

46 Paul Krugman and M. Obstfeld, *International Economics* 3rd edition (Haper Collins Publishing Company, 1996) p.477.

더 나아가 자국 경제에 대한 자주적인 정책과 운영을 행할 수 없게 되어 경제주권의
훼손으로까지 이어질 수 있음을 우려하기도 한다.

　　협상전략적 보호론　　무역정책이 순수하게 국내적 목표만을 위하여 이루어진다면 국
제적인 자유무역체제가 이루어지기 어렵지만 실제로 선진국들은 국제적 협상을 통하
여 무역자유화수준을 높여 왔다. 1930년대에는 쌍무적 무역협상을 통한 관세의 인하
가 이루어졌고 GATT체제 이후에는 다자간 협상을 통하여 획기적인 관세의 일괄인하
가 이루어졌다. 따라서 보호무역론자들 중에는 관세를 높여두는 것이 상대국과의 무
역협상에서 유리하고 또한 상대국이 관세를 인상할 경우 보복조치로서 자국의 관세도
인상하는 것이 협상의 무기가 되는 만큼, 국제협상에서 유리한 조건을 확보하기 위하
여 일정한 보호조치가 필요하다고 주장하기도 한다. 이러한 주장이 이른바 상호주의
(reciprocity)에 기초한 「협상전략적 보호론」이다.

(2) 비경제적 목표를 위한 보호론의 평가

　　이상과 같은 다양한 비경제적 목표를 위한 보호정책론이 타당한 것인가 하는 평가
는 경제학의 소관이 아닐 수 있으며 따라서 자급자족·국가안보·가치산업 등과 같은
비경제적·정치경제적 가치판단에 바탕을 둔 보호무역정책론을 경제적 관점에서 반박
하기는 어렵다. 그러나 이러한 보호론은 다음과 같은 「근본적인 문제점」을 안고 있다.

　　⑴ 이러한 비경제적 목표를 이유로 한 보호논리는 한없이 남용될 수 있는 위험을
가진다. 오늘날 안보산업 또는 전략산업이 단순히 무기산업에 그치지 않고 반도체 등
과 같은 전자산업이나 전력산업은 물론 국가비상 시 중요한 의미를 가지는 식료품이
나 생활필수품까지도 포함될 수 있으며, 또한 중요산업·가치산업·집단선호산업 등과
같이 막연하고 추상적인 개념을 기준으로 보호대상산업을 논의할 때 과연 어떤 산업
까지를 안보산업 또는 가치산업의 범주 속에 포함시킬 것인가 하는 근본적 문제가 남
게 된다.

　　⑵ 이렇게 보호대상의 산업범위를 비경제적 관점으로 확대하여 보호정책을 강화
하는 경우 비교우위를 바탕으로 하는 시장경제의 원칙이 대외적으로 희생되어 세계전
체의 자원배분이 비효율적이 될 뿐만 아니라, 이러한 정치적 논리가 확장될 경우 보
호주의적 세력이 더욱 강해질 것이다.

　　따라서 비경제적 목표를 위한 보호정책론의 평가가 경제학자들의 소관을 벗어나
는 것이라고 하더라도 비경제적 목표를 달성하기 위하여 불가피하게 발생되는 보호무

역의 기회비용, 즉 이로 인한 경제적 효율과 후생의 저하가 어떠한가를 산정하는 것은 경제학자들이 도전하여야 할 과제이며, 아울러 보호무역정책을 행하는 경우에도 그로 인한 효율과 후생 저하가 극소화되는 방법과 정책수단이 무엇인가 하는 문제 역시 경제학자들의 중요한 연구과제일 것이다.

3절 │ 무역정책론에 대한 이론적 평가

지금까지는 자유무역을 주장하는 자유무역정책론과 보호무역을 주장하는 보호무역정책론의 주요한 논거들을 소개하고 아울러 그러한 주장이 가지는 의의와 한계를 개별적으로 논의하였다. 그러나 이러한 각각의 주장과 논거에 대해서는 그 반대진영의 비판과 반론이 존재하며 논쟁되어 왔다. 이러한 비판과 논쟁 중에는 개별적 논거에 대한 문제제기가 아니라 자유무역정책론 또는 보호무역정책론 그 자체가 안고 있는 근본적 한계와 약점도 존재한다. 이에 제3절에서는 이러한 근본적 한계와 약점에 대한 상대진영의 포괄적 비판들을 살펴본 뒤 양자에 대한 비교와 함께 종합적 평가를 내려 본다.

1 무역정책론에 대한 일반적 비판

1.1 자유무역정책론에 대한 포괄적 비판

고전학파 이래의 자유무역정책론은 정교한 이론과 기준에 의해 뒷받침되어 근대경제학의 가장 강력한 명제로서 자리매김하여 왔고 또한 자유무역의 우월성이 역사적·경험적으로도 입증되어 왔다. 그럼에도 불구하고 현실적으로는 자유무역보다는 보호무역이 지배적인 정책기조가 되어 왔을 뿐만 아니라 자유무역정책의 이론적 논거에 대한 비판과 반론 역시 여러 측면에서 끊임없이 제기되어 왔다. 물론 이러한 비판과 반론들이 보호무역정책론의 이론적 논거가 되기도 하지만 여기서는 자유무역정책론에 대한 비판이라는 관점에서 이들의 주장을 개관하기로 한다.

앞에서 살펴본 바와 같이 자유무역정책론은, 국내에서의 자유분업이 특화와 교환의 이익을 가져옴으로써 바람직하듯이 국제적으로도 비교생산비에 따른 국가 간 생산특화와 교환이 생산자원의 합리적 배분과 소비자의 후생수준을 향상시키는 효과가 있으며 또한 자유경쟁을 통하여 효율의 증대가 이루어지기 때문에 자유무역정책이 더 바람직한 정책이라고 주장한다. 아울러 자유무역정책론은, 국제무역을 통하여 경제가 성장하고 발전하는 동태적 이익이 있어 무역이익과 성장이익이 상호 조화되므로 저개발국은 자유무역을 지향하여 적극적으로 참여할 것을 주장하는 이른바 '대외무역을 통한 경제발전론'을 주장하기도 한다.

자유무역정책론자들이 주장하는 이러한 자원의 효율적 배분론, 소비자이익론, 자유경쟁론, 대외무역을 통한 경제발전론 등에 대하여서는 다음과 같은 보호무역론자들의 비판이 제기되었다. (〈표 2-6〉 참조)

표 2-6   자유무역정책론의 논거와 비판

자유무역론 논거	자유무역정책론에 대한 비판
자원의 효율적 배분론	자원의 효율적 배분을 위한 전제조건(완전경쟁·완전고용 등)이 충족되지 않는 경우 보호무역이 오히려 더 바람직할 수 있음
소비자이익론 사회후생증대론 세계후생증대론	단기적·정태적 관점에 서 있는 소비자이익론의 한계 있음 보상의 원리·소득재배분장치의 원활한 작동 경우에 의미 있음 세계전체의 후생과 개별 교역당사국의 후생효과 다를 수 있음
자유경쟁론	경제의 역사성을 무시한 강자의 논리임 ▪ 소득의 역류효과론(强益强·弱益弱) ▪ 자유무역에 의한 무역이익배분의 불균형 우려 (1차산품 교역조건의 장기적 악화, 궁핍화성장) ▪ 자유무역으로 인한 대외적 착취와 종속의 심화 우려
대외무역을 통한 경제발전론	▪ 자유무역정책론의 기초가 되는 비교우위론의 한계와 비현실성 ▪ 산업구조 및 무역패턴의 정태성·불균형성 발생 우려 ▪ 경제발전을 위한 자본축적의 저해 우려

(1) 전제조건의 결여

자유무역정책론이 주장하는 바와 같은 경제적 효과가 나타나기 위해서는 자유무역정책론이 기초하고 있는 가정과 전제가 충족되어야 하는데 현실적으로 이러한 가정과 전제들이 충족되지 않는다. 예컨대 완전경쟁·완전고용의 전제가 충족되지 않거나 생산물시장·요소시장에 왜곡이 있는 경우, 특히 생산요소의 이동이 자유롭지 못하여 산업 간 임금 및 생산성의 격차가 존재하는 개도국의 경우 자유무역에 따른 생산 및 소비의 최적배분이 실현되지 못하여 자유무역론자들이 주장하는 바와 같은 무역이익이 실현되지 못한다. 이러한 경우 자유무역보다 오히려 보호무역을 통한 이의 시정이 필요할 수도 있다.

우선 자유무역정책론이 완전경쟁을 가정하고 있는데 이것은 시장가격이 사회적 비용을 정확하게 반영한다는 것을 전제하는 것이지만 현실적으로 가격기구가 제대로 작동하지 않는 경제에서는 상대가격구조가 적정하게 설정되어 있지 못하여 어떤 상품이 비교우위를 가지는지 조차 파악하기 어렵고 이렇게 부정확한 정보를 바탕으로 추진된 특화와 자유무역은 자원배분을 오히려 왜곡시키거나 효율적인 결과를 산출하기 어려울 가능성이 있다.

아울러 후생증대를 위한 보호무역정책론에 살펴본 바와 같이 완전경쟁 대신에 독점이나 기타의 시장왜곡이 존재하는 경우 자유무역보다는 보호무역이 후생을 증대시키는 정책이 될 수 있다. 또한 자유무역정책론은 모든 자원이 완전고용상태에 있음을 전제로 하지만 구조적 요인으로 불완전고용상태가 계속되는 상황에서는 자유무역정책보다 보호무역정책을 통한 수입제한이나 수출보조가 더 나은 결과를 만들 수도 있다.

(2) 소비자이익론·후생증대론 비판

소비자이익론 비판 자유무역을 통하여 소비자의 후생이 극대화된다는 소비자이익론의 논거도 단기적·정태적 관점에서는 타당할 수 있지만 장기적·동태적 관점에서 보면 반드시 타당하다고 말할 수 없다. 오히려 보호무역을 통한 국내산업의 발전이 국내생산량을 증대시키고 이러한 과정에서 국내산업경쟁력이 강화되어 생산비가 인하되면 이를 통한 국내소비자의 후생증대가 가능해진다. 말하자면 자유무역이 국내소비자의 후생을 향상시킨다는 논거 역시 장기적·동태적 관점을 결여하고 있다고 할 수 있다. 이러한 점을 지적하는 사람들은, '자유무역옹호자들은 자유무역이 최선의 선택이라고만 주장할 뿐 단기적으로 최선인지 장기적으로 최선인지에 대해서는 아무런 입장이 없다'고 비판한다.

사회적 후생증대론 비판 자유무역에 의해 이득을 보는 집단도 있고 손실을 입는 집단도 있지만 전자가 후자보다 크다면 자유무역은 사회전체의 후생이 증대된 것이므로 자유무역정책이 바람직하다는 사회후생증대론에 대해서도 비판한다. 이 주장은 무역으로부터의 이익이 원활한 소득재분배(보상의 원리)작용을 통하여 조정될 수 있다는 전제를 암묵적으로 깔고 있다. 즉 자유무역은 요소가격 변화를 통해 이익을 보는 집단과 손실을 보는 집단이 발생되는데 이때 전자의 이익이 후자의 손실을 능가하여 순이익(net gains)이 발생되고 이러한 순이익에 대하여 보상의 원리(principle of compensation) 차원의 재분배가 이루어짐으로써 양 그룹의 형평성이 이루어질 수 있음을 전제한다.

그러나 자유무역을 통하여 사회 전체가 잠재적 후생증대를 얻는다고 해서 실제로 모두가 이득을 얻는 것은 아니다. 이득을 얻는 사람과 손실을 입는 사람들 간의 소득 재분배장치나 보상 제공이 원활하게 이루어지지 않는다면 자유무역으로 인한 피해 집단·계층은 오히려 자유무역으로 인한 소득불평등에 직면하게 된다. 이 같은 경우 때로는 보호무역을 통하여 이러한 손실집단을 보호해 주어야 할 필요성마저 존재하게 된다.

물론 이러한 주장에 대하여 자유무역론자들은, 무역을 금지·제한하는 것보다 자유로운 무역을 허용하고 손실을 입는 사람들에 보상을 해주는 것이 더 바람직하다고 주장한다. 그들은 현대산업국가들은 무역에 의해 피해를 본 집단들의 손실을 보상해 줄 수 있는 여러 가지 소득지원방안(산업수당·재교육·산업구조조정 등)을 가지고 있으므로 자유무역을 하되 이러한 보상을 강화하는 것이 올바른 접근방식이라고 주장한다. 말하자면 보상이 부족하다면 보상을 늘릴 것이지 무역 자체를 제한하는 것은 바람직하지 않다는 것이다.

세계후생증대론 비판   한편 자유무역이 세계의 생산량을 증대시킴으로써 교역당사국의 후생은 물론 세계전체의 후생을 증대시킨다는 세계후생증대론 역시 보호무역론자들에 의하여 끊임없이 도전을 받아왔다. 이들에 의하면 자유무역이 교역당사국에 미치는 효과는 서로 다를 수 있으므로 자유무역이 세계전체의 후생을 증대시킬 수는 있지만 개별 교역당사국의 후생을 반드시 증대시키는 것은 아니며 또한 모든 국가에게 동일한 비율로 증진시키는 것도 아니라는 점에서 반드시 최선의 정책이라고 할 수는 없다고 주장한다.

무역이익이 어떻게 개별국가에 배분되느냐 하는 것은 결국 국제교역조건이 어떻게 결정되느냐와 그 나라가 특화하는 산업의 성격이 어떠하냐에 따라 달라진다. 따라서 오늘날 대부분의 국가들이 자유무역의 이점을 인정하면서도 완전한 자유무역보다는 일정한 제한을 두는 무역이 바람직하다는 관점에서 여러 가지 무역제한조치들을 시행하고 있는 것이 현실이다.

(3) 자유경쟁론 비판

일국 내에서 자유경쟁이 바람직한 것처럼 국가 간의 교역에서도 자유경쟁이 바람직하다는 고전학파적 논리는, 영국이라는 선진국을 배경으로 한 논리로서 대외무역의 형태나 기능이 그 국민경제의 경제발전단계에 따라 서로 다를 수 있다는 「역사성(歷史性)」을 무시하고 있으며, 또한 당시 산업혁명을 거쳐 세계의 공장으로 군립하면서 새로운 판매시장의 확보가 필요한 영국의 입장을 대변하는 「강자(強者)의 논리」로서의 성격을 지닌다는 비판이 제기되었다.

그들은, 역사적 경험에 비추어 볼 때 국제무역이 오히려 저개발국의 발전을 저해하도록 작용하였다고 할 수 있으며, 특히 강자와 약자간의 거래에 있어서는 국제시장력이 올바르게 작용하지 못하여 경제적 약자인 개도국들에게 다음과 같은 문제점들을 초래한다고 비판한다.

소득의 역류효과론   어떤 사람과 사람·지역과 지역·국가와 국가 간 경제적 교류가 이루어질 때 한쪽의 발전이 다른 쪽의 발전으로 연결되는 확산효과(spread effect)와 한쪽의 발전이 다른 쪽의 정체와 후퇴의 원인이 되는 「역류효과」(backwash effect)가 발생되는데, 이러한 효과의 크기는 구성원의 힘의 차이가 없을수록 전자의 효과가 크고 구성원의 힘의 차이가 클수록 후자의 효과가 크다. 따라서 선진국과 개도국이 자유무역을 하는 경우, 무역으로 인한 전체의 이익은 증가되지만 소득의 확산효과 대신에 소득의 역류효과가 발생되어 강익강·약익약(強益強·弱益弱)의 결과를 가져온다.[47]

국가 간 무역이익배분의 불균형문제   자유무역에 의해 선진공업국에서 생산되는 2차 산품의 교역조건은 개선되지만 1차산품 생산에 특화하여 이를 수출하는 개도국의 교역조건은 장기적으로 악화된다는 주장이 「1차산품 교역조건의 장기적 악화론」이다. 이에 따르면 선진국과 개도국 간의 자유무역으로부터 발생되는 무역이익이 점차 선진국에 유리하고 개도국에 불리하도록 배분되어 양자 간의 격차가 더욱 확대되는 역사적 과정을 밟아 왔다. 따라서 1차산품을 수출하는 개도국의 경우 수출이 증가하여도 교역조건이 악화됨으로써 실질소득이 저하되는 「궁핍화성장」(immiserizing growth)을 면치 못할 수도 있다.

대외적 착취와 종속의 심화   급진주의 경제학자들은 또 다른 관점에서 자유무역에 따른 국가 간 무역이익 배분문제를 제기하는데 그것이 이른바 「부등가교환론」(theory of unequal exchange)이다. 그들은 선후진국 간에 수직적 분업구조가 형성되고 부등가교

---

47 이러한 소득의 역류효과론을 제기한 사람은 스웨덴의 제도학파 경제학자인 뮈르달(G. Myrdal)이다. 그는 일국 내에서의 이러한 작용은 어느 정도 정부의 정책을 통하여 시정될 수 있지만 국제경제거래의 경우 이를 규제할 세계정부가 없으므로 이러한 역류효과는 더욱 더 커진다고 주장하였다.

환이 강요되어 저개발국의 경제적 잉여가 선진국으로 유출되며 성장의 잠재력이 훼손됨으로써 대내외적 불균등이 심화될 것이라고 주장한다.

따라서 자유무역을 통하여 모든 나라가 혜택을 입는다는 전통적 경제이론은 이미 죽은 이론으로서 국제무역거래의 실제 역사는 중심부에 의한 주변부의 착취로 얼룩져 있다고 주장한다. 따라서 중심부국가들에게는 자유무역이 성장의 원동력(engine of growth)이었지만 주변부국가들에게는 착취의 도구(instrument of exploitation)이므로, 선진국과 저개발국 간의 국제거래는「종속 및 착취관계」를 면할 수 없다고 주장한다.

(4) 자유무역을 통한 경제발전론 비판

저개발국의 경제발전 문제를 연구하는 사람들은 서구의 전통적 경제이론이 과연 저개발국경제의 특성과 발전에 대한 유용한 분석의 틀(framework)을 제공해 줄 수 있는 가라는 문제제기를 해왔다. 대부분의 발전론자들이나 저개발국 경제학자들은 서구 선진국들을 배경으로 정립된 경제이론을 경제여건이 다르고 따라서 정책우선순위도 다른 저개발국에 대하여 그대로 적용하는 것은 이론적으로나 정책적으로 적실성을 가질 수 없다고 강조한다. 전통적 경제이론이 저개발국의 현실에 이론적·정책적 한계를 가진다는 이러한 비판적 논리는 전통적 무역이론이나 이를 바탕으로 한 자유무역정책에 대해서도 그대로 적용된다.

즉 자유무역론자들은 자유무역을 통한 경제 성장과 발전효과를 강조하지만 이들의 주장이 기초하고 있는 전통적 비교우위론이 과연 저개발국의 발전문제에 어느 정도 타당성을 가질 수 있는가의 문제제기이다. 이러한 논의의 주요 초점들은 결국 ① 전통적 비교우위론이 저개발국의 경제현실에 어느 정도 타당성을 가질 수 있는가? (현실적 타당성), ② 자유무역의 결과가 저개발국의 경제발전을 이룩하기 위한 올바른 정책 방향이 될 수 있는가? (지향목표의 적합성), ③ 자유무역정책론의 결론대로 현실의 국제무역이 과연 저개발국의 경제발전에 유리하게 작용하였는가? (역사적 결과)로 요약될 수 있는데 여기서는 앞의 2가지 문제에 대하여 논의하기로 한다.

□ 전통적 비교우위론의 비현실성 문제

어떠한 경제이론이나 경제원리가 얼마나 현실적 타당성을 가지느냐는 그 이론이 전제하고 있는 기본적 가정이 얼마나 현실에 적합한 것인가라는 관점에서 고찰되어야 한다. 이러한 관점에서 보면 전통적 비교우위론을 바탕으로 하는 자유무역정책론의 경우, 선진국의 경우는 어느 정도 현실적 타당성을 가지지만 저개발국의 경우는 가정

의 비현실성이 더욱 크다고 할 수 있다.[48] 이렇게 저개발국의 경우에 특별히 더 문제
가 되는 가정들은 다음과 같다.

　　단기적·정태적 가정　　전통적 비교우위론은 현재 상태가 계속된다는 전제 하에서 비
교우위산업의 선정을 행하고 또한 현재의 후생을 극대화를 추구하는 단기적인 정태이
론(static theory)이다. 그러나 요소부존도나 생산비조건은 시간에 따라 가변적인 것이다.
어느 저개발국이 현재 노동이 상대적으로 풍부하다고 해서 영구히 노동풍부국인 것은
아니며 어떤 나라가 보유하고 있는 현재의 기술수준이 불변인 것도 아니다. 따라서 일
국의 경제적 여건을 불변인 것으로 전제하는 정태적 비교우위론은 경제발전이라는 동
태적 모델로서 부적절하다. 따라서 전통적인 비교우위론이 제시하는 특화와 무역의 방
향에 따라 생산과 교역이 이루어지면 국제무역의 단기적·정태적 이익을 누릴 수 있지
만 기술향상이나 경제발전과 같은 장기적·동태적 이익을 향유하기 어렵다는 것이다.

　　완전고용·완전경쟁·가격신축성 가정　　전통적 비교우위론은 완전고용·완전경쟁·가격
의 완전한 신축성 등을 전제로 하는 이론이다. 그러나 저개발국의 경우 이러한 전제
와 가정들이 충족되지 못할 구조적 장애요인이 더 강하여 이론의 적실성이 상대적으
로 더 약화된다.

　　(1) 전통적 비교우위론은 생산요소와 자원의 완전고용 및 완전이용, 완전히 자유
로운 요소이동, 완전경쟁 등을 가정하여 시장가격과 사회적 한계비용이 일치한다고
전제한다. 그러나 저개발국의 경우 광범위한 실업이나 자원의 불완전이용이 있고 생
산요소의 이동도 자유롭지 못하여 산업 간·지역 간 생산성 및 임금의 격차가 광범위
하게 존재한다. 또한 광범위한 실업이 존재하여 요소의 대체관계도 불충분하고 가격
메커니즘의 기능도 불완전하므로 가격과 사회적 한계비용이 일치하지 않는다. 따라서
시장가격을 통한 비교우위의 선정 자체가 저개발국의 이익에 부합되지 않을 수 있다.

　　(2) 전통적 비교우위론이 전제하고 있는 완전경쟁의 가정은 세계시장의 가격변화
에 따라 자국의 경제구조를 항상 즉각적으로 조정할 수 있음을 가정하지만 저개발국
의 경우 생산구조가 경직적이고 생산요소 이동도 크게 제약되어 있어 이러한 전제는
현실적이지 못하다.

　　(3) 비교우위론은 가격의 완전신축성을 전제로 교역조건 변화가 수출상품과 수입
상품의 수급을 조절하여 국제수지균형이 자동적으로 이루어진다고 전제한다. 그러나

---

48 M. Todaro, *Economic Development in the Third World* (Longman, 1981) Ch.12 (Trade Theory
　　and Development Experience) 참조.

현실적으로 저개발국들은 교역조건 악화와 수출상품에 대한 국제수요 침체로 만성적이고 누적적인 국제수지적자에 허덕이고 있다.

생산요소의 국제적 불이동성   전통적 비교우위론은 생산요소의 국제적 불이동성을 강하게 전제한다. 그러나 이러한 전제는 완전경쟁의 가정 다음으로 비현실적이다. 역사적으로 자본·숙련노동·기술 등은 항상 국제적으로 이동되어 왔으며 더욱이 오늘날에는 다국적기업에 의한 자원의 이동이 세계경제에 결정적인 역할을 수행하고 있다. 따라서 생산요소의 국제적 이동과 그러한 이동이 저개발국의 경제구조에 미치는 영향을 부정하는 것은 비교우위성의 판단에 있어서 이론적 타당성을 감소시킬 뿐 아니라 오늘날 세계경제의 현실에서 가장 중요한 사실 중의 하나를 간과하는 것이 된다.

□ 지향목표의 적합성 문제

한편 전통적 비교우위론이 저개발국의 경제발전 문제에 대해 어느 정도 유용한 정책방향을 제시해 줄 수 있느냐라는 지향목표의 적합성 문제에 대해서도 여러 가지 논의가 있어 왔다. 일찍이 발전론자들은 전통적 비교우위론이 제시하고 있는 무역유형과 경제발전의 입장에서 요구되는 무역유형이 반드시 일치되는 것은 아니라는 점을 지적하여 왔다. 이러한 논의들 중 가장 주목되는 비판은 저개발국의 산업구조문제와 자본축적문제이다.[49]

산업구조 및 무역패턴 문제   자유무역을 통한 경제발전효과에 대해 비판론자들은, 전통적 비교우위론이 제시하고 있는 산업 및 무역유형과 경제발전의 입장에서 요구되는 산업 및 무역유형이 반드시 일치된다고 할 수 없다고 비판한다. 예컨대 극단적인 모노컬쳐(mono-culture)적 산업구조를 가진 경우[50] 이들의 산업구조는 자의든 타의든 그 비교우위성에 충실하였다고 할 수 있다. 그러나 그들의 경제현실을 보면, 중동산유국을 제외한 거의 대부분의 국가들은 저소득수준을 면치 못하고 있으며 소득수준이 다소 높은 국가라고 하더라도 산업구조의 파행성 및 불균형성으로 국민경제의 취약성과 불안정성에 직면하고 있다.

또한 전통적 비교우위론에 따른 산업구조가 이루어질 경우, 선진국은 자본·기술집약적인 공업화를 통하여 무역의 동태적 효과를 충분히 향유하는 반면 저개발국은 1차산업 또는 노동집약적 산업에만 특화함으로써 공업화의 기회 또는 산업고도화의 기

---

49 박진근, 국제경제학 (박영사, 1989) pp.223-6 참조.
50 예컨대 중동아랍제국의 석유, 브라질 및 엘살바도르의 커피, 온두라스의 바나나, 잠비아의 땅콩 등의 경우이다.

회를 박탈당한 채 영원한 저개발국으로 남을 우려를 안고 있다.

　자본축적의 문제　전통적 비교우위론의 제시하는 저개발국의 자원배분 및 무역유형은 일반적으로 노동집약적 산업에 특화하여 이를 수출해야 한다는 것이다. 이러한 논리는 높은 실업률을 특징으로 하는 저개발국에 대하여 단기적이고 정태적인 관점에서는 분명히 타당한 일면을 지니고 있다. 그러나 자본부족을 특징으로 하는 저개발국의 경제발전을 위하여 가장 우선시되어야 할 자본축적이라는 측면에서 보면 반드시 그렇지 않을 수도 있다. 즉 일반적으로 자본가의 저축성향이 노동자의 저축성향보다 높다면 경제발전을 위한 자본축적을 위해서는 자본가에 분배되는 소득의 몫이 크게 되는 소득분배정책이 더 바람직하다고 할 수 있기 때문이다.[51]

1.2 보호무역정책론에 대한 포괄적 비판

　다양한 보호무역정책론에 대해서도 다양한 관점에서의 비판과 반론들이 제시되어 왔다. 이러한 비판과 반론들의 내용을 보면, 여전히 자유무역정책이 가장 바람직하다는 전제에서 보호무역이 가져올 수 있는 폐단과 문제점을 지적하는 비판, 보호무역정책론이 말하는 당초의 목표가 제대로 달성할 수 없다는 점에 대한 비판, 또한 보호무역에 대한 일반론적인 비판 뿐만 아니라 앞에서 살펴본 것처럼 개개의 보호무역정책론이 가지는 한계와 문제점들을 지적하는 비판 등 다양하게 제시되어 왔다. 이러한 여러 가지 비판들 중 보호무역정책론 일반에 대한 총론적이고 포괄적 관점에서 제시된 주요 비판들을 살펴보면 다음과 같다.

(1) 보호로 인한 효율성의 저하 (비용과 편익의 문제)

　자유무역론자들은, 정부의 간섭과 규제에 의한 인위적인 보호무역정책은 자유무역이 가져다줄 수 있는 경제적 이익을 훼손하거나 포기하게 된다는 점을 지적한다. 따라서 보호무역정책은 ① 자원의 합리적 배분을 저해하고, ② 소비자의 후생수준을 저하시키며, ③ 자유경쟁도입을 통한 생산효율의 증대나 국제경쟁력 강화를 이룩할 수 없다고 비판한다.

---

51 상대적으로 노동이 풍부하고 자본이 희소한 저개발국이 보호무역을 행할 경우 스톨퍼-사무엘슨정리(Spolper-Samuelson theorem)에 따라 희소한 요소인 자본의 가격은 상승하여 자본가의 소득배분을 상승시킨다. 이때 고전적 저축함수론에 따를 경우 자본가계층의 한계저축성향은 노동자계층의 그것보다 높으므로 보호무역에 의한 소득의 재분배는 자본축적에 기여하는 효과를 가진다.

또한 보호정책의 개별적인 목표가 단기적·일시적으로 성취된다고 하더라도 장기적·경제전체적으로는 비효율성을 초래하며, 또한 보호로 인한 단기적 편익(benefit)이 발생하였다고 하더라도 이로 인한 손실(cost)을 보상하고도 남음이 있다는 보장이 확보되지 않는다고 비판한다. 따라서 보호무역정책은 그로 인한 편익보다도 더 큰 비용만을 초래하게 되는데, 특히 사양산업이나 독과점산업에 대한 보호의 경우 이같이 나쁜 결과를 초래할 가능성이 더욱 커진다.

(2) 정책수단으로서의 열등성

보호무역정책론을 비판하는 사람들은 보호무역정책이 추구하는 정책목표를 달성함에 있어 외국과의 무역을 제한하는 보호무역을 통하여 그러한 목표를 달성하려고 하는 것은 그러한 정책목표를 달성하기 위한 직접적인 정책에 비하여 비효율적이고 열등한 정책수단이라고 비판한다.

⑴ 고용증대·소득분배개선 등과 같은 사회경제적 목표달성을 위한 보호무역정책은 고용증대나 소득분배를 위한 직접적인 정책수단에 비하여 열등한 정책이다. 예컨대 국내고용을 보호하고 증대시키기 위해서는 대내적인 재정정책과 금융정책 그리고 대외적으로는 환율정책 등이 사용될 수 있는데 이들을 적절히 결합하면 수입관세를 부과하는 것보다 더욱더 효과적인 결과를 얻을 수 있다.

⑵ 자유무역을 통하여 피해를 입는 소득계층의 손실을 보상함에 있어서도 생산면에서의 비효율만을 초래하는 보조금지급정책이 더 효율적인 정책이지 생산면과 소비면 모두에서 비효율을 초래하는 무역정책(관세)은 그보다 열등한 정책이다.

⑶ 국제수지 개선을 위한 보호무역론의 경우에도 마찬가지이다. 국제수지를 개선하기 위해서는 적자를 초래하는 원인을 제거하는 데서 찾아야지 그 결과인 국제수지 적자 자체의 감소에만 주력하는 것은 효과적인 정책수단이 아니다. 따라서 국제수지 개선을 위해서는 관세를 통한 보호정책보다 적절한 총수요관리정책이나 국내산업의 경쟁력을 높이기 위한 산업정책 등이 오히려 더 효율적인 정책이다.

⑷ 국내시장에 왜곡이 있는 경우에도 왜곡 그 자체의 원인을 제거하거나 보조금 지급이나 조세정책 등을 통하여 왜곡을 시정하는 정책이 관세를 부과하는 것보다 더 효율적인 정책수단이다. 뿐만 아니라 관세부과는 국내가격과 국제가격의 차이를 발생시켜 또 다른 왜곡을 초래하게 될 뿐만 아니라 시장왜곡을 개선하기 위한 인위적 정책개입은 새로운 시장실패를 초래하게 된다.

(3) 대내적 이해관계상충과 부패조장 우려

앞에서 설명한 바와 같이 일국의 통상정책은 규범적·종합적·정치경제적 성격을 지니므로 보호무역정책은 이러한 성격으로 인한 여러 가지 대내적 비효율과 문제점들을 발생시킨다.

차별적 영향과 갈등유발   보호무역은 차별적이기 쉽다. 우선 보호무역 그 자체가 국내생산자에게 유리하고 소비자에게 불리함은 물론 다양한 차별적 결과를 파생시키기 때문이다. 예컨대 수입할당제를 실시하는 경우 수입할당량을 전년도 수입실적을 기준으로 하는 경우 기득권자는 유리하지만 신규진입하려는 기업들이 차별을 당하는 등 특정이해집단에 차별적 영향을 주게 된다. 따라서 보호무역은 국민화합에 역작용을 유발하기 쉽고 계층 간 갈등을 조장하기 쉽다.

지대추구사회 및 부패조장 우려   따라서 보호무역은 지대추구사회(rent seeking society)를 만들기 쉽다. 지대추구활동이란, 거래를 규제하는 제도요인을 자신에게 유리하도록 변경시키기 위하여 자원을 비생산적으로 사용하는 활동, 자신들의 이익증대를 위하여 정부의 개입이나 중재를 얻어 부의 이전을 꾀하는 사회적으로 낭비적인 활동을 말한다. 보호무역의 경우 공급을 인위적으로 통제하기 때문에 이로 인한 지대가 발생된다. 따라서 기업들은 기술혁신이나 품질관리 등과 같은 노력보다는 정부에 로비(lobby)를 잘해서 지대를 얻으려는 노력을 행할 수 있고, 수입할당제의 경우 그로 인해 발생되는 쿼터지대(quota rent) 때문에 국내생산업자들이 과대하게 생산량을 증대시킬 수도 있다.

이로 인해 보호무역은 국민화합에 역작용을 발생시키고 공무원의 부패를 조장할 가능성도 있다. 우선 보호무역으로 인하여 이득을 보는 집단과 손해를 보는 집단 간에 갈등이 커질 수 있음은 물론, 보호무역이 높아지면 높아질수록 특정상품에 대한 관세율의 책정이나 쿼터의 배분에 있어 이를 결정하는 공무원들과 이해당사자들 간에 부패가 높아질 수 있기 때문이다.

보호의 영속화 경향   이러한 이유와 관련하여 보호무역정책은 영속화경향을 가진다. 어떤 정책목표를 달성하기 위한 정책개입이 이루어질 경우 그 목표가 달성되면 그 정책은 바로 철회되어야 하지만 일단 이루어진 보호무역은 목표가 달성된 이후에도 철회되지 않고 계속 실행되는 속성이 있고, 또한 보호무역이 일단 시행되고 나면 특정집단은 그들의 이익을 영속화하기 위한 노력을 경주하게 되기 때문이다. 따라서 보호요인이 사라졌을 경우에도 보호정책은 철폐되지 않고 지속됨으로써 비효율과 시장왜곡을 영속화시킨다.

(4) 정책효과의 비현실성과 무력성

보호무역을 통한 국내고용증대·재정수입증대·국제수지개선·교역조건개선 등과 같은 정책목표는 결국 '타국의 희생 위에서 자국의 이익을 확보'하려는 「근린궁핍화정책」(beggar thy neighbour policy)으로서의 성격을 나타낸다. 이러한 중상주의적 정책은 상대방국가의 「보복」(retaliation)을 불러와 당초의 정책목표를 달성하지 못할 뿐만 아니라 세계무역 전체의 위축을 초래함으로써 결국 그 피해가 자신에게도 돌아오게 된다. 1930년대를 중심으로 한 양차 대전기간에 세계의 주요열강들이 이러한 보호정책을 경쟁적으로 실시함으로써 국제무역이 현저히 위축되고 경제공황이 더욱 심화되는 과정을 우리는 역사적으로 경험한 바 있다.

이와 같이 일국의 이기적 보호무역정책은 상대방의 보복을 불러 일으켜 그 정책효과가 무산될 뿐만 아니라 상대국의 대응이 이 같은 보복적 수준에까지 이르지 않더라도 일국의 보호무역조치에 대한 「수출국기업이나 국내생산자들의 대응」 여하에 따라 당초의 보호주의 목표가 달성되지 않을 수도 있다.

⑴ 지금까지 자신이 수출하고 있던 제품에 대하여 수입국의 일방적 보호조치가 취해지면 수출기업들은 수입규제를 받지 않는 제품으로 수출을 대체하거나 수량적 제한조치 취해질 경우 품질고급화로 대처하게 되며, 때로는 무역장벽 회피형 해외직접투자(FDI)를 통하여 종전의 수출을 현지생산으로 대체하거나 제3국으로의 해외투자를 통한 우회진출도 이루지게 된다. 어떠한 경우이든 수입국의 보호조치가 표면적으로는 수입제한효과를 달성한 것처럼 보이지만 종국적으로는 그러한 목표를 달성하지 못하게 된다.

⑵ 국내산업보호를 위한 보호무역정책이 희망하는 인과관계는 수입제한 → 수입경쟁산업에 대한 수요증대 → 고용과 이윤증대 → 경쟁력 향상을 위한 이윤재투자 → 국제경쟁력 제고라는 과정이지만 이러한 인과관계가 제대로 이루어지지 않는다. 어떤 특정산업에 대한 보호정책으로 얻어진 추가적 이윤은 그러한 특정산업과는 무관한 산업에 전용될 수 있고, 사양산업이나 독과점산업에 대한 보호는 보호비용만 추가될 뿐 더 나쁜 결과를 초래할 수 있다.

특히 독과점적 국내산업을 보호하기 위한 수입제한정책이 얼마나 어리석은 것인가를 보여주는 단적인 예가 1980년대 미국의 자동차산업에 대한 보호조치였다. 말하자면 보호무역정책으로 나타나게 된 추가이윤을 기술개발이나 신제품개발 등 국제경

쟁력 향상을 위하여 재투자하지 않고 보호의 이익만을 향유하는 경우, 단기적인 후생
감소에도 불구하고 장기적인 경쟁력 향상을 도모하려는 보호무역 본래의 목표는 달성
되지 않는다. 이에 국내산업보호를 위한 보호무역정책을 반대하는 사람들은, 당해 산
업이 그러한 매커니즘으로 발전할 수 있는 산업이라면 국가의 보호 없이도 자본시장
에서의 자금조달을 통하여 이러한 결과가 나올 수 있다고 주장한다.

2 무역정책론에 대한 종합적 평가

2.1 자유무역정책론과 보호무역정책론의 비교

(1) 일반적 성격의 비교

이상에서 살펴본 바와 같이 자유무역정책론과 보호무역정책론은 서로 상반된 주
장과 목표를 추구하며 오랜 기간 동안 대립되어 왔는데, 오늘날에 있어서도 여전히
어느 한쪽만이 타당하다고 할 수 있는 일방적인 설득력을 확보하지는 못하고 있다.
또한 현실적으로 어떤 나라도 자유무역과 보호무역 중 어느 한쪽만을 일방적으로 추
구하는 경우는 없어 어떤 분야는 자유화되지만 또 다른 분야는 보호화 되는 형태를
취하기도 한다.

표 2-7 자유무역정책론과 보호무역정책론의 비교

구분	자유무역정책론	보호무역정책론
역사	▪ 영국의 고전학파 이후 체계화	▪ 더 오랜 역사(중상주의정책 등)
이론의 전제와 성격	▪ 많은 가정 전제(완전경쟁·완전고용 등) ▪ 추상적 성격 ▪ 일반균형론적 성격 ▪ 보편적 논리구조에 입각 ▪ 이론적 정밀성 바탕	▪ 가정의 미충족 경우(불완전경쟁 등) ▪ 현실적·경험적·역사적 성격 ▪ 부분균형론적 성격, ▪ 단편적·특정적 논리구조에 입각 ▪ 현실적·정치적 정서에 부합
목표와 가치	▪ 소비자의 이익 중심 ▪ 효율성·전체후생의 극대화 ▪ 단기적·정태적 이익/효율성 추구	▪ 생산자의 이익 중심 ▪ 형평성·개별주체의 후생극대화 ▪ 장기적·동태적 이익/효율성 강조

지지자	▪ 경제이론가들의 지지
	▪ 고전학파 및 자유주의 경제학자
	  (근대경제학의 주요명제)
	▪ 전통적으로 선진국들 지지
		▪ 정책담당자·일반국민들의 선호
		▪ 역사학파 및 급진주의 경제학자
		  (정치경제학적 명제)
		▪ 전통적으로 후진국들 지지,
		  때로는 선진국들이 주도함

이러한 점에서 자유무역론과 보호무역론은 상대적인 구분이라고 할 수 있으며 또한 자유무역과 보호무역 중 어느 것이 옳고 그르다는 평가도 어렵다. 그러나 이론적인 측면에서 자유무역론과 보호무역론은 현격히 서로 대비되는 논리구조와 성격을 지니고 있다. 이러한 내용을 〈표 2-7〉이 요약하고 있는데 그 내용을 좀 더 구체적으로 살펴보면 다음과 같다.

이론의 역사　자유무역정책론과 보호무역정책론 중 오늘날 지배적인 패러다임으로 자리잡고 있는 것은 자유무역정책론이지만, 그 사상의 역사적 연원을 보면 오히려 보호무역정책론의 역사가 더 오랜 전통을 지니고 있다. 자유무역정책론은 18C 중엽 애덤 스미스(A. Smith)로부터 시작되는 고전파 경제학자들에 의하여 그 이론적 논거가 정립되었다고 할 수 있지만, 보호무역정책론은 더 일찍이 중상주의시대부터 하나의 정책적 이데올로기로서 자리 잡고 있었기 때문이다.

이론의 전제와 성격　자유무역정책의 이론적 논거는 완전경쟁이나 완전고용 등 많은 엄격한 전제조건과 가정 위에 정립되어 있고 따라서 추상적인 동시에 논리적 엄밀성을 띠고 있다. 반면 보호무역정책론은 자유무역론이 전제하고 있는 가정들이 충족되지 않는 경우(예컨대 불완전경쟁·불완전고용·외부효과 등이 존재하는 경우)를 전제로 하며 따라서 보다 구체적이고 경험적이며 역사적인 성격을 띠고 있다. 이러한 차이 때문에 다음과 같은 특성의 차이가 나타난다.

⑴ 자유무역정책론은 많은 비현실적 가정들을 전제로 정교한 경제이론과 기준에 의해 뒷받침되어 있지만, 보호무역론은 대부분 국가안보·국제적 위신·역사문화적 요인·소득분배와 관련된 정치적 고려 등 실로 다양한 논거들이 동원되고 이론적 체계면에서도 취약성을 보이고 있다. 이 때문에 보호무역론은 정교한 논리체계를 갖추고 검증되어진 이론(theory)이 아닌 주장(argument)의 수준에 머물고 있는 경우가 많다.

⑵ 자유무역의 논거가 정교한 일반균형론적 이론과 기준에 의해 뒷받침되고 있고 보편적 논리구조에 입각해 있는 반면, 보호무역의 논거는 대체로 특정산업·특정부문을 분석대상으로 하는 부분균형적 분석에 기초하고 있고 단편적·특정적 논리에 입각하여 있다. 따라서 보호무역론은 자유무역이론을 적용하기 어려운 특수한 상황에 기초한 이론 또는 자유무역의 예외적 경우로 볼 수 있는 이론인 경우가 많다.

⑶ 자유무역정책이 세계경제 전체의 이익과 후생극대화 차원에서 주장되는 데 비하여 보호무역정책은 개별국가의 이익과 후생의 측면에서 주장되고, 또한 일국의 관점에서 보더라도 자유무역정책은 일국 경제 전체의 입장에서 주장되는 반면 보호무역

정책은 일국 내 특정산업 또는 특정집단의 입장에서 주장되는 경우가 많다.

목표와 가치   자유무역정책론은 자유무역을 통한 소비자 후생증대론이 말해주듯이 소비자의 이익이 강조되고 단기적·정태적인 성격을 띠고 있는 데 반해, 보호무역정책론은 유치산업보호론과 같이 국내생산자의 이익이 중심이 되고 장기적·동태적 성격을 띠고 있다. 따라서 자유무역정책론은 효율성·전체후생의 극대화를 중요한 가치목표로 삼는데 비하여 보호무역정책론은 형평성·개별주체의 후생극대화를 가치목표로 중시한다. 또한 효율성의 추구에 있어서도 자유무역정책론이 단기적·정태적 효율을 추구하는데 비하여 보호무역정책론은 장기적·동태적 효율성을 추구한다.

지지자   이같이 자유무역정책의 논거가 이론적 정밀성에 바탕하고 있으므로 경제이론가들로부터 지지받는 대신 보호무역정책론은 현실적·정치적 정서에 더 잘 부합되므로 정책담당자들에 의해 더 잘 옹호된다. 실제로 자유무역정책론은 무역으로부터 발생되는 비경제적 비용을 간과하기 쉽다. 예컨대 어떤 국내 산업이 국제경쟁력을 상실하면 산업조정이 이루어지는 것이 불가피하고 그것이 국가 전체적으로 바람직한 방향이기도 하지만 그러한 과정에서 개별기업이나 노동자들은 일정한 희생과 비용을 부담하게 된다. 따라서 대외무역정책과 관련하여 이러한 비경제적 비용과 희생을 최소화하는 노력 역시 어느 정도 필요해지게 된다. 이 때문에 자유무역이 최선의 정책(the best policy)이라는 이론적 처방은 현실적으로 무수히 외면되어 왔다. 따라서 실제 세계 무역의 역사를 보면 보호무역은 '원칙'이었고 자유무역은 오히려 '예외'이었다.

또한 경제학의 학문적 경향에 따라서도 달라진다. 고전학파나 자유주의 경제학자들이 자유무역정책을 지지하는 반면 역사학파나 급진주의 경제학자들은 보호무역을 옹호한다. 말하자면 자유무역론이 근대경제학의 주요 명제라면 보호무역론은 정치경제학의 주요 명제였다고 할 수 있다. 또한 역사적으로 자유무역체제가 강요되던 시기에는 대체로 자유무역론이 강자의 논리였고 보호무역론은 약자의 방어였던 만큼 선진국은 자유무역을 강제하고 후진국은 보호무역을 주장하였다. 그러나 보호무역체제가 지배적인 시대에는 오히려 이러한 공격적 보호주의의 흐름을 선진국들이 주도하였다.

(2) 공통적 논거의 비교

자유무역정책론과 보호무역정책론은 대체로 이렇게 서로 상반되는 가정과 전제에 입각하여 서로 상반되는 목표들을 제시하고 있지만 어떤 주장들은 양쪽 모두가 동일한 목표들을 이유로 각각 자유무역과 보호무역을 주장하기도 한다. 예컨대 자유무역정책론이나 보호무역정책론 공히 후생증대라는 목표를 내세우고 대외무역을 통한 소득분배개선이나 무역을 통한 경제발전을 주장하는 경우 등이 그러하다.

표 2-8　자유/보호무역정책론의 공통된 논거 비교

공통 논거	자유무역정책론	보호무역정책론
후생증대론	▪ 완전경쟁, 파레토최적 전제	▪ 시장왜곡상태 전제
소득분배 개선론	▪ 이득집단의 소득분배개선 ▪ 보상의 원리의 원활한 작동 전제	▪ 손실집단의 소득분배개선 ▪ 보상의 원리의 원활한 작동 부정
대외무역을 통한 경제발전론	▪ 비교우위산업의 육성 통한 경제발전 ▪ 해외시장 지향적(수출지향적) 발전 ▪ 정태적 비교우위 · 효율성 추구 ▪ 선발개도국의 역사적 경험(1960~80년대)	▪ 비교열위산업의 육성 통한 경제발전 ▪ 국내시장 지향적(수입대체적) 발전 ▪ 동태적 비교우위 · 효율성 추구 ▪ 선진국들의 공업화 경험(18~19C)

□ **후생증대론**

우선 자유무역정책론이나 보호무역정책론 공히 그들 주장의 근거로서 후생증대론을 주장한다. 자유무역론자들은 자유무역이 무역당사국의 소비자후생이나 사회적 후생은 물론 세계전체의 후생증진을 위한 최선의 정책임을 주장한다. 그러나 보호무역론자들 역시 오히려 보호무역정책이 무역당사국의 후생을 증진시킬 수 있음을 주장하는바 그 대표적인 논거가 교역조건개선론 · 최적관세론 · 시장왜곡개선론 등이다.

이처럼 자유무역론자나 보호무역론자 모두 후생증대라는 목표를 내세우고 있지만 그들이 기초하고 있는 기본적인 전제가 다르다. 자유무역론자들은 완전경쟁이나 파레토최적이 이루어지는 상태에서의 자유로운 교역이 후생을 극대화할 수 있다는 주장인데 반하여, 보호무역론자들은 현실적으로 그러한 전제들이 충족되지 않는 경우가 많을 뿐더러 이러한 전제가 충족되지 못하는 시장왜곡이 존재하는 경우 보호무역을 통하여 이러한 왜곡을 시정함으로써 오히려 후생을 증대시킬 수 있음을 강조한다.

□ **소득분배개선론**

자유무역정책론이나 보호무역정책론 공히 그들 주장의 근거로서 소득분배개선론을 주장한다. 앞에서 설명한 바와 같이 일반적으로 국제무역은 무역으로부터 이득을 얻는 요소 · 집단 · 계층 · 산업과 손실을 입게 되는 요소 · 집단 · 계층 · 산업을 발생시키므로 어느 쪽의 소득배분의 개선을 목표로 하느냐에 따라 자유무역정책론의 논거가 되기도 하고 보호무역정책론의 논거가 될 수도 있다. 대체로 자유무역정책론은 자유무역을 통하여 이득을 얻게 되는 쪽의 소득분배개선을 강조하는 반면 보호무역정책론은

국제무역으로 인한 소득재분배과정에서 피해를 입게 되는 쪽의 손실과 불평등을 방지하거나 보상하기 위하여 보호무역이 필요하다고 주장한다.

따라서 이러한 소득재분배효과를 중심으로 하는 자유무역정책론과 보호무역정책론은 때로는 정치적인 논쟁의 대상이 될 수 있다. 자유무역정책론은 상대적으로 풍부한 생산 요소·비교우위산업·소비자계층의 소득배분개선을 위하여 자유무역이 바람직하다고 주장하는 반면 보호무역정책은 상대적으로 희소한 생산요소·비교열위산업·국내생산자의 손실과 불평등을 방지하기 위하여 보호무역이 바람직하다고 주장하기 때문이다.

이러한 경우 자유무역정책론자들은 소득재분배효과를 이유로 보호무역을 행하는 것보다 자유무역을 허용하고 필요하다면 그로부터 손실을 입는 집단에 대한 보상을 증대시키는 것이 바람직하다고 주장한다. 다시 말하면 자유무역 이후 소득증대가 이루어지는 쪽과 소득감소가 이루어지는 쪽이 존재하게 되지만 이때 전자의 이익이 후자의 손실을 능가하여 전체로서의 순이익(net gains)이 발생되고 이러한 순이익이 보상 차원에서의 재분배가 이루어져 이득을 얻는 쪽과 손실을 입는 쪽 간의 형평성을 기할 수 있다고 주장한다.

말하자면 무역으로부터 발생되는 피해를 무역으로부터 얻어진 이익으로 보상해주는 보상의 원리(principle of compensation)가 제대로 작동한다면 소득분배개선을 위한 보호무역론은 정당성을 갖지 못한다고 비판한다. 이러한 주장에 대하여 보호무역정책론자들은, 이러한 소득의 재분배장치가 원활하게 이루어지지 않으므로 보호무역을 통하여 이러한 손실집단을 보호해주어야 할 필요성이 존재한다고 주장한다.

□ 대외무역을 통한 경제발전론

자유무역론자들이 국제무역이 일국의 자원을 효율적으로 배분함으로써 얻을 수 있는 정태적 이익을 주된 관심사로 하여 이를 강조하고 있지만 대외무역은 이러한 정태적 이익 뿐만 아니라 이를 통하여 무역당사국의 경제가 성장하고 발전하는 성장의 원동력(engine of growth)으로서의 동태적 이익이 있음을 주장하여 이른바 대외무역을 통한 경제발전론을 주장하였다. 이들은 또한 이렇게 자유무역이 이론적으로 바람직하다는 것이 근대경제학의 가장 강력한 명제로서 자리매김하여 왔을 뿐만 아니라 자유무역의 우월성이 역사적·경험적으로도 입증되어 왔다고 주장한다.

보호무역론자들 역시 국내시장과 수요의 확대를 통한 경제성장을 이룩하기 위하여 보호무역이 바람직하다고 주장한다. 앞에서 설명한 바와 같이 개발경제학의 균형성장론(balanced growth strategy)이나 불균형성장론(unbalanced growth strategy) 공히 저개발국에 있어서의 보호무역정책을 지지한다. 일반적으로 저개발국들은 공업보다는 농업, 중공업보다는 경공업에 비교우위를 가지는데 균형성장론의 입장에서 후진적인 공업 또는 중화학공업을 육성하기 위해서는 보호무역이 필요하다고 주장하고, 불균형성장론의 입장에서도 농업보다는 공업, 경공업보다는 중화학공업의 생산과정이 보다 큰 연관효과를 발휘하므로 주로 농산품이나 경공업제품을 수출하는 저개발국의 경우 경제발전을 위하여 자유무역보다는 보호무역이 바람직하다고 주장한다.

이같이 자유무역정책론이나 보호무역정책론 공히 대외무역을 통한 경제발전론을 주장하지만 양자는 다음과 같은 점에서 서로 다른 입장을 보여준다.

(1) 자유무역정책론은 비교우위산업의 육성과 해외시장을 통한 시장확대 및 성장을 추구하는데 비하여 보호무역정책론은 비교열위산업의 육성과 국내시장을 통한 시장확대 및 성장을 추구한다. 이에 따라 개도국의 공업화 및 성장전략과 관련하여 전자가 과거 수입하고 있던 재화를 국내생산으로 대체하는 「수입대체적 성장전략」(import substitute growth strategy)으로 연결되는 반면, 후자는 잠재적인 비교우위를 가진 수출가능 부문을 국민경제의 선도부문으로 삼아 이의 육성을 통하여 경제성장을 이룩하려는 「수출주도적 성장전략」(export oriented growth strategy)과 연계된다.

(2) 산업구조면에서 자유무역정책론이 정태적인 비교우위성·효율성을 추구하는데 비하여 보호무역정책론은 동태적인 비교우위성·효율성을 추구한다. 따라서 전자가 전통적인 비교우위론의 논거들이 저개발국에 대해서도 여전히 타당하다는 「비교우위론의 옹호론」을 펼치는데 대하여, 후자는 여러 가지 제한점에도 불구하고 비교우위론이 제시하는 원리 자체는 부인할 수 없는 만큼 전통적인 비교우위론의 동태적 수정과 확장(dynamic modification and enlargement)이 필요하다는 「비교우위의 동태화론」 내지 「동태적 비교우위론」을 주장한다.

(3) 역사적 경험에 대한 예증으로서 보호무역정책론은 지금의 선진산업국들이 모두 18~19C에 실시한 그들의 산업보호정책을 통하여 오늘의 위치를 갖게 되었음을 강조하는데 비하여, 자유무역정책론은 1960년대 이후 모든 개도국들이 경제발전을 이룩하기 위한 노력을 경주하였지만 이러한 노력 끝에 성공한 선발개도국들은 모두 시장개방과 자유무역정책을 추구한 국가들이었음을 강조한다.[52]

---

52 물론 이러한 주장에 대해서는 많은 반론들이 존재한다. 예컨대 아시아 신흥공업국들의 역사를 보면 급속한 수출증가율과 급속한 경제성장률 간에 상관관계가 존재한 것은 사실이지만 이와 같은 상관관계

2.2 이론과 현실의 이율배반성 (무역정책론의 이데올로기적·역사적 속성)

자유무역과 보호무역의 문제는 오랜 역사를 통하여 끊임없는 논쟁의 대상이 되어 왔고 또한 오늘날에 있어서도 여전히 계속 논쟁의 중심이 되고 있는 실로 '오래고도 새로운'(old and new) 하나의 갈등이다. 또한 이론적으로는 자유무역이 옳다고 주장되면서도 실제의 정책은 보호무역을 실시하는 「이율배반적인 경향」을 띠면서 전개되어 왔고, 전통적으로 자유무역을 주장해 온 국가들도 자국의 이익을 추구해야 할 필요성이 있을 때는 과감하게 보호무역정책 실행하였던 것이 엄연한 역사적 사실이었다.

일국의 무역정책기조가 자유무역이든 보호무역이든 동서고금을 막론하고 변치 않는 사실은 어느 나라도 자신의 국익을 포기하려 하지 않는다는 것이다. 따라서 무역체제를 논하는 행위의 저변에는 자국 이익실현이라는 1차적 목표가 있으며 경제적 자유증진이나 인류의 복지증진 등과 같은 고상한 표현은 외교적 수식어이거나 부수적인 목표인 경우가 많다. 이것은 자유무역을 주장하거나 보호무역을 주장하는 국가의 시대적·경제적 배경을 살펴보면 더욱 명백해진다.

자유무역론과 보호무역론 역시 그 자체 나름대로의 논리적 타당성을 지니고 있지만 동시에 자국의 「국익극대화를 위한 이데올로기적 도구」로서의 성격을 지니고 있기 때문이다. 중상주의적 보호무역사상이 당시 새로이 건설하는 근대국가의 부국강병을 위한 이데올로기였다면, 19C 이후 해밀턴의 산업분화론이나 리스트의 유치산업보호론 역시 당시 후진국이었던 미국과 독일의 산업발전을 위한 이데올로기였으며, 1970년대 이후 신보호주의의 이론적 배경이 되고 있는 공정무역론이나 상호주의 역시 경쟁력이 약화되고 있는 사양산업의 보호를 위한 선진국의 이익을 대변하는 이데올로기적 속성을 지니고 있다고 할 수 있다. 또한 신보호주의 이후 공정무역론과 함께 나타난 새로운 보호주의로서 전략적 무역정책론 역시 선진국의 과점적 첨단산업의 이익을 극대화하기 위한 이데올로기적 속성을 지니고 있다.

이와 같은 보호무역정책론들이 그 자체 보호무역정책을 추진하는 입장을 반영하는 이데올로기였음은 별로 놀라울 바가 아니지만, 영국 고전학파의 자유무역정책론 역시 당시 가장 앞서 산업혁명을 완성하여 가장 강력한 산업경쟁력을 지닌 영국의 국

가 반드시 자유무역이 경제성장의 주요한 요인임을 증명해주는 것은 아니라든지, 이들 국가들의 성공은 자유무역정책의 유효성을 보여주는 것이 아니라 실제로는 산업정책 등 정교한 정부개입의 결과 때문이었다는 등 다양하다.

익을 대변하는 제한적인 성격을 지닌 「자유무역 이데올로기」(free trade ideology)의 하나였음을 부정할 수 없다.

또한, 이후 제3장에서 살펴보듯이, 자유무역과 보호무역의 역사적 전개라는 관점에서 보더라도, 자유무역과 보호무역에 관한 이론적 논거들이 서로 대립되고 교차되면서 발전되어 왔듯이 실제의 무역정책 역시 그 시대마다의 자본주의 발전정도, 세계적 경제환경, 각 국민경제의 경제적 상황의 차이에 따라 그 정책의 목표나 수단들을 달리하면서 서로 대립되고 교차되는 역사적 과정을 거치며 진행되어 왔다.

이같이 근대 이후 오늘날까지 세계무역의 정책기조는 자유무역과 보호무역이 서로 교차되며 변화하는 모습을 보여 왔지만, 그 내용을 보다 면밀히 관찰하면 보호무역이 세계무역의 보편적 역사였고 자유무역은 오히려 예외적이었다. 이같이 자유무역과 보호무역은 그 때마다의 세계경제적 상황과 각국경제의 현실에 따라 변동되고 변화해 가는 「역사적 성격」을 내포하고 있다. 따라서 자유무역과 보호무역의 실체를 더욱 완전히 이해하기 위해서는 각각의 주장에 대한 이론적 측면의 이해와 함께 실제의 현실에서 이들이 어떻게 진행되고 변화되어 왔는가라는 역사적 측면에 대한 고찰이 필요하다.

제3장　자유무역과 보호무역의 역사

　　제3장에서는 자유무역과 보호무역에 대한 정책론들을 이론적 관점에서 논의하였다. 그러나 세계무역의 역사는 이러한 이론적 논쟁과는 이율배반적인 성격을 띠면서 변화되어 왔다. 제3장에서는 세계무역체제의 기조가 어떻게 변화되어 왔는가를 역사적 관점에서 고찰하고, 이러한 역사적 과정에서 얻을 수 있는 정치경제적 함의가 무엇인가를 종합하고 평가해 보기로 한다.

1절　세계무역체제의 역사적 전개

　　제2장에서 살펴본 바와 같이, 자유무역과 보호무역의 문제는 오랜 역사를 통하여 끊임없는 이론적 논쟁점이 되어 서로 대립되어 왔고 오늘날에 있어서도 여전히 논쟁의 중심에 서 있는 실로 「오래고도 새로운」(old and new) 하나의 갈등이다. 또한 이론적으로는 자유무역이 옳다고 주장하면서도 실제의 정책은 보호무역을 실시하는 이율배반적인 성격을 띠면서 전개되었고, 전통적으로 자유무역을 선호하는 나라들도 자국의 이익을 추구할 필요가 있을 때는 과감하게 보호정책으로 선회한 것이 역사적 사실이었다.

　　따라서 자유무역정책론이나 보호무역정책론 역시 하나의 과학적 이론으로 제시되고 있지만 사실은 하나의 「이데올로기적 도구」로서의 성격을 지니고 있다고 할 수 있다. 자유무역과 보호무역에 대한 이론적 논쟁이 이처럼 통일적인 결론을 도출하지 못하였듯이 실제 무역정책의 역사적 과정 역시 그 시대와 국가가 처해 있는 자본주의 발전의 정도·세계경제환경의 변화·각 국민경제가 처해 있는 경제적 상황과 전제의 차이에 따라 그 정책의 목표나 수단들을 달리하면서, 서로 대립되고 교차되는 역사적 과정을 거치며 진행되어 왔다.

  자유무역과 보호무역이 역사적으로 진행되어온 이상과 같은 과정을 단순화시켜 보면, 중상주의적 상업자본주의시대에서부터 산업자본주의를 거쳐 오늘에 이르기까지 자본주의의 발전단계에 따라 자유무역과 보호무역이 서로 교차되며 진행되는 모습을 보여 왔다고 할 수 있다. 이러한 역사적 흐름을 극히 단순화시켜 요약하고 있는 것이 〈표 3-1〉이다.

표 3-1   세계무역정책기조의 역사적 변화

시대	2차 대전 이전의 세계무역체제				전후의 세계무역체제	
	16C~18C중엽	18C말~1870년대	19C 중엽이후	1870년대~2차 대전	2차 대전~1960년대	1970년대 이후
자본주의 단계	상업자본주의 시대	산업자본주의 시대	산업자본주의 후기	독점자본주의 시대	(수정자본주의 시대)	(복지자본주의 시대)
무역정책 기조	중상주의적 보호무역	고전적 자유무역	고전적 보호무역	제국주의적 보호무역	전후의 자유무역	신보호 무역주의

  이하에서는 무역정책의 정책적 기조가 자유무역이었느냐 또는 보호무역이었느냐를 중심으로 하여 세계적 무역정책의 전개과정을 2차 대전 이전의 ① 중상주의적 보호무역, ② 고전적 자유무역, ③ 고전적 보호무역, ④ 독점자본주의적 보호무역과, 2차 대전 이후의 ① 전후의 자유무역, ② 신보호무역주의로 구분하여 그러한 정책이 수행되게 된 역사적 배경과 내용은 어떠하였고, 아울러 그러한 실제의 정책을 뒷받침하는 무역정책사상(이데올로기)은 무엇이었는가를 개관한다.

1 2차 대전 이전 세계무역체제의 전개

1.1 중상주의적 보호무역정책 (16C~18C 중엽)

(1) 중상주의의 본질

「중상주의」(mercantilism)란 16세기부터 18세기 중엽까지 약 300여 년간 근대국민국

가 및 근대산업체제의 확립을 위하여 유럽제국에서 채택되었던 국가간섭적인 경제사
상 및 이를 기초로 하는 경제정책에 대한 총칭이다. 말하자면 자본주의의 초기발전단
계에서 유럽의 국가들이 국가발전과 국부(national wealth)증진을 위하여 채택한 경제정
책, 이와 관련되는 경제사상 또는 시대정신을 포괄적으로 일컫는 용어이다.

　이 시대는 소위 지리상의 발견 이후 유럽제국들이 대외무역에 힘을 기울이던 시
기였고, 자본주의의 발전이라는 관점에서 보면 근대자본주의의 본원적 축적시기 내지
는 근대자본주의의 성립시기로서 상업자본이 핵심적 역할을 행하였던 시기였다. 중상
주의자들은 외국무역 그 자체가 일국의 부(富)의 참된 증가를 가져오는 주요한 원천이
고 그러한 부의 증가는 화폐의 증가, 즉 무역차액에 기초한 금·은의 유입에 의해 이
루어진다고 생각하였다. 따라서 중상주의 무역정책의 기본은 강력한 보호제도에 있었
고 이 시대의 전제군주는 외국무역을 규제함에 있어 절대왕권을 행사하였다.

　이러한 환경 하에서 상업을 중시한 이러한 경제적 활동을 당시 일부학자들이 이
론적으로 체계화하려고 노력하였으나 주목할 만한 성과가 드러나지 않았는데 그 후
애덤 스미스(A. Smith)가 이러한 정책사상에 대해 중상주의라는 명칭을 붙였다.

(2) 중상주의의 기본적 특성

　이와 같이 16C 이후 유럽제국을 중심으로 이루어진 중상주의는 대체로 다음과 같
은 기본적 특성들을 나타내고 있다.

　중금주의　　1620년대까지 절대왕정 1기에 해당되는 초기적 중상주의의 특징은 중
금주의(bullionism)였다. 그들은 금·은과 부(富)를 동일시하여 그것의 획득은 국익의 증
대이고 그것의 상실은 국익의 손실로 생각하여 금·은의 유출을 금지하고 유입을 장려
하는 직접적인 정책을 수행하였다. 중상주의시대에 거의 모든 나라가 이러한 중금주
의정책을 실시하게 된 직접적 동기는, 중앙집권적 국가제도를 확립하는 데 막대한 화
폐적 재정이 필요하였기 때문이고, 동시에 교통의 발달과 신대륙 및 신항로의 발견에
의하여 화폐유통이 급진적으로 확대되었기 때문이다.

　무역차액론　　1620년대 이후부터 17세기까지 절대왕정 2기에 해당되는 중기적 중상
주의의 특징은 무역차액론(balance of trade theory)이었다. 이러한 정책도 결국 화폐의 유
입을 궁극적 목표로 하나 그 방법을 금·은의 직접적 통제보다는 무역차액에 의한 화
폐의 확보를 그 수단으로 하였다. 따라서 각국은 수출을 장려하고 수입을 억제하는
등 모든 대외거래를 간섭하는 정책을 수행하였다. 이같이 무역차액주의는 국가의 부

(富)가 생산면에서 보다는 유통면에서 발생된다고 보았기 때문에 산업적 이해관계는 고려되지 않았으며 자연히 독점적 상업자본과 왕권과의 결합을 강화시켰다.

국내산업보호정책   17세기의 시민혁명 이후부터 18세기 중엽까지의 초기 산업자본주의시대라고 할 수 있는 중상주의의 후기적 형태는 산업보호정책으로 특징지어진다. 이러한 단계에서는 정책의 중점이 대외무역에만 집중되지 않고 국내산업과 노동문제에도 주어졌는데 이는 국내산업보호가 결국 무역차액의 기초가 되기 때문이었다. 어쨌든 이러한 산업보호정책은 중상주의정책의 기본적 초점이 상업 및 유통에서 산업쪽으로 전환되었음을 나타내 주고 있다.

해외식민지제도   이 같은 중상주의자들의 보호제도는 그 목적달성을 위하여 식민지제도의 설정과 이를 바탕으로 하는 식민지무역을 필요로 하였다. 이것은 식민지의 획득이 종주국에게 있어서 원자재와 식량의 공급지로서의 역할은 물론 제품의 판매시장으로서의 중요한 의미를 가지기 때문이었다. 따라서 중상주의를 수행하는 국가들은 격렬한 식민지쟁탈전을 전개하였고 이러한 식민지정책과 식민지무역을 지탱하는 가장 대표적인 수단으로서 항해조례가 존재하였다. 어쨌든 중상주의 하의 이러한 식민지제도는 결국 자본주의의 발전과정이라는 관점에서 보면 하나의 본원적 자본축적의 계기를 형성하였다.

(3) 중상주의 무역정책의 전개

중상주의정책은 중세 말기에서 근세에 이르는 오랜 역사적 전개과정 속에서 포르투갈과 스페인·네덜란드·영국과 프랑스로 이어지는 유럽 열강들의 패권쟁탈의 과정으로 전개되었다. 이러한 중상주의정책의 실천을 유형별로 보면 궁극적으로는 공업중심적 내부성장형과 상업중심적 중계무역형으로 구분할 수 있다.[1] 또한 이러한 중상주의정책의 실천에 따라 중세 말기에서 근세에 이르는 유럽의 역사는 다음과 같은 열강국의 패권쟁탈로 채색되었다.

16세기 포르투갈과 스페인의 중상주의정책은 주로 신대륙의 발견과 그에 대한 식민지무역이 중심을 이루었다. 포르투갈은 바스코다가마에 의한 인도항로의 발견 이후 동방을 정복하는 데 성공하여 고아(Goa, 1510)와 마카오(Macao, 1518)를 거점으로 왕권이 개입하여 향료·상아를 중심으로 하는 동방무역을 독점함으로써 국부의 증대를 추구하였다.

---

1 大塚久雄, "近代社會 生産的 基礎," 國民經濟(岩波書店, 1980) 第2部.

16세기 후반부터는 스페인에 의한 해상권의 장악이 이루어졌다. 스페인은 콜럼버스에 의한 아메리카대륙의 발견 이후 멕시코·페루 등의 남미에서 금·은을 약탈하고 채광하여 다량의 금·은을 국내로 유입시킴으로써 국부를 증대시켰다. 그러나 스페인은 초기에는 모직물·면직물의 국내생산을 통하여 내부성장도 포함한 혼합형이었으나 16세기 말 이후 중계무역형으로 전환된 이후 모험과 투기에만 사로잡혀 국내산업의 건실한 발전이 없었고 식민지경영에도 묘를 살리지 못하였으며 또한 금·은의 획득에만 너무 열중한 나머지 이들의 국내유입에 따른 물가상승으로 경제력이 쇠퇴하였다. 그 후 스페인은 식민지 네덜란드의 독립(1579)과 무적함대의 패배(1588) 등으로 그들이 누리던 번영과 경제적 지위를 완전히 잃고 말았다.

17세기는 네덜란드·프랑스·영국이 무역과 해상의 패권을 놓고 서로 다투게 되었는데 이러한 경쟁에서 가장 먼저 패권을 차지한 것이 네덜란드였다. 스페인의 지배로부터 독립하는데 성공한 네덜란드는 국내자원의 개발과 식민지경영에 다같이 관심을 경주함으로써 포르투갈과 스페인의 실패를 반복하지 않으려고 노력하였다. 그 결과 네덜란드는 동인도회사(1602)와 서인도회사(1621)의 설립을 통한 해운업·조선업·중개무역 등의 발전과 식민지통치를 통하여 17세기 중엽에는 유럽최강의 상권을 장악하였다. 이렇게 그들은 진취적이고 합리적이었기 때문에 좁은 국토와 불리한 기후조건들을 극복하고 일찍부터 무역입국을 하였지만, 그 후 군사적 열세를 극복하지 못하여 17세기 말엽부터 쇠퇴하기 시작하였다.

18세기는 영국과 네덜란드의 세계시장 쟁패전, 영국과 프랑스의 투쟁, 미국의 독립전쟁 등으로 점철되어 평화적으로 세계무역이 전개된 기간은 매우 짧았다. 그러나 이 기간 중 세계무역을 주도한 것은 영국의 무역이었다. 영국은 16세기 중엽 스페인의 무적함대를 격파한 후 네덜란드의 중상주의를 배워 부국강병을 실천하였다. 그들은 1600년 동인도회사를 설립하여 외국무역의 확대와 식민사업에 총력을 기울였고 그 후 크롬웰(Olive Cromwel)은 식민지와의 무역에서 외국선박을 배제함으로써 해상권의 독점을 목적으로 하는 항해조례(Navigation Act, 1651)를 통하여 네덜란드의 경제적 지위를 무너뜨림으로써 17세기 후반 이후 영국은 명실공히 해상권을 제패하였을 뿐 아니라 네덜란드에 이은 식민대국으로 발전하였다.

이후 영국은 18세기에 이르러 국내적으로 공업화와 산업발전을 이룩하였을 뿐만 아니라 대외적으로 네덜란드 및 프랑스와의 경쟁에서 우위를 점하게 되어 세계의 경제권을 장악하고 소위 '해가 지지 않는 제국'으로서 군림할 수 있었다. 그러나 이러한 영국의 중상주의는 1776년의 세계사적 전환을 계기로 이론적으로나 역사적으로 그 종말을 맞이하게 되었다. 왜냐하면 이론적으로는 애덤 스미스의 국부론이 출간됨으로써 중상주의의 근본적인 사상기반이 무너졌고 역사적으로는 미국과의 식민지전쟁이 영국의 패배로 귀결되었기 때문이다.

한편 프랑스는 16세기 후반부터 시작된 산업정책을 토대로 공업보호경향이 짙은 독특한 형태의 중상주의를 확립하였다. 말하자면 다른 나라들의 중상주의정책이 거의 중계무역 내지 상업중심적이었음에 비하여 프랑스는 공업보호적인 혼합형을 취하였기 때문이다. 특히 프랑스 중상주의의 전성기를 이룩한 콜베르는 국가만능주의에 입각한 상공업정책을 추진하여 중상주의의 대명사라고 할 수 있는 콜베르주의(Colbertism)의 꽃을 피웠다.

그러나 프랑스의 이러한 중상주의는 국내적으로 프랑스가 지닌 농업적 기반을 무시한 사치품중심의 수공업육성에 치우침으로써 그 반작용으로서의 중농주의의 출현을 가져오는 계기를 만들었고, 또한 왕궁의 사치와 전쟁에 따른 국고의 낭비가 프랑스혁명(1789)을 가져오게 되었다. 또한 대외적으로도 영국과의 상업 및 식민지쟁탈전쟁에서 패배함으로써 그들이 한때 누렸던 경제적 지위는 빛을 잃게 되었다.

(4) 중상주의 보호무역정책의 평가

□ 중상주의 쇠퇴의 역사적 요인

이와 같이 중상주의정책은 16세기 포르투갈·스페인에서 처음으로 실시되어 그 후 네덜란드·영국·프랑스 등으로 전파되었으며 영국과 프랑스에서 꽃을 피우고 18세기 하반기에 이르러 쇠퇴하여 1789년 프랑스대혁명 이후 빛을 잃게 되었다. 이 같은 중상주의 쇠퇴의 역사적 요인은 다음과 같다.

국가만능주의적 간섭정책　경제적인 자연법칙을 무시하고 지나친 국가만능주의적 간섭정책을 실시하였기 때문이다. 무역과 산업의 발전은 결국 개인의 자발심과 이기심에 의존되어야 하는 것인데, 이것이 결여된 권력적 조작은 결국 사상누각이 되고 마는 것이다. 또한 지나친 상공업중시정책은 농업부문의 황폐화를 가져와 농민의 불만을 촉발시키기도 하였다.

지나친 보호주의와 식민지주의　금·은의 과도한 획득노력이나 절대적 무역차액을 위한 집요한 수출촉진 및 수입억제와 같은 보호무역정책은 결국 국가 간 무역을 속박시키는 결과를 가져왔다. 또한 공업원료 및 식량의 조달과 자국 제품의 소비시장 확보를 위한 냉혹한 식민지쟁탈전과 비인간적인 식민지경영은 결국 독립운동을 불러일으켰다.

　　상업자본주의의 쇠퇴　　산업자본의 발전과 자유주의사상의 확산으로 상업자본과 절
대군주제를 골격으로 하는 중상주의의 바탕이 무너지게 되었다. 또한 중상주의정책의
이론적 기초가 되는 중금주의·무역차액론·국가중심의 간섭주의에 대한 이론적 비판
이 이후의 고전학파나 중농주의사상들에 의해 강하게 제기되기도 하였다.

□ 중상주의의 이론적 비판

　　한편 중상주의정책의 이론적 기초를 형성하고 있는 논리체계는 대체로 중금주의·
무역차액론·국가중심의 간섭주의로 요약할 수 있는데 이들은 이후 다음과 같은 이론
적 비판을 받았다.

　　중금주의 비판　　금·은과 같은 귀금속을 국부와 동일시하는 중상주의적 중금주의
(bullionism)는 그 후 애덤 스미스(A. Smith)에 의해 비판되었다. 그는 그의 국부론에서,
국부를 화폐 그 자체로 보는 중상주의의 오류를 지적하고, 국부란 그 국민경제가 생
산할 수 있는 연년의 생산물(annual products)임을 강조하였다.

　　무역차액론 비판　　토마스 먼(Thomas Mun)에 의해 정립된 무역차액론(balance of trade
theory)은 그 후 흄(David Hume)의 「가격-정화 플로메커니즘」(price-specie flow mechanism)
에 의하여 그 이론적 논거가 부정되었다.[2]

　　중상주의 보호무역론의 비판　　중상주의적 국가간섭주의는 그 후 케네(F. Quesney)의
중농주의적 자유방임론과 이를 계승한 스미스의 자유경쟁론에 의해 비판되었다. 케네
는 사회질서를 자연적 질서(ordre naturel)와 인위적 질서(ordre positif)로 구분하고 후자는
전자를 따르지 않으면 안 된다고 주장하면서, 중상주의적 국가간섭주의 대신에 중농
주의적 자유방임정책을 주장하였다. 이러한 그의 사상은 애덤 스미스에 계승되어 자
유주의로 꽃피웠다.

□ 중상주의정책의 역사적 함의

　　이같이 중상주의정책은 시대에 따라 그 주역을 달리하면서 또한 국가에 따라 그
구체적 내용과 목표들을 달리하면서 전개되어 왔지만, 국가의 부강이라는 유일한 정
책목표를 위해 대내적으로는 국가만능주의를 채택하면서 대외적으로는 자국 본위의

2　일국의 '무역차액(흑자) → 금(正貨)의 유입증대 → 통화량증대 → 물가상승 → 수출의 감소 → 무역차액
　　(흑자)의 시정'과 같은 과정을 통하여 국제수지가 금(正貨)과 물가의 상호작용에 의하여 자동적으로
　　조정되는 메커니즘이 작동함으로써 어떤 한 나라의 지속적인 무역차액은 실현되지 못한다.

철저한 대외배척정책을 채택함으로써, 그 주요한 성격은 경제 특히 대외무역에 대한 강력한 보호제도를 채택하였다는 것으로 요약할 수 있다. 여기서 우리는 무역정책적 관점에서 다음과 같은 몇 가지 「역사적 함의」들을 특기해 둘 필요가 있다.

(1) 자국만을 위한 극단적인 보호무역정책은 결국 타국의 희생 위에서만 자국의 이익이 얻어질 수 있으므로 이것은 결국 자국의 무역이 속박당하는 희생까지를 가져오게 된다는 사실이다. 또한 국내산업의 뒷받침이 없는 대외무역만으로써는 장기적인 대외경쟁에서의 승리가 기약될 수 없다는 사실이다.

(2) 중상주의국가들은 그들의 국제경쟁력을 유지하거나 확보하기가 어려우면 어려울수록 중상주의정책을 더욱 강화시켰다는 점이다. 예를 들면 영국의 경우 식민지상품의 자유로운 판매를 막기 위하여 1660년부터 열거품조례를 실시하였는데, 처음에는 사탕·연초·면화 등 7개 품목에 불과한 수입규제를 중상주의 말기인 1776년에는 거의 전 품목의 규제로 확장하였다. 이것은 중상주의국가들이 물리적 힘에 의하여 경쟁력을 유지코자 하였다는 사실을 입증하는 것이며 경쟁력의 유지 내지 확보 여부가 보호무역의 정도를 결정하게 된다는 사실을 잘 나타내주고 있는 역사적 예라고 할 것이다.

1.2 고전적 자유무역정책 (1860년대 전후)

(1) 고전적 자유무역정책의 역사적 배경

18세기 중엽 이후 중상주의가 쇠퇴하게 됨에 따라 이후의 세계무역은 양적인 면에서나 질적인 면에서 비약적인 발전을 거듭하게 되었고 무역기조도 기본적으로는 자유주의적 성격을 띠게 되었다. 이 같은 세계무역의 확장과 무역자유화가 이루어진 역사적 배경으로서는 다음과 같은 3가지를 지적할 수 있다.

□ **산업혁명과 산업자본주의의 진전**

18세기 말부터 19세기 초 주로 영국의 섬유공업을 중심으로 한 산업혁명(industrial revolution)은 종래에는 볼 수 없었던 새로운 경제적·사회적·문화적인 변화를 가져왔지만, 무역정책면에서도 종래의 중상주의적 보호주의가 자유무역으로 전환되는 계기가 되었다. 이러한 전환이 이루어진 것은 대체로 다음과 같은 2가지 요인 때문이었다.

(1) 산업혁명을 통한 기계공업의 보급과 생산력의 증대가 그들 제품의 국제경쟁력을 향상시켰기 때문이다. 따라서 그들은 그들의 기술적 우위가 영국의 제조업을 충분히 보호할 수 있었기 때문에 구태여 외국상품에 대한 수입을 제한할 필요가 없었을

뿐 아니라 이러한 과정 속에서 '세계의 공장'으로 군림하게 된 영국으로서는 그들이 생산해 내는 제품들을 판매하기 위한 해외시장의 확보를 위해서는 오히려 외국시장으로의 자유로운 진출을 가능케 해주는 자유무역이 필요하였기 때문이다.

(2) 산업혁명은 결국 산업자본가에 의한 국민경제의 지배가 이루어지는 산업자본주의의 성립을 가져오는 계기가 되었기 때문이다. 산업혁명을 통하여 산업자본에 의한 사회적 생산의 지배가 진행됨으로써 본원적 축적을 완료하고 자립에 이른 산업자본들은, 지금까지의 중상주의적 정책을 구속으로 느껴 종래 중상주의 하에서의 상인·지주·귀족 등의 이익의 원천이었던 각종 보호주의적 특권과 경제거래에 대한 제한들의 폐지를 요구하였다. 물론 이러한 산업자본은 이미 16~17세기에 싹트고 있었으나 당시 그들은 상업자본에 종속되어 있었다. 그러나 18세기 이후 산업혁명과정에서 그들의 자립화가 이루어졌고 이것이 곧 중상주의의 무력화를 시도하는 세력이 된 것이다.

□ **자유무역사상의 발전**

18세기 초기까지 매뉴팩처의 발달과 외국무역의 증대에 따라 중상주의의 정책체계나 사상도 변질되었지만 외국무역이 국부(화폐)를 획득하는 중요한 수단이라는 근본개념은 기본적으로 견지되고 있었다. 그러나 18세기 중엽 이후 이러한 중상주의정책과 이를 추구하는 절대군주제는, 중산층을 대변하는 록크(John Locke)와 같은 자유주의 철학자와 흄(David Hume)·스미스(Adam Smith) 등과 같은 자유주의 경제학자들에 의해 신랄히 비판되었는데 그들은 개인의 자유주의와 경제의 자유방임주의를 강력히 주장하였다.

애덤 스미스의 명저 국부론(An Inquiry into the Nature and Causes of the Wealth of Nations)은 근대사회의 여명기, 산업혁명에 의한 산업자본주의의 태동기라고 할 수 있는 1776년에 출간되었다. 이것은 근대국민국가의 형성과정에서 중시되었던 경제사상인 중상주의에 대한 반발로서, 또한 18세기 중엽부터 본격적으로 싹트기 시작한 영국의 자유주의(liberalism)와 계몽주의(enlightenment)사상 및 케네(F. Quesney)를 중심으로 한 프랑스 중농주의(physiocracy)의 자유방임론을 그 이론적 배경으로 하고 있다.

애덤 스미스는 그의 국부론을 통하여, 분업과 자유경쟁에 의한 교환이 소비자의 이익을 위하여 가장 소망스럽다는 분업론·자유경쟁론·소비자이익론을 근간으로 하는 국내분업의 원리를 국제 간에도 적용하여, 이론적으로는 절대생산비에 의한 국제분업론을 정립하고 정책적으로는 자유무역정책을 주장함으로써 무역의 원리와 이익을 설명하는 이론적 기초를 제공하였다. 이러한 스미스의 사상체계는 그 후 이론적으로는 리카도(D. Ricardo)의 비교우위론에 의해 수정되고 일반화되어져 더욱 확장 발전되어졌지만, 정책적으로는 자유무역의 우월성을 주장하는 자유무역정책론의 가장 유력한 논거로서 자리매김하게 되었다.

□ 교통의 혁명

18세기까지 사용되던 교통수단은 상품의 수송능력이 빈약하였을 뿐만 아니라 수송단가도 매우 높았기 때문에 중량이나 용적이 크고 상품가격이 저렴한 화물은 국제무역상품으로서의 적격성을 가지지 못하였다. 따라서 석탄·목재·농산물 등은 국제상품이 될 수 없는 지방적 산물에 불과한 반면 커피·코코아·담배·생사·면화 등은 유럽인의 생활필수품으로서 수요도 막대하였기 때문에 국제무역상품으로서 교역이 증대되어 왔다.

그러나 19세기 초부터 교통수단의 기술적 발전, 즉 교통혁명이 점차 현저해졌다. 육상교통수단이 마차로부터 증기기관차와 자동차로 변화되었고 해상교통수단 역시 범선에서부터 증기선으로 또한 목선에서부터 철강선으로 변화되었으며 공중운송수단의 혁신도 진전되었다. 이러한 교통수단의 발달은 그때까지 모든 상품에 가해지고 있던 수송애로를 크게 완화시켜 주었으며, 용적이 크고 중량이 큰 제품의 국제시장으로의 진출도 가능하게 해주었다.

따라서 일체의 상품은 세계시장에서 경쟁하여 이윤이 허락되는 한 국제성을 띠게 되는 시대의 도래를 준비하게 되었다. 더욱이 범선에서 증기선으로 대체를 가져온 해상교통혁명은 정확·안전·신속이라는 모든 점에서의 획기적인 계기를 마련하여 주었다. 또한 이러한 변화에 따른 운임의 하락은 국제교역에 대한 새로운 변화를 가져오게 됨으로써 자유로운 무역흐름을 촉진시키게 되었다.

(2) 고전적 자유무역정책의 전개

□ 영국의 자유무역정책 전개과정

자유무역정책을 최초로 실시한 나라는 영국이었다. 이러한 자유무역정책의 이론적 배경은 애덤 스미스의 자유무역사상에서 찾을 수 있지만 이러한 사상이 현실에서 실천되기는 결코 쉬운 일이 아니었다. 왜냐하면 그 시대는 아직 곡물법·항해조례·수입관세·수입금지조치 등의 잔재가 그대로 남아 있어 정책기조는 여전히 중상주의였으며, 또한 산업혁명 역시 아직 초기단계에 머물러 있어 구시대와 신시대가 교차하는 시기였기 때문이다.[3] 따라서 실제로 영국의 무역정책기조가 자유무역으로 전환된 것은 산업혁명 이후였고 자유무역이 전성기를 맞은 것은 「국부론」이 출간된 지 80여 년이 지난 뒤였다.

영국에서의 자유무역에 대한 요구가 현실적으로 높아진 것은 19세기 초였다. 이 시기는 산업혁명의 진전에 따른 자유무역의 요구는 물론 식량수입의 필요성이 증대되었기 때문인데 영국의 자유무역운동의 하이라이트는 곡물조례를 둘러싼 지주계급과 산업자본가의 대립으로 나타난 이른바 곡물법(1815) 논쟁이었다. 많은 논쟁들과 우여곡절이 이루어졌지만 19세기 초 세 차례의 과잉생산공황을 경험하게 되자 외국시장확대의 필요성이 더욱 높아졌고 이러한 사정은 자유무역운동에 더 큰 자극을 준 결과가 되어 1820년대 이후 자유무역운동은 점차 승리를 거두었다.

이후 헛킨슨(Huskisson) 관세법개정을 효시로 하여 1840년대에는 필(Sir Robert Peel) 관세법개정이 이루어짐으로써 원료품에 대한 수입관세가 거의 폐지되었으며 제조품에 대한 관세 역시 대폭 인하되었다. 이후 영국정부는 공업선진국이라는 강점을 중시하여 1846년에 '곡물법'을 폐지하였고 1847년에는 '항해조례'도 폐지함으로써 자유무역주의를 더욱 강하게 추진할 수 있게 되었다. 말하자면 상업자본과 토지자본의 동맹을 타파한 산업자본의 승리가 확립된 것이다. 이후 1850년대에 자유당에 의하여 두 차례에 걸친 대폭적인 관세개혁이 단행되어 원료수입에 대한 관세가 완전히 폐지되었고 식료품과 제품에 대한 관세도 원칙적으로 폐지되었으며 동시에 식민지관세제도도 폐지되었다.

이러한 일련의 관세인하조치로 말미암아 1860년대에 이르러 영국의 자유무역은 현저하게 진전되었고, 특히 1860년에 프랑스와 맺은 영불통상조약을 필두로 자유무역시대가 활짝 열리게 되었고 그 후 20여 년 동안 이른바 자유무역의 황금기를 맞이하게 되었다.

□ 세계적 자유무역제체의 형성

이같이 세계에서 가장 먼저 자유무역체계를 확립한 영국은 그것에 그치지 않고 여러 외국에 대해서도 같은 조치를 취할 것을 요구함으로써 국제적인 무역자유화의 물결을 가져오는 계기가 되었다.

---

3 영국은 수세기 동안 중상주의적 기조 아래서 무역활동을 행하면서 국내산업의 진흥을 위하여 19C 초까지만 해도 평균관세율이 50%를 넘는 수준에서 이루어져 유럽의 국가들 중에서도 높은 수준의 보호를 행하였던 나라였다.

당시 영국 최대의 무역상대국은 미국·인도·프랑스였는데 1860년 영불통상협정을 기점으로 세계적 자유무역체계가 형성되기 시작하였다. 영불통상협정의 골자는, 프랑스가 수입금지품목을 해제하고 거의 모든 완제품에 대한 관세율을 인하하는 대신 영국은 자유화되지 않은 일부 공업제품과 포도주 및 브랜디의 수입관세를 철폐하여 상호간 최혜국대우(most-favoured nation treatment)를 규정한 것이었다. 영불통상협정 이후 영국은 1860년대에 벨기에·이탈리아·독일·오스트리아 등 제국과도 최혜국대우에 의한 통상조약을 체결함으로써 무역의 자유화는 연쇄적으로 파급 확대되어 갔다. 말하자면 영불통상협정을 중심으로 하는 쌍무적 통상협정의 네트워크가 전 유럽에 체결됨으로써 유럽대륙을 관통하는 자유무역체제가 형성되고 확대되었다.

한편 영국은 이러한 호혜적 통상관계에 기초한 자유무역체계를 유지하면서도 인도를 그들의 직접 통치 하에 두었고 소위 함포외교를 통한 아시아·중남미제국과의 개항과 불평등조약을 체결함으로써 이러한 국가들을 그들의 자유무역체제 속에 포함시켰다. 또한 그들은 무역의 자유화 위에 화폐금융면에서 국제적 금본위제를 확립하고 런던을 국제금융의 중심지로 하여 그들의 파운드를 국제통화로서 유통시키는 결제제도를 만들었다.

이 같은 과정 속에서 세계시장은 영국을 중심으로 하여 이루어짐으로써 세계시장이 곧 영국의 시장이었고 영국적 성격을 반영하는 것이었다. 말하자면 영국 산업자본의 재생산제도가 세계적 규모로 확립되는 고전적 세계시장이 구축된 것이다. 어쨌든 이와 같은 영국무역의 발전을 주류로 한 유럽무역의 발전이 19세기에 있어서의 세계무역 흥륭의 주요한 동인이 되었고, 영국의 주도 하에 국제무역의 활발한 전개가 이루어졌던 이러한 시기를 자유무역주의시대 또는 팩스-브리태니카(Pax-Britannica)시대라고 일컬어지게 되었다.

(3) 고전적 자유무역주의의 쇠퇴원인

영국의 세계시장 지배로 특징지어지는 이러한 자유무역체제는 19세기 후반에 들어오면서 새로운 발전단계를 스스로 준비하고 있었다. 이렇게 고전적 자유무역체제가 쇠퇴한 것은 대체로 다음과 같은 「내적·외적인 쇠퇴요인」 때문이었다.

내적 쇠퇴요인   영국의 자유무역체제는 주요 공업부문의 과다한 수출의존성과 농업부문의 왜소화를 초래함으로써 산업구조의 내부적 균형파괴를 가져왔다. 또한 해외투자의 누적, 특히 대식민지투자의 지속적 증대는 재정면에서의 국채이자지불의 과중은 물론 영국자본주의의 기생적 성격을 부여하게 되었다. 이것은 또한 내부성장형 영국자본주의의 국내시장 축소와 세계공장의 자기파괴 및 금리생활자 국가로의 형태전환을 준비하는 것이기도 하였다. 말하자면 고전적 세계시장에 있어서의 영국의 자본수출은 고전적 세계시장구조의 붕괴를 준비하는 것이기도 하였다.

　　　外的 쇠퇴요인　　영국의 세계시장 지배는 발전이 늦은 많은 나라들의 희생을 가져오기도 하였지만, 유럽제국이나 미국으로의 자본진출은 철도의 건설과 기계 및 기술의 도입을 촉진시킴으로써 그들의 생산력을 발전시키고 그들 나름대로의 독자적 형태의 공업화를 촉진시키는 자극제도 되었다. 그 결과 자유무역체제의 전제를 이루었던 영국생산력의 국제적 우위가 미국·독일 등의 추격을 받게 되었다. 또한 19세기 말 계속된 농업불황의 격화와 국제경쟁력 저하에 따른 산업자본의 이윤율 저하는 다시 보호주의를 요구하는 계기가 되었고, 이것은 결국 영국의 세계시장 지배 및 자유무역체제의 붕괴를 가져온 배경으로 작용하였다.

(4) 고전적 자유무역주의의 역사적 함의

　　그러나 오랜 시간을 통해 확립된 자유무역의 사상과 정책은 그것이 유효성을 발휘할 수 없게 된 후에도 급속히 무너지지는 않았으며 보호무역으로의 본격적인 전환이 이룩된 것은 20세기 이후 후술하는 제국주의시대가 도래하면서부터이다. 18세기 중엽 이후부터 19세기에 이르는 이러한 고전적 자유무역정책의 역사적 전개과정을 통하여 우리는 다음과 같은 몇 가지의 역사적 함의들을 지적할 수 있다.

　　(1) 세계적 자유무역체제의 변화를 통하여 세계무역구조의 변화가 이루어졌음은 물론「국제경쟁의 원리」도 크게 변화되었다. 즉 산업혁명 이후 세계의 무역구조는 1차산업 중심의 구조에서 공산품의 비중이 현저하게 늘어났고 또한 식민지의 중요성이 줄어든 대신 인구가 많고 구매력이 높은 신흥지역과의 무역이 활발해졌다. 그 결과 18세기까지만 해도 무역상품의 국제경쟁력이 지리상의 발견에 의한 선점, 해상패권의 확보에 의한 배타적 공급독점, 중상주의정책에 따른 물리적 힘 등에 의해 지탱되었지만 이제는 제품의 제조과정상의 가격경쟁으로 변화하게 되었다.

　　(2) 이 시기의 자유무역체제란 당시 영국이 지니고 있는 경쟁력의 상대적 우위를 전제로 한 것으로서, 말하자면 산업혁명을 가장 먼저 완료함으로써 경쟁력을 갖추게 된「팍스—브리태니카」(Pax-Britannica)의 산물이었다. 따라서 19세기 말 이후 자유무역의 퇴조는 이러한 경쟁력의 우위가 상대적으로 붕괴되었기 때문이었다고 할 수 있다.

결국 자유무역의 정도는 영국이 지닌 경쟁력의 크기에 의하여 결정되어졌던 것이다.

(3) 이상과 같은 관점에서 볼 때, 스미스(A. Smith)와 리카도(D. Ricardo) 등 영국 고전학파의 자유무역정책론이란 결국 산업혁명 이후 세계의 공장으로 군림하게 된 영국적 입장을 대변하는 제한적인 것으로 이해될 수 있다. 따라서 그들의 주장은 독창적이었다기보다는 시대적인 상황과 정치경제적 여건이 그렇게 되어가고 있었고 그들은 다만 이러한 주장을 논리적으로 대변한 사람들이었을지도 모른다. 이런 점에서, 고전학파의 자유무역정책론은 하나의 과학적 이론으로 제시되었지만 그 역시 하나의 「이데올로기적 도구」 내지는 「자유무역 이데올로기」였다고 평가되기도 한다.[4]

1.3 고전적 보호무역정책 (19C 후반)

(1) 고전적 보호주의의 역사적 배경

산업혁명의 진전에 따라 영국 뿐만 아니라 유럽제국들도 자유무역의 길을 걷게 됨에 따라 세계적 자유무역체제가 형성되었음은 전술한 바와 같다. 그러나 19세기 후반 영국보다 늦게 산업혁명을 맞이하여 영국에 비하여 후발국의 입장에서 있던 미국과 독일 등은 선진국과의 자유무역을 통한 경쟁이 불리함을 인식하고 자국 산업을 보호하기 위한 보호무역정책을 실시하게 되었다.

이로써 18세기 중엽 이후 영국을 중심으로 한 자유무역은 약화되고 중상주의 이후 빛을 잃었던 보호주의가 다시 새로운 모습으로 등장하여 보호무역 추세로 발전되기 시작하였다. 이러한 고전적 보호주의가 나타나게 된 역사적 배경은 다음과 같다.

새로운 보호무역사상 대두   미국과 독일의 산업혁명은 영국이나 프랑스보다도 훨씬 뒤늦게 출발되었고, 따라서 당시 후진국이던 이들 국가의 산업자본은 영국공업의 압도적 경쟁력으로부터 그들을 보호해 줄 어떤 국가적 보호가 필요하게 되었다. 이들의 이러한 요구를 이론화한 것이 19세기 전반기의 국민주의적 경제학이었다. 이 학파의 중심적 인물은 미국의 해밀턴(Alexander Hamilton)과 독일의 리스트(Friedrich List)였다.

---

4 이러한 관점에서 서 있는 사람들은 팩스-브리태니카시대에 영국이 행한 자유무역은 영국공업이 다른 나라의 시장을 독점케 하는 동시에 다른 나라가 공업국가로 성장하지 못하게 하는, 영국에게만 일방적으로 유리하게 하는 제국주의적 수단이었다고 평가한다. 이후 영국의 산업경쟁력이 다른 나라의 추격을 받자 겉으로는 자유무역을 선호하는 척하였지만 실제로는 보호무역을 통해 자신의 우월한 지위를 강화하는데 힘쓰고 있다는 비판을 받기도 하였다. 이에 후일 유치산업보호론을 주장한 독일의 경제학자 리스트(F. List)는 영국의 이러한 태도를 '사다리 걷어차기'(kicking away of the ladder)라고 비난하기도 하였다.

　　미국의 초대 재무장관 해밀턴은, 「제조공업보고서」(Report on Manufacture, 1791)를 통해 국가의 독립을 공고히 하고 국민경제발전을 위해서는 농업에만 특화하지 않고 공업의 보호육성을 동시에 이룩하여야 한다는, 「산업분화론」을 주장하면서 공업보호를 위한 보호무역정책을 제안하였다. 50여 년 후 독일의 리스트는 자신의 저서 '정치경제학의 국민적 체계'(1841)를 통해 이른바 「유치산업보호론」(infant industry argument for protection)을 제창하였다. 이러한 주장들이 실제의 정책으로 채택되는 데에는 상당한 시간이 소요되었지만 어쨌든 당시 이러한 보호정책의 사상적 뒷받침이 되었던 것만은 부정할 수 없다.

　　국가 간 경쟁격화　19세기 이후부터는 세계적인 산업과 교통의 발달로 국가 간 산업과 무역의 경쟁이 치열해졌다. 또한 1873년 이후 유럽은 대불황(Great Depression)을 맞이하게 되었고 이러한 공황으로 인해 어려워진 경제현실을 타결하고자 하는 각국의 노력이 경쟁적으로 이루어졌다. 이러한 일련의 경쟁적 상황은 보호주의가 확대되는 원인이 되었다. 또한 이 시기에는 미국의 남북전쟁이나 유럽의 보불전쟁 등 전쟁이 빈번하게 발생하였다. 이러한 전쟁은 국가적 정신의식을 일깨워주는 계기가 됨으로써 보호주의적 정책을 낳게 되었고 이러한 전쟁수행을 위한 국방비조달을 위한 보호무역정책을 유발시켰다. 이같이 전쟁이 보호주의화를 유도한 사례는 그 이후의 1차 대전기간에서도 찾아볼 수 있다.

(2) 고전적 보호무역정책의 전개

□ 미국의 보호무역정책 전개

　　고전적 보호주의정책은 당시 주로 미국과 독일에서 특징적으로 나타났다. 미국의 경우, 독립 이전 식민지시대의 미국무역은 영국의 철저한 탄압정책에 의하여 통제되었다. 그 후 독립전쟁(1775~1783)에서의 승리로 독자적인 무역관세정책을 설정하게 되었으나 여전히 농업제품수출·공업제품수입의 구조 때문에 무역정책의 기조는 자유무역의 형태였다.

　　그러나 18세기 말부터 19세기 초기 유럽의 나폴레옹전쟁 및 미국의 제2차 독립전쟁의 시기에 유럽에서의 공업제품수입이 현저히 감소되었는데 그들은 이러한 상황을 이용하여 국내산업발전의 계기를 형성하였다. 이에 미국의 공업자본은 관세인상을 요구하게 되었고 해밀턴의 제조공업보고서가 의회에 제출된 지 25년 후인 1816년의 관세개정을 계기로 미국은 새로운 보호무역시대에 들어갔다.

그러나 이 같은 보호관세정책의 실시는 미국의 국내적 갈등, 즉 남부 플란테이션 소유자와 북부 산업자본 간의 대립을 심화시켰다. 북부의 산업자본들은 그들의 공업 보호를 위하여 보호무역을 요구하였으나 남부의 농업자본들은 면화수출 증대와 자유로운 노예무역을 위해 자유무역을 주장하였다. 이러한 갈등으로 인해 발발된 남북전쟁(1861~1865)의 결과가 북부 산업자본의 승리로 끝나자 미국은 한층 더 선명하게 보호무역의 깃발을 내걸고 보호주의성격을 더욱 강하게 띠었다. 1890년의 맥킨리관세법(Mckinley Tariff Act)과 1897년의 딩그리관세법(Dingley Tariff Act) 등의 실시로 보호주의는 더욱 강화되었다.

이러한 보호주의 강화의 역사적 과정을 통하여 미국의 유치산업은 현저히 육성되었으며 광대한 국내시장을 가진 미국의 산업자본은 급속한 발전을 이루어 20세기 초 세계 제1위의 공업국으로 성장할 수 있는 기틀을 마련하였다. 또한 이러한 결과로 산업 및 상업자본의 집적과 집중현상이 대두되어 기업의 독점적 지위가 한층 강화됨으로써 독점자본주의단계로의 역사적 전환을 맞이하게 되었다.

□ **독일의 보호무역정책 전개**

독일의 경우, 산업혁명은 영국과 프랑스보다도 늦은 1840년대에 시작되었지만 그 후 독일의 생산력 증대는 눈부신 것이었다. 그러나 이 시대의 독일 수출무역의 중심은 융커(Junker)경영으로 생산되는 농산물과 가내수공업에 의한 일용품이었고 또한 이 시기의 독일관세동맹에서 지도적 위치를 차지하고 있었던 것은 융커의 지배력이 강한 프로이센이었다. 이들 지주계급들은 영국에 대한 농산물의 자유로운 수출과 저렴한 원료·제조품의 수입을 위하여 자유무역을 환영하였다. 따라서 유치한 국내공업을 보호해야 할 이 시기에 영국과는 반대로 토지자본의 주도에 의한 자유무역이 이루어졌고 지주층에 의한 이러한 자유무역주의는 신흥공업자본의 보호주의 요구를 누르고 독일전체를 영국주도의 세계자유무역체제 속으로 편입시켰다.

이러한 시대적 배경 위에서 신흥산업자본의 주장에 대한 이론적 근거를 제공한 것이 리스트였다. 물론 리스트의 이러한 정책적 주장은 이 같은 독일의 내부사정 때문에 당장 정책적으로 실현되어지지는 못하였다. 그러나 1870~71년의 보불전쟁의 승리 후 국가주의적 사상이 고취된 전쟁으로 취득한 알자스로렌의 철·석탄자원과 50억 프랑의 배상금을 토대로 독일의 대공업은 급속히 발전되었다. 수출무역의 중심도 농산물·잡화 등에서 공업제품으로 옮겨지고 있었고 수입 역시 공업원료의 비중이 증대되었으며 곡물도 수출국에서 수입국으로 전환되었다.

이에 역량을 증대시킨 공업자본들은 제국의회에서 보호무역정책으로의 전환을 요구하기에 이르렀다. 또한 프랑스 등 주변국가들이 보호주의를 강화하는 방향으로 정책을 전환시킴에 따라 1879년 비스마르크(Edward von Bismark)는 관세개혁을 통해 철·섬유·화학·곡물 등을 대상으로 하는 보호관세법을 성립시키고 본격적인 보호무역주의로의 전환을 행하였다.

그러나 이 새로운 보호무역주의는 본래 영국·프랑스공업과의 경쟁으로부터 자국의 신흥공업을 보호함을 목적으로 하였던 것이지만 실제의 정책으로 전개된 시기에는 이미 단순한 후진국의 방위수단으로서가 아니라 카르텔관세·독점옹호를 위한 초보호주의로 전환하고 있었다. 말하자면 무역정책을 둘러싼 열강들의 새로운 국제적 대항으로 표현되는 제국주의시대의 싹이 이때부터 움트고 있었던 것이다.

1.4 독점자본주의 하의 보호무역정책 (19C 말~2차 대전)

(1) 제국주의 단계의 보호무역정책 (19C 말~1차 대전)

1873년의 세계공황은 자유경쟁자본주의 이래 최대의 공황이었다. 그것은 그 이전의 공황(1857년과 1866년)이 영국자본주의를 중심으로 하였던 것임에 비하여 이 공황은 영국·미국·독일·프랑스 등의 주요국들을 무대로 하였던 세계적 공황이었기 때문이다. 따라서 이러한 대공황에 직면한 세계의 선진자본주의국가들은 다소 시기차이는 있겠지만 19세기의 마지막 4반세기를 전환기로 하여, 이제까지의 산업자본주의를 기축으로 하던 자유경쟁적 자본주의로부터 독점적 자본주의, 즉 제국주의단계로 이행되게 되었다.

이같이 경쟁적 자본주의가 독점단계로 이행됨에 따라 제국주의 열강의 무역정책도 변화가 수반되었다. 가장 중요한 변화는 자본의 독점지향에 조응하는 초보호무역주의 내지는 진출적 보호무역주의의 발생과 발전이었다. 이러한 보호주의는 이미 고전적 보호주의와는 달리 구미 독점제국의 독점체의 진출수단·제국주의적 지배수단으로서 세계시장분할을 위한 하나의 체계로 전화된 소위 「제국주의적 보호주의」였다.

이렇게 독점이 지배하는 단계에서의 무역정책의 특징은 독점이윤의 획득을 그 목표로서 설정하는 것이었다. 따라서 외국시장의 독점적 지배를 위하여 국제카르텔과 국제트러스트를 결성하고 자원의 독점적 지배를 위하여 과감한 자본수출을 감행하였다. 또한 독점의 완전지배를 위하여 국가를 동원하여 경쟁을 배제하는 광범위한 정책수단들을 실시하였는 바 이 시대의 가장 대표적인 무역정책수단은 다음과 같은 카르텔관세와 덤핑수출이었는데, 전자가 시장제한수단이었다면 후자는 시장확대수단이었다.

카르텔관세　 이것은, 높은 경쟁력을 지닌 외국의 수입으로부터 자국 산업을 보호하고 그것의 발전을 목표로 하는 보호관세 또는 육성관세와는 달리, 가장 강력한 경쟁력을 지니고 있는 독점적 산업들이 보다 높은 이윤추구를 위하여 부과하는 관세였다. 따라서 종전의 육성관세가 약자의 보호수단이었다면 이러한 카르텔관세는 강자의 진출수단이었던 것이다.

열강의 이 같은 카르텔관세의 도입은 이후 국가 간의 격렬한 관세전쟁을 불러일으켰고 따라서 이러한 고관세가 제국주의단계의 가장 전형적인 무역정책수단으로 자리매김하게 되었다. 종전의 육성관세가 이러한 카르텔관세로 전환된 것은 독일의 비스마르크 관세개정(1879)과 미국의 맥킨리관세법(1890) 및 딩그리관세법(1897)에서 찾을 수 있는데, 이것은 생산의 집적과 독점형성의 결과이기도 하였지만 이는 다시 독점의 발전과 자본수출을 촉진하는 조건이 되었다.

덤핑수출　 제국주의는 시장의 분할과 독점 뿐만 아니라 끊임없는 시장의 확대와 영토의 획득을 추구하는 속성을 지닌다. 당시 제국주의단계에서는 시장의 분할과 영토의 분할이 이미 완료되어 있었기 때문에 시장의 확대나 영토의 획득을 위해서는 다른 국가로부터 탈취해야만 하였는데, 이러한 시장확대의 수단으로서 덤핑(dumping)이 실시되었다. 그런데 제국주의적 무역정책으로서의 이러한 덤핑은 결국 국제적인 덤핑전쟁을 불러와 덤핑과 보복적 덤핑의 악순환을 가져옴으로써 제국주의 간의 세계시장 쟁탈전을 더욱 격화시키고 첨예한 국제적 대항관계를 만들었다.

(2) 양차 대전기의 보호무역정책 (1차 대전~2차 대전)

1차 대전은 세계자본주의의 내부적 모순이 극단적으로 격화되어 그 결과 세계적 규모로 폭발한 최초의 세계전쟁이었고 모든 제국주의국가들이 참전한 세계분할을 위한 제국주의전쟁이었다. 이러한 대전의 결과는 모든 교전국에 있어서의 자본주의의 모순을 극한으로까지 격화시켜 자본주의의 근간을 위협하는 전반적 위험(general crisis of capitalism)의 조건을 성숙시키고 심화시킨 것이었다. 1차 대전은 이상과 같은 자본주의제국의 생산과 경제체제의 본질적 변화 뿐만 아니라 세계무역체제의 성격과 내용에 있어서도 다음과 같은 변화가 수반되었다.

영국 쇠퇴와 미국 부상　 1차 대전 이후 2차 대전에 이르는 기간 중 세계무역에 나타난 가장 현저한 변화는 세계무역의 주도권이 종전 영국으로부터 미국으로 이전되어 지위교체가 이루어진 것이다. 18세기 이래 산업혁명을 가장 먼저 성취시켜 세계의 공장으로 군림하던 영국이 밀려나고 대신 미국이 새로이 등장한 것은 특기할 만한 사실이었다.

공업생산 측면에서 전쟁 전 미국의 지위는 이미 영국의 그것을 완전히 추월하는 수준이 되었고 전후 미국의 우위는 결정적인 것이 되었다. 대전의 직접적 전장이 되었던 유럽제국들은 승패를 막론하고 무거운 전쟁의 부담을 안고 생산력이 정체된 반면, 미국은 1870년대 이후 유럽으로부터 외자를 도입하여 풍부한 자원과 광대한 국내시장을 배경으로 급속한 발전을 이루었고 전쟁기간 동안의 군수물자수출 등으로 세계 최대의 공업국이 되는 동시에 채권국이 되었다.

세계무역 증가추세 둔화   이러한 구조의 변화와 더불어 또 하나의 주요한 특징은 세계무역의 증대추세가 크게 둔화되었다는 사실이다. 1차 대전을 계기로 자본주의제국의 생산은 물론 금융이나 국제무역에까지도 혼란이 확대되었고 이러한 혼란은 전쟁 후에도 계속되었다. 물론 1920년대 초반 상대적 안정기로 불리어지는 기간이 있었지만 1929년 월가(Wall street)의 주식폭락으로부터 시작된 세계대공황으로 자본주의의 위기는 극도에 달하였고 이에 따라 세계무역량도 다시 현저히 감소되었다.[5]

강력한 보호무역주의   이 같은 혼란의 와중에서도 제국주의 간에는 관세전쟁의 격화 · 덤핑 · 외환과 무역의 통제 · 블럭경제화 등이 진행되어 세계무역의 환경은 더욱 어렵게 되었고 무역정책의 기조는 당연히 강력한 보호주의였다. 이 당시 보호정책이 이렇게 강화된 것은 1차 대전으로 인한 생산시설파괴의 복구를 위한 지원의 필요성 · 농산물 및 원자재가격의 불안과 폭락 · 불황에 따른 실업증대 · 국제수지불균형 · 전쟁준비 · 경제적 민족주의의 확산 · 비정상적 경쟁격화 등이 원인이었다.

1차 대전 이후 한때 종래의 자유무역주의로 환원하려는 움직임이 있었으나 그러한 시도가 하등의 실효를 거두지 못한 채 1920년대에는 무역규제와 경제적 민족주의(economic nationalism)가 심화되었다. 1930년대의 세계공황시기에는 다수의 국가들이 공황에 대한 대응책으로서 무역제한조치를 더욱 강화하였고 이는 미국의 스무트-호올리법(Smoot-Hawley Act)에 의해 극도에 달했다. 이러한 보호무역정책의 심화는 제국주

---

5 당시의 세계무역 상황을 보면 공황 후 세계무역규모가 가장 축소되었던 1932년의 경우 1929년보다 식량무역이 10%, 원료무역이 20%, 공업제품무역은 40%가 감소되었고. 총 금액면에서는 겨우 1/3에 불과하였다. 그 후에도 블록경제권의 강화 및 무역제한정책의 강화 등으로 인하여 1930년대의 세계무역은 1929년 이전의 수준으로 회복되지 못하였다.

의적 대립과 블록화경향을 더욱 강화시켰고[6] 끝내는 세계시장재분할을 위한 또 다른 제국주의전쟁인 2차 대전의 원인이 되었다.

비관세장벽 등장   한편 1차 대전·세계적 공황·2차 대전에 이르는 이 기간 동안에 채택되었던 무역정책수단을 보면 제국주의단계의 기본적 정책수단이었던 고관세정책이 여전히 중요한 역할을 행하여 경쟁적인 관세인상을 통한 1930년대 관세전쟁이 전개되었다. 그러나 이 기간 동안의 무역정책수단면에서 특기할 점은 오늘날에 볼 수 있는 수입허가제·수입금지제·수입할당제·외국환관리 등 각종 비관세장벽(NTB: non-tariff barrier)이 이때부터 등장한 것이었다.

2 2차 대전 이후 세계무역체제의 전개

2.1 전후의 자유무역체제 (2차 대전~1960년대)

(1) 전후 자유무역체제의 성립배경

□ 세계정치경제구조의 변화

1930년대는 경제적 민족주의(economic nationalism)가 팽배되어 수출은 강요되고 수입은 통제되는 강력한 보호주의와 경쟁적인 경제적 블록주의가 이른바 근린궁핍화정책(beggar-my-neighbour policy)으로서 강화되었다. 이러한 경향들은 결국 국제경제의 구조적 모순을 더욱 심화시키고 블록 간의 정치적·경제적 대립을 더욱 격화시킴으로써 세계경제를 파괴하고 2차 대전이라는 파국으로까지 진행되었다.

이러한 1930년대의 「국제협조상실에 대한 반성」과 함께 이러한 비극이 되풀이되어서는 안 되겠다는 염원과, 사회주의체제의 성립을 목전에 둔 「자본주의 전체의 위기의식」에 기초하여 전후 세계체제의 재편성에 대한 구상이 싹트고 있었다. 이러한 구상은 상품과 자본이 자유롭게 이동될 수 있는 자유경제체제의 확립을 주요 과제로 삼았으며, 또한 세계무역의 확대는 주요 산업국들의 완전고용의 달성에 절대 필요함은 물론 장래의 전쟁재발을 방지하는 국제안보체제를 확립함에 있어서도 그 기초가 될 것이라는 신념을 가졌다.

전후 자유무역체제가 중시되게 된 또 다른 하나의 이유로서는 그러한 체제가 당

---

6 공황 이후 2차 대전 직전까지 이룩된 블록경제권으로서는 ① 영연방(파운드블록) ② 독일의 광역경제권 ③ 미국을 중심으로 한 라틴제국과의 달러블록 ④ 프랑스를 중심으로 한 금블록 ⑤ 일본의 대동아공영권(엔블록)을 들 수 있다.

시 미국의 경제적 역할 내지 이익과 직결되는 것이었기 때문이다. 전후 미국경제만이 국제금융과 무역의 중심으로서의 지배적 위치를 차지하여 「팩스―아메리카나」(Pax-Americana)의 시대를 향한 깃발을 나부끼고 있었다. 따라서 자유로운 무역과 금융의 국제적 거래는 미국의 대내외적 경제이익과 능력에 안성맞춤이었고 더욱이 이것은 그동안 미국이 제외되고 있던 무역특혜제도 특히 영연방 스털링블럭을 효과적으로 침투할 수 있는 수단이기도 하였다.

요컨대, 1930년대의 독선적 정책대결에 대한 반성, 자유무역체제가 세계경제의 번영과 평화에 긴요하다는 신념, 미국의 국가이익이 갖는 중요성 때문에 미국은 종전과 더불어 즉시 새로운 국제무역체제의 확립을 논의할 다자간통상회의를 제창하고 국제무역에 대한 규칙의 제정과 이의 운영을 위한 국제무역기구(ITO: International Trade Organization) 설립을 제안하였다.

□ 신자유주의사상의 등장

한편, 세계대전으로 유럽은 심각한 타격을 받았고 국제경제관계는 더욱 악화됨에 따라 지나친 보호무역정책에 대한 반성이 패전국 독일에서 나타났다. 1920년대 독일 서남부 프라이부르크(Freiburg)대학의 오이켄(W. Euken)을 중심으로 하여, 빼앗긴 시장기능을 다시 찾자는 새로운 경제사조 이른바 신자유주의(neo-liberalism)가 나타났다. 이들은 지난 보호주의시대와 같이 정부가 지나치게 시장에 개입하여 민간의 자유로운 기업활동을 제한하거나 시장기능을 위축시키면 이것이 국민경제발전을 위축시키는 요인이 된다고 주장하며 시장기능을 확대하는 자유정책을 강력히 주장하였다.

이러한 신자유주의사상은 미국에서도 밀튼 프리드만(M. Friedman)을 중심으로 한 시카고학파를 등장시키고 뉴딜정책 이후 만연되어온 케인즈적 간섭주의를 청산하고 미국경제를 활성화시키는 데 일조하였다. 또한 세계자본주의 경제체제를 재건하기 위해서 전후에 미국의 주도 하에 IMF와 GATT를 중심으로 하는 새로운 체제가 성립되었는데, 이 같은 세계적 자유무역체제 성립의 배후에는 이러한 신자유주의라는 사상적 배경이 존재하였다.

(2) 전후 자유무역체제의 확립

1947년 제네바에서 탄생된 「관세 및 무역에 관한 일반협정」(GATT: General Agreement on Trade and Tariff)은 상술한 ITO가 정식으로 창설될 때까지의 공백을 위하여 잠정적으로 채택된 하나의 협정으로 시작되었다. 그러나 그러한 ITO가 유산됨에 따라 GATT는 국제무역을 감시하고 협상하는 상설기구와 같은 역할을 대행하게 되었다. 이러한 GATT의 기본정신은, 호혜원칙(principle of reciprocity)과 최혜국대우(MFN: most favoured nation)원칙에 입각하여 비차별(nondiscrimination)적인 방법으로 관세 및 기타의 무역장벽을 제거하여 세계무역의 성장을 극대화함으로써 세계경제의 번영과 세계평화에 이바지한다는 것이었다.

이러한 GATT는 통일성이 미비된 하나의 국제협정으로서 국제법상의 구속력을 가지지도 못하여 법률상의 존재라기보다는 사실상(de facto)의 존재였으며, 또한 당초부터 하나의 협정에 불과하였으므로 국제경제기구로서의 성격을 가지지도 못하는 결함을 지니고 있었다. 또한 GATT는 엄격하게 원칙을 내세우는 반면 많은 예외도 허용하고 있어 그 본래의 목적에 저해되는 사례가 있었으며 또한 저개발국의 경우보다는 선진 공업국의 이익을 대변하는 결과를 가져왔다는 비판도 받았다.

그러나 GATT가 무역의 국제적 규칙과 감시기능을 수행하게 되었고, 또한 전후 국제무역의 운영을 위한 다자간무역협상(MTN)방식을 정립하였으며, 협상에서 호혜주의원칙(principle of reciprocity)을 강조하였던 점들은 GATT의 훌륭한 성과였다고 할 것이다. 이에 따라 2차 대전 이후에는 세계무역이 급속히 회복되어 1960년대 말까지는 세계경제가 자유주의경제체제 위에서 공전의 번영을 구가하였던 바 이는 전후 세계무역의 자유화를 위한 새로운 국제경제체제의 모색이 GATT를 중심으로 강력히 추진된 데서 기인된 결과였다고 할 것이다.

이처럼 전후 1960년대까지는 세계적으로 자유무역주의가 무역정책의 기조를 형성하였던 시기였다. 그러나 여기서 한 가지 지적해 둘 점은 이러한 전후 자유무역정책은 미국에 의한 세계경제지배체제 확립의 추진과정에서의 기본적 수단으로 채택되었다는 점이다. 미국의 압도적인 생산력 우위에서 비롯된 엄청난 양의 상품공급이 자유화라는 시장독점정책적인 무역정책을 요구하였던 것이다.

2.2 신보호무역주의 (1970년대 후반 이후)

(1) 신보호무역주의의 역사적 배경

2차 대전 이후 1960년대까지의 세계경제는, GATT를 통한 자유무역체제 확립과 IMF를 중심으로 한 환율안정에 힘입어 전성시대를 구가하였다. 그러나 GATT체제는 1967년 케네디라운드를 정점으로 서서히 무너지게 되었고 IMF체제 역시 1973년의 변동환율제의 채택을 전환점으로 하여 동요되기 시작하였다. 이러한 전후 경제체제의 붕괴과정 속에서 1960년대 말부터 보호주의적 경향이 서서히 나타나기 시작하여 70년대 이후 각국은 앞 다투어 신중상주의적 대외무역정책을 추구하였다.

이러한 경향이 이른바 신보호무역주의(new-protectionism)로서 이러한 보호무역주의는 80년대 이후 세계적인 경향으로 정착되어졌다. 이같이 신보호무역주의란 70년대 후반 이후 선진국을 중심으로 확산되었던 세계적 보호주의 경향을 총칭하는 것으로서 그 보호대상과 정책수단 등이 전통적인 보호주의와는 다르다는 점에서 이와 구별되었는데, 이러한 신보호무역주의의 역사적 배경으로 다음과 같은 요인들이 지적된다.

□ 세계정치경제구조의 변화

1970년대 이후 세계경제는 그 이전과는 다른 새로운 구조적 변화를 겪게 되었는데 이러한 세계경제구조 변화가 보호무역주의의 강화를 초래하였다.

미국경제력의 상대적 약화   전후 팩스-아메리카나(Pax-Americana)를 구가하던 미국의 경제력이 상대적으로 약화되어 미국의 주도 하에 있던 세계경제체제가 다극화되는 현상을 보였다. 사실 전후의 무역자유화가 크게 진전되었던 것은 전후 세계경제의 주도국이 된 미국이 그들의 국익상 자유무역주의를 채택하였기 때문이었는데 이러한 경제력의 상대적 약화는 자연히 이러한 전제조건을 무너뜨렸고, 이러한 미국의 변화는 그 후 구미제국의 신보호무역주의의 기조를 강화시키는 전기가 되었다.

장기적인 세계불황   전후 무역의 자유화가 크게 진전되었던 것은 미국주도의 GATT·IMF체제의 기능과 역할에도 원인이 있었지만 전후 주요국들의 경제성장이 순조로워 무역자유화에 수반되는 국내산업구조의 조정에 따른 마찰이 경제성장과정 속으로 용이하게 흡수되어질 수 있었기 때문이었다. 그러나 1970년대 이후에는 지속적인 세계경제의 불황으로 인하여 이러한 인과관계가 제대로 작용할 수 없었고 이것은 보호무역주의를 더욱 강화시키는 원인이 되었다.

GATT-IMF체제의 변질   전후 국제경제체제의 기초를 형성하여 무역자유화구조의 중심적 기능을 해주었던 GATT와 IMF체제의 붕괴 역시 신보호무역주의의 배경으로 지적된다. 우선 비관세장벽에 의한 신보호주의경향이 확대됨에 따라 관세인하를 주된 수단으로 하여 자유무역을 실현하려는 GATT 본래의 이념은 자연히 퇴색할 수밖에 없었다. 또한 이러한 국제무역상의 위기에 대처하여야 할 GATT가 여러 가지의 내재적 결함과 여건 악화로 적절히 대처하지 못하였다. 또한 전후 환율의 안정적 운용을 통하여 세계무역의 신장과 자유화에 크게 기여하였던 IMF체제의 변화, 특히 변동환율제로의 이행 역시 신보호무역주의적 경향을 촉진하는 요인이 되었다.

　□ 국가적 이해관계의 상충

　이러한 세계경제구조의 변화과정에서 세계무역 및 국가별 산업구조 역시 변화하게 되었고 이러한 변화과정에서 일어나는 국가 간 비대칭성, 국내적 이해관계의 조정문제가 보호주의를 강화시키는 요인이 되었다.

　세계적 비교우위구조 변화　　2차 대전 이전까지의 세계무역은 선진국 대 저개발국 또는 종주국 대 식민지국 간의 수직적 무역(vertical trade)형태가 주종을 이루었으나 전후에는 이러한 수직적 무역은 상대적으로 감소되고 공업국 간의 수평적 무역(horizontal trade)이 크게 증대되었다. 그런데 이러한 전후 수평적 분업질서는 미국경제의 절대적 우위를 바탕으로 한 것이어서 1960년대까지는 미국이 절대적 우위를 누렸으나 이후 상당수 산업의 비교우위가 유럽 또는 일본으로 전환되었고 또다시 한국·대만·홍콩·싱가포르 등 이른바 신흥공업국(NICs: newly industrialized countries)들로 이전되게 되었다. 이 같은 국제적 비교우위 이전과 변화는 결국 세계적인 산업구조를 극히 동질적·경쟁적인 성격을 띠게 만들었고 이는 결국 새로운 보호무역주의를 강화하는 원인이 되었다.

　지역별 국제수지의 비대칭성　　이러한 비교우위구조의 변화와 관련하여 지적해 둘 또하나의 경제적 현상은 70년대 중반 이후 지역별 무역수지구조의 비대칭성이 확대되었다는 점인데 그 주요한 특징은 미국의 적자누적·일본의 흑자누적·신흥공업국의 대선진국 흑자로 나타났다. 따라서 구조적인 국제수지악화를 겪는 나라들은 자신의 적자를 방어하기 위한 수단으로 보호정책을 강화하였고 이러한 경향이 세계적인 보호주의의 확산을 가져오는 계기가 되었다.

　산업구조조정의 지연　　이러한 비교우위구조의 마찰과 국제수지의 불균형문제와 함께 보호무역주의가 강화된 또다른 원인으로서는 선진국경제의 구조적 경직성(structural rigidity)이 증대됨에 따라 적절한 산업구조조정이 지연되었다는 점을 들 수 있다. 이러한 산업구조조정의 지연은 대내적으로 노동력을 계속 사양산업에 잔류시킴으로써 노동력의 비효율을 가속화시키고 이는 다시 산업구조조정을 지연시키는 악순환을 초래하였을 뿐 아니라, 대외적으로는 경제적 마찰의 심화와 함께 대외적 보호조치의 선호를 가져오는 결과를 가져왔다.

　□ 국내 정치경제적 요인

　셋째로, 대외무역에 있어서의 이러한 선진국들의 보호주의는 그에 상응되는 여러 가지 경제적 손실들을 초래하지만 이러한 경제적 손실이 있음에도 불구하고 보호주의적 장벽을 강화한 것은 순수하게 경제적 요인들을 넘는 보다 광범위한 정치경제적 요인들이 그 배경으로 작용하였기 때문이다.

경제의 해외의존성 심화　각국 경제의 해외의존성과 상호의존성이 심화됨으로써 개개의 국민경제가 외부환경의 변화에 지나치게 민감히 반응되는 결과를 가져와 외국으로부터의 수입에 경쟁해야 하는 수입경쟁산업이 점차 확대되고 수입에 의해 피해를 입는 기업이나 노동자 등의 압력단체가 더욱 증가되는 결과를 가져왔다.

국가관 변화　1930년대 대공황 이후 경기조절을 위한 정부의 정책적 개입이 정당시되었고 또한 케인즈적 거시경제이론이 시장기능에 대한 정부간섭의 경제학적인 정당성을 부여하였다. 또한 20세기 이후 나타나게 된 복지국가관의 영향에 따라 국민경제에 대한 정부의 역할과 비중이 증대되는 동시에 산업의 번영과 국민개개인의 복지가 정부의 책임으로 간주되게 되었다. 이러한 국가관 하에서 어떤 산업의 고용과 소득이 수입으로 인해 피해를 입게 되었을 때 정부가 수입을 제한하여야 한다는 수입제한론자들의 주장이 매우 큰 영향력을 가지게 되었다.

국내정치적 요인　대부분의 선진국에서는 그 정치제도상 여론과 유권자의 압력을 무시할 수 없기 때문에 선진국정부가 선택할 수 있는 정책에는 스스로 한계가 존재하며, 따라서 보호무역정책 역시 상반되는 이해관계집단의 상호작용에 의해 결정되게 된다. 그런데 보호무역조치를 취하게 될 경우 가격상승과 후생손실을 입게 되므로 보호무역을 원하지 않는 소비자계층은 넓게 존재하지만 그들이 정치세력화 되기에는 너무도 분산되어 있다. 반면 자유로운 수입이 이루어지게 될 경우 피해를 입게 되는 기업가·노동자 및 노동조합들은 산업적·지역적·조직적으로 집중되고 결집되어 정치적 세력으로서의 힘을 가진다. 따라서 정부와 정치가들은 정치적 힘이 강한 목소리에 귀기울여 자유무역이 가지는 장기적 이익과 편익보다는 보호주의라는 임시적인 방편과 수단을 선택하게 된다.

(2) 신보호무역주의의 특성

이상과 같은 역사적 배경 위에서 1970년대 이후 대두되게 된 신보호무역주의는 이전의 보호무역주의와는 서로 다른 내용과 수단을 통하여 전개되었다. 이러한 비교는 특히 전통적인 보호주의, 즉 19C 중엽 이후 당시 후발국이었던 미국과 독일을 중심으로 전개된 고전적 보호주의와 비교할 때 더욱 뚜렷이 나타나게 된다. 신보호주의

가 고전적 보호주의와 어떻게 다른가를 시대적 배경·보호주체·보호대상·보호의 원칙
등의 관점에서 비교하면 〈표 3-2〉와 같다.

표 3-2   고전적 보호주의와 신보호주의의 비교

구분	고전적 보호무역주의	신보호무역주의
시대적 배경	18C 말~19C 중엽(산업자본주의 후기)	1970년대 중반 이후(복지자본주의시대)
보호의 주체	후진국 중심(당시 미국·독일)	선진국 주도(미국)
보호의 대상	유치산업보호, 후발신생산업육성	사양·정체산업보호, 첨단신산업육성
보호의 성격	특정산업보호(미시적 목표)	고용보호·국제수지개선(거시적 목표)
보호의 기간	잠정적·일시적 보호 전제	장기적·영구적 보호 필요
보호의 수단	보호관세 중심의 보호	비관세장벽(NTB) 중심의 보호
보호의 원칙	차별적 요소 없음, 방어적 상호주의	보호의 차별성·선별성, 공격적 상호주의

시대적 배경과 보호주체   고전적 보호주의가 18세기 말 이후부터 19세기 중엽의 산
업자본주의시대를 배경으로 하고 있음에 비해, 1970년대의 신보호주의는 복지국가
(welfare state)로 이행된 수정자본주의를 그 시대적 배경으로 하고 있다. 또한 고전적
보호주의가 후진국의 보호주의였다면 신보호주의는 선진국중심의 보호주의였다.

보호대상   고전적 보호주의가 아직 국제경쟁력을 갖추지 못한 유치산업(infant industries)
내지는 신생산업의 육성을 위한 것이었지만 신보호주의는 이미 국제경쟁력을 잃은 사
양산업(declining industries)의 보호에 그 목적을 두고 있다. 1970년대 이후의 신보호주의
는 사양산업·정체산업(declining or senescent industry)의 보호와 첨단기술산업의 전략적
보호를 동시에 추구하였다. 이같이 사양산업보호·첨단산업육성이라는 중상주의적 경
향을 보이고 있어 이를 신중상주의(neo-mercantilism)라고 부르기도 하였다.

보호의 목적과 성격   고전적 보호주의와 신보호주의는 모두 수동적·방어적 성격을
띠고 있다는 점에서 양자는 유사하다. 그러나 그 구체적인 목적에 있어서, 전자는 유
치산업을 보호하여 산업구조를 보다 고도화한다는 구조변화의 성취에 목적을 두고 있
는 반면 후자는 시장교란(market disruption)의 방지라는 이유로 구조변화의 저지를 목적
으로 하고 있어 양자는 구별된다. 또한 고전적 보호주의가 특정산업의 지원과 같은
미시적 목표에서 출발된 것이었다면 신보호주의는 고용보호·국제수지개선 등과 같은
거시적 목표를 추구하는 수단으로 가능하였다는 점에서도 구별된다.

보호의 기간   이러한 보호목적의 차이 때문에 고전적 보호주의가 잠정적·일시적

성격을 띠는 것이었다면 신보호주의는 장기적·영구적 성격을 띠게 된다. 리스트의 유
치산업보호론은 교육적(educational)·일시적(temporary) 보호였으며 또한 보호의 손실을
극소화하기 위하여 장래 발전가능성과 확실성이 있는 산업만을 선택하여 보호하여야
한다는 제한적 보호론(restricted protectionism)이었다. 그러나 신보호주의는 이미 경쟁력을
상실하여 국가에 의한 보호가 있더라도 경쟁력을 회복할 전망이 없는 사양산업의 보호
이므로 이것은 장기적 또는 영구적 성격의 보호로 귀결된다. 또한 선진국의 이른바 전
략적 보호주의는 보호주의 역시 장기적 제도화를 가능케 할 위험을 내포하고 있다.

　　보호의 정책수단　　고전적 보호주의는 보호관세가 가장 중요한 수입규제수단이었지
만 신보호주의는 보호수단으로서 대부분 비관세장벽(NTB: non-tariff barrier)이 동원되었
다. 아울러 신보호무역주의는 여러 가지의 수입규제조치가 GATT의 테두리 밖에서 비
공식적이고 비제도적인 형태로 이루어졌다는 점을 특징으로 하고 있다.

　　보호의 원칙　　고전적 보호주의 하의 보호관세는 무차별적이었지만 신보호주의의
정책수단으로서의 비관세장벽은 외견상으로는 무차별적인 것처럼 보이지만 실질적으
로는 개도국들에게 크게 불리하게 작용하기 때문에 개도국에 대해 사실상 차별적인
성격을 지녔다. 또한 신보호주의는 GATT의 무차별원칙을 위배하는 상품별·국별 선
별주의를 채택하고 있었다. 또한 신보호주의는 특정산업의 보호라는 종전의 수동적·
방어적 성격에서 자국과 상당할 정도로 상응하는 시장개방을 요구하는 공격적·보복적
·쌍무적 상호주의를 나타내었다.

2절   자유무역과 보호무역의 역사적 평가

1 세계무역체제 변화의 역사적 개관

　　자유무역과 보호무역의 정책이 역사적으로 실행되어 이상과 같은 과정을 단순화
시켜 보면, 중상주의적 상업자본주의시대에서부터 오늘에 이르기까지 자본주의의 발
전단계에 따라 자유무역과 보호무역이 서로 교차되는 모습을 보여 왔으며, 이러한 역
사적 과정에서 각 시대마다 고유한 역사적 배경을 바탕으로 무역정책에 대한 사상 역
시 변화되어 왔다. 이러한 「역사적 흐름」을 〈표 3-3〉이 단순화시켜 요약하고 있다.

표 3-3	국제무역체제 및 무역정책사상의 전개			
시대	정책기조	역사적 배경	이론적 배경	주도국
16C~ 18C 중엽 상업자본주의	중상주의적 보호무역주의	■ 근대국가의 성립 ■ 절대왕정시대의 　부국강병노력	■ 중금주의 ■ 무역차액론 ■ 국내산업보호론	스페인·포르투갈 네덜란드·영국 프랑스
18C 말~ 1870년대 산업자본주의	고전적 자유무역주의	■ 산업혁명과 　산업자본주의 출현 ■ 교통의 혁명	■ 중농주의 ■ 고전학파의 　자유무역사상	Pax-Britannica (영국주도의 자유무역체제)
19C 중엽 이후 산업자본주의 후기	고전적 보호무역주의	■ 국가 간 경쟁격화 ■ 후발국의 산업화	■ 산업분화론 ■ 유치산업보호론	당시 후발국인 미국·독일
1870년대~ 2차 대전 독점자본주의	제국주의적 보호무역주의	■ 제국주의적 경쟁 ■ 세계대공황 ■ 양차 세계대전		제국주의 열강
2차 대전~ 1960년대 (수정자본주의)	전후의 자유무역주의	■ 국제협력상실에 　대한 반성 ■ GATT-IMF체제	■ 신자유주의론	Pax-Americana (미국주도의 자유무역체제)
1970년대 이후 (복지자본주의)	신보호무역주의	■ 세계경제구조 및 　비교우위구조 변화 ■ 세계적 경기침체 ■ 정치경제적 요인	■ 공정무역론 ■ 상호주의 ■ 신중상주의	선진국중심의 보호주의

　　자유무역과 보호무역에 대한 이러한 역사적 전개과정 통하여 무역정책과 무역정
책사상이 내포하고 있는 많은 「이론적·정책적 함의」(implications)들을 발견할 수 있지
만 여기서는 그들 중 몇 가지만 지적해 둔다.

　　우선, 근대 이후 오늘날까지 세계무역의 정책기조는 자유무역과 보호무역이 서로
교차되는 모습을 보여 왔다. 즉 세계무역체제의 역사적 변화를 아주 단순화시킨다면,
중상주의시대의 강력한 보호체제 → 산업자본주의시대의 자유무역체제 → 19C 중엽 이
후 2차 대전까지의 보호무역체제 → 전후 GATT를 중심으로 하는 자유무역체제 →
1970년대 이후의 신보호주의체제로의 변화로 요약할 수 있다.

　　이같이 자유무역과 보호무역은 서로 교차되며 전개되어 왔다고 할 수 있지만 그
내용을 보다 면밀히 관찰하면 세계무역의 보편적 역사는 보호무역의 역사였고 오히려
예외적으로 자유무역체제가 존재하였다. 즉 16C 이후 500여 년의 역사 속에서 진정한
의미에서의 세계적 자유무역체제가 지배한 것은 1860년대와 1960년대를 전후하여 각
각 짧게는 15여 년, 길게는 20여 년간에 불과하였다. 나머지 대부분의 기간은 전체적

으로 보호무역주의가 지배하거나 아니면 일부 국가들이 자유무역을 추구하였지만 다른 나라들은 각기 자국의 국익을 앞세운 보호정책수단들을 활용함으로써, 세계적인 차원에서의 진정한 자유무역체제가 이룩되지 못하였기 때문이다.

2 세계무역체제의 결정요인

다음으로, 자유무역체제와 보호무역체제가 부침하는 이러한 역사적 과정에서, 이러한 세계무역체제가 형성되고 소멸되는 데에는 다음과 같은 몇 가지의 공통된 정치경제적 여건과 상황이 존재하였다.[7]

2.1 국제경제적 요인

(1) 세계의 산업구조와 경쟁력

어떤 국가이든 자국의 산업을 포기하는 나라는 없는 만큼, 자유무역과 보호무역체제의 채택은 그 나라의 산업발전 및 성쇠, 이러한 과정에서 발생하는 비교우위·경쟁력의 변화와 관련된다.

⑴ 우선 신생산업을 육성해야 하는 입장에 있는 나라는 이를 보호·육성하기 위한 보호정책을 추구하였다. 19C 자유무역체제의 주도국인 영국도 그들의 산업이 아직 경쟁력을 갖추지 못하였던 17~18C에는 항해조례·곡물법 등을 통한 보호무역정책을 실시하였고, 20C 자유무역체제를 주도한 미국 역시 공업화를 시작하던 18C에는 해밀턴의 산업분화론을 배경으로 하는 보호무역정책을 실시하였으며, 리스트의 유치산업보호론 역시 당시 아직 경쟁력을 갖추지 못한 독일의 신생공업을 보호 육성하기 위한 보호무역이데올로기였음은 재론할 필요도 없다.

⑵ 반대로 이러한 신생산업이 충분히 발전하여 자국의 국제경쟁력이 확보된 이후에는 자국 상품의 판매를 위한 해외시장의 자유로운 확보를 위하여 자유무역을 채택하는 속성을 나타내었다. 앞에서 언급한 바와 같이, 일찍이 영국의 경제학자인 애덤 스미스가 자유무역정책론을 펼쳤고 또한 가장 먼저 산업혁명을 완성함으로써 세계 제 1의 산업대국이 된 대영제국이 스스로 자유무역체제를 채택하고 이러한 자유무역체제

---

7 보다 구체적인 내용은 노택환, 국제경제관계의 정치경제론 (영남대학교 출판부, 2014), pp.177-86 참조.

를 세계적으로 강제하였다는 사실이나, 1~2차 세계대전을 거치는 과정에서 세계 제1
의 산업대국이 된 미국이 전후의 새로운 자유무역체제의 리더가 되었다는 사실이, 이
러한 명제를 웅변으로 확인해 주고 있다.

　(3) 한편 전통산업이 경쟁력을 잃어 사양화되는 과정에서는 이러한 전통산업을 보
호하기 위한 보호주의로 선회하는 속성을 보여준다. 1970년대 후반에 나타난 선진국
주도의 신보호주의가 공정무역이나 상호주의와 같은 이념적 깃발을 높이 들고 있지만
결국 후발국들의 추격으로 인하여 경쟁력을 잃게 된 사양산업 내지 정체산업의 보호
를 위한 노력임은 두말할 필요가 없다.

　따라서 세계무역체제는 전통적인 산업과 새로운 산업의 등장과 쇠퇴, 이에 수반되
는 국가 간 비교우위(경쟁력)의 변화와 관련되어진다고 할 수 있다. 이러한 사실을 세
계적 관점에서 일반화하면, 세계의 산업구조변화와 이에 따른 비교우위구조·무역구조
가「이질적·보완적 구조」를 나타내고 있는 시대에는 자유무역체제가 가능하지만,「동
질적·경쟁적 구조」로 전환하는 과정에서는 보호주의가 성행하게 되는 속성을 나타낸
다고 할 수 있다. 또한 세계열강들 간 비교우위의 수직적 구조가 안정적일 때는 자유
무역체제가 가능하지만 이러한 비교우위의 수직적 구조가 깨뜨려지고 혼란스러운 시
기에는 보호주의적 경향이 나타난다고 할 수 있다.

(2) 세계경기순환

　세계적으로 장기적인 경기침체나 경제공황 등 경제적 위기가 발생하였을 경우 보
호주의가 크게 확산되는 경향을 나타낸다. 예컨대 1980년대 말(1876~1890) 유럽제국의
경기침체, 1930년대 전후(1929~1939)의 세계적 대공황, 1970년대 선진국들의 장기적
경기침체시기와 보호주의가 팽배하던 시기와 일치하는 것은 결코 우연이 아니다.[8] 따
라서 어떤 새로운 경제위기가 닥치거나 이로 인한 세계적 경기침체우려가 있을 때마
다 세계무역이 보호주의로 흐를 가능성에 대한 우려가 제기되는 것은 우연이 아니다.

　개별국가의 입장에서도 그 나라의 경기순환과 대외무역정책의 방향 간에는 밀접
한 상관관계가 존재한다. 불경기로 실업이 높아지면 기업은 기업 대로 정부에 대해
보호무역정책을 요구하게 되고 노동자는 노동자 대로 실업대책으로서 보호무역을 요
구하게 됨으로써 보호주의적 정책요구가 높아지게 되면 정부는 이러한 요구를 받아들

---

8 실제로 이러한 세계경제체제(세계무역체제)의 변동을 자본주의경제의 장기 순환(50~60년 주기의 콘트
　라티프 파동)과 연결하여 해석하려는 학문적 시도들이 있다.

여 보호주의정책을 취하게 되는 반면, 호경기에는 정부가 보다 자유로운 정책을 취할 가능성이 높아진다.

2.2 국제정치경제적 요인

(1) 세계패권국의 부침

근대 이후 500여 년의 역사 속에서 예외적으로 자유무역체제가 성립되었던 1860년대와 1960년대 시기는 세계정치경제의 지배적인 패권국이 존재하였던 시기였다. 1860년대의 자유무역체제는 대영제국이 세계의 공장으로 군림하던 팩스-브리태니커(Pax-Britannica)의 산물이었다고 할 수 있고, 또한 1960년대의 자유무역체제는 전후 새로운 패권국으로 부상한 미국의 주도 하에 이루어진 팩스-아메리카나(Pax-Americana)의 산물이었다. 똑같은 논리에서, 1870년대 이후의 보호주의는 영국의 쇠퇴와, 1970년대 이후의 신보호주의는 미국의 쇠퇴와 관련된다고 할 수 있다.[9]

(2) 국제체제에 대한 기본정신과 질서

당시 세계를 지배하는 기본정신과 기본질서가 어떠하냐에 따라 국제무역체제의 기본성격이 달라질 수 있다.

(1) 국제적으로 특히 보호주의가 심화되고 확산되는 시기는 신생국의 독립이나 국제전쟁과 같은 역사적 사건이 존재하였다. 이러한 역사적 사건들은 경제적 민족주의와 경쟁적 국가주의를 고취함으로써 보호주의적 경향을 더 높이게 되었기 때문이다. 자유무역체제가 성립되는 시기에는 대체로 국제체제에 대한 자유주의적 이데올로기가 지배적인 반면 보호무역주의가 팽배하는 시기에는 민족주의적·중상주의적 사고가 지배적인 경향을 가지며, 역으로 국제체제에 대한 자유주의적 신념이 강할 때는 상호협력을 통한 자유무역체제가 이루어지지만 민족주의적·중상주의적 사고가 강할 때는 상호 갈등적인 보호무역체제가 성립된다.

(2) 또한 그 시대의 국제체제를 형성하는 기본질서가 자국중심주의 내지 일방주의

---

9 이러한 관점에서 정립된 대표적인 국제정치경제이론이 패권적 안정이론(hegemonic stability theory)이다. 국제무역체제와 관련한 이 이론의 중심적 주장은, 국제무역체제에 있어 패권국가의 존재가 자유롭고 안정적인 무역체제의 형성과 운영을 위해 필수적이라는 것이다. 말하자면 세계경제질서의 안정을 유지시킬 수 있는 패권국가가 존재하는 경우 국제통상체제는 개방적이고 안정적인 자유무역체제를 유지하지만 이러한 패권국가의 힘이 상대적으로 쇠퇴할 때에는 국제통상체제가 보호주의적이고 차별적인 성격을 드러낸다는 것이다.

(unilateralism)·쌍무주의(bilateralism)·다자주의(multilateralism) 중 어떠한 질서가 지배적인
가에 따라서 경제의 개방성과 자유화가 영향을 받는다. 일반적으로는 그 체제를 형성
하는 기본질서가 일방주의에서 쌍무주의·다자주의로 올라갈수록 자유로운 무역체제
가 형성될 가능성이 높아진다.[10] 2차 대전 이후 세계무역체제가 보다 자유로운 체제로
이행할 수 있었던 것은 GATT를 중심으로 하는 다자주의의 기능과 역할이 매우 컸다.

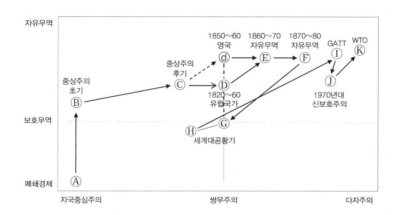

그림 3-1   세계무역체제와 기본질서의 시대적 변화

자료: 池本淸, 國際經濟體制の硏究,(風間書房, 1981) p.185 일부 수정 보완

2.3 국제적 제도(레짐)의 역할과 기능

국제적으로 잘 규정된 원칙·규범·규칙이나 국제기구와 같은 제도·레짐(regime)이
존재하는 경우 각국의 대외경제정책은 이를 준수하는 방식으로 채택될 가능성이 높
다. 따라서 이러한 국제제도·레짐이 잘 발달되어 있는 경우 자유무역체제가 이루어질
가능성이 높지만 이러한 제도·레짐이 부재하거나 약화되었을 경우 보호주의적 형태가
높아질 가능성이 있다. 실제로 1860년대와 1960년대처럼 자유무역체제가 이룩되었던
시기는, 이러한 자유무역체제를 가능케 하였던 어떤 국제적 체제(system/regime) 내지
기구(organization)가 일정한 제도적 기능과 역할을 담당하였다.

---

10 지역주의(regionalism)의 경우 이러한 경향이 다자주의적 자유화에 대하여 긍정적으로 작용할 것인가,
부정적으로 작용할 것인가에 대해서는 논쟁이 계속될 뿐 아직까지 이론적으로나 경험적으로 명확한
결론이 나지 않고 있다. 다만 그동안의 역사적 과정에서 지나치게 배타적이고 폐쇄적인 역내외차별화
를 전제로 하는 지역주의가 팽배할 때는 자연히 다자주의적 자유화가 어려워지고 그 이익도 훼손되는
경향을 경험할 수 있었다.

(1) 국제무역체제 (레짐)

1860년대와 1960년대처럼 자유무역체제가 이룩되었던 시기는, 이러한 자유무역체제를 가능케 하였던 어떤 국제적 체제(system/regime) 내지 국제기구(organization)가 일정한 제도적 기능과 역할을 담당하였다. 예컨대 19C 자유무역체제가 성립되었던 것은 1860년 1월 체결된 영불통상협정 이후 우연히 형성된 다수의 쌍무협정망형태의 구조 때문이었다. 1960년대 자유무역체제의 성립은 다자간무역협정에 의한 국제기구로서의 GATT의 제도적 기능에 기초하고 있었음은 물론이다. 반대로 1870년대 이후 영불통상협정의 만료와 함께 종전의 쌍무적 협정망의 붕괴가 보호주의로의 선회를 가져왔고, 1970년대 이후 드러나게 된 GATT의 기능적 한계가 자유무역체제를 뒷걸음질 치게 하는 계기가 되었다.

(2) 국제통화체제 (레짐)

한편 세계적으로 국제무역이 자유화를 통하여 안정적으로 발전했던 시기는 국제통화제도 역시 안정적인 고정환율체제를 유지하였던 반면 보호무역주의 강화되고 무역에 대한 제한이 심화되었던 시기는 환율의 변동이 심한 변동환율체제가 형성되었다. 예컨대 1860년대의 세계적 자유무역체제의 성립과 쇠퇴는 당시 금본위제 하의 고정환율체제의 성쇠와 관련되어지고, 또한 1960년대의 세계적 자유무역체제의 성립과 쇠퇴 역시 브레튼우즈체제 하의 고정환율체제의 성쇠와 관련된다고 할 수 있다.[11] 따라서 국제무역체제와 국제통화체제의 안정성 간에도 일정한 상관관계를 지닌다고 할 수 있다.[12]

---

11 현실적으로 환율변동으로 인한 자국의 경쟁력 약화가 보호주의적 요구를 강화시킨다. 1970년대 초 미국의 철강·섬유제품의 무역규제가 달러화의 고평가 시기와 일치하고, 1970년대 후반 달러 고평가·엔화저평가가 미·일무역마찰의 직접적인 원인이 되었으며, 1980년대 초에도 미·일 간의 환율왜곡으로 일본자동차의 대미수출에 대한 수출자율규제·수입할당제 등이 도입된 바 있다.

12 다만 고정환율제도가 대체로 세계경제의 안정적 발전시기에 채택된 반면 변동환율제도는 세계경제의 불안기 또는 침체기에 사용되었다는 점에 주목할 경우, 변동환율제도 자체가 세계경제의 불안정을 가져왔다기보다는 불안정한 세계경제가 불가피하게 변동환율제도로의 이행을 조장했던 것이 사실이다.

| 보충학습 3-1 | 세계무역체제의 정치경제적 결정요인 |

자유무역체제와 보호무역체제가 부침하는 이러한 역사적 과정에서, 이러한 체제가 형성되고 소멸되는 데는 위에서 설명한 바와 같은 몇 가지의 공통된 정치경제적 여건과 상황이 존재하였다. 이러한 요인들 이외에도 세계무역체제의 결정에 영향을 주는 다양한 정치경제적 요인들이 존재하지만, 특히 다음과 같은 2가지 요인을 추가적으로 예거할 수 있다.

1. 세계무역체제와 무역사상 (이데올로기)

자유무역과 보호무역에 대한 사상은 그 시대가 요구하는 무역정책을 옹호하는 이데올로기적 속성을 나타내고 있지만, 동시에 그러한 사상의 대두가 새로운 무역체제 탄생의 배경이 되어 왔다. 이러한 인과관계와 관련하여 특기할 만한 정치경제적 함의들을 몇 가지로 살펴보면 다음과 같다.

일국의 무역정책기조가 자유무역이든 보호무역이든, 동서고금을 막론하고 변치 않는 사실은 어느 나라도 자신의 국가이익을 포기하지 않는다는 것이다. 따라서 무역체제를 논하는 행위의 저변에는 자국의 이익실현이라는 1차적 목표가 전제되어 있으며 경제적 자유의 신장·인류의 후생증진 등과 같은 고상한 표현은 자국의 국익극대화를 위한 외교적 수식어이거나 오히려 부수적인 목표인 경우가 많다 이것은 자유무역을 주장하거나 보호무역을 주장하는 개별국가의 시대적·경제적 배경을 보다 구체적으로 살펴보면 더욱 명백해진다.

따라서 자유무역정책론이나 보호무역정책론 역시 그 자체 나름대로의 논리적 타당성을 지니고 있으며 또한 하나의 보편적 진리로서 제시되고 있지만 여전히 자국의 국익극대화를 위한 이데올로기적 도구로서의 성격을 지니고 있는 것도 사실이다.

예컨대 중상주의적 보호무역사상이 당시 새로이 건설하는 근대국가의 부국강병을 위한 이데올로기였다면, 19C 이후 해밀턴의 산업분화론이나 리스트의 유치산업보호론 역시 당시 후진국이었던 미국과 독일의 산업발전을 위한 이데올로기였으며, 1970년대 이후 신보호주의의 이론적 배경이 되고 있는 공정무역론이나 상호주의 역시 경쟁력이 약화되고 있는 사양산업의 보호를 위한 선진국들의 이익을 옹호하고 대변하는 이데올로기로서의 속성을 지녔다고 할 수 있다.

이 같은 보호무역정책론들이 그 자체로 보호무역정책을 추진하는 국가의 국익을 반영하는 이데올로기였음은 별로 놀라울 바가 아니지만, '자유무역만이 최선의 정책이다'라는 교의를 바탕으로 하는 영국 고전학파의 자유무역정책론 역시, 당시 가장 앞서 산업혁명을 완성하고 따라서 가장 강력한 국제경쟁력을 지닌 영국의 국익을 대변하는 제한적인 성격을 지닌 자유무역 이데올로기였음을 부정할 수 없다.

이러한 측면이 있음에도 불구하고 경제학자나 정치학자의 사상과 아이디어는, 그것이 옳고 그름을 떠나, 우리가 생각하는 이상의 강력한 힘을 지니고 있다. 정책입안자나 실무자들은 이러한 지적 영향으로부터 자유롭다고 믿고 있지만 실은 자기도 모르게 그러한 논리의 노예가 되어 있는 경우가 많기 때문이다. 이러한 관점에서 자유무역과 보호무역정책의 선택과 무역체제의 형성 역시 그 시대마다의 지배적 정책사상으로부터 영향을 받는다. 따라서 세계무역체제의 형성과 발전을 논함에 있어 그와 관련되는 정책사상의 배경에 대한 역사적 통찰이 매우 중요한 의미를 갖게 된다.

2. 이해관계집단의 경쟁과 무역정책

이 같은 무역정책 및 이데올로기의 역사적 변천은 국제정치체제 및 대외무역정책에 대한 국내이익집단 간의 정치적 이해관계 및 그 변화에 기인하는 측면이 강한데 이러한 역사적 과정을 요약하면 〈표 3-4〉와 같다.

| 표 3-4 | 정치적 요인이 경제체제 및 대외정책에 미치는 영향 |

시대	국제정치체제 →	경제체제	대외정책 ←	국내정치적 이해관계
16C~ 18C 중엽	중세봉건체제붕괴 중앙집권적 근대국가	상업자본주의 중상주의체제	중상주의적 보호무역체제	봉건사회 잔존 지방세력 < 신 중앙정부+모험자본
18C 말~ 19C 중엽	유럽의 세력균형 대영제국의 패권	산업자본주의 자유주의체제	1860년대 자유무역체제	지주계급의 이해 < 신흥산업자본의 이해
19C 말~ 2차 대전	영국의 상대적 쇠퇴 열강의 각축 (제국주의)	독점자본주의 제국주의체제	극단적 보호무역체제	신흥군부+자본가계층의 이해관계
전후~ 70년대 초반	미국의 단일지배체제 동서 간의 대립과 단절	동서대립체제 (브레튼우즈 -코메콘)	1960년대 자유무역체제	강력한 산업자본+ 노동조합의 이해관계
70년대 후반~	미국의 쇠퇴(다극화) 동서데탕트 제3세계 발전(NICs)	복지자본주의 다극화체제 신경제질서	신보호주의 (자유주의+ 보호주의)	사양산업 자본가+노동조합 > 첨단산업종사자+소비자

따라서 일국의 대외무역정책은 이러한 정치경제적 이해관계집단의 경쟁유형에 따라 영향을 받지 않을 수 없었는데, 이러한 측면을 각 시대별로 요약하면 다음과 같다.

(1) 16~18C 중엽까지의 중상주의시대는, 중세봉건체제가 무너지고 강력한 중앙집권적 민족국가가 형성되었던 시기로서 봉건주의 잔존세력인 지방세력과 새로이 등장한 중앙정부(절대왕정) 간의 정치경제적 갈등에서 후자가 승리한 결과였다고 할 수 있다. 따라서 중상주의의 보호무역체제는 궁극적으로 근대국가와 근대산업을 이룩하기 위한

절대왕정의 이익추구수단이었고 또한 그들의 이데올로기였다.

(2) 19C 산업자본주의시대는, 유럽제국 간의 팽팽한 세력균형 속에서 영국의 패권적 지위가 서서히 확립되었던 시기로서 산업혁명을 기반으로 한 경쟁력을 활용하여 영국은 자유무역을 주창하고 이러한 자유무역체제를 국제화시켰다. 이것은 동시에 자유무역을 주장하는 지주계급과 보호무역을 주장하는 신흥부르주아계급 간의 대결에서 후자의 정치적 승리가 이루어졌음을 의미한다.

(3) 19C 후반 영국의 쇠퇴와 함께 열강들이 각축하는 이른바 제국주의시대가 시작된 이래 2차 대전이 끝나기까지 강력한 보호무역체제가 형성되었던 것은, 신흥군부 및 자본가계층의 정치권력의 산물이었다.

(4) 전후 1960년대 GATT를 중심으로 한 자유무역체제는 새로운 헤게모니국으로 부상한 미국의 국익을 대변하는 체제였으며, 동시에 새로이 등장한 강력한 실업계와 노동조합의 정치적 지지에 기반을 둔 것이었다.

(5) 1970년대 이후의 신보호주의적 경향은, 미국경제의 상대적 쇠퇴와 미국산업의 경쟁력 약화를 반영하는 것인 동시에 다수지만 분산되어 있는 소비자보다는 소수지만 집중된 정치적 힘을 지닌 생산자, 첨단산업의 이해관계보다는 조직력을 지닌 사양산업의 이해관계가 더 크게 반영된 정치적 결과로서의 성격을 지닌다.

미국의 세계무역센터(WTC) 재건축 이미지

제 3 편

무역정책수단

　　여타의 경제정책과 마찬가지로 무역정책에 있어서도 어떤 정책목표가 설정되면 그러한 정책목표를 달성하기 위한 정책수단(policy instruments)이 채택되고 할당되어야 한다. 무역정책의 경우 수입을 제한하기 위한 정책수단과 수출을 촉진하기 위한 정책수단이 있고 이들에는 다시 다양한 정책수단들이 존재한다. 이러한 무역정책수단의 내용과 이들 무역정책수단의 경제적 효과를 논의하려는 것이 본편의 목표이다.

　　제3편에서는 무역정책수단을, 전통적인 정책수단으로서의 관세(tariff)와 특히 1970년대 신보호무역주의 이후 그 중요성이 높아진 비관세장벽(NTB: non-tariff barrier)으로 나누어, 이들 각각의 정책수단들이 어떤 의의와 경제적 효과가 있는가를 논의한다.

　　먼저 「관세정책」에 대하여 그 경제적 효과를 소국(小國)의 경우와 대국(大國)의 경우로 나누어 부분균형분석과 일반균형분석방법을 통하여 분석하고, 관세정책의 운용에 있어서 가장 중요한 의미를 가지는 최적관세와 실효보호율의 개념에 대하여 고찰한다. (제4장 관세정책)

　　다음으로 다양한 「비관세장벽」 중 ① 가장 전통적인 수입제한정책수단으로 평가되는 「수입할당제」와 관세할당제, ② 수출촉진을 위한 정책수단으로서 「보조금제도」와 「가격차별화정책」, ③ 1970년대 이후 선진국의 주요한 무역정책수단으로 활용되어온 수출자율규제조치(VERs) 등과 같은 「관리무역정책수단」의 경제적 효과를 고찰한다. (제5장 비관세장벽)

제4장 관세정책

제4장은 전통적인 무역정책수단인 관세정책의 의의와 경제적 효과에 대해 논의한다. 관세의 경제적 효과는 정태적 효과를 중심으로 소국의 경우와 대국의 경우로 나누어 부분균형분석과 일반균형분석을 행하고, 관세정책의 운용에 있어서 중요한 의미를 가지는 최적관세와 관세의 실효보호율에 대하여 논의한다.

1절 관세의 의의와 효과 개관

1 관세의 의의와 종류

1.1 관세의 의의

「관세」(tariff, customs, customs duties)란 가장 단순한 무역정책수단으로서, 법정의 관세구역을 통과하는 수출입화물에 부과되는 조세를 의미한다.[1] 관세구역은 정치상의 국가영역과 반드시 일치하는 것은 아니므로 관세경계와 국경이 동일한 것은 아니다.[2]

1 customs 또는 customs duties라는 용어에 대해서는 '아주 오래 전부터 행해져 온 관습적 지불'(customary payment)이라는 문구에서 그 어원을 찾을 수 있다는 견해도 있고 보관료(custodium)에 근거를 두고 있다는 견해도 있다.
2 예컨대 관세동맹의 경우 독자적인 국경이 설정되어 있으나 단일관세구역이 되는 반면, 자유항의 경우 일국의 국경 내에 있으나 관세가 부과되지 않는다.

이때 수출입화물에 관세를 부과할 수 있는 이러한 법정의 관세구역을 관세선(customs line)이라고 한다.

관세는 일종의 조세(租稅)로서 다음과 같은 특성을 지니고 있다.

(1) 조세로서의 일반적 특성으로 ① 관세는 국가에 의하여 징수되는 국세(國稅)로 법률이나 조약에 의하여 강제적으로 징수된다. ② 관세는 물품세이고 수시세이며 관세의 궁극적인 대상은 소비행위이므로 일종의 소비세이다. ③ 관세에는 반대급부가 없으며 관세의 부담은 다른 경제주체에 전가(轉嫁)되는 특성을 지닌다.

(2) 또한 관세는 일반내국세에 대하여 ① 관세영역을 전제로 하여 이러한 영역을 넘는 수출입화물에 대하여 부과된다. ② 필수품에 대하여는 낮고 불요불급품·사치품에 대해서는 높게 부과되며 또한 원자재·중간재에 대하여는 낮고 완제품·최종재에 대해서는 높게 부과된다. ③ 정부의 재정수입 증대효과 뿐만 아니라 국내산업 보호효과를 비롯한 여러 가지 경제적 효과를 발생시킨다는 특성을 지닌다.

1.2 관세의 역사적 발전단계

관세는 역사적으로 여러 가지 형태를 거치며 변천되어 왔다. 오늘날에는 대체로 국가영역을 단일관세영역으로 하고 있지만 이전에는 일국 내에서도 여러 관세영역이 설정되는 국내관세가 일반적 관례였다. 관세는 경제사회의 발전에 대응하여 대체로 다음과 같은 4단계의 발전단계를 거쳐 왔다.

수수료관세시대 (제1기)　도로·교량·항만시설·창고 등의 사용료 또는 운송물품·운송여객의 보호 등에 대한 반대급부로서의 수수료형태로 부과되었다. 이에 애덤 스미스(A. Smith)는 기록 이전 시대부터 부과되었던 관습적 지불(customary payment)이라고 하여 관세를 customs라고 하였다.

내국관세시대 (제2기)　수수료는 점차 반대급부가 없는 강제징수의 형태가 되고 또 봉건시대에 이르러 관세구역의 개념이 출현하여 각 봉건영주는 자기의 세력범위에 출입하는 물품에 관세를 부과하였다. 이것은 조세이기는 하지만 법률에 의거하지 않고 전적으로 통치자의 자의에 의한 사적(私的) 수입에 불과하였다는 점에서 근대적 조세와는 성격을 달리하는 것이었다.

국경관세시대 (제3기)　근대국가가 형성됨에 따라 지역적인 관세영역은 정리되어 국가영역전체가 단일관세영역으로 통합됨에 따라 관세는 국경관세로서의 성격을 가지게

되었다. 또한 이후의 관세는 단순한 국가재정수입을 확보하는 수단일 뿐만 아니라 대
외무역을 관리하는 무역정책수단으로 사용되는 중요한 조세형태가 되었다.

  다자간 관세시대 (제4기)   모든 나라들이 국내산업보호를 위한 수입규제수단으로 관
세를 활용되게 되자 이로 인해 세계무역의 발전이 저해됨은 물론 국가 간 마찰의
원인이 되기도 하였다. 이에 대한 반성으로 2차 대전 후 발족된 GATT는 다자간 협
상을 통한 관세의 일괄인하를 추진함으로써 관세율과 관세제도에 대한 결정과 운용
권한이 다자간 협력체제로 전환되었다. GATT는 새로운 국제무역기구로서 WTO를
발족시킬 때까지 8차에 걸친 다자간 무역협상을 통하여 관세의 일괄인하를 추진하
였다.

1.3 관세의 종류

  전통적 무역정책수단으로서의 관세는 여러 가지 유형의 관세로 분류되어지는데
주요한 내용은 〈표 4-1〉과 같다.

표 4-1   관세의 종류

분류기준	관세의 종류
과세대상	▪ 수출관세 ▪ 수입관세 ▪ 통과관세
과세목적	▪ 재정관세 ▪ 보호관세 (육성관세, 금지관세, 방위관세 등)
과세방법	▪ 종가세 ▪ 종량세 ▪ 선택관세 ▪ 복합관세
과세율 수	▪ 단일관세 ▪ 복수관세
제정방법	▪ 국정관세 ▪ 협정관세
차별여부	▪ 차별관세 (특혜관세, 공통관세, 탄력관세 등)

(1) 관세의 일반적 종류

  관세는 일반적으로 그 분류기준에 따라 다음과 같이 분류된다.

  과세대상   수출품에 대한 「수출관세」(export duties), 수입품에 대한 「수입관세」(import
duties), 수출입화물이 운송되는 과정에서 자국의 영토를 통과할 경우에 부과되는 「통
과관세」(transit duties)로 구분된다. 그러나 오늘날 일반적으로 관세라고 할 경우 수입관
세를 지칭함이 일반적이다.

과세목적   재정수입을 목적으로 부과되는 「재정관세」(financial duties)와 국내산업보호를 목적으로 하는 「보호관세」(protective duties)로 구분된다.[3] 역사적으로 고대의 관세는 재정관세적 성격이 강하였고 근대에 이르러서도 소득세가 도입되기 전까지 대부분의 재정을 관세를 통한 조세수입으로 충당하였다. 그러나 오늘날에 있어서는 더 이상 보호가 필요 없는 산업이나 커피·차·향료 등 기호품에 대한 관세의 경우에만 재정관세적 성격을 가지고 있을 뿐 대부분의 관세가 보호관세로서의 성격을 지니고 있다.

과세방법   수입자동차 가격에 10%의 관세를 부과하는 것과 같이 과세기준이 수입가격인 경우가 「종가세」(ad valorem duties)이고, 석유 1배럴당 5달러의 관세를 부과하는 것과 같이 수량을 기준으로 부과하는 관세가 「종량세」(specific duties)이다. 이러한 2가지 방법을 조화하여 양자 중 어느 하나를 선택하는 「선택관세」(alternative duties)와 양자를 동시에 복합적으로 적용하는 「복합관세」(compound duties)가 있다.

과세율 수   동일상품에 대하여 동일세율을 적용하는 「단일관세」(single tariff)와 동일한 제품에 대해서도 국가에 따라 다른 세율을 적용하는 「복수관세」(double tariff)로 구분되는데, 이러한 복수관세는 결국 차별관세적 성격을 지니게 된다.

관세의 제정방법   과세가 국가의 자주적 결정에 의해서 이루어지는 「국정관세」(national duties)와 국제적 협정에 의해 이루어지는 「협정관세」(conventional duties)로 구분된다. 이러한 협정관세에도 두 국가 간의 쌍무적 협정에 의해 이루어지는 경우도 있고 다수국 간의 협정에 의해 이루어지는 경우도 있다.

| 보충학습 4-1 | **종가세와 종량세의 경제적 효과** |

수입업자가 관세를 부담할 때 종가세이든 종량세이든 금액이 문제일 뿐 관세부과의 형태가 중요한 것은 아니라고 생각하기 쉽지만, 정부가 관세를 부과할 때 종가세와 종량세 중 어떤 형태로 부과하느냐에 따라 그 경제적 효과에 차이가 있을 수 있다.

(1) 밍크코트 등 의류제품과 같이 고가품과 저가품이 함께 존재하는 상품의 경우 종가세를 부과하면 그 가격에 따라 세금이 부과되므로 조세부담의 형평이 실현된다. 그러나 종량세를 부과하는 경우 가격과 상관없이 수량에 대해 부과하므로 결과적으로 고가제품의 경우 조세부담률이 낮아지고 저가제품의 경우 조세부담률이 오히려 높아져 역진적 과세가 이루어질 수 있다. 따라서 고가품의 수입이 증가될 수 있는 유인이 된다.

---

3 보호관세는 다시 구체적인 보호목적에 따라 국내의 유치산업보호를 위한 「육성관세」, 외국상품의 수입을 완전히 금지시키기 위한 「금지관세」, 외국으로부터 국내산업의 압박을 방지하기 위한 「방위관세」 등으로 구분하기도 한다.

(2) 종가세의 경우 제품의 가격이 오르면 오른 만큼 관세가 높아져 제품의 가격변화와 상관없이 일정한 국내산업보호효과를 나타낸다. 따라서 종가세의 경우 관세부담이 인플레이션에 연동되어 있다고 할 수 있다. 그러나 종량세의 경우 제품가격의 상승과 상관없이 수입량에 대해서만 관세를 부과하므로 제품의 가격이 상승하면 조세부담률과 국내산업보호효과가 오히려 낮아진다. 따라서 종량세의 경우 인플레이션이 발생하는 경우 오히려 수입이 증가될 수 있다.

(3) 이같이 종가세는 과세의 형평성을 기할 수 있고 인플레이션과 상관없이 일정한 국내산업보호효과를 가진다는 장점이 있다. 그러나 종가세의 경우 과세대상이 되는 적정가격을 결정하기 어려워 분쟁이 따르고 이로 인한 절차에 비용이 소요된다는 단점이 있다. 이와 반대로 종량세는 물품수량에 따라서 과세하므로 세금을 부과하기가 용이하여 이에 따른 행정비용 또는 관리비용이 작다는 장점을 지닌다. 반면 종량세는 과세의 형평성이 떨어지고 인플레이션이 있을 경우 국내산업의 보호효과가 떨어지는 단점이 있다.

표 4-2   **종가세와 종량세의 비교**

구분	종가세(ad valorem duties)	종량세(specific duties)
조세부담형평성	높음(수입액에 따른 과세)	낮음(수입량에 따른 과세)
인플레이션효과 (산업보호효과)	반영됨(인플레이션 경우에도 일정한 산업보호효과 있음)	반영되지 않음(인플레이션 경우 오히려 수입증대가 될 수 있음)
관리비용	높음(적정가격평가 어려움)	부과절차 간편함, 관리비용 낮음

따라서 각국은 종가세와 종량세의 이러한 장단점을 잘 고려하여 과세방법을 선택하려는 노력을 행하게 되는데, 그러한 방법 중의 하나로 선택관세나 복합관세를 부과하기도 한다. 「선택관세」는 어떤 상품의 수입에 대해 종가세와 종량세를 제정해 두고 여러 가지 과세목적에 따라 이들 중 어느 하나를 적용하는 형태이고, 「복합관세」는 '수입가격의 10%(종가세)＋톤(ton)당 10원(종량세)'과 같이 양자를 동시에 부과하는 형태이다.

이와 같은 종가세와 종량세의 특성 때문에 때로는 이러한 과세형태가 국가 간 통상분쟁의 원인이 되기도 한다. 1990년대 중반 우리 정부는 청소년과 여성 흡연인구가 급격히 증가되는 것을 방지하는 동시에 담배수입량 감소 · 재정수입 증대를 위하여, 종전에 종량세 형태로 부과하던 수입담배에 대한 관세를 종가세 형태로 전환하는 방안을 미국정부에 제시하였다. 이에 미국 정부는, 이러한 형태의 과세전환은 결국 고급담배로 구성되어 있는 외국산 담배의 한국 내 시장점유율을 떨어뜨리게 될 것이라고 주장하면서, 이는 결국 정부에 의해 가격이 통제되고 있고 국산 담배에 대하여 외국산 담배가 세제면에서 차별받는 셈이 되어 차별금지원칙에 위배되므로 종가세로의 전환은 불가하다고 거부하였다.

(2) 차별관세의 종류

한편 관세부과에 있어 수입품의 국적에 따라 차별을 두지 않는 일반적인 관세와 달리, 어떤 특정국으로부터의 수입품에 대하여 타국의 수입제품보다 더 높은 관세율을 적용하거나 더 낮은 관세율을 적용하는 「차별관세」(differential duties)가 있다. 이러한 차별관세는 중상주의시대나 2차 대전 이전의 무역정책에서는 빈번히 활용되어 주요한 보호무역수단으로 채택되었지만, 상호주의·무차별주의·최혜국조항 등이 주요 원리로 채택된 GATT체제 이후에는 빈번하게 채택되지는 않고 있다. 그러나 이러한 차별관세는 오늘날에도 여전히 여러 가지 형태로 잔존하고 있는데 이러한 차별관세의 여러 가지 형태는 다음과 같다.

특혜관세 (preferential duties)　특별한 관계에 있는 상대국과의 통상을 강화하기 위하여 일반관세보다 낮은 관세율을 적용하는 관세제도로서 국제특혜관세·식민지특혜관세·일반특혜관세제도가 있다. 역사적으로 「국제특혜관세」가 스칸디나비아국가 간 또는 스페인·포르투갈 간에 적용된 적이 있었고, 「식민지특혜관세」도 영연방국가·프랑스연방·미국과 필리핀 간에 시행된바 있었지만, GATT는 이러한 특혜관세제도가 차별적 성격을 지니는 것이므로 이것의 확대나 신설을 금지하였다. 한편 「일반특혜관세제도」(GSP: Generalized System of Preference)는 남북문제 해결을 위한 방안으로서 개도국으로부터 수입되는 제품에 대하여 선진국들이 관세상의 특혜를 부여하는 제도인데, 1970년 UNCTAD의 합의에 따라 1971년 7월부터 시행되어 왔다.

공통관세 (common duties)　관세동맹 형태의 경제통합이 이루어지는 경우 역내국 상호간에는 관세의 철폐·감면과 같은 특혜를 제공하는 반면 역외국에게는 공통으로 설정한 관세를 부과하게 되는데 이를 공통관세라고 한다. 이같이 관세동맹의 경우에는 관세를 통한 역내외 차별화가 시행되지만 자유무역협정 등과 같은 경제통합의 경우에는 역내국가 상호간에는 관세의 철폐·감면 같은 조치를 취하지만 역외국에 대한 차별적인 공통관세를 부과하지 않고 회원국별로 독자적인 관세자주권을 가진다.

탄력관세 (flexible duties)　조세법률주의에 따라 관세 역시 입법부에 의한 관세율의 제정·조정에 의해서만 실행되어야 하지만 급변하는 국제통상환경에 신속하고 탄력적으로 대응하기 위해서는 일정 범위 내에서의 관세율조정권을 행정부에 위임하는 것이 바람직하다. 이러한 이유 때문에 입법부로부터 관세조정권을 위임받아 행정부가 신축적·탄력적으로 운영하는 관세가 탄력관세이다.

이러한 탄력관세에는 보복관세(retaliatory duties)·덤핑방지관세(anti-dumping duties)·상계관세(compensation duties)·긴급관세(emergency duties)·편익관세(convenient/beneficial duties)·수입할당관세(import quota duties)·조정관세(adjustment duties)·물가평형관세(price stabilization duties) 등이 있는데 그 구체적 내용은 〈표 4-3〉과 같다.

표 4-3　탄력관세의 종류와 내용

종류	내용	관련 국제협약
보복관세	자국 상품에 대한 상대국의 불이익조치에 대한 보복으로 부과되는 관세	
덤핑방지관세	외국의 덤핑에 의한 수출행위를 제재하기 위하여 부과되는 할증관세	덤핑방지관세협정
상계관세	보조금 등 정부지원을 통해 이루어진 외국수출품에 대해 부과되는 관세	보조금·상계관세협정
긴급관세	특정제품수입이 급격히 증가되어 국내산업에 심각한 타격을 주거나 줄 우려가 있는 경우 수입증가를 긴급히 억제하기 위해 부과되는 할증관세	세이프가드 협정
편익관세	조약·협정에 의한 관세의 혜택을 약속하지 않은 나라이지만 어떤 정치·외교·경제적 우호관계를 고려해 관세상 특전을 부여하는 제도	
수입할당관세	일정 범위 내에서는 낮은 관세율을 적용하지만 그것을 초과하는 부분에 대해서는 더 높은 관세율을 적용하는 일종의 이중적 관세율제도	
조정관세	수입자유화조치로 일부품목의 수입이 일시에 너무 급증하여 국내산업의 피해 또는 국민소비생활 교란발생 시 피해제거를 위한 관세율 조정관세	
물가평형관세	국내물가안정·특정물품의 원활한 수급·특정물품 가격등귀방지 등을 위해 관세율을 조정하거나 계절에 따라 수시로 변동시키는 관세제도	

2 관세의 경제적 효과 개관

앞에서 언급한 대로 관세는 가장 전통적이고 가장 기본적인 무역제한수단으로서 가장 널리 사용되어온 대표적인 무역정책수단이다. 그러나 전후 형성된 GATT체제 하에서 지속적인 관세인하가 이루어졌고 근래에는 관세 이외의 무역정책수단인 이른바 비관세장벽이 주요한 정책수단으로 부상함에 따라 그 중요성이 점차 감소하고 있다. 그럼에도 불구하고 관세가 여전히 무역정책수단으로서 주요한 기능을 행하고 있고 관세의 경제적 효과를 이해하는 것이 여타의 다른 정책수단의 기능과 효과를 이해하는데 매우 중요한 기초가 된다.

① 관세의 경제적 효과는 주로 관세부과국의 관점에서 논의되는데 관세가 부과되

면 일반적으로 다음과 같은 경제적 효과가 발생된다.

　　가격효과·소비효과　　수입국이 관세를 부과하면 그 재화의 국내가격이 상승되는 가격효과(price effect)가 발생된다. 이러한 가격효과로 인하여 이 재화에 대한 총수요, 즉 국내소비가 감소되는 소비효과(consumption effect)가 발생된다.

　　보호효과·경쟁효과　　이러한 가격효과로 인하여 수입경쟁(대체)재의 국내생산이 증대되는 생산효과(production effect)가 발생된다. 이러한 생산효과는 결국 관세를 통한 국내산업보호를 의미하므로 보호효과(protection effect)라고 하며 관세의 경제적 타당성을 인정하는 가상 강력한 논거가 된다. 이러한 보호효과를 통하여 관세는 국내산업의 경쟁효과(competition effect)가 발생된다. 관세를 부과하면 외국과의 자유경쟁을 규제 또는 차단함으로써 대내적으로는 외국수입품과의 경쟁에서 유리한 경쟁효과를 가지기 때문이다.

　　재정수입효과·후생효과　　관세는 수입국정부의 재정수입을 증가시키는 재정수입효과(revenue effect)를 발생시킨다. 이렇게 관세부과는 소비자의 후생감소·생산자의 후생증대·정부의 재정수입증대를 가져오는 반면 전체적인 후생의 관점에서 관세부과국의 경제적 후생을 감소시키는 마이너스(−) 후생효과(welfare effect)를 발생시킨다.

　　소득재분배효과　　관세부과는 국내소득집단 간의 소득을 재분배시키는 소득재분배효과(income redistribution effect)를 발생시킨다. 관세부과로 인한 소득재분배효과는 두 가지 측면에서 고찰할 수 있다. 하나는, 관세의 소비효과와 생산효과를 통하여 소비자잉여의 일부가 생산자잉여로 전환됨으로써 생산자의 실질소득을 증가시키고 소비자의 실질소득을 감소시키는 측면이고, 다른 하나는 생산요소의 상대가격변화를 통하여 수입경쟁산업에 집약적으로 투입되는 생산요소에 유리하고 보호를 받지 못하는 수출산업에 집약적으로 투입되는 생산요소에 불리하게 소득이 재분배된다.[4]

　　거시경제효과　　관세가 부과되면 상술한 보호효과를 통하여 국내산업의 생산량이 증가함으로써 고용이 증대되고 소득이 증대되는 고용효과(employment effect)와 소득효과(income effect)가 발생되는데 이것은 상술한 보호효과의 거시적 표현이라고 할 수 있다.[5] 또한 관세가 부과되면 국내생산 증대와 국내소비 감소를 통하여 수입이 감소되는 무역효과(trade effect)가 발생되고 이를 통하여 일국의 국제수지가 개선되는 국제수지효

---

4 이들 중 후자의 측면이 앞서 제2장에서 설명한 이른바 스톨퍼−사무엘슨의 정리이다.
5 불완전고용 상태에서는 이러한 고용효과가 발생되지만 완전고용 상태 하에서는 희소한 생산요소의 상대가격을 인상시킴으로써 상술한 소득재분배효과가 발생하게 된다.

과(balance of payment effect)가 발생된다.

교역조건개선효과　관세가 부과되면 위에서 설명한 가격효과를 통하여 수입수요가 감퇴되므로 상대방 수출국의 수출업자는 수출량 감소를 막기 위하여 수출가격을 인하시키는 경향이 있게 되는데, 이러한 경우 관세부과는 관세부과국의 교역조건을 개선시키는 교역조건효과(terms of trade effect)를 발생시킨다. 그러나 이러한 관세의 교역조건효과는 관세부과국이 국제시장에서의 가격지배력·독점력을 지닌 대국(大國)이라는 가정이 전제되어야 하고 상대국이 보복관세로 대항하지 않아야 가능해진다.

② 이상과 같은 관세의 경제적 효과들 중에서 가장 기대되는 관세의 경제적 효과는 보호효과(생산효과)라고 할 수 있다. 왜냐하면 보호효과 이외의 경제적 효과들은 다음과 같은 이유 때문에 그 효과가 사실상 제한적이기 때문이다.

우선, 관세부과로 인하여 국내소비가 감소되고 또한 국민경제의 후생 역시 감소하므로 소비효과·후생효과는 관세부과로 인한 마이너스(−)적인 효과들이고 보호효과 이외의 경제적 효과들은 플러스(+)적인 효과들이지만 그 효과가 별로 크지 않거나 일정한 전제조건 하에서만 성립될 수 있기 때문이다.

예컨대 관세부과로 인해 수입이 감소되는 국제수지개선효과는 그 제품에 대한 수입수요의 가격탄력성이 충분히 큰 사치품 등의 경우에만 제대로 된 억제효과를 기대할 수 있다. 또한 관세란 산업별·상품별로 부과하는 것이므로 모든 수입상품에 대해 관세인상을 행하지 않는 한 뚜렷한 국제수지개선효과를 기대하기 어렵고 선진국의 국제수지는 자본수지의 비중이 큰데 관세는 자본수지에 대해서는 무력하기 때문에 관세부과로 인한 전체적인 국제수지개선효과에는 일정한 한계가 있다.

또한 관세부과를 통하여 재정수입이 현저히 증대되기 위해서는 수입품과 유사한 상품이 국내에서는 생산되지 않아 관세가 부과되더라도 수입량이 감소되지 않아야 한다. 관세를 부과함으로써 발생되는 국내소득재분배효과의 경우에도 이른바 스톨퍼−사무엘슨정리가 요구하는 엄밀한 가정이 충족되는 경우에만 성립되는 만큼 현실적이지 못하다. 또한 관세부과에 의하여 자국의 교역조건이 개선되기 위해서는 관세부과국이 국제시장에서 어느 정도의 독점력을 행사할 수 있는 대국(大國)이어야 하고 또한 상대국이 보복관세 등으로 대항하지 않는다는 전제가 있어야만 한다.

따라서 관세의 가장 주요한 목적은 결국 관세부과를 통한 「국내산업 보호효과」라고 할 수 있다.

보충학습 4-2 **관세의 경제적 효과 분석방법**

관세의 경제적 효과 분석과 관련하여 부분균형분석과 일반균형분석, 소국(小國)의 경우와 대국(大國)의 경우로 나누어 분석한다. 여기서 이러한 분석방법의 차이가 무엇이며 왜 이러한 구분이 필요한가를 간략히 살펴보기로 한다.

1. 부분균형분석과 일반균형분석

경제의 분석에 있어서, 어떤 특정한 개별부문·개별경제변수만을 따로 떼어 분석하는 것을 부분균형분석(partial equilibrium analysis)이라고 하고, 여러 경제부문·경제변수 간의 상호관계를 분석하는 것을 일반균형분석(general equilibrium analysis)이라고 한다.

「부분균형분석」은 '다른 여건이 일정하거나 불변'이라는 전제 하에서 특정부문·특정경제변수만을 개별적으로 분석한다. 따라서 부분균형분석은 분석의 단순화(simplifications of analysis)를 통하여 분석이 간편해진다는 장점이 있지만 여러 부문이나 여러 경제변수 간의 현실적 상호작용을 무시하게 되므로 불완전하거나 그릇된 결론에 도달할 수도 있다. 반면, 「일반균형분석」은 개별부문의 수요·공급·가격 등을 따로 보지 않고 다른 부문과의 상호의존성을 감안하여 모든 시장을 동시에 분석하므로 보다 올바른 결론을 얻을 수 있지만 분석이 지나치게 복잡해지는 단점을 지닌다.

관세의 경제적 효과에 대한 「부분균형분석」은, 관세부과국(A국)이 자신의 수입재(Y재)에 관세를 부과하는 경우 이와 관련되는 다른 제품(X재)의 시장이나 상대국(B국)에는 아무런 변화가 없다고 가정하고 관세부과국의 해당 수입제품(Y재)시장에 어떤 변화가 나타나는가 만을 한정시켜 분석하는 방법이다. 따라서 이러한 분석방법은 관세로 인한 국내수출산업이나 상대국에 대한 파급효과를 분석하지 않고 수입경쟁산업의 효과만을 고찰하여 간명하지만 경제전체 및 상대국에 대한 정책효과를 파악하기 어렵다는 단점을 지닌다.

반면 관세의 「일반균형분석」은, 관세부과국(A국)이 수입재(Y재)에 관세를 부과할 경우 수입재(Y재)시장은 물론 자신의 수출산업인 수출재(X재)시장에 미치는 영향 또는 상대국(B국)에 미치는 영향 등을 동시에 분석하는 것이다. 따라서 관세의 일반균형분석에서 1국·2부문 분석은 생산가능곡선·사회무차별곡선 등을 통하여 분석되고 2국·2부문 분석에서는 오퍼곡선(offer curve)을 통하여 분석된다.[6]

---

6 본서에서는 이하의 분석에서 2국(A국, B국), 2재(X재, Y재) 모델에서 본국(A국)은 X재를 수출하고 Y재를 수입하는 것으로 가정하고 있고, 요소집약도 및 요소부존도와 관련하여 논의할 경우 X재—노동집약재 / Y재—자본집약재, A국—노동풍부국 / B국—자본풍부국으로 가정하고 있다.

2. 소국과 대국의 분석

관세의 경제적 효과를 분석함에 있어서는 관세부과국이 소국(小國)인 경우와 대국(大國)인 경우를 나누어서 설명하기도 한다.

여기서 「소국」(small country)이란 그 나라의 경제규모가 별로 크지 않아 국제시장가격(국제교역조건)에 영향을 주지 못하는 경우를 말한다. 말하자면 세계전체시장의 입장에서 보면 해당 재화에 대한 그 나라의 수요·공급규모가 작아서 어떤 시장지배력이나 가격결정력을 가지지 못하여 세계시장에서 결정되는 가격에 순응하는 일종의 가격순응자(price taker)적 입장에 있는 경우를 말한다.

반면, 「대국」(large country)이란, 그 나라 경제규모가 매우 크므로 그 나라의 수요·공급이 당해 제품의 세계적 수요·공급에 영향을 미칠 수 있어 세계시장에서의 국제가격결정에영향을 미칠 수 있는 가격결정자(price maker)적 입장에 있는 경우를 말한다.

관세의 경제적 효과와 관련하여 이러한 소국과 대국의 구분은 관세의 교역조건효과(terms of trade effects)와 관련된다. 경제규모가 작은 소국이 자신의 수입품에 관세를 부과하더라도 이것이 국제시장에 미치는 영향이 없어 국제가격의 변동이 발생되지 않지만, 경제규모가 큰 대국이 관세를 부과하면 국내가격의 상승 → 국내수요량감소 → 세계시장의 수요량감소 → 국제가격하락 → 수입가격의 하락을 통하여 관세부과국의 교역조건이 개선될 수 있기 때문이다. 따라서 관세의 교역조건개선효과는 대국에서만 나타나게 되고 소국의 경우에는 발생되지 않는다.

2절 관세의 경제적 효과 분석

1 소국(小國)의 경제적 효과

앞에서 설명하였듯이 관세의 경제적 효과를 분석함에 있어서 소국(小國)이란 그 나라의 경제규모가 별로 크지 않아 그 나라 수출입규모의 변화가 국제시장가격(국제교역조건)에 영향을 주지 못하는 경우를 말한다. 따라서 이러한 소국의 경우 국제교역조건을 주어진 것으로 전제하고 관세부과에 따른 가격·생산·소비·무역·소득재분배·후생에 미치는 경제적 효과를 논의한다.

1.1 소국의 부분균형분석

① 소국(小國)이 자국의 수입품에 대하여 관세를 부과하였을 경우의 경제적 효과를 부분균형분석방법에 의해 보여주고 있는 것이 [그림 4-1]이다. 여기서 D와 S는 이 나라의 수입경쟁재에 대한 국내수요곡선과 국내공급곡선이다.[7]

폐쇄경제 하에서 이 나라는 수요곡선과 공급곡선이 만나는 E점에서 균형이 이루어져 무역이 발생하기 전 국내균형가격이 P_d이다. 그런데 개방경제 하에서 소국인 이 나라는 자유무역을 통하여 국제가격 P수준에서 얼마든지 수입할 수 있으므로 국제공급곡선(S_f)은 가격 P수준에서 수평선 형태가 된다. 따라서 이 나라는 국제시장가격 P하에서 OQ_1을 생산하고 OQ_4를 소비하여 초과수요분 Q_1Q_4를 수입하는 자유무역을 행하고 있다.

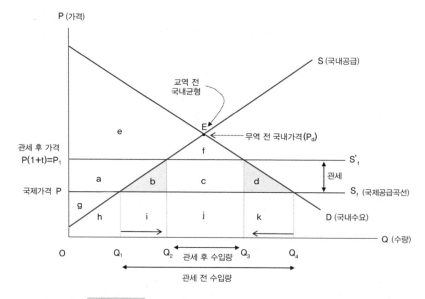

그림 4-1   관세의 경제적 효과 (소국, 부분균형분석)

---

7 이 경우 관세를 부과하면 그만큼 소비자의 실질소득이 감소함에 따라 수요곡선이 왼쪽으로 하방이동할 수 있다. 그러나 이러한 변화를 고려하지 않는 것은 분석의 단순화를 위한 것이기도 하지만, 어떤 개별품목에 대한 관세부과가 실질소득의 변화를 가져오지 않는다고 가정하는 경우에도 그러하다. 예컨대 어떤 개별품목에 대한 소비지출이 전체 지출에서 차지하는 비중이 매우 작아 관세부과로 인해 가격이 상승하더라도 소비자의 실질소득에는 별로 영향을 미치지 못하는 경우 또는 정부가 관세로 받은 재정수입을 이전지출을 통하여 소비자에게 모두 환급하는 경우이다. 따라서 이러한 가정이 반드시 비현실적인 것은 아니라고 할 수 있다.

이제 이 나라가 수입품에 대한 $t\%$의 관세를 부과하여 국내가격이 $P(1+t) = P_1$ 으로 상승하면 이러한 변화에 따른 여러 가지 경제적 효과가 발생되는데 이를 관세부과 이전과 이후의 변화로써 요약하면 〈표 4-4〉와 같다.

표 4-4 관세의 경제적 효과 (소국, 부분균형분석)

구분		관세 전	→	관세 후	변화 내용
가격효과	국내가격	P	→	$P_1 = P(1+t)$	$+PP_1$ 승
소비효과	국내소비	OQ_4	→	OQ_3	$-Q_3Q_4$ 감소
생산(보호)효과	국내생산	OQ_1	→	OQ_2	$+Q_1Q_2$ 증대
무역효과	수입량	Q_1Q_4	→	Q_2Q_3	$-(Q_1Q_2 + Q_3Q_4)$ 감소
국제수지효과	수입액	$i+j+k$	→	j	$-(i+k)$ 개선
재정수입효과			→	c	$+(c)$ 증대
소득재분배효과	소비자잉여	$a+b+c+d+e+f+g$	→	$e+f$	$-(a+b+c+d)$ 감소
	생산자잉여		→	$a+g$	$+(a)$ 증대
후생효과		$a+b+c+d+e+f+g$	→	$a+c+e+f+g$	$-(b+d)$ 감소

가격효과 일국이 국제시장가격 P에 단위당 $t\%$의 종가세를 부과하면 수입경쟁재의 국내가격이 관세부과분만큼 상승하여 $P(1+t)$, 즉 P_1으로 상승한다.[8]

소비효과·생산(보호)효과 이러한 가격효과로 인하여 가격이 P_1으로 상승하면 이 재화의 국내소비량이 OQ_4에서 OQ_3로 감소하는 소비효과, 국내생산량이 OQ_1에서 OQ_2로 증가되는 생산효과 내지 보호효과가 발생된다.

국제수지효과·재정수입효과 관세부과로 이 나라의 수입량이 Q_1Q_4에서 Q_2Q_3로 감소되는 무역효과가 나타나면 일국의 국제수지가 면적 $(i+k)$만큼 개선되는 국제수지효과가 발생된다. 또한 관세액(PP_2)에 수입량(Q_2Q_3)을 곱한 면적 c만큼의 재정수입효과도 발생된다.

소득재분배효과 관세는 국내소비자들에게 더 높은 가격으로 소비하게 하는 대신 국내생산자들에게는 더 높은 가격으로 판매하게 함으로써 소비자의 실질소득은 감소되고 생산자의 실질소득은 증가되는 소득재분배효과가 발생된다. [그림 4-1]에서는

---

8 이렇게 말할 수 있는 것은 이 나라가 소국(小國)이어서 주어진 가격 P에서 수입품을 무한히 구입할 수 있으며 이 나라의 수입량의 증감이 국제시장가격에 아무런 영향을 미칠 수 없다고 가정하였기 때문이다. 따라서 이 나라가 직면하는 세계시장의 수출수요곡선은 탄력성이 무한대가 되어 P를 지나는 수평선(s_f)이 되므로 관세의 교역조건개선효과는 발생되지 않는다.

관세부과로 소비자잉여가 면적 $(a+b+c+d)$만큼 감소하는데 이들 중 a는 생산자잉
여로 전환된다.

　　후생효과　관세부과는 단기적으로 일국 전체의 후생을 $(b+d)$만큼 감소시키는 후
생효과를 발생시킨다. 관세부과로 인하여 소비자잉여는 면적 $(a+b+c+d)$만큼 감소
되었는데, 이 중 면적 a는 생산자잉여로 전환되었고 면적 c는 정부의 재정수입으로
전환되었으므로 관세에 의한 소비자잉여의 순감소는 면적 $(b+d)$로 나타나기 때문이
다. 이러한 후생감소는 관세부과로 인한 일국의 순손실(net loss)로서[9] 관세부과로 인하
여 자원배분이 왜곡됨으로써 지불하여야 하는 사회적 비용, 즉 보호비용(cost of
protection)이다.

　　② 이상과 같은 관세의 경제적 효과의 크기는 ① 관세율, ② 공급 및 수요의 탄력
성에 따라 달라진다. 즉 「관세율」이 높으면 높을수록 모든 효과는 더 커지고, 「수요
및 공급의 가격탄력성」이 크면 클수록(국내 수요곡선 및 공급곡선의 기울기가 완만할수록) 모든
효과는 더 커진다. 다만 재정수입효과만은 관세부과 후 수입량의 변화 여하에 따라
달라진다.[10]

보충학습 4-3　**관세의 순후생효과 재론 (보충)**

　　관세가 일국의 후생에 미치는 효과는 생산과 소비의 2가지 측면에서 파악될 수 있
다. 우선 생산측면에서 관세는, 국내의 자원을 보다 효율적인 수출산업으로부터 비효
율적인 수입경쟁산업으로 이전시킴으로써 자원의 비효율적 배분을 가져오고 이로 인
한 생산자원의 낭비와 후생감소를 가져온다. 또한 소비측면에서 관세는 수입품의 소비
자가격을 상승시킴으로써 국내소비 감소와 이에 따른 후생감소를 초래한다.

　　[그림 4−1]을 통하여 설명하였듯이 관세부과로 의한 소비자잉여의 순감소는 면적
$(b+d)$으로 나타나는데 이들은 각기 다음과 같은 성격을 지닌다.

　　(1) 면적 b는 「보호의 생산비용」(production cost of protection) 내지는 「생산왜곡으로

9　킨들버거(C. P. Kindleberger)는 이를 생산자나 소비자에게 어떠한 형태로든 다시 재배분되지 않고 사장
　　되어 없어지는 관세의 사중손실(死重損失, deadweight loss)이라고 지칭하였다. C. P. Kindleberger,
　　International Economics (R. D. Irwin Inc., 1973) p.102.

10　이러한 재정수입은 관세 폭의 인상으로 어느 정도까지는 증가하지만 어느 수준을 넘어가면 오히려 감
　　소하게 되고 관세율이 더욱 인상되어 무역 전 국내가격 P_d 수준까지 인상되면 수입이 전혀 이루어지지
　　않아 재정수입이 0(零)이 된다. 이렇게 재정수입이 없어지게 되는 관세를 금지관세(prohibitive tariff)라
　　고 한다.

인한 손실」(production distortion loss)을 나타낸다. 이 나라가 Q_1Q_2만큼의 재화를 자국에서 생산하지 않고 수입한다면 그 비용이 면적 i일 것이나 관세부과 후 그것을 국내에서 생산함으로써 그 생산비용이 면적 $(i+b)$가 되었기 때문이다. 따라서 양자의 차이 b는 관세를 부과함으로써 더 효율적인 외국의 생산이 덜 효율적인 국내생산으로 대체됨으로써 발생되는, 즉 자원의 비효율적 배분 때문에 발생되는 생산의 사회적 비용이다.

(2) 면적 d는 수입품의 국내가격을 인위적으로 상승시킴으로써 야기되는 소비의 왜곡, 즉 소비자가 좀 더 비싼 값을 지불하고 소비함으로써 발생되는 「보호의 소비비용」(consumption cost of protection) 내지 「소비왜곡으로 인한 손실」(consumption distortion loss)을 나타낸다.

이같이 관세를 부과하면 자유무역을 하였을 때보다 일국의 후생이 저하된다. 그럼에도 불구하고 거의 모든 나라들이 자신의 수입품에 대한 관세를 부과하는 것은, 일정한 기간 동안 관세부과를 통하여 국내생산을 보호하고 그에 따라 국내산업이 경쟁력을 갖추어 더 저렴하고 품질 높은 제품을 국내소비자에게 공급하게 되면 그동안의 후생손실을 보상하게 된다고 전제하기 때문이다. 말하자면 단기적 · 정태적인 관점에서의 후생감소와 보호비용을 장기적 · 동태적인 관점에서의 산업발전이익을 통하여 보상받는다는 것이다.

이것이 관세부과의 정당성으로서 유치산업보호론 등과 같은 보호무역정책론이 주장하는 보호무역의 주요한 논거이다. 그러나, 유치산업의 선정기준과 관련하여 설명하였듯이, 관세를 통하여 보호받는 국내산업이 일정한 기간 동안의 보호 후에 충분한 경쟁력을 갖추지 못하거나 보호를 통하여 이룩된 산업발전의 경제적 이익이 보호기간 중 발생된 보호비용을 보상하지 못한다면 이러한 관세부과의 정당성은 훼손되게 될 것이다.

1.2 소국의 일반균형분석

소국(小國)에 대한 관세의 경제적 효과를 생산가능곡선과 사회무차별곡선을 이용한 일반균형분석방법으로 보여주고 있는 것이 [그림 4-2]이다. 이를 통하여서도 부분균형분석에서 마찬가지로 관세의 가격효과 · 생산 및 소비효과 · 무역효과 · 재정수입효과 · 후생효과 등을 확인할 수 있다. 다만 부분균형분석에서는 관세가 수입경쟁재(Y재)산업에 미치는 효과만을 보여주지만 일반균형분석에서는 수입경쟁재와 함께 수출재(X재)산업에 미치는 효과도 동시에 볼 수 있다.

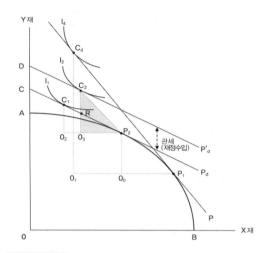

그림 4-2 관세효과의 일반균형분석 1 (소국의 경우)

표 4-5 관세의 경제적 효과 (소국, 일반균형분석)

구분	관세부과 전	→	부과 후	변화 내용	
가격효과	가격선 P	→	P_d	Y재 국내가격 상승	
생산·보호효과	생산점 P_1	→	P_2	Y재 국내생산 증대	무역삼각형
소비효과	소비점 C_4	→	C_2	Y재 소비 감소	$\triangle O_1 P_1 C_4$
무역효과	수입량 $O_1 C_4$	→	$O_3 C_2$	Y재 수입 감소	$\rightarrow \triangle O_3 P_2 C_2$
재정수입효과		→	CD	Y재로 표시한 CD만큼의 재정수입	
후생효과	무차별곡선 I_4	→	I_2	후생수준 저하	

여기서 AB는 생산가능곡선, I는 사회무차별곡선을 나타내며 P는 자유무역 하의 국제교역조건을 나타내고 있다. 따라서 이 나라는 자유무역 상태에서 생산점은 P_1이고 소비점은 C_4로서 $O_1 P_1$의 X재를 수출하고 $O_1 C_4$의 Y재를 수입하면서 후생수준이 I_4에 도달하고 있다. 이때 수입품(Y재)에 관세를 부과하면 다음과 같은 경제적 효과가 발생한다.

가격효과 자유무역 하에서 국내가격선은 국제교역조건과 동일한 P였으나, 관세를 부과하여 수입경쟁재인 Y재의 국내상대가격이 상승되면 국내가격선은 보다 기울기가 완만한 P_d로 변화된다.

생산효과·보호효과 관세부과 후 국내가격선이 P_d로 변화하면 국내생산자들은 이

러한 가격 하에서 이윤극대화를 추구하므로 생산점은 새로운 가격선(P_d)과 생산가능
곡선이 접하는 P_2점으로 이동되어 수입경쟁재(Y재)의 국내생산이 관세부과 전보다
O_0P_2만큼 증가된다.

　　소비효과　　관세를 부과하여 국내가격이 변화되면 소비자들은 새로이 변화된 가격
하에서 효용극대화를 추구하므로 새로운 가격선(P_d)과 무차별곡선이 만나는 점 C_1에
서 소비가 형성되어 Y재 소비점이 C_4에서 C_1으로 이동된다. 그러나 정부의 재정수입
전부를 민간으로 이전하는 경우 민간가처분소득이 증가하고 이에 따라 소비수준이 증
가하는 효과까지를 고려하면 새로운 소비점은 C_2에서 형성된다. (국내소비점이 C_2에서 형성
되는 이유에 대해서는 [보충학습 4-4] 참조)

　　무역효과　　무역삼각형이 $\triangle O_1P_1C_4$에서 관세부과 후 $\triangle O_3P_2C_2$로 축소되어 이 나라
는 O_3P_2만큼의 X재를 수출하고 O_3C_2만큼의 Y재를 수입함으로써 관세부과 전보다 교
역량이 감소되고 수입량이 감소된다.

　　재정수입효과·후생효과　　관세부과 후 이 나라는 CD만큼의 Y재로 표시한 재정수입
이 발생되었다. 이러한 재정수입을 민간으로 이전하였을 경우 관세부과 후 최종소비
점이 C_4에서 C_2로 변화함에 따라 관세부과국의 후생수준은 I_4에서 I_2로 저하되었다.
(새로운 소비점이 C_1에서 결정되지 않고 최종적으로 C_2에서 이루어지는 이유에 대해서는 [보충학습 4-4]
참조)

　보충학습 4-4　　**일반균형 하의 소비효과와 후생효과 (보충)**

　　① 소국의 일반균형분석을 보여주는 [그림 4-3]에서 새로운 소비점이 C_1에서 결정
되지 않고 최종적으로 왜 C_2에서 이루어지는가? 상술한 대로 관세부과 후의 소비점은
관세부과 후의 국내가격선 P_d와 무차별곡선 I_1이 접하는 C_1점에서 이루어지지만 정부
의 재정수입(관세) CD가 모두 민간으로 지출되어 증가된 민간가처분소득선이 P_d보다
CD만큼 높은 P_d'라고 가정하면 새로운 소비점은 C_2가 된다. 이때 이 나라의 관세(재정
수입)는 $C_2R(=CD)$이고 관세율은 C_2R/O_3R이 된다.

　　이러한 사실을 다른 측면에서 보면 관세부과 후 새로운 소비의 균형점은 다음과 같
은 조건들이 충족되는 점에서 결정된다.

　　(1) 소국을 가정한 만큼 관세부과 후에도 국제교역조건은 부과 이전과 동일하며 또
한 관세부과 후의 새로운 생산점이 P_2로 결정되었으므로 관세부과 후의 무역은 새로
운 생산점인 P_2를 기점으로 전개된다. 따라서 새로운 소비점은 생산점 P_2를 통과하면
서 국제교역조건선 P와 평행한 P'선상에서 이루어져야 한다.

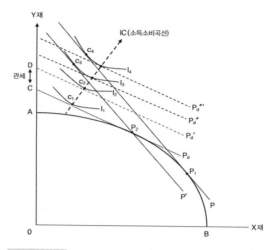

그림 4-3   관세효과의 일반균형분석 2 (소국의 경우)

(2) 새로운 소비는 소득의 변화가 소비자의 소비량에 미치는 효과를 표시하는 「소득소비곡선」(IC: income consumption curve), 즉 관세 후의 국내가격선과 사회무차별곡선이 접하여 국내가격비율과 소비의 한계대체율(MRS)이 일치하는 점들의 궤적인 IC곡선상에서 이루어져야 한다. 따라서 관세부과 후 새로운 소비균형점은 국제교역조건선 P', 소득소비곡선 IC, 국내가격선 P_d', 사회무차별곡선 I_2가 접하거나 교차하는 점 C_2에서 이루어지게 된다.

② 한편 관세부과 후 사회후생수준이 I_4에서 I_2로 감소되는 사회후생효과는 보호의 사회적 비용이라는 관점에서 다음과 같은 두 단계로 구분하여 고찰할 수 있다.

  보호의 생산비용   사회후생수준이 I_4에서 I_3로 감소된 것은 국내생산의 한계전환율(MRT: marginal rate of transformation)이 국제교역조건(P)과 일치하지 못함에서 발생된 비용, 즉 국내생산자가 국제교역조건 P가 아닌 관세부과 후의 국내가격 P_d에 따라 생산함으로써 자원이 효율적인 수출산업에서 비효율적인 수입경쟁산업으로 이전됨으로써 발생되는 생산의 왜곡 때문에 발생된 '보호의 생산비용'(production cost of protection)이다.

  보호의 소비비용   사회후생수준이 I_3에서 I_2로 감소된 것은 국내소비의 한계대체율(MRS: marginal rate of substitution)이 국제교역조건 P에 일치하지 않기 때문에 발생된 비용, 즉 국내소비자가 국제교역조건 P가 아닌 국내가격선 P_d에 따라 소비를 행함으로써 발생되는 소비왜곡에서 기인된 '보호의 소비비용'(consumption cost of protection)이다.

1.3 관세의 소득재분배효과

지금까지 관세의 경제적 효과를 설명하는 과정에서 관세부과가 일국 내 소득재분배효과를 발생함을 이미 설명하였다. 부분균형분석을 통하여 관세가 소비자잉여를 감소시키고 생산자잉여를 증가시킴으로써 소비자와 생산자 간의 소득재분배를 초래함을 설명하였고, 일반균형분석을 통하여 수입경쟁산업의 국내생산이 증가하고 수출재산업의 국내생산이 감소하여 양 산업 간에 소득재분배가 이루어지는 것을 언급하였다.

관세부과는 이와 같은 소비자와 생산자 또는 수입경쟁산업과 수출산업 간의 소득재분배효과 뿐만 아니라 국내 생산요소들 간의 소득재분배를 초래하게 되는데 이하에서는 이러한 「요소 간 소득재분배효과」에 대하여 논의한다.

(1) 스톨퍼-사무엘슨정리

앞서 제2장 2절 보호무역정책론의 논거로서 소득배분개선론과 관련하여 설명하였듯이 헥셔-오린이론을 응용하여 관세부과에 따른 요소 간 소득재분배효과를 규명한 이론이 「스톨퍼-사무엘슨정리」(Stolper-Samuelson's Theorem)이다. 스톨퍼-사무엘슨정리는 관세를 통한 보호무역은 그 나라의 희소한 생산요소의 상대가격을 상승시킴으로써 희소한 요소에 유리한 소득재분배효과를 창출한다는 것이다. 예컨대 상대적으로 자본이 풍부한 미국이 외국으로부터 수입되는 노동집약재에 대하여 관세를 부과하면 상대적으로 희소한 요소인 노동에게 유리한 소득분배가 이루어진다는 것이다.

이러한 내용을 그림으로 설명해주고 있는 것이 [그림 4-4]이다. 이 그림은 노동(L)보다 자본(K)이 상대적으로 풍부한 자본풍부국(B국)이 X재와 Y재를 생산함에 있어 노동과 자본의 요소배합점을 보여주는 박스다이어그램(box diagram)이다. 원점 O_X로부터 X재의 등량곡선을, 원점 O_Y로부터 Y재의 등량곡선을 나타내고 있다. 여기서 $O_X P_1$의 기울기가 $O_Y P_1$의 기울기보다 작으므로 X재는 노동집약재이고 Y재는 자본집약재로서 X재는 이 나라의 수입재이고 Y재는 수출재이다.

이 나라의 경우 자유무역 하의 최적요소배분점은 X_1의 X재와 Y_2의 Y재를 생산하는 P_1점이고 그때의 요소가격선은 α_1이다. 이때 수입재인 X재에 관세를 부과하면 X재생산이 증가되고 Y재생산이 감소되는 보호효과가 발생하여 요소배분점이 P_1에서 P_2로 이동된다. 따라서 관세부과 후에 이 나라는 X_2의 X재와 Y_1의 Y재를 생산하게 된다. 이렇게 요소배분점이 P_2로 이동되어 노동집약재인 X재생산이 증가되고 자본집약재인 Y재생산이 감소됨에 따라 노동에 대한 초과수요와 자본에 대한 초과공급이 발생되어 노동의 상대가격이 상승하고 자본의 상대가격이 하락한다. 이에 따라 요소가격선은 자유무역 하의 요소가격선 α_1으로부터 기울기가 더 커진 α_2로 변화되었다.

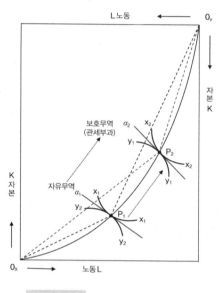

그림 4-4 스톨퍼-사무엘슨정리

이러한 요소가격 변화에 따라 X재·Y재 모두의 생산이 보다 자본집약적으로 변화되는데, 이는 $O_XP_1 \cdot O_YP_1$의 기울기보다 $O_XP_2 \cdot O_YP_2$의 기울기가 커진 것으로 나타나고 있다. 따라서 자본풍부국이 노동집약재인 수입재에 관세를 부과하면 관세부과 이전에 비하여 생산방법이 보다 자본집약적으로 변화되게 된다.

이렇게 관세부과 후 양 산업에서의 자본집약도(K/L)가 증가한 것은 단위노동에 대한 자본의 투입비율이 커졌음을 뜻하는데 1차 동차생산함수를 가정하는 한 한계수확체감법칙에 따라 자본비율이 커질수록 자본의 한계생산성은 감소하고 노동의 한계생산성은 커진다. 요소의 한계생산성은 그 요소의 실질가격을 나타내므로 이는 결국 자본소득이 감소하고 노동소득이 증가함을 뜻한다. 따라서 보호무역이 희소한 생산요소(노동)에게 유리한 소득재분배효과를 가져왔다.

(2) 스톨퍼-사무엘슨정리의 의의와 한계

이러한 스톨퍼-사무엘슨정리는 스톨퍼(W. F. Stolper)와 사무엘슨(P. A. Samuelson)이 발표한 '보호무역과 실질임금'이라는 논문을 통해, 미국근로자의 실질임금이 저임금국과의 자유무역에 의해 점진적으로 하락하였으며 이를 방지하기 위해서는 보호관세가 필요하다는 주장에 기초하고 있다.[11] 헥셔-오린정리를 기초로 전개된 이러한 정책적 결론은 앞에서 설명한 '소득분배개선론을 위한 보호무역정책론'의 이론적 논거가 되고 있다.

이와 같이 스톨퍼-사무엘슨정리는 무역정책이 소득배분에 미치는 효과에 대한 유용한 통찰력을 제공하고 있지만 이러한 이론이 현실적으로 타당성을 가지기 위해서는 다음과 같은 몇 가지의 전제가 성립되어야 한다.[12]

헥셔-오린정리의 충족   요소부존도의 차이에 따라 무역패턴이 결정된다는 헥셔-오린정리가 성립되어야 한다. 이는 스톨퍼-사무엘슨정리가 사실상 헥셔-오린정리의 직선적인 응용이기 때문이다. 따라서 헥셔-오린정리의 일반적 가정들이 그대로 충족되어야 하는데 이와 같은 점에서 스톨퍼-사무엘슨정리의 현실적 타당성 역시 크게 감소될 수 있다.

수입재의 국내가격 상승효과   관세부과가 수입재의 국내가격을 반드시 상승시켜야 한다. 메츨러(L. A. Metzler)는 관세부과가 수입재의 국내가격을 하락시킬 수 있음을 보여주고 있는데 이것이 [보충학습 4-6]에서 설명하는 '메츨러효과'이다. 따라서 스톨퍼-사무엘슨정리가 성립되기 위해서는 수입재에 대한 관세부과가 오히려 그 재화의 국내가격을 하락시키는 메츨러케이스와 같은 예외적인 경우가 아니어야 한다.

무역패턴의 불변   관세부과로 종전의 무역패턴이 변하지 않아야 한다. 이는 관세부과 전의 수입재는 관세부과 후에도 계속 수입재가 되어 관세부과를 전후한 요소역전이 발생되지 않는 비교적 단기상황을 전제하는 것이다.

산업 간 생산요소의 이동성   이상과 같은 스톨퍼-사무엘슨의 정리는 산업 간 생산요소의 이동이 자유로운 경우를 전제로 한다. 즉 수입재에 관세를 부과하면 수입경쟁재의 국내가격이 상승하여 생산요소가 수출산업에서 수입경쟁산업으로 이동하면서 수입경쟁재생산이 증가하고 수출재생산이 감소함을 전제로 한다. 그러나 관세부과에 따른 국내상대가격의 변동에도 불구하고 산업 간 생산요소의 이동이 자유롭지 못한 경우, 또는 어떤 부문에서만 사용되는 부문특정성을 가진 특수적 생산요소(specific factor)가 존

11 W. F. Stolper and P. A. Samuelson, "Protection and Real Wages," *Review of Economic Studies* (Nov. 1941).
12 이에 대해서는 J. N. Bhagwati, *Trade and Tariffs and Growth* (M.I.T Press, 1960) pp.195-213.

재하는 경우에는 스톨퍼－사무엘슨정리의 결론과 다른 소득재분배효과가 발생된다.[13]

2 대국(大國)의 경제적 효과

이제 소국의 가정을 버리고 관세부과국의 경제규모가 매우 크기 때문에 그 나라의 수출입량 증감이 국제시장가격에 변동을 가져오는 대국(大國)의 경우를 고찰하자. 대국이 관세를 부과하였을 경우의 경제적 효과 역시 소국의 경우와 유사하지만 다만 관세부과에 따른「교역조건개선효과」가 추가되고 이에 따라 관세의「경제적 후생효과」역시 달라지는 것이 차이점이다.

2.1 대국의 부분균형분석

[그림 4－5]는 대국의 관세효과를 부분균형분석으로 나타내고 있다. 왼쪽 그림은 관세부과국인 수입국(A국)의 상황을 나타내고 오른쪽 그림은 교역상대국인 수출국(B국)의 상황을 나타내고 있다. 이러한 경우 상대국의 수출공급곡선이 우상향의 기울기를 가진 형태로 나타나 있는데 이 곡선이 수평선으로 나타나는 소국의 경우([그림 5－1])와 다른 점이다.

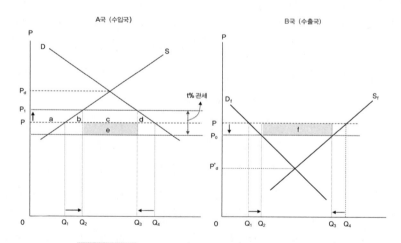

그림 4-5   관세효과의 부분균형분석 (대국의 경우)

---

13 부문특정성을 가진 생산요소가 존재하는 경우 동일한 생산요소를 소유한 그룹이라도 관세부과를 통한 무역정책에 대하여 서로 상반된 입장을 보이게 된다. 즉 수입재부문에 특수요소를 소유하는 그룹은 보호무역을 옹호하지만 수출재부문에 특수요소를 소유하는 그룹은 자유무역을 옹호하게 된다.

무역이 발생하기 전 A국의 국내균형가격은 P_d이고 B국의 그것은 P_d'여서 ($P_d >$ P_d') A국은 이 재화의 수입국이고 B국은 수출국이다. 자유무역이 이루어지면 양국의 수출입은 국제시장가격 P에서 이루어져 Q_1Q_4만큼을 A국이 수입하고 B국은 수출한다. 이때 수입국(A국)이 관세를 부과하면 다음과 같은 경제적 효과가 나타난다.

가격효과   대국의 경우에도 관세를 부과하면 수입재의 국내가격이 상승하는 가격효과가 나타난다. 그러나 관세부과액만큼 국내가격이 상승하는 소국의 경우와는 달리 관세부과액보다 낮게 상승한다. 왜냐하면 소국의 경우 국내가격은 원래의 수출가격 (P)에 관세율을 곱한 만큼($P \times t\%$) 상승하지만 대국의 경우 관세를 부과하면 수출국이 수입국의 관세부과로 자국의 수출이 감소되는 것을 방지하기 위하여 그들의 수출가격을 P에서 P_0로 인하시키기 때문에 이렇게 인하된 수출가격에 관세율을 곱한 만큼 ($P_0 \times t\%$) 상승하기 때문이다. 따라서 A국의 국내수입품가격은 P에서 P_1으로 상승하는데[14] 이때 P_1과 P_0의 차이가 관세이다.

소비·생산·무역·소득재분배효과   대국의 경우에도 관세부과에 따른 가격상승으로 인하여 국내소비가 감소하는 소비효과, 수입경쟁재의 생산이 증가하는 생산효과, 양국간 교역량이 축소되는 무역효과, 소비자잉여가 감소하고 생산자잉여가 증가하는 소득재분배효과 등이 소국의 경우와 동일하게 나타난다. 다만 대국의 경우 관세의 가격효과가 소국의 경우보다 축소됨에 따라 이러한 여러 가지 효과들 역시 그 효과의 크기가 작아질 뿐이다.

교역조건개선효과   이와 같이 대국이 관세를 부과하면 상대국이 수출가격을 P에서 P_0로 인하함으로써 수입국은 그만큼 그 재화를 싸게 구입할 수 있으므로 관세부과국의 교역조건이 개선되는 교역조건개선효과가 발생된다.

재정수입효과   대국인 관세부과국의 재정수입효과는 수입량(Q_2Q_3)에 관세액(P_0P_1)을 곱한 면적 $(c+e)$으로 나타난다. 이때 유의할 점은 왼쪽 그림의 면적 e는 오른쪽 그림의 면적 f와 동일하여 관세부과국의 관세수입 중 일부를 상대방국가가 부담하게 된다는 점이다. 소국의 경우 관세부과만큼 수입품의 국내가격이 인상되어 관세부담이 국내소비자에게만 전가(전전, 前轉)되는 반면, 대국의 경우에는 교역조건 개선효과로 인하여 관세가 수입국의 국내가격 상승과 상대국의 수출가격인하로 분산됨으로써 관세부담의 일부가 상대국의 생산자에게도 전가(후전, 後轉)되는 결과를

---

14 이때 관세부과로 인한 A국의 가격인상폭과 B국의 가격인하폭은 결국 양국의 수요·공급곡선의 탄력성에 따라 결정된다. 즉 자국의 수요·공급곡선의 탄력성이 클수록 그 변화 정도는 커진다.

가져온다.[15]

　　후생효과　　대국의 경우 교역조건개선효과로 인하여 후생효과 역시 소국의 경우와 달라진다. 관세에 의하여 국내가격이 인상됨으로써 발생하는 후생감소가 면적 $(b+d)$ 만큼 발생하지만 교역조건개선으로 인한 후생증가가 면적 e 만큼 발생하기 때문이다. 이때 면적 e 는 관세부과로 인한 수입가격의 하락 폭(PP_0)에 수입량을 곱한 것이므로 '교역조건개선에 따른 이득'(terms of trade gain)이라고 할 수 있다. 따라서 대국의 경우 관세부과로 인한 순후생효과는 면적 $(b+d)$와 면적 e 의 크기 여하에 따라 결정된다.[16]

　　이때 이러한 면적 e 의 크기는 결국 관세부과국(A국)이 외국(B국)의 수출가격을 인하시킬 수 있는 능력에 따라 달라진다. 소국의 경우처럼 그 국가가 국제가격에 영향을 미치지 못하면 면적 e 는 발생하지 않을 것이고 영향력이 큰 대국의 경우에는 그 영향력에 따라 면적 e 의 크기가 커질 것이다.

2.2 대국의 일반균형분석

　　① 대국(大國)이 관세를 부과하였을 경우의 경제적 효과를 오퍼곡선(offer curve)을 이용한 일반균형분석방법으로 보여주는 것이 [그림 4−6]이다.[17] 오퍼곡선을 활용하여 설명하는 만큼 관세부과가 수입국(A국)과 수출국(B국), X재산업과 Y재산업에 미치는 경제적 효과를 동시에 보여준다.

　　여기서 OA와 OB는 각각 자유무역 하에서의 A국과 B국의 오퍼곡선으로서 자유무역 하의 무역균형점은 두 곡선이 만나는 E점이다. 이때 X재를 수출하고 Y재를 수입하는 A국이 수입재인 Y재에 관세를 부과하면 A국의 오퍼곡선은 왼쪽으로 상방이동해서 OA_1이 된다.[18](왼쪽으로 상방이동하는 이유에 대해서는 [보충학습 4−5]에서 설명한다) 따라서

---

15 이러한 후전(後轉)이 촉진되는 정도는 ① 수출국이 그 상품의 공급을 어느 정도 지배하고 있는가, ② 수입국이 그 상품의 수요를 어느 정도 차지하고 있는가, ③ 그 재화가 어느 정도 국내에서 대체생산되고 있는가 라는 재화의 독점성 또는 경쟁성의 정도와 ① 수입국 수요의 가격탄력성이 어떠한가, ② 수출국 공급의 가격탄력성이 어떠한가 라는 탄력성의 정도에 의해 결정된다.

16 결국 $e > |b+d|$ 경우 후생증대효과가 나타나는 반면 $e < |b+d|$ 의 경우는 후생감소효과가 나타난다.

17 생산가능곡선과 사회무차별곡선을 통한 일반균형분석에서는 교역조건의 변화를 명확히 알 수 없기 때문에 오퍼곡선의 분석을 통하여 교역조건개선효과를 명확히 할 수 있다.

18 반면 B국이 자신의 수입재인 X재에 관세를 부과하면 B국의 오퍼곡선이 오른쪽으로 하방이동된다. 관세부과로 인하여 이렇게 오퍼곡선이 이동하는 이유는 [보충학습 4−5]에서 설명하고 있다.

새로운 균형점은 A국의 새로운 오퍼곡선 OA_1과 B국의 오퍼곡선 OB가 만나는 E_1점으로 이동되면서 다음과 같은 경제적 효과가 발생된다.

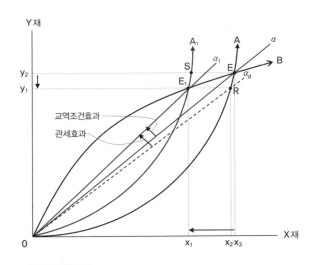

그림 4-6　관세의 교역조건·교역량·국내가격효과

　　교역조건개선효과　　A국이 수입재에 관세를 부과함으로써 오퍼곡선이 OA_1으로 상방이동하여 새로운 무역균형점이 E_1이 되면 새로운 국제교역조건은 원점 O와 E_1점을 잇는 직선 α_1이 된다. 이렇게 관세부과로 인하여 종래의 교역조건 α가 α_1으로 변동된 것은 A국의 국제교역조건이 개선되었음을 말한다. 이렇게 A국의 교역조건이 관세부과로 인하여 개선되었지만 교역상대국인 B국의 교역조건은 이로 인해 오히려 악화되었다. 결국 관세부과로 인한 일국의 교역조건 개선은 상대국의 교역조건 악화라는 희생 위에서 달성되는 것이다.[19]

　　교역량 감소효과　　이와 같이 관세부과로 인해 A국의 교역조건은 개선되었으나 교역량은 관세부과 전보다 오히려 감소되는 교역량감소효과가 있다. [그림 4-6]에서 A국의 수출량이 관세부과 전 X_3에서 X_1으로 감소하고 수입량은 Y_2에서 Y_1으로 감소하였다.

　　후생효과　　따라서 관세부과에 의한 대국의 후생효과는, 앞에서 설명한 소국의 후생효과와는 달리, 교역조건개선에 따르는 플러스(+)효과와 교역량감소에 따르는 마이

---

[19] 따라서 일국의 관세부과에 대하여 상대국이 보복관세(retaliatory duties)를 부과하는 경우 이러한 교역조건개선효과는 감소되거나 상쇄될 수 있음은 후술하는 바와 같다.

너스(−)효과가 동시에 발생하므로 최종적인 후생효과는 양자의 크기에 따라 결정된다. 관세부과에도 불구하고 교역조건개선효과가 나타나지 않는 소국의 경우에는 관세부과로 후생감소효과만 나타나지만, 교역조건개선효과가 발생하는 대국의 경우에는 교역조건개선에 따른 +효과가 교역량감소에 따른 −효과를 보충하고도 남음이 있는 경우 후생수준 향상이 이루어지고 그렇지 못한 경우에는 교역조건개선에도 불구하고 후생수준의 향상은 이루어지지 않게 된다.

　　수입경쟁재의 국내가격효과　　한편 관세를 부과할 경우 수입재의 국내가격이 어떻게 변화할 것인가가 매우 중요한데 [그림 4−6]에서 관세부과 후 수입경쟁재의 국내상대가격은 α_d가 된다. 왜냐하면 관세부과 후 E_1점에서 교역이 이루어져 X재 X_1을 수출하고 Y재 Y_1을 수입하였지만 Y_1만큼의 Y재를 수입할 때 수입업자는 $X_1X_2(=E_1R)$만큼의 X재를 관세로 부담하여야 하기 때문에 결국 Y재 Y_1은 X_2만큼의 X재와 교환되기 때문이다. 따라서 관세부과 전 상대가격선 α가 α_d로 변동되어 수입경쟁재인 Y재의 국내가격이 상승하였다. 이렇게 관세를 부과하기 전에는 국제교역조건과 국내상대가격이 일치하지만 관세를 부과하면 양자의 괴리가 발생하여 수입품 Y재의 국내상대가격이 상승하는 효과를 나타낸다.[20]

　　교역조건효과와 관세효과　　이상과 같이 관세의 부과는 한편으로는 수입재(Y재)의 국제가격을 하락시킴으로써 관세부과국의 교역조건이 개선되는 교역조건개선효과를 발생시키는 동시에, 이러한 국제가격의 하락에도 불구하고 관세부과 후 국내상대가격은 관세부과 전보다 상승하는 관세효과를 발생시킨다. 외국의 오퍼곡선이 탄력적인 형태를 띠는 일반적인 경우 [그림 4−6]이 보여주고 있듯이 관세효과가 교역조건개선효과보다 더 크게 나타난다.

　　② 이상과 같은 분석을 통하여 우리는 상대국의 오퍼곡선이 탄력적인 형태를 갖는 일반적인 경우 대국이 관세를 부과하면 ① 교역조건은 개선되는 (교역조건개선효과) 대신, ② 교역량은 감소하고 (교역량감소효과) ③ 수입경쟁재의 국내가격은 상승하는 (수입경쟁재의 가격상승효과) 경제적 효과가 발생되는 것을 알 수 있다.

---

20 수입재인 Y재에 관세를 부과하면 수입경쟁재의 국내가격이 상승하지 않고 오히려 하락하는 예외적인 경우가 있을 수 있는데 이를 '메츨러효과'라고 하는데 여기에 대해서는 [보충학습 5−6]에서 설명한다.

보충학습 4-5 오퍼곡선의 개념과 관세에 의한 오퍼곡선의 이동

1. 오퍼곡선의 개념

오퍼곡선(offer curve)이란 '어떤 일국이 일정량의 수입품을 얻기 위하여 제공하려는 (be willing to offer) 수출품 양의 궤적을 나타낸 곡선' 또는 '각각의 교역조건의 변동에 대응하는 각국의 수출입량의 변화를 나타내 주는 곡선'이다. 일찍이 마샬(A. Marshall) 과 에지워스(F. Y. Edgeworth)는 밀(J. S. Mill)의 상호수요이론을 도식화하여 이러한 오 퍼곡선을 유도하였고 그 후 이는 미이드(J. E. Meade) 등에 의하여 보다 정치화하게 되 었다. 이러한 오퍼곡선은 그 성격상 다음과 같은 의미를 지니고 있다.

(1) 어떤 주어진 임의의 교역조건 하에서 일국이 무역하고자 하는 두 재화의 여러 가지 조합의 궤적이라는 의미에서 이는 일국의 「무역지향곡선」(trade oriented curve)이다.

(2) 일정한 교역조건 하에서 수출품으로 표시한 수입품의 수요를 나타낸다는 의미에 서 이는 국제무역의 「상호수요곡선」(reciprocal demand curve)이다.

(3) 일정한 교역조건 하에서 일정한 양의 수입품을 얻기 위하여 제공하려는 수출품 의 총공급량을 나타낸다는 의미에서 국제무역의 「총공급곡선」(total supply curve)이다.

이렇게 오퍼곡선은 국제무역에 있어서의 수요곡선인 동시에 공급곡선이 된다. 물론 통상의 수요·공급곡선이 단위당 화폐로서 표시된 절대가격과 수요량 및 공급량과의 관계를 나타내주는 것과는 달리 오퍼곡선은 화폐총량에 대한(단위당 가격이 아닌) 수요 및 공급곡선이 되는 것이다. 오퍼곡선은 이렇게 무역을 물물교환으로 파악하고 있어 교역조건을 타상품의 수량으로써 밖에 파악할 수 없다는 결점을 지니고 있고 그 가격 역시 원점으로부터의 방사선형태를 취하는 상대가격으로 표시되어 있다.

그럼에도 불구하고 이러한 오퍼곡선은 국제무역의 공급 측면과 수요 측면을 동시에 고찰함으로써 국제무역에 있어 교역국 간의 상대적 교환비율인 교역조건(terms of trade)의 결정이나 양국 간의 무역균형(trade equilibrium)을 해명하는 데 있어 유용한 분 석도구로 사용된다. 이러한 내용을 [그림 4-7]이 보여주고 있다. 이 그림에서와 같이 양국의 오퍼곡선 *OA*와 *OB*를 동일한 평면 위에 놓으면 양 곡선은 어느 점(*E*점)에서 교차하게 된다. 재화의 국제시장가격(국제교역조건) 역시 국내시장에서의 가격결정과 마 찬가지로 수요와 공급이 일치하는 점, 즉 그 재화에 대한 초과수요와 초과공급이 0이 되는 점에서 결정되므로 이 점이 무역의 균형점이다.

그리고 원점 *O*로부터 이 균형점(*E*점)에 이르는 직선 α가 균형교역조건선이 된다. 왜냐하면 이러한 교역조건선을 벗어나면 초과수요나 초과공급이 발생되어 다시 이러 한 교역조건으로 복귀되기 때문이다. 예컨대 X재의 가격이 하락하여 교역조건이 α_1으 로 변동될 경우 A국이 수출하고자 하는 X재는 X_2이나 B국이 수입하고자 하는 X재는

X_4가 되어 X_2X_4만큼의 초과수요가 발생되므로 X재의 상대가격이 상승하게 되어 다시 α로 복귀하게 된다. 반대로 X재의 상대가격이 등귀하여 교역조건이 α_2로 변동되면 X_1X_3만큼의 초과공급이 발생하게 되어 X재의 상대가격이 하락하여 교역조건은 α로 다시 복귀하게 된다. 이러한 설명은 Y재의 관점에서도 동일하다.

때문에 균형교역점은 양국의 수요와 공급이 일치되어 초과수요와 초과공급이 존재하지 않는 점, 즉 양국의 오퍼곡선이 교차하는 E점에서 결정되며 이때 원점 O로부터 이 균형점을 잇는 가격선 α가 균형교역조건선이 되는 것이다.

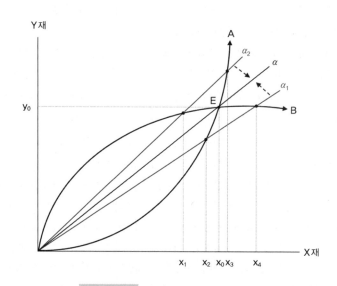

그림 4-7　오퍼곡선과 균형교역조건

2. 관세에 의한 오퍼곡선의 이동

오퍼곡선의 이러한 특성 때문에 관세를 부과하였을 경우 교역조건과 무역량에 어떠한 변화가 나타나는가를 설명하는데 이 분석도구가 활용된다. 수입국이 수입재에 대하여 관세를 부과하면 그 나라의 오퍼곡선이 이동된다. [그림 4-8]은 X재를 수출하고 Y재를 수입하는 A국의 오퍼곡선이 관세부과에 의하여 왼쪽으로 상방이동하는 경우를 왼쪽 그림 [a]가 보여주고 있다.

이렇게 A국의 오퍼곡선이 왼쪽으로 이동하는 이유는 A국이 수입재인 Y재에 관세를 부과하면 각 교역조건 하에서 동일한 Y재수입에 대하여 종전보다 적은 양의 X재를 수출(오퍼)하려고 하기 때문이다. 동일한 Y재의 수입에 대하여 관세를 부과한 만큼의 X재를 자국 정부에 관세로 지불하여야 하기 때문이다. 말하자면 관세부과 후에도 OA곡선 상태의 교환을 달성하기 위해서는 관세만큼의 X재를 덜 수출해야 하기 때문이다.

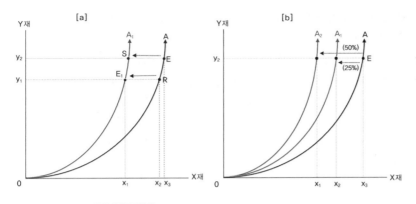

그림 4-8 관세부과에 의한 오퍼곡선의 이동

왼쪽 그림 [a]에서 A국의 수입업자들은 관세부과 전 Y재를 Y_2만큼 수입하기 위하여 X_3만큼의 X재를 수출(오퍼)하였다. 그러나 관세를 부과하면 이제 A국의 수입업자들은 Y_2만큼의 Y재수입에 대하여 Y_2S만큼의 X재를 수출(오퍼)하려고 한다. 왜냐하면 Y_2만큼의 Y재를 수입하기 위하여 SE만큼의 X재를 관세로 지불하여야 하기 때문이다. 따라서 이때의 관세율은 관세(SE)를 수입량(Y_2S)로 나눈 SE/Y_2S로 나타난다.

동일한 논리로 A국의 수입업자들은 Y_1만큼의 Y재수입에 대하여 Y_1E_1만큼의 X재를 수출(오퍼)하려고 하는데 이것은 Y_1만큼의 Y재를 수입하기 위하여 E_1R만큼의 X재를 관세로 지불하여야 하기 때문이다. 이때의 관세율은 E_1R/Y_1E_1이 되는데 이러한 관세율은 당연히 SE/Y_2S와 동일하다. 이상과 같은 설명은 OA곡선상의 모든 점에서 똑같이 적용되므로 결국 오퍼곡선 OA는 관세부과 후 OA_1과 같이 왼쪽(안쪽)으로 상방이동된다.

말하자면 관세는 모든 주어진 교역조건 하에서 그 국가의 무역을 축소시키므로 왼쪽(안쪽)으로 이동되는 것이다. 이러한 이동은 필연적으로 교역량의 축소를 가져오는 동시에 교역조건은 개선시키는 효과를 초래한다. 따라서 관세부과의 후생효과는 교역량 축소에 따른 −효과와 교역조건개선에 따른 +효과를 동시에 발생한다.

이상과 같은 설명은 A국이 관세를 수출재인 X재로 지불하는 경우를 설명하였지만 동일한 설명은 수입재인 Y재로 관세를 지불하는 경우에도 그대로 적용된다. 이 경우 어느쪽으로 관세를 지불하느냐에 따라 오퍼곡선의 이동 정도에 차이는 발생할 수 있지만 오퍼곡선이 왼쪽으로 상방이동하는 데에는 차이가 없다.[21] 한편 [그림 4−8]에서는 보여주고 있지는 않지만 Y재를 수출하고 X재를 수입하는 B국의 경우 수입재인 X재에 관세를

---

21 관세를 수입재로 지불할 때보다 수출재로 지불할 때 오퍼곡선의 이동 정도가 더 커지지만 이동의 형태는 동일하다. 이와 관련하여서는 L. A. Metzler, "Tariffs, The Terms of Trade and Distribution of National Income," *Journal of Political Economy*, vol. 58 (Feb. 1949) pp.1−29 참조.

부과하면 B국의 오퍼곡선은 A국의 오퍼곡선과는 반대로 오른쪽(바깥쪽)으로 하방이동하는 것은 당연하다.

한편 관세를 부과할 때 오퍼곡선이 이동되는 정도는 관세율의 차이에 따라 달라지는데 그러한 경우를 오른쪽 그림 [b]가 보여준다. 최초의 오퍼곡선 OA 에서 관세가 25% 부과되는 경우 오퍼곡선은 OA_1(관세율 X_2X_3/OX_2)이 되고, 관세가 50% 부과되는 경우 오퍼곡선은 OA_2(관세율 X_1X_3/OX_1)가 된다. 따라서 일국의 오퍼곡선이 이동되는 정도는 오른쪽 그림 [b]가 보여 주듯이 부과되는 관세율이 높아질수록 오퍼곡선이 이동되는 정도가 커진다.

2.3 교역조건효과의 결정요인과 함의

(1) 교역조건효과의 결정요인

이상과 같은 대국의 교역조건개선효과는 어떠한 조건 하에서 나타나며 그 크기를 결정하는 요인들은 무엇인가? 관세의 교역조건개선효과는 일반적으로 ① 관세율이 높을수록, ② 보복관세와 같은 상대국의 보복이 없을수록, ③ 교역상대국 오퍼곡선의 탄력성이 작을수록 커진다.

관세율 크기   우선 관세의 교역조건효과는 관세부과율이 높을수록 높아진다. 관세율이 높을수록 자국의 오퍼곡선이 이동되는 정도가 커지므로 이에 따른 교역조건개선이 더 크게 일어나기 때문이다. 이러한 경우를 [그림 4–9]의 왼쪽 그림 [a]가 보여주고 있는데 상대국의 오퍼곡선(OB)이 불변인 경우 A국의 오퍼곡선이 관세율에 따라 $OA \rightarrow OA_1 \rightarrow OA_2$로 더 크게 상방이동 할수록 새로운 교역조건은 $\alpha \rightarrow \alpha_1 \rightarrow \alpha_2$로 더 크게 개선되고 있음을 보여주고 있다.

상대국의 보복 여부   이러한 관세의 교역조건개선효과는 자국의 관세부과에 대응한 상대국의 보복이 없어야 가능해진다. 자국의 관세부과에 대응하여 상대국이 보복관세(retaliatory duties)를 부과하는 경우 당초의 교역조건개선효과는 감소되거나 상쇄되게 된다. 오른쪽 그림 [b]는 수입국의 관세부과에 대한 상대국의 보복(retaliation)과 자국의 역보복(counter retaliation)이 계속되는 경우 결국 교역조건개선효과는 나타나지 않고($\alpha \rightarrow \alpha_1 \rightarrow \alpha_2 \rightarrow \alpha$) 교역량의 축소만을 초래하게 되는($X_2 \rightarrow X_1$, $Y_2 \rightarrow Y_1$) 경우를 보여주고 있다.

상대국 오퍼곡선의 형태 (탄력성)   관세부과로 인한 교역조건개선효과는 교역상대국 오퍼곡선의 탄력성에 따라 달라진다.

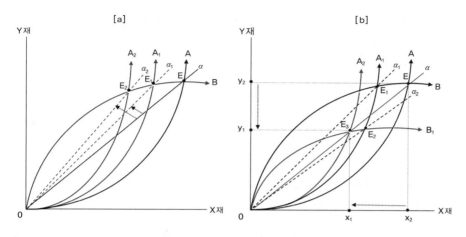

그림 4-9 교역조건 개선효과와 보복관세

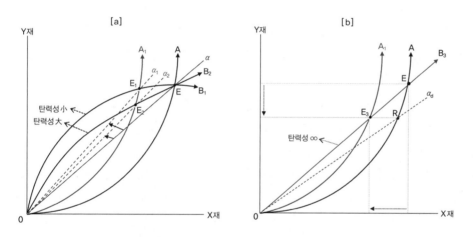

그림 4-10 상대국 오퍼곡선의 탄력성과 교역조건 개선효과

(1) [그림 4-10]의 [a]에서 보는 바와 같이, A국의 오퍼곡선 OA가 관세부과에 따라 OA_1으로 이동되었을 때 상대국 오퍼곡선이 OB_1과 같이 탄력성이 작을 경우 교역조건개선효과가 크지만($\alpha \to \alpha_1$) 상대국의 오퍼곡선이 OB_2와 같이 탄력성이 클수록 (완만한 곡선형태를 가질수록) 교역조건개선효과는 작아진다. ($\alpha \to \alpha_2$)

(2) 더 극단적으로 상대국 오퍼곡선의 탄력성이 무한대로서 원점을 지나는 직선(OB_3)이 되는 경우는 오른쪽 그림 [b]에서와 같이 A국이 관세를 부과하여 오퍼곡선이 OA에서 OA_1으로 이동하더라도 교역조건은 변동되지 않고 균형교역량과 국내가격만 변동되

는 교환이 이루어진다.[22] 이것은 관세부과국의 무역량이 세계전체에서 차지하는 비중이 매우 작아 국제가격(국제교역조건)에 영향을 미칠 수 없는 소국이라는 것을 의미한다.

(2) 오퍼곡선탄력성의 정책적 함의

이와 같이, 관세부과로 인한 교역조건개선효과는 상대국 오퍼곡선의 탄력성이 클수록(상대국의 오퍼곡선 형태가 완만한 곡선형태일수록) 작아지는데, 더 극단적으로 상대국 오퍼곡선의 탄력성이 무한대에 가까워지면(상대국 오퍼곡선이 직선형태이면) 교역조건개선효과는 나타나지 않는다. 이처럼 관세부과로 인한 교역조건의 개선효과는 상대국 오퍼곡선의 형태, 즉 탄력성에 따라 달라진다.

그런데 오퍼곡선이 탄력적이라는 것은 외국상품에 대한 수입수요의 (가격)탄력성이나 국내공급의 (가격)탄력성이 크다는 것을 의미한다. 즉 교역상대국이 관세를 부과하여 자국 수출품의 가격을 상대적으로 비싸게 만드는 경우, 외국상품에 대한 수입수요 탄력성이 크다면 수입재를 수출재로 대체하여 소비하는 것이 더 쉽게 이루어질 수 있다는 것이고, 국내공급탄력성이 크다면 생산요소를 수출산업부문으로부터 수입산업부문으로 더 쉽게 전환할 수 있다는 것을 말한다.

말하자면 오퍼곡선이 탄력적이라는 것은 상대국의 관세부과에 대하여 생산면에서나 소비면에서 보다 쉽게 탄력적으로 적응할 수 있다는 것을 말한다. 따라서 교역상대국의 탄력적 적응능력이 낮을 경우(오퍼곡선이 비탄력적일 경우) 관세로 인한 수입국의 교역조건개선효과는 커지지만 교역상대국의 탄력적 적응능력이 높은 경우(오퍼곡선이 탄력적일 경우) 수입국이 관세를 부과하더라도 교역조건개선효과는 크게 기대할 수 없게 된다.

이것을 역으로 응용하여 보면, 교역상대국이 우리의 수출제에 대해 관세를 부과하여 자국의 교역조건을 개선하려고 할 때 우리 경제의 적응능력이 높다면(우리의 오퍼곡선이 탄력적이라면) 상대국의 관세부과로 인해 우리나라 교역조건이 악화되는 피해가 작아질 수 있지만, 우리 경제의 적응능력이 낮을 때는(우리의 오퍼곡선이 탄력적이 못하다면) 우리나라 교역조건이 악화되는 피해가 클 수 있음을 말해준다.

---

22 이러한 경우는 관세부과국이 소국(小國)이어서 관세부과로 인한 수입량의 축소가 Y재의 국제가격에 영향을 미치지 못한다는 것을 뜻한다. 이러한 경우 관세부과국은 관세를 통하여 교역조건개선효과를 누릴 수 없다. 그럼에도 불구하고 관세부과로 인한 수입재의 국내가격이 상승하는 가격효과는 발생된다. 즉 오른쪽 그림 [b]에서 Y재의 국내가격은 수입업자가 부담해야 할 관세(E_3R)의 크기만큼 상승하게 되어 결국 직선 OR의 기울기가 관세부과 후 국내상대가격선(α_d)이 된다.

보충학습 4-6   **관세의 메츨러효과**

지금까지 살펴본 바와 같이 수입재에 대한 관세부과는 수입재의 국내가격을 상승시키는 가격효과를 가지므로 이러한 가격효과를 바탕으로 여러 가지 관세의 경제적 효과가 발생된다. 그러나 대국의 경우 관세부과로 인해 수입재의 국내가격이 오히려 하락하게 되는 특수한 경우가 있다.[23] 메츨러(L. A. Metzler)는 관세부과로 인하여 수입품의 국내가격이 자유무역을 하였을 경우보다 오히려 하락할 가능성을 제시하였는데 이러한 경우를 우리는 「메츨러효과」(Metzler's effect) 또는 「메츨러의 역설」(Metzler's paradox)이라고 한다.[24]

⑴ 그러면 어떠한 경우에 이러한 메츨러효과가 나타나는가? 그것은 상대국의 오퍼곡선이 매우 비탄력적이어서 관세부과로 인하여 교역조건이 크게 개선되는 경우, 즉 관세의 교역조건개선효과(상대수출국의 수출가격이 하락하는 효과)가 관세효과(관세부과로 국내가격이 상승하는 효과)를 능가하는 특수한 경우이다. 이러한 메츨러효과를 나타내주고 있는 것이 [그림 4-11]인데, 이들 중 왼쪽 그림 [a]는 관세부과에 의한 일반적 경우를 나타내는 [그림 4-6]을 그대로 가져온 것이고 오른쪽 그림 [b]가 관세부과에 의한 메츨러효과가 나타나는 경우를 보여주는 그림이다.

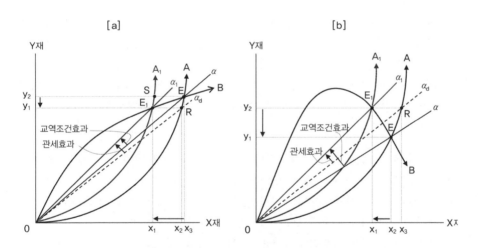

그림 4-11 관세부과에 의한 메츨러효과

---

23 L. A Metzler, "Tariff, the Terms of Trade and the Distribution of National Income," *Journal of Political Economy*, vol.57 (Feb. 1949).

24 이러한 명칭은 H. G. Johnson, *Aspects of the Theory of Tariffs* (Allen & Unwin, 1971)의 Ch.1에서 Metzler Case(메츨러 케이스)라고 처음 명명되었다.

오른쪽 그림 [b]의 경우 A국의 오퍼곡선이 OA이고 B국의 오퍼곡선이 OB인데 OB는 OA에 비하여 아주 비탄력적인 영역(E_1E부분)을 가지고 있다. 두 곡선이 교차하는 점 E가 자유무역의 균형점이 되어 국제교역조건 α에서 A국은 X_2의 X재를 수출하고 Y_1의 Y재를 수입한다. 이때 A국에서 수입재인 Y재에 대하여 관세를 부과하면 다음과 같은 효과가 나타난다.

(1) 관세부과에 의해 오퍼곡선이 OA_1로 이동된다. 이에 따라 새로운 무역균형점은 E_1이 되어 국제교역조건 α_1에서 A국은 X_1의 X재를 수출하고 Y_2의 Y재를 수입한다. 이때 α_1의 기울기가 α의 기울기보다 크므로 관세부과로 A국의 교역조건이 개선되었다.

(2) 관세부과 이전에 A국의 수입업자는 Y_2의 Y재를 수입하기 위하여 X_3의 X재를 지불하였으나 관세부과 이후에는 X_1의 X재를 지불하고자 한다. 왜냐하면 Y_2의 Y재를 수입하면서 $X_1X_3(=E_1R)$만큼의 X재를 관세로 지불하여야 하기 때문이다. 따라서 OE_1의 기울기 α_1이 국제교역조건이고 OR의 기울기 α_d는 관세부과 후의 국내가격선을 나타낸다.

(3) 여기서 관세부과 후 국내가격선 α_d의 기울기가 자유무역 하의 가격선 α의 기울기보다 크므로 Y재의 국내상대가격이 관세부과로 인해 오히려 하락하였음을 알 수 있다. 이러한 결과는 왼쪽 그림 [a]의 경우와는 달리, 교역조건개선효과(α와 α_1의 기울기 차이)가 관세로 인한 수입재의 국내상대가격의 상승효과인 관세효과(α와 α_d의 기울기 차이)보다 더 크기 때문에 발생된 것이다.

이와 같이 관세를 부과하면 수입품의 국내가격이 오히려 하락하는 경우 자원이 수입경쟁산업에서 수출산업으로 이전되게 되어 관세부과로 인한 보호효과가 없어지게 된다. 또한 이에 따라 수출산업에 집약적으로 투입되는 풍부요소의 실질소득은 증가하고 수입경쟁산업에 집약적으로 투입되는 희소요소의 실질소득은 감소되는 소득재분배가 이루어진다. 결국 이는 스톨퍼-사무엘슨정리가 제시하는 소득재분배의 패턴과 상치되는 결과가 된다.

② 이와 같이 메츨러효과는 상대국의 오퍼곡선이 비탄력적이어서 관세부과로 인한 교역조건효과가 관세효과를 능가하는 특수한 경우에 예외적으로 발생된다. 그러나 이러한 메츨러효과가 시사하는 바는, 무분별한 관세정책의 남용이 바람직하지 않은 결과를 가져올 수 있다는 다음과 같은 「정책적 함의」를 제공해 준다.

보호효과 문제 수입국정부가 관세를 부과하는 것은 그 제품의 국내가격을 상승시켜 (관세의 가격효과를 통하여) 국내수입경쟁산업을 보호하는 보호효과를 얻고자 함인데, 만약 이러한 메츨러효과가 발생하는 경우 국내가격이 자유무역의 경우보다 오히려 하락함으로써 국내수입경쟁산업의 보호가 어려워진다. 따라서 메츨러효과는 관세를 부과하더라도 수입경쟁산업에 대한 보호효과가 반드시 나타난다는 보장이 없다는 이론적 함의를 제시해 준다.

소득재분배효과 문제   메츨러효과는 관세의 소득재분배효과를 설명하는 스톨퍼−사무엘슨정리의 타탕성을 제한하는 의미를 가진다. 스톨퍼−사무엘슨정리는 관세부과가 수입재의 국내가격을 상승시킴으로써 희소요소에 유리한 소득재배분이 이루어지는 것을 이론화하고 있으나, 메츨러효과는 관세부과가 수입재의 국내가격을 오히려 하락시킴으로써 희소 생산요소에 불리한 소득재배분이 이루어진다는 정반대의 결론을 제시하기 때문이다. 따라서 자본풍부국인 미국이 노동자의 실질임금을 보장해 주기 위하여 보호무역을 행해야 한다는 주장 역시 일정한 한계가 있을 수 있다는 정책적 함의를 제시해 준다.

3절 최적관세와 실효보호율

1 최적관세

1.1 최적관세의 개념과 의의

(1) 최적관세의 개념

일반적으로 관세부과는 국내산업보호라는 목표를 위하여 후생수준이 저하되는 것을 용인하는 정책수단이다. 그러나 일정한 경제규모를 가진 대국(大國)이 당해 상품에 대한 시장지배력을 가지는 경우 관세부과를 통하여 자국의 교역조건(terms of trade)을 개선시킴으로써 그 나라의 후생이 오히려 증대될 수 있음을 앞에서 살펴보았다. 이같이 교역조건개선을 통하여 관세부과국의 국민후생을 극대화시켜주는 관세가 「최적관세」(optimum tariff)이고 그때의 관세율이 「최적관세율」(optimum tariff rate)이다.

교역조건개선효과가 발생하는 대국의 경우 관세부과에 따른 후생효과는 양면성을 가진다. 한편으로는 교역조건의 개선을 통한 플러스(+) 후생효과를 나타내지만 이와 동시에 교역량감소·자원배분의 왜곡으로 인한 마이너스(−) 후생효과도 나타나기 때문이다. 따라서 관세부과로 인한 국민후생의 순효과(net effects)는 이 양자의 합에 의해 결정된다. 이때 최적관세란 이러한 후생의 순효과를 극대화시킬 수 있는 관세수준을 뜻한다.[25] 이러한 최적관세가 무역정책으로서 특별한 의미를 가지는 것은 보호무역을

---

[25] 따라서 여기서 논의하는 최적관세란, 관세부과에 의하여 국내산업이 보호·육성되고 이에 따라 국민경제가 발전함으로써 발생되는 장기적인 국민후생의 증대를 고려하지 않는 단기적·정태적 개념이다.

통하여서도 자국의 후생을 증대시킬 수 있다는 것이다.

그런데 관세의 교역조건효과와 관련하여 살펴보았듯이 관세부과국이 소국(小國)인 경우에는, 관세부과로 인한 수입량의 축소가 수입재(Y재)의 국제가격에 영향을 미치지 못하여 교역조건개선효과를 가지지 못하므로 그 나라의 최적관세는 0이 되고 따라서 최선의 무역정책은 자유무역정책이 된다. 그러나 관세부과국이 국제시장에서 수요독점이나 공급독점을 행사할 수 있는 대국(大國)인 경우에는 이러한 최적관세의 부과를 통하여 후생을 극대화할 수 있으므로 보호무역정책이 오히려 최선이라고 할 수 있다. 이러한 내용이 제3장에서 설명한 보호무역정책론의 논거인 「교역조건개선론」 또는 「최적관세론」이다.

(2) 최적관세의 의의

[그림 4-12]는 이러한 최적관세의 성립과정과 의미를 나타내고 있다. 무역을 통한 후생수준은 무역무차별곡선(trade indifference curve)을 통하여 간접적으로 파악할 수 있는데, 자유무역을 통하여 도달되는 A국의 후생수준은 균형점 E를 지나는 무역무차별곡선 I_1이다.[26] 최적관세는 상대국(B국)의 오퍼곡선이 OB와 같이 주어졌을 때 관세부과국(A국)으로 하여금 가장 높은 후생수준에 도달할 수 있게 하는 관세를 말한다.

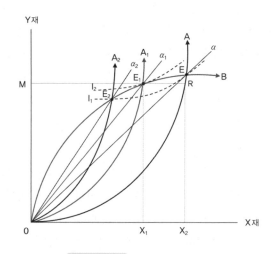

그림 4-12 최적관세의 개념

---

26 무역무차별곡선은 그 나라에 동일한 후생수준을 주는 수출량과 수입량의 조합의 궤적이다. 따라서 무역무차별곡선상의 모든 점들은 동일한 후생수준을 나타내는 수출량과 수입량의 조합이고, 더 높은 무차별곡선일수록 더 높은 후생수준을 나타낸다.

이때 A국이 관세부과를 통하여 도달될 수 있는 최고의 후생수준은 자국의 무역무차별곡선과 상대국의 오퍼곡선 OB가 접하는 E_1점을 지나는 무역무차별곡선 I_2이다. 이러한 무차별곡선 I_2는 자유무역으로 도달될 수 있는 무역무차별곡선 I_1보다 더 높은 위치에 있다. 따라서 관세부과를 통하여 후생수준을 극대화하기 위해서는 종전의 오퍼곡선을 OA를 OA_1으로 이동시켜 새로운 무역균형점이 E_1에서 이루어지도록 관세를 부과하여야 하는데 이때의 관세율이 최적관세이다.

이와 같은 최적관세를 부과하는 경우 교역조건의 개선($\alpha \rightarrow \alpha_1$)으로부터 발생되는 후생증대(+)효과와 교역량감소(균형점 $E \rightarrow E_1$)에 따른 후생감소(−)효과의 합이 최대가 된다. 만약 이때 최적관세율 이상으로 관세를 더 높이 부과하여 오퍼곡선이 OA_2가 되는 경우 교역조건은 더욱 크게 개선($\alpha \rightarrow \alpha_2$)되지만 교역량 역시 너무 크게 감소(균형점 $E \rightarrow E_2$)되어 오히려 더 낮은 무역무차별곡선 I_1선상에 위치하게 된다. 또한 이 그림에 나타내지 않았지만 이와 반대로 최적관세율 이하의 관세를 부과하면 비록 교역량은 조금 증가하지만 교역조건개선효과가 너무 작아 이러한 경우 역시 후생수준은 최적관세를 부과한 경우보다 낮아진다.

한편 [그림 4 – 13]은 관세율변화에 따르는 후생수준의 변화를 나타내고 있다. 대국(大國)인 수입국이 관세를 부과하는 경우 일정수준까지는 관세율이 높아질수록 그 국가의 후생이 높아지는데 일정수준에 이르면 그 나라의 후생수준이 정점(B점)에 이르게 되는데 그때의 관세율이 최적관세율(t)이다. 그러나 이러한 최적관세율 이상으로 관세율이 높아지면 후생이 오히려 감소하게 되면서 자유무역 경우보다 더 낮은 후생수준(A점 이하 수준으로)에 이르게 되고, 최종적으로 수입이 이루어지 않는 금지관세율수

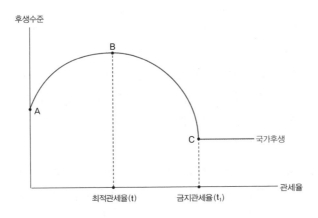

그림 4-13 대국의 최적관세와 국민후생

준(t_1)에 이르면 아무리 관세율을 높여도 후생수준에는 아무런 영향을 미치지 못하여 (C점 이후) 그 곡선은 수평을 이룬다.

1.2 최적관세율의 도출과 정책적 함의

이처럼 대국인 수입국(A국)의 후생극대화를 이룩하도록 하는 균형점이 [그림 4−12]의 E_1점이라면 이러한 균형점에 이르게 하는 관세율이 최적관세율이다. 그렇다면 이때 이러한 최적관세율은 어떻게 도출되는가? 그림을 통하여 설명하면, A국의 오퍼곡선 OA를 E_1점을 통과하는 오퍼곡선 OA_1으로 이동시키는 관세수준이 최적관세율이므로 여기서 최적관세율은 $X_1X_2/OX_1 = E_1R/ME_1$로 나타낼 수 있다.

그런데 이러한 최적관세율은 상대국 오퍼곡선의 형태에 따라 달라지는데 이러한 오퍼곡선의 형태는 수입수요의 탄력성에 의해 결정된다. 이에 따라 일찍이 존슨(H. G. Johnson, 1967) 등은 교역상대국 수입수요의 가격탄력성(e_m)을 이용하여 관세부과국의 최적관세율을 산출하는 일반식을 다음과 같이 도출하였다.[27](이에 대해서는 [보충학습 4−7]이 설명하고 있음)

$$E_m = \frac{1}{e_m-1} \qquad t \text{ (최적관세율)}, \qquad e_m \text{(교역상대국의 수입수요탄력성)}$$

이처럼 최적관세율은 결국 교역상대국의 수입수요탄력성(e_m)(이를 결정하는 오퍼곡선의 형태)에 의하여 결정되므로 이를 기초로 「최적관세율의 정책적 함의」를 정리하면 다음과 같다.

(1) 비록 비현실적이지만 상대국 수입수요가 완전탄력적($e_m = \infty$)인 (상대국 오퍼곡선이 직선인) 경우 최적관세율은 존재하지 않는다. ($t=0$)

(2) 교역상대국의 수입수요가 탄력적($e_m > 1$)인 (상대국 오퍼곡선이 우상향하는) 경우 관세부과를 통하여 후생을 극대화할 수 있다. 이때 상대국 수입수요탄력성과 최적관세율의 관계를 보면 수입수요탄력성이 낮을수록 최적관세율은 높아지고 수입수요탄력성이 높을수록 최적관세율은 낮아진다.

(3) 교역상대국의 수입수요가 단위탄력적($e_m = 1$)인 (상대국 오퍼곡선이 수평선인) 경우 이론적으로 최적관세율은 무한대가 된다. ($t = \infty$) 따라서 수입국은 고율의 관세를 부과하

---

27 H. G. Johnson, *International Trade and Economic Growth* (Harvard University Press, 1967).

여 최대한 교역조건을 개선시키는 것이 후생을 극대화하는 방법이 된다.

(4) 교역상대국의 수입수요가 비탄력적($e_m < 1$)인 (오퍼곡선이 후방굴절하는) 경우 최적관세는 오히려 마이너스가 되어($t < 0$) 관세를 부과하면 오히려 후생이 감소하게 되고, 따라서 최적관세는 존재하지 않게 된다.

결국 교역상대국 오퍼곡선이 우상향의 형태를 띠고 있어 수입수요탄력성(e_m)이 1 보다 큰 경우 최적관세가 존재한다. 이때 교역상대국의 수입수요탄력성이 낮을수록 최적관세율은 높아지고 수입수요탄력성이 높을수록 최적관세는 낮아지며 교역상대국의 수입수요탄력성이 극단적으로 높아지는 경우 최적관세는 존재하지 않는다.

보충학습 4-7　최적관세율의 도출과 결정요인 (보충)

① 이상에서 설명한 바와 같이 일국의 최적관세는 상대국 오퍼곡선의 형태에 따라 달라지고 이러한 오퍼곡선의 형태는 수입수요의 탄력성을 통하여 설명되므로 학자들이 교역상대국 수입수요의 가격탄력성(e_m)을 이용하여 관세부과국의 최적관세율을 산출하는 일반식을 제시하였는데 이를 [그림 4-14]가 보여주고 있다.

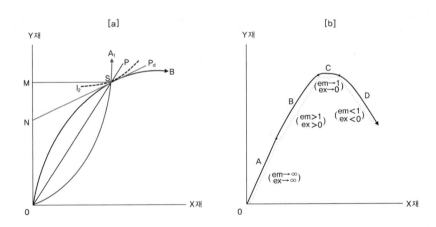

그림 4-14 최적관세율의 도출과 오퍼곡선의 탄력성

왼쪽 그림 [a]에서 관세부과 후 국제교역조건은 P(기울기 SM/OM)이고 관세부과 후 국내가격선은 무역무차별곡선(I_2)상의 S점에서의 접선의 기울기 P_d(기울기SM/MN)이다.[28]

---

28 무역무차별곡선상의 어떤 점에서의 접선의 기울기는 이에 대응하는 생산가능곡선과 무차별곡선의 기울기와 동일할 뿐만 아니라 국내가격비율과 동일하다.($MRT = MRS = P_d$)

그런데 일국이 $t\%$의 관세를 부과할 경우 $P(1+t)=P_d$의 관계가 성립되므로 이는 다음과 같은 관계로 나타낼 수 있다.

$$P(1+t)=P_d \text{ , 즉 } \frac{SM}{OM}(1+t)=\frac{SM}{MN} \cdots\cdots\cdots\cdots\cdots\cdots\cdots ①$$

$$1+t=\frac{OM}{MN} \cdots\cdots\cdots\cdots\cdots\cdots\cdots\cdots\cdots\cdots\cdots\cdots ②$$

$$t=\frac{OM}{MN}-1=\frac{ON}{MN}=\frac{ON}{OM-ON}=\frac{1}{OM/ON-1} \cdots\cdots\cdots③$$

그런데 OM/ON은 상대국 오퍼곡선(OB)의 수입수요탄력성(e_m)이므로 이를 최적관세율(t)에 대하여 정리하면 다음과 같이 표시할 수 있다.[29]

$$t=\frac{1}{OM/ON-1}=\frac{1}{e_m-1} \cdots\cdots\cdots\cdots\cdots\cdots\cdots\cdots\cdots④ \text{ [30]}$$

② 한편 [그림 4−14]의 오늘쪽 그림 [b]와 〈표 4−6〉은 오퍼곡선의 형태와 수입수요 탄력성의 관계를 통하여 최적관세의 존재와 의미를 설명해주고 있다.

표 4-6	상대국 오퍼곡선의 형태 및 탄력성과 최적관세율(t) 관계 ($t=\frac{1}{e_m-1}=\frac{1}{e_x}$)			
수입수요 탄력성(e_m)	오퍼곡선 형태	최적관세	관세부과의 경제적 효과	수출공급 탄력성(e_x)
$e_m=\infty$ (무한탄력적)	직선형태 (A구간)	$t=0$	교역조건개선 없고 교역량만 감소하여 관세를 부과 않는 것이 후생에 유리함	$e_x=\infty$
$\infty>e_m>1$ (탄력적)	우상향곡선 (B구간)	$0<t<\infty$	최적관세 존재함 (상대국 수입수요의 탄력성 낮을수록 최적관세율 높아짐)	$e_x>0$
$e_m=1$ (단위탄력적)	수평선 (C구간)	$t=\infty$	최대한 높은 관세로 후생극대화 가능함 (관세율과 상관없이 일정량 수출하려는 경우)	$e_x=0$
$e_m<1$ (비탄력적)	후방굴절 (D구간)	$t<0$	수입국의 후생을 증대시키는 최적관세 존재하지 않음	$e_x<0$

---

29 수입수요의 탄력성(e_m)은 '수입량의 변화율/수입재의 상대가격 변화율'을 의미하는 것으로 $e_m=\frac{dY/Y}{dP/P}=\frac{dY}{dP}\frac{P}{Y}$ 이므로 S점에서 수입수요탄력성은 $\frac{OM}{ON}$으로 표시된다. 이것을 기하학적으로 설명하면 수입수요탄력성은 최적점(S)이 표시하는 수출량(OM)을 그 점의 접선(P_d)이 통과하는 수출량(ON)으로 나눈 값이 되므로 수입수요탄력성 $e_m=OM/ON$이 된다.

30 이러한 산출식에 따라, 만약 교역상대국의 수입수요탄력성이 3.0이라면 최적관세율은 50%, 5.0이라면 최적관세율은 25%가 된다. 한편 상대국 오퍼곡선상의 수입수요탄력성(e_m)과 수출공급탄력성(e_x)과의 관계에서 $e_m-1=e_x$이므로 최적관세를 교역상대국 수출공급탄력성으로 나타내면 $t=1/e_x$이 된다.

③ 이상과 같은 최적관세율의 도출과정을 통하여 우리는 최적관세율은 교역상대국의 오퍼곡선(수입수요탄력성)과 자국의 무역무차별곡선에 의해 좌우됨을 알 수 있다. 이러한 관계를 통하여 「최적관세율의 정책적 함의」를 정리한다면 다음과 같다.

(1) 비록 비현실적이지만 상대국의 수입수요가 완전탄력적($e_m = \infty$)이어서 오퍼곡선이 원점을 지나는 직선인 경우 수입국의 최적관세율($t = 0$)은 존재하지 않는다. 그것은 교역상대국의 오퍼곡선이 원점을 지나는 직선이므로 관세를 부과하더라도 교역조건개선효과가 발생하지 않기 때문이다. 이러한 경우는 수입국이 소국이어서 관세를 부과하더라도 교역조건개선은 이루어지지 않은 채 교역량만 감소되므로 오히려 관세를 부과하지 않고 자유무역을 행하는 것이 수입국의 후생을 증대시키는 경우이다.

(2) 교역상대국의 수입수요가 탄력적($e_m > 1$)이어서 오퍼곡선이 우상향하는 경우, 최적관세는 존재하므로 관세부과를 통하여 후생을 극대화할 수 있다. 이때 교역상대국의 수입수요탄력성이 낮을수록 최적관세율은 높아지고 교역상대국의 수입수요탄력성이 높을수록 최적관세율은 낮아진다.

(3) 교역상대국의 수입수요가 단위탄력적($e_m = 1$)이어서 오퍼곡선이 수평선인 경우, 이론적으로 최적관세율은 무한대($t = \infty$)가 된다. 교역상대국의 수입수요가 단위탄력적인 경우 수출공급탄력성(e_x)은 0(zero)이 되어 완전비탄력적이 되기 때문이다. 이것은 교역조건이 어떻게 되든지 교역상대국은 일정량의 재화를 수출하려고 하는 경우이므로 우리가 관세를 부과하면 교역상대국은 그만큼 수출가격을 낮추어 수출하게 된다. 따라서 우리는 고율의 관세를 부과하여 최대한 교역조건을 개선시키는 것이 후생을 극대화하는 방법이 되므로 최적관세는 무한대에 가깝다고 할 수 있다.

(4) 교역상대국의 수입수요가 비탄력적($e_m < 1$)이어서 오퍼곡선이 후방굴절하는 경우, 최적관세는 오히려 마이너스($t < 0$)가 되어 관세를 부과하면 오히려 후생이 감소된다. 따라서 최적관세는 존재하지 않게 된다.

1.3 최적관세론의 한계

이같이 최적관세는 일정한 조건 하에서만 성립되는 것이지만 이론적으로는 명백히 존재하므로 관세를 부과하면서도 그 나라의 국민후생을 극대화할 수 있다는 주장이 최적관세론으로 나타나게 되었다. 이러한 최적관세론은 자유무역보다도 보호무역이 그 나라의 후생을 오히려 증대시킬 수 있다는 논리적 근거를 제공함으로써 보호무역정책의 이론적 논거로서 제시되어 왔음은 전술한 바와 같다. 그러나 이러한 최적관세론은 다음과 같은 한계를 지니고 있다.

비현실성   이론적으로는 최적관세가 가능하지만 현실적으로는 그 예를 찾아보기가 어렵다. 최적관세론이 성립하기 위해서는 ① 일국이 관세부과를 통하여 해당 상품의 국제시장가격(국제교역조건)에 영향을 줄 수 있을 만큼의 수요독점력을 행사하는 대국(大國)이어야 하고, ② 또한 교역상대국의 수입수요탄력성이 매우 낮아야 한다. 따라서 현실적으로 이러한 최적관세론이 적용될 수 있는 경우는 매우 드물어 일국의 시장점유율이 높고 신규진입이 어려운 약간의 1차산품(예컨대 황마·석유 등) 등의 사례가 있을 뿐이다.

측정곤란성   또한 이러한 조건이 충족되더라도 상대국 수입수요의 탄력성이 얼마나 되는가를 정확히 측정할 수 없으므로 현실적으로 정확한 최적관세율을 도출하고 이를 적절히 적용하기가 매우 어렵다. 따라서 이러한 최적관세는 이론적으로만 가능한 개념적 실체이며 또한 최적관세를 통하여 비록 후생이 증대된다고 하더라도 자원배분의 왜곡 등에 의한 비용도 포괄적으로 계산하여야 한다.

근린궁핍화정책   국제시장에서 어느 정도 독점력을 지닌 국가의 경우 최적관세부과를 통하여 교역조건개선과 후생증대효과를 누릴 수 있지만, 관세부과로 수입국(A국)의 교역조건이 개선된다는 것은 상대방 수출국(B국)의 교역조건이 악화되어 후생저하가 초래되므로 최적관세 부과가 세계전체의 후생을 감소시킨다. 따라서 '최적'이란 용어는 세계적 관점에서 본 최적이 아니라 관세부과국의 입장에서 본 최적일 뿐이며, 또한 최적관세란 최선의 관세라기보다 교역조건개선론에 의해 정당화되는 최적이다. 따라서 최적관세로 인한 관세부과국의 후생증대는 결국 타국(세계)의 후생저하라는 희생 위에서 이루어지는 자국의 이익이다. 이러한 점에서 관세를 통한 후생증대 노력은 일종의 근린궁핍화정책으로서 결국 네거티브－썸게임(negative sum game)적 성격을 지니고 있다.

상대국의 보복가능성   최적관세 논의는 상대국의 상황이 불변이라는 가정 하에 이루어졌지만 상대방이 이러한 최적관세부과에 대해 보복관세로 대응할 가능성이 높다. 위에서 설명한 대로 관세부과를 통한 후생증대는 일종의 근린궁핍화과정이므로 상대국의 보복을 초래하게 된다. 이처럼 상대국이 보복할 경우 교역량만 축소될 뿐 후생증대효과는 사라지게 되므로 최적관세는 상대국의 보복가능성이 없는 경우에만 가능하다. 실제로 1880년대 말 프랑스와 이탈리아 간의 보복적 관세전쟁이나 1930년대의 경쟁적 관세인상은 결국 어떤 국가도 자국의 교역조건개선·후생증대라는 결과는 가져오지 못한 채 상호간의 무역을 축소시키는 결과만을 초래한 바 있다.

2 관세의 실효보호율

2.1 실효보호율의 개념과 의의

(1) 실효보율의 개념과 의의

관세의 「명목관세율」(nominal rate of protection)에 대한 상대적 개념으로서 관세의 실효보호율이 있다. 「실효보호율」(effective rate of protection)이란 어떤 특정산업이 관세에 의한 보호를 받고 있을 때 그 산업이 실질적으로 받고 있는 보호의 정도가 어떠한가를 나타내는 지표이다.[31]

일반적으로 국제무역에서 교역되는 재화의 상당부분이 중간재임에도 불구하고 지금까지의 분석은 수출재와 수입재 모두 최종재라고 가정하여 관세를 부과하면 부과한 명목관세만큼의 보호를 받는 것으로 간주하여 왔다. 그러나 관세의 보호효과는 이와 같은 최종재의 관세만을 가지고 설명할 수 없다. 예컨대 어떤 나라가 컴퓨터라는 최종재수입에 관세를 부과하면 그만큼 국내컴퓨터산업에 대한 보호효과가 나타나지만, 만일 컴퓨터의 중간재·부품의 수입에 대해서도 관세를 부과하는 경우 그 중간재·부품의 가격이 인상되어 결국 국내컴퓨터산업에 대한 보호효과는 그만큼 상쇄되기 때문이다.

이 경우 단순히 최종재만의 보호효과를 측정하려면 명목관세율로 표시하여도 무방하지만 재화생산과정에서의 순수한 부가가치에 대한 보호효과를 측정하기 위해서는 실효보호율 개념이 필요하게 된다. 특정산업에 대한 이러한 실효보호율은 최종재수입에 대한 명목관세율과 중간투입물수입에 대한 명목관세율의 상호 크기에 의해 결정된다. 따라서 양자의 관세율을 다르게 책정하면 명목관세율을 높이지 않으면서도 실질적인 보호효과를 변화시킬 수 있으므로 이것이 가지는 정책적 의의가 매우 크다.

이와 같이 중간투입물의 관세부과 여하에 따라 국내산업에 대한 보호정도가 결정되고 심지어는 관세부과가 국내산업을 오히려 약화시키는 「반보호효과」(anti-protection effect)의 가능성마저 있다는 인식이 이루어짐에 따라, 실효보호율의 개념은 이론적으로나 정책적으로 상당한 주목과 관심을 불러일으켰다. 물론 실효보호율 개념은 그 이전의 문헌 속에서도 찾아볼 수 있었으나 이 개념이 본격적으로 논의되고 이용된 것은

---

31 따라서 이러한 실효보호율은 '유효보호율' 또는 '부가가치보호율'(rate of protection of value-added) 내지는 '숨겨진 보호율'(implicit rate of protection)이라고도 한다.

1960년대 후반부터였다. 이것은 이 시기에 투입산출분석방법(input-output analysis)이 개발됨에 따라 이러한 개념이 보다 널리 측정되고 응용될 수 있었기 때문이다.

이때 선구적 역할을 했던 학자가 존슨(H. G. Johnson)이었으며 이후 이에 대한 실증적 연구가 발랏사(B. Balassa), 바세비(G. Basevi), 소리코(R. Solico), 스턴(J. J. Stern) 등에 의해 수행되었고 코든(W. M. Corden)은 이를 일종의 일반균형으로 확대한 바 있다. 1970년대 이후에도 존슨과 코든 등에 의하여 그 연구가 더욱 진전된 바 있고 이후 이론적 정교화와 일반화가 계속 추구되어 왔다.

(2) 실효보호율의 정식화

일반적으로 '보호'라는 의미는 근본적으로 생산의 부가가치 증대를 의미한다고 할 수 있으므로 보호의 정도는 국내생산의 부가가치상승률에 의해 측정되어야 한다. 따라서 관세부과에 따라 국내산업이 어느 정도 보호를 받을 수 있는가는 단순히 최종재에 대한 (명목)관세율만으로는 부족하고 중간투입물의 (명목)관세율과 국내생산의 부가가치를 함께 고려하여야 한다. 이러한 관점에서 관세의 실효보호율은 다음과 같이 정의될 수 있다.

$$\text{관세의 실효보호율(국내부가가치 상승률)} = \frac{\text{부가가치 증가분 (관세 후 부가가치} - \text{관세 전 부가가치)}}{\text{관세 전 부가가치}}$$

〈표 4-7〉은 이러한 개념에 따라, 가령 셋트당 200만원의 컴퓨터를 생산함에 있어 해외의 중간재·부품이 100만원만큼 투입된다고 하였을 때 최종재와 중간투입물의 명목관세율 여하에 따라 실효보호율이 어떻게 달라지는가를 보여주고 있다.

표 4-7   컴퓨터와 부품의 명목관세율과 실효보호율

컴퓨터 명목관세율	30%	30%	30%	30%	30%	30%
부품의 명목관세율	0%	20%	30%	40%	60%	70%
관세의 실효보호율	60%	40%	30%	20%	0%	−10%

여기에서 볼 수 있듯이 최종재에 대한 명목관세율이 높을수록, 중간투입물에 대한 명목관세율이 낮을수록 실효보호효율은 높아진다. 또한 최종재에 대한 관세율보다 중간재에 대한 관세율이 매우 높아 각각 30%·70%인 경우에는 실효보호율이 −10%가 되

는데 이러한 경우 관세는 오히려 최종재의 국내생산에 대한 반보호(反保護)효과가 나타나게 되는 경우로서, 이때의 관세는 오히려 「숨겨진 조세」(implicit tax)로서 작용하게 된다.

이상과 같은 실효보호율(e)의 개념과 산출방법을 일반적으로 정식화하면 다음과 같이 표현할 수 있다.

$$e = \frac{V'-V}{V} \quad \text{.......①} \qquad V(\text{관세 전 부가가치}) \quad V'(\text{관세 후 부가가치})$$

$$V = P(1-\alpha) \quad \text{.......②} \qquad P(\text{최종재의 국제가격}) \quad \alpha(\text{중간재 투입비율})$$

$$V' = P(1+t)-\alpha(1+r) \quad \text{.......③} \qquad t(\text{최종재 명목관세율}) \quad r(\text{중간재 명목관세율})$$

②식과 ③식을 ①식에 대입하면 $e = \dfrac{t-ar}{1-a}$ ....④

이때 중간투입물이 다수인 경우 $e = \dfrac{t-\sum\limits_{i=1}^{n}ar}{t-\sum\limits_{i=1}^{n}a}$ ....⑤

2.2 실효보호율의 정책적 함의와 유용성

(1) 실효보호율의 정책적 함의

관세의 실효보호율 개념이 우리에게 주는 경제적 의의는 관세부과를 통한 국내산업보호효과는 최종재에 대한 관세부과 못지않게 중간재에 대한 관세부과가 중요하다는 점이다. 실효보호율 개념을 통하여 최종재와 중간재에 대한 명목관세율에 따라 실효보호의 정도가 어떻게 변동되는가를 정리하면 다음과 같다.

⑴ 최종재 관세율(t)과 중간재 관세율(r)이 동일한 경우 실효보호율과 명목관세율은 동일하다. ($e=t=r$)

⑵ 최종재 관세율(r)이 중간재 관세율(r)보다 높을 경우 실효보호율은 명목관세율보다 높지만($e>t$), 중간재 관세율(r)이 최종재 관세율(t)보다 높은 경우 실효보호율은 명목관세율보다 낮다. ($e<t$)

⑶ 최종재에는 관세가 부과되지 않고 중간재에만 관세가 부과되거나, 중간재의 관세율이 최종재의 그것보다 높은 경우 중 일정한($t<\alpha r$) 경우 실효보호율은 마이너스($-$)가 되어 반보호(反保護) 가능성이 있다.

따라서 다른 조건이 일정하는 한 관세의 실효보호율(e)은 최종재 관세율(t)이 높을수록, 중간재 관세율(r)이 낮을수록 높아진다. 이 때문에 대부분의 국가에서는 산업용 원재료나 중간재에 대해서는 관세를 감면하거나 낮은 관세율을 부과하는 대신 최종재나 가공도가 높은 제품에 대해서는 높은 관세율을 부과하는 이른바 「경사관세」(tariff escalation)제도를 채택하여 실행하고 있다.[32] 이 때문에 중간재가 존재하는 산업의 경우 그 산업에 대한 명목관세율보다 실효보호율이 더 높아질 가능성이 높다.

(2) 실효보호율 개념의 유용성

이상과 같은 실효보호율의 개념과 함의를 통하여 알 수 있듯이 실효보호율 개념은 우리에게 다음과 같은 이론적·정책적 유용성을 가진다고 할 수 있다.

분석지표로서의 유용성   관세를 통한 국내산업의 보호 정도와 효과를 측정하고 분석하는 도구로서 명목관세보다도 실효보호율이 더 중요한 역할과 기능을 한다.

(1) 명목관세율은 관세를 부과하는 「품목」에만 초점을 맞추어 그 품목이 보호되는 정도를 파악하는 반면 실효보호율은 관세를 부과하는 품목이 포함된 「산업」이 보호되는 정도를 파악하므로 하나의 재화에 미치는 효과가 아닌 하나의 산업에 미치는 보호효과를 측정한다. 이 때문에 관세부과에 의하여 특정산업이 실질적으로 보호받는 정도를 분석함에 있어서는 실효보호율이 명목관세보다 더 유용하다. 동일한 이유로 어떤 특정산업 보호를 위한 관세부과가 여타산업에 피해를 주게 되는 왜곡정도를 평가함에 있어서도 명목관세율보다 실효보호율이 더 정확한 지표가 된다. 이 때문에 우루과이라운드(UR) 무역협상과정에서도 이러한 실효보호율 지표가 협상을 위한 중요한 역할을 하였다.

(2) 실효보호율은 부가가치의 증감을 나타내고 부가가치의 증감은 곧 그 산업에 투입된 생산요소의 소득이므로 실효보호율 개념이 「자원배분과 소득분배」의 변화를 파악함에 있어서도 명목관세보다도 더 유용한 지표가 될 수 있다.

---

32 (1) 1962년 자료로서 주요 공업국의 실효보호율을 실증적으로 조사한 발랏사(B. Balassa, 1965)의 연구에 의하면, ① 어느 국가를 막론하고 실효보호율이 명목관세율보다 높고, ② 실효보호율이 명목관세율보다 높은 정도는 가공도가 낮은 중간재 < 가공도가 높은 중간재 < 소비재의 순이었으며 투자재에 대한 실효보호율은 낮았던 것으로 나타났다.
　(2) 주요 선진국들을 대상으로 UR 이전과 이후를 비교한 최근의 분석에서도 이러한 현상이 그대로 나타나 오늘날에도 이러한 경사관세구조가 실현되고 있음이 확인되었다. 즉 UR의 이행으로 모든 단계의 평균관세율이 낮아졌지만 여전히 평균관세율의 높이는 원자재 < 중간재 < 최종재의 순서로 나타났기 때문이다.(W. Martin and L. A. Winters, *The Uruguay Round*, World Bank, 1995 p.11)

정책시행상의 유용성   실효보호율의 이러한 성격 때문에 국내의 수입경쟁산업을 육성하고 수출을 증대시키기 위한 정책 등을 시행함에 있어서도 많은 유용성 가진다.

(1) 정부가 특정한 수입경쟁산업을 육성하기 위하여 관세를 부과할 경우 여기에 투입되는 중간재·부품·원자재에 대한 관세율도 적절히 고려하여야 한다는 점을 보여주고 있다. 이에 대한 적절한 고려 없이 관세를 부과하는 경우 산업의 보호효과가 낮아지고 때로는 최종재산업의 경우 실효보호율이 오히려 마이너스(−)가 될 수도 있기 때문이다.

(2) 실효보호율 개념은 개도국이 공업화를 시도할 때 수입원자재투입비율이 높은 산업의 공업화를 먼저 시작하는 것이 바람직하다는 것을 시사한다. 여타조건이 일정할 때 수입원자재 투입비율(α)이 높을수록 최종재에 대한 실효보호율(e)이 높아지므로 그러한 산업의 경우 동일한 명목관세를 부과하더라도 실효보호율이 높아지므로 보호육성효과가 더 높아질 수 있기 때문이다.[33]

(3) 실효보호율 개념은 관세환급제도나 수출지원제도의 이론적 근거가 될 수 있다. 왜냐하면 수출재에 투입되는 중간재나 원자재에 대해 명목관세율을 낮추어 주는 방식이나 관세를 정상적으로 부과하고 그것을 활용한 최종재수출이 이루어지면 거기에 투입된 중간재나 원자재에 부과된 관세를 환급하는 방법이 동일한 효과를 얻을 수 있기 때문이다.

2.3 실효보호율의 한계와 문제점

이처럼 실효보호율 개념은 이론적으로나 정책실행에 있어 많은 유용성을 지니고 있지만 이와 동시에 많은 한계와 문제점도 있는 것이 사실이다. 우선 실효보호율의 지표가 간단히 정식화되기까지에는 몇 가지의 기본적인 가정들이 필요한데 이러한 가정들이 대체로 비현실적인 내용을 포함하고 있고 또한 실효보호율을 정책적으로 활용함에 있어서도 일정한 현실적 한계가 있기 때문이다.

따라서 현실적으로 실효보호율을 측정·분석하고 이를 바탕으로 정책을 운용함에 있어서는 실효보호율의 이러한 제한적 성격을 인식하고 유의할 필요가 있다. 이러한 점에서 실효보호율은 이론 그 자체로서는 매우 가치가 있으며 흥미로운 것이지만 그 개념을 너무 과대평가해서는 안 되며 또한 분석대상국가의 특정여건을 감안하여 조심

---

33 손정식, 국제경제학 (대영사, 1997) p.349.

스럽게 활용되어야만 한다. 실효보호율 개념이 지니고 있는 한계와 문제점들을 정리해보면 다음과 같다.

(1) 개념상의 한계 (분석도구로서의 한계)

부분균형분석모델   실효보호율 개념은, 하나의 최종재에 대한 생산 측면만을 고려한 부분균형모델로서 수입경쟁부문 이외의 다른 부문에 미치는 효과와 그로 인한 간접적 효과 등 관세의 일반균형적 효과를 무시하고 있다. 예컨대 관세가 부과되면 재화의 상대가격이 변하는데도 재화의 생산량과 소비량·요소가격과 요소집약도 등에 변화가 없다고 가정하고 있다.

분석도구로서의 한계   따라서 관세부과에 의하여 국내산업이 보호받는 정도를 파악할 때에는 실효보호율이 명목관세율보다 더 유용한 분석도구라는 것은 상술한 바와 같지만, 관세가 생산·소비·교역조건 등에 미치는 효과를 분석하고자 할 때에는 명목관세율이 오히려 더 유용한 분석도구가 된다. 왜냐하면 국내 소비자나 생산자에게 직접 영향을 주는 것은, 최종생산에 원자재나 중간재가 얼마나 들어가느냐가 아니라, 관세로 인한 국내상대가격의 변동인데 이러한 상대가격의 변동에 직접적인 영향을 미치는 것은 명목관세율이지 실효보호율이 아니기 때문이다.

이상과 같은 이유 때문에 실효보호율 개념을 통하여 자원배분의 효율성을 파악하고자 하는 경우 제한적인 성격을 가지게 된다. 더욱이 정확한 자원배분효과를 파악할 수 있기 위해서는 관세 이외에도 내국세·시장구조·보조금·환율변동 등 종합적인 산업정책도 고려하여야만 하기 때문이다.

(2) 비현실적 가정

고정투입계수의 가정   실효보호율의 개념은 관세부과에도 요소 간 대체가 일어나지 않으므로 기술적 투입계수가 일정하며 또한 각 기업 간 그 계수가 동일하다고 가정한다. 그러나 현실적으로 생산함수의 투입계수는 일정하지 않고 변동될 수 있으며 생산요소 간 대체도 가능하다. 이와 같은 대체가 이루어지면 계측된 실효보호율과 실제의 실효보호율 간에 오차가 발생된다. 또한 각 기업 간 투입계수가 동일하다는 것은 모든 기업이 일정한 명목관세율에 의해 동일한 실효보호를 누린다는 것을 의미하는데 현실적으로 동일한 산업 내에서도 기업에 따라 투입계수가 달라질 수 있다. 관세는 상대가격의 변화를 통하여 자원의 재분배를 초래하는 만큼 관세부과 후에도 특정재화의 생산에 투입되는 요소의 투입계수가 이렇게 일정하다는 가정은 타당할 수 없다.

또한 실효보호율 개념은 최종재 및 중간투입재의 가격이 관세부과에 의해서도 변동이 없다고 가정한다. 그러나 이것은 최종재 및 중간투입재에 대한 외국의 공급탄력성이 무한대라고 가정한 것으로 수입국이 세계시장에서의 독점력이 없는 소국의 경우에만 가능할 수 있다.

교역재 가정   실효보호율 개념은 모든 재화가 수입가능재로서 순국내재(net domestic goods)는 없으며 또한 각종 서비스 등 비교역재(non-traded goods)도 없다고 본다. 그러나 중간재 또는 투입재는 국내에서 자급되는 경우가 많으며 또한 현실의 대외무역에 있어서 비교역재비율도 상당히 높다. 따라서 이러한 가정을 둘 경우 그것을 기초로 산출한 실효보호율이 실제의 보호율보다 과소평가되거나 과대평가될 수 있다.

비금지적관세 가정   실효보호율 개념은, 모든 관세는 수입을 금지할 만큼 높지 않고 관세가 부과된 후에도 여전히 수입이 이루어지는 비금지적 관세(non-prohibitive tariff)일 것을 가정한다.

(3) 정책실행상의 문제점

이상과 같은 제한적 가정 문제와 함께 실효보호율의 측정방법이나 개념상의 문제점 때문에 이를 하나의 정책지표로서 사용함에 있어서도 다음과 같은 한계가 있다.

적정기준의 부재   실효보호율의 현실적 측정치를 두고 어느 정도가 적정한 보호수준인지에 대한 기준이 없다. 또한 실효보호율의 측정에 사용하는 기술적 투입계수의 정확한 파악이 쉽지 않으므로 이를 바탕으로 측정되는 실효보호율 자체의 정확성도 기대하기 힘들다. 예컨대 보호율 산출 통계자료는 관련 국가들의 산업연관표를 사용하므로 내용상 오차나 왜곡이 존재할 가능성이 있고, 산출공식에 있어서도 중간투입물의 비중을 불변으로 가정하므로 자유무역 하의 투입비율과 관세부과 후의 투입비율이 달라질 수 있음을 고려하지 않고 있다.

국가별 비교의 한계   국내 여러 산업들에 대한 실효보호율의 상대적 구조를 비교하는 데에는 실효보호율이 유용할 수 있지만 어떤 특정산업에 대한 보호정도를 국가와 국가 간에 비교하는 데에는 무의미하다. 왜냐하면 각국의 무역구조나 생산구조 등이 서로 다르기 때문에 실효보호율의 계측결과를 국제적으로 비교하는 것은 문제가 있기 때문이다.

명목관세율과의 정합성   더욱이 실제로 산출된 실효보호율을 보면 명목관세과 높은 상관관계가 있어 명목관세율과 실효보호율이 거의 같은 방향으로 나타난다. 따라서 굳이 실효보호율을 따로 측정해야 할 현실적 필요성이 없을 경우도 많다.

(4) 개도국의 공업화 저해 문제

이러한 실효보호율에 입각한 관세정책이 모든 나라의 대외무역에 투영될 때 제기되는 또 다른 문제점이 있다. 원자재나 부품에 낮은 관세를 부과하고 최종재에 대하여 높은 관세를 부과하는 경사관세구조가 보편화되면 이것이 개도국의 공업화를 가로막는 결과를 초래할 수 있다는 점이다. 수입국들이 이러한 경사관세구조를 채택하는 경우 교역상대국은 심각한 영향을 받게 된다. 교역상대국이 이러한 정책을 사용할 경우 가공도가 낮은 원자재수출은 어느 정도 확대될 수 있으나 가공도가 높은 제품의 수출은 타격을 입기 때문이다. 따라서 선진국들이 이러한 경사관세구조를 보편적으로 실시할 경우 이로 인해 개도국의 완제품수출이 저해되게 되고 이것이 개도국의 공업화 자체를 가로막는 결과를 초래할 수도 있기 때문이다.

제5장　비관세장벽

제5장은 전통적인 무역정책수단으로서의 관세보다도 오히려 그 중요성이 높아지고 있는 비관세장벽에 대해 논의한다. 관세에 비하여 비관세장벽은 어떠한 특성을 지니고 있으며 주요 비관세장벽들(수입할당제·보조금제도와 가격차별화정책·관리무역정책수단)의 경제적 효과와 특성이 어떠한가를 논의한다.

1절　비관세장벽의 특성과 유형

1　비관세장벽의 의의와 확대 배경

1.1 비관세장벽의 의의

비관세장벽은 그 형태나 성격 및 영향이 매우 다양하고 복잡하여 어떤 통일적이고 명확한 정의가 내려지고 있지 못하다. 따라서 이제까지 여러 학자나 단체들에 의해 이에 대한 많은 정의들이 제시되어 왔다.[1]

---

[1] 대표적인 학자들의 정의를 보면, ① 국제 간에 거래되는 재화와 용역 또는 이들의 생산에 사용되는 자원이 세계의 잠재적 실질소득을 감소시키도록 배분되게 하는 일체의 수단(R. E. Boldwin), ② 국제무역의 규모·방향·상품구성을 왜곡시키는 정부의 모든 정책과 관행(Ingo Walter), ③ 세계의 자유로운 무역을 저해하거나 교란하는 관세 이외의 방법으로 정부가 국산품과 외국상품을 차별하는 직간접의 선별적인 규제(小島淸·小宮隆太郎) 등이 있다.

일반적으로 「비관세장벽」(NTB: non-tariff barrier)이란, ① 외국으로부터의 수입을 양적으로 제한하거나, ② 외국의 수출업자 또는 국내수입업자에게 어떤 비용(cost)을 증가시키거나 고도의 위험(risk)을 부담시킴으로써, 수입품의 국내가격을 올리고 수입량을 감소시킬 목적으로 실시되는 관세 이외의 모든 무역장벽을 지칭한다.

앞에서 설명한 바와 같이, 관세는 수세기 동안 무역정책의 중심적 역할을 담당하여 20세기 초까지만 하여도 거의 유일한 정책수단이었다고 할 수 있다. 양차 대전기에 접어들면서 전시경제 수행을 위하여 수량규제를 비롯한 다양한 형태의 비관세장벽이 실시되기 시작하면서, 국제무역에 있어서 제한적이며 차별적인 요인으로 작용하였다. 그러나 비관세장벽이 하나의 세계적 현상으로서 본격적으로 채택되고 이에 따른 경제적 영향이 보편화된 것은 1970년대 이후 신보호무역주의 대두와 함께였다.

1.2 비관세장벽의 확대 배경

이처럼 비관세장벽이 신보호주의의 중요한 정책수단으로 채택되고 확대된 것은 다음과 같은 이유와 배경 때문이다.

GATT 통한 관세 일괄인하   전후 GATT에 의한 무역자유화 추진으로 케네디라운드(Kennedy round)를 비롯한 몇 차례 관세의 일괄인하가 이루어졌고 개도국에 대한 선진국의 일반특혜관세제도가 실시됨으로써 전반적인 관세율이 지속적으로 낮아짐으로써 무역장벽으로서의 관세의 중요성이 크게 약화되었다. 이에 따라 각국은 관세장벽을 대체하는 비관세장벽을 새로운 무역정책수단으로 채택하게 되었다.

GATT 밖의 규율수단   GATT는 발족 당시부터 관세 이외의 일체의 무역규제조치를 불법화하였으나 구체적인 GATT규정 자체에는 각종의 비관세장벽을 합법화시키는 예외규정들이 너무 많아 관세에 관한 규정에 비하여 엄격한 구속력을 가지지 못하였다. 따라서 많은 비관세장벽들이 GATT의 규율 밖에서 존재하게 되었다.

비관세장벽의 특성   다음에서 설명하듯이, 비관세장벽은 관세보다 신속하고 강력하며 탄력적으로 운용될 수 있는 특성을 지녔으며 또한 그 속성상 개발도상국에 대하여 보다 차별적이므로 최근에 이르러 선진국들이 개도국의 농산품이나 노동집약적 상품에 이를 강화시키는 사례가 증가되었다.

2 비관세장벽의 특성과 유형

2.1 비관세장벽의 특성

비관세장벽은 관세와는 달리 극히 다양한 내용과 성격을 갖고 있어 그 특성을 통일적으로 논의하기 곤란하지만 대체로 다음과 같은 「일반적 특성」을 지니고 있다.

복잡성·다양성   1980년대 초 GATT의 자료에 따르면 비관세장벽의 유형은 무려 500여종에 달하여 그 내용이 다양하다. 또한 비관세장벽은 관세 이외의 모든 정책수단들을 통칭하는 것이므로 그 내용이 매우 이질적이고 복합적이며 그 적용 및 운영도 매우 복잡하다. 따라서 수입국이 이러한 비관세장벽을 채택할 경우 적절한 형태와 운영방법을 마음대로 선택하여 자국의 목적을 달성하기가 쉽고 또한 이것의 부과에 따른 논란과 엄격한 조사들을 피할 수 있는 이점도 있다.

불확실성·융통성   관세에 비하여 관련정보가 불충분한 상태에서 수출업자는 수입국의 여러 가지 비관세장벽이 자기의 수출에 어떻게 어느 정도 규제적인가를 확실히 판단할 수 없게 되는 불확실성을 지닌다. 또한 수입국의 정책은 어느 시점에서나 아무런 통고 없이 변경될 소지를 갖고 있으므로 고도의 융통성을 가진다. 때문에 수출업자는 이러한 불확실성과 융통성 때문에 더 큰 위험부담을 받게 된다.

효과측정 및 협상 곤란성   이와 같은 복잡성·불확실성·융통성 때문에 비관세장벽의 경제적 효과를 개별품목별로나 종합적으로 측정하는 것이 매우 어렵다. 더욱이 비관세장벽의 어떤 것은 아주 유동적이어서 그 실시가 관계당국의 전적인 재량에 의존되거나 은밀히 적용되어 이에 대한 효과측정이 매우 곤란해진다. 이와 같은 비관세장벽의 특성 때문에 관세와는 달리 이에 대한 협상도 매우 곤란해진다. 왜냐하면 비관세장벽의 경우 그것의 복잡성·불확실성·효과측정의 곤란성 때문에 상호간의 정도를 비교하여 이를 균일화할 어떤 지표의 설정이 불가능하며 또한 설사 정부 간에 어떤 협상이 성립되었다 하더라도 그것이 바로 비관세장벽의 철폐를 보장해 줄 수 없기 때문이다.

선별성·차별성   수입할당제나 수출자율규제와 같은 비관세장벽은 특정수출국에 대하여 선별적·차별적으로 부과될 수 있다. 또한 비관세장벽은 명목상으로는 선진국과 개발도상국 모두에 무차별적인 것 같지만 실제로는 선진국보다는 개발도상국에 대하여 차별적인 성격을 지닌다. 이것은 ① 비관세장벽의 대상품목이 주로 개도국이 비교우위를 가지고 있거나 또는 미래에 이를 가질 전망이 있는 품목들이고, ② 선진국제품 보다 개도국제품에 대하여 특히 까다롭게 실행하고 있다는 점에서도 그러하지만, 동일한 비관세장벽이라도 ③ 개도국경제가 그에 대한 적응능력이나 대체생산능력이 작으며, ④ 또한 정보수집능력 및 국제협상능력도 약하다는 점에서, 개도국의 무역에 미치는 효과가 보다 커지기 때문이다.

2.2 비관세장벽의 유형

상술한 바와 같은 비관세장벽의 복잡성 때문에 이러한 정책수단의 유형과 내용의 분류 역시 용이하지 않다. 지금까지 여러 학자나 국제기구들에 의한 다양한 분류가 이루어져 왔다. 대체로 학자들에 의한 분류가 원칙적이고 이론적임에 대하여 GATT나 UNCTAD 등 국제기구들의 분류는 정책적이고 실무적인 입장을 반영하여 매우 상세하고 복잡한 성격을 띠고 있다. 이처럼 다양한 비관세장벽의 형태가 존재하지만 대표적인 비관세장벽의 유형만을 정리한 것이 〈표 5-1〉이다.

표 5-1   비관세장벽의 여러 가지 유형

구분			대표적 무역정책수단
직접적 수단	수입	수량규제	수입할당제(수입쿼터제), 관세할당제, 수입금지제, 수입승인제 등
		가격규제	최저/최고가격제, 가변부과금, 반덤핑조치, 상계조치 등
		기타규제	수입과징금, 수입예치금, 수입업허가, 기타행정규제 등
	수출	장려수단	보조금제도, 수출덤핑, 수출금융, 수출신용제도, 수출보험제도
		규제수단	수출세, 수출금지제도
간접적 수단	수입규제수단		내국소비세, 외환관리, 행정규제조치(광고규제, 운송규제, 영업규제, 규격·안전·식품위생·환경기준, 원산지규정, 차별적 정부조달 등)
	수출장려수단		공기업보호, 특정산업지원, 환율정책 등
관리무역정책수단			수출자율규제(VERs), 시장질서협정(OMA), 수입자율확대조치(VIEs)

여기서 「직접적 수단」이란 수입을 규제하거나 수출을 장려하기 위한 목적으로 부과되는 무역정책수단을 말하고, 「간접적 수단」이란 직접적인 무역정책수단은 아니지만 수입제한 또는 수출촉진의 목적으로 활용되거나 다른 경제적 목표를 위해 도입되었지만 결과적으로 대외무역에 반사적·파생적 영향을 주는 무역정책수단을 말한다. 또한 「관리무역정책수단」이란 관련 국가들의 공식적·비공식적 합의와 조정을 통하여

관리되어지는 정책수단을 뜻한다.

이들 중 간접적 무역정책수단에는 보호목적으로 도입하지는 않았지만 결과적으로 무역을 제한하는 파급효과를 초래하는 조치 등도 포함되고 무역정책과 직접 관련이 없지만 실제로는 보호목적으로 활용되는 조치들도 포함된다. 예컨대 과도한 통관서류를 요구하거나 통관절차를 까다롭게 하는 것, 수입품에 대하여 위생·안전·환경 등 품질요건을 까다롭게 하는 것, 상표 표기를 어렵게 하는 것 등이 그러한 경우이다.

한편 〈표 5-2〉는 오랫동안 많은 나라(275개국)들로부터 비관세장벽에 대한 자료를 제공받아 데이터베이스를 구축하여온 UNCTAD가 채택하고 있는 비관세조치의 분류내용을 요약하고 있다.[2]

표 5-2 비관세보호조치의 분류 (UNCTAD)

구분		보호조치의 내용
기존의 NTB 유형	가격조치	관세 및 유사관세, 가격통제조치
	비가격조치	금융조치, 수량제한조치, 반독점조치
새로운 NTB 유형	기술적 조치	동식물위생 및 검역조치, 기술장벽, 선적 전 검사
	제도적 조치	무역관련 투자조치, 유통제한, 판매 후 서비스제한, 보조금, 정부조달제한, 지식재산권, 원산지규정, 수출관련조치
무역구제조치		반덤핑조치, 상계관세, 세이프가드

이처럼 비관세장벽은 분석기관마다 자신이 정한 기준과 분류체계를 도입하여 사용하고 있기 때문에 전체적으로 비관세장벽의 증감을 파악하기도 힘들다.

다음에서는 이러한 여러 가지 비관세장벽들 중 ① 수입규제정책수단으로서 「수입할당제」, ② 수출촉진정책수단으로서 「보조금제도」, ③ 가격차별화정책으로서 「수출덤핑」과 「국제카르텔」, ④ 관리무역정책수단으로서 「수출자율규제조치」에 대하여 살펴보기로 한다.

---

2 WTO 역시 TPR(Trade Policy Review)데이터 및 GTA(Global Trade Alert)데이터를 수집 관리하고 있는데, 이들 자료는 자료의 수집과 운영방식이 서로 다르고 보호조치의 분류 역시 서로 달라 UNCTAD 데이터와 다르다.

2절 수입할당제 (수입쿼터제)

1 수입할당제의 의의와 유형

1.1 수입할당제의 의의

「수입할당제」(수입쿼터제, import quota system)란 일정한 기간 동안 수입되는 특정제품의 수입을 양적으로 제한하여 통제하는 수입규제수단이다. 상품의 수입은 원칙적으로 허용하되 수입상품의 총수량이나 총금액을 지역별·국가별·업자별로 할당하여 할당량 이내에서는 자유롭게 수입되지만 그것을 초과하는 수입을 금지시키는 규제수단이다. 따라서 수입할당제는 아주 강력한 수입억제수단으로서, 역사적으로 관세 못지않게 중요한 보호무역수단으로 활용되어 왔고 오늘날에 있어서도 가장 강력하고도 대표적인 비관세장벽으로 간주되고 있다.[3]

수입할당제의 역사적 연원은 1930년대 초 프랑스의 보호무역에서부터 찾을 수 있다. 당시 아직 불황에 직면하지 않았던 프랑스가 외국상품, 특히 농산물수입이 덤핑방식으로 쇄도하여 일정한 보호가 불가피하였지만 관세를 통한 보호정책을 채택하기가 어려웠다.[4] 이에 프랑스는 자국의 국내시장확보를 위한 새로운 긴급조치로써 관세 대신 수입할당제를 실시하기에 이르렀다.

이처럼 수입할당제는 유치산업이 아닌 기성산업의 보호를 위한 보호조치로서 시작되었지만 프랑스가 시작한 이러한 수입할당제는 양차대전시기에 이르러 보다 많은 나라들이 보편적으로 채택하기에 이르렀다. 예컨대 미국의 경우 치즈수입에 대하여 매년 일정량의 치즈를 수입할 권리를 국내수입업자들에게 할당하고 있었고, 오랜 기간 동안 설탕과 섬유산업과 같은 특수산업에 대해서는 수출국정부에게 수출량을 할당해왔다.

---

3 선진공업국들이 채택하고 있는 비관세장벽의 유형 중 수입할당제가 50~60%를 차지하고 있다.

4 당시 프랑스는 ① 농산물에 대한 외국의 공급이 비탄력적이었으므로 관세를 통한 수입규제효과가 미약하였고, ② 세계 각국과 통상조약을 맺어 최혜국대우를 베풀고 있었기 때문에 타국의 동의 없는 관세율인상이 불가능하였으며, ③ 또한 계속되는 수입초과가 프랑스의 화폐제도 및 국민경제의 파탄을 가져옴으로써 프랑스 수출품의 해외수요가 격감하고 있었다.

1.2 수입할당제의 유형

① 수입할당제는 수입할당을 수입국 자신이 독자적으로 부과하느냐 아니면 상대국과의 협정을 통하여 부과하느냐에 따라 자주적 할당제와 협정할당제로 구분한다.

자주적 할당제(unilateral import)   수입국이 상대수출국과 아무런 사전협의나 교섭을 갖지 않고 일방적으로 일정기간 내에 자국의 수입량을 규제하는 할당제이다. 이러한 자주적 할당제는 할당방식에 따라 다시, ① 수입허가총량만을 정해두고 상대수출국은 지정하지 않는 「일괄할당제」(global quota), ② 일정기간 내의 수입총량을 특정국에게 사전 할당하는 「배정할당제」(allocated quota) 또는 「국별할당제」가 있다.

자주적 할당제는 자국의 목표에 따라 독자적인 정책주권을 행사할 수 있다는 장점이 있지만, ① 외국과의 사전협의 없이 일방적으로 결정하므로 국제적 비난과 보복을 받기 쉽고, ② 수출입국을 막론하고 이로 인한 독점이 발생될 수 있다는 문제점을 안고 있으며, ③ 할당과 관련되는 국가행정행위가 커진다는 단점을 지니고 있다.

협정할당제(bilateral import quota)   상대수출국의 정부 또는 유관단체와의 협의를 통해 할당량 배분을 결정하는 할당제이다. 일반적으로 어떤 나라가 수입할당제를 실시하는 경우 이에 따른 혼란이나 통상마찰을 피하기 위하여 사전에 외국과 협상을 하게 된다.

이러한 협정할당제는 ① 어떤 나라의 수출독점을 배제할 수 있고, ② 수입할당을 전 기간에 균분함으로써 서로 먼저 수출하려는 경쟁 때문에 발생되는 혼란 또는 급격한 가격변동을 피할 수 있으며, ③ 할당과 관련되는 국가행정행위를 극소화시킬 수 있다는 장점을 가진다. 그러나 할당업무가 수출국에 의해 이루어져 수입국은 불리해질 수 있고 수출업자가 자기들의 지점 등을 수입국에 설치하는 경우 수입국의 국내수입업자는 그들의 지위를 상실할 우려가 있다는 단점을 가진다.

역사적으로 볼 때 초기에는 주로 자주적 할당제가 실시되었으나 점차 국가 간 협정할당제가 나타나게 되었고 1960년대부터는 이러한 협정할당제가 다자협정(multilateral agreement)의 형태로 발전되었다. 이러한 다자협정의 가장 대표적 형태로서 1961년 제네바에서 체결된 단기면직물협정(STA)을 들 수 있는데 이는 그 후 장기면직물협정(LTA)·다섬유협정(MFA)으로 연장 확대되어 왔다.[5]

---

5 장기면직물무역협정(LTA: Long-Term Arrangement on Cotton Textiles)은 종전의 단기면직물협정(STA: Short-Term Arrangement on Cotton Textiles)을 대신하여 1962년에 체결된 다자간 쿼터협약

② 수입할당제는 또한 정해놓은 쿼터를 어떻게 배분하여 수입허가를 부여하느냐가 중요한데 수입쿼터의 실시방법은 대체로 ① 정부가 정해놓은 수입쿼터가 다 소진될 때까지 순서대로 수입허가권을 발부하는 「선착순방식」, ② 수입허가권을 입찰을 통하여 배분하는 「경매방식」, ③ 정부가 일정한 기준을 설정하여 그에 따라 쿼터를 배분해 주는 「기준설정방식」 등 3가지 방식이 있다. 어떤 방식을 취하느냐에 따라 뒤에서 설명하는 쿼터지대의 귀속이 누구에게 돌아가느냐가 정해지게 된다.

1.3 관세할당제

수입할당제와 유사하면서 빈번히 채택되는 비관세장벽의 하나가 「관세할당제」(TQ: tariff quota system)이다. 관세할당제는 일정량까지의 상품수입에 대해서는 면세조치를 취하거나 저율의 관세를 부과하지만 이것을 초과하는 수입에 대해서는 보다 높은 관세를 부과함으로써 일정량 이상의 수입을 통제하는 효과를 얻는 무역제한조치제도이다.

따라서 관세할당제는 관세와 수입할당제의 기술적인 특성을 혼합하여 이 두 가지 정책수단이 개별적으로 실시될 때의 결함을 보완하려는 제도라고 할 수 있다. 그러나 이러한 관세할당제는 ① 이것의 운용이 한층 더 복잡하여 행정비용이 많이 들고, ② 할당량 이내에서의 낮은 관세를 부과함으로써 발생되는 이득이 모두 해외공급자의 손에 들어가게 되며, ③ 관세할당량이 결정된 초기에 한도소진 이전에 수입을 행하고자 하는 수입쇄도가 이루어져 가격폭락이 유발될 수 있다는 단점을 지닌다.

이러한 단점에도 불구하고 관세할당제가 오늘날 선진국에서 많이 채택되는 주요한 이유 중의 하나는 개도국에 대한 「일반특혜관세제도」(GSP: generalized system of preference)에 대한 대응 때문이다. 개도국으로부터 수입되는 일정량에 대해서는 특혜관세를 적용해 주되 그 이상의 수입에 대해서는 보다 높은 관세를 부과함으로써, 일반특혜관세를 부여하여 이 상품이 무한정 수입되어 국내시장이 교란되는 피해를 봉쇄할 수 있기 때문이다. 또한 관세할당제는 수입량을 제한하되 관세나 수입쿼터 등에 비하여서는 덜 규제적이어서 상대국의 보복이나 국제적 비난을 불러일으킬 소지가 작다는 점도 선진국들이 이러한 정책수단을 선호하는 중요한 이유이다.

___

이었고, 1974년부터는 면직물 뿐만 아니라 인조섬유·모직물까지를 포함하는 다섬유협정(MFA: Multi-Fiber Arrangement)으로 대체되었다. 이후 WTO의 섬유 및 의류무역협정에서는 이러한 MFA쿼터를 10년간에 걸쳐 단계적으로 폐지하도록 규정하였다.

2 수입할당제의 경제적 효과

2.1 수입할당제의 부분균형분석 (소국 경우)

(1) 관세와 동질적인 효과

수입할당제가 실시되면 수입량이 제한되고 이로 인해 국내가격이 상승하는 효과가 나타나므로 관세와 유사한(동질적인) 경제적 효과가 나타난다. 일반적으로 수입할당제가 관세와 동질적 효과를 갖는 경우는 ① 외국의 수출산업, ② 국내생산구조, ③ 수입업자 간에 모두 완전경쟁(perfect competition)이 성립되는 경우이다. 이러한 3가지 조건이 충족되었을 경우 수입할당제의 경제적 효과는 관세와 유사한(동질적인) 성격을 나타낸다.

[그림 5-1]은 수입할당제의 경제적 효과를 부분균형으로 설명하고 있는데 이는 관세의 효과를 설명한 [그림 4-1]을 그대로 옮겨 놓고 있다.

우선 수입국이 소국이라고 가정하는 경우 수입공급은 완전탄력적이기 때문에 수입 공급곡선은 국제가격(P) 수준에서 수평선 형태를 취한다. 자유무역이 이루어지는 경우 시장가격이 국제가격 이하인 경우는 국내생산자가 공급하므로 국내공급곡선은 S-F가 되지만 가격이 국제가격수준에 이르면 공급곡선은 수평선형태인 F-G-H형태가 되어 전체공급곡선은 S-F-G-H가 된다. 시장균형점은 이러한 공급곡선과 수요곡선이 교 차하는 H점이 되어 수요량은 OQ_4이고 국내공급량은 OQ_1이어서 수입량은 Q_1Q_4이다.

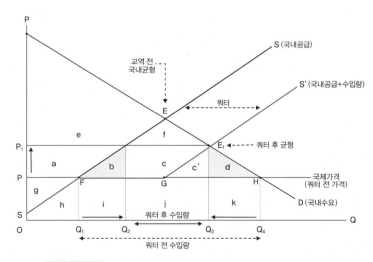

그림 5-1 수입할당제의 경제적 효과 (소국, 부분균형분석)

표 5-3	수입쿼터의 경제적 효과 (소국의 경우)		
구분	변화 내용 (쿼터부과 전 → 부과 후)	변화 크기	비고
무역효과 국제수지효과	수입량 감소 ($Q_1Q_4 \rightarrow Q_2Q_3$) 수입액 감소 (면적 $i+j+k \rightarrow j$)	$-(Q_1Q_2+Q_3Q_4)$ $-(i+k)$	관세의 경제적 효과와 동질적임 (다만 수입업자의 쿼터지대 발생효과 등이 상이함)
가격효과	국내가격 상승 ($P \rightarrow P_1$)	$+PP_1$	
소비효과	국내소비량 감소 ($OQ_4 \rightarrow OQ_3$)	$-Q_3Q_4$	
보호효과	국내생산량 증대 ($OQ_1 \rightarrow OQ_2$)	$+Q_1Q_2$	
소득재분배 효과	소비자잉여 감소 ($a+b+c+c'+d+e+f \rightarrow e+f$) 생산자잉여 증대 ($g \rightarrow a+g$) 수입업자의 쿼터지대 발생 ($c+c'$)	$-(a+b+c+c'+d)$ $+(a)$ $+(c+c')$	
후생효과	후생감소 ($a+b+c+c'+d+e+f+g \rightarrow a+c+c'+e+f+g$)	$-(b+d)$	

이때 정부가 수입량을 $Q_2Q_3(=FG)$로 할당하면 공급곡선은 국제가격 이하인 부분에서는 $S-F$, 국제가격에 이르러서는 할당량까지의 $F-G$이었다가 할당량이 충족되면 수입은 금지되어 다시 국내생산자들이 공급하므로 국내공급곡선과 평행인 $G-S'$가 된다. 따라서 [그림 5-1]은 관세의 경제적 효과를 설명한 [그림 4-1]과 동일하지만 쿼터실시 이후의 공급곡선은 국내공급곡선(S)을 수입할당량만큼 우측으로 평행이동한 것이 서로 다르다. 따라서 쿼터부과 후 균형점은 이러한 공급곡선과 수요곡선이 교차하는 E_1점이 되어, 수요량은 OQ_3이고 국내공급량은 OQ_2이어서 수입량은 Q_2Q_3로 감소되며 국내가격은 P_1으로 상승된다.

일반적으로 수입할당제는 가격을 인상하지 않고 수입량만을 제한하는 조치로 오해하기 쉽다. 그러나 수입할당제는 결과적으로 수입재에 대한 총공급(국내공급＋수입)을 감소시키므로 그 재화의 국내가격을 인상시키는「가격효과」가 있다. 쿼터가 일정한 관세율을 부과하였을 때의 수입량으로 설정되는 경우 완전경쟁조건 하에서는 관세와 동일한 가격효과가 발생된다.[6](물론 보충학습 [5-1]에서 설명하고 있듯이 국내시장에 독점이 존재하는 경우 등 수입할당제가 관세보다 더 높은 가격으로 인상시킨다)

이와 같이 수입량을 Q_2Q_3의 수준으로 제한하는 수입할당제를 실시하여 국내가격 수준이 P_1으로 상승한 경우, 이러한 가격인상에 따른 소비효과·보호효과·소득재분배 효과·후생효과 등이 나타나게 되므로 이러한 관점에서 관세와 유사한(동질적인) 경제적 효과가 발생된다고 할 수 있다.

---

6 수입할당제에 따른 국내가격상승률을 암묵적 관세율로 표시하면 P_1P/OP로 나타낼 수 있다. 이것은 이러한 관세율의 관세를 부과하는 경우 수입할당제를 실시하는 경우와 동일한 효과를 가짐을 의미한다.

(2) 관세와의 차이점

이처럼 관세부과와 수입할당제의 실시가 유사한(동질적인) 효과를 가지고 있다고 하더라도 다음과 같은 점에서 서로 다른 차이점이 있는 것은 불가피하다.

쿼터지대 발생   관세의 경우 관세부과에 따른 정부의 재정수입효과가 나타나는 반면 수입할당제의 경우 이로 인한 경제적 지대(economic rent)가 발생된다는 점이 다르다. 수입업자는 P의 가격으로 수입하여 더 높은 가격인 P_1으로 국내판매함으로써 이에 따른 초과이윤인 「쿼터지대」(quota rent)을 얻기 때문이다.

이러한 초과이윤이 발생하는 경우 이것이 누구에게 귀속되느냐가 중요한데 수입할당제에 따른 쿼터지대는 일반적으로 수입을 행하는 수입자(수입면허자)에게 귀속된다. 그러나 이때 만약 수입국정부가 수입권을 독점하거나 쿼터면허를 일정한 가격(P와 P_1의 차액)으로 수입업자들에게 판매해 그 금액을 국고로 귀속시키는 조치를 취하면 이러한 경제적 지대가 정부로 이전되어 관세와 동일하게 재정수입효과가 나타날 수 있고, 일정한 경우에는 이러한 쿼터지대가 수출국(수출국기업)에게 돌아갈 수도 있다.[7]

수입품 가격상승   관세는 수입국정부의 재정수입을 발생시키므로 관세로 인한 가격상승분의 상당한 부분이 다시 소비자(국민)에게로 환원된다고 할 수 있지만 쿼터의 경우 가격상승분의 상당 부분이 수출국의 생산자에게 환원된다고 할 수 있다.

우선 수입국이 쿼터를 부과하면 전형적으로 나타나는 현상이 수입품의 고부가가치화이다. 수출국기업의 입장에서 수입할당제 때문에 일정 수준 이상의 수출이 불가능해지면 정해진 수출량 범위 내에서 상품고급화를 통하여 수익증가를 꾀하기 때문이다. 또한 수출국의 생산자는 쿼터가 설정되면 수출업자들 간에 더 많은 양을 수출하기 위한 경쟁보다는 정해진 양을 수출하면서 경쟁자 등 간에 가격담합을 행하여 수출가격을 높이려는 노력을 행하게 된다.[8]

추가비용 발생   쿼터를 통하여 수입량을 제한하는 경우 이러한 쿼터실행에 따르는 수입국의 추가비용이 발생될 수 있다. 쿼터를 실행하는데 따르는 정부의 쿼터관리비용은 물론 정부가 수입면허를 발행하는 과정에서 수입면허를 받기 위한 조건을 갖추기

---

7 뒤에서 설명하는 바와 같이 수출자율규제(VERs)가 이루어지는 경우 이러한 경제적 지대는 수출국의 수출국기업에게 배분된다.
8 뒤에서 설명하는 바와 같이 1980년대 미국이 일종의 수량규제인 수출자율규제를 실시하자 일본의 자동차수출기업들이 본격적으로 고급차를 수출하는 방식을 취함으로써 일본자동차의 고급화가 촉발된 바 있다.

위하여 개인과 기업이 부담해야 하는 비용이 막대할 수 있다. 이러한 비용이 발생한 유명한 사례가 1950~60년대 인도였다. 당시 인도정부는 인도기업의 투자자본금액에 비례해서 쿼터면허를 발행하였는데 그 결과 수입면허를 받기 위한 목적으로 이루어진 과잉투자가 막대하였기 때문이다. 이러한 비용은 [그림 5-1]에서 보여주는 쿼터의 보호비용($b+d$)에는 포함되지 않는 추가적 비용이라고 할 수 있다. 또한 면허를 얻기 위한 수입업자들의 대정부 로비(lobby) 등 수입쿼터를 둘러싼 부패문제도 발생할 수 있다.

2.2 수입할당제의 일반균형분석 (대국 경우)

이상에서 설명한 수입할당제의 경제적 효과는 소국의 경우에 대한 부분균형분석이지만 대국(大國)이 수입할당제를 실시하면 이러한 경제적 효과 이외에 관세의 경우와 동일하게 수입국의 교역조건이 개선되는 효과가 나타나게 된다. 이러한 교역조건 개선효과를 일반균형분석방법으로 보여주고 있는 것이 [그림 5-2]이다.

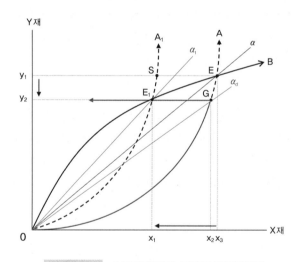

그림 5-2 수입할당제와 국제교역조건변화

자유무역이 이루어졌을 때 무역균형은 A국의 오퍼곡선 OA와 B국의 오퍼곡선 OB가 교차하는 E점에서 이루어져 OX_3의 X재와 OY_2의 Y재가 교역되고 그때의 교역조건은 α가 된다. 이때 A국이 수입되는 Y재에 수입할당제를 실시하여 수입량을 OY_1으로 규제하면 A국의 오퍼곡선은 OGY_1이 될 것이다. 왜냐하면 수입량이 OY_1 이하인 경우는 아무런 수입규제가 없으므로 자유무역 하의 오퍼곡선과 동일한 OG가 되지만,

OY_1 이상이 되면 수입할당제 때문에 더 이상 수입할 수 없기 때문에 A국의 오퍼곡선은 OA가 아닌 G점에서 Y_1점 쪽으로 굴절된 GY_1이 되기 때문이다.

그 결과 새로운 무역균형점은 E_1이 되고 A국의 교역조건이 α_1으로 변화되어 수입할당제 이전 보다 교역조건이 개선된다. 그런데 이러한 수입할당제의 교역조건개선효과는 A국이 $X_1X_2/OX_1(E_1G/Y_1E_1)$만큼의 관세를 부과하여 자국의 오퍼곡선을 OA에서 OA_1으로 이동시킨 것과 동일한 효과임을 알 수 있다.

보충학습 5-1 **관세와 이질적인 수입할당제의 효과**

이상에서 우리는 ① 외국의 수출산업, ② 국내생산구조, ③ 수입업자 간에 모두 완전경쟁(perfect competition)이 성립되는 경우 수입할당제의 경제적 효과는 관세부과의 경우와 유사한(동질적인) 성격을 나타낸다는 것을 종합적으로 고찰하였다. 그러나 이러한 가정이 성립되지 않는 경우 관세와 수입할당제의 동질성은 파괴된다.

이렇게 관세와 수입할당제의 경제적 효과가 동질적이지 않은 경우의 대표적인 예로서는 다음과 같이 ① 국내생산자가 독점을 이룬 경우, ② 상대국의 대응이 있는 경우, ③ 수요곡선과 공급곡선의 변화에 따른 효과가 달라지는 경우 등을 들 수 있다.

1. 국내생산자가 독점을 이루는 경우 (가격효과 상이)

관세나 수입할당제 모두 결과적으로 수입량이 감소하고 국내가격이 상승한다는 점에서 동질적인 것으로 생각되어 왔으나 두 정책수단의 실시에 따르는 가격효과가 과연 정확하게 동일하다고 할 수 있는가?

관세의 경우 관세부과 → 관세만큼 국내가격 상승 → 국내생산 증가 → 수입 감소의 과정이 이루어지지만, 수입할당제의 경우에는 쿼터에 의한 수입량 고정(수입 감소) → 해외공급량 감소 → 국내가격 상승의 과정이 나타나기 때문이다. 최근의 논의들은 이 양자의 가격상승효과의 크기는 시장구조의 형태에 따라 달라질 수 있다는 점을 지적하고 있다.[9]

일반적으로 국내생산자가 독점력을 가지는 경우 수입할당제와 관세는 이질적인 효과를 가지는 것으로 파악되는데, 관세에 비하여 수입할당제가 국내기업의 독점력·시

9 J. N. Bhagwati, "On the Equivalence of Tariff and Quotas," in R. Caves et als (eds.) *Trade, Growth and the Balance of Payments* (Weidenfeld and Nicholson, 1965) p.248; "More on the Equivalence of Tariffs and Quotas," *American Economic Review* (Mar. 1968); R. J. Falvey, "A Note on the Distinction between Tariffs and Quotas," *Economica* (Aug. 1975); M. Itoh & Y. Ono, "Tariffs, Quotas and Market Structure," *Quarterly Journal of Economics* (May. 1982).

장지배력을 대로 유지하는 효과가 더 크다고 할 수 있다. 당해 제품의 국내시장이 독점적 구조를 가질 경우 관세를 부과하면 국내독점기업은 자신의 가격을 국제가격에 관세를 합한 금액보다 더높은 가격으로 책정할 수 없고 또한 항상 외국의 경쟁자들을 의식해야 하므로 초과이윤을 추구하는 데 한계가 있다. 그러나 수입할당제의 경우 국내가격을 아무리 높게 책정하더라도 수입은 수입할당량을 초과할 수 없으므로 독점기업의 독점력은 그대로 유지·강화될 수 있고 따라서 초과이윤을 기대할 수 있다. 또한 수입할당제는 과거의 실적을 기준으로 할당하기 때문에 기존의 거래자(기득권자)에게 더 유리하다.

이와 같이, 국내시장이 독점상태에 놓여 있을 때 수입할당제가 실시되면 관세부과 때보다 국내생산자가 더 큰 독점력을 확보하게 되어 국내생산량은 증가하지 않고 국내가격은 더 높아지게 된다. 따라서 국내시장에서의 독점력을 완화하고자 할 경우 정부는 수입할당제보다 관세를 더 선호하여야 할 것이다.[10] 그러나 실제로 선진국들의 무역정책은 관세보다 비관세장벽을 선호하는 경향을 보여 왔는데 이것은 앞에서 설명한 관세와 수입할당제의 정책운용상의 특성과 관련된다고 할 수 있다.

2. 상대국의 대응이 있는 경우 (교역조건효과 상이)

관세를 부과하는 경우나 수입할당제를 부과하는 경우 동일한 효과를 발생하더라도 이에 대하여 상대국이 대응하는 경우 서로 상이한 균형점이 형성되므로 수입할당제와

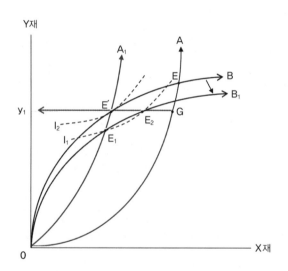

그림 5-3 관세와 수입할당제의 교역조건효과

10 Paul R. Krugman & M. Obstfeld, *International Economics* (Harper Collins Publishing Co. 1996) 전영서 역, 국제무역 (진영사, 1996) p.389 참조.

관세의 경제적 효과의 동질성이 무너지게 된다.[11] [그림 5-3]은 상대국이 수입국의
보호정책에 대하여 보복관세로 대응하는 경우 관세의 경제적 효과와 수입할당제의 경
제적 과가 서로 다른 결과를 초래한다는 것을 간단하게 보여주고 있다.

자유무역이 이루어졌을 때 무역균형은 양국의 오퍼곡선이 교차하는 E점에서 이루어
졌으나 A국이 수입량을 Y_1으로 규제하는 경우 A국이 오퍼곡선은 OGY_1이 되어 새로운
균형점은 E'점이 된다. 이러한 변화는 A국이 최적관세를 부과하여 A국의 오퍼곡선이
OA_1으로 이동되었을 경우와 동일한 효과라고 할 수 있다. 그런데 이러한 보호조치에
대하여 만약 교역상대국 B국이 보복관세를 부과하여 오퍼곡선이 OB_1으로 이동될 경우
에는, A국이 관세를 부과한 경우와 수입할당제를 채택한 경우의 경제적 효과가 달라진
다. 관세를 부과한 경우 균형점은 E_1점이 되지만 수입할당제를 채택하는 경우 균형점
은 E_2점이 되어 교역량이나 교역조건이 서로 다르게 나타나기 때문이다.

[그림 5-3]에서는 이 두 균형점이 동일한 무역무차별곡선 I_1상에 있으므로 후생수준
이 동일한 것으로 나타났지만 만약 오퍼곡선의 형태와 무역무차별곡선의 형태가 이 그림
과 달라지면 관세를 부과하였을 경우와 수입할당제를 채택하였을 경우 양자의 후생수준
역시 차이를 보일 것이다. 일반적으로 상호간에 관세를 경쟁적으로 부과하는 보복관세나
양국이 서로 수량할당정책을 반복하는 경우 관세의 보복과정(tariff retaliation process)과 수
입할당제의 보복과정(quota retaliation process) 간에는 서로 다른 효과가 나타나게 되어 관
세와 수입할당제의 경제적 효과가 동질적이지 않게 된다.[12]

3. 수요·공급곡선의 이동 경우 (후생효과 상이)

수입할당제와 관세정책의 실시에 따라 수요곡선과 공급곡선의 변화에 따른 효과가
달라지는 경우로서 각 정책의 실시에 따라 후생효과가 달라지는 경우를 들 수 있다.
[그림 5-4]는 가처분소득증대로 국내수요가 증대되는 경우 관세와 수입할당제의 경
제적 효과를 대비하고 있다.

왼쪽 그림 [a]에 있어서, 수입품에 $t\%$의 관세를 부과하면 국내가격은 국제가격 P에
관세를 포함한 P_1으로 상승하고 수입량은 Q_1Q_2로 감소되며 소비면에서의 후생감소는
면적 d와 같다. 이때 관세수입이 민간부문으로 이전되어 소득이 증대되면서 수요곡선
이 D에서 D'로 상방 이동되는 경우 수입량은 Q_1Q_5로 증가되지만 여전히 국내가격은
P_1이고 소비면에서의 후생감소 역시 여전히 면적 d로써 종전과 변함이 없다.

한편 오른쪽 그림 [b]에서처럼 수입량을 $t\%$ 관세를 부과하였을 경우와 동일한

11 C. A. Rodriguez, "The Non-Equivalence of Tariffs and Quotas under Retaliation," *Journal of International Economics* (1974) 및 표학길, 국제무역론 (무역경영사, 1985) p.320.
12 C. A. Rodriguez, "The Non-Equivalence of Tariffs and Quota under Retaliation," *Journal of International Economics* (1974) 참조.

$Q_1 Q_2$로 규제하는 수입할당제를 실시할 경우를 보자. 이 경우 수입할당제가 가격·수입량·후생에 미치는 기본적 효과는 관세의 경우와 동일하다. 그러나 관세수입이 민간소득으로 이전하여 수요곡선이 D에서 D'로 이동하는 경우 양자의 효과가 달라진다. 수요곡선의 상방이동이 이루어지면 관세의 경우 이에 따른 수입량증가($Q_1 Q_2 \rightarrow Q_1 Q_5$)가 발생하지만 수입할당제의 경우 수요곡선의 상방이동에도 불구하고 규제된 수입량 ($Q_3 Q_4 = Q_1 Q_2$)만이 수입되므로 수입량은 변동이 없다. 그러나 국내가격은 P_2로 더욱 상승되고 소비면에서의 후생감소 역시 더욱 커져 면적 d'가 된다.

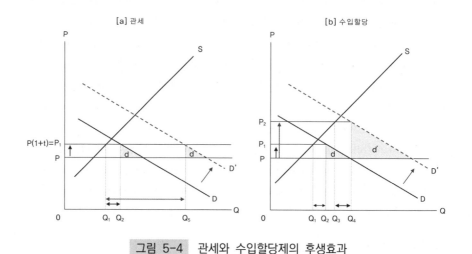

그림 5-4   관세와 수입할당제의 후생효과

표 5-4   수요곡선 변화 경우 관세와 수입할당제 경제적 효과 비교

구분	관세	수입할당제
가격 변화 수입량 변화 후생손실 변화	$P \rightarrow P_1$ (종전과 동일) $Q_1 Q_2 \rightarrow Q_1 Q_5$ (수입량 증대) $\triangle d \rightarrow \triangle d$ (종전과 동일)	$P \rightarrow P_2$ (더 크게 상승) $Q_1 Q_2 = Q_3 Q_4$ (종전과 동일) $\triangle d \rightarrow \triangle d'$ (더 크게 감소)

따라서 수입국의 수요가 증대된 경우($D \rightarrow D'$) 수입할당제가 관세의 경우보다 수입량은 더 크게 감소시키지만 국내가격을 더욱 인상시키며(가격 $P_1 < P_2$) 소비자후생 역시 더 크게 감소시킨다. (소비후생감소 면적 $d < d'$) 이처럼 소득증대로 국내수요가 증대되는 경우 후생적인 측면에서만 말한다면 관세정책이 수입할당제보다 바람직하다고 할 수 있다. 그러나 보호의 목표가 국제수지개선에 있어 수입량을 줄이는 것일 경우에는 관세보다 수입할당정책이 더 효과적인 정책수단이라고 할 수 있다.

2.3 수입할당제와 관세의 비교

이상에서 살펴본 바와 같이 수입할당제는 수입억제수단이라는 점에서는 관세와 유사한(동질적인) 경제적 효과를 나타내지만 양자 간에는 그 본질적 성격의 차이에 따라 몇 가지의 주요한 차이점이 나타난다. 수입할당제는 다음과 같이 정책효과면에서나 정책운용면에서 관세와 다른 차이점을 지닌다.

표 5-5   수입할당제와 관세의 비교

구분		관세	수입할당제(Quota)
정책효과	정책효과 메커니즘	▪ 가격기구 의한 간접적 수입규제효과 (관세 → 가격상승 → 수요감소 → 수입감소)	▪ 직접적인 수량규제 통한 수입규제 (쿼터 → 수입규제 → 해외공급감소 → 가격상승)
	무역효과 보호효과	▪ 수입수요의 가격탄력성에 따라 최종 수입량 결정되어 불확정적	▪ 쿼터한도에 의해 수입량 확정 ▪ 보다 강력한 수입규제·보호효과
	국내가격 변동효과	▪ 국내가격이 외생적으로 확정 (국내가격＝국제가격＋관세)	▪ 수량조정에 따라 국내가격이 부수적으로 변화되므로 가격변동 불안정
	경제지대	▪ 관세부과로 인한 수입국정부의 재정수입효과 발생	▪ 수입업자의 쿼터지대 발생 (쿼터운영방식에 따라 달라질 수 있음)
	시장독점	▪ 관세 후 국내가격 외생적 결정 (수입가＋관세) ▪ 독점기업의 시장독점력 완화될 수 있음	▪ 독점기업 공급량 조정 통해 가격결정가능 ▪ 독점기업의 독점력 유지·강화될 수 있음
정책운용	정책운용 탄력성	▪ 조세법률주의·국제협약·국제기구 등에 의한 제약요인 있음	▪ 행정부의 재량에 의한 자의적·신축적· 탄력적 운용이 가능함
	차별성과 투명성	▪ 무차별원칙(MFN) 적용 ▪ 정책의 투명성 높음	▪ 차별적·선별적 운용가능 ▪ 불투명성(쿼터 관련 부패가능성)
	대외적 실효성	▪ 높은 관세부과할 경우 대외적으로 잘 드러남	▪ 대외적으로 잘 드러나지 않음

(1) 정책효과상의 차이점

정책효과 메커니즘과 후생효과   양자 모두 수입을 규제하는 정책수단이지만, 관세는 관세부과 → 국내가격 상승 → 수요감소 → 수입감소라는 가격메커니즘(price mechanism)을 통한 간접적인 규제수단임에 대하여, 수입할당제는 수입량을 할당하여 일정량 이상의 수입이 이루어지지 않도록 직접적으로 규제하는 비관세장벽이다. 따라서 관세는 가격메커니즘에 따른 자원배분이 이루어져 후생 측면에서 수입할당제보다 더 우월하다고 할 수 있다.

무역효과·보호효과   외국으로부터의 수입이 규제되는 무역제한효과는 수입할당제의 경우가 더욱 확정적으로 이루어진다. 따라서 수입경쟁산업의 보호효과 측면에서는 수입할당제가 절대적으로 우월하여 외국제품의 수입규제를 원하는 국내수입경쟁산업들은 관세보다 수입할당제를 더 환영한다.

관세는 가격메커니즘에 따라 그 효과가 나타나므로 수입수요의 가격탄력성에 따라 수입억제효과가 달라지므로 무역효과가 불확실하다. 또한 수입국이 관세를 부과하더라도 교역상대국이 이에 대응하여 수출가격을 낮춘다면 관세부과로 인한 수입억제효과는 감소하게 되고, 특수한 경우이지만 메츨러역설이 발생하게 되면 관세부과 이전보다 국내가격이 오히려 하락하여 보호효과를 기대할 수 없게 된다. 그러나 수입할당제의 경우 설정된 쿼터량만큼의 수입만 이루어지기 때문에 수입규제효과가 확정적으로 나타난다.

국내가격변동효과   수입할당제의 경제적 효과와 관련하여 범하기 쉬운 오류는 수량을 규제하는 것이므로 국내가격이 상승되지 않을 수 있다고 생각하는 것이다. 그러나 수입할당제의 경우도 수입제품의 국내가격을 상승시킨다. 왜냐하면 수입할당제가 실시되면 총공급량(국내생산량+수입량)이 감소하여 종래 수입할당제가 실시되기 전의 국내수요에 미달되므로 초과수요가 발생하기 때문이다. 이처럼 관세나 수입할당제 모두 결과적으로 국내가격을 상승시킨다는 점에서는 동일하지만 그 과정이 다르기 때문에 구체적인 가격변동효과가 관세 경우와 다른 특성을 지닌다.

(1) 우선 [보충학습 5-1]에서 보여주듯이, 수입할당제 실시 이후 국내수요의 변화가 있을 때 관세의 경우는 국내가격의 변화가 없으므로 더 이상의 추가적인 후생손실이 발생되지 않지만 수입할당제의 경우 관세부과 경우보다 국내가격이 더 많이 인상됨으로써 추가적인 후생손실이 발생된다.

(2) 또한 수입할당제로 인한 국내가격변동효과는 관세의 경우보다 불안정하다. 왜냐하면, 관세를 부과하면 국제가격에 관세를 가산한 수준에서 국내가격이 안정되지만 수입할당제의 경우 쿼터부과로 수입량이 규제되면 외국으로부터의 공급이 감소하여 국내가격이 상승하기 때문이다. 일반적으로 수입할당제의 경우 그러한 할당으로 어느 정도의 독점가격이 실현됨으로써 관세보다 가격변동 정도가 클 수 있으며 또한 할당기간 초기에 수입이 쇄도할 경우 국내가격이 폭락하는 등 가격변동이 심할 수 있다.

경제적 지대효과   관세는 정부세입을 증대시키는 재정수입효과를 가지지만 수입할당제의 경우 이러한 세입증대는 없고 오히려 허가된 수입업자(quota holder)들에게 독점적 이윤을 보장해 주는 비합리성을 가진다. 따라서 수입할당제의 경우 국내시장에서의 경쟁을 감소시키는 동시에 수입재의 희소가치를 높여 일종의 경제적 지대(economic rent)를 발생시킴으로써 관세정책과는 상이한 소득분배를 야기할 수 있다.

그러므로 수입업자들은 대정부 로비(lobby)를 잘하여 수입쿼터를 배정받으면 쿼터지대라는 특혜를 누릴 수 있지만 관세의 경우는 이런 여지가 없다. 물론 앞에서 설명한 바와 같이, 만약 수입국정부가 수입권을 독점하거나 쿼터면허를 일정한 가격으로 수입업자들에게 판매해 그 금액을 국고로 귀속하는 경우 수입할당제 역시 정부의 재정수입효과가 발생될 수 있다.

(2) 정책운용상의 차이점

이상에서 살펴본 바와 같이, 자원배분효과·가격효과·후생효과·경제적 지대의 귀속 등과 같은 정책효과면에서 전반적으로 수입할당제는 관세보다 더 열등한 정책이라고 할 수 있다. 그럼에도 불구하고 현실적으로는 관세보다 수입할당제가 선호되는 경향이 있다. 이것은 수입량을 직접적으로 통제할 수 있어 무역제한효과 및 국내산업보호효과가 크고 아울러 정책운용의 편의성이 높다는 점 등 다양한 정치경제적 요인들이 작용하고 있기 때문이다. 수입할당제는 관세와 달리 비관세장벽(NTB: non- tariff barrier)이므로 정책운용의 측면에서 관세와는 다른 정책적 특성을 지닌다.

정책운용의 탄력성   관세는 원칙적으로 조세법률주의에 따라 입법부에 의한 관세율 결정이 이루어져야하므로 신축성이 약하고[13] 국제기구나 국제협약 등에 의해 독자적이고 즉각적인 조치를 행하기가 어려운 경우가 많다. 반면 수입할당제는 행정부의 재량에 의해 결정되어지기 때문에 정책운용의 자의성·신축성·탄력성면에서 관세보다 강력하다. 따라서 관세는 수입상태가 안정적이고 가격메커니즘을 통한 수입억제가 가능한 경우 실효성이 있지만, 수입할당제는 외국의 공급탄력성이 비탄력적이고 불확실한 경우, 국제가격 폭락 및 덤핑 등으로 가격메커니즘을 통한 수입억제가 실효성을 갖지 못하는 경우, 일국의 관세주권의 자주성이 약한 경우에 실효성이 있게 된다. 그러나 수입할당제는 쿼터를 관리하는 공무원들에 의해 남용될 여지가 높고 부패를 발생시키기도 쉽다.

---

13 어느 정도의 범위 내에서 그것을 조정할 수 있는 권한을 행정부에 위임하고 있는 제도가 탄력관세제도(flexible tariff system)이며, 우리나라의 관세법률상 덤핑방지관세·보복관세·긴급관세·조정관세·상계관세·편익관세·물가평형관세·할당관세 등이 있음을 앞서 설명하였다.

차별성과 투명성　관세는 무차별적임에 대하여 수입할당제를 차별적으로 운용할 수 있다. 따라서 대외적으로는 최저비용공급자에 의해 공급되지 않을 수 있으며 대내적으로는 수입할당에 따르는 부당이윤이나 부패와 같은 부작용을 초래할 수 있다. 또한 수입할당제는 주로 과거실적에 따라 쿼터가 배정되므로 기존의 수출업자(수출국가)가 신규수출업자(신규수출국가)에 비하여 유리하다는 차별성도 존재한다. 또한 관세는 누구나 이를 금방 인지할 수 있어 투명한 정책수단인데 비하여 수입할당제의 경우 보호효과가 투명하지 않다. 따라서 특수이익집단의 로비가 없다고 하더라도 보호수준이 높아지기 쉽다.

대외적 실효성　수입국의 수입수요가 비탄력적일 경우 수입할당제가 가져올 수 있는 수입억제효과를 관세부과를 통하여 얻으려면 아주 높은 관세율의 부과가 필요해지는데 이는 교역상대국에게 자국의 무역장벽이 높다는 인식을 줄 우려가 크다. 이러한 차이 때문에 수입국정부는 관세보다도 수입할당제를 채택하는 것이 정치적으로 좀 더 용이하고 비용도 작다고 인식하기 쉽다.

3절 보조금정책과 가격차별화정책

1 보조금정책

1.1 보조금정책의 의의

「보조금정책」은 정부나 공공단체가 국내생산자에게 일정한 재정적·금융적 지원을 통하여 수입경쟁촉진·수입억제·수출촉진을 도모하는 무역정책수단이다.[14] 따라서 이 제도는 직접적으로 수입을 억제하는 여타의 비관세장벽과는 다소 성격을 달리하지만 결과적으로 국제교역량에 영향을 미친다는 점에서 하나의 중요한 보호무역정책수단이 되고 있다. 이러한 보조금제도는 그 내용에 따라 다음과 같이 구분된다.

일반보조금과 특정보조금　일반보조금은 경제전체를 대상으로 하는 보조금제도인 반면 특정산업·특정지역·특정기업·특정행위(예컨대 R&D보조금)를 대상으로 하는 보조금이

---

14 좀 더 구체적으로 보면 ① 직접적 지불 또는 국고보조, ② 조세의 감면·유예·환불, ③ 유리한 조건의 융자, ④ 정부보증, ⑤ 정부출자 등의 형태를 취한다.

특정보조금이다. 이들 중 후자가 더 큰 비중을 차지하고 있고 국제무역에서 주로 논란의 대상이 되는 것도 이러한 특정보조금이다.

생산보조금과 수출보조금 보조금은 수입경쟁재의 국내생산을 촉진하기 위한 생산보조금(production subsidy)과 수출산업이나 수출업자에게 보조하여 수출을 촉진시키기 위한 수출보조금(export subsidy)으로 크게 구분하기도 한다.

WTO협정상의 보조금 GATT협약에서는 보조금에 대한 명확한 정의가 없고 보조금의 종류도 국내보조금과 수출보조금으로 단순 구분하였으나, WTO보조금협정에서는 보조금에 대한 정의를 명확히 하는 동시에 보조금의 종류를 ① 금지보조금, ② 조치가능보조금, ③ 조치불능보조금으로 구분하여 그 범위를 명확히 규율하였다.[15]

1.2 생산보조금정책

(1) 생산보조금의 경제적 효과

「생산보조금」(production subsidy)이란, 수입경쟁(대체)산업의 생산비 중 일부를 지원하여 국내생산을 촉진함으로써 수입을 억제하는 무역정책수단이다. 일반적으로 생산보조금은 독립된 수단으로서 보다 관세에 대한 보완적 수단으로 이용되어, 정부가 수입관세에서 얻어진 재정수입을 다시 생산보조금으로 지급함으로써 산업의 보호효과를 한층 더 강화시키기도 한다. 또한 현실적으로 이러한 생산보조금은 직접적으로 생산비를 보조해 주는 방식보다는 조세감면혜택 부여 또는 저금리의 기술개발자금 제공 등 간접적으로 생산비를 보조해 주는 방식을 취한다.

국내산업(수입경쟁산업)에 생산보조금을 지급하는 것은 마이너스(-) 관세를 지급하는 것과 동일하므로 생산보조금의 경제적 효과 역시 관세부과의 경제적 효과와 대비하여 설명된다. [그림 5-5]는 관세가 부과될 경우와 생산보조금이 지급될 경우의 경제적 효과를 부분균형분석을 통하여 보여주고 있다. 양자의 효과를 비교적으로 살펴보기 위하여 두 개의 그림을 함께 보여주고 있고 또한 $t\%$의 관세와 동일한 $s\%$의 보조금이 지급되는 경우를 나타내고 있다.

15 이에 대해서는 제7장 3절의 국제통상규범협정에서 자세히 설명하였다.

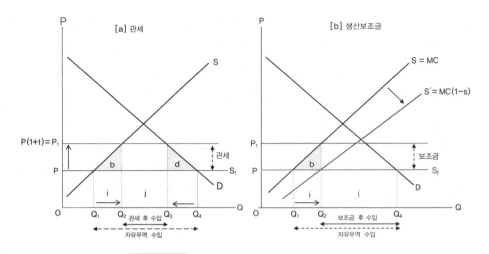

그림 5-5 관세와 생산보조금의 경제적 효과

표 5-6 관세와 생산보조금의 경제적 효과 비교

	관세 [a]		생산보조금 [b]	
가격효과	$P \to P_1$	가격 상승	가격 P(불변)	(PP_1 만큼의 보조금)
생산효과	$OQ_1 \to OQ_2$	생산 증대	$OQ_1 \to OQ_2$	생산 증대
소비효과	$OQ_4 \to OQ_3$	소비(소비후생) 감소	OQ_4(불변)	소비(소비후생) 불변
무역효과	$Q_1Q_4 \to Q_2Q_3$	수입감소(생산증대+소비감소)	$Q_1Q_4 \to Q_2Q_4$	수입 감소(생산 증대)
보호비용	면적$-(b+d)$	생산면+소비면 비용	면적$-(b)$	생산면 비용

　　두 그림은 모두 관세의 효과를 설명한 [그림 4-1]과 기본적으로 동일하다. 다만 관세는 정(正)의 조세(positive tax)임에 대하여 생산보조금은 「부(負)의 조세」(negative tax)이므로, 관세가 부과되는 경우 왼쪽 그림 [a]에서 외국공급곡선이 상방으로 이동($S_f \to S_f'$)하는데 대하여 생산보조금이 지급되는 경우에는 오른쪽 그림 [b]에서 수입국의 공급곡선이 하방으로 이동($S \to S'$)된다. 이렇게 공급곡선의 하방이동을 가져오는 생산보조금정책은 다음과 같은 경제적 효과를 발생시킨다.

　　가격효과　　관세의 경우 관세부과에 따른 가격상승이 이루어지지만 생산보조금을 지급하는 경우 이로 인해 국내가격이 상승하지는 않으므로 관세와 같은 가격효과는 발생하지 않는다. 다만 이러한 보조금지급으로 국내생산자는 소비자가 지불하는 시장가격 P에 보조금을 합한 P_1을 지급받게 된다.

생산효과·소비효과   관세를 부과하면 국내가격이 P_1이 되어 국내생산은 Q_1에서 Q_2로 증가하고 소비는 Q_4에서 Q_3로 감소되는 효과가 나타난다. 반면 생산보조금을 지급하는 경우 공급곡선이 우측 하방으로 이동함으로써 자유무역의 경우와 동일한 국제가격 P가 그대로 유지된다. 따라서 국내생산은 Q_2에서 이루어져 관세와 동일하게 생산증대효과가 발생되지만 소비는 여전히 Q_4에서 이루어지므로 소비감소효과는 발생되지 않는다.

보호비용·후생효과   이에 따라 관세의 보호비용은 면적 $(b+d)$으로 나타나지만 생산보조금 경우에는 생산 측면에서의 보호비용(면적 b)만 발생된다. 말하자면 관세는 생산과 소비의 왜곡을 동시에 발생시켜 생산자후생과 소비자후생 모두를 감소시키지만 생산보조금은 생산의 왜곡만을 발생시켜 생산자후생만을 감소시킨다. 따라서 생산보조금정책은 보호비용 측면에서나 사회후생 측면에서 관세보다도 더 우월한 정책수단이라고 할 수 있다.

무역효과·보호효과   보조금을 지급하면 관세와 마찬가지로 국내생산이 증대되어 수입이 감소하는 수입억제효과가 나타난다. 다만 관세의 경우 국내생산 증대·소비감소를 통하여 수입이 Q_1Q_4에서 Q_2Q_3로 억제되는 반면 생산보조금의 경우 국내생산촉진을 통한 수입억제효과만 나타나므로 Q_1Q_4에서 Q_2Q_4로 감소된다. 따라서 수입을 억제하는 효과의 크기는 보조금의 경우가 관세보다 더 작다.

소득재분배효과   소득재분배라는 측면에서 관세는 당해 수입품의 국내소비자로부터 징수되어 국고(재정수입)로 귀속되는데 비하여 생산보조금의 경우 일반국민으로부터 세금으로 징수되어 보조를 받는 국내생산자에게 재분배된다.

(2) 생산보조금정책과 관세의 비교

이상에서 살펴본 바와 같이 관세나 생산보조금 모두 결과적으로 국내생산을 증대시키고 수입을 억제함으로써 국내산업을 보호할 수 있다는 점에서 유사한 효과를 가진다. 그러나 생산보조금정책과 관세정책은 이러한 결과를 가져오는 과정이나 변화의 크기·가격·후생·소득재분배 등의 측면에서 그 효과가 서로 다르고 또한 무역정책의 정치경제적 성격 역시 서로 다르다. 위에서 살펴본 양자의 차이를 보다 확대하여 살펴보면 〈표 5-7〉과 같다.

표 5-7		생산보조금정책과 관세의 비교	
구분		관세	보조금정책
경제적 효과	가격효과	▪ 국내가격 상승 ($P \rightarrow P_1$)	▪ 국내가격 상승 없음(상대가격 왜곡 없음)
	생산효과 소비효과	▪ 국내생산 증대 ($OQ_1 \rightarrow OQ_2$) ▪ 국내소비 감소 ($OQ_4 \rightarrow OQ_3$)	▪ 국내생산 증대 ($OQ_1 \rightarrow OQ_2$) ▪ 국내소비 불변 (OQ_4)
	후생효과 (시장왜곡)	▪ 생산면·소비면의 후생감소효과 $-(b+d)$ (생산왜곡·소비왜곡 동시 발생)	▪ 생산면의 후생감소효과 $-(b)$ (생산왜곡만 발생)
	무역효과 보호효과	▪ 관세→가격상승→생산증대＋소비감소→ 수입감소($Q_1Q_4 \rightarrow Q_2Q_3$), 보호효과 큼	▪ 생산보조금 → 생산증대(공급곡선이동) → 수입감소($Q_1Q_4 \rightarrow Q_2Q_4$), 보호효과 작음
	소득재분배 (귀속)	▪ 국내소비자 → 국고 (소비자의 경제적 부담)	▪ 일반국민 → 국고 → 생산자 (일반국민의 조세부담 추가)
정책적 특성	정책편의성	▪ 재정수입이 발생하므로 실행 용이함 ▪ 일단 보호가 시작하면 철폐가 어려움	▪ 조세부담, 재정지출이 수반되어 실행 어려움 ▪ 실행되더라도 철폐가 비교적 용이함
	정치경제적 이해관계	▪ 수입경쟁산업 전체에 대한 일반적· 공공재적 편익 제공	▪ 지급대상기업/산업에 대한 기업/산업 특정적 편익제공(로비와 정치적 개입 수반)

이를 통하여 알 수 있듯이, 수입경쟁산업에 대한 생산보조금지급은 국산품과 수입품의 상대가격을 왜곡시키지 않고 비용면에서나 후생면에서 관세보다 더 우월한 정책수단이라고 할 수 있다. 그럼에도 불구하고 보조금정책보다 관세가 더 널리 채택되는 것은 수입억제효과가 더 클 뿐만 아니라 정치경제적으로 더 부담이 없는 정책수단이기 때문이라고 할 수 있다.

1.3 수출보조금정책

① 「수출보조금」(export subsidy)이란, 수출촉진을 위한 목적으로 수출산업이나 수출업자에게 보조되는 재정적·금융적 지원조치를 말하는데, 때로는 자국 상품을 구매할 수입국(수입업자)에 대한 재정적·금융적 지원조치를 행하여 자국의 수출이 촉진되도록 하는 수출보조금정책이 실행되기도 한다.

각국 정부는 다양한 방식으로 이러한 수출보조금을 지불하고 있다. 전통적인 방식은 수출업자에 대한 저금리 특별융자 제공이지만 이 밖에도 정부가 수출업자를 대신하여 판촉행위를 행하거나 수출업자에게 시장정보를 제공하는 활동, 수출업자들에게 유리한 조세정책을 활용하는 형태 등도 수출보조금의 한 형태로 간주할 수 있다. 우리나라는 1960년대 초부터 수출용원자재에 대해 관세를 환급해 주거나 수출산업에 대한 다양한 조세감면혜택을 취하여 왔고 또한 수출규모별로 다양한 금융지원을 저금리로 제공하여 왔는데 이들 역시 간접적인 수출보조금의 일종이라고 할 수 있다.

일반적으로 수출보조금이 가장 광범위하게 적용되는 분야는 농업분야라고 할 수 있다. 모든 정부는 휴경보조금 지급·과잉생산물 구매 등 농가소득을 인위적으로 증대시키기 위한 정책을 채택하는데 이로 인해 초과생산된 농산물을 해외에 더 많이 처분하고자 수입국(수입업자)에 보조금을 지급하는 행위도 흔히 행해지고 있다.

② 이러한 수출보조금제도는 수출재의 생산비용을 직·간접적으로 낮춤으로써 수출품의 가격경쟁력을 강화시켜 수출을 증대시키는 효과를 발생한다. 그러나 이러한 수출보조금의 지급은 다음과 같은 「경제적 폐해」를 수반하게 된다. (수출보조금의 경제적 효과에 대해서는 [보충학습 5-2] 참조)

(1) 인위적인 수출증대를 위한 보조금지급으로 어느 정도 수출을 증대시키는 효과는 있지만 수출재산업에 과다한 자원투입이 이루어져 자원의 효율적 배분이 저해될 수 있다.

(2) 수출보조금 지급을 통하여 자국 수출품가격을 인하시킴으로써 교역조건이 악화될 수 있다. 이때 자국의 수출품이 국제시장에서 차지하는 비중이 크면 클수록 이러한 교역조건악화효과는 더 커지고 따라서 더 큰 후생저하를 각오하지 않으면 안 된다.

(3) 수출국정부가 수출보조금을 지불하기 위해서는 일정한 재정수입이 필요한데 이러한 재원을 마련하기 위한 국민의 조세부담이 증가됨으로써 소비자의 실질소득감소가 초래된다.

(4) 이상과 같은 자원배분의 비효율성·교역조건악화·소비자 실질소득 감소를 통하여 수출국의 국민후생이 저하될 수 있다. 수출보조금지급으로 생산자잉여는 증가하지만 이와 동시에 소비자잉여 감소 및 정부재정지출 증가가 발생하는데 후자를 합한 값이 생산자잉여 증가분을 초과함으로써 수출보조금 지급국가의 후생에 순손실이 발생한다.

(5) 수출보조금을 지급하는 경우 교역상대국으로부터 불공정경쟁이라는 비난과 보복의 대상이 될 수 있다.

③ 물론 수출보조금 지급의 수출국의 후생감소를 초래하는 효과는 단기적·정태적

관점의 분석결과라고 할 수도 있다. 유치산업보호론이 주장하는 바와 같이 수출보조
금지급을 통하여 국내생산이 증가되면 이에 따른 규모의 경제효과가 발생할 수 있고
연관효과나 학습효과 등과 같은 동태적 효과도 발생할 수 있기 때문이다. 이러한 주
장에 대하여 수출보조금정책을 비판하는 사람들은, 수출보조금 지급이 장기적으로 지
속될수록 그러한 보호에 안주하여 진정한 산업경쟁력 향상이 지연되는 부작용이 초래
될 수 있어 그와 같은 동태적 효과가 나타나지 않을 수 있으며 또한 보조금 수혜를
노리는 이익집단의 지대추구활동이 촉구될 수도 있다고 반박한다.

　　이 때문에 수출보조금과 관련하여서는 논란이 계속되고 있지만, 후술하는 바와 같
이, WTO의 보조금 및 상계관세협정에서 이를 금지보조금으로 규정하여 이러한 보조
금지급행위를 금지하고 있다. 그럼에도 불구하고 과거 역사를 보면 많은 나라들이 위
장된 형태 또는 위장되지 않은 형태 등 다양한 수출보조금을 활용하여 왔던 것도 사
실이다.

　　예컨대 미국을 비롯한 선진국들이 수출입은행과 같은 대리인을 통하여 자국 상품
을 구매할 외국바이어들에게 저금리의 융자를 제공함으로써 자국 상품 구입자금조달
을 용이하게 한 조치,[16] 외국에 진출해 있는 자국 기업의 해외자회사가 벌어들인 소득
중 수출로 인해 발생된 소득에 대한 조세감면조치, 공동농업정책(CAP)에 따라 농가소
득을 유지시키기 위한 유럽연합의 농업보조, 유럽연합의 항공기산업 및 일본의 컴퓨
터산업 등 첨단산업에 대한 보조금지급 등이 특히 국제적으로 논란이 되었던 수출보
조금이었다.

보충학습 5-2　　**수출보조금의 경제적 효과 분석**

　　[그림 5-6]은 자국의 수출업자에게 지급하는 수출보조금의 경제적 효과를 부분균
형분석과 일반균형분석으로 보여주고 있다.

　　① 우선 왼쪽 그림 [a]는 어느 정도 규모를 가진 대국(大國)에서 수출보조금을 지급
한 경우의 경제적 효과를 부분균형분석으로 보여주고 있다.[17]

---

16 이러한 신용대출이 미국수출의 약 2%를 차지하고 일본의 경우 32%, 프랑스 18%, 독일 9%를 차지하
는 것으로 나타나기도 하였다. Dominick Salvatore, International Economics, Trade Theory and
Policy 8th ed.(John Wliley & Sons Inc., 2004) p.309

17 [그림 5-6]은 수출재의 경우를 보여주고 있어 수입재에 부과하는 관세의 경제적 효과와는 정반대방
향으로 전개된다. 따라서 국제가격(P)이 자국의 수요곡선과 공급곡선이 만나는 균형점(E)보다 높은
위치에 자리 잡고 있다.

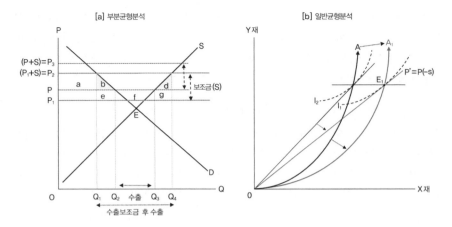

그림 5-6 수출보조금의 경제적 효과

가격변동효과   대국의 수출보조금지급은 국제가격을 인하시키고 국내가격을 상승시키는 효과가 있다.[18] 대국 정부가 수출업자들에게 수출보조금을 지급하면 수출업자들이 가격을 낮추어 수출하므로 종전의 국제가격 P가 P_1으로 하락한다. 이때 국제가격의 하락 정도는 해외수요곡선의 탄력성에 따라 달라지지만 그 크기는 보조금액보다는 작게 하락한다. 반면 정부가 생산자에게 보조금을 지급하면 이 제품의 국내가격은 P_2로 상승한다. 수출업자들이 외국에 수출하는 경우 수출가격(P_1)에다가 보조금(s)을 더한 금액을 받는 결과가 되므로 국내시장에서도 $P_2(=P_1+s)$ 이하로는 판매하지 않기 때문이다. 이렇게 수출보조금을 지급하면 국내가격은 상승하지만 지급된 보조금 금액보다는 작게 상승한다. 이때 수출가격(P_1)과 국내판매가격(P_2)의 차이가 곧 보조금액(s)이 된다.

수출증대효과   수출보조금지급으로 수출가격이 인하되면 수출이 증대된다. 종래 자유무역이 이루어지는 수출가격 P하에서 이 나라는 Q_2Q_3만큼 수출하였으나 보조금지급으로 수출가격이 P_1으로 하락되면 수출량은 Q_1Q_4로 증가한다. 이것은 수출업자들이 국내가격(P_2)이 수출가격(P_1)에 보조금액(s)을 보탠 금액이 될 때까지 그 제품을 수출하기 때문이다.

사회후생효과   정부가 수출보조금을 지급하면 국내생산자는 이득을 얻고 소비자는 손실을 입게 되며 사회전체적 후생은 저하된다. 즉 보조금지급으로 생산자잉여는 면적 $(a+b+c)$만큼 증가하지만 소비자잉여의 손실이 면적 $(a+b)$만큼 발생되고 보조금지급(수

---

18 이 경우는 자국의 수출이 국제시장가격에 영향을 주는 대국(大國)이라고 가정하였기 때문이지만 수출국이 소국(小國)이어서 국제가격(P)으로 얼마든지 공급(수출)할 수 있는 경우에는 국제가격의 변동효과는 없고 다만 국내가격은 종전의 국제가격(P)에 보조금액(s)을 더한 만큼의 가격 $P_3(=P+s)$로 상승된다.

출량×보조금)으로 면적 $(b+c+d+e+f+g)$만큼의 비용이 발생되어 전체적인 순후생이 $(b+c+d+e+f+g)$만큼 감소되기 때문이다. 이때 b와 d는 각각 보조금지급으로 인한 생산왜곡과 소비왜곡으로 인한 비용이지만 나머지 $e+f+g$는 수출보조금지급으로 인한 국제가격의 하락, 즉 교역조건 악화로 인한 손실이다.

　② 한편 오른쪽 그림 [b]는 수출산업에 수출보조금을 지급하는 경우 수출재의 국내생산이 증대되지만 이로 인해 교역조건이 악화되고 국민후생이 저하되는 것을 오퍼곡선을 통한 일반균형분석방법으로 보여주고 있다. 이 그림에서 보조금지급 전의 상대가격을 P라고 하고 오퍼곡선 OA가 P와 만나는 점 E가 보조금지급 전의 무역균형점이다. 이러한 무역균형점 E는 가격선 P와 무역무차별곡선 I_2가 접하는 점이다.

　이제 A국이 수출재인 X재에 $s\%$의 보조금을 지급하면 국내시장가격은 그대로 P이지만 국제가격은 P', 즉 $P(1-S)$가 된다. 이러한 새로운 가격선 P'하에서의 무역균형점은 변경된 상대가격선 P'와 무역무차별곡선 I_1이 접하는 E_1점이 된다. 왜냐하면 수출보조금이 지급될 경우 민간소비자의 조세부담이 증가되므로 보조금지급에 따른 소득감소액을 감안할 경우 E_1점이 새로운 무역균형점이 되기 때문이다.[19] 이렇게 무역균형점이 E에서 E_1으로 이동되었다는 것은 수출보조금지급을 통하여 X재의 수출이 증가되었다는 것을 보여준다.

　이러한 방법으로 여러 가지 국제가격의 변화에 따른 보조금지급 후의 새로운 균형점들의 궤적을 이으면 새로운 오퍼곡선은 OA_1이 된다. 따라서 수출보조금을 지급하였을 경우 그 나라의 오퍼곡선은, 오퍼곡선이 좌측 상방으로 이동하는 관세부과의 경우와는 반대로, 우측 하방으로 이동하게 된다. 이러한 오퍼곡선의 하방이동에 따라 그 나라의 교역조건은 P에서 P'로 악화되었고 후생수준은 I_2에서 I_1으로 저하되었다.

1.4 보조금과 상계관세조치

위에서 설명한 대로 보조금지급은 보조금을 지급하는 수출국에게 여러 가지 비효율성과 부작용을 초래할 수 있음은 물론, 수입국이나 교역경쟁국의 입장에서 보면 보조금지급을 통한 경쟁력의 인위적 개선이 불공정무역(unfair trade)이 되므로 비난의 대상이 된다. 따라서 보조금을 지급받은 외국상품의 수입을 억제하고 보조금지급으로 인한 경제적 폐해를 상쇄시키기 위한 정책수단이 나타나게 되었는데 그 대표적인 형태가 상계관세이다.

---

19 따라서 이때 E와 E'를 잇는 궤적이 소득소비지출곡선이 된다.

「상계관세」(compensation duties)란, 제품의 제조·생산·수출에 직간접적으로 제공한 보조금으로 인해 수입국에 피해가 발생되는 경우 이러한 보조금지급의 효과를 봉쇄하고 상쇄시키기 위하여 부과되는 특별관세이다.[20] 이러한 상계관세의 경제적 타당성의 논거는, 보조금지급으로 인한 수입국 수입경쟁산업이 받게 되는 악영향을 배제하고 상쇄함으로써 공정경쟁(fair competition)을 확보한다는 것과 이를 통하여 외국정부로 하여금 보조금정책을 자제하도록 유도한다는 것이다.

이러한 상계관세에 대한 국제협정은 GATT체제 하의 도쿄라운드(TR)에서 처음으로 체결된 이후 우루과이라운드(UR)의 「보조금 및 상계관세협약」(Subsidiaries-Countervailing Duties Code)을 통하여 보다 강화되었다. 이 협약에서는 보조금의 범위를 ① 원칙적으로 새로운 보조금을 제공하거나 기존의 보조금을 유지할 수 없는 「금지보조금」(prohibited subsidies), ② 보조금이 지급되면 일정한 요건 하에서 상계관세조치를 취할 수 있는 「조치가능보조금」(actionable subsidies), ③ 보조금지원이 허용되어 이것을 이유로 상계관세조치를 취하지 못하도록 규정한 「조치불능보조금」(non-actionable subsidies) 내지는 「허용보조금」으로 구분하여 규정하고 있다.

동 협약은 수입국이 상계관세를 부과하기 위한 요건으로서 ① 해당 제품에 직간접적으로 보조금이나 장려금이 지급되었을 것, ② 이러한 보조금을 지급받은 제품이 수입됨으로써 수입국의 기존산업에 중대한 피해 또는 피해우려가 있거나 새로운 국내산업의 확립이 실질적으로 지연될 것, ③ 이러한 수입국에 수출하고 있던 제3국의 산업이 실질적인 피해를 입거나 입을 우려가 있을 경우로 규정하고 있다. (이에 대해서는 제7장 WTO 국제통상규범에서 다시 설명하기로 한다.)

이렇게 GATT규정이나 WTO협정 모두 보조금지급 일반에 대한 상계관세를 규정하고 있지만 GATT규정은 특히 수출보조금 지급상품에 대한 상계관세 부과를 규정하였고, WTO협정문도 '농산물 이외의 상품에 대한 모든 수출보조금과 국산품사용을 촉진하기 위한 보조금'을 금지보조금으로 규정하여 수출보조금지급을 불법으로 규정하였다. 따라서 수출보조금제도는 무역정책수단으로서의 의의가 약화되어 오늘날에는 크게 축소되었다고 할 수 있지만, 그럼에도 불구하고 여러 가지 위장된 형태로 실행될 가능성을 배제할 수 없다.

---

20 따라서 뒤에서 설명하는 반덤핑관세는 수출기업의 덤핑행위에 대한 규제임에 대하여 상계관세는 정부의 보조행위에 대한 규제이므로 전자를 '사적(private)인 덤핑행위규제법'이라 하고 후자를 '공적(public)인 덤핑행위규제법'이라고 부르기도 한다.

보충학습 5-3   관세 · 수입할당제 · 생산보조금의 종합적 비교평가

　지금까지 우리는 가장 대표적인 보호무역정책수단이라고 할 수 있는 관세 · 수입할당제 · 생산보조금정책의 특성과 경제적 효과를 개별적으로 살펴보았다. 이들의 특성을 보다 비교적으로 이해하기 위해서는 이들 3가지 정책수단을 종합적으로 비교하여 볼 필요가 있다. 그런 관점에서 이들을 상호 비교하면 다음과 같다.

　수입제한효과　　관세는 가격기구를 통하여 수입을 제한하는 간접적 정책수단이고 생산보조금은 생산에 대한 보조금지급을 통하여 결과적으로 수입을 제한하는 간접적 정책수단이다. 반면, 수입할당제는 수량통제를 통하여 수입을 제한하는 직접적 정책수단이다. 따라서 동일한 정도의 보호정책을 채택할 경우 나타나는 수입억제효과 크기는 ① 수입할당제 > ② 관세 > ③ 생산보조금의 순서라고 할 수 있다.

　국내가격 변동효과　　관세와 수입할당제를 채택하면 수입경쟁재의 국내가격이 상승하는데 대하여 생산보조금은 이러한 국내가격의 상승이 수반되지 않아 국산품과 수입품 간의 상대가격을 왜곡시키지 않는다. 이런 면에서 생산보조금정책이 가장 우월하고 효율적인 정책수단이라고 할 수 있다. 다만 관세와 수입할당제의 경우 국내가격의 결정에 있어 관세는 수입가격에 관세를 더한 금액으로 결정되어 확정되지만 수입할당제는 수입경쟁산업이 설정된 쿼터량을 고려하여 가격과 생산량을 결정할 수 있으므로 불확정적이다.

　후생효과　　관세와 수입할당제 모두 국내생산 증대와 동시에 국내소비 감소를 가져와 생산과 소비의 왜곡이 동시에 발생하고 이에 따른 양쪽의 후생손실이 발생된다. 그러나 생산보조금은 인위적인 보조금지급으로 생산을 증대시키는데 따른 생산왜곡만 발생하므로 후생손실 역시 생산 측면에서만 발생된다. 수입할당제의 경우 그 경제적 효과가 관세와 동질적인 경우 후생효과 역시 동일하다고 할 수 있지만, [보충학습 5-1]에서 살펴본 것과 같이 그 효과가 관세와 동질적이지 않은 일정한 경우 후생손실이 관세보다 더 커지게 된다. 따라서 후생 측면에서 바람직한 정도는 ① 생산보조금 > ② 관세 > ③ 수입할당제 순서라고 할 수 있다.

　비용귀속, 정부재정 흐름　　관세의 경우 수입자가 납부한 관세가 최종적으로 소비자에게 전가되므로 소비자로부터 국고로 이전되어 정부재정수입이 발생된다. 생산보조금은 일반국민이 납부한 세금이 정부재정으로 들어가고 이러한 재정의 일부가 보조금을 지급받는 국내생산자에게로 이전되며 정책집행에 있어 정부재정지출이 이루어져야 한다. 반면 수입할당제의 경우 일반적으로는 수입업자에게 초과이윤(쿼터지대, quota rent)이 발생되지만 수입국 정부가 수입권을 독점하거나 쿼터면허를 일정한 가격으로 수입업자들에게 판매해 그 금액을 국고로 귀속하는 경우에는 결과적으로 관세와 동일하게 정부재정수입효과가 발생할 수 있다.

　정책특성 및 정치경제적 이해관계　　수입할당제나 생산보조금의 경우는 비관세장벽이므로 비관세장벽의 특성인 직접적·탄력적·차별적·재량적 정책운용이 가능하다. 또한 관세와 수입할당제의 경우 해당 산업에 대한 일반적·공공재적 편익을 제공하는 정책수단임에 대하여 생산보조금은 보조금을 지급받는 기업/산업에 대한 특정적·사적 편익을 제공하는 수단이므로 이러한 보호정책수단을 얻어 내기 위한 로비나 정치적 입김이 더 크게 작용할 여지가 있다. 다만 수입할당제의 경우 일반적으로는 관세와 유사하지만 정부가 쿼터를 배분하는 방법 여하에 따라 많은 불투명성과 관료의 부패가 개입될 가능성이 있다.

이상과 같은 관세·수입할당제·생산보조금의 경제적 효과를 종합적으로 살펴보면 자원의 효율적 배분이나 후생의 측면에서 바람직한 정도는 ① 생산보조금 > ② 관세 > ③ 수입할당제의 순서라고 할 수 있다. 따라서 자유무역론자나 자유주의 경제학자들은, 자유무역정책이 가장 바람직하지만 어떤 형태로든 수입품에 대한 정부개입이 불가피하다면 보조금정책이 관세보다 더 바람직하고 수입할당제가 가장 바람직하지 못한 형태라고 평가한다.

그러나 현실적으로 활용되는 정책의 선호순위는 오히려 ① 수입할당제 > ② 관세 > ③ 생산보조금의 순서라고 할 수 있다. 이것은 보호무역정책의 가장 직접적인 목표인 수입제한효과가 이러한 순위로 나타나기 때문이고, 아울러 실제의 정책선택은 비용귀속이나 정책운용 편의성 등 여러 가지 정치경제적 이해관계가 현실적으로 반영되기 때문이라고 할 수 있다.

표 5-8 관세·수입할당제·생산보조금정책의 종합적 비교

구분		관세	수입할당제(쿼터)	생산보조금
경제적 효과	수입제한 메커니즘 (제한효과)	가격기구·간접적 제한 (관세→가격상승→ 생산증대 +소비감소→ 수입감소) ②	수량통제·직접적 제한 (수입할당→할당량만큼의 수입→수입감소) ①	생산보조·간접적 제한 (생산보조금→생산증대→ 수입감소) ③
	국내가격 변동효과	국내가격 상승, 외생적으로 확정 (국제가격+관세)	국내가격 상승(수입감소→ 해외공급감소→가격상승) 불확정적	국내가격 상승 없음 (상대가격의 왜곡 없음)
	생산-소비	생산증가-소비감소	생산증가-소비감소	생산증가-소비불변
	왜곡효과 후생손실	생산왜곡+소비왜곡에 의한 후생저하 ②	관세와 유사+일정 경우 확대(후생손실 가장 큼) ③	생산왜곡에 의한 후생저하 (후생손실 가장 작음) ①
	비용귀속 (재정수입)	소비자→국고 (정부의 재정수입 발생)	소비자→수입업자/국고 (쿼터배분방법 따라 상이)	일반국민→국고→생산자 (정부의 재정지출 발생)
정책적 특성	정책특성	간접적·무차별적 성격	직접적·탄력적·차별적·재량적 성격 (비관세장벽)	
	정치경제적 이해관계	국내산업에 대한 일반적· 공공재적 편익제공	쿼터배정방법 따라 달라짐 (불투명성·부패가능성)	특정적·사적 편익제공 (로비·정치적 개입가능성)

2 가격차별화정책

국내시장과 해외시장에 어느 정도 시장지배력을 가지는 독점적 수출기업의 경우, 국내시장과 해외시장의 판매가격을 달리하는 가격차별화전략을 채택할 가능성이 높다. 이러한 「가격차별화전략」이 성공적으로 이루어지기 위해서는 일반적으로 2가지의 조건이 충족되어야 한다. 첫째로는 시장이 불완전하여 그 제품을 공급하는 기업이 시장가격을 주어진 것으로 받아들이지 않고 스스로 어느 정도 가격을 설정할 수 있는 독점력이 있어야 하고, 둘째로는 시장이 서로 분리되어 있어서 전매(轉賣)가 용이하지 않으면서 시장 간에 수요의 가격탄력성이 서로 다른 차별성이 존재해야 한다.

이러한 관점에서 볼 때 국내시장과 해외시장은 국경·관세·운송비 등의 장벽으로 인하여 서로 격리되어 있고 수요 특성도 서로 달라서 수출기업이 어느 정도의 독점력을 가지는 경우 가격차별화를 통하여 해외시장에서 더 저렴한 가격 또는 더 높은 가격으로 판매하는 전략이 가능해진다.

이러한 국제적 가격차별화 전략의 유형으로서는 ① 수출기업이 국내시장보다 해외시장에 더 낮은 가격으로 판매하는 「수출덤핑」(dumping), ② 외국에 동종상품을 수출하는 독점기업들이 담합하여 수출가격을 높임으로써 초과이윤을 향유하는 「국제카르텔」(international cartel), ③ 동일한 제품을 시장에 따라 판매가격을 차별화하는 「시장세분화정책」이 있다. 이하에서는 수출덤핑과 국제카르텔에 대하여 살펴보자.

2.1 수출덤핑

(1) 수출덤핑의 경제적 의의

⑴ 「수출덤핑」(dumping)이란 자국 시장에서 통상적으로 거래되는 정상가격(fair/normal price)보다 낮은 가격으로 해외시장에 판매하는 행위로서, 내국시장과 해외시장에 대한 가격차별화전략의 일환이라고 할 수 있다. 이러한 수출덤핑이 일어나는 동기는 국내에서의 덤핑과 마찬가지로 ① 과잉생산품 처분, ② 조업 및 가격 유지, ③ 특정시장의 신규개척 및 확보, ④ 경쟁배제, ⑤ 타 업자의 기존시장 탈취, ⑥ 시장의 독점적 지배와 독점이윤의 확보, ⑦ 타 업자의 덤핑행위에 대한 보복 등과 같은 이유로 실행된다. 이러한 덤핑은 그 동기와 형태에 따라 다음과 같이 유형화하기도 한다.

일시적 덤핑(sporadic dumping)　계절적 요인에 따른 수급불일치, 일시적인 경기침체나 과잉생산 등의 문제 때문에 일어나는 덤핑으로서 기업이 자기의 정상적 시장을 교란시키지 않으면서 해외시장에 산발적으로 행하는 덤핑이다. 시장상황은 항상 변할 수 있으므로 예상하지 못한 소비자의 수요감퇴나 생산계획을 잘못 세워 야기된 일시적 공급과잉을 처리하기 위한 가격인하전략이다.

지속적 덤핑(persistent dumping)   수출기업이 이윤극대화를 위하여 국내시장판매가격과 해외수출가격의 차별화를 시도하는 덤핑으로서, 국내시장과 해외시장이 격리되어 있고 국내외시장 간 수요의 가격탄력성이 서로 다를 경우 시도되는 전형적인 가격차별화(price discrimination) 행위이다.

약탈적 덤핑(predatory dumping)   해외시장에서 경쟁자를 도태시킨 후 보다 독점적인 지위를 누리기 위하여 일시적으로 행하는 적대적 덤핑행위로서, 경쟁자를 도태시킨 이후에는 더 높은 판매가격을 적용하여 독점적 이익을 누리려고 한다.

② 경제적인 측면에서 덤핑이 해로운 것인지 이로운 것인지는 다소 불분명하고 일률적이지 않다. 예컨대 위에서 설명한 덤핑 유형 중 일시적 덤핑이나 지속적 덤핑의 경우 크게 문제될 것이 없고 때로는 이로 인해 수입국 소비자들이 단기적으로는 가격인하의 이득을 얻어 소비자후생이 증대될 수 있으며 수입국의 교역조건이 개선되는 원인이 되기도 한다.

덤핑의 유형 중 가장 문제가 되는 것은 약탈적 덤핑이다. 이러한 덤핑의 경우 독점적 지위에 있는 수출기업에게는 추가적인 독점이윤을 가져다주지만 나머지 모든 주체들에게는 바람직하지 못한 결과를 초래한다. 우선 수출국의 경우 귀중한 자원을 낭비시키는 결과를 가져오게 되고, 수입국은 자국의 수입경쟁산업의 발전이 저해되고 시장질서가 교란될 수 있으며, 세계적으로도 비교우위에 입각한 자유무역 및 자원의 효율적 배분이 왜곡되기 때문이다.

이처럼 덤핑의 효과가 그 주체에 따라 서로 다른 만큼 각국 정부가 덤핑에 대한 대응책을 마련함에 있어서는 사안별로 그에 따른 이득과 손실을 잘 비교하여 필요한 조치를 취해야 할 것이다. 그럼에도 불구하고 대부분의 국가들은 어떠한 동기에서 발생한 덤핑이든 해외기업들이 행한 덤핑에 대하여 이를 불공정행위로 간주하여 대응책을 취하는 경향이 없지 않다. 이 때문에 수출국에서나 수입국 모두 덤핑을 규제하여 왔고 GATT나 WTO협정에서도 이를 제재하기 위한 반덤핑관세의 부과를 규정하고 있다.

(2) 덤핑과 반덤핑조치

① 수출국기업의 덤핑으로 인하여 경쟁관계에 있는 수입국의 산업이 실질적인 피해(material injury)를 입거나 피해를 입을 위험이 존재할 경우 덤핑마진(dumping margin)을 상쇄하도록 부과하는 관세가 「반덤핑관세」(anti-dumping duties)이다. 반덤핑관세는 수입업자가 부담한다는 점에서는 일반관세와 동일하지만, 발생원인이 수출업자의 불공정행위 때문인 만큼 그 책임이 수출국에 전가되어 관세부과와 같은 비난을 받지 않는다는 점, 또한 당해 제품에 대하여서만 선별적으로 부과되므로 비차별적으로 부과되는 일반관세와는 성격이 다르다.

한편, 위에서 설명하였듯이 덤핑행위는 바람직하지 않은 것으로 간주되어, GATT에서도 이를 불공정무역으로 간주하여 그에 대한 규제로서 반덤핑조치를 허용하였고, 이후 1967년에 타결된 케네디라운드에서는 이러한 반덤핑조치의 실행을 위한 덤핑방지협약(Anti-Dumping Code)을 마련하였다.

그런데 반덤핑관세는 수출국의 불공정무역행위에 대한 응징적 성격의 수입제한조치이므로 그러한 응징은 허용되어야 하겠지만 많은 국가들이 행한 반덤핑조치를 살펴보면 대부분의 경우 덤핑여부의 판정절차가 공정하다기보다 반덤핑조치를 유도하는 방향으로 기울어져 있고 피해여부도 자국 내 수입경쟁업체들만을 대상으로 하는 등 자의적인 경우가 많았다.

따라서 덤핑수출을 제한하기 위한 반덤핑조치가 남용되지 않도록 하여야 할 필요가 있다. 따라서 반덤핑협정은 ① 덤핑수출의 존재가 입증될 것, ② 덤핑으로 인한 수입국의 산업피해가 존재할 것, ③ 이러한 피해와 덤핑 간에 인과관계가 있을 것, ④ 덤핑 및 피해판정에 대한 투명한 절차를 가질 것 등과 같은 일반적 요건을 규정하고 있다. 그러나 이러한 GATT의 반덤핑규정은, 원칙적인 규칙을 정하고 있었을 뿐 반덤핑조치의 원인이나 합법적 기준 등을 명확히 하지 못하여, 실제로는 불공정무역을 시정한다는 그럴듯한 명분 하에 보호주의적 수단으로 남용되는 사례가 많았다.

② 이러한 사정으로 인하여 반덤핑조치가 다른 보호정책수단에 비하여 수입국들이 가장 선호하는 보호정책수단으로 자리 잡기도 하였다. 1970년대 이후부터 1980년대 중반까지는 주로 선진국들이 이러한 반덤핑조치를 많이 취하였지만 1990년대 이후부터는 개도국 시장이 개방되면서 이들 국가들도 반덤핑조치를 취하는 경우가 많아졌다. 이렇게 반덤핑조치가 보호무역수단으로 특히 「선호되는 이유」는 다음과 같다.

국제적 비난 회피   여타의 보호정책수단을 사용할 경우 국제적인 비난과 보복조치를 당할 가능성이 높은데 비하여 반덤핑조치의 경우에는 수출국이 불공정무역을 하였다는 명분으로 제재하는 조치인 만큼 그 책임을 수출국에게 전가시킴으로써 이러한 비난을 회피할 수 있다.

정책운용의 편의성   덤핑판정 그 자체의 복잡성·모호성과 관련하여 실제로 많은 선진국들이 자국에 유리한 방향으로 덤핑의 개념을 확대하는 입법을 행하였고 반덤핑조사기관 역시 국내산업에 유리한 방향으로 법규정을 해석하고 운용하는 경향이 많았다. 가령 덤핑판정의 기준이 되는 '정상가격 이하의 가격'이 무엇인지,[21] 덤핑행위가 이루어진다고 하더라도 그것이 일시적·지속적 덤핑인지 약탈적 덤핑인지, 그러한 덤핑행위가 수입국에 이로운지 해로운지를 구별하기가 용이하지 않고 명확하지 못하므로 자연히 정책적 편의성이 개재되기 쉽다. 따라서 수입국정부는 외국기업의 덤핑을 방지해 달라는 국내수입경쟁산업들의 정치적 압력에 조응하여 반덤핑관세 등과 같은 보복조치를 취하는 것이 일반적 현실이다.

덤핑제소 자체의 효과   최종적인 덤핑판정 여부와 관계없이 덤핑에 대한 제소만으로도 수출기업은 큰 불확실성에 빠지게 되므로 이러한 반덤핑조치는 상대국 수출활동을 급격한 위축시키는 효과가 있다. 또한 때때로 수입국 내 해당 산업 관련단체나 노동조합이 덤핑제소를 추진하고 정부가 이를 적극적으로 지원하는 형태로 덤핑문제가 진행되는 경우도 많으므로 이러한 경우 해당 상품의 수입은 감소될 수밖에 없다.

선별성과 차별성   반덤핑조치는 그 성격상 특정국의 특정상품에 대하여 선별적·차별적으로 부과할 수 있다. 따라서 수입국 입장에서는 여타의 수입억제수단보다 쉽게 이 조치를 취할 수 있고 그 효과 역시 뚜렷하게 나타난다.

③ 이상과 같은 이유 때문에 우루과이라운드(UR)협상을 통하여 이루어진 WTO의 반덤핑협정은 반덤핑조치를 취함에 있어 보다 높은 투명성을 요구하는 동시에 방법론적·절차적 규칙을 새로이 수립하여 그동안 보호주의적으로 악용되던 종전의 관행이나 절차들을 다소 시정한 것으로 평가되었다.

그러나 여전히 이러한 반덤핑조치가 부당한 보호주의적 수단으로 악용될 여지를

---

21 따라서 덤핑의 개념정의와 관련하여 등장하는 가장 큰 문제점은 수출가격과 국내정상가격의 산정문제이다. 서로 다른 시점·지역에 판매되는 수출가격이 동일하지 않고 무수한 변수의 영향을 받는 국내시장가격 역시 정확히 파악하기가 매우 어렵기 때문이다. 따라서 필요에 따라 얼마든지 덤핑마진의 판정을 임의적으로 조작할 수 있게 된다.

지니고 있어 이에 대한 비판과 논쟁이 계속되고 있다. 특히 반덤핑조치의 주요 대상국이 되고 있는 한국·일본·일부 개도국들이 반덤핑조치의 남용을 방지하기 위한 반덤핑협정의 개정 필요성을 지속적으로 제기하여 새로운 무역협상의 의제가 되고 있다. 이에 대해서는 제7장 WTO 국제통상규범에서 다시 설명한다.

2.2 국제카르텔

(1) 국제카르텔의 의의

「국제카르텔」(international cartel)이란, 동종의 제품을 생산하는 여러 나라의 기업들이 그들의 총이윤극대화를 위하여 상호 경쟁을 지양하고 생산량·수출량·수출가격 등에 대하여 담합을 행하는 국제적 협정기구를 말한다. 이러한 국제카르텔의 형성주체는 기업들이 담합하는 협회(association)일 수도 있고 여러 나라의 정부가 협정을 맺는 국제기구(organization)일 수도 있다. 오늘날 이러한 국제카르텔의 대표적 형태가 되고 있는 국제항공운송협회(IATA: International Air Transport Association)가 전자의 예라면 석유수출국기구(OPEC)가 후자의 예이다.

이러한 국제카르텔은 지난 양차 대전기 동안 제약·화학·전기기구·공작기계분야에서 성행하였고 1960년대의 경우 폴크스바겐(Volkswagen)·피아트(Fiat) 등 유럽의 거대자동차회사들이 그들의 공동이익을 추구하기 위하여 자동차 생산과 판매를 담합한 바도 있다. 또한 이러한 국제카르텔이 더 강력하게 이루어져 하나의 국제적 독점자본의 조직형태가 되면 국제트러스트(international trust)가 되기도 한다.

이러한 국제카르텔은 자신들의 독점적 지위를 활용하여 초과이윤을 얻기 위하여 여러 가지 형태의 담합을 행하는데, 담합의 주요 형태로서는 ① 가격협정 카르텔(공동가격정책), ② 생산량협정 카르텔(생산 및 판매량 제한), ③ 판매구역협정 카르텔(시장분할) 등이 있고 대부분의 국제카르텔은 이러한 협정들을 중복하여 병행 구축하는 것이 일반적이다.

(2) 국제카르텔의 경제적 효과

[그림 5-7]은 2국가(A국·B국)에 의한 국제카르텔의 형성구조를 보여주고 있다. 우선 A국과 B국의 동일제품 수출에 따른 한계비용곡선이 MC_a와 MC_b로 이들이 각기 서로 다른 기울기로 그려졌는데 이는 두 국가의 생산비구조가 서로 다르다는 것을 나

타낸다. 이제 이 두 국가가 카르텔을 형성하여 만든 국제카르텔 자체의 한계비용곡선 ΣMC는 각각의 한계비용곡선 MC_a와 MC_b를 수평적으로 합친 것으로서 이것이 국제카르텔(전체)의 수출공급곡선(S)이 된다. 이때 국제시장에서의 수입수요곡선은 D로서 표시되었다.

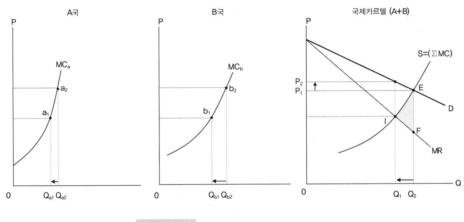

그림 5-7   국제카르텔의 경제적 효과

   만약 이러한 국제카르텔이 형성되지 않는 완전경쟁적 조건이라면 시장균형점은 당연히 수요곡선과 공급곡선이 만나는 점(E)에서 형성되어 이 두 나라는 P_1의 가격으로 Q_2만큼을 수출하였을 것이다. 이 경우 A국과 B국의 수출량은 E점과 일치하는 한계비용수준인 점 a_1과 b_1에서 각기 결정된다.

   그러나 국제카르텔 형성을 통하여 생산량·수출량을 할당하는 경우 총이윤극대화를 이룩하는 조건을 충족하기 위하여 카르텔 전체의 한계수입(MR)과 한계비용(ΣMC)이 일치하는 점(I)에서 이루어질 것이다. 이 경우 A국과 B국의 수출량은 I점과 일치하는 한계비용수준인 점 a_2와 b_2에서 각각 결정된다. 이와 같은 균형점의 변동결과 전체 수출량이 종전의 Q_2에서 Q_1으로 감소하고 이러한 전체 수출공급량 Q_1은 A국과 B국에 각각 Q_a와 Q_b만큼 할당된다. 또한 이때의 국제가격은 P_1보다 더 높은 P_2에서 결정되어 이만큼의 초과이윤을 얻게 된다.

   말하자면 국제카르텔을 통하여 수출량이 감축됨으로써 한계비용은 낮아지고 한계수입은 높아지는데 이로 인해 발생된 카르텔의 총이윤증가는 ∇EIF의 면적으로 표시된다. 완전경쟁 하에서의 균형점 E에서는 카르텔의 한계비용(Q_2E)이 한계수익(Q_2F)보다 큰데 이러한 상황은 Q_1Q_2상의 모든 생산량에서 동일하므로 ∇EIF의 면적만큼의 손실이 발생된다. 그런데 국제카르텔을 통하여 한계비용과 한계수익이 일치하는 Q_1으로 수출량을 제한하게 되면 이러한 손실이 봉쇄되게 되므로 결국 ∇EIF는 국제카르텔 형성에 따른 총이윤의 증가, 즉 초과이윤을 나타낸다고 할 수 있다.

물론 이러한 초과이윤은 카르텔에 참가한 국가들의 이윤증가를 의미할 뿐 전 세계적 차원의 효율성과 후생은 국제카르텔로 인해 오히려 감소된다. 카르텔로 인하여 형성된 이러한 독점가격은 세계전체의 효율과 후생의 극대화를 가져다주는 파레토최적조건(가격=한계비용)을 충족시키지 않기 때문이다.

(3) 국제카르텔의 성립요건

① 이와 같이 국제카르텔은 참여하는 주체들의 담합에 의하여 초과이윤을 얻을 수 있지만 모든 국제카르텔이 반드시 이와 같은 결과를 만들어 내는 것은 아니다. 일반적으로 국제카르텔이 이러한 초과이윤을 성공적으로 확보하기 위해서는 다음과 같은 요건을 갖추어야 하기 때문이다.

시장독점력　카르텔 가맹국들의 총생산량 및 총수출량이 전 세계시장에서 차지하는 비율이 어느 정도 높아 국제시장에서 어느 정도의 시장독점력을 보유하여야만 한다. 아울러 카르텔에 의하여 형성된 높은 가격에 대응하는 외부경쟁자(outsider)들의 시장침투를 어느 정도 효율적으로 저지할 수 있는 능력을 갖추어야 한다.

수요조건　카르텔 대상제품의 수요를 침식할 만한 대체재가 존재하지 않아야 하고 동제품에 대한 세계시장의 수요가 비탄력적이어야 한다. 가격변동에 대한 수요변동이 크지 않아 생산 및 수출의 공급이 안정적이어야 하고 가격담합에 의한 수출가격인상에도 불구하고 수입량이 크게 감소하지 않아야만 하기 때문이다.

공급조건　카르텔 대상제품의 공급 역시 비탄력적이어야 하고 제3의 공급자가 없어야 한다. 또한 카르텔 가맹국 간에 가격이나 생산량에 대한 합의가 잘 준수될 수 있는 결속력이 유지되어야 하고 합의한 내용을 위반하는데 대한 조직의 통제력이 잘 작동하여야 한다.

이러한 전제조건에 비추어 볼 때 국제카르텔이 장기적으로 유지되기란 쉽지 않다. 카르텔 형성으로 가격이 상승하면 소비국들은 소비를 절감하는 동시에 이에 대한 대체재를 찾으려는 유인이 높아져 장기적으로 수요가 감소하게 될 것이고, 카르텔에 가맹하지 않은 비카르텔 생산자들은 추가적인 공급원을 발굴하여 공급을 확대하려는 유인이 강해지며, 또한 카르텔 내부에서도 속임수를 쓰려는 회원국들이 발생되기 때문이다.

② 이러한 관점에서 가장 대표적인 국제카르텔이라고 할 수 있는 「석유수출국기구」 (OPEC)의 강점과 약점을 살펴보면 다음과 같다.

우선 OPEC의 생산이 전 세계에서 차지하는 비중이 40~50%로서 상당히 높아 시장독점력을 어느 정도 지니고 있고 석유를 대체할 만한 에너지자원이 아직 확보되어 있지 않아 대체재가 충분하지 못하며, 또한 석유에 대한 수요 역시 비탄력적이어서 카르텔이 성립되기 용이한 조건을 갖추고 있었다. 그러나 OPEC의 시장점유율이 점차 하락추세에 있고 대부분의 가맹국들의 경우 석유수출대금에 대한 정부의 재정의존도가 높아 생산량할당에 대한 국가 간 갈등문제가 자주 나타나 가맹국 간의 결속력이 약화되어 왔다는 점이 부정적인 측면으로 작용하였다.

또한 원유에 대한 수요와 공급의 탄력성이 단기적으로 비탄력적인 것은 사실이지만 장기적인 관점에서 보면 좀 더 탄력적이 되는 경향이 있다. 우선 장기적으로 원유가가 높게 형성되면 비OPEC 산유국들이 석유탐사를 늘리고 원유추출도 늘려 공급의 탄력성이 높아지게 되고, 석유수요자들 역시 높은 유가에 대응하여 에너지절약적인 소비행태를 보이게 되어 수요의 가격탄력성 역시 높아졌기 때문이다.

따라서 1970년대에는 OPEC라는 국제카르텔이 카르텔로서의 조건들을 잘 충족함으로써 단기적으로 어느 정도 성공하였지만 1980년대 이후부터는 여러 가지 전제조건의 약화로 인하여 석유가격이 현저히 낮아짐으로써 장기적으로 국제카르텔로서의 기능을 유지하는데 실패하였던 이유이기도 하다.

4절 관리무역정책수단

1 관리무역정책의 의의의 특성

1.1 관리무역정책의 개념과 유형

(1) 관리무역의 개념

1970년대 신보호주의 이후 미국은, 쌍무적 협상을 통하여 수출자율규제조치(VERs)나 시장질서협정(OMAs) 등 GATT 테두리 밖의 수입규제조치를 취하거나 수입수량·시장점유율 목표치를 설정하여 이에 따라 상대국시장의 개방과 확대를 요구하는 수입자율확대조치(VIEs) 등을 취하였다. 이러한 새로운 접근방식들은 당사자 간의 합의에 의해 비제도적·비공식적으로 시행되어져 정치적·행정적 조정과정에 따라 결정되므로 결국 행정적 재량권에 의하여 지배되게 되었는데 이러한 무역체제를 관리무역이라고 칭하게 되었다.

이같이 관리무역이라는 용어가 새로이 대두되었지만 그 구체적인 정의와 특성 등이 학문적으로 완전히 정립되지 못한 채 사용되어 왔다. 일반적으로 「관리무역」(managed trade)이란, 전통적으로는 '어느 정도의 정부개입(통제·지시·관리) 하에서 이루어지는 무역형태'를 의미하였으나, 신보호주의 이후에는 '관련국 간의 쌍무적·다자적 합의에 의해 국가 간 교역이 관리되는 형태'를 의미한다. 따라서 관리무역이란 그 형태는 다양하지만 정부가 어떤 정책목표에 따라 무역흐름을 의식적으로 조정하고 통제함으로써 무역결과에 직접적인 영향을 미치는 무역형태라고 할 수 있다.

(2) 관리무역협정의 유형

관리무역을 실현하기 위한 관리무역협정은 ① 협상주체에 따라 「쌍무적 협정」과 「다자간(국제적) 협정」, ② 협정의 정책목표에 따라 「거시적(전반적) 협정」과 「미시적(부문별) 협정」, ③ 협정내용에 따라 「규칙지향적 협정」과 「결과지향적 무역협정」 등으로 구분할 수 있다.[22]

거시적 / 미시적 협정   「거시적(전반적) 관리무역협정」이란 양국 간의 전반적인 무역불균형을 조정하기 위한 목표로 행해지는 협정으로서, 예컨대 미국이 장기적인 대일무역수지 적자를 시정하기 위하여 흑자국인 일본에게 미국으로부터의 수입을 확대하거나 미국에 대한 수출을 자제토록 합의하거나 정치적 압력을 행사하여 맺는 협정이 그것이다. 반면 「미시적(부문별) 관리무역협정」이란 개별산업이나 개별제품의 무역을 규제하는 데 초점이 맞추어져 있는 무역협정이다.

규칙지향적 / 결과지향적 협정   부문별 관리무역협정은 협정내용에 따라 다시 어떠한 교역규칙을 정하는 규칙지향적 관리무역협정과 어떤 무역목표치(target outcomes)를 합의하는 결과지향적 관리무역협정으로 구분할 수 있다.

이들 중 「규칙지향적(rule-oriented) 협정」이란 준수해야 할 규범(rules)과 지침(guideline)

---

22 이같이 관리무역의 개념을 넓게 해석하면 다양한 협정내용들이 관리무역수단으로 포함되지만 가장 대표적인 정책수단으로서는 수출자율규제(VERs)조치와 수입자율확대(VIEs)조치를 들 수 있다.

등 교역규칙(rules for trade)을 미리 정하는 협정으로서, 무역량을 직접 관리하는 것이 아니라 그러한 관리규칙(managing rules)의 준수를 강요하여 결과적으로 어떤 수량목표를 달성하는 것이다.

반면 「결과지향적(result-oriented) 협정」이란, 개별상품거래에 관한 가격·수량·증가율 등에 대한 어떤 수량적 목표를 설정하여 이를 실현시키는 협정이다. 예컨대 다자간섬유협정(MFA)·수출자율규제(VERs)·시장질서협정(OMA) 등과 같이 개별국가들의 특정상품의 수출량을 규제하는 무역협정과, 미일반도체협정처럼 특정국의 수입을 확대시키려고 고안된 수입자율확대조치(VIEs) 등이 그것이다. 따라서 자유무역론자들은 이러한 결과지향적 협정에 대해 많은 비판을 행하였다.

1.2 관리무역의 경제적 특성

(1) 관리무역의 본질적 성격 논쟁

이러한 관리무역정책에 대하여 그것이 자유지향적인가 보호지향적인가에 대한 이론적 논쟁들이 1980년대 중반 이후 활발히 이루어졌다. 일부 학자들은 이러한 관리무역의 성격을 보호지향적인 것으로 해석한 반면 또 다른 학자들은 이를 자유지향적 성격으로 파악하려 하였다.

(1) 보호지향적인 것으로 규정하는 사람들은, 아무런 정부의 간섭 없이 자유롭게 이루어져야 할 자유로운 교역에 어떤 형태로든 정부가 개입하여 관리한다는 점에서 자유무역과는 다르고 무역흐름이 직간접적으로 당해국 정부가 의도하는 대로 영향을 받는다는 점에서 보호주의적이라는 것이었다. 따라서 이러한 관리무역은, GATT의 기본원칙에 위배되는 보호무역조치이지만 당사자 간의 합의에 입각하여 시행된다는 이유로 제재를 받지 않는 것에 불과한 '합법화된 보호무역주의'라고 규정하였다.

(2) 자유지향적인 것으로 규정하는 사람들은, 전통적 보호무역이 주로 국내산업보호에 주안점이 있지만 관리무역은 국제수지 균형·무역영향의 적절한 조절·국가안보 등과 같이 그 목표가 다양하고, 특히 전통적 보호주의와는 달리 국가 간의 협상에 의해 이루어진다는 점에서 더욱 자유지향적으로 보아야 한다는 것이었다.

관리무역의 이러한 양면성 때문에, 세계전체의 무역자유화와 이를 통한 후생증대라는 측면에서 바람직한 측면과 바람직하지 못한 측면이 있다고 할 수 있다. 「바람직한 측면」이란 통제되고 관리되는 형태로나마 이러한 무역을 허용하지 않는다면 아예 국제교역이 일어나지 못하는 최악의 경우가 발생할 수 있으므로 그나마 차악(second worst)의 선택일 수 있다는 것이었다. 「바람직하지 못한 측면」이란 자유무역의 원리를 침해하여 수출국의 무역기회를 결과적으로 차별하는 등 다자주의적 무역체제와 마찰을 일으키게 된다는 것이었다.

이러한 양면성 때문에 관리무역은 자유무역과 보호무역의 절충적인 중간형태의 무역이라고 할 수 있고 이 때문에 이를 '차선의 대안'으로 미화하려는 경향을 가졌던 것도 사실이다. 이에 대해 자유무역론자들은 이러한 논리 속에 위험이 도사리고 있음을 경고하면서 비판하였다. 이러한 논쟁이 계속되는 가운데 현실적으로 미국을 비롯한 선진국들은 이들 관리무역정책수단을 강하게 선호하는 경향을 보였다.

(2) 관리무역의 이념적 배경

관리무역정책은 공정무역과 상호주의를 그 이념적 배경으로 앞세우고 있었다.

「공정무역」(fair trade)의 개념을 앞세운 것은 관리무역수단을 부과할 때 상대국과 상대국기업들이 불공정무역의 혐의를 받을만한 여지가 있을 때 더 큰 설득력을 지닐수 있기 때문이었다. 이때 이러한 공정무역의 이념적 배경이 되었던 것이 「상호주의」였다.

제2장에서 하나의 보호무역정책론으로서 제시한 공정무역론과 관련하여 논의하였듯이, 국제무역에 있어서 상호주의는 전통적으로 무역협정 당사국들이 의무적으로 상대방에 대하여 대등한 수준의 무역양허를 제공하는 것, 즉 '쌍무적 무역양허의 제공'을 의미한다. 그러나 이러한 의미의 전통적 상호주의는 1980년대 중반 이래 중대한 도전에 직면하게 되었다. 미국이 보복위협을 통하여 아무런 반대급부의 제공 없이 특정국으로 하여금 일방적인 양허를 제공하도록(또는 특정시장의 개방을 확대하도록) 강요하는 무역전략을 구사하면서 이를 '상호주의'라는 이름으로 포장하였기 때문이다.

1970년대 이후 미국은 외국의 불공정행위를 이유로 하여 자국 산업에 대한 보호조치를 빈번히 취하였으며, 교역상대국에 대한 자국 수준만큼의 시장개방을 요구하는 법제를 강화하기 시작하면서 소위 상호주의에 근거한 공정무역의 원칙을 강조한 것이다. 그 이후 미국은 타국의 시장개방과 무역자유화를 요구할 때 대외명분으로서 공정무역의 원칙을 표방하게 됨으로써 공정무역이 관리무역의 주요한 이념적 배경이 된것이다.

이같이 상호주의와 공정무역을 이념적 배경으로 한 관리무역은 수입국이 일방적으로 부과하는 일반적 무역정책수단과는 달리 당사국 간의 「합의 또는 협의」를 바탕으로 하여 자발적인 형태로 이루어졌다. 따라서 관리무역정책수단은 정책운영국의 입장에서 볼 때 여타의 무역정책수단과는 다른 장점을 지니게 되었고 이것이 현실적으로 이러한 정책이 선호되었던 이유이기도 하였다.

1.3 WTO와 관리무역정책수단

수출자율규제(VERs) 등 일련의 관리무역정책수단은 GATT의 기본원칙(다자주의·무차별주의·최혜국대우)이나 GATT규정(수량제한조치의 금지)에 위배되지만 GATT의 테두리 밖에서 현실적으로 이루어지고 있어 'GATT의 규율을 벗어나는 비합법적 수입제한수단', 이른바 「회색지대조치」(gray area measures)였다.[23] 이에 대부분의 선진국들은 GATT가 규정하고 있는 합법적 수단인 세이프가드조치(safeguard measures) 대신에 수출자율규제를 통하여 세이프가드와 동일한 목적을 달성하려는 방식을 선호하게 되었다.

「세이프가드조치」란, 제7장 국제통상규범과 관련하여 이후 설명할 것이지만, 특정상품의 수입이 급격히 증가하여 국내산업에 심각한 피해를 야기하거나 야기할 우려가 있는 경우 수입국이 잠정적인 제한조치를 취할 수 있도록 GATT 제19조가 규정하고 있는 긴급수입제한제도이다. 그런데 GATT 제19조 면책조항(escape clause)은 이러한 세이프가드제도를 인정하는 대신 그 발동요건을 엄격히 함은 물론 상대국 수출자에 대하여 일정한 협의와 보상을 하도록 규정하였다.

따라서 선진국들은 이렇게 요건이 엄격하고 일정한 보상도 행해야 하며 때로는 상대국의 보복도 우려되는 세이프가드를 채택하는 대신에 특정상품의 수입을 제한하면서 GATT의 규율도 받지 않고 또한 보복위험도 없는 수출자율규제 등 이른바 회색지대조치를 선호하게 되었다. 말하자면 수출자율규제가 GATT 제19조에서 규정하고 있는 협의과정 등을 거치지 않아도 되는 편의성을 가지는 일종의 변칙적 세이프가드제도로 활용되었다.

이렇게 수출자율규제 등 회색조치가 주로 개도국의 대선진국 수출에 대하여 빈번히 채택되었고 이로 인하여 개도국들이 차별적인 대우를 받게 되자 개도국들은 이러

---

23 회색지대조치란 국제통상규범에 위배되는지가 분명치 않은 수입규제조치를 말한다. 수출자율규제는 GATT /WTO가 금지하고 있는 '수량제한조치'라는 점에서는 위반요소가 분명히 있지만 스스로 수출물량을 규제하는 '자발적 형식'을 취하므로 이를 위법이라고 하기도 힘들다는 것이다. 말하자면 흑도 백도 아닌 '회색'을 띠고 있는 조치라는 것이다.

한 회색지대조치가 GATT원칙에 위배되므로 철폐할 것을 꾸준히 주장하여 왔다. 이러한 요구에 따라 우루과이라운드(UR)협정에서 만들어진 WTO세이프가드협정은 드디어 그동안 선진국들의 보호조치로 남용되어 왔던 이러한 회색지대조치의 철폐를 규정하게 되었다.

본 협정은, 모든 회원국들은 수출자율규제·시장질서협정 또는 이와 유사한 어떤 조치를 모색하고 취하거나 유지해서는 안 되며 WTO협정 발효일 현재 유효한 이런 모든 조치는 세이프가드협정에 합치시키거나 일정 기간 내에 철폐하도록 규정하였다. 이로써 종전까지 국제규범 밖의 회색조치로 활용되었던 관리무역정책수단이 국제규범의 적용을 받게 되었는데 이러한 성과는 UR이 이룩한 획기적인 성과 중의 하나라고 할 수 있다.

이처럼 수출자율규제 등과 같은 회색지대조치는 WTO의 협정에 따라 철폐되었지만 그럼에도 불구하고 우리는 이러한 규제조치에 대하여 지속적인 관심을 가질 필요가 있다. 이러한 국제협정은 발효되었지만 정부에 수입규제를 요구하는 산업별 이익단체의 수요는 여전히 존재하고 있고, 또한 아래에서 설명하는 바와 같이 이러한 정책수단이 경제적 효과면에서는 바람직하지 않음에도 불구하고 정치경제적 이해관계에 의하여 출현하고 성행하였던 만큼 장래 또 다른 형태의 회색지대조치가 얼마든지 생겨날 여지가 남아 있기 때문이다.

2 수출자율규제조치 (VERs)

2.1 수출자율규제조치의 의의

① 「수출자율규제조치」(VERs: voluntary export restrains)란, 외국으로부터의 수입에 의하여 국내산업이 위협을 받거나 시장교란 우려가 있을 때 무역장벽을 강화시키겠다고 위협하면서 상대수출국으로 하여금 수출을 자율적으로 규제하도록 하는 협정을 체결하는 무역규제조치를 말한다.

GATT체제 하에서 세계무역은 1950년대와 60년대 전반에 걸쳐 급속하게 성장하게 되었는데 이와 같은 세계무역의 급성장 속에서 일부 선진국들의 특정산업부문이 개도국들의 저가제품 대량수입에 의해 국내시장이 교란되는 현상이 나타나게 되었다. 선진국들은 이러한 국내시장 교란현상을 제거할 목적으로 새로운 형태의 보호조치를 취하게 되었는데 이것이 이른바 수출자율규제조치였다.

　최초의 예로서는 1956년 미국과 일본 간에 맺어진 면제품부문에 대한 수출자율규제였는데 바로 이 조치가 관리무역수단의 시발이 되었다. 그 후 이러한 수출자율규제는 섬유·철강 등과 같은 특정부문에 대하여 종종 사용되어졌고, 가장 잘 알려진 사례로는 1980년대 초 미국의 자동차산업을 보호하기 위한 대일본 수출자율규제조치였다.

　이러한 수출자율규제협정과 유사한 것으로 「시장질서협정」(OMAs: Orderly Marketing Agreements)이 있다. 이 협정은 1974년 미국의 통상개혁법(Trade Reform Act of 1974)에서 처음으로 사용하였던 것으로, 수입증가로 인한 시장교란을 방지하기 위하여 상호간 협정에 따라 일정량의 수출만 이루어지도록 한다는 점에서 기본적으로는 수출자율규제와 동일하다. 다만 수출자율규제가 관계 당사자 간에 비공식적·암묵적으로 조정되는 협의(arrangements)인데 비하여 시장질서협정은 양국 정부 간의 공식적 협정(agreements)으로서, 명칭상으로는 보다 온건한 외교적 용어를 사용했지만 실제의 실행면에서 보다 더 엄격한 수입규제조치로서, 주로 신발·가전제품의 경우에 이러한 시장질서협정이 주로 활용되었다.

　또한 1970년대 후반 미국은 또 다른 관리무역수단인 「수입자율확대조치」(VIEs: Voluntary Import Expansions)를 도입하였다. 이것은 수출국이 자국의 수출을 증대시킬 목적으로 수입국으로 하여금 당해 제품의 목표수입량 또는 목표시장점유율을 설정하여 이 수준까지 수입을 자율적으로 확대시키게 하는 무역정책수단이다. 이 역시 협상을 통한 합의를 조건으로 하는 자율적 정책수단의 하나로서 대표적 관리무역정책수단이었다고 할 수 있다.[24]

　② 수출자율규제조치는 무역정책수단으로서 다음과 같은 「특성」을 지니고 있다.

　타율적으로 강요된 자율　　이러한 조치가 수입국의 정부나 업계의 강한 요청이나 강요에 의해서 이루어지는 만큼 진정한 의미에서 자율적으로 이루어지는 것은 아니다. 따라서 '자율'이라는 용어는 어디까지나 형식적이고 외교적인 표현일 뿐 실제로는 '타율적'으로 규제되는 것이다. 따라서 수출국 자신의 정치경제적 이익을 위하여 전통적으로 실시되어온 수출국 스스로의 수출자율규제와는 그 성격이 다른 사실상의 비관세장벽이다.

---

24 이러한 조치는 1978년 미·일 정부 간에 쇠고기·오렌지의 수입량에 대한 합의가 이루어지면서 하나의 관리무역수단으로 등장된 이후, 1986년에 체결된 '미·일 간 반도체협정'에서부터 본격적으로 활용되기 시작하였고, 그 후 자동차부품부문에 있어서 미·일 간 수입자율확대를 위한 협상이 전개된 바 있다.

차별성과 선별성   모든 수출국의 모든 수출품에 일률적으로 요구하는 것이 아니라 비교적 단기간에 특정상품의 수출이 급격히 증대되어 그 때문에 국내시장의 교란우려가 있는 특정국·특정상품에 대하여 요구하는 것인 만큼 사실상 차별적이고 선별적인 성격을 지닌다.

합의에 의한 운영   그 성격상 양국 간의 협정이나 교섭(negotiation) 등 합의에 의하여 이루어진다. 따라서 수입국이 일방적으로 조치하는 수입할당제 등의 경우보다는 덜 규제적인 측면을 가지며 또한 수입국은 최소한 자유무역원칙을 계속 지지하는 듯한 외양을 갖추게 된다. 이때 합의는 기본적으로는 수입국과 수출국 간의 쌍무적 협정에 의해 이루어지지만 때로는 관계되는 여러 국가와 동일한 협정을 다각적으로 체결하는 경우도 있다.[25]

보충학습 5-4   수출자율규제의 주요 사례와 실증분석

1. 수출자율규제의 주요 사례

수출자율규제가 처음으로 실시되었다고 할 수 있는 예가 1960년대 초반부터 시작한 「다자간섬유협정」(MFA: multilateral fiber arrangement)으로서 미국시장에 섬유·의류를 수출하는 한국을 포함한 22개 국가가 서명하였다. 이 협정은 일반적인 수입할당제와는 달리 수출량 규제권한이 수출국들에게 위임되었다는 점에서 수출자율규제와 같은 성격을 지녔다고 할 수 있다.

그 후, 이러한 수출자율규제는 섬유·철강 등과 같은 특정부문에 국한된 무역수지적자문제 또는 시장교란문제를 해결하기 위해 종종 사용되어졌고, 가장 잘 알려진 사례로는 1980년대 초 미국이 자국의 자동차산업을 보호하기 위하여 일본에 압력을 가해일본의 자동차업계가 대미수출을 자발적으로 규제하였던 「일본의 대미자동차수출에 대한 수출자율규제조치」였다.

1960년대와 1970년대 초까지만 하더라도 미국자동차산업은 호황을 누렸고 또한 미국은 대형차 위주로 생산하고 있어 소형차 위주의 일본자동차업계와 경쟁할 필요가 없었다. 그러나 1973년과 1979년에 발생한 급격한 석유가격의 인상과 일시적인 휘발유부족사태로 인하여 미국시장에서 갑자기 소형자동차에 대한 수요가 증대되었다. 이로인해 일본제 자동차의 수입이 급증하였고 미국시장에 대한 일본제 자동차의 시장점유율이 급격히 높아지게 되었다.

---

25 예를 들면 1977년 미국은 일본산 컬러TV에 대한 수출자율규제협정을 체결하였는데, 또 다른 컬러TV 수출국인 대만과 한국으로부터의 수입이 급증하자 이들과도 협정을 체결하였다.

이로 인해 1980년대 초 미국자동차산업에 실업이 발생하고 기업이윤이 떨어지자 미국의회는 일본자동차에 대한 수입할당제를 도입할 움직임이 있었다. 그러나 그때까지 자유무역을 선도해 온 미국의 입장에서 그러한 조치를 취하는 것이 내키지 않았다. 이에 미국정부는 일본이 자율적으로 대미자동차수출을 자제해 줄 것을 요청하였다. 일본 역시 미국의회의 강경한 분위기를 읽고 있었고 만약 일본자동차에 수입할당제가 도입되면 다른 제품의 수출에 대해서도 이와 같은 조치가 내려질 수 있음을 두려워하여 스스로 대미자동차수출을 억제할 것을 결정하였다.

이러한 자동차산업의 예에서 나타나듯이 1980년대에는 수출자율규제가 기승을 부렸다. 1989년도 GATT통계에 따르면 그 당시 전 세계적으로 236건의 수출자율규제형식의 무역조정이 있었는데 가장 많은 문제제기를 행한 나라는 유럽연합(127건)·미국(67건)·캐나다(12건)·일본(12건) 등이었고, 대상국으로서는 일본(49건)·한국(33건) 등이 가장 많았다. 이후 이루어진 GATT의 제8차 다자간협상인 우루과이라운드(UR)에서 우리나라를 비롯한 개도국들이 제기한 가장 중요한 이슈가 수출자율규제였다는 것은 이러한 조치가 얼마나 기승을 부렸던가를 반증한다고 할 수 있다.

2. 경제적 효과에 대한 실증분석

한편 이러한 수출자율규제조치의 경제적 효과를 실증적으로 분석한 연구들이 1980년대 초반 일본의 대미승용차수출과 관련하여 이루어진 바 있다. 1981년부터 1985년까지 미국과 일본의 수출자율규제협정에 따라 매년 일정한 수준으로 제한되었다. 이에 따라 미국 내에서 승용차가격이 상승하고 미국의 국내생산이 증가하여 미국의 자동차산업이 많은 이득을 얻은 반면 소비자들은 당연히 이로 인한 후생의 손실을 입었다.

이렇게 수출자율규제는 미국의 승용차산업에 이득을 안겨주었을 뿐만 아니라 일본의 승용차수출업체에게도 또 다른 혜택을 안겨주게 되었다. 수출자율규제 하에서 일본의 수출업체들은 이윤극대화를 위하여 종전보다 고가의 승용차를 생산하여 미국으로 수출하였기 때문이다.

어떤 경제연구소의 조사결과에 따르면 이러한 수출자율규제 실시 이후 미국의 자동차산업은 1980~81년간 총 55억 달러의 적자에서 1982~83년간 총 65억 달러의 흑자, 1984년 총 140억 달러의 흑자를 기록하였다. 반면 1981년부터 1983년까지 미국 내 승용차의 평균가격이 2,600달러 상승하였는데 이러한 가격상승 중 1,000달러 정도가 수출자율규제의 영향으로 밝혀졌고 이로 인해 미국의 소비자는 연간 90억 달러의 손실을 보았다고 분석하였다.

한편 일본의 승용차수출업체들도 이러한 수출자율규제조치 하에서 이윤극대화를 위하여 수출물량은 감소하는 대신 고가의 승용차를 생산하여 수출함으로써 20억 달러의 이윤증가를 보았다고 분석한 바 있다.

또한 미국은 1981년 철강수입의 20%까지 수입을 제한할 목적으로 철강산업에 대한 수출자율규제를 실시하였다. 이러한 조치로 대략 2만 개의 일자리를 구한 것으로 평가되었지만, 대신 미국의 철강가격이 20~30% 정도 상승하였다. 이후 이러한 조치는 1992년 수출자율규제의 시효가 끝난 후 반덤핑관세의 부과로 대체되었다.

2.2 수출자율규제의 경제적 효과

수출자율규제의 경우 형식적으로는 수출국이 수입국의 시장교란을 방지하기 위하여 자율적으로 수출물량을 일정하게 제한하는 조치이지만 실제로는 이를 따르지 않을 경우 보다 큰 보복을 가하겠다는 위협 하에 수입량을 규제하는 것이므로 그 기본적 특성이 수입할당제와 유사하다. 즉 ① 특정상품의 수입량을 일정한도로 규제하는 조치이고, ② 수입물량 자체를 규제함으로써 직접적이고 확정적인 수입규제효과를 가질 수 있으며, ③ 공급규제를 통한 가격상승이 유발됨으로써 시장독점에 의한 초과이윤이 발생되게 된다는 점에서 그러하다.

따라서 수출자율규제조치의 경제적 효과 역시 수입할당제의 경우와 기본적으로 유사하다. 그러나 수입량이 일정한 수준으로 규제된다는 점에서만 동일할 뿐 그에 부수되는 경제적 효과는 수입할당제와 다르다. 결론적으로 말하면 수입량을 제한한다는 점에서는 수입할당제와 동일하지만 실질적인 손익 측면에서 수입할당제의 경우보다 손실이 더 커진다는 것이다. (자세한 내용은 [보충학습 5-3] 참조)

수입억제효과   수입할당제는 수입국에서 실시하는 조치이므로 정해진 쿼터의 범위 내에서만 수입이 가능해져 수입억제효과가 엄격히 나타나는 반면, 수출자율규제의 경우 수출국이 이러한 협정을 지키려는 태도 여하에 따라 그 효과가 달라질 수 있다.

경제적 지대 귀속   수입할당제는 특정재화에 대한 수입국의 수요(demand)를 규제하는 것이므로 정책의 실행주체가 수입국이지만 수출자율규제는 수출국의 공급(supply)을 규제하는 것이므로 실행주체가 수출국이다. 따라서 이러한 조치로 인하여 발생되는 국내가격의 상승으로 인하여 발생되는 경제적 지대의 귀속이 달라진다. 즉 수입할당제로 인하여 발생되는 쿼터지대가 수입업자에게 귀속되지만 수출자율규제의 경우에는 수출국(수출업자)에 귀속된다. 이렇게 수출자율규제로 인한 경제적 지대가 수출국(수출업자)에게 돌아가게 된다는 사실은 여러 사례연구에서 실제로 입증되고 있다.

교역조건 악화   수입할당제나 수출자율규제 모두 수입품의 국내가격을 상승시킨다
는 점에서는 동일하지만, 수입할당제의 경우 수출가격의 변함이 없이 국내가격이 상
승하지만 수출자율규제의 경우에는 수출가격 상승으로 국내가격이 상승하게 된다. 수
출자율규제조치는 수출업자들로 하여금 고부가가치상품을 개발하도록 하는 효과가 있
다. 수출자율규제조치가 이루어지는 경우 수출업자로서는 동일한 수출물량에 대한 이
윤을 극대화하기 위하여 보다 부가가치가 높고 고가격인 제품을 개발하여 수출하려하
기 때문이다.

이러한 경우 수출국의 입장에서 보면 수출자율규제로 인하여 수출물량은 감소하
지만 자국의 교역조건이 개선되는 것임에 대하여, 수입국은 수출자율규제로 인하여
수입물량은 감소되는 대신 자국의 국제교역조건이 악화된다는 것을 의미한다.

후생효과   이러한 경제적 지대의 귀속이나 교역조건효과의 차이에 따라 수입국의
후생효과 역시 수입할당제보다 수출자율규제가 불리하다고 할 수 있다. 더욱이 수출
자율규제의 경우 동일품목을 수출하는 수출업자들이 국제카르텔을 결성할 가능성이
높기 때문에 이러한 경우 수입가격은 더 높아지기 때문에 더 추가적인 후생 악화가
발생할 수 있다.

표 5-9 수입할당제와 수출자율규제의 성격과 경제적 효과 비교

구분		수입할당제(Quota)	수출자율규제(VERs)
기본 성격	유사점	▪ 특정상품의 수입량을 일정 한도로 규제하는 조치 ▪ 수입량 자체를 규제함으로써 직접적인 수입규제효과가 나타남 ▪ 공급규제 통해 국내가격 상승, 이로 인한 시장독점적 초과이윤이 발생	
	차이점	▪ 수요통제를 통한 수입 감소 ▪ 정책실행 주체가 수입국(수입국 주도)	▪ 수출(공급)통제를 통한 수입 감소 ▪ 정책실행 주체가 수출국(수출국 주도)
경제적 효과	수입억제	▪ 수입억제효과 확실함	▪ 수출국 태도 따라 억제효과 가변적임
	경제지대	▪ 국내수입업자에게 귀속(쿼터지대)	▪ 외국의 수출업자에게 귀속
	가격효과 교역조건	▪ 가격상승효과 있음 (수입단가의 상승속도 느림) ▪ 교역조건 개선효과 발생됨	▪ 수입단가의 상승효과 큼 (수출국 간 국제카르텔 형성가능성) ▪ 교역조건 악화 우려 커짐

보충학습 5-5   **수출자율규제의 경제적 효과 분석**

1. 수출자율규제조치의 부분균형분석

　[그림 5-8]을 통하여 수출자율규제의 경제적 효과를 부분균형분석방법으로 살펴
보면 다음과 같다.

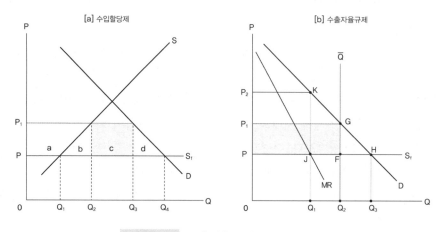

그림 5-8   수출자율규제의 경제적 효과

　수입할당제와 유사한 자원배분효과   왼쪽 그림 [a]는 수입할당제의 경제적 효과를 설명
한 [그림 5-1]을 그대로 옮겨 놓은 것이다. 자유무역이 이루어질 때 국제가격 P하에
서 국내수요량은 OQ_4, 국내생산량은 OQ_1으로 수입량은 Q_1Q_4가 된다. 오른쪽 그림
[b]에서 상대방 수출국이 수출량을 Q_2Q_3의 수준으로 자율적으로 규제하면 이것은 우
리가 Q_2Q_3만큼의 수입할당제를 실시하였을 경우와 동일한 무역감소($Q_1Q_4 \rightarrow Q_2Q_3$)·가
격상승($P \rightarrow P_1$)·국내생산 증대($OQ_1 \rightarrow OQ_2$)·소비감소($OQ_4 \rightarrow OQ_3$)·후생감소($-$면적
$b+d$) 효과 등이 나타난다. 또한 이러한 수출자율규제로 인하여 국내생산자는 보호효
과를 통한 생산자잉여의 증대가 발생되지만 국내소비자는 소비효과로 인한 소비자잉
여의 감소가 나타나는 소득재분배효과가 나타나는 점도 동일하다.

　교역조건 악화효과   이러한 경제적 효과들 중 가격상승효과에 있어 수입경쟁재의 국
내가격이 상승($P \rightarrow P_1$)하는 것은 결과적으로 동일하다. 그러나 수입할당제의 경우 수출
국의 수출가격(국제교역조건)은 여전히 P에서 이루어지지만 수입국의 수입제한으로 인
하여 외국의 공급이 감소함에 따라 수입경쟁재의 국내가격(국내교역조건)이 P_1으로 상
승하는데 대하여, 수출자율규제의 경우 수출국의 수출물량이 일정한 수준으로 제한됨
에 따라 수출국의 수출가격이 종래 P에서 P_1으로 상승하게 된다는 점이 서로 다르다.

이것은 수출국의 입장에서 보면 수출자율규제로 인하여 수출물량은 감소하지만 자국의 국제교역조건은 개선되는 것임에 대하여, 수입국은 수출자율규제로 인하여 수입물량은 감소되는 대신 자국의 국제교역조건이 악화된다는 것을 의미한다.

　경제적 지대귀속과 후생효과　　이러한 교역조건의 변화로 인하여 면적 c 로 표시되는 경제적 지대의 귀속이 달라진다. 수입할당제의 경우 수입업자가 P 의 가격으로 수입하여 P_1 의 가격으로 국내판매함으로써 경제적 지대가 국내수입업자(쿼터지대)에게 귀속되는 반면, 수출자율규제의 경우 이로 인하여 수출가격 자체가 상승함으로써 경제적 지대가 수출국의 수출업자에게로 귀속되기 때문이다.[26] 따라서 면적 c 만큼의 경제적 지대가 수입할당제의 경우 수입국에 귀속되지만 수출자율규제의 경우 면적 c 만큼의 경제적 지대가 해외로 유출된다. 이 때문에 수출자율규제는 수입할당제보다 수입국의 후생감소효과가 더 크다고 말할 수 있다.

　추가적 후생악화효과　　이같이 모든 시장이 완전경쟁조건 하에서는 수출자율규제와 수입할당제의 경제적 효과는 거의 동일하고 다만 경제적 지대의 배분 내지 후생의 측면에서 수출자율규제가 수입할당제보다 수입국에게 더 불리하다고 할 수 있다. 그러나 시장에 불완전경쟁요인이 존재하는 경우 수출자율규제는 추가적인 후생악화효과를 초래할 수 있다. 왜냐하면, 수출자율규제의 경우 동일한 품목을 수출하는 수출업자들이 국제카르텔을 결성할 가능성이 높기 때문에 이러한 경우 수입가격은 수입할당제의 경우보다 더 높아지기 때문이다.[27]

　오른쪽 그림 [b]에서 외국의 공급곡선(S_f)이 완전탄력적이라고 가정하고 자유무역이 행해질 경우 이것이 국내수요곡선(D)과 만나는 점(H)에서 균형이 이루어지면 P 의 가격 하에서 OQ_3 만큼의 수입이 이루어진다. 이제 수입물량을 OQ_2 로 규제하는 수출자율규제가 이루어지면, 위에서 살펴본 바와 같이 외국수출업자들이 경쟁적이라면 OP_1 의 가격으로 OQ_2 가 수입되어 □$PFGP_1$ 만큼의 이윤을 얻게 되지만, 수출업자들이 국제카르텔을 형성하여 한계수익과 한계비용이 일치하는 생산량 OQ_1 으로 수출량을 제한하는 수출독점상태가 되면 독점가격은 P_2 가 되어 독점이윤은 □$PJKP_2$ 가 될 것이다.

　이와 같이 수출자율규제가 외국의 수출기업들이 담합하여 수출가격을 높이는 국제카르텔로 이어질 경우 수입국의 수입물량은 더 억제될 수 있겠지만 그만큼 해외로 유출되는 경제적 잉여 역시 더 커져서 수입국의 후생효과는 더욱 악화된다.

---

26 미국의 3가지 주요 VERs(직물 및 의류, 철강, 자동차)의 경제적 효과에 대한 연구는 이로 인한 소비자 손실의 2/3가 외국수출업자에게 경제적 지대로 전환되었음을 보여주기도 하였다.(David G. Tarr, *A General Equilibrium Analysis of the Welfare and Employment Effects of U.S. Quotas in Textiles, Autos and Steel*, Federal Trade Commission 1989) 1981년 일본자동차에 대한 수출자율규제의 경우에 대해서는 [보충학습 5-3] 참조.

27 T.Murry, W.Schmidt & I.Walter, "Alternating Forms of Protection against Market Disruption," *kyklos* (1978), pp.624-37.

2. 수출자율규제조치의 일반균형분석

이상과 같은 수출자율규제의 경제적 효과는 일반균형분석방법에 의하여서도 확인될 수 있는데 이러한 경우를 [그림 5-9]가 보여주고 있다.

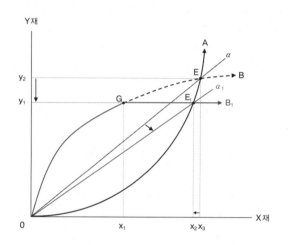

그림 5-9 수출자율규제의 교역조건악화효과

자유무역 하에서는 수입국의 오퍼곡선 OA와 수출국의 오퍼곡선 OB가 만나는 점 (E)에서 균형이 이루어져 국제교역조건이 α이다. 이때 수출국이 자국의 수출물량을 Y_1으로 자율규제하면 그 이상의 수출이 불가능해지므로 수출국의 오퍼곡선은 OGB_1과 같은 굴절된 형태가 된다. 따라서 수출자율규제 후의 균형은 수입국의 오퍼곡선 OA와 수출국의 새로운 오퍼곡선 OGB_1이 교차하는 E_1점에서 균형이 이루어지고 그때의 교역조건은 α_1이 되어 종전의 교역조건 α보다 더욱 불리해졌다.

앞에서 살펴보았듯이 관세나 수입할당제의 경우 수입국의 교역조건을 개선시키는 효과가 있는데 비하여 수출자율규제는 이렇게 수입국의 교역조건을 오히려 악화시키는 결과를 초래하고 이 때문에 수입국의 사회후생을 더욱 저하시킨다. [그림 5-9]에서 수입국은 수출자율규제 후 X재 OX_2를 수출하는 대가로 Y재 OY_1을 수입한다. 그러나 관세의 경우나 수입할당제의 경우 동일한 Y재 OY_1을 수입하기 위해서 X재 OX_1을 지불하면 되지만 수출자율규제의 경우 동일한 Y재의 수입을 위하여 OX_2를 수출해야 하므로 관세나 수입할당제의 경우보다 $X_1X_2(=GE_1)$만큼의 X재를 더 지불하여야 하기 때문에 그만큼 수입국의 사회후생이 저하되었다.[28]

---

28 [그림 5-9]에서는 생략하고 있지만 이러한 후생의 저하는 E_1점에서의 국제교역조건(=국내교역조건) α_1과 접하는 무역무차별곡선과 G점에서의 국내교역조건에 접하는 무역무차별곡선을 그려보면 E_1점

이러한 관계를 통하여 우리는 수출자율규제에 의한 소득재분배효과도 확인할 수 있다. 즉 Y재의 수입을 OY_2에서 OY_1으로 제한함에 따라 발생되는 경제적 지대 GE_1이 누구에게 귀속되느냐가 서로 다르기 때문이다. 관세의 경우 이러한 지대가 정부재정수입으로 귀속되고 수입할당제의 경우 수입업자의 쿼터지대로 귀속되는데 대하여, 수출자율규제의 경우 이러한 지대가 수출국의 수출기업에게 귀속되므로 경제의 지대의 해외유출이 발생되기 때문이다.

2.3 수출자율규제조치의 정책적 평가

수출자율규제의 경제적 효과분석을 통하여 알 수 있듯이, 적어도 경제적으로는 수출자율규제가 수입할당제보다 수입국에게 더 불리한 정책수단이라고 할 수 있다. 그럼에도 불구하고 1970년대 이후 수출자율규제가 현실적으로 더 자주 선호되었던 것은 수출자율규제에 대한 경제적 이해득실 때문이 아니라 이러한 정책수단이 내포하고 있는 정책적 특성이나 이를 둘러싼 정치경제적 이해관계 때문이었다고 할 수 있다.

① 우선 수출자율규제는 수입국의 입장에서 보았을 때 수입할당제와는 다른 「정책적 특성과 편의성」을 지니고 있다.

표 5-10	수입할당제와 수출자율규제의 정책적 특성 비교	
구분	수입할당제(Quota)	수출자율규제(VERs)
정치 경제적 특성	▪ 수입국 의한 경직적·고정적 운용 ▪ 국제적 비난, 상대국 저항 우려 큼 ▪ 국내가격 상승 및 후생손실효과와 관련한 국내이해집단의 저항이나 정치적 갈등 유발가능성 있음	▪ 상대국과 협상 통한 탄력적·신축적 운용 ▪ 국제적 비난·상대국의 반발 우려 작음 ▪ 상대국에 대한 압력을 통해 목표달성, 국내적 갈등유발 없이 정책추진 가능, 번거로운 국내절차 회피하는 정책편의성
국제 규범	▪ GATT의 규제대상에 포함됨	▪ GATT규제대상이 아니었음(회색지대조치)

국제규범 밖의 조치　수입할당제의 경우 수량제한금지 및 최혜국대우를 기본으로 하는 GATT규정에 따라 GATT의 규제대상이 되었지만 수출자율규제는 이른바 회색지대조치로서 GATT의 규제를 벗어나게 되었다. 회색지대조치(gray area measures)란 GATT의

에서의 무역무차별곡선이 G점에서의 무역무차별곡선보다 낮다는 것을 쉽게 파악할 수 있다.

기본원칙(자유주의·다자주의·무차별주의)이나 GATT규정에 위배되지만 GATT의 테두리 밖에서 이루어지고 있어 GATT의 규율을 벗어나는 비합법적 수입제한수단이다.[29] 이렇게 비합법적 조치임에도 불구하고 GATT가 이에 대해 제재조치를 취하지 않고 묵인한 것은 이 조치가 교역당사국 간의 쌍무협정이나 다자간협정에 따라 '자율적'으로 채택되었다는 이유 때문이었다. 따라서 수출자율규제는 수입할당제와는 달리 국제규범 밖의 조치로서 GATT의 규제를 받지 않고 시행되었다.

국제적 마찰 회피   수입할당제와 같은 보호조치는 이에 대한 관련 당사국의 저항이나 보복을 불러일으킬 가능성이 높은데 비하여 수출자율규제의 경우 당사국 간의 협의를 통해 이루어지므로 이러한 위험이 감소된다. 또한 국제적으로도 불공정한 무역을 시정한다는 명분을 통하여 실시하므로 이에 대한 국제적 비난을 피할 수도 있다. 실제로 수출자율규제의 대상이 되는 수출국이나 제3수출국 역시 이러한 정책수단에 대한 반감이 적고 때로는 이를 반기기도 한다.

정치경제적 부담 감소   수출자율규제의 경우 국내적으로도 정치적·법적인 관점에서 실행이 용이하다는 특성을 지닌다. 이것은 일반적으로 관세나 수입할당제 등은 국내적으로 합법적인 절차를 거쳐 공개적으로 행해져야 함에 비하여 수출자율규제는 이러한 과정 없이 관련국가 간의 협상에 의하여 실시되기 때문이다. 따라서 교역상대국이나 이익집단의 보복과 저항을 회피할 수 있을 뿐만 아니라 수입할당제를 실행할 경우 나타나는 국내이해집단의 저항도 회피할 수 있으므로 국내정치적 마찰을 조정하기 위한 노력이나 국내입법절차 등을 거치지 않아도 된다는 편의성을 갖는다.

차별적·선별적 규제   수출자율규제는 수입할당제의 경우보다 더욱더 차별적·선별적으로 적용할 수 있다는 특성을 가진다. 또한 당사국 간의 쌍무적 협상에 의해 체결되어 제3국에 대해 차별적 특성이나 비밀성이 보장된다는 장점이 있다. 따라서 이러한 이점을 이용하기 위하여 채택되는 경향을 지닌다.

② 이와 같은 특성 때문에 수입국의 입장에서 수입할당제보다 수출자율규제를 오히려 선호하게 되었는데 이러한 수출자율규제는 교역상대방인 수출국이나 당해 제품을 수출하고 있는 제3국 역시 이러한 수출자율규제조치를 반대하지 않는 속성을 지니고 있다. 이러한 「정치경제적 이해관계」를 〈표 5−11〉이 수입국·수출국·제3국으로 나누어 설명하고 있다.

---

29 이러한 회색지대조치로서 그 대표적인 형태가 수출자율규제(VERs)·시장질서협정(OMAs)·다자간섬유협정(MFA) 등이다.

표 5-11	수출자율규제의 선호이유와 정치경제적 배경
구분	**관리무역수단의 선호이유와 배경**
수입국 (VERs 부과국) 입장	• 수입할당제와 동일한 수입제한효과 발생 (관세보다 확실한 수입억제효과) • 국내산업의 구조조정은 막대한 비용이 소요되고 정치적 압박이 매우 크지만, VERs은 국내적으로 정치적 지지받으며 그 책임을 수출국에 전가할 수 있음 • 당사국 간의 쌍무적 협상에 의해 체결되므로 제3국에 대하여 차별적 특성 – 비밀성이 더 잘 보장되어 국제적 비난의 위험이 상대적으로 없고, 간편하고 조용히 효력이 발생되어 정책운용의 편의성 큼
수출국 (VERs 수용국) 입장	• 수입국의 보복조치를 회피함으로써 더 나쁜 상황을 예방할 수 있음 • 수출물량감소 → 수출가격의 상승 → 추가적 경제적 지대가 귀속됨 • 수출물량이 감소하는 대신 수출기업들의 제품고급화가 촉진될 수 있음 • 수출국정부는 쿼터배분과정에서 각종 산업정책을 실시할 수 있음
제3국 입장	• 가장 강력한 경쟁국의 수출규제로 자국의 시장점유율 확대기회가 증대됨 • VERs에 따른 당해 제품의 수입국 내 가격상승에 무임승차할 수 있음

(1) 수출자율규제를 실시하는 수입국의 경우, 수입할당제와 동일(유사)한 수입억제 효과가 발생하면서도 정치적 부담이 작으며 정책운용의 편의성은 매우 크다.

(2) 상대수출국 경우에도, 이를 통하여 수입국의 보복조치를 회피함으로써 더 나쁜 상황을 예방할 수 있고, 수출물량 감소에 대응하는 수출가격 상승으로 추가적인 경제적 지대가 발생할 뿐만 아니라 수출업체들의 제품고급화가 촉진될 수 있으며, 또한 수출국정부는 이로 인한 쿼터배분과정에서 각종 산업정책을 실시할 수 있게 된다.[30]

(3) 제3의 수출국 역시, 가장 강력한 경쟁국의 수출이 수출자율규제를 통하여 제한됨에 따라 자국의 시장점유율을 확대할 기회가 증대될 수 있고 수출자율규제에 따른 당해 제품의 수출가격 상승에 무임승차할 수도 있다.

---

30 이 때문에 당시 미국이 수출자율규제조치를 활용할 수 있었던 배경에는 일본이 이를 적극적으로 활용 하였던 점, 따라서 일본이 오히려 회색지대조치의 확대에 기여한 점이 없지 않았다는 비판이 제기되기 도 하였다.

WTO 본부 건물 (스위스 제네바)

제 4 편

국제통상환경

지금까지 논의된 통상정책론의 내용은 일국의 입장에서 본 대외무역정책의 의의와 경제적 효과 또는 역사적으로 본 세계무역정책기조의 흐름 등이었다. 따라서 일국의 대외무역정책 수립과 세계무역정책 기조형성에 지대한 영향을 미치는 국제통상기구나 국제통상환경 등에 대한 고려가 이루어지지 못하였다.

일국의 대외통상정책은 정책주권을 가진 개별국가가 수립하고 실천하는 정책이므로 기본적으로는 그 국가에 의해 자주적·독립적으로 이루어진다. 그러나 정책대상이 되는 국제통상이 다른 주권국가인 상대국과의 관계를 통하여 이루어지므로 상대국과의 관계를 고려하여야 한다. 더욱이 오늘날 세계경제의 상호의존성이 급속히 증대됨에 따라 대외통상의 이해관계가 무역당사국 간의 쌍무적 차원에 머물지 않고 지역주의적·다자주의적 차원에서 이루어진다.

이 때문에 일국의 대외통상정책 문제는 무역상대국의 존재나 의사를 고려하여야 함은 물론 다자적(세계적) 차원의 기구·규범·제도 등은 물론 지역적 차원에서 이루어지는 통상환경에도 잘 순응해야 할 필요성이 높다. 이에 제4편은 국제통상기구·국제통상협정·국제지역경제통합에 대한 고찰을 통하여 일국의 통상정책과 관련되는 통상환경이나 통상관계를 이해시키고자 한다.

국제통상관계를 형성하는 요인들은 광범위하지만 여기서는 가장 먼저 다자주의적 국제무역체제, 즉 GATT 및 WTO체제에 대하여 논의하고 (제6장 GATT와 WTO체제), 이어서 WTO체제에서 체결된 국제통상협정의 주요내용을 소개한 뒤 (제7장 WTO 국제통상협정), 끝으로 최근 새로운 추세로 자리 잡고 있는 지역경제통합과 지역주의의 본질 및 지역경제통합의 경제적 효과에 대해 논의한다. (제8장 국제지역경제통합)

제6장 GATT와 WTO체제

제6장에서는 국제무역의 자유화를 규율하는 다자주의적 국제무역기구에 대해 소개한다. 우선 지난 1947년부터 1994년까지 세계무역의 자유화를 규율한 GATT체제의 성격·성과·한계 등을 평가하고, UR협상을 통하여 새로이 출범한 WTO체제의 조직과 특성을 살펴본 후, 끝으로 WTO출범 이후 이루어진 새로운 다자간협상(DDA)의 배경·의제·전망에 대하여 논의한다.

1절 GATT체제

1 GATT체제의 성립과 기본원칙

1.1 GATT체제의 성립

20세기 전반 두 차례의 세계대전과 세계대공황을 거치는 동안 각국의 보호주의 강화로 인하여 세계경제는 매우 위축되고 침체하였다. 2차 대전의 종전과 더불어 오랜 기간 동안 행해졌던 국제협조상실이나 극심한 무역전쟁이 누구에게도 도움이 되지 못한다는 반성이 일어나게 되었다. 1930년대 이후 경제적 민족주의(nationalism)와 근린궁핍화정책(beggar thy neighbour policy)을 바탕으로 한 보호주의적 블럭이즘(blocism) 때문에 세계경제가 파괴되었음은 물론 이러한 보호주의적 경향이 세계대전의 원인이 되기도 하였다는 인식이 나타나게 되었다.

또한 사회주의체제의 성립을 목전에 둔 자본주의진영의 위기의식이 높아졌고, 상품과 자본이 자유롭게 이동하는 자유경제체제 확립이 긴요하다는 신념과 시장기능 극대화를 통한 효율과 후생의 증대가 바람직하다는 신자유주의(neo-liberalism)사상의 확산 등을 배경으로 새로운 자유무역체제의 확립에 대한 논의가 이루어지기 시작하여 다음과 같은 일련의 과정을 통하여 GATT체제가 성립되었다.

(1) 이상과 같은 시대적 배경 하에서 세계의 강국으로 부상한 미국은 새로운 국제무역체제 확립을 논의할 다자간통상회의를 제창하고 1945년 '세계무역과 고용의 확대에 관한 제안'을 행하면서 새로운 「국제무역기구」(ITO: International Trade Organization)를 UN 내에 설립할 것을 제안하였다.

(2) 이후 ITO설립을 위한 두 차례의 예비회담 끝에 1948년 쿠바 아바나에서 개최된 아바나회담에서 53개국이 참가하여 「ITO헌장(아바나헌장)」을 채택하였다. 그러나 이 헌장은 그 내용이 너무 엄격하여 이상(理想)에 치우쳤다는 참가국들의 불만이 쏟아졌고 영·미간 에도 여러 가지 이해관계 때문에 제안국인 미국에서조차 의회 비준을 포기하기에 이르렀다.[1] 이로써 새로운 무역기구 ITO의 설립은 결국 물거품이 되었다.

(3) 그런데 당시 아바나헌장의 초안을 검토하고 있던 각국 정부는 아바나헌장이 발효되기 이전인 1947년 4월 제네바에서 23개국이 모여서 관세인하에 대한 합의를 행하였다. 이때 이러한 관세인하약속의 이행에 필요한 규정을 하나의 조약으로 정리한 것이 「관세와 무역에 관한 일반협정」(GATT: General Agreement on Tariffs and Trade)이었다. 이 협정은 1948년 1월 1일 제네바회의에 참가한 22개국 중 8개국의 서명을 얻어 잠정적으로 출범하게 되었고 나머지 가맹국들은 나중에 참여하게 되었다.

(4) 이렇게 ITO의 설립이 끝내 무산되자 당초 ITO헌장에 흡수될 잠정협정에 불과하였던 GATT가 ITO헌장이 추구하는 본래의 임무를 이어받게 되었다. 따라서 GATT협정은 당시 브레튼우즈체제로 탄생된 IMF나 IBRD와 같은 국제기구가 아닌 단순한 협정의 형태로 체결되었다. 이 때문에 국제기구로서의 제도적·행정적 기반을 전혀 갖

---

1 당시 미국의회가 비준에 부정적 태도를 가졌던 것은 미국의 대외무역정책에 대한 자신의 통제력이 ITO에 의해 제한받게 될 것에 대한 염려 때문이었다. 또한 이 헌장에는 기업의 경쟁제한행위에 대한 규제조항, 광물과 곡물 등 1차 산업에 대한 협정, 국제투자 관련 규정 등 민감한 조항들이 포함되어 있어 논란이 커졌다.

추지도 못하였고[2] 그 체제 역시 하나의 단일협정으로 이루어진 것이 아니라 수많은 협정·양허약속의정서·특별 부수협정·절차조항들로 구성되었다.

이처럼 GATT는 처음부터 잠정협정으로 출발하였기에 하나의 국제기구로 간주되지 못하였던 태생적 한계에도 불구하고 이후 무역자유화를 위한 국제협상을 성공적으로 주도함으로써 전후의 세계자유무역을 주도하는 견인차역할을 훌륭히 수행하였다. GATT는 처음 23개 협정국으로 시작되었으나 그 후 참가국 수가 계속 증가하여 1994년에는 123개국에 이르게 되었고, 우리나라는 1967년 3월에 정식 가입하였다.

1.2 GATT의 기본원칙

이처럼 당초 잠정협정문에 불과하였던 GATT가 전후 자유무역의 견인차 역할을 훌륭히 수행하게 되었는데 이러한 성과가 어떻게 가능하였는가를 이해하기 위해서는, GATT가 추구하고 있는 기본원칙이 무엇인가를 고찰해 볼 필요가 있다.

GATT는 그 전문(前文)에 '무역장벽의 감축과 차별적 대우의 제거를 통하여 무역과 생산의 확대 속에서 개별국가의 경제발전과 번영을 이룩한다'는 협정체결의 취지를 천명하고 있다. 이러한 목표를 실현하기 위하여 GATT는 기본목표로서 「무역자유화」, 지도원리로서 「비차별주의」, 기본적 절차규범으로서 「다자주의」를 기본적 전제로 하였고. 이러한 원칙들을 실현시키기 위한 행동규범 내지 원리로서 「상호주의」(reciprocity)를 채택하였다.

그러나 GATT는 역사상 처음으로 결성되는 범세계적 무역협정이었기 때문에 경제발전단계·경제적 여건·정치적 이해관계가 서로 다른 회원국들의 다양한 욕구를 조화하는 절충을 취하지 않을 수 없었다. 이에 GATT규정은 GATT의 기본원칙에 대한 많은 「예외」를 허용함으로써 체약국 간의 갈등을 해결하고자 하였다. 또한 1960년대 이후 선후진국 간 남북문제가 격화되자 GATT협정 내에 「개도국우대원칙」이 추가로 채택되었다.

(1) 기본목표 : 무역자유화

관세인하·관세양허　　GATT는 무역제한수단으로서 관세를 인정하되 관세율 인하를

---

2 초기에는 정식 사무국도 존재하지 않았고 나중에 국제무역기구 설립을 위해 구성된 임시위원회가 GATT사무국 역할을 담당하게 되었다.

통한 무역자유화를 규정하였다. 이에 제2조 관세양허규정을 통하여, 관세를 통한 무역 제한의 경우에 있어서도 협정부속표의 양허표(schedule)에 규정되어 있는 양허세율보다 낮은 관세율을 시행하는 것은 가능하지만 그보다 높은 관세율을 시행할 수 없도록 하였다. 또한 개별국가의 관세인하는 GATT의 관세인하 교섭과정을 통해서 이루어지는 데 이러한 관세인하교섭에는 개별적인 교섭 뿐만 아니라 주기적인 다자간 관세인하 교섭방법을 채택하여 더 많은 품목에 대한 교섭이 이루어지도록 하였다.

수량제한 철폐   GATT는 원칙적으로 관세만을 허용하고 수량제한(quantitative restriction)에 의한 무역장벽을 금지하였다. (제11조) 무역정책수단과 관련하여 앞서 보았듯이, 수량제한조치는 시장경제의 가격기능을 훼손시킬 뿐만 아니라 관세보다 훨씬 강력하고 직접적인 무역제한수단이기 때문이다. 이에 GATT 제11조는 특별한 예외를 제외하고는 비관세장벽을 사용하지 않는 것을 원칙으로 삼고 있다. 그럼에도 불구하고 GATT의 수량제한 폐지노력은 관세인하만큼 성공적이지 못하였다. 그것은 수량제한조치를 원칙적으로 금지시키고 있지만 GATT협정은 동시에 수량제한조치가 예외적으로 가능한 경우를 다양하게 규정하고 있기 때문이다.[3]

(2) 지도원리 : 비차별주의

GATT는 무역장벽 감축과 함께 국제통상거래의 차별적 대우를 제거함을 목표로 하는 「비차별주의」(principle of non-discrimination)를 지도이념으로 삼았다. 자유로운 무역이 이루어지기 위해서는 상품거래 및 경제활동에 대한 차별이 배제되어야 하기 때문이다. GATT가 전제하고 있는 이러한 비차별주의는 이후 국제무역을 지배하는 기본원리로서 자리 잡게 되었는데, 그 내용은 다음과 같은 최혜국대우원칙과 내국민대우원칙으로 표현된다.

□ 최혜국대우(MFN) 원칙

「최혜국대우」(MFN: Most Favored Nation)란 GATT의 가장 기본적인 원칙으로서, 체약국 중 어느 나라가 다른 회원국에 부여한 통상상의 어떤 특혜나 면제를 모든 회원국

---

3 이러한 예외조항으로서 ① 특정산업에 대한 일시적 긴급수입제한조치(제19조), ② 회원국의 동의(체약국 2/3 이상 찬성)에 의해 의무면제승인을 얻은 수입제한(제25조), ③ 국제수지방어를 위한 일시적 수입제한(제12조), ④ 농산물에 대한 예외적 수입제한, ⑤ 개도국의 산업보호 및 국제수지방어를 위한 수입제한(제18조), ⑥ 생필품 부족방지를 위한 일시적 수출제한(제11조 2항), ⑦ 상대국의 무역이익 침해에 대한 대응조치로서의 수입제한(제23조) 등을 규정하였다. 또한 포괄적인 예외로서 ① 공중도덕·생명이나 건강보호·문화재보호·천연자원보호를 위한 예외(제20조), ② 국가안전보장이나 UN에 의한 국제평화조치를 위하여 필요한 경우의 예외(제21조)도 규정하고 있다.

에게도 비차별적으로 동등하게 부여하는 대우를 말한다. (제1조) 이러한 원칙은 국제통상관계에서 일반화된 기본원칙으로서 통상조약이나 통상협약에서 이러한 내용을 포함하는 것이 상례였는데 이러한 조항을 최혜국조항(MFN조항: Most Favored Nation Clause)이라고 한다.

GATT 제1조 1항은, 체약국 간 관세교섭에 의해 상호관세율을 가급적 인하하고 체약국 간 일체의 관세상의 차별대우를 하지 않는다고 규정하여, GATT가맹국 간의 최혜국대우를 명시하였고 그 밖에 다른 개별조항에서도 이를 구체적으로 명시하고 있다. 전통적으로 이러한 최혜국조항은 양국 간 무역협정에서 규정하여 왔는데 GATT의 MFN조항은 다자간 협정의 틀 속에서 이러한 원리를 적용토록 한 것이다.

이러한 MFN조항은 직접적으로 자유무역을 촉진하는 역할을 하는 것은 아니지만 결과적으로 자유무역이 이루어지는데 결정적인 역할을 하였다고 할 수 있다. 예컨대 이 원칙이 없는 경우 강대국들이 자국 중심의 지역주의나 쌍무협정을 통하여 대외무역을 차별화하고 차별받는 나라들이 이에 대한 보복적 차별을 행한다면 차별과 보복의 악순환이 발생될 수 있지만, MFN조항은 이러한 위험을 사전에 제거할 수 있기 때문이다.

또한 MFN조항은 어떤 특정국에게 주어진 양허는 일반화되어 모든 회원국에게 동일하게 적용되도록 함으로써 어떤 일국의 무역자유화가 다른 모든 국가의 동시적 무역자유화를 촉구하여 무역자유화효과를 신속하고 광범위하게 확산시킨다. 뒤에서 설명하는 바와 같이, 전후 GATT체제의 출범 이래 세계무역은 급속히 성장하였고 이를 통하여 세계경제의 안정과 성장이 이루어졌는데 이러한 성과는 GATT의 기본원칙인 비차별주의, 특히 MFN원리에 힘입은 바 크다고 할 수 있다.

이처럼 최혜국대우원칙은 무역자유화를 확대시키는 기능 이외에도 국제무역에 있어서 비교우위원리를 극대화하여 자원의 효율적 배분을 높이는 동시에 국가 간 차별을 두지 않음으로써 국가 간 분쟁을 줄일 수 있다는 효과도 기대해볼 수 있다. 그러나 GATT는 이러한 MFN조항에 대해서도 여러 가지 예외를 규정하고 있었다.[4]

---

4 최혜국대우조항이 배제되는 예외적인 경우는 크게 나누어 ① GATT가 명시적으로 규정한 예외 경우, ② GATT규정과 배치되면서도 사실상 현실적으로 존재 경우, ③ GATT 비회원국과의 교역 경우로 나눌 수 있다. 이렇게 차별적인 상태의 무역이 차지하는 비중이 전체 무역의 50% 정도에 이르고 있는 것으로 알려져 있다. 명시적으로 규정하고 있는 예외규정에 대해서는 WTO규정에서 다시 설명한다.

□ 내국민대우(NT) 원칙

GATT의 지도이념인 비차별주의를 실현시키는 하나의 축이 최혜국대우원칙이라면 또 다른 하나의 축은 내국민대우원칙이다. 「내국민대우」(NT: National Treatment)란 GATT 회원국들이 국내조세나 규제 등을 취함에 있어서 외국상품과 자국 상품을 아무런 차별 없이 동등하게 대우함을 의미한다. (제3조) GATT 제3조는 이러한 내국민대우원칙을 규정하여 자국 상품보다 수입상품에 대하여 불리한 대우를 할 수 없도록 하였다.

최혜국대우가 '국가와 국가 간 차별'(discrimination among countries)을 배제함으로써 모든 국가에게 동등한 무역기회를 부여하여 세계무역흐름이 왜곡되는 것을 방지하기 위한 것이라면, 내국민대우는 '수입국 내에서 자국과 외국 간의 차별'(discrimination between self and other countries)을 배제함으로써 회원국에게 보장된 무역상의 권리와 기회가 어떤 특정국의 제도와 정책운영으로 침해 받는 것을 방지하기 위한 것이다. 말하자면 전자가 국제협정의 지도원리로서 '국제적 비차별주의'라면 후자는 일국 내의 제도와 정책에 대한 대외적 원리로서 '국내적 비차별주의'라고 할 수 있다.

전자는 15~16C 우호통상조약에서부터 나타나기 시작하여 19C 후반 이래 보편화된 원리이지만, 후자는 1970~80년대에 서비스무역이나 국제투자가 활발해짐으로써 그 중요성이 새롭게 높아진 원리라고 할 수 있다. 그런데 이러한 원칙들은 GATT의 비차별주의를 구성하는 2개의 기둥으로서 상호보완적 관계에 있다. 최혜국대우원칙이 적용되어도 내국민대우원칙이 적용되지 않으면 수입품은 국산품에 비하여 불리하게 취급되어 결국은 시장접근기회를 잃게 되고, 반대로 내국민대우는 지켜져도 최혜국대우가 적용되지 않는다면 수입품은 원산지에 따라서 차별될 우려가 있기 때문이다.

이러한 내국민대우원칙에 대해서도, 뒤에서 설명하는 바와 같이, 정부조달제도·스크린쿼터·국내생산자에 대한 보조금 등 일정한 예외가 규정되어 있다.

(3) 절차규범 : 다자주의

GATT는 무역자유화를 위하여 이상과 같은 자유주의·비차별주의와 더불어 기본적 절차규범으로서 다자주의를 표방하여 왔다. 「다자주의」(multilateralism)란, 국제외교·안보·무역 등의 분야에서 널리 사용되고 있으면서도 이에 대한 통일된 정의가 확립되어 있지는 않지만, 어떤 일반화된 행동원리에 기초하여 셋 이상의 국가 간의 관계를 규율하고 조정하는 제도적 형태라고 할 수 있다. 이러한 점에서 GATT는, 비차별주의라는 행동원리에 기초하여 다수 회원국들 간의 무역을 규율·조정하는 다자적 협정이다.

GATT는 이러한 다자주의 하에서 그 설립목적을 달성하기 위하여 몇 차례의 다자간무역협상을 추진하였다. 「다자간무역협상」(MTN: Multilateral Trade Negotiation)이란, GATT 회원국들이 국제무역 전반에 관한 현안을 해결하기 위하여 일정기간 동안 국제무역기구의 주재 하에 관세율의 인하와 철폐 또는 기타 무역정책 등에 대해 결정하는 다국간 베이스로 추진되는 무역협상을 말한다. 아래에서 설명하는 바와 같이 GATT는 이러한 다자간 무역협상방식을 통하여 세계무역의 양적 확대와 자유화에 크게 기여하였다.

(4) 행동규범 : 상호주의 및 개도국우대원칙

GATT는 이상과 같은 원칙들을 실현시키기 위한 행동규범 내지 지도원리로서 상호주의를 채택하였다. 「상호주의」(reciprocity)란, 어떤 회원국이 관세인하(관세양허)를 행하게 되면 상대방 회원국도 그에 상응하는 관세인하(관세양허)를 행하여 한다는 원리를 말한다. 이러한 원칙은, 어떤 회원국이 자국 시장은 개방하지 않으면서 다른 회원국들의 시장개방에 따른 편익만을 취하게 되는 무임승차자(free rider)를 사전에 방지함으로써 다자적 무역자유화를 실현시키고자 하는 원리이다.

이러한 상호주의는 비록 GATT협정 체약국 간에 법적으로 정의되지는 않았지만 GATT의 기본원리이자 중심적인 행동규범으로서 자리 잡고 있다고 할 수 있다. 이에 GATT 전문에서는 각종 무역장벽을 현저히 낮추고 무역차별을 폐지하기 위하여 '상호적이고 호혜적인 협정의 체결에 최대한 협력하여야 함'을 천명하고 있다. 말하자면 GATT가 추구하는 무역자유화는 체약국 각국의 일방적 무역자유화가 아니라 체약국 간 권리와 의무를 대체적으로 균형시키는 무역자유화로서 회원국들 간 호혜적이고 대칭적인 시장개방이 이루어져야 함을 규정한 것이다. GATT는 이후 몇 차례에 걸쳐 행한 라운드(Round)협상을 이러한 원칙과 개념에 입각하여 추진하였다.

한편 이상과 같은 GATT의 기본원칙들은 국제무역환경의 변화에 따라 시련을 겪기도 하였다. 이들 원칙들 중에서도 특히 상호주의원칙은 1960년대 야기된 선진국과 후진국 간의 갈등문제, 즉 남북문제의 격화에 따라 크게 수정되게 되었다. GATT 내에서도 개도국회원의 수가 점차 증가되면서 선진국의 번영이 개도국의 희생 위에서 이루어졌다는 인식이 높아짐에 따라, '선진국들이 개도국에 대하여 이러한 상호주의를 요구하지 말고 개도국의 경제발전에 협력해야 한다'는 주장이 많은 개도국들 사이에서 높아졌다.

이러한 개도국들의 주장에 부응하여 1965년 기존의 GATT협정문에 '개도국조항'이 제4부로 추가되었고, 1979년 타결된 도쿄라운드(TR)에서는 GATT의 각종 협정에서 개도국들에게 특혜대우를 부여할 수 있는 「개도국우대원칙」이 채택되었다.

2 GATT의 성과와 한계

2.1 다자간협상의 전개과정

1948년 창설 이후 1994년 종말을 고할 때까지 45년간의 GATT활동을 대표하는 최대의 성과는 8차례의 다자간무역협상으로 대표된다. 제4차 라운드까지는 별도의 명칭이 부여되지 않았으나 제5차 라운드부터는 주창자(딜론라운드, 케네디라운드)와 첫 개최지(도쿄라운드, 우루과이라운드)의 이름을 따서 명명하게 되었다.

표 6-1 GATT에 의한 다자간무역협상의 주요 내용

라운드	연도 (참가국)	관세협정 (삭감방식 및 성과)	NTB 및 기타 협정
1차(제네바)	1947(23)	품목별삭감(45,000품목, 21%)	
2차(앙시)	1949(13)	품목별삭감(5,000품목, 2%)	
3차(토쿠이)	1951(38)	품목별삭감(8,700품목, 3%)	
4차(제네바)	1955(26)	품목별삭감(3,700품목, 4%)	
5차(딜론라운드)	1960~61(26)	품목별삭감(4,400품목, 7%)	
6차(KR)(케네디라운드)	1964~67 (62)	품목별삭감+선형삭감 (30,000품목, 평균 35% 인하)	■ 최초 NTB협정(반덤핑규약) ■ 개도국에 대한 약간의 우대조치 강구
7차(TR)(도쿄라운드)	1973~79 (102)	품목별삭감+관세조화 (250,000품목, 평균 33% 인하)	■ 6개 NTB규약[5]+3개 복수국간협정 (낙농, 쇠고기, 민간항공) ■ 개도국우대협정, 개도국졸업규정 채택
8차(UR)(우루과이라운드)	1986~1994 (116→123)	상품 부문별 관세인하 (253,735품목, 평균 34% 인하) ▸ 196개 고관세품목 관세조화 ▸ 일부품목 무관세화 논의	■ 기구 관련 협정(설립협정, 분쟁 해결절차, 무역정책검토제도 신설) ■ NTB협정: TR 9개 규약+3개 협정 신설(선적전검사, 위생검역, 원산지) ■ 신 분야협정(농산물, 섬유의류, 서비스무역, 지적재산권, 무역관련 투자) ■ 통상규범협정(반덤핑협정, 보조금 협정 개정+세이프가드협정 신설)

5 도쿄라운드에서는 케네디라운드에서 제정된 1개의 NTB규약(반덤핑규약)의 개정과 함께 5개의 규약(보

이와 같은 8차례 다자간무역협상 주요 내용을 〈표 6-1〉이 요약하고 있다. 이러한 8차례의 협상 가운데서도 5차 라운드까지는 관세삭감에 대한 협상으로서 이를 통하여 세계경제의 회복과 더불어 상당한 관세인하를 이룩하는 성과를 나타내었다. 이후 이루어진 1960년대의 케네디라운드, 1970년의 도쿄라운드(TR), 1986년 9월에 시작하여 1994년 4월 15일까지 7년 7개월의 시간이 소요된 우루과이라운드(UR) 모두 상당한 성과를 거두었다. 이들의 내용에 대해 간략히 설명하면 다음과 같다.

(1) 케네디라운드

제6차 라운드인 케네디라운드는 미국 대통령 케네디(J. F. Kennedy)의 제안에 의해 1963년 GATT각료회의에서 최종 결정된 후 1964년부터 1967년까지 제네바에서 이루어진 다자간무역협상이다.

1962년 케네디대통령은 새로운 라운드의 개최를 제안함과 동시에 관세를 대폭 인하하기 위한 협상을 추진할 수 있도록 행정부에게 대폭적인 권한을 위임하는 대외통상확대법을 의회에 제출하여 1962년 10월 통과시켰다. 당시 케네디대통령이 강력하게 요청하여 통과시킨 이 법은 미국의 경제발전과 자유세계의 번영을 위하여 자유무역의 확대가 필요하였고 새로운 경제세력권으로 부상한 EEC의 수입규제확대 및 일본의 급속한 대미무역흑자 추세에 대한 미국의 우려가 커졌기 때문이었다.

이러한 배경 하에서 이루어진 케네디라운드에서는, 제5차 딜론라운드까지 채택해온 국별·품목별 관세인하방식과 함께 관세를 일괄적으로 인하하는 「선형삭감방식」 (linear tariff reduction)을 채택하여 더 큰 성과를 거두게 되었다. GATT에서 이와 같은 선형삭감방식이 채택된 것은 미국의회가 통상확대법을 입법시켜 대통령에게 대외통상에 대한 대폭적인 권한을 위임한데 있었다.

이렇게 이루어진 제6차 케네디라운드는 총 30,000여 품목에 대하여 평균 35%의 대폭적인 관세인하에 합의하여 GATT가 추구하는 자유무역질서 확립에 크게 기여하였다. 또한 케네디라운드는 비관세장벽(NTB)을 의제로 다룬 최초의 협상이 되었다. 미국 내 판매가격에 의한 관세평가를 폐지할 것을 결정하였고 복수국간협정으로서 「반덤핑규약」(Anti-dumping Code)을 체결하였다. 또한 개도국무역에 대한 약간의 우대조치를

조금 및 상계관세·관세평가·정부조달·수입허가절차·기술장벽)이 이루어졌고 또한 특정분야에 대해서는 서명국에 대해서만 효력을 갖는 3개(낙농품협정·쇠고기협정·민간항공기규약)의 복수국간협정 (PTA: Plurilateral Trade Agreement)이 체결되었다. 한편 세이프가드조치에 대한 논의는 이루어졌으나 첨예한 의견대립으로 협정이 체결되지 못하였다.

강구하였다.

(2) 도쿄라운드 (TR)

케네디라운드의 성공으로 공산품 관세가 10% 이하로 떨어지는 등 무역장벽이 현저히 완화되면서 1960년대까지 세계는 견실한 무역확대와 경제성장을 이룩하였으나 1970년대 들어서면서 GATT체제의 제반 문제점이 드러나는 동시에 비관세장벽을 중심으로 하는 보호추세가 확산되었다. 또한 이 시기는 지역주의가 확산되고 남북문제도 격화되었던 시기였다. 이 같은 세계경제 환경변화를 맞으며 각국은 자유무역을 바탕으로 하는 GATT체제의 강화 필요성을 절실하게 느끼게 되었다.

이러한 시대적 배경 하에서 1973년부터 1977년까지 일본 도쿄에서 개최된 제7차 도쿄라운드에서는 일관적인 관세인하를 위하여 보다 복잡한 방식인 「관세조화방식」(harmonization of tariff approach)을 채택하여[6] 25,000품목에 대한 33%의 평균관세율 인하를 가져왔다. 또한 도쿄라운드는 보다 적극적으로 보조금·기술장벽·수출허가절차·반덤핑절차 등과 같은 비관세장벽(NTB) 철폐를 위한 9개 규약(code)을 체결하여 비관세장벽 철폐에도 많은 성과를 거두었다.[7] 다만 세이프가드(safeguard)에 대한 논의는 이루어졌으나 첨예한 의견대립으로 타결되지 못하였다.

또한 남북무역에 관한 토의가 이루어져 「개도국우대협정」이 체결되었다. 도쿄라운드 이전까지 GATT는 최혜국대우(MFN)원칙에 대한 일시적인 예외조치로 파악하여 일반특혜관세제도(GSP) 역시 10년 기한부로 실시하고 있었다. 그러나 도쿄라운드는 개도국협정을 통하여 일반특혜관세제도(GSP)에 합법성을 부여하는 등 광범위한 특별우대조치에 합의하였다.[8] 반면 개도국 중 일부국가들의 경제발전이 진전됨에 따라 이들 국가들을 개도국의 범주에서 제외시키는 이른바 '졸업규정'(graduation clause)을 두어 신흥공업국에 대한 특혜공여축소를 명문화하였다.

---

6 관세조화방식이란, 동일품목에 대한 관세율이 국가마다 크게 차이가 나는 것을 시정하기 위하여, 일정한 수준의 관세율을 정하여 두고 기존 관세가 높은 나라는 인하폭을 크게 하고 기존관세가 낮은 나라는 인하폭을 낮게 하여 각국의 관세율을 평준화시키는 방식이다.

7 비관세장벽과 관련하여 ① 반덤핑규약, ② 보조금 및 상계관세규약, ③ 무역에 대한 기술장벽규약, ④ 관세평가규약, ⑤ 수입허가절차규약 ⑥ 정부조달규약 등 6개의 협정이 체결되었다. 또한 ① 낙농품, ② 쇠고기, ③ 민간항공기 분야 등 특정분야에 대해서는 서명국에 대해서만 효력을 갖는 3개의 복수국간 협정(Plurilateral Trade Agreement)이 체결되었다.

8 이와 같은 성과에도 불구하고 당초 의도와는 달리, 선진국들의 이해관계가 중심이 되어 개도국의 이해관계를 폭 넓게 반영하지 못하였을 뿐만 아니라 새로이 나타나게 된 선진국들의 신보호주의 추세를 막지 못하였다는 평가를 남겼다.

(3) 우루과이라운드 (UR)

우루과이라운드는 1986년 9월 남미 우루과이의 해변피서지인 푼타 델 에스터 (Punta del Este)에서 개최된 GATT각료회의 선언에 따라 추진된 제8차 다자간무역협상이다. 당초 우루과이라운드는 협상개시 후 4년 이내에 협상을 종결하기로 하였으나 주요의제에 대한 첨예한 의견대립으로 협상이 지연되어 1993년 말에야 123개국이 참가하여 협상종결을 선언함으로써 7년 7개월 만에 극적으로 타결되었다. 이후 1994년 4월 모로코의 마라케시(Marakesh)에서 협정이 조인되어 최종적으로는 1995년 1월 1일부터 효력이 발효하게 되었다.

이에 대해서는 뒤에서 다시 논의하겠지만, 우루과이라운드는 새로운 시장개방 확대·GATT체계 및 규율 강화·새로운 분야에 대한 다자간규범을 통한 국제무역질서의 강화를 위하여 ① 253,735품목에 대한 평균 33% 관세인하를 가져왔고, ② 17개 다자간무역협정을 타결하였으며, ③ 종국적으로는 GATT를 대체하는 새로운 무역기구로서 WTO를 탄생시키게 되었다.

2.2 GATT의 성과와 한계

(1) GATT의 성과

당초 새로운 국제무역기구(ITO) 설립을 위한 잠정적 협정이었던 GATT는, ITO 무산으로 인해 이를 대체하게 된 1948년부터 새로운 세계무역기구(WTO) 출범으로 해체되게 된 1994년까지, 약 45년 동안 사실상의 국제무역기구로서의 기능과 역할을 수행하였다. 그동안 GATT는 ① 관세장벽의 대폭적 경감, ② 비관세장벽에 대한 규범제정, ③ 개도국에 대한 우대조치 합법화 등을 통하여 자유롭고 공정한 세계무역의 확대와 발전에 크게 기여하였다.

이에 따라 GATT가 설립된 1948년 이후 1990년까지 세계무역량은 평균 8.2%라는 괄목할 만한 성장률을 기록할 수 있었다. 2차 대전 이전까지의 국제무역이 각종 수입규제의 남발과 차별적인 조치 및 그에 대한 보복조치로 인해 극도로 위축되었던 것과 비교할 때 GATT에 의해 주도되어온 전후의 이러한 자유무역의 확산과 양적 성장은 괄목할 만한 것이었다.

또한 당초 23개 GATT협정국이 1994년 123개국으로 확대되어 세계무역의 90% 이상을 GATT체제로 편입시킴으로써 사실상 전 세계를 대상으로 하는 최초의 다자간무역기구로서 기능하였다. 이에 따라 GATT는 국제적 협조를 바탕으로 하여 세계의 통상질서를 규율함으로써 전후 각국경제의 성장과 국제경제의 안정 및 균형발전에도 크게 기여하였다고 할 수 있다. 특히 수차례에 걸쳐 GATT가 주도한 다자간무역협상은 오늘날의 무역자유화에 결정적인 공헌을 행하였다.

(2) GATT의 기본성격과 한계

이처럼 GATT는 국제무역의 성장과 자유화에 큰 성과를 나타내었지만 다음과 같은 내부적·구조적 한계점 때문에 출발시점부터 「태생적 한계」를 나타내고 있었다.

법적 구속력·분쟁해결능력 미약   GATT규정은 최혜국대우·관세인하와 관세교섭·가맹 및 탈퇴 등의 절차에는 어느 정도 구속력을 가지고 있었지만 수량제한금지 등 무역확대 규정이나 개도국문제 등에 대한 법적 구속력이 미약하였다. 예컨대 국제사법재판소와 같은 사법기능을 가지고 있지도 못하였고 어떤 결정사항의 강제집행을 위한 경찰기능도 가지고 있지 못하였다. 또한 GATT는 체약국 간에 분쟁이 발생하더라도 이를 효과적으로 해결할 수 있는 분쟁해결능력을 갖추고 있지도 못하였다.

통일성·체계성 미비   GATT규정은 관세인하와 기타 무역장벽을 제거하기 위한 협정이며 아바나헌장의 조항 중 각국의 합의가 이루어진 부분을 발췌하여 집대성한 것이었다. 따라서 GATT규정은 각국의 주장이 복잡하게 반영되어 있어서 통일성과 체계성이 미비하였고 그 해석에 있어서도 많은 어려움이 있었다. 또한 기본원칙에 대한 너무 많은 예외조항과 비현실적 조항들이 규범의 효력을 약화시켰다.

국제협정·국제기구로서의 성격 미비   GATT규정은 가맹국 대표들이 서명한 후 국내법에 따라 국내비준절차를 거쳐야 정식 발효되도록 되어 있었으나, 미국을 위시한 각국 의회는 그 협정문에 대하여 비준을 하지 않았기 때문에 국제협정으로써의 조건이 충족되지 못하였다. 또한 GATT는 관세인하와 비관세장벽 철폐를 통한 무역자유화를 추구하기 위해 각국의 합의를 규정한 하나의 잠정적 협정에 그쳤기 때문에 국제경제기구로서의 성격을 갖추지 못했다. 따라서 여타의 국제기구와는 달리 의사결정권한이 극히 제약되어 있었고 결정사항에 대한 집행력도 크게 결여되어 있어서, GATT의 효능은 GATT규정을 지키려는 체약국들의 자발적 의지에 의존할 수밖에 없었다. 또한 의무불이행에 대한 분쟁이 발생하여도 효과적인 분쟁해결능력을 갖추지도 못하였다.

2절 WTO체제

1 우루과이라운드(UR)협상

1.1 UR협상의 배경

1986년 9월 우루과이의 푼타텔에스테에서 개최된 GATT각료회의로부터 시작된 제8차 다자간무역협상인 우루과이라운드(UR)협상은 1993년 12월 제네바에서 협정문을 채택함으로써 WTO체제의 탄생을 위한 법적 근거가 마련되었다. 이후 UR협상은 1994년 4월 모로코 마라케쉬(Marrakesh) 각료회의에서 협정이 조인됨으로써 7년 7개월간의 진통 끝에 일괄 타결되었다. 세계 123개 회원국이 참가한 이 각료회의는 향후의 새로운 국제무역질서를 효과적으로 규율하기 위한 세계무역기구 WTO(World Trade Organization)의 신설을 합의하였다.

이로써 1948년 이후 45년 간 유지되어온 GATT체제는 막을 내리고 1995년 1월 1일부터 WTO체제가 새로이 출범하게 되었다. 이같이 새로운 세계무역기구 WTO를 탄생시킨 우루과이라운드(UR)가 출범하게 된 데에는 다음과 같은 요인들이 그 배경으로 작용하였다. 따라서 이러한 요인들은 UR협상의 배경인 동시에 WTO설립의 배경이기도 하다.

신보호무역주의, GATT 기능약화 1970년대 이후 신보호무역주의(new-protectionism)가 나타난 이후 1980년대에도 이러한 보호주의경향이 더욱 강화되었고 새로운 지역주의(regionalism)마저 탄생되었다. 이러한 과정에서 GATT의 기본정신과 배치되는 보호조치 및 GATT 밖의 보호수단들이 남용되었고 국제무역협상에 있어서도 GATT를 통한 다자주의적 협상보다는 쌍무주의·지역주의적 협상을 통한 무역규제조치가 남발되었다. 또한 지금까지 GATT를 통한 무역자유화의 리더였던 미국의 경제력 약화로 GATT체제의 지위 역시 동반 하락하였다. 이에 따라 위축된 세계무역의 활성화를 위한 새로운 다자주의적 노력이 필요하게 되었다.

새로운 무역자유화분야 등장 GATT의 규율대상은 주로 상품(제조품)이었다. 따라서 농산물이나 석유 등 1차산품은 GATT 밖의 예외로서 거래되고 있었고, 2차산품의 경우에도 섬유류교역은 별도의 다자간협정에 의해 규율되고 있어 GATT밖에 존재하였다. 또한 과학기술의 발전과 소득수준 향상으로 인해 서비스·지적재산권·국제투자 등과 관련된 새로운 무역이 증대되고 있음에도 이러한 새로운 무역을 규율하는 국제 규범이 존재하지 않았다. 따라서 이러한 모든 무역거래의 자유화를 포괄하는 새로운 국제규범이 필요하게 되었다.

　　새로운 자유화규범 필요성　　GATT는 일괄적 관세인하를 목표로 하고 수량적 제한조 치금지를 선언적으로 규정하였으나 규정의 비통일성·지나친 예외조치·비현실성 등으 로 인하여 실효성이 없었다. 따라서 관세보다는 비관세장벽이 더 중요한 무역정책수 단으로 기능하였고 새로운 관리무역수단 등 GATT 밖의 회색지대조치(gray area measures) 들이 범람하였다. 뿐만 아니라 GATT의 반덤핑조치(AD)나 상계관세조치(CVD) 등이 남 용되어 이로 인한 보호무역이 심화되었다. 따라서 이러한 비관세장벽·GATT 밖의 회 색지대조치·GATT규정의 남용을 규제하고 규율할 수 있는 어떤 새로운 무역자유화규 범이 필요하게 되었다.

　　개도국의 불만과 욕구 증대　　원래 GATT체제는 미국을 중심으로 한 선진국의 주도하 에 발족되었고 무역규범도 주로 그들의 이익을 반영하여 만들어지고 운용되었다는 불 만이 높아졌다. 그러나 그 후 개도국의 가입이 확대되고 영향력이 증대되었으며 신흥 공업국과 OPEC 등 이해관계를 달리하는 집단의 출현으로 새로운 변화를 요구받게 되 었다. 그럼에도 불구하고 개도국들의 수출증대와 경제성장의 욕구는 여러 가지 국제 적 노력에도 불구하고 오랜 동안 충족되지 못하였다. 따라서 개도국들은 그들의 대 선진국 시장접근을 확대하고 개도국의 자조적 노력을 지원하며 그들의 이해관계를 반 영하는 어떤 다자적 기구가 필요하다는 목소리를 높여왔다.

　　새로운 국제기구 필요성　　이러한 여러 가지 환경변화와 이에 따른 새로운 욕구들이 분출됨에 따라 새로운 무역자유화를 주도할 메커니즘이 필요하였다. GATT는 하나의 국제협정으로서의 법적 구속력이 약한 태생적 한계를 지니고 있어 GATT의 기능적 한 계가 노출되었고 GATT에 대한 가맹국들의 신뢰도도 저하되었다. 따라서 단순히 GATT 기능을 강화하는 것만으로는 부족하고 그 기능을 강화하는 동시에 신뢰도도 높일 수 있는 어떤 새로운 다자간기구를 설립하는 것이 더 바람직하다는 인식이 증대되었다.

1.2 UR협상의 특징과 의의

이러한 배경 위에서 출발하게 된 GATT의 제8차 다자간협상 UR은 GATT체제의 약점들을 대폭적으로 보완함으로써 다자간 자유무역질서를 확대·확산시키고 강화시켰다. 이러한 우루과이라운드협상(UR)은 그 이전에 있었던 7차례의 다자간협상에 비하여 다음과 같은 특징을 지니고 있었다.

□ **광범위하고 포괄적인 자유화** (의제의 다양화)

UR 이전의 다자간무역협상은 관세인하를 1차적 목표로 하면서 일부 비관세장벽을 주요한 협상의제로 하였음에 비하여 UR은 광범위하고 포괄적인 대상을 의제로 함으로써 거의 모든 현안이 의제가 되었다. 그러한 의제들을 〈표 6-2〉가 보여주고 있는데 그 내용은 ① 시장개방분야(6개), ② 무역규범분야(6개), ③ 신무역분야(3개)로 구분해 볼 수 있는데 특기할 점은 다음과 같다.

표 6-2 UR협상의 주요 분야 의제

협상 분야	구체적 협상 의제		
시장개방 (market access)	① 관세분야 ② 비관세분야 ③ 농산물교역 ④ 섬유류교역 ⑤ 열대산품교역 ⑥ 천연자원교역		
무역규범 (rule making)	⑦ 반덤핑 ⑧ 보조금 및 상계관세 ⑨ 긴급수입제한(safeguard) ⑩ GATT기능강화 ⑪ GATT조문 개선 ⑫ 분쟁해결절차		
신무역분야 (new issues)	⑬ 지적재산권(TRIPs) ⑭ 무역관련투자(TRIMs) ⑮ 서비스교역(GATS)		

(1) 시장개방분야와 관련하여 ① 지금까지 GATT 밖에서 규율되고 있던 농산물과 섬유류교역이 새로운 의제로 포함되어 이에 대한 무차별적 자유무역질서를 확립하게 되었고, ② 새로이 증가하고 있는 서비스무역에 대한 자유무역질서의 정립기반이 구축되었으며, ③ 무역정책은 아니면서도 무역과 관련되는 외국인투자정책 및 지적재산권정책에 대한 새로운 국제규범을 정립하게 되었다.

(2) 여타의 라운드에서와 마찬가지로 ① 관세의 대폭적 인하를 통한 시장접근이 획기적으로 향상되었음은 물론, ② 무역규범분야에 있어 수출자율규제 등 회색지대조치가 철폐되었고, ③ 그동안 개도국의 주요 관심사항이었던 반덤핑조치의 발동요건이 강화되었고 보조금 및 상계관세에 대한 규제가 강화되었으며, ④ 그동안 논의는 있었지만 성사시키지 못한 세이프가드(safeguards)에 대한 협정을 체결하였다.

□ **새로운 국제교역질서의 창출**

UR의 역사적 배경과 관련하여 앞에서 설명하였듯이, UR은 신보호무역주의의 확산에 따른 GATT의 기능약화, 경제사회환경의 변화에 따른 새로운 교역의 등장, 미국 경제력의 상대적 약화에 따른 국제경제구조의 변화 등으로 인하여 GATT를 중심으로 한 세계교역질서가 크게 위협받고 있는 상황에서 출범하였다.

따라서 이와 같은 새로운 구조변화에 대응하는 새로운 교역질서를 창출하기 위한 노력이 이루어졌고 그러한 노력의 결과가 WTO라는 새로운 무역기구의 출범으로 나타나게 되었다. 이러한 무역기구의 창설과 함께 각국의 무역정책 감시기능을 도입함과 아울러 분쟁해결기능을 획기적으로 강화시켰다. 또한 이러한 협상과 협정에 대부분의 개발도상국들이 대거 참여함으로써 진정한 세계무역질서로서 자리 잡게 되었다.

이러한 WTO체제의 출범은 국제경제질서에 대한 커다란 의미를 지닌다. 국제통화기금(IMF)·세계은행(IBRD)과 더불어 전후 국제경제의 3대 지주였던 국제무역기구(ITO)의 설립구상이 반세기만에 현실화된 역사적 사건이었으며, 또한 WTO는 종전의 GATT와는 달리 확고한 국제법적 지위와 강력한 권한도 지닌 명실상부한 국제무역기구이기 때문이다.

1.3 UR협상의 미해결문제

이처럼 7년 7개월 간의 고통스런 협상을 통하여 결국 123개국이 참여한 우루과이라운드(UR)는 GATT의 8번째 라운드이자 가장 야심찬 무역협상으로서 이러한 협상의 성공적인 종료에 대한 기대도 매우 높았다. 협상이 종료될 당시 GATT와 OECD는, 협정이 완전 실행되기만 하면 세계경제가 연간 2,000억 달러 이상의 이득을 얻으며 전 세계 소득을 약 1% 정도 증가시킬 것이라는 장밋빛 전망을 내 놓기도 하였다.

물론 이러한 전망에 대해서는 너무 낙관적인 추정치로써 과장되어 있다는 비판이 제기되기도 하였지만, 그럼에도 불구하고 우루과이라운드는 무역자유화의 확대와 새로운 교역질서의 창출을 통하여 세계경제의 성장과 발전에 기여할 수 있는 획기적 계기를 마련하였다고 할 수 있다.

이처럼 우루과이라운드의 종결로 커다란 성취를 이룩하였음에도 불구하고 여전히 심각한 무역문제들이 미해결과제로 남겨져 있다는 문제제기가 있었는데 그러한 비판의 주요 내용은 다음과 같다.[9]

---

9 Dominick Salvatore, International Economics, Trade Theory and Policy 8th ed. (John Wliley & Sons Inc., 2004) pp.331-4 참조.

(1) 새로이 자유화대상이 된 농산물에 대한 보조금과 관세, 면직물에 대한 관세 및 무역제한조치가 여전히 높다. 아무리 엄격히 하더라도 이들에 대한 반덤핑조치와 긴급수입제한조치가 여전히 가능하며 향후에도 빈번히 남용될 여지가 크다.

(2) 개도국에 대한 많은 무역문제들이 여전히 적절하게 해결되지 못하였고, 동유럽 등 체제전환국들이 새로이 세계무역체제에 통합되도록 돕기 위한 어떤 특별한 조항도 만들어지지 못하였다.

(3) 세계가 새로운 지역주의와 블록화 경향이 높아지고 있어 WTO를 통한 다자주의적 무역자유화가 훼손될 우려가 크다.

(4) 우루과이라운드는 노동 및 환경기준을 다루지 못하였다. 미국과 프랑스 등 일부선진국들은 선진국과 개도국 간의 공정한 경쟁을 위한 노동임금과 환경기준 등을 내세우며 이를 새로운 보호주의수단으로 삼으려는 시도가 있는데, 이러한 문제들을 충분히 다루지 못하였다.

2 WTO의 기본원칙과 예외

2.1 WTO의 목적과 기본원칙

WTO는 1994년 4월 15일 마라케쉬각료회의에서 서명된 UR최종협정의 전문(前文)에 WTO의 설립목적을 기술하고 있다.[10] 다만 WTO는 GATT체제의 한계를 극복하기 위하여 새로 설립된 체제이지만 기존의 GATT나 다자간무역체제를 전면적으로 부정하는 협정이 아니라 과거 GATT체제의 기존원칙을 유지하면서 그 내용을 보완·발전시킨 협정이다. 따라서 WTO는 GATT체제의 기본원칙을 계승하면서 몇 가지 추가적인 원칙과 목표를 전제로 하고 있다. UR최종협정문과 WTO협정내용에 나타나고 있는 WTO의 목적과 기본원칙을 정리하면 다음과 같다.

---

10 그 내용을 요약하면, ① WTO회원국들의 생활수준향상·완전고용달성·실질소득과 유효수효의 지속적이고 양적인 확대와 상품과 서비스의 생산 및 교역의 증진, ② 지속가능한 개발과 부합되는 자원의 효율적 이용과 각국의 경제수준에 상응하는 환경보전노력과 보호수단의 허용, ③ 개발도상국, 특히 최빈개도국의 국제무역증대, ④ 상호 호혜주의 바탕 위에서 관세 및 기타 무역장벽의 실질적인 삭감과 국제무역상의 차별대우 폐지, ⑤ GATT 및 과거의 무역자유화노력 및 다자간협상의 결과 전체를 포괄하는 통합되고 영속성이 있는 다자간무역체제의 구축, ⑥ 다자간무역체제의 기초가 되는 기본원칙의 보존과 목표증진 등이다.

(1) 보다 더 자유롭고 예측가능한 무역

GATT나 WTO 모두 자유로운 세계무역의 실현을 목표로 하고 있지만 WTO체제는 GATT에서 보다 더 넓은 분야의 무역거래를 대상으로 하여 보다 더 안정적이고 예측 가능한 자유무역을 목표로 하고 있다.

WTO 역시 GATT와 마찬가지로, 관세나 조세를 제외한 일체의 수입제한을 철폐하여야 함을 기본원칙으로 한다. 관세나 조세는 수입가격변동을 통하여 국내시장에서의 수요와 공급에 영향을 미치는 간접적인 제한수단이지만 수입쿼터와 같은 각종 비관세장벽은 수입품의 국내반입 자체를 제한하기 때문이다. 따라서 WTO체제 역시 시장접근을 보장하기 위하여 수량제한을 철폐한다는 것이다.

UR은 이러한 원칙을 관철하기 위하여 농산물분야의 수많은 비관세장벽을 거의 모두 관세화 하였고, 관세를 부과하는 경우에도 엄격한 규율에 따르도록 하였다. 예컨대 관세가 수입물품 간에 차별적으로 부과될 수 없음은 물론 관세수준도 WTO에 약속한 양허수준 이상으로 인상할 수 없다.

WTO는 새로운 협상분야로 떠오른 서비스무역이나 지적재산권 등에 대한 시장개방을 추가로 포함시킴으로써 세계무역기구가 규율하는 자유무역의 범위를 더욱 확장시켰다. 그러나 이러한 분야의 시장개방은 장기적으로는 이익이 되지만 단기적으로는 개방에 따르는 충격이 크므로 보다 예측 가능하고 점진적인 방식으로 자유화가 이루어지도록 하였다.

우선 서비스무역 및 투자관련 무역에 대하여 WTO에 미리 약속한 규제조치 이상의 규제를 행할 수 없도록 함으로써 「예측가능한 무역」(predictable trade)을 통한 회원국들의 안정적 시장접근을 보장하였고, 이러한 분야에 대한 개도국들의 시장개방 의무이행에 유예기간을 더 길게 허용하는 등 개방일정을 통한 「점진적 자유화」(progressive liberalization)를 도입하도록 허용하고 있다.

(2) 차별 없는 무역 (비차별주의)

앞에서 설명하였듯이 비차별주의는 최혜국대우원칙과 내국민대우원칙으로 대표된다.

「최혜국대우」(MFN: Most Favored Nation Treatment)는 특정국가에 대해 다른 국가보다 불리한 교역상의 조건을 부여해서는 안 된다는 원칙으로서 WTO 역시 이를 기초로

한다. 다만 서비스교역에 관한 일반협정은 각국이 이 원칙에 대한 예외를 최혜국대우
일탈목록에 기재토록 함으로써 이에 대한 예외를 추가하고 있다.

「내국민대우」(NT: National Treatment)는 외국인과 내국인을 똑같이 대우해야 한다는
의미로서 수입국 내에서의 수입품과 국산품 간의 공정한 경쟁을 할 수 있도록 보장함
으로써 자유무역을 실현하고자 하는 데 있다. WTO의 경우 서비스무역이나 무역관련
투자에 대한 협정을 새로이 제정함으로써 이러한 내국민대우원칙의 의미가 더 커졌다
고 할 수 있다.

(3) 보다 투명하고 공정한 무역

WTO는 각국의 행정기관이나 사법기관의 의사결정·법령적용·제도운용은 합리적
이고 예측 가능하도록 그러한 결정에 대한 이유를 고지하고 그러한 결정의 기초가 되
는 모든 법령 및 자료들이 공개되어야 한다는 「투명성(transparency)의 원칙」을 전제로
한다. 말하자면 무역관련 규범의 명료성(clearness)과 공개성(publicity)을 천명하는 것이다.

이를 위하여 WTO는 자신이 생산되는 모든 문서와 정보를 공개·발표하도록 하였
고, 서비스무역이나 투자관련 무역의 경우 회원국들의 모든 무역관계법과 규제사항을
공표토록하였으며, WTO의 부속협정이나 복수국간협정에서는 통보(notifications) 의무를
부과하였다. WTO는 또한 무역정책검토제도(TPRM)를 통한 정기적 감시를 두어 회원국
들의 무역정책과 관행에 대한 좀 더 높은 수준의 투명성을 확보하도록 하였다.

한편 어떤 사람들은 WTO가 기본적으로 더 자유로운 무역을 목표로 하지만 더 정
확하게 말한다면 보다 개방적(open)이고 공정(fair)하며 왜곡되지 않은 경쟁(undistorted
competition), 국제경쟁에 기여하는 규칙체제(a system of rules)를 지향한다고 평가한다.[11]
말하자면 WTO는 '보다 자유로운 무역'(freer trade)과 함께 '보다 공정한 무역'(fairer
trade)을 추구한다고 할 수 있다는 것이다.

위에서 설명한 최혜국대우나 내국민대우 등 차별금지원칙 역시 공정무역의 전제
조건이 되므로 GATT체제 역시 공정무역을 그 기본목표로 하고 있었지만, 이렇게
WTO체제의 기본목표로서 「보다 공정한 무역」을 특별히 추가하고 있는 것은 1980년
대 이후부터 새로이 제기된 공정무역(fair trade)의 개념이 WTO협정에서 더욱 강조되고
강화되었기 때문이다.

---

11 강인수 외, 국제통상론 (삼영사, 2003) pp.104-5 참조.

예컨대 불공정무역을 전제로 하는 덤핑이나 보조금에 대한 WTO협정은 종전 GATT규정에 비하여 보다 구체적이고 명료화한 규정으로 보강되었다. 또한 농업·서비스·지적재산권에 대한 WTO협정에서 공정경쟁을 지지하고 있으며 정부구매에 관한 WTO협정에서도 정부구매에 대한 공정한 경쟁의 촉진을 확대 적용하고 있기 때문이다. 말하자면 WTO의 통상협정 내용에는 종전 GATT체제에 비하여 훨씬 발전되고 높아진 공정무역의 용어와 개념이 포함되어 있는 것이다.

(4) 경제개발과 경제개혁의 촉진

UR 최종협정문의 전문에서, WTO는 상품과 서비스의 생산 및 교역의 증진과 이를 통한 회원국들의 생활수준 향상·완전고용 달성·실질소득과 유효수요의 지속적이고 양적인 확대를 목표로 함을 명시하고 있다. 또한 개발도상국, 특히 최빈개도국은 자신의 경제를 발전시키는데 필요한 만큼의 국제무역증대의 몫을 확보하기 위하여 적극적인 노력을 기울여야 할 필요성이 있다는 인식에 대해서도 명시하고 있다.

WTO회원국 중에는 개도국 또는 비시장경제체제로서 경제개혁을 추진 중인 국가들이 전체의 3/4 이상을 차지하고 있다. 이들 국가들 역시 선진국과 같이 UR협상에 따른 무역자유화를 이행하고 있지만 WTO는 그들에게 새로운 WTO규정에 적응할 수 있는 유예기간을 허용함으로써 그들이 경제개발과 경제개혁이 촉진될 수 있도록 하였다. 또한 선진국들은 최빈개도국들의 수출품에 대한 시장접근약속을 신속히 이행하였고 선진공업국들로 하여금 개도국에 대한 각종 경제지원과 특혜조치들을 규정하였다.

이러한 일련의 조치들은, UR협상의 배경과 관련하여 설명하였듯이, 그동안 GATT 체제에 대한 개도국들의 불만이 높아지자 새로운 무역체제에서 이를 고려한 대응인 동시에, 개도국들의 경제개발 및 경제개혁을 촉진하고자 하는 WTO의 기본목표와 원칙을 반영하고 있는 것이다.

2.2 WTO협정의 예외규정

한편 WTO협정도 GATT1947과 마찬가지로 기본원칙에 대한 중요한 예외규정을 두고 있다. 이러한 예외규정을 두는 이유는 세계의 거의 모든 나라를 규율하는 다자적 무역체제에 있어 서로 다른 경제발전단계와 상황을 지닌 여러 나라가 존재한다는 현실을 외면하고 획일적인 원칙만을 적용하는 경우 체제를 잘 운영할 수 없기 때문이다. 다만 이러한 예외조치가 남용되어서는 안 되기 때문에 WTO협정은 GATT체제하에서 남용되었던 조항의 요건을 명확히 하려는 노력을 하였지만 그럼에도 불구하고 아직도 불명확한 조항들이 남아 있다.

　GATT/WTO가 명시적으로 규정한 예외조항(exception clauses)들을 그 기본원칙별로 정리한 것이 〈표 6-3〉이다. 이러한 예외조항들을 발동절차에 따라 구분하면 ① 예외조치로 인정받기 위하여 WTO의 사전승인을 요하는 것(의무면제·개도국에 대한 예외 등), ② 사전승인은 필요 없지만 통고 또는 협의가 필요한 것(국제수지옹호를 위한 제한·관세동맹과 자유무역지대·긴급수입제한제도 등), ③ 각 회원국이 독자적으로 실시할 수 있는 것(포괄적 예외·안보상 예외·GSP 등)으로 구분해 볼 수 있다.

표 6-3 **GTTT와 WTO의 원칙과 예외조항**

구분	원칙에 대한 예외조항의 내용
수량제한금지 조항의 예외	▪ 긴급수입제한조치(제19조), 반덤핑(제6조) ▪ 회원국의 동의(waiver)에 의한 수입제한(제25조) ▪ 국제수지옹호를 위한 제한(제12조) ▪ 식료품 등의 부족방지를 위한 수출제한(제11조) ▪ 개도국에 대한 예외(제18조) ▪ 분쟁해결기구가 승인한 보복조치(제23조)
최혜국대우(MFN) 조항의 예외	▪ 역사적 특혜(1932년에 협정된 영연방 특혜관세제도 등) ▪ 일정한 조건이 충족되는 지역경제통합(제24조)[12] ▪ 개도국에 대한 예외(대개도국 일반특혜관세제도, 개도국 간 경제통합) ▪ 반덤핑관세 및 상계관세조치(제6조, 제16조) ▪ 정당하게 승인된 보복조치(제23조) ▪ 회원국의 동의에 의한 의무면제(waiver) 경우(제25조 5항) ▪ 특정가입국 간의 협정 부적용(제34조)
내국민대우(NT) 조항의 예외	▪ 정부조달 국산품 우선구입(제3조 8항): 정부조달협정에 의해 제외 ▪ 국내생산자에 대한 보조금(제3조 8항) ▪ 국산영화필름의 상영시간에 대한 우선 배당(스크린쿼터) ▪ 개도국에 대한 예외(제18조)
포괄적(일반적) 예외	▪ 일반적 예외(차별적 대우 또는 위장된 무역제한조치로 사용되지 않는 한 공중도덕의 보호, 생명 또는 건강보호, 국보의 보호 등)(제20조), ▪ 안정보장상의 예외(제21조)

---

12 이러한 조건으로서는 ① 역외 제3국에 대하여 무역장벽을 더 강화하지 않는다. ② 역내국 간의 무역장벽은 최종적으로 완전히 철폐한다. ③ 지역경제통합의 결정 시 역외국과의 차별대우가 더 강화되지 않도록 한다는 것이다.

3 WTO의 조직과 의사결정체계

1995년 1월 1일 출범 당시 WTO회원국은 76개국으로 시작하여 제1차 각료회의가 개최된 1996년 12월에 127개국으로 증가하였고 이후 2001년에 중국이 가입하였고 2011년에 러시아가 가입하여 2016년 7월 말 현재 164개국으로 확장되었다. 이러한 WTO의 주요 기능과 조직체계 및 의사결정체계를 살펴보면 다음과 같다.

3.1 WTO의 기능 및 조직체계

① WTO가 수행하는 5대 기능은 ① 협정의 집행·관리·운영, ② 협상추진, ③ 분쟁해결절차 관장, ④ 무역정책검토제도(TPRM) 운영, ⑤ IMF·세계은행 및 기타 산하기관과의 적절한 협력으로 요약할 수 있다. (WTO 설립협정 제3조)

협정의 운영 및 추진　UR의 결과로 만들어진 모든 협정들이 제대로 이행되고 있는지에 대한 감시와 함께 UR에서 이루지 못한 후속협상을 추진한다. UR후속협상은 1994년 마라케쉬 각료회의가 끝난 직후부터 계속 진행되었다. WTO는 또한 세계무역에서 새로운 이슈를 제기하고 이에 대한 논의를 주도한다.

분쟁해결 및 무역정책검토　회원국 사이에서 발생하는 분쟁을 조정하고 해결하는 역할을 하는 분쟁해결절차를 관장하고, 국제무역의 흐름과 각 회원국의 무역정책을 검토·분석하고 감시하는 무역정책검토제도를 운영한다.

타 기구와 국제협력　OECD·IMF·세계은행 및 기타 산하기관 등 여러 국제기구와 적절한 협력을 행한다.

② 이러한 WTO기능의 올바른 수행을 위하여 WTO는 최고의사결정기구로서 「각료회의」(ministerial conference)와 실질적 기능수행을 위한 상설기구로서 「일반이사회」(general council)를 두고. 일반이사회 산하에 3개의 무역분야별 이사회와 5개의 특별위원회를 두고 있다. 또한 2001년 DDA가 출범한 이후 DDA협상을 관리하기 위한 「무역협상위원회」를 두고 있다. 이러한 WTO의 현재의 조직구조가 [그림 6-1]로 요약되는데 각각의 기능을 요약하면 다음과 같다.

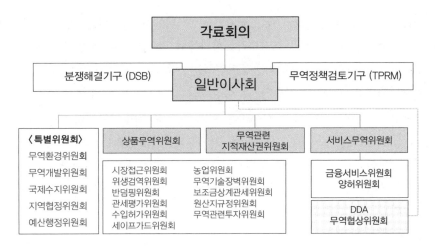

각료회의(Ministerial Conference)   모든 회원국의 각료급 대표로 구성되는 최고의결기관으로서 최소 2년에 1회 이상 개최된다. WTO협정 하의 모든 문제에 대한 결정권한을 가지는 최고의사결정기관인 동시에 집행기관이다. 그러나 이러한 각료회의는 비상설기구이기 때문에 중심적 역할은 상설 운영되는 일반이사회가 수행한다.

일반이사회(General Council)   일반이사회는 모든 회원국 대표로 구성하고 필요에 따라 수시로 개최된다. 일반이사회는 각료회의 비회기 중에 각료회의 기능을 수행하는 관료수준의 상설기구이다. 일반이사회 산하에는 무역분야별 이사회인 ① 상품무역위원회(Council for Trade in Goods), ② 무역관련 지적재산권위원회(Council for TRIPs), ③ 서비스무역위원회(Council for Trade in Service)가 있다. 또한 일반이사회는 필요할 경우 WTO의 특별기구인 분쟁해결기구(DSB: Dispute Settlement Body)와 무역정책검토기구(TPRB: Trade Policy Review Body)로 전환하여 그 임무를 수행한다.

특별위원회   한편 1994년 WTO각료회의는 일반이사회 산하에 ① 무역과 환경의 연계문제를 다루기 위한 무역환경위원회(Committee on Trade and Environment), ② 극빈개도국의 특수사정 반영을 위한 무역개발위원회(Committee on Trade and Development), ③ 국제수지목적 수입제한조치를 감시하기 위한 국제수지위원회(Committee on Balance of Payments Administration), ④ 지역협정위원회(Committee on Regional Trade Agreements), ⑤ WTO의 재정과 사무국 행정을 관장하기 위한 예산행정위원회(Committee on Budget, Finance and Administration) 등 5개의 특별위원회를 두고 있다.

무역협상위원회(Trade Negotiations Committee)   뒤에서 설명하는 바와 같이 2001년 카타르 도하에서 개최된 제4차 WTO각료회의에서 DDA협상이 출범함에 따라 이러한 협상 전반을 관리하기 위한 「무역협상위원회」가 발족하였다. 이 위원회 산하에 개별적인 협상의제별로 9개의 특별회의 및 협상그룹이 설치되어 있다.[13]

사무국(Secretariat)   WTO의 사무국은 WTO의 사무집행기구이다. WTO는 본부에 사무총장을 최고책임자로 하는 사무국을 설치한다. 각료회의는 사무총장을 임명하고 또한 사무총장의 권한·의무·근무조건·임기를 명시하는 규정을 채택한다. 사무총장은 각료회의가 채택하는 규정에 따라 사무국의 직원을 임명하고 이들의 직무와 근무조건을 결정한다.

3.2 WTO의 의사결정체계

WTO체제의 의사결정방식은 GATT체제에서 수립된 '합의(consensus)에 의한 의사결정'의 관행을 지속할 것을 천명하고 있다. (WTO 설립협정 제9조 1항) 합의에 의한 결정 방식은 GATT협정문에 명시적으로 규정되어 있지 않았으나 GATT의 관행으로 정착되어온 바 있다. 이러한 관행 속에는, 공식적으로 투표방식을 따르더라도 협상과 협의를 통하여 어느 정도 합의가 이루어진 후에 투표에 들어가는 것이 상례였으며, 합의에도 항상 만장일치를 의미하는 것은 아니었고 의사결정 시 회의에 참석한 어떤 회원국도 공식적으로 반대하지 않으면 합의에 이른 것으로 간주하며 회의에 불참한 국가는 계산에서 제외하였다.

WTO는, 합의에 의한 의사결정을 중시한 이 같은 GATT의 관행을 존중하지만, 의사결정의 신속성과 효율성을 위하여 합의가 불가능한 경우 「투표」로써 의사결정을 하도록 규정하고 투표에 의한 의사결정 정족수를 〈표 6-4〉와 같이 규정하고 있다. 이와 같은 의결정족수에 대한 특별한 규정이 없고 합의에 도달되기 어려운 경우 단순다수결에 따른다. 한편 WTO의 새로운 가입은 각료회의가 결정하는데 각료회의는 회원국 2/3 이상의 찬성으로 승인을 받아야 한다. 회원국은 언제든지 WTO를 탈퇴할 수 있는데 탈퇴는 WTO설립협정과 다자간무역협정에 함께 적용되며 탈퇴통고를 받은 날로부터 6개월이 경과하면 효력이 발생된다.

---

13 무역협상위원회 산하의 개별위원회로서는 농업위원회 특별회의, 서비스이사회 특별회의, TRIPs이사회 특별회의, 무역환경위원회 특별회의, 분쟁해결기구 특별회의, 시장접근 협상그룹, 규범협상그룹, 무역원활화 협상그룹이 있다.

표 6-4	WTO의 특별 의결정족수

의결정족수	의결대상
만장일치제	WTO의 3대 협정(상품교역협정·서비스교역협정·지적재산권협정)의 최혜국대우와 관련되는 규정이나 관세양허계획 수정
2/3 이상 찬성	만장일치제 사항 아닌 협정내용 수정
3/4 이상 찬성	WTO협정의 해석, 어떤 회원국에 대한 WTO의무 면제신청 등에 관한 결정

4 WTO의 새로운 제도 (분쟁해결절차와 무역정책검토제도)

WTO가 국제무역기구로서의 성격을 갖추면서 가장 주목받는 새로운 측면은 「분쟁해결절차」를 새로이 신설하였다는 점이고 이와 함께 국가 간 분쟁이 일어날 수 있는 무역관련 정책과 관행을 사전적으로 예방하기 위한 「무역정책검토제도」를 설치하였다는 점이다.

4.1 WTO의 분쟁해결절차

GATT가 사실상의 무역기구로서의 역할과 기능을 수행하면서 봉착했던 가장 어려웠던 문제가 분쟁해결을 위한 구체적 제도나 절차를 갖추고 있지 못하다는 것이었다. GATT체제 하에서도 분쟁해결절차가 존재는 하였으나 절차상 명확한 기간을 정하지 않았고 판정결과의 채택이 어려워서 많은 분쟁들이 미해결상태로 남았다. 따라서 어떤 국가가 불공정한 행위로 다른 나라의 무역을 제한할 경우 이를 다투는 방법으로 국제심판소가 있지만 이 절차는 몇 년 이상이 소요되고 설사 판결이 나도 그 결과를 강제집행할 수 있는 방법이 별로 없다.

그렇다고 하여 GATT체제가 분쟁해결능력이 전혀 없었다고는 할 수 없다. GATT체제 하에서도 체약국 누구도 GATT규정을 지키지 않는 나라로 낙인찍히지 않기 위하여 GATT규정을 준수하기 위하여 노력하였기 때문이다. 그럼에도 불구하고 계속 증가되는 무역분쟁을 효율적으로 해결하는 동시에 WTO가 국제기구로서의 집행력을 갖추기 위해서는 이에 대한 구체적인 제도나 절차의 확립이 필요하였다.

이에 WTO는 UR최종협정 「분쟁해결규칙 및 절차에 관한 양해각서」(Understanding of Rules and Procedures Governing the Settlement of Disputes)를 「부속서2」로 체결하였다. 이

러한 WTO의 분쟁해결절차의 제정은 UR이 거둔 또 하나의 주요한 성과라고 할 수 있다.

이에 따르면, WTO의 모든 분쟁은 관련협정에서 특별히 예외규정을 두고 있지 않는 한 WTO의 「분쟁해결기구」(DSB: Dispute Settlement Body)가 처리한다. DSB는 패널 설치·패널보고서 채택·권고나 재정사항의 이행감시·보복조치승인 등 폭넓은 권한을 부여받고 있다. 양해각서 제3조는, 분쟁해결은 ① 우선적으로 당사국 간의 협의 (consultation)를 통해 해결하고 ② 이를 통해 문제해결이 이루어지지 않을 경우 관련협정 위배 조지의 철회(withdrawal)를 취하고 ③ 다른 문제해결책이 없을 때 마지막 고려 수단이 보복조치이며 이는 DSB의 승인을 받도록 하고 있다.

이러한 원칙은 분쟁당사국 간의 협의를 통하여 원만한 문제해결을 추구해 온 GATT의 관행을 여전히 중시한 것이다. 그러나 WTO규정은 GATT체제에서보다 분쟁 해결절차가 신속히 이루어지고 좀 더 강한 구속력을 가지도록 강력하고 엄격히 규정 하고 있다. 특히 WTO분쟁해결절차의 가장 큰 특징은, 정당한 절차를 거쳐 이루어진 결정·재정·중재안에 대하여 DSB의 합의 없이는 부결시킬 수 없도록 함으로써, 당사 국의 반발로 그 효과가 지체되고 저지되던 GATT체제에서의 폐해를 극복하였다고 할 수 있다.

4.2 WTO의 무역정책검토제도 (TPRM)

분쟁해결절차의 궁극적 목적은 보복조치 등을 통하여 분쟁을 사후적으로 해결하 는 것보다는 협정에 부합되지 않는 정책과 관행을 사전에 제거함으로써 WTO협정의 기본목적을 효과적으로 실현시키는데 있다. 따라서 협정에 위반되는 회원국의 무역정 책과 관행을 사전에 감시하고 예방하여 분쟁을 사전에 방지하는 것이 바람직하다. 이 를 위해서는 회원국의 무역정책과 관행에 대한 투명성(transparency)을 확보하는 일이 매우 중요하다. WTO는 이러한 투명성 확보를 위하여 2가지 방법을 채택하였다.

첫 번째 방법은 회원국 정부가 특정의 무역정책이나 법규 및 조치 등을 WTO당국 에 「통지」(notification)하도록 한 것이고, 두 번째 방법은 WTO가 개별회원국의 무역정 책과 관행에 대한 감시와 검토를 행하여 회원국들이 규칙과 약속을 준수토록 하는 것 이다. 이들 중 두 번째 방법이 이른바 「무역정책검토제도」(TPRM: Trade Policy Review Mechanism)이다. 이와 같은 무역정책검토제도는 WTO회원국의 무역정책과 관련제도 및 관행 전반에 대한 이해를 높여 궁극적으로는 WTO를 중심으로 다자간 무역체제를 강화하는 것을 목표로 한 것이다.

WTO는 이와 같이, 분쟁해결에 대한 절차를 보다 명확히 하는 동시에 분쟁발생을 사전에 예방하기 위한 노력으로서 회원국의 무역정책과 관행의 투명성을 위한 무역정책검토제도를 설치하면서 이를 「무역정책검토제도에 대한 협정」(부속서3)으로 체결하였다. 이에 따르면 이러한 무역정책검토를 주관하는 기구로서 「무역정책검토기구」(TPRB: Trade Policy Review Body)를 두고 이들이 모든 회원국의 무역정책과 관행을 주기적으로 검토한다.[14]

검토주기는 회원국의 교역량에 따라 달라지는데 ① 4대 교역국(미국·EU·캐나다·일본)은 매 2년, ② 그 다음 16개 주요국은 매 4년, ③ 나머지 국가(극빈개도국 제외)들의 경우 매 6년마다 이 제도를 실시하도록 하였다. 무역정책의 검토를 행함에 있어서는 회원국 자신이 작성한 보고서와 WTO사무국이 작성한 보고서를 기초로 검토하고 회의 의사록을 작성하여 모든 회원국이 참고할 수 있도록 공표한다. 또한 이 문서는 각료회의에 제출되고 각료회의는 이를 최종 검토한다.

5 WTO체제의 특성 (GATT체제와의 비교)

이상에서 설명한 바와 같이 WTO체제는 'UR최종협정의 이행기구'인 동시에 '국제무역에 관한 UN'으로서의 역할을 행할 국제기구로서, GATT체제의 기본정신과 기능을 계승하고 있지만 단순한 GATT의 연장이 아니라 새로운 확장과 발전을 이룩하고 있다. 이러한 WTO체제의 특성은 GATT체제와의 비교를 통하여 더욱 명확해질 수 있다. 이러한 비교내용을 〈표 6−5〉가 요약하고 있는데, 한마디로 말한다면 시장개방의 확대와 다자체제(기구)의 기능강화라고 말할 수 있다.

---

14 WTO는 최근 세계금융위기가 발생한 이후 이로 인해 보호주의가 강화되는 것을 예방하기 위하여 보호주의추세에 대한 모니터링 및 분석활동을 TPRB를 통하여 더욱 강화하여 실행하는 것으로 알려졌다.

표 6-5   GATT와 WTO의 비교

구분		GATT	WTO
시장 개방 확대 · 규범 강화	목표	▪ 무역자유화 추구	▪ 무역자유화＋공정무역 추구
	규율 대상	▪ 상품(주로 제조품), 농산품·섬유상품 제외	▪ GATT밖의 분야 추가(농산품, 섬유류) ▪ 신 분야 추가(GATS, TRIPs, TRIMs)
	시장 개방	▪ 관세인하에 주력 ▪ NTB철폐 선언적 규정(실효성 약함)	▪ 관세인하, 특정부문 무관세화 ▪ NTB 철폐규정 강화 (모든 회색지대조치 4년 내 폐지)
	규범 관련	▪ 보조금 관련규정 불명료 ▪ 반덤핑규정의 남용 여지 ▪ Safeguard협정 체결 못함	▪ 보조금 정의 명료화, 규율 강화 ▪ 반덤핑조치 기준 및 절차 명료화 ▪ Safeguard협정 체결 ▪ 원산지규정·선적 전 검사 등 신설
다자 체제 (기구) 기능 강화	형태 가맹국	▪ 다자간 국제협정(잠정적) ▪ 가입국: 협정체약국 지위	▪ 국제경제기구(영구적 성격) ▪ 가입국: 국제기구 회원국 지위
	결정	▪ 권유적 성격	▪ 필요시 사법적 기능 가짐
	분쟁 관련	▪ 분쟁해결 위한 구체적인 제도와 절차의 결여 ▪ 조항의 불명확 및 분산 ▪ 감시기능의 취약	▪ 분쟁해결기구(DSB) 및 절차규정 신설 (신속하고 효율적인 진행) ▪ 조항의 명료화 및 통합적 규정 ▪ 감시기능(무역정책검토기구, TPRM)
	의사 결정	▪ 합의 의한 의사결정 관행(비효율적 의사결정)	▪ 합의 의한 의사결정 존중 ＋합의 불가능시 투표(신속 효율적 결정)

무역자유화/시장개방의 확대   WTO체제는 공산품 뿐만 아니라 기존 GATT체제에서 실질적으로 제외되었던 농산물 및 섬유분야는 물론 서비스·지적소유권·무역 관련투자분야에 대한 자유화를 시도하였다. 또한 GATT는 관세인하에 주력하고 도쿄라운드 (TR)에서 비관세장벽의 금지에 대하여 규정하였으나 선언적 규정으로서 의미가 높아 실효성을 가지지 못하였다. 반면 WTO는 관세인하 뿐만 아니라 특정부문의 무관세화까지를 선언하고 있으며 또한 비관세장벽의 철폐에 대한 규정을 보다 실질적으로 강화하였다.

국제무역규범의 강화   GATT체제 하에서도 보조금이나 반덤핑에 대한 규정이 있었지만 불명확한 점이 많고 상계관세나 반덤핑방지관세가 남용될 여지가 많아서 개도국들의 불만이 높았다. 또한 세이프가드에 대한 GATT규정이 있었으나 이를 다자간협정으로 체결하는 데는 실패하였다. 그러나 WTO는 보조금의 정의·반덤핑조치의 기준 및 절차의 명료화를 통하여 규범을 강화시켰으며 세이프가드에 대한 독립된 협정을 체결함으로써 이와 관련되는 규범을 더욱 강화시켰다.

조직형태와 권한강화   GATT는 단순한 국제협정으로서 법적 권한을 지닌 국제기구로서의 역할을 수행하지 못하고 회원국에 대한 강제력을 행사할 수 없었다. 따라서 가입국은 '협정체약국'(contracting parties)으로서 지위를 누리게 되며 GATT의 결정 역시 권유적 성격을 지녔을 뿐 국제법상 구속력을 갖지 못하였다. 반면 WTO는 법인격을 지닌 국제기구로서 가맹국들은 '국제기구 회원국'(members)으로서의 자격을 지니게 되며 만약 이들이 WTO규정을 준수하지 않을 경우 사법적 권능을 가지고 제재조치를 취할 수 있게 되었다.

분쟁해결권한 및 감시기능   GATT의 경우 분쟁해결을 위한 구체적인 제도와 절차를 결여하고 있었고 분쟁해결조항이 불명확하였을 뿐만 아니라 관련규정들이 분산되어 있었으며 감시기능 역시 취약하였다. 반면 WTO는 분쟁해결기구(DSB) 및 절차규정을 신설하고 분쟁해결조항의 명료화 및 통합을 이룩함으로써 신속하고 효율적인 분쟁해결절차가 진행되도록 하였다. 또한 회원국들의 무역정책과 관행을 감시할 수 있는 기능을 제고시키기 위한 무역정책검토기구(TPRM)를 신설하였다. 이러한 분쟁해결 능력을 채택하고 강화함으로써 이제 WTO는 '국제무역에 관한 UN'으로 등장하게 되었다.

의사결정의 효율화   GATT는 합의(consensus)에 의한 의사결정 관행으로 비효율적 의사결정이 이루어졌다. WTO는 합의에 의한 의사결정 관행을 존중하면서도 합의가 불가능할 경우 투표를 통하여 의사결정 할 수 있는 요건과 절차를 명확히 함으로써 신속하고 효율적인 의사결정이 이루어질 수 있도록 하였다.

3절 WTO의 새로운 다자간협상

1 새로운 다자간협상의 논의배경과 의의

1.1 새로운 협상의 배경과 출범

① 1995년 WTO가 출범함으로써 무역자유화의 폭이 확대되었음은 물론 국제통상규범의 투명성 강화로 인하여 국제무역질서가 커다란 전환의 계기를 맞이하였다. 그러나 WTO출범만으로 국가 간 통상마찰의 소지가 완전히 해소되거나 국제무역의 자

유화가 완성된 것은 아니었다. 따라서 WTO를 통한 무역자유화를 더욱더 확대해야 할 필요성이 다음과 같이 제기되고 있었다.

추가협상의 필요성   우선 UR협상과정에서 타결이 미진한 분야에 대한 추가협상이 필요하였다. WTO회원국들은 1993년 UR협정을 타결하면서 농산물과 서비스분야에 대한 시장개방이 미흡하다고 판단하여 2000년 이후부터 추가적인 후속협상을 「설정의 제」(BIA: built-in agenda)로 미리 정하여 두고 있었다. 또한 많은 회원국들은 이러한 분야 이외의 공산품분야에 있어서도 상당한 무역장벽이 남아 있고 또한 UR협상결과를 이행하는 과정에서도 여러 가지 문제점이 있다고 인식하고 있어 새로운 후속협상이 필요하였다.

새로운 협상의제 필요성   뿐만 아니라 세계화의 진전에 따른 국제무역 환경변화를 반영하기 위해서는 새로운 무역규범이 필요하다고 생각하여 새로운 협상의제들이 계속 대두되었다. 예컨대 환경·노동·국제투자·경쟁정책 등과 관련된 국내정책을 무역정책과 연계시켜 이들을 새로운 다자간협상으로 논의하려는 인식과 시도가 그 것이다.[15]

UR협상이 타결될 즈음 차기의 새로운 통상이슈로서 이러한 과제들을 우선과제로 제기한 것은 미국이었다. 미국은 자국 산업이 국제경쟁에서 상대적으로 불리한 여건에 처하게 된 이유가 국가 간 환경기준·노동여건·경쟁정책의 차이에서 비롯되었다고 전제하고 국제무역에 있어 공정한 경쟁을 위해서는 공정한 경쟁여건과 함께 공통의 게임규칙을 설정하여야 한다는 주장을 전개하였다. 이러한 주제들은 종전까지 논의되지 못하였던 뉴 이슈(new issue)라고 하여 이러한 주제들을 다룰 새로운 협상을 「뉴라운드」(New Round)라고 부르기도 하였고, 21C 최초로 이루어지는 라운드라고 하여 「밀레니엄라운드」(Millenium Round)라고 부르기도 하였다.

② 이러한 상황을 배경으로 하여 1996년 제1차 WTO 각료회의 이후부터 이에 대한 논의의 진전이 계속되다가 1999년 말 제3차 WTO 각료회의(시애틀)를 통하여 뉴라운드출범의 공식적 선언을 시도하기에 이르렀다. 그러나 개도국이나 NGO들의 반발과 주요선진국 간 합의도출의 실패로 새로운 라운드의 출범이 무산되었다.

이러한 사태가 벌어진 것은 새로운 협상의 의제범위나 향후 일정에 대한 회원국

---

15 이러한 주제들은 이른바 GR(Green Round, 환경라운드), BR(Blue Round, 노동라운드), TR(Technology Round, 기술라운드), CR(Competition Round, 경쟁라운드), DR(Design Round, 디자인라운드) 등으로 불리기도 하였다.

간 의견차이가 극심하였기 때문이다. 세계화의 급속한 진전에 반대하는 개도국이나 급진적 시민그룹들은 새로운 무역자유화협상 자체를 반대한 반면, 주요 선진국들은 현재 상태에서 다자간무역체제를 진전시키지 않을 경우 '달리는 자전거'처럼 무역자유화체제가 무너지고 지역블록을 통한 보호체제가 강화될 것이라는 우려의 목소리를 높였다.

이러한 논란이 계속되는 가운데 2001년 11월 카타르 도하에서 열린 WTO 제4차 각료회의는 「도하개발아젠다」(DDA: Doha Development Agenda)를 출범시키게 되었다. 이러한 DDA협상은 GATT 이후 9번째, WTO출범 이후 1번째, 21C 최초의 다자간 무역협상으로서 제8차 라운드인 UR까지의 라운드들이 주로 선진국의 이익을 대변하였다고 보는 개도국의 저항을 감안하여 '라운드'(round)라는 명칭 대신 '개발아젠다'라는 명칭을 사용하였다. 그러나 언론에서는 여전히 이를 '도하라운드'라고 지칭하기도 한다.

1.2 DDA협상 출범의 의의

WTO출범 이후 계속된 논의와 첨예한 의견대립 끝에 2001년 11월 드디어 새로운 라운드가 출범하게 되었는데 어려운 가운데서도 이러한 DDA협상을 출범하게 된 것은 UR협상의 결과를 이행하면서 더 추가적인 시장개방이 필요하다는 데에 대한 인식의 공유가 있었기 때문이지만, 동년 9월에 발생된 미국의 9.11테러 이후 글로벌 경기침체에 대한 위기감이 고조되면서 다자간 무역자유화를 통하여 세계경제의 위기를 극복하여야 한다는 공감대가 형성되었던 점 역시 그 배경으로 작용하였다고 할 수 있다.[16] 당시 이렇게 이루어진 DDA출범에 대해서는 다음과 같은 평가와 전망이 내려졌다.

WTO위상의 재정립　　WTO출범 이후 다시 새로운 다자간무역협상을 출범시키려는 과정에서 우여곡절을 겪음으로써 WTO체제의 신뢰성에 타격을 입은 바 있다. 그러나 DDA협상이 공식적으로 출범함에 따라 WTO가 통상마찰 심화·지역주의 확산이라는 도전에 맞서 다자주의적 자유화를 더욱 강화시키는 세계무역기구로서의 위상을 재정립하는 계기가 되었다.

---

16 대외경제정책연구원(KIEP), DDA협상 지연 요인 분석과 국제적 대응방안, 연구보고서 12-02 (2012. 12) p.22.

보호주의예방, 무역자유화확대 계기   세계경기침체에 따라 각국이 수입규제조치를 남발하고 보호주의로 회귀할 조짐을 보여 왔고 이에 따라 세계무역이 급격한 위축세를 나타내고 있는 시점에서 이루어진 DDA협상의 출발은 보호주의경향을 예방하고 세계교역의 활성화에 기여하는 동시에 자유무역이 유일한 대안임을 재확인하였고 무역자유화의 모멘텀을 유지하고 강화하는 데 기여하게 되었다.

세계경제회복 및 통합가속화   DDA협상이 보호주의경향을 예방하고 추가적인 시장개방과 새로운 무역규범의 제정과 강화를 통하여 다자주의적 자유화를 안정적으로 정착시키게 되면 침체된 세계경제의 회복과 성상에 견인차 역할을 하게 되는 동시에 이를 통한 세계경제의 상호의존성 증대와 통합을 가속화시킬 것이다.

개방적 지역협력 유도   WTO에 의한 다자주의적 무역자유화와 병행하여 지역주의(regionalism)를 바탕으로 하는 자유무역협정(FTA)의 결성이 세계적 추세로 정착되어 가고 있다. 다자주의적 자유화를 추구하는 DDA가 출범함으로써 이러한 지역주의 경향 그 자체를 예방하고 완화시키는 동시에, 지역주의에 있어서도 배타적 지역주의 대신 개방적 지역주의를 유도함으로써 지역주의가 다자주의체제를 보완하는 방향으로 작용할 수 있게 될 것이다.

2 DDA협상의 주요 의제와 추진과정

2.1 주요 의제와 추진목표

제4차 WTO각료회의에서 채택된 각료선언문에 나타난 DDA협상의 주요 의제는 크게 ① 추가적 시장개방 의제 (농업·서비스·공산품 등), ② WTO규범 관련 의제 (반덤핑·보조금·지역협정, DSU규정·TRIPs 등), ③ 이른바 '싱가포르의제'라고 하는 새로운 무역의제 (환경·투자·경쟁정책·정부조달투명성·무역원활화 등)로 나눌 수 있다.[17] 이러한 협상의제를 협상의 성격에 따라 분류해 보면 〈표 6-6〉과 같은데 DDA협상의 이러한 의제설정에 대해서는 다음과 같은 평가를 내릴 수 있다.

---

17 1996년 싱가포르에서 열린 제1차 WTO각료회의에서 제기된 새로운 다자규범의 제안의제였으므로 이를 '싱가포르이슈'라고 하였다.

구분	성격	의제
일괄타결 의제	주로 시장개방 관련 의제	▪ 농산물교역 ▪ 비농산물(공산품 및 임수산물) ▪ 서비스교역 ▪ 무역과 환경 ▪ WTO규범(반덤핑·보조금·지역무역협정)
조기협상 종결 의제	시장개방과 직접적 관계 적은 이슈	▪ 분쟁해결절차(DSU) 규정 ▪ 지적재산권협정(TRIPS)
협상방식 합의 의제	출범당시 미합의 의제 (싱가포르이슈)	▪ 무역원활화[18] (무역과 투자, 무역과 경쟁정책, 정부조달투명성)
개발 관련 의제	주로 개도국들이 제기하는 의제	▪ UR협상 결과의 이행 ▪ 개도국우대 관련 조항 검토 ▪ 개도국 개발 문제 별도 검토

표 6-6 DDA협상의 주요 의제

□ 광범위한 의제설정

DDA협상은 UR협상보다도 더 광범위하고 과감한 논의를 예정함으로써 광범위한 의제가 설정되었다고 평가된다. UR협상결과가 불완전하였다고 평가되는 농업 및 서비스분야의 추가적 시장개방은 물론, 환경·투자·경쟁정책·정부조달투명성·무역원활화 등과 같은 새로운 의제를 포함하였고, WTO규범과 관련된 의제들을 전부 망라하였기 때문이다.

협상의제 설정과 관련하여 회원국 간의 첨예한 의견대립이 있었으나 이같이 광범위한 의제를 설정한 것은, 특정분야만을 다루는 협상에서는 국가 간 이익과 손실의 균형을 맞추기가 어렵기 때문에 가능한 많은 회원국들이 관심을 가지는 모든 분야를 망라함으로써 무역자유화의 혜택이 회원국 간 균형있게 배분되도록 하기 위해서는 가급적 의제범위를 넓히는 것이 바람직하였기 때문이다.

□ 균형된 의제설정

DDA협상에서는 선진국들의 추가적인 시장개방요구와 함께 자신들에 대한 특별배려를 요구하는 개도국의 주장들이 모든 협상분야에서 주요한 고려사항이 되었다는 점에서 나름대로 균형된 의제설정이 이루어졌다고 할 수 있다. 예컨대 새로운 무역협상 명칭을 '라운드' 대신 '개발아젠다'로 한 상징적 조치는 물론, 그동안 개도국들이 줄기차게 제기해온 반덤핑규정의 개정문제 등을 주요의제로 삼았고, 개도국의 요구에 따라 공중보건강화를 위한 지적재산권 관련 특별선언을 채택하였으며, 결과적으로

18 DDA협상 출범 당시 이른바 '싱가포르 이슈'에는 무역과 투자·무역과 경쟁정책·정부조달 투명성·무역원활화 등이 포함되어 있었으나 2003년 9월 칸쿤각료회의가 결렬되면서 2004년 8월 기본골격이 도출될 때 다른 의제들은 제외되고 '무역원활화'만 협상하기로 합의되었다.

WTO협정이행과 관련되는 개도국의 요구(약 100여개)들 중 절반에 대한 해결방안을 의제로 포괄한 것 등이 그것이다.

2.2 DDA협상의 추진경과

DDA협상은 이같이 폭넓고 균형된(broad and balanced) 의제설정 하에 당초 2002년 1월부터 2005년 1월 1일까지 3년이라는 기간 내에 협상을 조속히 종료할 것을 목표로 하였다. 이것은 7년 이상이나 걸렸던 지난 번 UR협상의 전철을 밟지 말고 가급적 빠른 기간 내에 협상을 종결하여야 한다는데 WTO회원국들이 인식을 같이 하였기 때문이다.

또한 DDA협상을 총괄하기 위한 협상 감독기구로서 무역협상위원회(TNC: Negotiations Committee)가 설치되었으며, 그 아래 각 분야의 협상그룹이 설치되어 협상을 실제적으로 진행하기로 하였다. 그러나 협상의제가 광범위하고 회원국 간의 이해관계 역시 복잡하기 때문에 사실상 3년이라는 짧은 기간 내에 이러한 타결이 가능할 것인가에 대한 우려도 없지 않았다.

DDA의 협상방식에 대해서는, UR에서와 마찬가지로, 모든 의제에 대한 논의를 동시에 진행하고 동시에 종결하여 전체협상결과를 하나의 패키지(package)로 하여 분야별 양보와 타협이 가능하도록 하는 「일괄타결방식」(single undertaking, package deal)을 채택하였다.[19]

그럼에도 불구하고 2001년 11월에 출범한 DDA협상은 많은 우여곡절을 거치면서 15년이 다 지나도록 여전히 교착상태에 빠져있다. 이에 따라 매번 새로이 개최되는 WTO각료회의에서 어떤 가시적인 진전이 새로이 이루어지기만을 기대하고 있다. DDA가 출범한 이후 지금까지 진행되어온 간략한 경과와 협상이 지연되는 배경 및 전망에 대해서 [보충학습 6-1]이 논의하고 있다.

---

19 일괄타결방식(single undertaking, package deal)이란 흔히 '모든 것이 합의되기 전에는 아무 것도 합의된 것이 없다'(Nothing is agreed until everything is agreed.)는 원칙 하의 협상방식이다. 따라서 합의된 패키지(package) 중 어떤 일부만을 취사선택할 수 없고 전체를 동시에 수용해야 한다. 특정분야의 협상을 미리 끝내게 하거나 일부 분야의 협상결과만을 선별적으로 받아들이게 한다면 협상타결에 필수불가결한 '주고받기'(give and take)가 어렵기 때문이다. 다만, 특정사안에 대한 조기합의가 이루어지고 모든 회원국들이 동의하는 경우 합의결과를 조기에 시행함이 가능하도록 하였다.

DDA협상의 진행과정과 전망

1. DDA협상의 지연 배경

위에서 설명한 바와 같이 WTO출범 이후 우여곡절 끝에 2001년 11월 카타르 도하에서 개최된 제4차 WTO 각료회의에서 DDA협상이 출범하면서 당초 2005년 초까지 3년 안에 협상의 타결을 목표로 하였다. 그러나 그 후 15여 년이 훨씬 넘은 지금에 있어서도 아무런 타결을 보지 못한 채 교착상태에 빠져 있어 누구도 DDA협상의 앞날을 전망하기 어렵도록 하고 있다. DDA협상이 이렇게 지연되고 있는 주요한 배경으로서는 다음과 같은 요인들을 지적할 수 있다.

복잡한 협상의제와 극심한 이견노출   과거 다자간무역협상은 주로 공산품의 관세감축이 중심이었고 UR협상의 경우 농산물과 서비스분야의 자유화가 포함되어 복잡해졌지만 그에 대한 규범 마련에 치중된 나머지 자유화문제는 크게 진전되지 못하였다. 그러나 DDA협상에서는 농업·비농산물(NAMA: Non-Agricultural Market Access)·서비스분야의 시장개방문제는 물론 싱가포르이슈·규범제정·개도국 개발문제 등 다수의 쟁점들이 광범위하고 복잡하게 얽혀있고 이에 대한 이견대립이 첨예하여 절충점을 찾기가 쉽지 않았다.

 개도국의 기대치와 요구의 증폭   과거 다자간협상이 주요 선진국들이 중심이 되었던 것에 비하여 DDA협상에서는 BRICs 등 신흥개도국의 부상으로 개도국들이 협상의 전면에 부각되었다. 이에 따라 DDA의 출범부터 개도국의 경제개발에 초점을 맞추고 협상의 명칭에도 개발을 강조함에 따라 개도국의 기대치와 요구가 증폭되어 선진국과 개도국 간 이익의 균형을 맞추기가 더 어려워진 구조적인 문제점이 내재해 있었다. WTO를 무역자유화기구로 인식하기보다 원조기구로 인식하는 개도국들의 인식이 팽배함으로써 선진국들이 수용하기 힘든 상황으로 몰아간 측면이 없지 않았다. 더욱이 WTO출범 이후 주로 비시장경제권 국가들이 대거 신규 가입함에 따라 이러한 신규가입국들로 인하여 합의 도출이 더욱 어려워졌다.

 주요국들의 낮은 협상타결 의지   DDA협상을 주도해야 할 주요국들이 이런 저런 사정으로 인하여 협상을 조기에 타결할 여건이나 의지가 부족하였다. 미국의 경우 정치적 리더십 부족으로 대외통상정책에 대한 정치적 리더십을 제대로 발휘하지 못하였고, 유럽의 경우 재정위기가 심화되면서 WTO다자협상의 구심적 역할을 해오던 EU집행위의 역할을 기대하기가 힘들어졌고 최근에는 영국의 EU탈퇴(Brexit) 문제까지 나타나 전망을 더욱 어둡게 하고 있다. 또한 중국의 부상으로 인해 WTO회원국들 간의 대립구조가 심화되는 상황 역시 합의도출의 장애요소가 되고 있다. 이러한 리더십 표류로 비효율적인 회의운영이 이루어져 주요국들이 '주고받기'(give and take) 할 카드가 실질적으로 제한되어 있다.

FTA의 확산   다자적 무역협상의 대안이 되는 FTA가 세계적으로 급속히 확산됨에 따라 WTO를 통한 시장개방의 효용성과 필요성이 크게 손상되었다. 시장개방에 경제적 이해관계가 높은 국가들이 FTA를 통하여 이러한 문제를 해결함으로써 DDA를 통한 시장개방의 필요성이 상당 수준 훼손됨에 따라 국내보조금감축 등 정치적으로 수용하기 어려운 의제들만이 DDA협상에 남게 되어 DDA협상을 더욱 어렵게 하고 있다. 이처럼 DDA협상이 FTA협상으로 대체됨에 따라 야기되는 문제 중의 하나는 DDA가 당초 의도하였던 개도국의 개발문제가 사라지게 된다는 점이다. FTA협상에서는 개발 관련 의제들이 전혀 논의되지 않고 선진국들의 입장을 전적으로 반영하는 의제들이 오히려 대폭 수용되는 것이 현실이기 때문이다.

2. DDA협상의 진행과정

상술한 대로 DDA출범 이후 10여 년이 넘는 기간 동안 협상이 진행되어온 과정과 내용을 〈표 6-7〉이 보여주고 있다. 이를 통하여 알 수 있듯이 DDA협상은 뚜렷한 진전을 나타내지 못한 채 결렬과 재개를 되풀이하면서 교착상태에 머물러 있는데 누구도 명시적으로 DDA협상의 폐기를 주장하지는 않은 채 대부분의 회원국들이 WTO체제의 필요성과 DDA진전에 대한 총론적 지지만을 표명하여 왔다.

표 6-7 DDA협상의 진행과정

단계	일시	협상진행 내용과 경과
전단계	1999.11 2001.11	▪ 제3차 시애틀각료회의: 새로운 라운드 출범 실패 ▪ 제4차 카타르 도하각료회의: DDA협상 출범(2005.1월 타결 시한)
1단계	2002.02~20 03.09	▪ 협상기구 설치 · 진행, TNC회의 및 비공식 각료회의 진행 ▪ 제5차 칸쿤 각료회의: 5개 분야 합의 실패(협상 결렬)
2단계	2004.07 2004.08.01.	▪ 농업 · 비농산물 등 분야의 기본골격에 대한 협상(July Package) ▪ 일반이사회: DDA협상 기본골격에 대한 합의문 채택 (협상시한 2005. 12. 제5차 홍콩 각료회의까지로 연장)
3단계	2005.09~ 2005.12.	▪ 홍콩 각료회의 선언문 초안 작성 위한 협상 진행 ▪ 제6차 홍콩 각료회의: 2006년 말 협상종결 목표 각료선언문 채택
4단계	2006.01~20 06.07	▪ 홍콩 각료회의 선언문 내용 실현 위한 핵심 쟁점 협상 진행 ▪ 라미 사무총장, 모든 분야 협상 중단 선언 (2006년 말까지 협상중단 사태)
5단계	2007. 2008.07 2008.09	▪ 주요국 간 분야별 자유화(sectoral liberalization) 제안 및 논의 진행 ▪ 소규모 각료회의 · G7회의 통한 핵심쟁점 절충/G7타협안 논의(결렬) ▪ 라미 사무총장 DDA협상 공식 재개선언
6단계	2009.11 2010. 2011.04 2011.12	▪ 제7차 각료회의: 구체적 성과 없이 2010년 내 타결 위한 협상일정 논의 ▪ 협상상황 점검회의 · APEC통상장관회의 · G20회의 등 협상진전 촉구 ▪ DDA 진행경과에 대한 분야별 의장보고서 공개, 향후 협상방향 논의 ▪ 제8차 제네바 각료회의: 협상의 새로운 접근법(진전 가능한 분야에서 우선적

2012		성과 도출, 복수국간협정 등)의 필요성 제기·논의를 거쳐 합의 가능한 일부 분야 협상 먼저 진전—조기수확(early harvest) 방식 ■ 주요 회원국의 국내 정치일정으로 인해 뚜렷한 진전 보이지 못함 (2013년 제9차 각료회의에서 가시적 성과 도출하자는 공감대만 유지)
7단계	2013.12. 2015.12	■ 제9차 인도네시아 발리 각료회의: 조기수확 방식으로 3개 부문 합의 발리패키지: ① 무역원활화 ② 일부 농업부문 ③ 최빈개도국 이슈 ■ 제10차 나이로비 각료회의: 농업분야, 최빈개도국우대 등 6개 부문 합의 (DDA협상 지속여부에 대한 합의 못하고 추후 진행방향에 이견 노출)

DDA협상이 실패로 돌아가는 경우 서비스무역이나 지적재산권까지를 자유화의 대상으로 추진한 WTO의 무역자유화 노력이 손상을 입게 되는 것이 불가피하고, 개발의제를 직접적으로 논의한다는 점을 전면에 내건 DDA협상이 무산되는 경우 회원국의 대다수가 개도국인 WTO의 신뢰나 정당성에 돌이킬 수 없는 문제가 야기될 것이며, 또한 WTO출범 이후 최초로 시도한 다자주의적 협상이 실패하는 경우 다자주의보다 지역주의 협력을 선호하는 경향이 심화됨으로써 WTO 자체의 위상이 저하될 우려마저 없지 않기 때문이다.

이에 따라 최근에는 DDA협상의 기본 틀은 유지하되 협상방식에 대한 새로운 변화를 시도하자는 움직임이 있어왔다. 예컨대 DDA가 출범할 당시 협상의 기본방식으로 전제한 일괄타결방식(single undertaking, package deal) 대신에 조기합의가 가능한 분야를 중심으로 하는 「부문별 자유화추진」, 국가 간 합의가 용이한 분야에 대해서는 DDA의 틀 내에서 개별적인 협정을 맺도록 하거나 이해관계가 일치하는 국가들 간에 우선적으로 합의를 행하는 「복수국간협정 체결」 등이 그것이다.

이러한 논의를 바탕으로 2011년 제8차 제네바 각료회의에서 DDA협상의 일괄적 타결이 사실상 불가능하다고 보고 합의 가능한 분야의 협상을 먼저 진전하는 방식, 이른바 「조기수확」(early harvest)방식에 대한 합의가 이루어졌다. 이러한 합의 이후에도 주요 회원국의 국내 정치일정으로 뚜렷한 전진을 보지 못하다가 2013년 12월 제9차 인도네시아 발리에서 개최된 제9차 각료회의에서 ① 무역원활화,[20] ② 일부 농업부문, ③ 최빈개도국 이슈 등 3개 분야 10개 사항에 대한 합의문, 이른바 「발리패키지」가 전회원국의 찬성 아래 통과되었다.

이는 WTO출범 후 18년, DDA출범 후 12년 만에 이루어진 최초의 합의로서 이를 긍정적으로 평가하는 사람들은 DDA협상 타결에 대한 자신감 회복과 다자간 무역기구에

---

20 이는 DDA의 정식 의제(싱가포르이슈) 중의 하나로서 주요 내용은 통관절차 간소화·통관규정 및 절차의 인터넷 공표·세관 협력·개도국 특별대우 등에 관한 것이다. 이 합의는 2015년 7월 31일까지 회원국의 2/3가 동의하면 해당 회원국에 대해 발효하게 되는데, ICC는 이러한 무역원활화협정의 체결로 인하여 전 세계 1조 달러 이상의 수출증대와 2,000만개 이상의 일자리가 창출될 것이라고 전망하기도 하였다.

대한 신뢰회복이 이루어질 것이라고 전망하였다.[21] 그러나 이러한 발리패키지의 성사에도 불구하고 DDA의 포괄적 협상의제에 비하여 극히 협소한 3개 부문만의 합의에 불과하였고 차기 라운드에 대한 구체적 비전도 발표되지 못하였음을 지적하면서 DDA의 미래에 대한 회의적 평가 역시 만만치 않았다.

한편 2015년 12월 케냐 나이로비에서 개최된 제10차 WTO각료회의에서는 DDA농업분야 3개(수출경쟁부문, 개도국 특별긴급관세 추가협상, 식량안보 목적 공공비축), 면화수출보조금, 최빈개도국 우대 2개 등 총 6개 부문에 대한 합의가 이루어져 획기적 성과를 나타내었지만, 그럼에도 불구하고 DDA체제에 대한 선진국그룹과 개도국그룹 간의 이견으로 협상지속 여부에 대한 문안 합의에도 이르지 못하였다. 이에 많은 사람들은 DDA협상이 사실상 사망한 것이 아닌가 하는 의문을 제기하기도 하고 '지지부진한 DDA협상을 차라리 버리자'는 목소리를 내기도 하였다.

3. DDA협상의 전망

① 이렇게 DDA협상이 지지부진하자 향후 진전방향에 대해서는 ① 현재방식 고수(business as usual), ② 중단 후 새로운 시작(stopping and starting from scratch), ③ 표류(drifting away) 등 3가지 옵션들이 회자되어 왔는데 이러한 각각의 전망은 여전히 유효하지만, DDA협상 자체를 무산시켜서는 안 된다는 전제에서 다음과 같이 서로 다른 2가지 시나리오 전망이 제시되기도 하였다.

낙관적 시나리오 WTO이후 최초의 다자간무역협상인 DDA협상이 성공적으로 타결되어야 한다는 당위성과 필요성에 입각하여 주요 회원국들이 다소간의 정치적 희생을 감수하고라도 국제공조를 통하여 포괄적이고 심도 있는 협상결과를 도출할 수 있을 것이라는 전망이다.

비관적 시나리오 현재까지의 협상교착상태를 감안할 때 DDA협상이 사실상 실패하였다는 점을 인정하고 이러한 실패가 초래할 수 있는 피해와 부작용을 최소화하는 쪽으로 종결될 것이라는 전망이다. 각각의 의제에 대하여 현재까지 이루어진 협상의 세부원칙 중 가장 보수적인 안과 현재까지 이루어진 양허수준에서 개방을 추진하는 등 DDA협상의 상징성을 살릴 수 있는 최소한도의 협상안에 대한 합의만을 도출하여 협상을 종결함으로써 'DDA협상 실패'라는 파국적 결과를 회피하자는 방안이다.

② 현 단계에서 이와 같은 2가지 전망은 모두 가능성이 있다. 실제 지금까지 진행되어온 과정을 고려해 보면 비관적 전망이 낙관적 전망보다 오히려 설득력이 있고 객관적이라고도 할 수 있다. 그런데 최근에 이루어진 제10차 WTO각료회의에서는 DDA협

---

21 이에 WTO사무총장(호베르트 아제베)도 "역사상 처음으로 WTO가 성과를 이루어낸 것으로서 전 회원국이 힘을 합쳤고 전 세계가 다시 WTO 아래로 돌아왔다"고 기뻐하기도 하였다.

상 자체에 대한 선진국그룹과 개도국그룹 간 향후의 진행방향에 대해 서로 대립되는 의견이 다음과 같이 노출되었다.

선진국그룹   미국을 비롯한 선진국그룹은, 무역자유화 흐름이 FTA 등 지역협정으로 치중되는 가운데 160개 회원에 이르는 WTO의 다자주의적 협상의 어려움을 지적하면서, 새로운 형태의 실용적 다자주의가 필요한 만큼 기존의 도하지침(Doha mandate)에 구속되지 않는 새로운 접근방식이 필요하다고 주장하였다. 따라서 이들의 주장에는 향후 DDA협상이 계속될 경우에도 지금까지의 협상결과에 연연할 필요 없이 기존의 합의부분을 수정하거나 새로운 의제를 추가할 수 있으며, 합의방식에 있어서도 기존의 일괄타결방식에 얽매이지 말고 일부 관심국가들만이 참여해 합의를 도출하는 복수국간 협상방식도 가능하다는 전망이 가능해진다.

개도국그룹   인도를 비롯한 개도국그룹들은, 일부 국가들이 DDA를 막고 있다며 비판하면서 이는 전원합의제에 의한 결정방식에 기반을 둔 WTO의 기본원칙에 크게 멀어진 것이라고 비난하고, 기존의 DDA협상 지침과 방식에 따라 협상을 완료해야 한다고 주장하였다.

이러한 양쪽의 입장을 반영하듯 제10차 각료회의의 각료선언에는 서로 다른 의미의 내용이 병렬적으로 나열되고 있다. 즉 개도국들의 주장대로 '지금까지 채택된 선언과 결정에 근거해 DDA 종료를 위해 최선을 다한다'는 내용이 포함된 반면 선진국의 주장을 반영하여 '기존의 지침에 구속되지 않은 새로운 접근방법이 필요하다'는 내용도 담고 있다. 이에 평론가들은, 앞으로도 대립이 계속되겠지만 개도국들 역시 DDA의 지속을 원하므로 선진국의 요구를 완전히 무시할 수는 없는 만큼, 개도국들이 선진국들의 요구를 일부 수용하는 형태의 새로운 협상전개가 이루어질 수 있다고 내다보기도 한다.

제7장

WTO의 국제통상협정

제6장에서 소개한 WTO체제의 기능과 역할에 대한 논의의 연장선상에서 제7장에서는 WTO체제에서 체결된 주요 통상협정의 체계와 내용을 살펴본다. 이를 위하여 협정체계 전체를 개관하고 관세 및 비관세협정의 주요내용을 요약한 뒤 WTO체제에서 새롭게 만들어진 신분야 통상협정 및 3대 통상규범협정의 내용을 살펴본다.

1절 WTO협정체계와 관세 및 비관세협정

1 WTO협정의 기본체계 개관

1.1 협정의 전체 체계

WTO협정문은 우선 WTO 자체의 제도적 운영·회원국의 권리와 의무·의사결정절차·기구가맹 등과 관련되는 사항을 담고 있는 「설립협정」과 국제통상규범과 관련되는 내용을 담은 「실체적 협정」으로 구분해 볼 수 있다. 설립협정은 새로운 국제기구로서의 WTO가 설립·운영됨에 따르는 제반 설립협정들로서 기구관련 협정·의사결정협정·가맹 및 탈퇴 등과 관련되는 협정들이다. 한편 국제통상규범으로서 존재하는 실체적 협정(substantive agreements)은 4개의 「부속서」(annex)로 구성되어 있다.

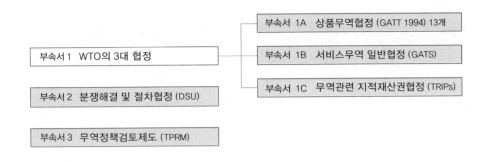

그림 7-1 WTO의 실체적 협정의 체계도

이들 4개의 부속서 중 〈부속서1〉에서 〈부속서3〉까지는 17＋1개의 「다자간무역협정」(MTA: Multilateral Trade Agreement)으로서 모든 회원국들에게 적용되어 WTO협정으로 통합된 것이고, 〈부속서4〉는 4개의 「복수국간무역협정」(PTA: Plurilateral Trade Agreement) 으로서 해당 협정을 수락한 회원국들에게만 적용되고 이를 수락하지 않은 회원국들(주로 개도국)에게는 적용되지 않는 협정이다.

이로써 WTO협정은 전문(前文)과 함께 ① 16개 조항으로 구성되어 있는 WTO설립협정, ② 17＋1개의 다자간협정(MTA), ③ 4개(현존 2개)의 복수국간협정(PTA)으로 구성되는데 이와 같은 WTO협정의 전체 체계를 〈표 7－1〉이 보여준다.

1.2 협정의 주요 내용

(1) 부속서 1A (다자간 상품무역협정)

〈부속서 1A〉는 주로 상품의 무역에 적용하기 위한 「상품무역협정」이다. 여기에는 먼저 1947년 10월에 제정된 이래 수차례 수정된 원래의 GATT협정문(GATT 1947)을 강화시킨 「GATT 1994」가 있다. 이것은 기본적으로는 GATT 1947의 기본골격을 유지하고 있으나 일부 조문을 수정하거나 그 의미를 명확하도록 하기 위하여 6개의 양해각서(Understanding)를 첨부한 것이다. 말하자면 국제기구로서의 GATT는 이제 존재하지 않지만 GATT협정문은 그 내용이 더욱 강화되어 채택된 것이다.

또한 여기에는 GATT협정문 외에 UR에서 합의된 12개 부수협정과 WTO출범 후 DDA협상 과정에서 최근 추가된 1개 협정이 포함되어 있는데 이들 부수협정들을 체결내용과 역사적 과정으로 나누어 보면 다음과 같은 4가지 그룹으로 분류할 수 있다.

| 표 7-1 | WTO 협정문의 전체 체계 |

구분		내용	비고
설립 협정	기구관련 협정	1조(설립) 2조(임무) 3조(역할) 4조(조직) 5조(여타기구와의 관계) 6조(사무국) 7조(예산 및 분담금) 8조(WTO의 지위)	WTO설립에 따르는 신설규정
	의사결정, 가맹관련 협정	9조(의사결정) 10조(개정) 11조(원가맹국) 12조(가맹) 13조(특정가맹국 간 다각적 무역협정 부적용) 14조(수락, 효력발생, 기탁) 15조(탈퇴) 16조(기타조항)	
실 체 적 협 정 (부 속 서)	MTA (17+ 1개)	부속서 1 (14+1개)	1A 나사간 상품무역협정	
			■ GATT1994, GATT1994에 대한 의정서(관세)	GATT1947 확대와 강화
			■ 농산물협정 ■ 섬유 및 의류협정	추가(복귀)된 신상품협정(2)
			■ WTO 반덤핑협정(GATT제6조) ■ 보조금 및 상계관세협정(GATT제6조) ■ 무역에 대한 기술장벽협정 ■ WTO 관세평가 이행협정(GATT제7조) ■ 수입허가절차협정	TR의 NTB협정의 개정(5)
			■ 위생 및 동식물 검역기준협정(GATT제20조) ■ 무역관련 투자조치협정(TRIMs) ■ 선적 전 검사협정 ■ 원산지규정협정 ■ 세이프가드(Safeguard)협정(GATT제19조)	UR에서 새로이 추가된 NTB협정(5)
			■ 무역원활화협정*(2014.12.27. 합의)	WTO이후 추가협정
			1B 서비스무역 일반협정(GATS)	UR의 새로운 신 분야협정
			1C 무역 관련 지적재산권협정(TRIPs)	
		부속서 2	분쟁해결 및 절차협정(DSU)	WTO의 신설 제도규정
		부속서 3	무역정책검토제도(TPRM)	
	PTA (4개)	부속서 4	복수국간무역협정 ■ 현존: 민간항공기교역협정, 정부조달협정 (2011 개정) ■ 종료: 국제낙농협정, 국제우육협정 (1997.12 종료)	TR 9개 NTB협정 중 4개 협정 (현존 2개)

* 2016.7 현재 미 발효협정으로 회원국 2/3 이상이 의정서 수락 시 수락국에 대해 발효 예정

추가된 신상품협정 (2)   종전까지 GATT 밖에 존재하여 왔지만 WTO설립과 함께 자유화대상이 된 분야로서 「농산물협정」, 「섬유 및 의류협정」이 있다. 이들의 교역은 국제무역에서 차지하는 비중이 매우 높음에도 불구하고 그동안 GATT 밖에 존재함으로써 세계교역질서의 왜곡을 초래하였는데 WTO는 이를 체제 내로 편입 복귀시켰다.

TR의 NTB협정의 개정 (5)   GATT의 제7차 다자간협상인 도쿄라운드(TR)에서 체결한 9개 비관세장벽(NTB)협정 중 5개 분야가 WTO에서 다자간협정으로 체결되었다.[1] 이들은 「반덤핑협정」, 「보조금 및 상계관세협정」, 「무역에 대한 기술장벽협정」, 「관세평가이행협정」, 「수입허가절차협정」이다.

UR의 새로운 NTB협정 (5)   UR협상을 통하여 WTO체제 내에 새로이 도입된 비관세장벽(NTB)협정으로서 「위생 및 동식물 검역기준협정」, 「무역관련투자조치협정」, 「선적전검사협정」, 「원산지규정협정」, 「세이프가드협정」이 있다.

WTO 이후 추가협정 (1)   WTO설립 이후 다시 시작된 DDA협상과정에서 새로이 합의된 비관세협정으로서 「무역원활화협정」(TFA: trade facilitation agreement)이 추가되었다. 이 협정은 DDA협상이 지지부진한 가운데 협상시작 후 12년, WTO출범 후 18년 만에 처음으로 타결된 추가협정으로서 2013년 12월에 인도네시아 발리에서 개최된 제9차 WTO각료회의에서 이른바 '발리패키지의 조기수확 대상' 중 가장 핵심적인 의제였다.

(2) 부속서 1B·1C 및 부속서 2·3

부속서 1B, 부속서 1C   〈부속서 1B〉는 WTO에서 새로 체결된 「서비스무역에 관한 일반 협정」(GATs: General Agreement on Trade in Services)이고 〈부속서 1C〉 역시 새로 체결된 「무역관련 지적재산권협정」(TRIPs: Agreement of Trade Related aspects of Intellectual Property Rights)으로서 각기 한 건의 문서로 되어 있다. 이들은 모두 GATT에서는 존재하지 않았던 새로운 분야 협정이다.

부속서 2, 부속서 3   〈부속서 2〉는 WTO의 분쟁해결절차와 운영사항을 규정한 「분쟁해결 및 절차협정」(DSU: Understanding on Rules and Procedures governing the Settlement of Disputes)이고, 〈부속서 3〉은 회원국의 무역정책과 관행을 감시하기 위해 새로 도입한 「무역정책검토제도」(TPRM: Trade Policy Review Mechanism)에 관한 협정이다.

---

[1] 9개 분야 중 나머지 4개 분야는, 아래에서 설명하는 바와 같이, WTO협정에서 복수국간협정(PTA)으로 남아 「부속서 4」로 존재하게 되었다.

(3) 부속서 4 (복수국간무역협정)

① 〈부속서 4〉는 「복수국간무역협정」(PTA: Plurilateral Trade Agreement)은 위에서 설명한 바와 같이 각각의 개별협정을 수용한 국가들 내에서만 적용되는 협정이다. WTO 출범 당시 민간항공기교역에 관한 협정·정부조달협정·국제낙농협정·국제우육협정 등 4개 협정이 복수국간무역협정으로 존재하였지만[2] 이들 중 낙농협정 및 우육협정은 1997년 12월 31일자로 종료되어 현재는 2개가 존재하고 있다. 또한 이들 중 정부조달협정은 1997년부터 개정협상이 시작되어 2011년 12월 협상이 타결되어 2014년 6월부터 개정 협정(개정 GPA)이 발효되고 있다.

② 한편, 앞에서 설명한 바와 같이 새로운 다자간협상이 DDA협상이 교착상태에 빠져 뚜렷한 진전을 보이지 못하자 일부선진국들은 다자간 협상과는 별도로 특정이슈에 대한 복수국간무역협정을 제안하고 이를 주도하는 통상전략을 구사하고 있다. 선진국들이 이러한 전략을 취하는 것은, WTO다자간협상은 일괄타결방식(single undertaking)을 따르고 있어 합의가 어려운 반면 복수국간협정은 관심을 가진 국가만이 참여하여 협정의무를 부담하므로 협정타결이 용이하기 때문이다.

이러한 움직임에 따라 정식 WTO협정은 아니지만 현재 진행 또는 추진되고 있어 새로운 복수국간무역협정으로서 다음과 같은 협정들이 주목받고 있다. 이들은 엄밀히 말해 아직 WTO협정이라고 말할 수 없지만 추후 보다 많은 참여국을 확보하여 궁극적으로는 다자무역규범으로 확장되는 것을 목표로 추진 중이다.

정보기술협정 (ITA)   「정보기술협정」(ITA: International Technology Agreement)은 1996년 12월 싱가포르에서 개최된 각료회의에서 각료선언형태로 일부 회원국(체결 당시 29개국 참여) 간에 컴퓨터·소프트웨어·반도체 및 전기통신제품에 대한 관세를 완전 철폐하는 것을 목적으로 하는 제1차 정보기술협정(ITA I)을 체결하여 1997년 정식 발효하였다. 대상품목은 HS로 분류되는 품목(A)과 분류되지 못하는 품목(B)을 합하여 총 203개 품목이었다.

1차 협정이 발효된 이후 회원국들은 대상품목 및 참여국 확대를 위한 협상을 개시하였으나 협상이 원활하게 진행되지 못하였다. 이후 2014년 APEC정상회담을 계기

---

2 이들은 도쿄라운드(TR)에서 체결되었던 9개의 비관세장벽 규약·협정 중 UR에서 다자화 되지 못한 4개 분야로서, 이들 중 '정부조달협정'은 종래의 '정부조달규약'이 복수국간협정으로 전환된 것이고 나머지 3개 분야는 종전에도 복수국간협정 형태로 존재하던 것을 다시 존속시킨 것이다.

로 미·중 간 협상이 진전되면서 협상의 모멘텀이 마련되기도 하였으나 최종합의에는 실패하였다. 그 후 WTO는 2015년 스위스 제네바 본부에서 정보기술협정 확대협상 전체회의를 열고 기존 무관세품목 203개 외에 추가로 201개 IT품목의 추가적인 무관세화를 최종합의 함으로써 제2차 정보기술협정(ITAⅡ)의 전망을 높여주고 있다.

환경상품협정 (EGA)   「환경상품협정」(EGA: Environment Goods Agreement)은 환경상품의 무역자유화를 목표로 관세 및 비관세 장벽의 철폐를 목표로 출범한 협정으로 2014년 7월 이후 협상이 진행되고 있으나 아직까지 협상이 최종적으로 종결되지는 못하고 있다. 이와 관련된 논의가 DDA협상의제로 다자적 차원에서 이루어졌으나 뚜렷한 진전을 보이지 못하자 WTO·OECD·APEC 등 국제기구를 중심으로 관세인하 대상선정 작업이 진행되기도 하였고, 2013년 미국 오바마 행정부가 기후변화행동계획을 통해 환경상품에 대한 WTO 복수국간협정 체결을 제안하면서 WTO 차원의 논의가 본격화되기도 하였다. 이후 2014년 7월 협상출범 공동선언 이후 6차 협상까지 655개 품목이 자유화대상으로 검토되었다.

복수국간서비스협정 (TISA)   「복수국간서비스협정」(TISA: Trade In Services Agreement)은 DDA협상이 교착상태에 빠지자 서비스교역 자유화에 관심이 많은 일부 WTO 회원국들(특히 미국, 호주 주도)을 중심으로 WTO의 서비스협정(GATS)의 골격과 주요 조항을 유지하면서도 투명성·자연인이동·정보통신·해운 등 신규 또는 개선된 규범을 도입하기 위한 논의를 추진하였다. WTO출범 이후 각국의 FTA체결로 서비스시장 개방수준이 높아진 환경을 반영하여 향후 양허협상이 진행될 것으로 전망된다. 이 협정은 엄밀히 말해 WTO 틀에서 진행된 것이라기보다는 특혜무역협정의 일종으로 볼 수 있지만 추후 보다 많은 참여국을 확보하여 궁극적으로는 다자무역규범으로 확장되는 것을 목표로 추진 중이다.

③ 이상에서 우리는 WTO 협정체계를 부속서 체계 및 그것이 만들어진 역사적 과정에 따라 구분하여 개관하였지만 이하에서는 이러한 WTO의 통상규범을 그 내용에 따라 ① 관세 및 비관세협정, ② 새로운 상품협정, ③ 새로운 신분야협정, ④ 국제통상규범협정으로 구분하여 그 주된 내용을 소개하기로 한다.

2 관세에 관한 협정

1948년 GATT체제가 출범한 이래 7차에 걸친 다자간무역협정을 통하여 관세가 지속적으로 인하됨에 따라 세계무역의 자유화에 크게 기여하였다. 그럼에도 불구하고 관세는 여전히 가장 확실하고 효과가 큰 수입규제수단으로 작용하고 있어 UR협상에서도 주요 협상과제가 되었다. UR의 관세에 관한 협정의 주요 내용은 다음과 같이 ① 평균관세율의 대폭인하, ② 관세양허범위의 대폭 확대, ③ 특정품목의 무관세화로 요약된다.

평균관세율의 대폭 인하   UR협상에서의 기본원칙은 1986년 관세율을 기준으로 수입액을 가중평균하여 협상타결 후 5년에 걸쳐 세계평균 33% 이상 인하하여야 한다는 몬트리올각료회의(1988)의 결의에 기초하였다. 협상 이후 선진국의 평균관세율이 GATT 설립당시 약 40% → UR 이전 6.5% → UR 이후(2000년)에는 3.9% 수준으로 인하되었고 개도국의 경우도 UR 이전 15.3% → UR 이후(2000년) 12.3% 수준으로 인하되어 관세인하 폭이 20% 수준에 이르렀다.

관세양허 범위의 대폭 확대   그동안 GATT의 관세인하협상은 각국이 제품별로 일정 관세율 이상의 관세를 부과하지 않겠다는 국제적 약속을 이끌어 내는 것을 주 내용으로 하였다. GATT협상에서는 이러한 약속을 「관세양허」(tariff concession)라고 하는데 WTO관세협상에서 관세양허품목의 범위를 대폭 확대하였다. 선진국의 관세양허범위가 UR이전 78% 수준에서 UR 이후 거의 100%에 이르게 되었고 개도국의 경우도 22%에서 72% 수준까지 확대되었다.

특정품목의 무관세화   UR협상에서는 특정산업분야의 관세를 완전히 철폐하자는 상호무관세화(Zero for Zero, Tariff Elimination) 제안이 사상 처음으로 이루어져 철강·건설장비·의약품·의료기기·가구·농업장비·맥주·증류수 등 8개 분야에 대한 「무관세화」(無關稅化)가 추구되었다. UR협상에서 처음으로 채택된 이러한 무관세화는 WTO출범 이후 현재까지도 여러 분야에서 진행되고 있다.[3]

---

3 예컨대 1990년 12월 미국이 철강·전자·건설장비 등 10개 분야의 무세화를 각국에 제안함으로써 시작되었고, 이후 일본·EC·캐나다 등도 자국 관심품목에 무세화제안을 하였다. 1993년 7월 Quad 4개국은 철강·건설장비 등 8개 분야 76개 품목의 무세화에 합의하였고, 1993년 12월 미국·EC는 종이·목제·비철금속·목재 등 4개 분야 무세화에 추가합의하였다. 또한 앞에서 설명한 복수국간무역협정으로서 정보기술협정은 기존의 무관세품목 203개 외에 추가로 201개 IT 관련 품목의 추가적인 무관세화를 최종합의 하였다.

3 주요 비관세장벽협정

WTO협정은 국제무역거래에 대한 비관세장벽으로 작용할 수 있는 다양한 기술적·행정적·법적 문제들에 대한 자유화협정을 체결하였다. 이들 중 주요한 몇 가지의 대표적인 협정내용을 살펴보면 다음과 같다. (보다 구체적인 내용은 [보충학습 7-11] 참조)

무역에 대한 기술장벽협정 (TBT협정: Agreement on Technical Barriers to Trade)   모든 나라는 나름대로 자국의 기술표준을 제정하여 사용하고 있는데 나라마다 다른 이러한 기술표준이 무역거래에 대한 기술적 장벽으로 작용할 수 있다. 이러한 기술장벽이 국제무역에 대한 보호수단으로 작용하지 않도록 하기 위하여 도쿄라운드(TR)에서 합의된 복수국간협정을 다자협정으로 체결하면서 지켜야 할 의무와 규율들을 규정하였다.

관세평가이행협정 (Agreement on Article VII of GATT 1947)   관세평가제도란 수입업자에게 관세(종가세)부과 시 상품가치를 측정하는 절차인데 수입업자에게 이러한 절차는 관세율만큼이나 중요한 문제가 된다. 본 협정은 이러한 관세평가제도가 공평하고 통일적이며 중립적으로 이루어지도록 구체적이고 정확한 일련의 관세평가규칙을 제공한 협정이다.

수입허가절차협정 (Agreement on Import Licensing Procedures)   오늘날에는 과거처럼 수입허가절차가 수입의 제한수단으로 사용되는 예가 줄어들었지만 그럼에도 불구하고 이러한 절차가 수입제한을 위한 비관세장벽으로 작용할 여지는 있다. 이에 본 협정은 수입허가절차의 중립성·공평성·공정성을 규정한 것으로 도쿄라운드(TR)의 복수국간협정을 다자화 하였다.

선적 전 검사협정 (Agreement on Preshipment Inspections)   WTO에서 새로이 도입된 협정으로서, 선적 전 검사의 시행과정에서 무차별원칙을 적용하여 선적 전 검사절차와 기준이 객관적인 동시에 모든 수출업자에게 동등하게 적용하도록 하여 이러한 절차가 보호주의적 수단으로 작용하지 않도록 객관성·통일성·투명성 등을 규정하였다.

위생 및 동식물 검역기준협정 (SPS협정: Agreement on Sanitary and Phyto-Sanitary Measures)   국제무역에 직간접으로 영향을 미치는 상품기준·생산공정·절차·검역처리·포장 및 표시 등 모든 위생 및 검역 관련 조치가 보호무역의 수단으로 사용되지 않도록 이에 대한 원칙과 기준을 규정하였다. 이로써 종래 관련 국제기구가 관할해 오던 위생 및 검역문제가 WTO으로 편입되게 되었고 이제는 위생·검역문제가 관련 전문가의 영역을 넘어서 국제통상의 영역으로 넘어오게 되었다.

원산지규정협정 (Agreement on Rules of Origin)   자국의 원산지규정을 투명하게 운용하여 이것이 국제무역에 대한 왜곡을 가져오지 않도록 하기 위하여 통일적이고 공정하며 합리적으로 운영되어야 함을 규정함으로써 원산지규정의 국제적 조화작업이 추구되었다.

정부조달협정 (GPA협정: Agreement on Government Procurement)   중앙정부기관·지방정부기관·공기업 등이 행하는 일정규모 이상의 조달에 대하여 최혜국대우와 내국민대우원칙을 적용하도록 하였고 상품 뿐만이 아니라 서비스·건설계약에도 이를 적용토록함으로써 GATT체제 하의 정부조달협정에 비하여 조달기관 및 조달분야면에서 그 내용이 대폭 확대되었으며 입찰과정에 대해서도 보다 상세히 규정되었다. 이 협정은 1997년부터 개정협상이 진행되어 2011년 12월 협상이 타결되어 2014년 6월부터 개정협정(개정 GPA)이 발효되고 있다.

무역원활화협정 (Agreement on Government Procurement)   DDA협상과정에서 합의된 추가적인 협정으로서 WTO출범 이후 맺어진 최초의 협정이다. 협정의 주요내용은 복잡하고 시간을 오래 끄는 특성 때문에 대표적인 비관세장벽으로 손꼽혀오던 통관절차를 간소화·표준화·투명화 함으로써 세계무역의 촉진과 원활화를 도모하고자 하는 것으로 통관절차 간소화·무역규정 공표·세관협력 등을 주 내용으로 하고 있고, 개도국 및 최빈개도국에 대한 우대조항과 무역원활화위원회 등에 대한 제도규정을 두고 있다.

보충학습 7-1   **WTO의 주요 비관세장벽협정의 개요**

위에서 살펴본 WTO의 비관세장벽협정의 내용을 좀 더 구체적으로 살펴보면 다음과 같다.

1. 무역에 대한 기술장벽협정 (TBT: Agreement on Technical Barriers to Trade)

기술에 대한 규제나 산업적 기준은 국가마다 매우 다양한 차이를 보여 때로는 이러한 차이가 국가와 국가 간의 상품이동에 커다란 장벽으로 작용할 수 있다. 무역에 대한 기술장벽협정은 이러한 기술장벽이 국제무역에 대한 보호정책수단으로 작용하지 않도록 하기 위하여 도쿄라운드(TR)에서 합의된 복수국간협정을 다자적 협정으로 체결하였다.

WTO는 무역에 대한 기술장벽의 유형으로서 ① 정부가 기술적 측면에서 상품·공정·생산방법 등에 대한 요건을 정하여 일정한 제약을 가하는 기술적 규제(technical regulations)와 ② 비정부기관이 자발적으로 정한 기술적 기준(technical standard)으로 정의한다. 이러한 규제나 기준의 설정은 여러 가지 정책목표의 달성을 위하여 필요한 것이지만 문제는 이들이 위장된 보호무역수단으로 활용될 가능성이 있다는 것이다. 이러한 경우 기술장벽이 국제무역에 대한 비관세장벽으로 작용하게 되는데 1970년대 이전부터 이미 이러한 경향이 존재하고 있었다.

본 협정은 이러한 기술적 규제와 기준이 국내정책목표달성에 긴요한 수단임을 명시적으로 인정함과 동시에 이를 적용함에 있어서 지켜야 할 의무와 규율을 제정하였다. 예컨대 기술장벽에 대한 최혜국대우와 내국민대우의 원칙을 천명하고, 투명성확보를 위하여 이에 대한 대외적 공표·통보·문의에 대한 응답 등을 의무화하였으며 모든 회원국은 다른 회원국이나 회원국 내 이해당사자로부터의 모든 합리적 문의에 응답할 수 있고 관련 문서를 제공할 수 있도록 하나 이상의 문의처(enquiry point)를 설치하도록 규정하고 있다. 또한 이러한 문제를 다룰 조직으로서 기술장벽위원회의 설치를 규정하였고 이와 관련되는 분쟁발생 시 WTO분쟁해결절차를 준용하도록 규정하였다.

2. 관세평가이행협정 (Agreement on Article VII of GATT 1947)

수입업자에게 관세부과 시 상품의 가치를 측정하는 절차는 관세율의 부과만큼이나 중요하고 심각한 문제이다. 「관세평가이행협정」은 공평하고 통일적이며 중립적인 관세평가제도의 설정을 목표로 하고 있다. 이것은 GATT 제7조(관세평가조항)의 이행에 관한 협정으로서 관세평가조항보다 더 구체적이고 정확한 일련의 관세평가규칙을 제공하고 있다. 본디 관세평가에 대하여 1979년 도쿄라운드에서 협정이 체결되었으나 크게 영향을 미치지 못하였다. WTO관세평가이행협정에서는 관세평가방법을 나열하고 순차적으로 적용되도록 규정하였다. 또한 이러한 협정과 관련된 각료결정은 수입품 가격의 정확성에 대한 의문이 있을 경우 이에 대한 자세한 정보요구를 행할 수 있는 권리를 관세행정당국에게 주고 있다. 그리고 협정의 해석 및 적용의 통일성을 기하기 위하여 관세평가기술위원회를 설치하였다.

3. 수입허가절차협정 (Agreement on Import Licensing Procedures)

오늘날에는 과거와 같이 수입허가절차를 수입제한수단으로 사용하는 예는 작아졌지만 여전히 수입제한을 위한 비관세장벽으로 작용될 수 있는 소지가 있다. 「수입허가절차협정」은 수입허가절차의 중립성·공평성·공정성을 위한 것으로 도쿄라운드(TR)의 복수국간협정을 다자화하였다. 동 협정은, 수입허가는 단순하고 투명하며 예측 가능하여야 한다고 규정하고 이에 대해 파악하려는 무역업자에게 충분한 정보제공을 각국정부에게 요구하고 있다. 또한 어느 회원국이 수입허가절차를 새로이 도입하거나 기존의 절차를 변화시키고자 할 때에는 WTO에 통보하도록 규정하였고, 모든 회원국이 일치시켜야 할 수입허가의 적용방법에 대한 지침도 제공하였다.

4. 선적 전 검사협정 (Agreement on Preshipment Inspections)

국제무역에 있어 때때로 수입국의 통관절차가 하나의 비관세장벽으로 작용하는 경우가 있다. 통관장소가 하나이거나 통관처리능력이 제한되어 있는 경우 또는 통관 시 불필요하게 복잡한 서류제출을 요구하는 경우 등이 그러하다. 1982년 프랑스는 모든 일본산 VCR을 프랑스 북쪽 항구로부터 수백 마일 떨어진 내륙 지방 소도시의 세관을 통해서만 통관하도록 조치하였다. 당시 일본은 매달 64만 대의 VCR을 프랑스로 수출하고 있었는데 이 때문에 항구에서 수백 마일까지 통관절차를 피하기 위하여 추가적인 운송을 하여야 했고 몇 명 안 되는 세관원들은 통관절차를 까다롭게 운영하기도 하였다.

이러한 통관절차와 마찬가지로 때때로 선적 전 검사 역시 일종의 무역장벽으로 작용할 수 있게 된다. 선적 전 검사란 해외로 나가는 상품의 자세한 선적내용(가격·품질·수량 등)을 검사하기 위하여 선적검사기관이 행하는 모든 관행과 절차를 말한다. 개도국들은 선진국에 비하여 덜 발달된 관세절차를 유지하고 있는 국가들에게 이러한 선전적 검사제도가 필수적인 제도라고 주장하였던 반면, 미국 등 선진 수출국들은 이러한 제도의 필요성은 인정하지만 이것이 무역왜곡효과를 발생시킬 가능성이 높고 이에 따른 선적지연·행정비용증가·영업상 비밀정보유출·분쟁해결절차의 미비 등이 발생할 여지가 높으므로 이에 대한 협정이 필요하다고 주장하였다.

그 결과 WTO에서는 「선적 전 검사협정」을 새로이 도입하였다. 이를 통하여 선적전 검사의 시행과정에서 무차별원칙을 적용하여 선적 전 검사절차와 기준은 객관적인 동시에 모든 수출업자에게 동등하게 적용하도록 하였으며, 동시에 투명성·비밀영업정보의 보호·불합리한 지연의 회피 등을 규정하였다. 또한 동 협정은 선적 전 검사기관과 수출업자 간의 분쟁을 예방하기 위하여 수출업자와 검사기관이 공동으로 구성한 독립기관에서 선정한 패널에 의하여 해결하도록 하였다.

5. 위생 및 동식물 검역기준협정 (SPS협정: Agreement on Sanitary and Phyto-Sanitary Measures)

농산물교역의 자유화로 농산물수입이 증가하게 되면 외래 병해충 및 악성 가축전염병이 국내로 유입될 가능성이 높아지고 있으므로 이를 방지하기 위한 위생 및 검역조치의 필요성이 더욱 커지고 있다. 최근 조류독감이나 광우병 또는 구제역과 같은 병균이나 해충이 유입되어 국내에 피해를 주는 사례가 늘고 있다. 위생 및 검역(SPS: Sanitary and Phyto-Sanitary)조치는 이러한 동식물의 해충 또는 질병, 식품·음료·사료의 첨가제, 독소, 질병원인체 등에 의한 위험으로부터 인간과 동식물의 생명 및 건강을 보호하기 위하여 시행하는 조치를 말한다.

이러한 조치는 국민의 생명과 건강보호·식품의 안전확보·환경보호라는 공공정책목표를 달성하기 위하여 행하는 수입품에 대한 규제로서, 오늘날 세계의 거의 모든 나라들이 이러한 목적의 기준을 제정·시행하고 있고 또한 GATT체제 하에서도 일정한 조건 아래 허용되었다. (제20조 b항) 그러나 1980년대 이후 사용빈도가 크게 확대된 이 조치는 차별적 수입제한이나 국내농축산업의 보호를 위한 비관세장벽으로 둔갑하는 경향이 커졌다.

과거 미국에서는 시장에 출하되는 토마토의 최소규격을 규제한 적이 있었다. 익지도 않은 조그만 토마토가 시장에 나오면 소비자가 피해를 입기 때문이라는 그럴듯한 명분을 내세웠지만 이러한 규제의 진정한 목표는 멕시코산 토마토의 수입을 억제하려는 것이었다. 멕시코산 토마토는 그 품종 자체가 완숙해도 조그마한 것이었으므로 이러한 규제 때문에 미국에 수출할 수 없게 되었다. 또한 독일에서는 환경규제의 일환으로 판매되는 맥주병의 일정비율을 반드시 생산업자가 회수하여 당초 생산한 공장에서 재활용하도록 규정하였다. 이러한 규제는 환경보호에 기여하는 것이지만 외국의 맥주수출회사는 이러한 규제기준을 충족할 수 없게 된다.

이러한 피해를 방지하기 위하여 만들어진 「위생 및 동식물 검역기준협정」은 국제무역에 직간접으로 영향을 미치는 상품기준·생산공정·절차·검역처리·포장 및 표시 등 모든 위생 및 검역관련 조치에 대하여 적용된다. WTO는 이러한 기준들을 각국이 활용할 수 있는 권리를 인정하면서도 그것이 남용되지 않도록 하는 규정을 설치하고 무엇보다도 합리적이고 과학적인 근거(scientific evidence)에 기초할 것을 유난히 강조하고 있다.

이러한 점에서 위에서 설명한 무역에 대한 기술장벽협정(TBT)과 유사한 성격을 지닌다. 동 협정 역시 투명성확보에 대한 규정과 WTO분쟁해결절차의 준용규정을 두고 있고 개도국에 대한 배려 및 예외도 규정하고 있다. 어쨌든 이러한 협정이 체결됨으로써 종래 관련 국제기구가 관할해 오던 위생 및 검역문제가 WTO에 편입되었고 이제는 위생·검역문제가 영역을 넘어서 국제통상문제의 영역으로 넘어오게 되었다.

6. 원산지규정협정 (Agreement on Rules of Origin)

원산지규정은 제품의 제조장소를 정의할 때 사용하는 기준으로 상품의 원산지 국가를 결정하는 법률·규정·행정적 판정 등을 말한다. 원산지(country of origin)는 ① 무역통계상의 자료로 활용될 뿐만 아니라 ② 소비자들에게 상품의 품질을 판단하는 정보가 되고 ③ 정부에게는 관세부과의 기준이 되기 때문에 매우 중요하다. 국가와 국가 간의 무역에 있어 특정한 국가에 대한 여러 가지 특혜를 제공하는 경우 원산지국이 어딘가에 따라 당해 무역품에 대한 혜택이 달라진다. 그런데 원산지규정이 국가마다 상이하고 복잡하며 불명료하여 차별적으로 적용될 가능성도 크므로 이것이 오늘날 새로운 보호무역조치로 활용되기도 한다.

이에 WTO의 「원산지규정협정」은 자국의 원산지규정을 투명하게 운용하여 이것이 국제무역에 대한 왜곡을 가져오지 않고 통일적이고 공정하며 합리적으로 운영되어야 함을 규정하여 원산지규정의 조화작업을 추구하였다. 우선 본 협정의 적용범위는 자유무역지대·관세동맹과 같은 지역통합이나 특혜관세제도와 같은 특혜 원산지규정에는 적용되지 않고 일반적인 무역조치에 수반되는 비특혜 원산지규정에만 적용된다. 말하자면 특혜무역과 같은 경우를 제외하고는 모든 WTO회원국들에게 공통의 원산지규정이 적용될 수 있도록 하였다.

일반적으로 원산지 판정기준으로서는 완전생산기준과 실질적 변형기준 2 종류가 있다. 「완전생산기준」이란 한 국가에서 생산과정이 종료되는 국가를 기준으로 원산지를 결정하는 것이고 「실질적 변형기준」이란 원료와 부품으로부터 제품이 제조되는 생산과정에서 제품의 본질적 성격을 부여하는 제조 및 가공과정이 최종적으로 행해지는 국가를 원산지로 결정하는 것이다. WTO의 원산지규정협정은 실질적 변형(substantial transformation)기준을 적용하고 있다. 이때 실질적 변형의 발생 여부를 판단하는 기준으로서는 세번변경(change in tariff schedule)기준을 원칙으로 하고 부가가치기준(value added criteria)과 공정기준(pross criteria)을 보조적으로 사용하도록 하였다.[4]

7. 정부조달협정 (GPA: Agreement on Government Procurement)

오늘날 각국 정부의 조달규모가 매우 큰 것으로 추정되는데 각국 정부는 여러 가지 정책적 이유 때문에 외국기업의 입찰참여를 거부하는 경향이 높다. 주요 사례를 보면 외국구매를 완전 금지하는 경우, 해외구매를 허용하지만 허용범위를 제한하거나 예외적 허용기준을 적용하는 경우, 제한경쟁이나 수의계약을 통하여 사실상 국내기업에게 특혜를 부여하는 경우 등이 그것이다. 예컨대 정부가 예산을 집행하면서 '국산품 우선 구매원칙'을 적용하면 외국의 판매자들에게는 이것이 비관세장벽이 되고, 또한 정부가 국제경쟁입찰을 하면서 '한국어 해독능력' 또는 '한국 내 일정한 수주실적' 등을 요구하는 경우에도 마찬가지이다.

이에 「정부조달협정」은 중앙정부기관·지방정부기관·공기업이 행하는 일정규모 이상의 조달에 대하여 최혜국대우와 내국민대우원칙을 적용하도록 하였고 상품만이 아닌 서비스·건설계약에도 적용토록 하여 GATT체제 하에서의 정부조달협정에 비하여 조달기관 및 조달분야면에서 그 내용을 대폭 확대하였다. 또한 입찰과정에 대해서도 보다 상세히 규정되었다.

---

4 세번(稅番)이란 국제거래물품에 대하여 관세부과상의 편리를 위하여 부여하는 일정한 번호(HS품목번호)를 말한다. 따라서 세번기준이란 제품의 제조 및 생산과정에서 투입된 원재료·부품과 제품의 번호가 다를 경우 해당 공정이 일어난 곳에 원산지를 부여하는 제도이다. 따라서 객관적인 HS품목번호만 알면 누구든지 원산지의 판정이 가능해진다.

　　그러나 이 협정은 도쿄라운드(TR)에서 체결된 '정부조달규약'을 대치시키기 위하여 체결된 협정으로서 서명국에 한해 적용되는 복수국간협정(PTA)의 하나로서 WTO의 4개 복수국간협정 중 대표적인 협정이다. 또한 가입국은 국가안보 및 방위를 위하여 필요한 경우, 국가의 공중도덕·안녕·질서를 위한 경우, 동식물의 생명 및 건강이나 지적재산권의 보호를 위한 경우 등에 대한 예외도 허용된다.

　　한편 앞에서 소개한 대로 이러한 정부조달협정은 1997년부터 개정협상이 진행되어 2011년 12월 협상이 타결되어 2014년 6월부터 개정 협정(개정 GPA)이 발효되고 있다. 개정된 협정은 1994년에 발효된 협정을 수정·보완하는 한편 전자조달 등 조달 관련 기술의 발전상황을 반영할 수 있는 새로운 조항을 도입하고, 조달절차·양허변경절차를 투명하게 하고 향후 개도국들의 참여를 독려하기 위하여 개도국우대조항을 명확히 하면서, 양허하한선 인하를 통하여 양허범위를 더욱 확대하고 추가적인 시장개방을 이룩하기 위한 내용을 담고 있다.

8. 무역원활화협정 (TFA: Trade Facilitation Agreement)

　　WTO설립 이후 다시 시작된 DDA협상과정에서 새로이 합의된 비관세협정으로서 추가되었다. DDA협상이 지지부진한 가운데 협상시작 후 12년, WTO출범 후 18년 만에 처음으로 타결된 추가협정으로서 2013년 12월에 인도네시아 발리에서 개최된 제9차 WTO각료회의에서 이른바 '발리패키지의 조기수확' 대상 중 가장 핵심적인 의제로서 채택되었다.

　　협정의 주요 내용은 복잡하고 시간을 오래 끄는 특성 때문에 대표적인 비관세장벽으로 손꼽혀오던 통관절차를 간소화·표준화·투명화 함으로써 세계무역의 촉진과 원활화를 도모하고자 하는 것으로 통관절차 간소화·무역규정 공표·세관협력 등을 주 내용으로 하고 있다. 이울러 개도국과 최빈개도국에 대한 지원과 특별대우규정을 두고 있고 무역원활화위원회 설치 등 제도와 이행 관련 규정을 두고 있다.

　　발리 각료회의 합의 이후에도 인도의 반대로 협정문채택이 결렬되어 그 이듬해인 2014년 11월 27일에야 협정의정서가 채택되었고 이후 현재(2016년 7월)까지 2/3 이상 회원국들의 의정서수락이 완료되지 않아 협정이 아직 발효되지 않고 있다. 그러나 머지않아 협정발효를 계기로 통관절차가 크게 개선되고 표준화되면 전 세계 상품교역이 더욱 활발해질 것으로 기대되고 있다.

2절 WTO의 새로운 통상협정

WTO에서는 종래 GATT 밖에서 규율되어왔던 「농산물교역」과 「섬유 및 의류교역」을 새로이 체제 내로 끌어들임으로써 상품교역의 자유화범위를 확장하였다. 이들 농산물 및 섬유류는 국제무역에서 차지하는 비중이 매우 높음에도 불구하고 GATT 밖에 존재함으로써 그동안 세계교역질서의 왜곡을 초래하여 왔다.

또한 과학기술의 발전과 소득수준 향상으로 인해 새로운 무역형태가 증대되고 있음에도 불구하고 이러한 새로운 형태의 무역을 규율하는 국제적 규범이 존재하지 않았다. 따라서 이러한 새로운 무역거래들을 포괄하는 광범위한 무역자유화를 위한 새로운 규범이 필요하였다. 이에 WTO는 「서비스무역」(부속서1B) 「무역관련 지적재산권」(부속서1C), 「무역관련 국제투자」(부속서1A의 부수협정)와 관련된 새로운 협정을 추가하였다.

1 새로운 상품협정 (농산물협정과 섬유협정)

1.1 농산물협정 (Agreement on Agriculture)

초창기의 GATT는 농산물교역에도 적용되었으나 이후 농산물에 대한 수입할당제(쿼터)나 보조금정책 등 비관세장벽을 허용함으로써 농산물교역이 사실상 GATT1947 밖에서 운영되고 있었다. 이에 따라 농산물에 대한 세계교역은 극도로 왜곡되어 있었다. 예컨대 일본 등은 쌀·쇠고기·기타 식품 등에 대한 수입제한으로 국내가격이 국제가격보다 몇 배 높은 것으로 악명이 높았고, 공동농업계획(CAP: Common Agricultural Program) 하에 있는 유럽은 대규모 수출보조금을 유지하고 있었다. 이에 WTO는 농산물교역의 자유화를 이룩하기 위하여 이러한 영역에 대한 새로운 신설협정을 체결하였다. 그러나 이러한 농산물협정은 UR협상과정에서 가장 첨예하게 의견이 대립되었던 분야로서 협정체결에 어려움이 많았다.

본 협정의 주요 내용은 ① '예외 없는 관세화'를 통한 농산물의 포괄적인 시장개방과 특별 세이프가드, ② 농산물에 대한 최소시장접근, ③ 허용보조금 이외의 모든 농업보조금의 철폐 내지 감축, ④ 개도국에 대해서는 감축률을 낮추고 이행기간을 길게 허용하는 개도국우대조치로 요약할 수 있다.

예외 없는 관세화 (시장개방)   농산물협정은 관세 이외의 방법(비관세장벽)에 의한 수입규제조치를 금지하는 새로운 규칙으로서 「예외 없는 관세화」(tariff only)를 기본원칙으로 규정하였다.[5] 이러한 전면적 관세화는 결국 농산물수입 자유화 및 농산물시장의 개방을 의미하게 된다. 다만 이러한 시장개방으로 인한 충격에 대비하기 위하여 관세화에 대한 예외조치로서 일정한 유예기간(선진국 6년, 개도국 10년)을 설정하였는데 당시 우리나라의 경우 쌀에 대한 10년간의 유예를 받았다. 농산물협정은 또한 관세 및 수입가와 국내가격의 차이를 의미하는 「관세상당치」(tariff-rate equivalent)의 단계적 인하를 규정함으로써 농산물에 대한 점진적 관세인하를 규정하였다.[6]

최소시장접근(MMA) 채택   농산물협정은 이렇게 관세화에 대한 예외조치로서 일정한 유예기간을 두는 경우에도 그러한 유예기간 중에도 국내소비량의 일정수준을 의무적으로 수입하도록 하는 「최소시장접근원칙」(minimum market access)을 채택하였다. 회원국들은 그동안 수입금지 해오던 품목들에 대하여 국내소비량의 3%로부터 시작하여 일정기간 후 5%에 이르는 최소시장접근 쿼터를 실시하도록 하였다. 우리나라의 경우 관세유예기간 10년 동안 국내소비량의 1%에서부터 시작하여 10년이 되는 2004년까지 최소시장접근비율을 4%로 확대하도록 하고 2005년에 다시 협상하도록 결정하였다. 2005년 이후 우리나라는 또 다시 10년의 유예기간을 거쳐 2015년부터 관세화를 통한 시장개방에 합의하였다.[7]

특별 세이프가드 허용   농산물협정은 이렇게 '예외 없는 관세화'를 규정하면서 이것이 가져올 수 있는 부작용을 막기 위한 보완조치로서 농산물수입에 대한 특별세이프가드(special safeguard)를 허용하였다. 즉 무역자유화로 가는 과정에서 일반관세로 전환

---

5 관세화(tariffication)란 관세 이외의 무역정책수단으로 수입규제조치를 해서는 안 된다는 것을 말한다. 따라서 종전에 취해진 농산품수입에 대한 수량제한이나 기타의 비관세조치들을 모두 관세로 전환하는 것을 말한다. 다만 ① 국제수지조항(제12조), ② 경제개발을 위한 정부지원조항(제18조), ③ 특정품목의 수입에 대한 비상조치조항(제19조) 등 GATT1994에서 유지되는 조치들은 이 원칙에 대한 예외로서 인정되었다.
6 선진국의 경우 6년 동안 평균 36%를 인하하고 각 품목의 인하폭이 최소 15%되도록 하였고 개도국은 10년 동안 평균 24%를 인하하도록 하였고 각 품목의 인하폭이 최소 10% 인하하도록 하였다.
7 이후 우리나라에서는 유예기간 10년 단위로 다음과 같은 두 단계를 거치며 쌀 수입을 개방하였다.
(1) 2005년 이후: 쌀 수입을 자유화하는 대신 높은 관세를 통하여 방어하자는 관세화주장과 최소시장접근을 일정기간 더 유지하자는 주장이 맞서다가 결국 새로운 10년의 유예기간을 갖는 대신 10년 후 수입량을 2005년의 2배 정도 수준(최소시장접근 비중 7.90%)이 되도록 점차적으로 늘리는 방안으로 합의하였다.
(2) 2015년 이후: 쌀 수입자유화 방안에 대해서 또다시 최소시장접근기간을 연장하자는 의견과 자유화를 실행하자는 의견이 대립되었지만 결국 현재의 최소시장접근 물량(42.9만 톤)까지는 5%의 관세를 부과하고 그것의 초과물량에 대해서는 513%의 관세를 부과하는 방법으로 시장개방에 합의하였다.

한 농산물이 세계가격 폭락·무분별한 수입증가 등으로 인하여 특별한 어려움이 발생하는 경우 1년 이내의 특별세이프가드를 허용하여 추가적인 관세부과가 가능하도록 하였다. 또한 특별 민감품목에 대한 특별대우조항을 설치하여 쌀(한국·일본·필리핀)과 치즈(이스라엘)에 대한 예외를 인정하였다.

　　농산물 보조금 규제　　농산물교역은 전통적으로 보조금지급이 만연하여 이 때문에 자유로운 국제무역이 왜곡된다는 비판을 받아 왔으므로 WTO농산물협정은 무역에 대한 왜곡을 발생시키거나 생산에 직접적인 영향을 미치는 국내보조정책을 제거함에 목적을 두고 있었다. 이에 동 협정은 국내지원총액으로 합산한 금액의 상한선을 설정하고 매년 그 금액을 일정한 비율로 감축할 것을 합의하였다.

　　WTO농산물협정은 우선 농업분야에 대한 각종 보조금 중 허용보조금의 범위를 명백히 설정하여 무역왜곡이 없거나 생산에 미치는 효과가 미미한 공공지출보조금은 허용하고, 이러한 허용보조금 이외의 모든 보조금의 철폐 내지 감축을 결정하였다.[8] 이후 DDA협상이 진행되는 과정에서 지난 2015년 12월 케냐 나이로비에서 개최된 제6차 WTO각료회의에서는 농업부문 수출경쟁과 관련하여 WTO선진국은 농업수출보조금을 즉시 철폐하고 한국을 포함한 개도국은 2018년까지 직접적 지원을 폐지하고 수출물류보조도 2023년까지 폐지할 것을 포함하여 DDA농업분야에 대한 3개의 합의문을 채택하였다.[9]

1.2 섬유 및 의류협정 (Agreement on Textile and Clothing)

　　섬유 및 의류산업은 대표적인 전통산업으로서 상대적으로 적은 자본투자와 저임노동력을 활용한 생산이 가능하기 때문에 흔히 공업화 초기단계에서 가장 먼저 경쟁력을 갖추는 중요한 산업으로 역할하게 된다. 따라서 섬유 및 의류산업은 노동집약적·미숙련노동 집약적·특정지역 집중적 성격을 띠고 있어 개도국들이 비교우위를 누려온 전형적인 산업인 동시에 일찍부터 보호무역의 주된 대상이 되어왔던 산업이다.

8　우선 생산보조금의 경우 선진국은 WTO출범 후 6년간(2000년까지) 20%, 개도국은 10년간(2004년까지) 13%로 감축하고 최빈개도국의 경우는 의무를 면제하였다. 또한 수출보조금의 경우 선진국은 6년간 금액기준 36%·물량기준 21%로 감축하고, 개도국은 10년간 금액기준 24%·물량기준 14%로 감축할 것을 합의하였다.

9　제6차 WTO 각료회의의 전체 합의내용은 이 같은 농업부문 보조금철폐를 비롯하여 개도국 특별긴급관세 추가협상, 식량안보 목적 공공비축협상 등 DDA농업분야 3개 항목과 그밖에 면화수출보조금, 최빈개도국 우대 2개 항목 등을 포함하여 전체 6개 항목에 대한 합의가 이루어졌다.

1960년대 이전만 하더라도 대부분의 선진국경제에 있어서 섬유 및 의류산업이 제
조업에서 차지하는 비중이 상당히 높았지만, 1960년대 이후 개도국들의 섬유 및 의류
수출이 급격히 증대되어 그들의 시장을 잠식하게 되자 선진국들은 그들의 국내 섬유
산업을 보호하기 위한 무역제한조치들을 실행하게 되었다. 이에 GATT도 이러한 보호
조치를 공식적으로 인정하는 분위기가 형성되었고, 이로 인해 섬유류교역은 결국
GATT체제에서 일탈하여 별도의 국제규범에 의해 규율되게 되었다.

섬유류 교역에 대한 규제조치 중 가장 대표적인 것이 1974년에 도입된 「다자간섬
유협정」(MFA: Multi-Fiber Arrangement)이었다. MFA는 다수의 섬유 수입국과 수출국 간에
맺어진 섬유류수출입에 대한 수량제한협정이다. 따라서 이는 GATT가 정해놓은 기본
원칙, 즉 비차별주의나 수량제한금지에 정면으로 배치되는 규제로서 세계무역의 왜곡
을 초래하는 원인이 되었고, 또한 MFA가 연장될 때마다 수입쿼터의 배정을 둘러싼
첨예한 이견대립이 있었다.

본 협정은 이러한 MFA체제를 다자간체제로 복귀시켜 섬유 및 의류제품의 교역자
유화를 이룩함으로써 교역량증대·시장교란방지·균형적 발전을 도모하자는 것이었다.
농산물분야와 마찬가지로 이 분야 역시 UR협상과정에서 최대 논쟁분야 중의 하나가
되었다. 이렇게 농산물협정과 더불어 WTO체제 하에서 처음으로 다자간협정으로 탄
생된 섬유 및 의류협정의 주요 내용은 ① 섬유쿼터의 단계적 철폐와 ② 섬유감시기구
설치, ③ 과도기간 중의 세이프가드 허용 ④ 우회수출 대응조치로 요약된다.

섬유쿼터의 단계적 철폐   MFA 하에서 협상된 쿼터시스템을 10년간 3단계에 걸쳐
점진적으로 철폐하여 2005년에는 완전자유화에 이르도록 합의하였다. 이로써 개도국
으로부터의 섬유의류수입품에 대한 쿼터활용의 도피처로 활용되었던 MFA가 공식 폐
기되었다. 이러한 자유화조치가 실행된 이후 선진국들의 의류수입이 실제로 크게 증
가하게 되었고 이 때문에 미국과 유럽의 의류생산업자들이 격렬한 정치적 저항을 일
으키기도 하였다.

섬유감시기구의 설치   이렇게 합의된 MFA쿼터의 단계적 철폐를 촉진하기 위하여
상품무역이사회 산하에 「섬유감시기구」(Textiles Monitoring Body)를 신설하였다. 모든 회
원국들은 현존하는 모든 MFA쿼터를 통보하도록 하고 이후 이 기구가 섬유의류부문의
쿼터철폐와 관련된 업무를 관장토록 하였다.

과도기간 중 세이프가드   섬유의류교역의 완전자유화가 이루어질 때까지의 과도기간
중 선별적 세이프가드를 규정하였다. 즉 이 기간 중 MFA쿼터의 적용을 받는 국가로

부터 수입이 급증하여 수입국산업에 심각한 피해를 주거나 그럴 위협이 존재할 때 해당국들은 선별적으로 세이프가드를 발동할 수 있도록 하였다. 다만 이러한 세이프가드제도는 상술한 섬유감시기구의 검토를 받도록 규정하였다.

우회수출에 대한 대응조치   섬유의류수출의 자유화가 이루어졌지만 어떤 나라가 자국의 섬유류 수출품을 환적·항로변경·원산지에 대한 허위신고 및 공문서위조 등을 통하여 우회 수출하는 행위가 있을 경우 수출국 등 관련국들은 수입국의 요청에 따라 협의에 응하고 조사 등 필요한 협조조치를 취해야 한다. 조사결과 우회수출에 대한 충분한 증거가 있는 경우 수입국은 통관거부 또는 쿼터조정 등의 조치를 실시할 수 있다.

2 새로운 분야의 통상협정

WTO에서 새로이 제정된 무역분야협정은 서비스무역협정·무역관련 지적재산권협정·무역관련 국제투자협정이다. 그런데 이들 3개 부문의 협정들은 WTO에서 새로이 제정되는 협정인 만큼 ① 「초보적 수준·제한적 범위의 자유화」를 추구하였고, ② 주요 내용으로서 「내국민대우(NT)원칙」을 강조하였으며, ③ 「점진적 자유화」를 추구하는 동시에 추후 새로운 「후속협상」을 약속하고 있다는 공통점을 보이고 있다.

2.1 서비스무역 일반협정 (GATS)

(1) 서비스무역협정의 의의

오늘날 세계무역에서 나타나는 주요한 변화 중의 하나는 서비스무역이 크게 증가되고 있다는 것이다. 이 같은 서비스무역의 증진에 따라 이를 규율하는 새로운 규범의 필요성이 증대되었고 이러한 필요에 따라 최초로 체결된 협정이 WTO의 「서비스무역일반협정」(GATS: General Agreement on Trade in Services)이다. 이 협정은 서비스무역을 규율하는 최초의 다자간협정으로서, 상품분야에 대칭되는 서비스분야의 무역규범이 새로이 제정되어 WTO 통상협정의 새로운 기둥으로 부상하였다.

OECD 저명인사그룹은 1973년 '무역 관련 문제에 대한 고위그룹 보고서'를 통하여 서비스무역(trade in services)이라는 용어를 처음으로 사용하면서 이러한 무역이 점차 중요해지므로 이에 대한 자유화노력이 필요하다고 역설하였다. 이후 1975년 미국은 도쿄라운드(TR)에서 서비스무역문제를 논의하려고 시도하였지만, 서비스무역문제가 너무 복잡하여 충분한 준비 없이 협상에 임하기 어렵다는 결론에 도달되어 협정에 이르지는 못하였다. 다만 도쿄라운드에서 타결된 규약에 부분적으로 서비스에 대한 언급을 삽입하였고 아울러 장차 OECD무역위원회에서 이에 대한 종합적인 연구를 행하자는 비공식 합의를 얻어내었다. 이에 따라 1970년대 말부터 OECD에서는 서비스무역에 대한 조사연구와 논의가 활발하게 진행되었다.

그러나 UR협상이 공식적으로 출범하기 전까지 서비스분야를 다자간협상의 의제에 포함시킬 것인가에 대해 회원국 간 현격한 시각차이를 보였다. 미국을 비롯한 EU·일본 등 선진국들은 서비스무역의 중요성에 비추어 볼 때 이에 대한 규범정립이 시급하다고 주장한 반면, 브라질·인도 등 개도국들은 이에 대한 규범제정은 시기상조라고 반대하였다. 이후 UR협상과정에서도 입장차이가 좁혀지지 않아 타결의 실마리를 잡기 어려웠는데 17개국·13개 국제기관의 보고서 제출 등 계속적인 논의과정을 거쳐 1988년 12월 몬트리올각료회의를 계기로 논의가 급진전되어 본 협정이 체결되었다.

본 협정의 전문에서는 서비스무역의 중요성이 커지고 있음을 고려하여 서비스무역에 대한 다자적 원칙과 규율을 만드는 것을 기본목표임을 천명하였다. 또한 협정의 제정과 향후 집행에 있어 고려되어야 할 사항으로서 ① 서비스무역 확대가 투명성(transparency)과 점진적 자유화(progressive liberalization) 원칙 하에서 이루어져야 하고 ② 서비스산업의 발전정도가 나라마다 다른 만큼 개도국의 규제권한을 특별히 인정하는 동시에 가능한 많은 개도국들이 참여하도록 노력한다는 것을 천명하고 있다.

본 협정은 서비스무역을 규율하는 「최초의 다자간 무역협정」으로서 서비스무역에 대한 「일반협정」(general agreement)인 만큼, 협정본문·부속서·각료결정 및 양해와 같은 3개의 기둥으로 구성되어 있고 협정본문은 상술한 전문(preamble)을 시작으로 6부(part) 29개 조항과 8개의 분야별 부속서로 구성되어 있다.[10]

(2) 서비스무역협정의 적용범위와 주요 내용

동 협정의 주요한 내용은 ① 거의 모든 서비스분야에 대한 점진적 교역자유화(시장개방) 시행, ② 양허된 분야에 대한 내국민대우조항 및 최혜국대우조항의 준수 ③ 서비스교역자유화를 위한 추후의 후속협상 추진으로 요약된다.

---

10 ① 일반적 원칙과 의무규정, ② 회원국의 이행계획서(시장개방약속, 내국민대우 등에 대한 이행계획), ③ 점진적 자유화 추진위한 협상개최의 합의, ④ 부가문건 및 부속서로 구성되어 있다.

적용 범위   본 협정은 서비스무역에 영향을 주는 회원국의 모든 조치(measures)에 대해 적용된다. 따라서 서비스산업을 규제하는 조치라고 하더라도 무역에 영향을 미치지 않는 조치에 대해서는 본 협정이 적용되지 않는다. 한편 본 협정은 거의 모든 서비스부문에 대해 적용되지만 행정서비스와 같이 정부가 구매하거나 제공하는 서비스에는 적용되지 않도록 규정하면서, 다만 정부 제공 서비스라고 하더라도 상업적 차원에서 제공되거나 다른 공급자와 경쟁 하에 제공되는 서비스는 포함되도록 규정하였다. 따라서 철도운수사업·체신사업·담배전매사업 등의 경우 본 협정의 적용대상이 된다.

한편 본 협정은 적용대상이 되는 서비스무역을 ① 국제전화와 같이 한 나라에서 다른 나라로 서비스공급이 이루어지는 「초국경공급」(cross border supply), ② 해외관광과 같이 다른 나라에서 서비스소비를 행하는 「해외소비」(consumption abroad), ③ 해외지점 설치와 같이 다른 나라에 주재하면서 서비스를 제공하는 「상업적 주재」(commercial presence), ④ 해외취업과 같이 개인이 다른 나라에서 서비스를 공급하는 「자연인 주재」(presence of natural persons)를 통한 서비스공급으로 정의하였다.[11](〈표 7-2〉 참조)

표 7-2 WTO서비스협정상의 서비스무역 분류 및 정의

서비스 형태	정의	비고	공급자
초국경공급	금융·보험·정보서비스·국제통신서비스 등과 같이 공급자나 소비자 모두 국제적인 이동 없이 외국인에게 제공하는 서비스	재화(서비스재)의 국제적 이동	비 이동 (수입국 내비주재)
해외소비	관광·교육·의료 등과 같이 본국 내에서 외국인 서비스 소비자에게 제공하는 서비스	서비스 소비자의 국제적 이동	비 이동 (수입국 내비주재)
상업적 주재	해외직접투자(외국지점설치·해외건설공사)와 같이 해외주재를 통해 제공하는 서비스	생산요소(자본)의 국제적 이동	이동 (수입국 내 주재)
자연인 주재	외국인고용 등과 같이 자연인의 일시적 현지 이동방식을 통하여 외국에 제공되는 서비스	생산요소(인력)의 국제적 이동	이동 (수입국 내 주재)

시장개방의 기본원칙   서비스무역은 상품무역과는 달리 상술한 바와 같은 서비스행위를 통하여 이루어지므로 이에 대한 관세부과는 의미가 없고 가장 주목되는 것은 ① 특정서비스공급자가 상대국시장에 진입함에 있어 장애가 있는지 없는지 여부(시장개방)와 ② 진입하였을 때 국내 서비스공급자와 동등한 대우를 받는지 여부(내대국민대우)가

---

11 UR서비스업종 분류표에 따르면 사업·통신·건설·유통·교육·환경·금융·보건·관광·문화/오락/스포츠·운송·기타서비스 등 12개 분야로 대별하고 있고 이를 다시 업종별로 분류하면 155개 업종이 된다.

자유화조치의 핵심을 이룬다. 따라서 시장개방과 내국민대우가 서비스무역 자유화의 가장 중요한 개념이 되는데 서비스부문의 시장개방과 관련하여서는 다음과 같은 기본 원칙이 정립되었다.

(1) 상품무역의 경우 관세율의 비교를 통하여 국제적 협상이 가능하지만 서비스무역에는 협상을 위한 이러한 기준이 존재하지 않으므로 국가별양허를 통하여 교섭하게 되었다. 따라서 실제의 시장개방은 회원국의 「특별이행계획서 내용에 따른 시장개방」을 원칙으로 하여, 이행계획서에 포함되지 않은 분야에 대해서는 시장개방이 적용되지 않으며 이행계획서에 포함되는 경우에도 많은 제한과 예외들이 있고 국가별로 편차도 큰 것으로 나타났다.[12] 다만 이러한 이행계획서에 양허하는 서비스분야는 시장개방분야를 미리 지정하는 포지티브 리스트(positive list)방식으로 규정하도록 하였다.

(2) 서비스무역협정은 「투명성의 원칙」을 규정하여 회원국은 이 협정의 운영에 관련되거나 영향을 미치는 모든 조치(법률·규정·규칙·절차·결정·행정행위 등)를 즉시 공표하고 통보하여야 하며, 또한 관련되는 정보를 다른 회원국들이 신속하게 제공받을 수 있도록 문의처(inquiry points)를 설치하여야 한다.

(3) 원칙적으로 모든 상업적 서비스에 적용되지만 모든 서비스분야를 일시에 개방하는 것이 아니라 5년을 협상주기로 확대해가는 「점진적 자유화」(progressive liberalization) 원칙을 채택하였다. 이러한 원칙은 국가별 산업발전의 차이를 충분히 고려하여 서비스업종의 자유화를 융통성 있게 추진할 수 있도록 함으로써 결과적으로 개도국들의 협상참여를 촉구하기 위한 제도적 장치로서의 의미를 지닌다.

내국민대우, 최혜국대우 원칙   서비스일반협정(GATS)의 경우 역시 내국민대우조항(NT)과 최혜국대우조항(MFN)을 핵심의무로 규정하였다. 다만 GATT체제에서는 최혜국대우조항과 내국민대우조항이 회원국의 일반적인 의무로서 적용되는 일반원리인데 반하여 본 협정에서는 일정한 예외를 두거나 제한된 범위 내에서만 이 원리가 적용되도록 하였다.

(1) 내국민대우(NT)조항은 일반적 의무로서가 아니라 이행계획서에서 구체적 약속(specific commitments) 형태로 규정한 서비스부문에만 적용되도록 하였다. (제17조) 따라서 이러한 구체적 약속이 없는 분야에 대해서는 내국민대우조항을 적용할 수 없다. 다만 이러한 내국민대우에 대한 제한을 둘 경우 네거티브 리스트(negative)방식으로 기재하

---

12 세계 80여 개 국가가 제출한 이행계획서 내용을 보면 대체로 고소득국가 53.3%, 대규모 개도국 29.6%, 기타 개도국 15.1% 수준으로 개방을 약속한 것으로 나타났다.

도록 하였다.

   (2) 최혜국대우(MFN)조항에 대해서도 광범위한 예외를 인정하였다. 지금까지 서비스무역에 대한 국제협정이 존재하지 않는 상태에서 당사국 간 상호주의를 바탕으로 형성된 기존의 질서가 존재하는 만큼 이러한 질서와 관행과 조화시킬 필요가 있었고, 또한 이 원칙을 무조건적으로 적용하면 관련 서비스분야를 개방하지 않은 국가가 무임승차(free ride) 하는 불공정한 경우가 발생할 수 있기 때문이다. 따라서 예외적으로 특정 서비스부문에 MFN원리를 적용하지 않고 특정국가에 대한 특혜적 혜택을 부여하는 것을 인정하였는데, 이를 위해 최혜국대우에 대한 예외목록을 따로 떼어 규정해 두었다.[13]

   부문별 후속협상 약속   회원국은 서비스일반협정(GATs)의 목적에 따라 점진적으로 보다 높은 수준의 자유화를 달성하기 위하여 WTO협정 발효일로부터 5년 이내에 후속협상을 개시하고 그 이후 계속적으로 주기적 협상을 하도록 규정하였다. (제19조) 이러한 정신에 따라 미국 등 선진국들은 UR종결 후에도 금융서비스·기본통신·해운서비스·인력이동분야 등에 대한 후속협상을 진행하면서 합의를 이루어 왔고, 이후 새로운 라운드인 도하개발아젠다(DDA)협상에서도 서비스무역 분야가 주요한 의제가 되었다.

(3) 서비스무역협정의 평가와 전망

   당초 UR협상에서는 이 분야에 대한 무역규범을 제정하는 것 정도를 목표로 하였지만 최초의 양허약속에 관한 협상까지도 타결되어 기대 이상의 성과를 내었다고도 할 수 있다. 그럼에도 불구하고 GATT에 비하여 서비스무역협정(GATS)은 아직 초보적 단계에 머물러 있고 특히 회원국 자신이 약속한 특정부문에 대하여서만 적용되도록 하고 있어 서비스무역의 전면적 자유화라는 목표에서 보면 여전히 제한적인 것이 사실이다. 이처럼 WTO 서비스협정은 여러 가지 관점에서 여전히 미흡하고 불완전하여 본 협정의 체결이 곧 서비스무역의 자유화를 뜻하는 것은 아니다.

   그러나 선후진국을 막론하고 서비스산업과 서비스무역이 빠른 속도로 증가하고 있는 추세 속에서 이에 대한 다자간협정이 사상 처음으로 마련되었다는 것은 특기할 만하다 하겠다. 오늘날처럼 쌍무주의나 지역주의로 인하여 다자간무역질서가 위협받

---

13 다만 이렇게 예외부문을 인정하되 목록에는 어떠한 것도 덧붙일 수 없도록 하여 특정서비스부문에 대해 최혜국대우를 거부할 수 있는 기회를 단 한 차례만 허용함으로써 예외가 확산되지 못하도록 하였다.

고 있는 상황에서 서비스무역에 대한 정책과 제도가 다자간협상의제로 자리 잡음으로 써 다자간무역질서의 개편방향에도 중요한 영향을 미칠 것이다. 또한 이 협정을 통한 서비스무역의 자유화가 보다 확대될 수 있을 뿐만 아니라 이러한 서비스시장의 개방 은 서비스산업의 발전은 물론 전반적인 산업발전의 촉진도 가져오게 될 것이라는 점 에서 그 의의가 자못 크다 할 것이다.

당초 서비스무역협정의 체결을 주장한 것이 선진국들이었지만 그렇다고 하여 이 협정의 체결이 개도국에 대한 선진국의 일방적인 승리라고 말하기는 어렵다. 서비스 협정이 개도국에게 당장의 주요한 경제적 이득을 제공할 것은 아니지만 자연인의 이 동과 같이 개도국들 역시 많은 이해관계를 가진 부문의 자유화를 위한 제도적 토대가 구축된 만큼 개도국 역시 일정한 이익을 향유할 수 있기 때문이다. 더욱이 과거 일방 적이고 쌍무적인 방식으로 선진국으로부터 시장개방 압력을 받아왔던 개도국들에게 다자간협상방식으로 만들어진 국제규범은 일정한 방패역할을 할 수도 있다.

2.2 무역관련 지적재산권협정 (TRIPs)

(1) 지적재산권협정의 의의

산업과 경제발전에 따라 지적재산권의 중요성 점차 증대되고 이에 따른 국제분쟁 역시 크게 증대되고 있다. 「지적재산권」(intellectual property rights)이란 재산권적 가치를 지녔다고 인정하는 어떤 아이디어·발명·창조적 표현 등의 결합체이다. 이러한 지적 재산권은 공공재적 성격을 지니므로 정부는 이에 대한 독점적 권리를 부여하여 이를 법적으로 보호해 준다. 그동안 이러한 지적재산권의 보호는 각국의 법제에 의해 규율 되어 왔다. 따라서 지적재산권 침해에 대해서는 이러한 법제에 따라 보복위협을 가하 기도 하고 때로는 GATT에 제소하기도 하였다.

한편 이러한 지적재산권 보호에 대한 다자방식의 국제협력은 1883년 파리조약을 필두로 이미 100여 년의 역사를 지니고 있다.[14] 따라서 GATT에는 이에 대한 규정이 없는 대신 다수의 국제조약이 체결되어 세계지적재산권기구(WIPO: World Intellectual Property Organization)에 의하여 관리되어 왔다. 그러나 최근에 들어와 지적재산권 관련

---

14 가장 대표적인 국제협약으로서는 ① 산업재산권보호를 위한 파리협약(Paris Convention for the Protection of Industrial Property, 1883), ② 저작권보호를 위한 베른협약(Berne Convention for the Literary and Artistic Works, 1886), ③ 1967년에 창설된 세계 지적재산권 기구(WIPO: World Intellectual Property Organization) 등을 들 수 있다.

상품의 무역이 크게 증가하였고 또한 복제기술의 발달로 지적재산권의 재생산이 더 쉬워졌기 때문에 선진국들은 이에 대한 다자간규칙의 제정과 이에 대한 보호제도의 강력한 시행을 요구하기에 이르렀다.

이에 대해 개도국들은 지적재산권 보호는 국내정책적 문제이고 선진국수준의 보호가 강요될 경우 의약품·식품 등의 가격인상이 초래되어 자국의 후생이 저하될 것이라는 주장을 펼치면서 강력하게 반발하였다. 그러나 개도국 내에서도 지적재산권의 보호를 요구하는 집단이 존재하고 있고 자신들도 이것의 보호를 통하여 새로운 경쟁력을 갖추지 않으면 안 된다는 인식이 높아지면서 결국 UR협상의 의제로 채택되었다.

이처럼 지적재산권협정은 협상초기에는 선진국그룹과 개도국그룹 간의 첨예한 대결구도로 진행되었으나 시간이 흐르면서 선진국, 특히 미국의 입장이 크게 반영되는 형태로 협정이 체결되었다.

(2) 지적재산권협정의 주요 내용

이러한 배경 위에서 체결된 「무역 관련 지적재산권협정」(TRIPs: Agreement on Trade Related Intellectual Property Rights)은 세계 전역에서의 지적재산권에 대한 보호방법의 국가별 차이를 줄이고 공통적인 국제규범 하에서 이를 논의하도록 하는 동시에 이와 관련된 무역분쟁이 있는 경우 WTO분쟁해결제도를 이용할 수 있도록 하였다. 본 협정은 방대한 체계를 지니고 있지만 주요 내용을 보면 ① 기존의 국제협약과의 조화를 모색하면서 강화하는 국제협약플러스(plus)방식 채택, ② 최혜국대우조항과 내국민대우조항 적용, ③ 실행을 위한 경과기간 설정 등으로 요약된다.

보호 대상   본 협정은 원래 해적상품의 유통을 방지하기 위한 단순한 목적에서 시작되었으나 협상진행과정에서 포괄범위가 확대되어 결과적으로는 모든 지적재산권분야를 망라한 포괄협정이 되었다. 이에 본 협정은 보호대상으로서 ① 저작권과 저작관련권리(인접재산권), ② 서비스상표 포함한 등록상표, ③ 지리적 표시, ④ 산업디자인, ⑤ 특허, ⑥ 반도체의 집적회로배치설계, ⑦ 영업비밀을 포함한 미공개정보, ⑦ 계약베이스 라이센스 관련규정 등을 대상으로 채택하였다.[15]

보호 내용   본 협정은 기존의 국제협정을 최저보호수준으로 하는 이른바 「국제협

---

15 협상진행과정에서 포괄범위가 확대된 새로운 지적재산권으로는 ① 산업저작권(컴퓨터프로그램 및 소프트웨어, 데이터베이스 등), ② 첨단산업재산권(생명공학기술, 반도체집적회로 설계 등), ③ 정보재산권(영업비밀 등) 등이 포함되었다.

약 플러스방식」[16]을 채택하여 지적재산권의 보호에 관한 최저기준을 수립하고 회원국 간 기준의 조화를 모색하는 방식을 채택하여 기존의 지적재산권협정의 원칙과 규정들을 그 성립 및 운영의 기초로 하고 있다. 아울러 지적재산권의 보호범위·보호기간·보호수준을 현저히 강화하였고,[17] 회원국의 의무에 대해서는 아주 실질적으로 투명하게 규정하였다.

MFN조항과 NT조항 적용   본 협정은 '일방 회원국에 의해 다른 회원국에게 부여되는 이익·혜택·특권·면제가 즉시 무조건적으로 다른 모든 회원국에게 부여된다'고 규정함으로써 무역관련 지적재산권보호에 「최혜국대우」를 선언하고 있다. 이 원칙은 GATT의 일반적 원칙이지만 지적재산권에 대해서는 본 협정에서 처음으로 도입하였다. 본 협정은 또한 「내국민대우조항」을 적용하고 있는데[18] 이에 대한 예외로서는 오직 기존의 지적재산권 관련 국제협약이 특별히 다른 방식을 취하거나 국제협정이 커버하고 있지 않은 지적재산권의 경우에 한하도록 규정하였다.

경과기간 설정   본 협정은 회원국들이 이러한 협정에 맞추어 자국의 법령을 제정·개정하는데 상당한 기간이 소요될 것으로 보고 선진국 1년, 개도국 5년, 최빈개도국 11년이라는 이행기간을 설정하였다.

2.3 무역관련 투자조치협정 (TRIMs)

오늘날의 경제세계화는 국제무역보다 국제투자가 주도하고 있고, 종전에는 무역과 투자가 상호대체적 성격이 강하였으나 점차 상호보완적 성격이 강해지고 있다. 이에 따라 선진국, 특히 미국은 국제투자의 자유화문제를 UR협상의 의제로 삼기를 원하였다. 그러나 브라질·인도 등 개도국들이 이에 강력히 반대함으로써 협상의제의 채택부터 뜨거운 쟁점이 되었다.

이에 따라 이후 협상은 '무역과 관련된 투자'에 대한 제한 및 왜곡문제를 시정하

---

16 기존의 국제협약의 보호수준을 최저수준으로 하여 그 이상의 보호를 행하는 방식으로서, 이로 인해 TRIPs의 보호수준은 기존 협약의 그것을 훨씬 향상시키게 되었다.
17 그 내용은 기존의 4개 국제협정을 거의 그대로 인용하였는데 그러한 국제협정으로서는 ① 세계지적재산권기구에 의해 시행된 산업재산권보호를 위한 파리협약(1883), ② 문학·예술작업 보호에 대한 베른협약(1886), ③ 연주자·음반제작자·방송자보호에 대한 로마협약(1961), ④ 반도체회로와 관련된 지적재산권조약(1989)이다.
18 TRIPs협정은 'treatment no less favorable than'이라는 표현을 쓰고 있고 파리협약은 'same treatment'라는 표현을 쓰고 있다.

는 것으로 한정하고, 그 내용도 내국민대우(GATT 제3조)와 수량적 제한철폐(GATT 제11조) 와 관련된 이슈만을 논의하게 되었다. 따라서 최종 합의된 「무역 관련 투자조치협정」 (TRIMs: Agreement on Trade Related Investment Measures)의 주요 내용은 ① 무역과 관련된 제한된 범위의 투자에 대한 점진적 시장개방, ② 개도국에 대한 일정한 예외 인정, ③ 자유화를 위한 후속협상의 추진으로 요약된다.

적용 범위　선진국들의 투자협정 체결요구에 대한 개도국들의 강력한 반발로 인하 여 모든 투자가 아니라 무역과 관련된 제한된 범위의 투자로 국한하였다. 따라서 본 협정은 「상품무역」의 경우에만 적용되고 서비스부문에 대한 외국인직접투자의 경우에 는 적용되지 않는다.

시장개방 내용　GATT 제3조(NT조항)와 제11조(수량제한금지)에 합치되지 않는 조치를 금지하고 있다. 부록은 이에 해당되는 사례로서 외국인투자기업에 대한 ① 일정범위의 국산품을 이용할 것을 요구하는 국산품이용의무(local content requirements), ② 국제수지 또는 외환과 관련하여 외국산기자재의 수입을 일정비율·일정금액으로 제한하는 조치, ③ 외국인투자기업의 생산 중 일정비율 이상을 수출하지 못하도록 하는 조치 등을 예 거하였다.[19]

개도국의 예외　개도국의 경우 GATT가 규정하고 있는 국제수지방어 목적의 규정 에 합치되는 경우 일시적으로 내국민조항이나 수량제한금지조치에 대한 예외를 인정 한다.

점진적 자유화와 추후논의　본 협정은 WTO 발효일로부터 90일 안에 동 협정에 위 반되는 모든 현행조치를 상품무역위원회에 통보토록 하고 일정기간(선진국 2년, 개도국 5 년, 극빈개도국 7년) 내에 이를 철폐하도록 하였다. 또한 상품무역위원회는 WTO협정 발 효일로부터 5년 이내에 동 협정의 이행사항을 재검토하고 보완이 필요하다고 생각될 때는 이를 각료회의에 제안하도록 규정하고 있다.

본 협정은 궁극적으로 시현하게 될 「다자간투자협정」(MAI: Multilateral Agreement On Investment)을 향한 잠정적이고 초보적인 성격의 협정으로 볼 수 있다. 따라서 다양한 무역 관련 투자조치의 일부분만을 규정하고 있고 그것도 상품무역의 경우에만 적용하 고 있다. 그럼에도 불구하고 무역을 제한하거나 왜곡시키는 무역 관련 투자조치를 제

---

19 UR협상 초기에는 이러한 조치 이외에 국내 판매 비율의 설정(minimum or maximum domestic sales), 기술이전과 라이선싱(technology transfer and licensing), 송금(remittance), 소유제한(ownership limitations), 투자유인(investment incentives) 등에 대한 제한조치를 모두 금지시키거나 이에 대한 규율을 강화하려 하였으나 개도국의 반대에 부딪혀 실패하였다.

거하기 위하여 제정된 사상최초의 다자간 협정이라는 데 의의가 있고, 많은 개도국들이 이러한 투자조치를 활용하고자 하는 유인을 감소시키는 계기로 작용하게 될 것으로 전망된다.

3절 │ WTO의 통상규범협정

앞에서 설명한 바와 같이, GATT의 규정들은 통일성이 부족하고 너무 많은 예외들을 허용하고 있을 뿐만 아니라 여러 가지 비현실적 규정들로 인하여 실효성이 부족하였다. 따라서 관세보다는 비관세장벽이 더 중요한 무역정책수단으로 자리잡게 되었고 수출자율규제(VERs)와 같은 회색지대조치(gray area measures)들이 GATT의 규율 밖에서 범람하였다. 또한 외국의 수입으로부터 발생되는 국내산업 피해를 막고 구제하는 무역구제(trade remedy)수단으로서 반덤핑조치(AD)나 상계관세조치(CVD) 등을 규정하고 있었지만 이것의 남용으로 인한 부작용 역시 없지 않았다.

WTO는 이러한 비관세장벽·GATT 밖의 회색지대조치·GATT규정의 남용을 규제하고 규율할 수 있도록 하기 위하여 새로운 무역자유화규범을 제정하거나 기존 규범의 강화를 이룩하기 위하여 국제통상규범 관련 협정의 제정·개정을 이룩하였다. 이하에서는 이러한 통상규범협정 중 WTO의 대표적인 무역구제제도협정인 반덤핑협정·보조금 및 상계관세협정·세이프가드협정에 대하여 살펴본다.

1 반덤핑협정

1.1 반덤핑협정의 의의

제3편에서 설명하였듯이 「덤핑」(dumping)은 수입국의 효율적 자원배분을 저해하고 시장질서를 문란케 하는 불공정무역으로 간주되어 이에 대한 제재조치로서 반덤핑관세조치를 취하도록 규율하여 왔다. 「반덤핑조치」(AD: Anti-Dumping Measures)란 수출국 기업의 덤핑으로 인하여 수입국의 국내산업이 피해를 입거나 입을 우려가 있는 경우 덤핑마진의 상당분을 관세로 상쇄시키는 조치로서 GATT 제6조가 규정하고 있었다.

그러나 이러한 GATT규정은 규칙만을 정하고 있을 뿐 그것의 원인이나 합법성을 논의하지 않고 있었다. 따라서 반덤핑조치는 불공정무역을 제재한다는 명분하에 시행되었지만 사실은 수입제한수단, 즉 「위장된 보호주의 수단」으로 남용되는 사례가 빈번하게 되었다. 이러한 문제들을 해결하기 위하여 GATT의 제6차 협상인 케네디라운드에서 반덤핑규약(Anti-Dumping Code)이 만들어졌고 제7차 협상인 도쿄라운드(TR)에서는 다시 이를 수정·보완하였다. 그럼에도 불구하고 미국·EC 등 주요 선진국들이 자국의 반덤핑관련법을 개정하여 덤핑범위를 확대하고 각국의 덤핑조사기관들이 국내산업에 유리한 방향으로 법규정을 해석함으로써 반덤핑조치가 여전히 보호주의수단으로 활용되었다.

반면 수출국들은, 이러한 반덤핑조치가 특정수출국의 특정물품에 대하여 차별적·선별적으로 적용되는 정책수단으로서 사전예측이 곤란하므로 예기치 못한 타격을 받게 되고, 일단 자국의 수출품에 대한 반덤핑조사가 개시되면 그러한 덤핑조사 개시만으로도 수출이 급격히 위축되는 피해를 입게 되며, 또한 선진국의 반덤핑조사에 효과적으로 대응하기 위해서는 법률자문비 등이 많이 소요되므로 이로 인해 개도국의 수출이 타격을 입기가 쉽다. 따라서 선진 수입국들은 이러한 반덤핑조치를 자의적으로 활용하여 수입을 억제하려는 태도를 보였다.

이에 주요 수출국들은 반덤핑협정의 내용을 보다 엄격히 하여 반덤핑조치의 남용을 방지해야 한다는 요구가 강하게 제기되었고 미국·EC 등 주요 수입국들은 이에 대응하여 우회덤핑 등 새로운 관행에 대한 규제를 요구하게 되었다.[20] 이러한 요청에 따라 새로이 개정된 WTO의 「반덤핑협정」(Anti-Dumping Agreement)은 도쿄라운드에서의 만들어진 반덤핑규약을 기초로 투명성을 제고시키는 동시에 방법론적·절차적 규칙을 새로이 수립함으로써 덤핑규제의 남발을 억제토록 수정·보완하였다.[21]

WTO 반덤핑협정의 주요 내용은 대체로 덤핑여부의 결정·피해여부의 결정·조사절차·구제조치범위 및 이행절차 등 크게 4가지로 구분되는데 그 주요한 변경내용은 ① 덤핑의 판정기준과 국내산업의 피해기준 강화, ② 덤핑제소 자격기준의 계량화 ③

---

20 수출기업은 때때로 이러한 반덤핑조치를 피하기 위하여 수입국 내에 조립공장을 설치하고 자국에서 수입한 부품을 현지국에서 조립하여 현지판매함으로써 반덤핑관세를 피하는 우회덤핑(circumvention dumping)을 행한다. 미국이나 EU는 이러한 우회덤핑을 막기 위한 반우회덤핑조치(anti-circumvention dumping duties)를 설치할 것을 주장하였으나 의견대립이 심해 WTO협정에서 채택되지 못하였다. 이로 인해 미국처럼 자국법에 반우회덤핑조치규정을 두고 있는 국가들은 오히려 종전과 같이 이 규정을 적용할 수 있게 되었다. UR협정에 부수적인 각료선언은 이 문제를 추후 반덤핑위원회가 검토하도록 하였다.

21 WTO 반덤핑협정의 공식명칭은 「GATT 1994 제6조의 이행에 관한 협정」(Agreement on the Implementation of Article Ⅵ of the General Agreement on Tariffs and Trade 1994)이다.

덤핑마진의 최소기준 및 조사기간의 설정, ④ 반덤핑조치의 자동소멸시효(일몰규정) 등
으로 요약된다.

이렇게 체결된 WTO의 반덤핑협정은 1980년대 범람하였던 반덤핑조치의 보호주
의적 편향성을 다소 시정한 것으로 평가되었다. 동시에 그동안 미국과 EU에 의해 제
각기 시행되고 있던 내용을 구체적으로 법제화하면서 반덤핑조치의 자의적 운용 가능
성을 극소화하였다는 점에서도 높이 평가되었다. 그러나 보호주의수단으로 악용되는
경향이 강한 조사절차나 방법상의 관행들을 대부분 그대로 존치함으로써 여전히 미흡
하고 불완전하다는 평가를 받기도 하였다.

1.2 반덤핑관세의 발동요건

(1) 반덤핑관세의 실체적 요건

반덤핑관세가 부과되기 위해서는 우선 ① 덤핑수입(dumped imports)이 이루어져야
하고, ② 그러한 수입으로 인해 국내산업에 실질적 피해(material injury) 또는 피해우려
가 있어야 하며, ③ 수입과 피해 간의 인과관계(causation)가 입증되어야 한다.

덤핑의 존재   덤핑이란 덤핑마진(dumping margin)이 발생하는 경우, 즉 수출가격이
수출국 국내에서 판매되는 일반적인 정상가격 이하인 경우이다.

여기서 「수출가격」(export price)이란, 당해 물품이 수입국에 반입되는 시점에서의
가격이 아니라 수출국을 떠나는 시점에서의 가격이다. WTO반덤핑협정에서는 수출가
격이 존재하지 않거나 관계당국이 이를 신뢰할 수 없을 때는 수입된 물품이 독립된
구매자에게 최초로 재판매되는 가격을 기초로 추정한다고 규정한다. 그리고 「정상가
격」(normal price)이란 수출국의 통상적인 상거래에서 이루어지는 판매가격이다. WTO
반덤핑협정은 이러한 정상가격이 존재하지 않을 경우 수출자가 제3국에 부과하는 대
표적 가격 또는 생산비용에 합리적인 판매비용과 이윤을 가산한 「추정가격」(constructive
price)을 사용하도록 규정하고 있다.[22]

---

22 한편 WTO의 반덤핑협정 이전에는 원가 이하의 국내 판매가격을 정상가격산정에서 제외하여 원가 이
하의 판매 자체를 덤핑으로 간주하려는 경향이 있었다. 따라서 수출가격과 비교기준이 되는 수출국 내
정상가격의 산정에 원가 이하의 국내 판매가격이 고려되지 않았다. 그러나 WTO 반덤핑협정은 원가
(생산비) 이하로 수출되더라도 덤핑수출행위가 6~12개월 동안의 일시적 덤핑이거나, 당해 수출품의
규모가 총수출규모의 20% 이하인 경우 정상수출로 인정하였다. 그러나 가동초기비용이 높은 신생상품
(반도체 등)의 경우 단기적인 국내시장확보를 위하여 원가 이하의 판매행위를 행하기도 하는데 이러
한 비용은 원가에 산정가능하도록 하였다.

실질적 피해 또는 피해우려   그러한 덤핑으로 인하여 국내 산업에 실질적 피해(material injury) 또는 실질적 피해의 위협(threat of material injury)이 존재하여야 한다.[23] 이때 중요한 것은 과연 '실질적 피해'가 의미하는 바가 무엇이고 구체적으로 어느 정도의 피해를 의미하느냐의 문제이다. 과거 GATT규정들은 이의 개념을 모호하게 정의하고 있어 종종 국가 간 마찰을 빚어왔다. WTO 반덤핑협정에서는 이러한 부분들을 수정하여 보다 명확히 정의하였다.[24]

인과관계의 입증   이상과 같은 국내산업의 피해가 덤핑수입으로 인하여(by the reason of) 유발되어야 한다. 이와 같은 '덤핑수입과 국내산업의 피해 간의 인과관계'에 대해서도 조사당국에 제공된 모든 객관적 증거(positive evidence)에 의하여 판정하여야 하며, 또한 '실질적 피해위협'에 대하여 이러한 피해위협의 결정은 사실에 근거하여야 하고 추측이나 막연한 가능성에 근거해서는 안 되며 그러한 위협상황은 '명백하게 예측되고 임박한'(clearly foreseen and imminent) 위협이어야 한다고 규정하였다.

(2) 반덤핑관세의 절차적 요건

반덤핑조치를 흔히 비관세장벽(NTB)으로 분류하는 것은, 덤핑 및 산업피해 여부의 조사에 있어서 자국에 유리하도록 자의적으로 운용하고 또한 조사절차 역시 매우 복잡하고 장기화하도록 하여 이를 효율적인 보호주의수단으로 활용하기 때문이다. 따라서 WTO 반덤핑협정에서는 이러한 조사절차에 대해서도 다양한 규정을 마련하였다.

조사 개시   수입국정부에 반덤핑조사 청원을 낼 수 있는 자격은 '피해대상이 되는 물품의 국내생산자(국내산업) 전체 또는 당해 물품의 국내생산의 상당부분(major proportion)을 점하여 전체 국내생산자(국내산업)를 대표하는(on behalf of) 생산자집단'으로 규정하였다. 이러한 생산자집단의 대표성에 관련하여, 조사개시는 국내생산량의 25%를 넘는 경우 가능하고 덤핑제소는 국내생산량의 50%를 넘는 생산자의 지지가 있을 경우로 규정하였다. 이때 국내생산자가 수출입자와 특수한 관계에 있거나 직접

---

23 이러한 '실질적' 피해를 '중대한' 피해로 번역하여 사용되기도 한다. 한편 GATT 1994 제6조에서는 덤핑수입으로 인한 '국내산업의 설립지연'도 피해결정의 기준으로 고려된다. 그러나 WTO반덤핑협정은 이에 대한 명시적 규정을 두고 있지 않으며 또한 각국에서도 이러한 기준을 원용하는 사례가 많지 않다.

24 피해 판정에 있어서 ① 우선 '가격에 대한 영향'으로서 덤핑수입으로 인하여 수입국 내 동종 상품의 국내 가격이 현저하게 하락되었거나 또는 예상된 가격상승이 현저하게 억제되었는지를 조사하여야 하고, ② '경제적 피해'에 대해서도 모든 적절한 경제적 요소와 지표상의 변화를 고려하여야 한다고 규정하였다 이러한 요소로서 ① 해당 산업의 판매량·생산량·시장점유율·이윤·생산성·투자회수율·설비가동률의 실제적 또는 잠재적 감소, ② 수입국 내 가격에 영향을 미치는 요소, ③ 덤핑마진의 크기, ④ 해당 산업의 재고수준·자금순환·고용·임금·자본조달능력에 대한 실제적이고 잠재적인 영향 등이다.

적으로 일부를 수입하는 경우에는 국내산업의 대상에서 제외시켰다. 또한 국내생산량의 상당부분을 점하는 생산자의 대표자 뿐만 아니라 피고용인(근로자) 또는 노동조합도 청원자격을 인정하였다.

조사 진행   조사가 개시되면 모든 이해관계당사자에게 증거를 서면으로 제출할 충분한 기회를 부여하고 또한 질의서에 대한 충분한 답변기간(30일)을 부여하여 자신의 이익을 방어할 충분한 기회를 부여하여야 한다. 또한 특별한 경우를 제외하고는 조사는 개시 후 1년 이내에 종결되어야 하며 특별한 사정이 있는 경우라도 18개월을 초과해서는 안 된다.

최소기준 설정   본 협정은 아주 경미한 경우까지 반덤핑판정을 내리는 일이 없도록 해 최소기준을 설정하고 있다. 즉 덤핑의 존재 및 피해가 입증되더라도 ① 덤핑마진율이 수출가격의 2% 미만이거나, ② 수입국 내 시장점유율이 3% 미만인 경우처럼 매우 경미하여 무시할 만한(negligible) 수준인 경우 조사당국이 조사를 기각하도록 규정하였다.

1.3 반덤핑관세조치의 내용

덤핑조사결과 덤핑 사실이 존재하고 실질적 피해 또는 피해위협이 있다고 판정되는 경우 수입국은 반덤핑조치를 취할 수 있는데 이러한 반덤핑조치에는 ① 잠정조치, ② 가격인상 약속, ③ 반덤핑관세 부과 등 3가지 절차가 있으며, 이와 더불어 반덤핑조치에 대한 일몰규정을 두고 있다.

잠정조치   조사가 개시된 이후 당사자에게 충분한 의견제시 기회가 주어졌고 국내산업피해에 대한 긍정적 예비판정이 내려졌으며 남은 조사기간 중 초래될 피해를 예방하기 위하여 필요하다고 인정되는 경우 일정한 잠정조치(provisional measures)를 내릴수 있다. 잠정조치기간은 조사개시일로부터 60일이 경과한 이후 가능하고 4개월(상당한 비중의 수출자의 요청에 의한 경우 6개월)을 초과할 수 없다.

가격인상 약속   수출업자가 수출가격을 인상하거나 종전의 덤핑가격 하에서의 수출을 중단하겠다는 가격인상약속(price undertaking)을 합의하는 경우 조사당국은 잠정조치나 반덤핑관세의 부과 없이 반덤핑조사를 중단할 수 있다. 이러한 약속을 행한 후 그 약속을 위반하는 경우에는 확정관세를 즉각적으로 소급하여 부과할 수 있다.

반덤핑관세 부과   반덤핑조사과정에서 합의가 이루어지면 덤핑문제가 종료되지만 합의가 이루어지지 않는 경우 최종적으로 반덤핑관세를 부과할 수 있다. 많은 국가들에서 행해지고 있는 반덤핑조치를 살펴보면 대부분 덤핑여부의 판정절차가 공정하기보다 반덤핑조치를 유도하는 방향으로 기울어져 있음을 알 수 있다. 미국의 경우 덤핑문제가 제기되어 최종적으로 덤핑관세조치까지 가는 경우는 전체 대상 중 50% 이상(1991~95년 57%)인 것으로 알려져 있다. 이렇게 반덤핑관세를 부과하는 경우 관세 폭은 덤핑마진(dumping margin)을 초과할 수 없다.

또한 반덤핑관세는 덤핑으로 피해를 야기 시킨 물품을 수출하는 모든 기업에 대해 무차별적으로 부과하도록 규정하였다. 그러나 동일국에서 다수의 기업이 수출하여 그들을 모두 지명하기가 곤란한 경우 해당 국가를 지명하고 그 국가로부터 수입되는 당해물품에 대해 반덤핑관세를 부과할 수 있고, 또한 2개국 이상에서 다수의 기업이 덤핑수출 하는 경우 모든 관련 기업 또는 모든 관련 국가를 지명하여 반덤핑관세를 부과할 수 있다. 따라서 이러한 경우에는 업체별·국가별로 부과하는 것이 가능해진다.

일몰규정 및 개도국우대조항　반덤핑조치는 덤핑으로 인한 국내산업의 피해를 구제하는데 근본목적이 있으므로 목적이 달성되면 즉각 철회되는 것이 원칙이다. 따라서 WTO반덤핑협정은 모든 반덤핑조치에 대해 주기적으로 그것을 계속할 것인지에 대한 검토의무를 규정하였다. 또한 WTO반덤핑협정은 모든 반덤핑조치가 일정기간이 경과하면 자동적으로 종결되도록 하는 「일몰규정」(sunset clause)을 두고 있다. 즉 관세부과 후 또는 가장 최근의 재심일로부터 5년이 경과하면 자동으로 종결되도록 하였다.

한편 '개도국 회원의 특별한 상황에 대하여 선진국 회원은 특별히 고려하여야 한다'고 규정하여 「개도국우대조항」을 두고 있지만 그 구체적 내용을 명기하지 않고 있어 선언적인 의미만 지니고 있다.

2 보조금 및 상계관세협정

2.1 보조금 및 상계관세협정의 의의

제3편에서 설명하였듯이, 「보조금」(subsidy)은 정부나 공공단체가 국내생산자에게 일정한 재정적·금융적 지원을 행하여 국제경쟁력을 강화시킴으로써 수출촉진·수입경쟁촉진·수입억제를 도모하는 무역정책수단이다. 따라서 이 제도는 직접적으로 수입을 억제하는 여타의 비관세장벽과는 성격을 달리하지만 결과적으로 이러한 보조금이 국

제교역량에 영향을 미친다는 점에서 하나의 주요한 보호무역정책수단이 된다.

보조금지급은 이를 지급하는 수출국에 여러 가지 비효율성과 부작용을 가져다주는 것은 물론 이러한 보조금지급을 통하여 수출국의 국제경쟁력을 인위적으로 개선하는 것이 상대방 수입국 또는 교역경쟁국의 입장에서 보면 불공정무역(unfair trade)이 된다.[25] 따라서 이러한 불공정을 제거하기 위하여 보조금지원을 받은 상품의 수입을 제한하고 보조금 지급효과를 상쇄시키기 위하여 수입국이 취하는 조치가 「상계관세」(CVD: countervailing duties)이다.

보조금과 상계관세에 대한 국제통상규범은 GATT 제6조와 이것의 시행령격인 도쿄라운드(TR)의 '보조금 상계관세규약'에 의해 규율되어 왔다. 그러나 이러한 기존협정은 보조금에 대한 명확한 정의가 없고 보조금을 국내보조금과 수출보조금으로만 단순 구분하여 왔으며 상계관세절차도 불명료하여 자의적으로 운용될 소지가 매우 높았다. 이로 인해 수출상품에 대한 보조금지급이 널리 성행되었고 주요 선진수입국들은 자국 산업의 폐해를 막기 위한 보호수단으로서 상계관세제도를 활용하는 폐단이 발생하였다.

WTO의 「보조금 및 상계관세협정」(Agreement on Subsidies and Countervailing Measures)은 도쿄라운드의 협약을 기초로 하되 보조금의 정의 및 상계관세절차를 명확히 하였다.[26] 동 협정의 주요내용과 특징을 보면 ① 보조금 정의를 명확히 하는 동시에 '특정성' 기준을 적용하였고, ② 보조금의 종류를 금지보조금·허용보조금·가능보조금으로 명확히 구분하였으며, ③ 개도국에 대한 일정한 우대를 두고 있는 것으로 요약된다. 특기할 것은 농산물의 경우 농산물협정에서 따로 보조금문제를 정하고 있기 때문에 본 협정은 농산물에 대한 보조금 경우에는 적용되지 않는다는 것이다.

이러한 내용을 담고 있는 WTO의 보조금 및 상계관세협정은 반덤핑협약의 경우와는 달리 도쿄라운드(TR)의 협약보다 그 내용이 현저히 개선되어 훨씬 명료해졌고 그것의 남용 여지도 크게 감소시켰다는 긍정적인 평가를 받았다.

---

25 양자는 유사한 점이 많다. 따라서 많은 국가들이 이 두 사안을 동일한 법규 아래서 유사한 절차를 적용하고 조사도 동일한 기관이 행하기도 한다. 그러나 반덤핑관세는 사적 기업인 수출기업의 덤핑행위에 대한 규제임에 대하여 상계관세는 정부의 보조행위에 대한 규제이므로 전자를 사적(private)인 덤핑행위규제법이라 하고 후자를 공적(public)인 덤핑행위규제법이라고 부르기도 한다.
26 WTO 보조금 및 상계관세협정의 공식명칭은 「보조금 및 상계관세조치에 관한 협정」(Agreement on Subsidies and Countervailing Measures)이다.

2.2 상계관세의 실체적 요건

상계관세가 부과되기 위해서는 ① 특정산업에 대한 보조금을 지급받은 물품의 수입이 이루어져야 하고, ② 그 수입으로 인해 국내산업에 실질적 피해(material injury) 또는 피해우려가 있어야 하며, ③ 수입과 피해 간의 인과관계(causation)가 입증되어야 한다. 그런데 이러한 실체적 요건 중, 실질적 피해의 존재나 인과관계의 입증은 반덤핑협정의 경우와 동일하여 WTO의 보조금 및 상계관세협정도 반덤핑협정의 관련 규정을 준용하고 있다. 따라서 이하에서는 보조금에 대한 요건을 중심으로 설명하기로 한다.

(1) 규제대상 보조금의 존재

① 본 협정의 가장 큰 특징은 이제까지 합의되지 못하였던 「보조금의 정의」를 사상 처음으로 마련하였다는 것이다. 보조금협정 제1조는 '정부·공공기관 또는 이들을 위해 일하는 민간기관(private body)이 재정적 지원(financial contribution)이나[27] 소득·가격지원을 통하여 어떤 편익을 제공하는 경우'로 명확히 규정하였다. 이와 같이 보조금개념이 명시적으로 정의되었다는 것은 이에 대한 해석상의 갈등을 감소시킴과 동시에 상계관세조치가 남용되는 것을 방지함으로써 보조금에 대한 국제규범의 신뢰성을 높였다는 두 가지 의미를 갖는다.

한편 보조금의 판정기준으로 「보조금의 특정성」(specificity) 개념을 도입하였다. 따라서 위에서 정의한 보조금에 해당되더라도 특정성이 없는 일반적 보조금은 국제무역을 왜곡하는 효과를 초래하지 않으므로 상계관세조치의 대상이 되지 않도록 하였다. 따라서 특정기업에 대한 보조금지급·일부기업에 대한 보조금·보조금지급에 대한 재량권행사 등의 경우 특정성이 인정되는 반면, 공여기관 또는 관련 법률이 보조금의 수혜기준과 금액에 대하여 객관적 기준과 조건을 명확히 설정하고 이 기준 및 조건에 따라 자동적으로 수혜자격이 부여되면서 이것이 엄격하게 준수되는 경우에는 특정성이 없는 일반적 보조금으로 인정된다.

② 이러한 기본전제에 따라 이 협약은 보조금의 종류와 규율범위를 ① 원칙적으로 지급이 금지되는 「금지보조금」(prohibited subsidies), ② 상계관세조치를 취할 수 있는 「조치가능(상계대상)보조금」(actionable subsidies), ③ 보조금지원이 허용되어 상계관세조치

---

27 협정 제1조에는 ① 직접적 자금지원(무상지원·대출·지분참여) 또는 채무부담, ② 정부세입포기(조세혜택), ③ 사회간접자본 이외의 재화와 용역의 제공 또는 재화의 구매행위 등을 명시하고 있다.

가 불가능한 「조치불능보조금」(non-actionable subsidies) 또는 「허용보조금」으로 구분하여 규정하고 있다. 이렇게 보조금의 종류를 구분하는 것은 보조금의 종류에 따라 상대국에 미치는 피해정도가 다른 만큼 그에 따라 규제정도도 달리하기 위함이다.

표 7-3　보조금의 종류와 규제 내용

구분	금지보조금	조치가능/상계대상 보조금	조치불능/허용 보조금
내용	수출보조금(12개 유형 예시), 수입대체(국산품사용촉진)보조금	특정성 보조금(금지보조금·조치불능보조금 이외의 보조금)	일반보조금＋일부 특정성보조금 (R&D·지역개발·환경개선 보조금)
의무	보조금지급 원칙적 금지	보조금지급 가능	보조금지급 가능
규제	철폐요구 상계관세조치	일정요건(부정적 효과) 충족 시 상계관세조치	보조금지급이 허용되어 상계관세조치 불가능

　　금지보조금 (prohibited subsidies)　　원칙적으로 지급이 금지되는 보조금으로서 '법률적으로나 사실적으로 수출성과에 따라서 지급되는 보조금'(수출보조금)과 '국산품사용을 촉진하기 위한 보조금'(수입대체보조금)이다. 이들 중 수출보조금은 국제무역을 왜곡시켜 타국의 무역을 손상시키는 결과를 가져오므로 이를 금지시켜야 한다는 것이다. WTO 협정은 기존 협약에서 예시한 12개의 수출보조금 유형 외에 국산품사용을 촉진하는 수입대체보조금을 추가적으로 규정하였다.

　　따라서 모든 회원국들은 원칙적으로 이러한 유형의 보조금을 새로이 제공할 수 없고 기존에 제공하던 보조금은 계속 유지할 수 없다.[28] 이를 어길 경우 수입국은 수출국에게 그 철폐를 위한 협의를 요청할 수 있고 협의요청 후 30일 이내에 합의하지 못하면 분쟁해결기구(DSB)에 문제해결을 요청할 수 있다.

　　조치가능(상계대상)보조금 (actionable subsidies)　　일정한 요건 하에서 보조금에 대한 상계관세조치(CVD)를 취할 수 있는 보조금이다. 이에 대하여 직접적으로 정의하는 규정이 없기 때문에 금지보조금과 조치불능보조금 이외의 여타 보조금이 이에 해당된다고 할 수 있다. 이러한 보조금에 대하여 제재를 가하기 위해서는 당해 보조금이 제소국의 이익에 부정적 효과(adverse effects)를 미칠 수 있음을 입증하여야 하고 이를 입증하지 못하면 동 보조금은 허용된다.

　　조치불능(허용)보조금 (non-actionable subsidies)　　보조금지급이 허용되는 허용보조금으

---

28 이를 위하여 협정발효 후 수출보조금 및 수입대체보조금을 3년 이내(개도국 8년 및 5년 이내) 금지보조금을 철폐하도록 유예기간을 설정하였다.

로서 이러한 보조금지급에 대해서는 상계조치를 행할 수 없다. 특정성이 없는 일반보조금은 물론 특정성이 있더라도 ① R&D지원보조금, ② 특정지역(낙후지역)에 대한 지역개발보조금, ③ 환경시설개선을 위한 보조금의 경우 그 지급이 허용된다. 이러한 조치 불능보조금의 경우 수입국이 이에 대한 상계관세조치를 취할 수 없다는 예외규정인데 이러한 예외로 인하여 보조금지급이 남용될 우려가 있으므로 여기에는 다시 엄격한 조건들이 부과된다.[29] 또한 이러한 허용보조금의 경우 지급계획에 대한 통보의무·일몰규정·심하게 나쁜 영향을 미치는 경우에 대한 예외 등도 추가적으로 규정하고 있다.

(2) 보조금 의한 부정적 효과의 발생

수입국은 ① 수출국이 금지보조금을 지급하거나 유지하는 경우 보조금 지급국과의 협의를 요청할 수 있고 협의가 성립되지 못하는 경우 WTO의 분쟁해결절차를 밟아 상계관세조치를 취할 수 있으며, ② 수출국이 조치가능보조금을 지급하여 일정한 부정적 효과를 초래하고 보조금지급과 피해의 발생 간에 인과관계가 있을 경우 상계관세조치를 취할 수 있다. 이같이 조치가능보조금에 대한 상계관세조치를 취할 수 있기 위해서는 보조금으로 인한 「부정적 효과」(adverse effects)가 발생되어야 한다.

WTO 보조금 및 상계관세협정은 이러한 부정적 효과로서 ① 수입국의 국내산업에 대한 피해(injury)를 야기하거나, ② 다른 회원국들에게 GATT상의 기대이익을 무효화 또는 침해(nullification or impairment)하거나, ③ 다른 회원국의 이익에 심각한 손상(serious prejudice)을 초래하는 경우로 규정하였고, '심각한 손상'을 초래하는 보조금의 종류와 판단기준을 규정하고 있다.[30]

한편 이러한 피해의 판정은 명백한 증거에 의해야 하고 당해 물품의 수입규모·동종물품의 가격에 미친 영향·국내 관련 산업에 미친 영향 등을 종합적으로 고려하여 판정해야 한다. 또한 보조금지급과 이러한 피해 간에 명백한 인과관계가 있어야 한다.

---

29 예컨대 ① 연구비용의 75%, 경쟁 전 개발비용의 50% 이내에서 연구와 관련되는 비용일 것(R&D지원 보조금), ② 3년간 평균치를 기준으로 당해 지역 1인당/1가구당 소득이 전국평균의 85% 이하이거나 실업률이 전국평균 110%를 초과하는 지역일 것(지역개발보조금), ③ 적응비용의 20% 이내이고 1회적·비 반복적일 것(환경시설개선지원금) 등이다.

30 이때 본 협정은 '심각한 손상'을 주는 것으로 간주되는 보조금으로서 ① 보조금액이 연간 매출액의 5%를 초과하는 보조금, ② 특정산업 또는 특정기업의 영업손실을 보전하기 위한 보조금(심각한 사회적 문제를 피하기 위한 일회적인 조치는 제외), ③ 직접적인 채무감면 등을 명시하여 이에 대한 정의를 명확히 내려주고 있다. 또한 심각한 손상을 주는 것으로 판단하는 기준으로서는 보조금지급으로 인하여 ① 보조금 지급국가에서 동종 상품의 수입이 대체되거나 저해되는 경우, ② 제3국시장에서 동종 상품의 현저한 가격인하·가격인상억제·판매감소를 초래하는 경우, ③ 보조금지급 받은 수출품의 세계시장점유율이 과거 3년간의 점유율을 초과하는 형태가 지속되는 경우로 규정하였다.

2.3 상계관세조치의 절차적 요건과 조치내용

조사 개시와 진행   조사는 피해를 입은 산업 측으로부터의 서면요청에 의하여 개시된다. 조사개시에 앞서 관계당국은 이러한 조사요청이 국내산업의 지지를 받고 있다는 증거를 확인하여야 하는데 지지자가 동 산업생산량의 50% 이상일 경우 이들이 대표성을 가진다고 간주하고 25% 이하일 때는 조사를 개시하지 못한다.

조사가 개시되기 전 당사국 간의 협의가 이루어져야 하며 조사가 개시되면 이해관계자(수출국)의 의견제시를 할 수 있도록 해야 한다. 조사의 진행이 통관절차를 방해하여서는 안 되며 조사는 원칙적으로 1년 이내에 종결되어야 한다. 만약 보조금 규모가 소액(상품가격의 1% 미만)이거나 보조금지급 물품의 수입량 또는 피해 정도가 무시할 수준이면 조사는 즉각 종결되어야 한다.

조치 내용   조사개시 이후 이해당사국들에게 충분한 의견제시기회가 주어졌고 보조금지급이 수입국의 국내산업에 실질적 피해나 피해우려가 인정된다는 긍정적인 예비판정(preliminary determination)이 내려지는 경우 필요하다고 판단되면 잠정조치(잠정 상계관세)가 부과될 수 있다. 이러한 잠정조치는 조사개시 60일 이후부터 가능하고 4개월을 초과할 수 없다. 또한 덤핑의 경우와 마찬가지로 보조금의 경우에도 수출국 정부의 가격인상약속이 가능하다.

최종적으로 상계관세부과의 모든 요건이 충족되었을 경우 보조금규모 범위 내에서 상계관세를 부과할 수 있고 해당되는 모든 국가의 수입에 대하여 차별 없이 부과되어야 한다. 이러한 상계관세는 당해 보조금이 존속되는 한 지속가능하지만 지속되어야 할 정당한 이유가 있다고 판단되는 경우를 제외하고는 최대한 5년을 초과할 수 없다.

개도국우대조항   전통적으로 개도국의 보조금에 대해서는 GATT의 규율이 미약하였으므로 UR협상에서는 종전보다는 개도국의 의무를 강화시키는 조항을 부가하기는 하였지만 여전히 개도국을 우대하는 개도국우대조항을 두고 있다. 다만 이러한 우대조항이 적용되는 개도국은 UN에 의하여 최빈개도국(LDC: Least Developed Countries)으로 지정된 경우이거나 1인당 GNP가 1,000달러 이하인 국가로 한정된다.

개도국우대의 주요 내용을 보면, ① 금지보조금의 철폐기간이 일반적으로는 3년인데 반하여 개도국의 경우 8년 또는 5년으로 높아졌고, ② 조치가능보조금에 대해서도 일반적으로 '심각한 손상'으로 간주되는 경우라도 개도국에 대해서는 당연히 심각한 손상을 초래하는 것으로 간주되어서는 안 되며, ③ 상계관세의 조사종결요건이 일반적으로 상품가액의 1% 이하인데 반하여 개도국의 경우 상품가액의 2% 이하·수입국의 시장점유율 4% 미만·개도국전체의 수입국시장점유율 9% 미만인 경우로 높아졌다.

3 WTO의 세이프가드협정 (긴급수입제한조치협정)

3.1 세이프가드의 의의

「세이프가드」(SG: safeguard)란 외국으로부터의 수입이 급증하여 수입국의 경제나 산업이 심각한 피해를 받거나 받을 우려가 있는 경우 그 수입을 일시적으로 제한할 수 있는 긴급수입제한조치를 말한다. 세이프가드를 넓게 해석하여 수입국이 취할 수 있는 모든 수입제한조치를 지칭하는 경우도 있으나 일반적으로는 GATT 제19조에서 규정하고 있는 수입제한조치, 즉 정부가 무역자유화 이행과정에서 발생되는 수입급증의 피해를 막기 위하여 일시적으로 부과하는 수입제한조치를 지칭한다. 따라서 이러한 세이프가드를 「긴급수입제한조치」(emergency action)라고 부르기도 하고, 예외적으로 GATT상의 의무로부터 도피할 수 있는 조항이라고 하여 「일반적 이탈조항」(general escape clause) 등으로 부르기도 한다.

이리한 세이프가드는 앞에서 설명한 반덤핑관세(AD)나 상계관세(CVD)와는 그 기본적 성격이 서로 다르다. ① 우선 덤핑관세나 상계관세는 덤핑행위·보조금지급 등과 같은 불공정행위를 전제로 하지만 세이프가드는 불공정행위와 무관하다. ② 따라서 세이프가드의 경우 국내산업에 대한 피해의 심각성이 반덤핑관세나 상계관세의 경우보다 더 커야한다. ③ 세이프가드조치를 발동할 경우 반덤핑관세나 상계관세와는 달리 이해관계국에 일정한 보상을 제공해야 한다. ④ 또한 덤핑관세나 상계관세가 보통 양국 간의 문제임에 대하여 세이프가드는 대체로 다자간 문제에 속한다.

이와 같은 세이프가드에 대해서는 GATT 제19조에서 규정하고 있었지만 규정이 불명료하고 발동요건이 지나치게 엄격하여 실제로는 이러한 조치 대신에 「회색지대조치」(gray area measures) 등 다른 관리무역수단들을 활용하여 수입을 제한하는 사례가 많았다. 이러한 점을 시정하기 위하여 도쿄라운드(TR)에서 세이프가드제도에 대한 논의가 이루어졌으나 선후진국 간의 의견차이로 합의에 이르지 못하였다. 개도국들은 선진국들의 대 개도국의 세이프가드를 금지하여야 한다고 주장한 반면 선진국들은 이러한 세이프가드를 선별적으로 적용할 수 있도록 해야 한다고 주장하였다.

그 후 UR협상과정에서 만들어진 WTO의 「세이프가드협정」(Agreement on Safeguards)은 이러한 요구를 절충하는 형태로 체결되었다. 이러한 WTO의 세이프가드협정은 종전의 규정을 상당히 개선하여, 이러한 개선이 없었더라면 더욱 확대되었을 회색지대조치의 남용가능성을 봉쇄하였다는 긍정적인 평가를 받았다. 그러나 세이프가드의 발동요건이 여전히 너무 엄격하여, 수입급증으로 피해를 보는 수입국들이 이처럼 엄격한 요건을 갖추어야 하는 세이프가드보다는 그 적용과 운용이 상대적으로 쉬운 반덤핑제도 등에 의존하려는 경향이 증대될 수 있다는 우려도 제기된 바 있다.

표 7-4   무역으로 인한 국내산업 피해구제제도의 비교

	반덤핑관세(AD) 및 상계관세(CVD)	세이프가드조치(SG)
발동의 기본요건	▪ 불공정행위(덤핑·보조금지급) 의한 수입증가 ▪ 실질적(material) 피해 또는 피해우려	▪ 정상무역(다자주의적 자유화 또는 예상치 못한 상황) 의한 수입급증 ▪ 심각한(serious) 피해 또는 피해우려
기본성격	▪ 주로 양국 간 문제로 처리	▪ 다자간 문제로 처리
추가조치		▪ 원칙적으로 이해관계국에 보상제공 ▪ 산업구조조정지원(보조금지급) 가능

3.2 세이프가드협정의 주요 내용

GATT 1994 제19조는 세이프가드의 발동요건·발동기간과 대상·발동절차·피발동국의 보복조치 등을 규정하고 있으며 그 세부적인 사항은 WTO 세이프가드협정에 자세히 규정하고 있는데 그 주요 내용을 요약하면 다음과 같다.

(1) 세이프가드 발동요건 및 기준

수입국이 세이프가드를 발동하기 위해서는 ① 특정품목의 수입이 급증하고, ② 그러한 수입급증이 다자간협정에 따른 무역자유화의 결과이거나 예견치 못한 사태발생의 결과(unforeseen development)이며, ③ 이로 인해 심각한 피해(serious injury) 또는 피해우려(threat of serious injury)가 있어야 하고, ④ 이러한 수입급증과 피해 간의 인과관계가 입증되어야 하며 그 내용은 신속하게 공표되어야 한다. 이러한 요건들을 좀 더 구체적으로 살펴보면 다음과 같다.

예견치 못한 사태 의한 수입증가   세이프가드조치를 발동하기 위해서는 특정품목의 수입이 급증하여야 한다. 이때의 수입증가는 절대적 증가와 상대적 증가 모두를 포함

한다. 절대적 증가란 수입액 자체가 증가된 것으로 수입통계에 의하여 쉽게 파악되지만 상대적 증가란 특정수입품의 국내시장점유율이 높아지는 경우 확인된다. 물론 이때의 수입증가는 단순한 증가가 아니라 '중대한 피해를 입힐 우려가 있는 정도의 급격하고 현저한 증가'여야 한다는 것이 판례이다.

한편 이러한 수입 급증은 다자간협정에 따른 무역자유화나 예견치 못한 사태발생의 결과(unforseen development)에 의한 것이어야 한다. GATT제19조는 이러한 요건을 규정하고 있으나 WTO 세이프가드협정에서는 이러한 요건을 따로 언급하지 않았다. 이 때문에 분쟁이 발생하였는데 WTO상소기구는 'GATT규정과 WTO협정은 중복 적용된다'는 주장을 받아들여 이러한 요건을 세이프가드의 기본요건으로 인정하였다.

심각한 피해   이상과 같은 수입급증으로 인하여 국내의 동종 산업 또는 직접적 경쟁산업에 대한 심각한 피해(serious injury) 또는 피해우려(threat of serious injury)가 있어야 한다. 앞에서 살펴본 바와 같이 반덤핑관세나 상계관세조치가 실질적 피해(material injury)를 발동요건으로 하는데 비하여, 세이프가드가 「심각한 피해」를 요건으로 하여 그 기준을 보다 엄격하게 하였다.

이와 아울러 동 협정은, 심각한 피해란 '국내산업의 지위가 전반적으로 중대하게 손상됨'(significant overall impairment in the position of domestic industry)을 의미하는 것으로 이해되어야 한다고 규정하였다. 또한 동 협정은 심각한 피해 또는 피해우려가 있는지 여부를 평가하는 기준과 국내산업에 미치는 영향을 결정하는데 있어 반드시 고려하여야 할 사항들에 대해서도 규정하였다.

세이프가드협정이 이처럼 발동기준을 높고 엄격하게 요구한 것은 세이프가드는 덤핑 또는 보조금지급과 같은 불공정행위가 아닌 정상적인 무역에 대한 규제조치인 만큼 이러한 조치의 남용으로 상대방 수출국의 이익이 부당하게 침해되는 것을 막기 위한 것이다. 이에 세이프가드협정은 ① 발동요건을 엄격하게 하였을 뿐만 아니라 ② 수입규제조치는 한시적이어야 하고 ③ 조치를 시행하기 위해서는 관련 수출국에 대한 협의와 필요한 보상을 하여야 하며 ④ 수입제한조치와 함께 국내구조조정을 촉진하고 정책운용에 있어서도 투명성과 객관성을 높이도록 요구하는 등 반덤핑관세나 상계관세조치 보다 엄격한 요건을 요구하는 것이다.

인과관계   WTO세이프가드협정은, GATT체제에서와는 달리, 수입급증과 심각한 피해 간의 인과관계가 존재해야 함을 명시적으로 규정하고 있다. 따라서 객관적인 증거에 의하여 조사를 실시하였음에도 불구하고 인과관계가 규명되지 못한 때는 피해판정을 내릴 수 없다. 또한 수입급증 이외의 요인으로 인한 피해를 수입급증의 탓으로 돌려서도 안 된다.

(2) 세이프가드의 발동절차 및 내용

세이프가드조치는 덤핑이나 보조금지급 등과 같은 불공정(unfair)한 무역행위에 대하여 이루어지는 무역구제와는 달리 상대수출국의 공정한(fair) 무역행위에 대하여 부득이하게 취하는 긴급조치인 만큼 그 발동요건과 절차 및 구제내용에 있어서도 엄격한 통제가 요구된다.

적용 대상 UR의 세이프가드 협상과정에서 이 협정을 모든 부류의 수입물품에 적용하느냐 아니면 농산물 등 일부품목에 대해서는 적용을 면제하여야 하는가가 하나의 쟁점이 되었다. 그러나 협상과정에서 그동안 GATT 밖에서 규율되다가 WTO로 복귀되는 분야의 특수성을 고려하여야 한다는데 합의가 이루어졌다. 이에 따라 WTO 내에는 GATT 제19조 및 세이프가드협정에 의한 세이프가드 외에 농산물·섬유 및 의류·서비스교역 분야에 대한 「별도의 세이프가드조치」가 존재한다.[31]

발동 절차 세이프가드를 발동하고자 하는 경우 세이프가드위원회 및 관련 회원국들에 통보하고 관련회원국들과 협의하여야 한다. 다만 지연되면 회복되기 어려운 손해가 예상되는 긴급한 경우 예외적으로 예비판정에 근거한 「잠정 세이프가드조치」를 취할 수 있지만 200일을 초과할 수 없다.

조치 수단 세이프가드조치의 내용은 심각한 피해를 방지하거나 치유하고 구조조정을 용이하게 하는데 '필요한 범위 내에서만' 취해져야 한다. 일반적으로 긴급수입제한조치에는 수입구제조치(import relief measures)와 구조조정지원조치(structural adjustment assistance measures)가 있을 수 있다. 수입구제조치수단으로는 관세나 수량제한조치 모두 가능하지만 발동에 있어서 모든 수출국에 대하여 무차별원칙을 적용하고,[32] 다만 예외적으로 수량제한을 할 경우 수출국과 협의를 통하여 국가별 쿼터를 배정하여 특정국(들)에 대한 선별적 적용이 가능하도록 하였다.

---

31 즉 WTO 내에는 GATT 제19조 및 세이프가드협정에 의한 세이프가드 외에, ① 농산물협정의 특별세이프가드(special safeguard), ② 섬유 및 의류협정의 잠정세이프가드(transitional safeguard), ③ 서비스교역에 관한 일반협정(GATS) 제12조에 의하여 국제수지상 또는 대외재정상 심각한 어려움이 있는 경우에 대한 별도의 세이프가드규정이 있다.

32 종전 GATT 제19조에서는 명시적으로 무차별원칙을 천명하지 않았지만 해석상 GATT 제1조 무차별원칙이 이것에도 당연히 적용되어야 하는 것으로 인식되었다. 그러나 UR협상과정에서의 논란 끝에 WTO의 세이프가드협정에서는 이를 명시적으로 천명하였다.

조치 기간   세이프가드조치는 심각한 피해를 방지하거나 치유하고 구조조정을 용이하게 하는 기간에만 적용하도록 「일몰규정」을 두었다. 따라서 특별한 경우를 제외하고는 4년을 초과할 수 없고, 이 조치의 계속이 필요하다고 인정되고 산업이 구조조정 중에 있다는 증거가 있으며 이 과정에서 제반규정을 준수하는 경우 시행을 연장할 수 있으나 4년을 초과할 수 없다. 따라서 선진국이 취할 수 있는 세이프가드의 최장 기간은 8년이 된다.

회색지대조치 철폐   UR협상과정에서 GATT에 저촉되는 회색지대조치의 확산을 어떻게 저지할 것인가가 주요쟁점이 되었고 이 조치로 희생을 강요받았던 일본과 몇몇 개도국들은 이에 대한 규제를 요구하였다. 많은 논의 끝에 세이프가드협정규정에 따르지 않는 수출자율규제(VERs)·시장질서협정(OMAs) 등과 유사한 회색지대조치는 금지되고 이미 실시되고 있는 조치는 철폐(4년 이내)되도록 규정하였다. 따라서 과거 GATT체제 하에서 교묘히 운용되어 왔던 모든 회색지대조치(grey area measures)가 더 이상 존속되기 어려워졌는데 이러한 합의 역시 UR이 이룩한 성과 중의 하나였다고 할 수 있다.[33]

보상 조치   관련 회원국들은 이러한 세이프가드로 인해 상실되는 기대이익에 대해 협의를 통하여 적절한 보상(compensation)을 요구할 수 있다. 따라서 수입국이 세이프가드를 발동하기 위해서는 원칙적으로 ① 기대이익을 상실한 모든 실제적·잠재적 수출국과 협의하여야 하며, ② 그들에게 적절한 보상을 제공하여야 한다. 이때 보상에 관한 원만한 합의가 이루어지지 못할 경우 수출국은 수입국과 동일조치를 취하여 일정한 보복조치를 취할 수 있다.[34]

개도국우대조항   세이프가드협정에서도 개도국우대조항을 두고 있다. 우선 선진수입국의 경우 개별개도국으로부터의 수입비중이 3% 미만이거나 전체 개도국으로부터의 수입비중이 9% 미만인 경우 해당 개도국에 대해서는 세이프가드의 발동이 금지된다. 반면 개도국이 세이프가드를 취할 경우 최장 10년까지 시행할 수 있는 권리를 가진다.

---

33 다만 이러한 회색지대조치의 금지나 철폐는 농산물·섬유·서비스 등 WTO의 다른 협정에 근거를 두고 있는 경우에는 적용되지 않는다.(세이프가드협정 11조 1c) 이 경우 관련협정에서 정한 절차에 따라 관련국과의 협의를 하여야 한다.

34 다만 세이프가드조치가 수입량의 상대적 증가(relative increase)에 의해서가 아닌 절대적 증가(absolute increase)를 이유로 발동되었고 그것이 세이프가드협정의 규정에 부합되는 경우에는 적절한 보상협정이 이루어지지 않았을지라도 수출국이 처음 3년간은 보복조치를 할 수 없도록 하였다. 이것은 수출국의 보복조치에 대한 수입국의 이해관계를 균형시키는 동시에 세이프가드가 너무 엄격한 조건을 요구함으로써 세이프가드 대신에 반덤핑조치와 같은 수단을 활용하는 현실을 막기 위한 것이다.

(3) 세이프가드조치 수입국의 의무

위에서 언급한 대로 세이프가드는 수출국의 정당한 무역에 대한 수입제한조치인 만큼 이러한 조치에 대한 수입국의 의무도 엄격히 하고 있다. 수입국이 세이프가드를 발동하기 위해서는 수출국과 「협의」하여야 하며 원칙적으로 그들에게 적절한 「보상」(compensation)을 제공하도록 노력하여야 한다. 수입국이 취할 수 있는 보상적 구제조치는 다른 물품에 대한 관세인하나 시장접근의 확대 등이 포함된다.

이와 같이 세이프가드협정은 나름대로 수출국과 수입국 간의 이익균형을 이룩하려고 노력하였지만 수입국의 경우 이를 국내 사양산업보호를 위한 수단으로 악용할 여지가 없지 않다. 따라서 세이프가드가 지나치게 보호주의적 수단으로 남용되는 제도적 편향성을 근본적으로 교정해 줄 필요가 있다. 이를 위하여 세이프가드협정은 ① 수입국의 국내산업 구조조정노력을 촉구하는 동시에, ② 무역정책결정과정의 객관성·투명성을 높이려는 노력을 병행하도록 하였다고 할 수 있다.

위에서 설명한 대로 세이프가드협정은 이의 시행기간에 대한 제한을 두면서 1년 이상 시행 중에 있는 조치는 점진적으로 자유화시켜 나가야 하며 3년 이상 시행 중에 있는 조치는 구조조정을 한층 가속화시킬 수 있는지에 대한 중간심사를 받도록 의무화하였다. 또한 세이프가드협정은 수입국정부가 이 조치를 발동하기 위해서는 권한 있는 당국의 조사·공청회 개최·심결사항 보고서출간 등을 의무화하여 세이프가드조치의 객관적 타당성과 투명성을 높이려는 정신을 담고 있다. 또한 모든 회원국은 자국의 세이프가드제도 관련 법령 및 행정절차의 개정사항을 WTO 세이프가드위원회에 통보하여야 한다.

보충학습 7-2　**우리나라의 무역구제제도와 무역조정지원제도**

---

1. 무역구제제도

① 무역구제(trade remedy)란 특정물품의 수입으로 인하여 국내산업이 피해를 입거나 입을 우려가 있을 경우 당해 수입물품에 대하여 관세나 비관세 등 구제조치를 취하여 국내산업을 보호하는 동시에 공정한 무역을 행하도록 하는 제도이다. 이러한 무역구제의 전형적인 수단으로서는 위에서 살펴본 반덤핑조치(AD)·상계관세조치(CVD)·세이프가드조치(SG) 등이 있고 이러한 구제조치의 남용으로 인한 부작용 역시 없지 않아 WTO는 이들에 대한 규범을 협정으로 체결하여 규율하고 있음을 위에서 보았다.

이처럼 무역구제제도의 수단을 좁게 해석하면 반덤핑조치·상계관세조치·세이프가드조치로 유형화 할 수 있지만 이를 좀 더 넓게 해석하면 불공정무역행위규제·국제무역규범위반행위규제 등을 포함할 수 있다. 불공정무역행위규제는 우리나라의 법령 또는 우리나라가 당사자인 조약에 의하여 보호되는 지적재산권 침해·원산지표시 의무위반·수출입질서 저해행위 등과 같은 불공정한 무역거래행위를 조사하여 시정조치하거나 과징금을 부과하는 제도이고, 국제무역규범위반행위규제는 교역상대국의 제도나 관행 등이 국제무역규범을 위반하는 경우 이를 조사하여 관세 및 비관세조치 등 법령이 허용하는 규제를 행하는 제도이다.

② 우리나라는 1967년 개정된 「관세법」에서 반덤핑제도와 상계관세제도를 도입하였고 1986년 제정된 「대외무역법」에서 세이프가드조치제도를 도입한 후 2001년 제정된 「불공정행위조사 및 산업피해구제에 관한 법률」을 통하여 이러한 무역구제제도에 대한 구체적 규정을 보완하였다. 이러한 우리나라의 무역구제제도는 기본적으로 WTO의 반덤핑협정·보조금 및 상계관세협정·세이프가드협정을 대부분 국내법에 수용하고 있는데, 이들 각각의 제도들의 성격과 목표를 비교하고 있는 것이 〈표 7-5〉이다.

표 7-5 우리나라 무역구제제도의 성격과 목적

구분	반덤핑관세 (AD)	상계관세 (CVD)	세이프가드 (SG)	불공정무역 행위규제	국제무역규범 위반행위규제
공식성	WTO협정			국내법 규정	
공정성	불공정행위		공정행위	불공정행위	
규제대상	개인이나 기업의 무역 행위			교역상대국의 법령·제도·관행	
규제수단	관 세		관세, NTB	관세, NTB, 과징금	
규제목적	산업피해구제+공정무역		산업피해구제	공정무역질서	상대국 시장개방 (수입제한해제)

③ 한편 우리나라의 경우 이러한 산업피해구제조치를 관장하는 기관으로서 「무역위원회」를 두고 있다. 우리나라의 무역위원회는 무역구제제도와 관련되는 조사·구제건의 뿐만 아니라 무역 및 산업에 관한 조사·분석, 해외무역구제기관과의 협력, 무역구제제도의 홍보·교육 등을 담당하고 있다. 이러한 무역위원회는 미국의 국제무역위원회(USITC)와 비교될 수 있는데, 미국의 국제무역위원회가 대통령 직속의 독립적·준사법적 성격의 위원회인데 비하여 우리나라의 무역위원회는 산업자원부 소속 준독립적 행정위원회인 점이 서로 다르다.

이 때문에 우리나라의 무역위원회도 피해조사 및 판정의 객관성·투명성을 갖추기 위해서는 미국과 같이 대통령 직속의 준사법적 기관으로 운영될 필요가 있고, 더욱이

앞으로의 피해판정 대상품목은 공산품 뿐만 아니라 농산물·각종 서비스업·지적재산
권문제들로 확대될 것인 만큼 무역위원회가 보다 큰 효율성·전문성을 가지기 위해서
는 산업 관련 부처 소관으로 존재하는 것이 바람직하지 않다는 주장들이 제기되었다.
이에 따라 2008년에 지식경제부 소관으로 변경되었던 소속을 2013년 정부조직개편에
서 다시 산업통상자원부 소관으로 변경하였다.

2. 무역조정지원제도

⑴ 무역조정지원제도(TAA: Trade Adjustment Assistance)란, 수입 급증으로 인하여 국내
산업에 피해가 발생되는 경우, 세이프가드와 같은 무역구제제도를 통하여 보호해 주는
대신, 경쟁력이 약화된 국내산업과 노동자의 구조조정을 지원함으로써 새로운 환경에
빨리 적응하도록 하는 동시에 궁극적으로는 보호주의 압력을 최소화하게 하려는 제도
이다. 말하자면 남용가능성이 높고 국민경제 전체의 후생을 감소시키는 결과를 초래하
는 무역구제제도의 대안이면서, 무역자유화로 인하여 이득을 얻는 집단으로부터 피해
를 입는 집단으로의 소득이전을 가져오도록 하는 이른바 보상의 원리(compensation
principle)를 현실적으로 적용하는 방안이라고 할 수 있다.

이러한 관점에서 이 제도는 나름대로의 유용성을 지니고 있을 뿐만 아니라 오늘날 불
공정무역이라는 명분하에 이루어지고 있는 통상분쟁의 대부분이 실제로 불공정무역행위
가 존재해서라기보다 국내산업의 경쟁력이 약화되어 문제가 발생된 것이라는 점에서 하
나의 대안적 대처방식이라고 할 수 있다. 그러나 이러한 제도에 대해서는, 시장경제논리
를 거슬리는 정부의 성급한 개입이 자발적인 구조조정노력을 왜곡시킬 가능성이 높고,
정부개입으로 인한 비효율과 소득분배악화를 조장할 수 있으며, 일부 이해관계자와 국가
의 정치적 주장이 크게 반영됨으로써 사회전체의 경제적 잉여를 훼손할 수 있다는 비판
의 목소리도 높다.

⑵ 이와 같은 무역조정지원제도는 미국 뿐만 아니라 EU·일본 등도 이와 유사한 제
도를 운영하고 있지만, 특히 미국은 일찍이 1962년(무역확대법)부터 자유무역의 추진과
정에서 피해를 입은 기업과 근로자를 보호하기 위하여 무역조정지원제도 프로그램을
다음과 같이 확대 운영하고 있다.

(1) 기업을 위한 무역조정지원제도는, 다자간 무역협정이나 양자간 무역협정 등 무
역자유화에 따른 수입급증으로 인하여 매출·생산·고용 등에 피해를 입은 기업에게
경영성과를 제고할 수 있도록 다양한 분야에서 기술지원을 제공하는 것을 내용으로 한
다. 어떤 연구소의 조사에 따르면 무역조정지원을 받은 기업들이 지원을 받지 않은 기
업들보다 높은 비율로 생존하였고 더 높은 매출증가율을 기록하여 이 제도가 피해기업
에게 실질적인 도움이 되었던 것으로 밝혀지고 있다.

(2) 노동자를 위한 무역조정지원제도는, 외국으로부터 수입이 증가하거나 해외로 생산이 이전됨으로써 발생한 실업자를 도와주는 제도로서 1962년 대외무역법의 시행초기에는 지원자격이 너무 까다로워 수혜 노동자가 많지 않았지만 이후 그 자격요건을 완화하였고 특히 1993년 북미자유무역협정(NAFTA)이 체결된 이후 그 범위를 더욱 넓히고 다양한 혜택을 제공함으로써 그 실효성이 증가하였다.

③ 우리나라도 최근 자유무역협정(FTA)의 체결이 확대되자 이에 따라 피해를 입는 기업의 구조조정과 근로자의 전직·재취업을 돕기 위한 무역조정지원의 필요성이 제기되어 이러한 무역구조조정에 대한 법률제정 문제가 제기되어 왔다. 그 결과 지난 2006년 11월 발의되어 「제조업 등의 무역조정지원에 관한 법률」(무역조정지원법)이 2007년 4월 국회에서 통과되었다. 이 법안은 농수산업의 경우 「자유무역협정 이행에 따른 농어업인의 지원에 관한 특별법」이 이미 제정되어 있고 서비스업의 경우 전체 서비스업에 대한 무역조정지원제도를 도입하는 데에는 여전히 현실적인 어려움이 있다는 점을 고려하여 그 적용대상을 '제조업 및 대통령령이 정하는 제조업 관련 서비스업을 영위하는 기업'으로 한정하였다.

무역조정지원 대상으로 지정된 기업에 대해서는 구조조정에 필요한 자금·인력·기술·판로·입지에 관한 정보를 제공하고 해당 기업의 무역조정계획의 이행에 필요한 경영·회계·법률·기술·생산 등의 상담에 관한 지원을 할 수 있다. 또한 무역조정기업의 단기적인 경영안정과 경쟁력 확보를 위하여 생산시설의 가동·유지에 필요한 원자재·부자재의 구입자금, 사업전환 등 무역조정계획의 이행에 필요한 소요자금 등을 융자할 수 있도록 하였고, 기업구조조정 전문회사가 구조조정조합을 결성하여 무역조정기업에 투자하고자 할 경우 기업구조조정조합 출자금의 일부를 출자할 수 있도록 하였다.

제8장 국제지역경제통합

오늘날 세계경제는 양국관계를 규율하는 「쌍무주의」(bilateralism)에 머물지 않고 세계의 많은 나라들 간의 관계를 규율하는 「다자주의」(multilateralism) 차원에서 이루어진다는 것을 제6장과 7장을 통하여 살펴보았지만, 이와 더불어 경제의존성이 높고 이해관계가 일치하거나 지리적으로 인접한 나라들 간의 관계를 규율하는 「지역주의」(regionalism) 역시 또 하나의 국제통상관계를 형성하고 있다. 제8장에서는 최근 급격히 증가되고 있는 지역주의의 배경과 특성은 무엇이고 경제통합의 형태 및 경제적 효과는 어떠한가를 논의한다.

1절　지역경제통합과 지역주의

1 지역경제통합의 이해

1.1 지역경제통합의 개념과 결성동기

일반적으로 「경제통합」(economic integration)이란 서로 다른 경제단위(국가) 간에 존재하는 여러 가지 장벽을 제거하여 차별이 존재하는 않도록 하는 경제협력조직이다. 이러한 경제통합은, 세계전체를 하나의 조직으로 통합시키는 세계적 통합(worldwide /global integration)이나 인접국가 내 특정지역들이 통합되는 국지적 통합(local integration)

도 있을 수 있지만, 대체적으로 지리적으로 인접한 국가들 간의 통합형태를 띠게 되는데 이러한 통합형태를 「지역경제통합」(regional economic integration)이라고 한다.

　이처럼 국가와 국가 간에 경제통합체가 결성되는 기본적 동기는, 이를 통하여 경제적 이익을 증대시키려는 「경제적 동기」이지만 이와 보완적으로 정치·외교·사회·문화 등 「경제외적 동기」가 작용하기도 하고, 자유와 보호라는 상반된 목표를 조화하는 동시에 GATT·WTO 등 다자주의의 한계점을 보완하기 위한 「전략적 동기」가 작용하기도 한다.

　경제적 동기　경제통합을 선호하는 주된 동기는, 경제통합의 경제적 효과와 관련하여 뒤에서 설명하듯이, 국가와 국가 간의 장벽을 제거하여 시장을 확대함으로써 얻게 되는 경제적 효과를 추구하고자 하는 것이다.

　경제외적 동기　국가 간 경제통합이 결성되는 배경에는 경제적 요인 뿐만 아니라 정치·외교·사회·문화·역사적 유대관계를 유지하거나 이를 더욱 발전시키려는 비경제적 동기가 작용한다. 예컨대 2차 대전 이후 동서냉전체제 하에서 대립적으로 결성된 EEC나 COMECON은 자본주의권과 사회주의권의 이념적 대립에 대처하려는 정치적 의도가 작용하고 있었고, 1968년에 결성된 ASEAN 역시 초기에는 인도차이나반도의 공산화위협에 공동대처하면서 문화적 공동체를 형성하려는 것이 주요목표였으며, 2차 대전 이후 결성된 아랍연맹은 아랍민족과 이슬람문화권의 동질성을 강화하고 서방체제로부터 독자적인 민족주의노선을 추구하기 위한 목표가 전제되었다.

　경제통합은 또한 회원국 간의 정치·외교·군사적 관계를 더욱 공고히 하는 효과를 얻게 될 뿐만 아니라 대외적 교섭력과 협상능력을 공동체규모로 집단화함으로써 개별 국가로서는 누리기 어려운 외교적 교섭력과 협상력을 강화할 수 있다. 또한 공동체가 추구하는 자유화·개방화에 동참하면서 공동체가 추구하는 국제협력질서에도 동참함으로써 대외적 신인도를 높이는 효과도 누릴 수도 있다.

　전략적 동기　경제통합은 지리적으로 인접하고 경제적 여건이 비슷하거나 공동의 정치경제적 이해관계를 가진 역내국들이 상호간 개방정책을 실현하면서 역외국들에게는 일정한 보호조치를 유지해갈 수 있는 체제이다. 따라서 경제통합은 제한적이나마 자유무역을 강화하면서 경쟁력이 약한 산업에 대해서는 보호무역을 유지함으로써 보호라는 상반된 목표를 절충하는 전략적 수단으로서의 의미를 가지고 있다. 경쟁력이 약한 산업의 경우 일시에 세계적 경쟁에 노출시키는 것보다 지역통합을 통하여 제한된 범위 내에서의 경쟁을 거치면서 산업조정을 행하고 다음 단계에서 세계적 규모의

경쟁에 접근해가는 단계적인 조치가 가능해진다.[1]

다자주의의 보완   1990년대 이후 지역주의경향이 강화된 데에는 GATT·WTO가 추구하는 다자주의의 한계점을 보완하기 위한 수단적 의미가 강해진 것이 사실이다. 다자주의는 일시에 세계 전체의 무역자유화를 일시에 이룰 수 있다는 점에서 이상적인 수단이지만, 현실적으로는 서로 다른 경제환경과 이해관계가 충돌하여 그 목표를 실현하는데 따르는 비용과 어려움이 큰 비효율적인 수단이다. 반면 지리적으로 인접하거나 정치경제적 이해관계를 함께하는 소수국가들 간에 체결되는 지역통합은 협상이 용이할 뿐만 아니라 경제외적인 정책목표를 달성하는 데에도 매우 효율적인 수단이 된다. 1990년대 WTO가 출범하면서 다자주의가 더욱 강화되는 가운데 WTO출범 이후 FTA결성 등 지역주의경향이 오히려 강화되고 있는 역설적인 현실이 이를 잘 보여주고 있다.

1.2 지역경제통합의 일반적 형태

지역경제통합의 형태는 통합의 방법과 내용·협력정도와 내부결속도 등에 따라 여러 가지 형태로 유형화 될 수 있다. 즉 ① 통합내용에 따라 제도적 통합과 기능적 통합, ② 통합주체의 구성에 따라 수직적 통합과 수평적 통합 또는 선후진국 간 통합과 선진국 간 통합, ③ 통합의 영역에 따라 전면적 통합과 부문별 통합, ④ 역내국 간의 자유화에만 초점을 두느냐 역외국에 대한 공동정책까지를 목표로 하느냐에 따라 소극적 통합과 적극적 통합, ⑤ 무역자유화만을 추구하느냐 국내정책의 조정과 조화까지를 추구하느냐에 따라 얕은 통합(shallow integration)과 깊은 통합(deep integration) 등으로 구분한다.

일찍이 발라사(B. Balassa)는 경제통합의 진행과정과 발전단계에 따라 ① 자유무역지역, ② 관세동맹, ③ 공동시장, ④ 경제동맹, ⑤ 완전한 경제통합 등 5단계로 유형화하였는데,[2] 이러한 내용을 〈표 8-1〉이 보여주고 있다.[3]

---

1 손병해, 경제통합의 이해 (법문사, 2006) p.29.

2 B. Ballassa, *The Theory of Economic Integration* (G. Allen & Unwin, 1969).

3 이러한 5가지 유형 이외에 가장 낮은 단계의 통합형태로서 특혜무역협정(preferential trade arrangements)을 포함하기도 하는데 이는 회원국 간의 무역에 대해 비회원국과의 무역에 비하여 더 낮은 무역장벽을 설치하여 특혜를 제공해주는 협정이다. 예컨대 1932년 영국이 대영제국의 회원국들과 협정한 영연방 특혜제도(British Commonwealth Preference Scheme)가 이러한 전형적인 형태이다.

| 표 8-1 | 지역경제통합의 단계별 형태와 내용 |

통합 단계	역내국간 무역자유화	역외국에 공통관세	무역자유화 +투자자유화	역내공동 경제정책	초국가적 기구창설
자유무역지역(FTA)	○	×	×	×	×
관세동맹(CU)	○	○	×	×	×
공동시장(CM)	○	○	○	×	×
경제동맹(EU)	○	○	○	○	×
완전한 경제통합	○	○	○	○	○

자유무역지역/협정 (FTA: Free Trade Area/Agreement)   정치적·경제적으로 밀접한 관계에 있는 2개국 이상의 국가가 상호간 관세를 인하 또는 철폐하고 무역의 수량제한조치를 제거함으로써 역내에서는 무역자유화를 실현하지만 역외국에 대해서는 개별가맹국의 독자적인 대외무역정책이 실시되는 경제통합의 가장 초보적인 단계이다.[4]

관세동맹 (CU: Customs Union)   역내국 간 거래에 관세 및 수량제한조치를 철폐하고 대외적으로는 공동관세를 설정하여 역외국에 공동으로 대응하는 경제통합형태가 관세동맹이다. 대외적인 관세까지도 공동보조를 취한다는 점에서 자유무역지역보다 다소 진전된 형태라고 볼 수 있으며, 이러한 관세동맹이 역사적으로 오래전부터 존재하여 왔다.[5]

공동시장 (CM: Common Market)   관세동맹의 다음 단계로서 역내에 있어서 무역의 자유화 뿐만 아니라 노동·자본을 비롯한 생산요소들의 자유이동, 즉 국제투자의 역내 자유화를 보장하는 경제통합형태이다. 따라서 공동시장이란 역내의 생산물, 생산요소의 자유이동, 역외의 공동 통상정책 실시로 거의 동일국가와 같은 상태에 놓여 있다고 볼 수 있다.[6]

경제동맹 (Economic Union)   공동시장의 형태에서 더욱 발전하여 회원국 상호간에 재정·금융·사회복지 등 모든 경제정책을 상호 조정하여 운영하는 경제통합형태를 의

---

4 최근에 들어와 FTA 대신에 EPA(Economic Partnership Agreement) 또는 CEPA(Comprehensive Economic Partnership Agreement) 등의 명칭을 사용하는 지역협정들이 있다. 명칭상으로는 시장개방보다는 경제협력에 무게를 두고 있지만 정치적·국민정서적 이유로 이러한 명칭을 사용할 뿐 실제의 내용은 FTA의 범위를 벗어나고 있지 않다.

5 1834년 독일 관세동맹(Zollverein), 1947년 설립되었다가 1958년에 유럽공동체(EC)에 흡수된 베네룩스관세동맹(Benelux: 벨기에·네델란드·룩셈브르크)과 1960년대의 유럽경제공동체(EEC: European Economic Communites) 등이 그 대표적인 예이다.

6 이러한 공동시장의 형태로는 유럽공동체(EC: European Community)를 비롯하여 중앙아메리카 공동시장(CACM: Ceneral American Common Market), 안데안 공동시장(ANCOM: Andean Common Market), 카브리 공동시장(CCM: Caribbean Common Market) 등이 있다.

미한다. 이러한 경제동맹의 결성은 역내 각국의 독자적인 경제정책의 실시로 인한 역내국 간의 마찰을 방지하기 위해 경제정책 전반에 대한 협정을 체결하여 각 부분의 경제정책을 상호 조정함으로써 공동보조를 취하고자 하는데 그 목적이 있다. 현재 진행되고 있는 EU는 이 단계로 진입하고 있는 것으로 볼 수 있다.

　완전한 경제통합(Complete Economic Integration)　　완전한 경제통합은 가맹국 상호간에 초국가적 기구를 설치하여 그 기구로 하여금 각 가맹국의 모든 사회경제정책을 조정·통합·관리하는 형태의 경제통합이다. 경제통합형태 중 가장 완벽한 형태의 통합유형으로 재정·통화정책을 위시한 공통의 경제정책을 수행하기 위해서는 국가 고유의 경제적 주권이 초국가적 기구로 이양되어야 한다.

보충학습 8-1　　**자유무역협정(FTA)**

---

　1. 지역무역협정(RTA) 및 자유무역협정(FTA) 추세

　⑴ 위에서 살펴본 바와 같이 오늘날 지역경제통합의 움직임은 선후진국을 막론하고 모든 국가들에게 나타나는 일반적인 경향으로 나타나 2016년 6월말 현재 WTO에 보고된 지역무역협정(RTA: Regional Trade Agreement) 발효건수는 총 424건(통보건수 총 635건)에 이르고 있다. 특기할 것은 이러한 지역주의추세가 WTO가 출범한 이후인 1990년대 후반이후 더욱 급속히 이루어졌다는 점인데 실제로 총 424건의 지역무역협정 중 88.3%에 해당하는 374건이 1995년 이후 발효된 것으로 파악되고 있다. 이러한 상황을 [그림 8-1]이 보여주고 있고 이러한 지역무역협정 중 주요한 지역경제통합체의 개략적 현황을 〈표 8-2〉가 보여주고 있다.

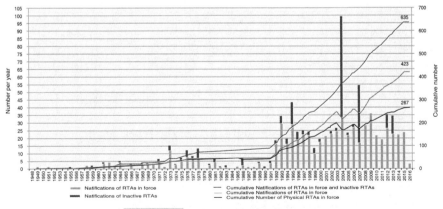

그림 8-1　지역무역협정의 체결 추이

출처: WTO http://www.wto.org 2016.8

표 8-2		세계의 주요 지역무역협정 개요 (2012년 기준)	
명칭	형태	회원국	규모(세계 비중)
유럽연합 (EU)	경제 동맹	초기 15국＋동구 등 13국 ('04, '07, '13) → 28개국	인구 6억 240만, GDP 17.6조$(25.1%), 무역 8.8조$(24.3%)
북미자유무역 협정(NAFTA)	FTA	미국, 멕시코, 캐나다 3개국	인구 4억 6천만, GDP 11.9조$(25.7%), 무역 5.4조$(15.0%)
아세안자유무역 지역(AFTA)	FTA	태국, 말레이시아, 인도네시아, 싱가포르 등 동남아 10개국	인구 6억 7백만, GDP 2.2조$(3.1%), 무역 2.4조$(14.9%)
남미공동시장 (MERCOSUR)	CM	아르헨티나, 브라질, 우루과이, 파라과이, 베네수엘라 5개국	인구 2억 7천만, GDP 3.3조$(4.7%), 무역 8,300억$(2.3%)

② 한편 위에서 설명한 지역경제통합형태 중 어떠한 형태가 가장 널리 활용되는가를
보면 자유무역협정이 단연코 가장 많아 2016년 현재 전체 지역무역협정 424건 중 239
건이 자유무역협정(FTA)으로서 가장 큰 비중을 차지하고 있는 것으로 나타났다. 이 또
한 1990년대 이후 세계적 지역주의의 한 특징이 되고 있다.

한편 이러한 FTA가 구체적으로 어떤 내용을 포함하고 있는가는 체약국이 누구인가에
따라 상당히 다른 양상을 보이고 있다. 전통적인 FTA와 개도국 간의 FTA의 경우 상품분
야의 무역자유화와 관세인하에 중점을 두는 경우가 많지만 최근 WTO의 출범을 전후하여
FTA의 대상이나 적용범위가 점차 확대되고 있다. 따라서 상품무역의 자유화·관세인하
이외에 서비스와 투자의 자유화까지 포괄하는 것이 일반적인 추세이고 더 나아가서는 지
적재산권·정부조달·경쟁정책·무역구제제도 등 정책의 조화부분까지로 자유무역협정의
대상이 확대되고 있다.

그림 8-2 전통적 FTA와 새로운 FTA의 대상과 적용범위

2. 최근의 세계 3대 FTA 추진동향

① 이처럼 1990년대 중반 이후 FTA가 전 세계적으로 확산되는 가운데 최근에 이르
러 미국·EU·일본·중국 등 거대경제권이 경쟁적으로 거대 FTA협상을 추진하여 이

를 통하여 수출시장의 안정적 확보와 경제협력을 도모하려고 하고 있어 FTA를 통한 주요국 간 합종연횡이 시도되고 있다.

미국은 일본 등 아태지역 12개국이 참여하여 세계최대 단일자유무역지대를 표방하는 「환태평양경제동반자협정」(TPP: Trans-Pacific Economic Partnership Agreement)을 추진하면서 다른 한편으로는 EU와의 「환대서양경제동반자협정」(TTIP: Trans-Atlantic Trade and Investment Partnership Agreement)을 동시에 추진하는 움직임을 보이고 있다. 그동안 FTA체결에 후발주자였던 일본은 한·중·일 FTA와 일·EU 경제동반자협정 등 동시다발적인 FTA를 추진하면서 2013년 3월 TTP참여를 선언하고 이후 4월부터 EU와의 FTA협상을 시작하였다. 이러한 움직임에 맞서 중국은 자신을 비롯하여 아태지역 16개국이 참여하는 다자간 FTA로서 「역내포괄적경제동반자협정」(RCEP: Regional Comprehensive Economic Partnership)을 추진하는 한편 한·중 FTA 및 한·중·일 FTA 의 조기체결을 강력하게 희망하고 있다.

이러한 거대 FTA추진 움직임은 서로에 대한 상호 견제의 의미를 담고 있을 뿐만 아니라 이러한 움직임에 자극을 받아 그 이외의 지역에서도 FTA를 중심으로 새로운 경제블록을 형성하려는 움직임들이 계속 나타나고 있다. 예컨대 중남미국가 가운데 태평양 연안에 위치하면서 최근 적극적 개방정책을 표방하면서 높은 경제성장률을 보이고 있는 멕시코·칠레·콜롬비아·페루 등 4개국이 추진한 「태평양동맹」(Pacific Alliance), 러시아가 인접 2개국과 맺은 관세동맹에 연이어 CIS 8개국 간 FTA를 바탕으로 구소련국가들을 대상으로 하여 EU를 모델로 하는 「유라시안연합」(Eurasian Union) 창설 등이 추진되고 있다.

이러한 다양한 움직임 중에서도 주목받는 거대 FTA로서는 상술한 TPP·TTIP·RCEP 등 3대 FTA인데, 이들은 현존하는 EU나 NAFTA를 능가하는 규모를 지니는 통합체로서 그 개략적 내용을 〈표 8-3〉이 요약하고 있다.

표 8-3   세계 3대 거대 FTA의 추진 현황

	구분	TTP(환태평양 경제동반자협정)	TTIP(환대서양 경제동반자협정)	RCEP(역내 포괄적 경제동반자협정)
개요	논의과정 주도세력	2006 미국 주도로 시작 중국 주도 RCEP 견제	2011 논의 시작, 2013.2 공동성명	2011 ASEAN이 제안 이후 중국이 주도
	참여 및 대상국	12국+(P4, 미국, 호주, 페루, 베트남, 말레이시아, 캐나다, 멕시코, 일본 등)	미국+EU의 양자간 FTA(TAFTA)	16국(ASEAN 10+한중일, 호주, 뉴질랜드, 인도)
	개방수준	차상위 수준 FTA	최고 수준 FTA	저수준, 점진적 FTA
	타결목표	2015년 10월 협정조인 2016년 이내 비준 완료계획	미대통령임기(2017.01.20) 이내 타결희망	2016년 타결 목표로 협상진행 중

경제 규모 (20 12)	인구 (비중)	7.9억 명 (11.3%)	8.2억 명 (11.6%)	33.8억 명 (48.2%)
	GDP (비중)	27.6조 $ (38.4%)	32.4조 $ (45.0%)	21.1조 $ (29.4%)
	무역 (비중)	9.4조 $ (26.0%)	15.1조 $ (41.5%)	10.4조 $ (28.6%)
	특징	아태지역 최대 경제블록	세계 최대 선진경제권	TTP 대항 범아시아블록

② 이들 거대FTA(Mega-FTA)는 지금 협상이 진행 중에 있고 협상과정에서 예상되는 어려움도 있어서 그 미래를 확정적으로 말할 수 없는 점도 있지만, 어떤 형태로든 이러한 거대FTA가 형성되고 이들 거대 경제블록 간에 경쟁이 심화될 경우 이들이 세계경제에 미치는 「경제적 영향」은 다음과 같이 예상해볼 수 있다.[7]

세계경제활성화와 무역확대 세계경제의 80%를 차지하는 3대 FTA가 출범하면 참여국들의 경제성장이 더욱 확대되어 세계경제 활성화에 도움이 될 것이다.

선진국 주도 신흥국 견제 최근 미국과 EU가 세계경제력의 절반 수준을 차지하는 세계최대 경제권을 형성하려는 시도에는 글로벌 금융위기 및 금융재정위기를 겪으면서 상대적으로 약화된 자신들의 위상을 복원하겠다는 의지가 함께 작용하고 있고 확대일로에 있는 중국·인도·브라질 등 신흥국들의 정치경제적 영향력에 제동을 걸고 선진국 중심의 국제무역질서를 구축하려는 시도가 깔려있다. 실제로 미국과 EU 간에 TTIP가 체결되면 그들의 세계최대시장규모를 바탕으로 국제규범 제정자(rule-setter)로서의 입지가 더욱 강화될 수 있다. 이러한 경우 이들 선진국은 중국 등 신흥국을 대상으로 지적재산권·노동·환경·경쟁 등 자신들이 주도적으로 만들어 놓은 국제규범을 준수하도록 압박하고 견제함으로써 분쟁이 심화될 수 있다.

국제통상질서 변화 이러한 거대 FTA가 결성되어 경쟁적인 관계가 심화되면 국제통상질서에도 상당한 변화를 가져올 수 있다. 우선 미국이 주도하는 TTP와 중국이 주도하는 RCEP가 상호간에 회원국 확대를 위한 치열한 경쟁이 계속되는 가운데 여기에 참여하기 어려운 브라질 등 비참여국들은 독자적 노선을 모색할 가능성이 크다. 한편, 회원국들이 3대 FTA에 중층적으로 가입하는 경우 원산지규정·통관절차 등에서 혼란이 발생할 우려가 크다. 또한 거대한 블록을 중심으로 하는 지역주의가 더욱 심화되어 다자주의적 WTO가 상당기간 위축될 수밖에 없을 것으로 전망되기도 한다.

3. FTA의 선호 배경

이상에서 보듯이 1995년 WTO가 출범한 시기를 기점으로 지역무역협정이 오히려 폭발적으로 증가하였는데 이것은 다자주의체제에 대한 개도국들의 불만이나 다자주의체제의 기능약화와 무관하지 않다. 다자주의적 무역자유화협상이 지체되고 있는 과정

---

7 삼성경제연구소, "세계통상질서의 개편-3대 FTA의 부상-," CEO Information(2013.5.15.)

에서 미국의 통상정책기조가 지역주의를 허용하고 지역주의를 활용하는 방향으로 전환됨에 따라 모든 나라들이 지역경제통합에 경쟁적으로 뛰어들었기 때문이다.

이와 같이 WTO의 출범과 더불어 지역경제통합이 증가되는 추세 속에서도 여타의 경제통합 유형, 특히 관세동맹(CU)의 형태보다 자유무역협정(FTA)이 더 「선호되는 배경」은 무엇인가?

주권제약의 최소화　관세동맹과 자유무역협정의 근본적 차이는 여기에 참여하는 회원국들의 경제적 주권에 미치는 영향이 서로 다르다는 점이다. 개별적 FTA에 따라 다소 차이가 있지만 관세동맹이나 공동시장에 비하여 자유무역협정은 자유화의 대상이나 내용 자체가 제한적이어서 시장통합에 따르는 경제적 효과 역시 제한적일 수밖에 없다. 그럼에도 불구하고 FTA가 선호되는 것은 여기에 따른 정치경제적 코스트가 상대적으로 작기 때문이다. 관세동맹은 역내의 관세장벽철폐와 함께 역외국에 대한 공공관세를 부과하여야 하므로 관세부과에 대한 회원국의 자율성이 제한되지만 FTA의 경우 역외국가에 대한 관세를 각 회원국이 자율적으로 결정할 수 있어 경제주권에 대한 제약을 최소화할 수 있기 때문이다.

전략적 도구 기능　최근에 유행처럼 번지고 있는 FTA정책은, 종래와 같이 협소한 국내시장의 한계를 극복하기 위한 목표 뿐만 아니라 국제적 차원에서 다자주의적 자유화를 추진하거나 역외 국가들과의 통상현안에 대한 협상권을 제고시키기 위한 수단으로 채택되는 경우가 많다. 따라서 다자주의적 방법으로 성취하지 못하는 시장개방을 FTA라는 전략적 도구를 통하여 달성하거나 국제통상협상 과정에서 자국의 요구를 반영시키기 위한 지렛대로서 FTA를 활용하는 경우가 보편화되었다. 이러한 관점에서 본다면 FTA는 다자주의를 보완하는 일종의 'WTO−Plus기능'을 떠맡게 되었다고 할 수 있다. 반면 FTA에 참여하는 개도국들 역시 국내경제개혁을 추진하기 위한 구실의 하나로서 또는 외국의 자본·기술을 유치하기 위한 외부적인 압력이나 유인책으로서 FTA를 전략적으로 활용하는 경우도 적지 않다.

4. FTA의 단점과 한계

자유무역협정(FTA)은 이렇게 경제통합형태 중에서 가장 주권제약이 덜하고 또한 국제통상 현안에 대한 전략적 도구로서 활용될 수 있다는 장점이 있는 반면 한계도 지니고 있기 때문이다. 상술한 대로 가장 초보적인 통합인 만큼 통합의 효과 역시 가장 낮다는 근본적인 한계는 물론 그동안 자유무역협정이 실행되는 과정에서 나타나는 단점 내지 한계도 있다. 이러한 「FTA의 단점 내지 한계」로서는 다음과 같은 두 가지 측면이 주로 논의된다.[8]

---

8 지역경제통합이 이루어진 후 역외국에 대한 차별화나 보호주의성향이 FTA와 관세동맹(CU)중 어느 쪽이 더 높을 것인가에 대해서는 서로 의견이 대립된다. 관세동맹(CU)의 경우가 더 높다는 견해가 다수

통합성과의 부진   FTA 자체가 내포하고 있는 내부적 단점으로서, 체결된 FTA 중에서
제대로의 성과를 시현하는 경우가 많지 않다는 것이다. 더욱이 선진국 간 FTA는 나름
대로 성과를 내는 경우도 없지 않지만 개도국 간 FTA의 경우 그 숫자는 많지만 거의
전부가 부진한 상태를 면치 못하는 경우도 많다. 개도국 간 FTA가 이렇게 부진을 면
치 못하는 근본적인 이유는 시장경제체제를 제대로 확립하지 못하였기 때문이다. 경제
통합의 진정한 목표는 무엇보다도 자유로운 시장진입을 가로막는 국가 간 무역장벽을
제거함으로써 시장을 확보한다는 데에 있는데 자유무역협정 당사자인 개도국의 국내
시장 자유화가 충분히 이루어지지 않은 상태에서 다른 국가들과의 시장통합은 일정한
한계를 가질 수밖에 없기 때문이다.

무역우회와 원산지규정 복잡화   FTA는 원천적으로 무역우회 문제와 원산지규정 문제를
수반하게 된다. FTA에서는 체약국 각자가 역외국에 대한 자율적인 관세율을 유지하기 때
문에 FTA체약국 중 관세율이 낮은 나라의 수입업자가 역외에서 생산된 물품을 관세율이
높은 다른 체약국으로 무관세로 수출하는 무역우회(trade deflection)가 발생할 수 있어 이
를 방지하기 위하여 특혜원산지규정을 도입하게 된다. 이러한 특혜원산지규정은 회원국
수가 많을수록 한층 더 복잡하게 되는데 원산지규정이 이렇게 복잡해질수록 국제거래의
자유화가 저해될 가능성이 높아 국제거래의 왜곡이 초래될 가능성이 높아진다.[9]

2 지역주의의 세계적 흐름과 특성

「지역주의」(regionalism)란, 정치적으로 독립되어 있으면서도 지리적 인접성·문화적
공통성·역사적 동질성·경제적 상호의존성이 높은 지역의 국가들이 무역·통화·산업·
금융·재정 등에 관한 통합을 체결하여 하나의 경제권을 형성하고, 역내우선주의를 취
하여 상호간의 이익을 도모하는 동시에 역외국들에게는 차별적 조치를 공동으로 행하
는 지역적 경제공동체를 형성하려는 노력이나 경향들을 지칭한다. 말하자면 지역경제
통합을 선호하는 정책적 사조나 경향을 지역주의라고 한다.

설이지만 FTA의 경우가 역외차별성과 보호성향이 더 높다는 견해도 있다. J. Bhagwati, "Regionalism
and Multilateralism: An Overview," in Jamie de Melo and A. Panagaria eds. *New Dimensions in
Regional Integration*(Cambridge University Press, 1993) A. Panagaria and R. Findley, "A
Political-Economy Analysis of Free Trade Area and Customs Union," in Robert C. Fenstra et. als
eds., The Political Economy of Trade Policy(MIT Press, 1996) 참조.

9 보통 원산지를 평가하는 기준으로서는 역내부가가치의 증가기준과 관세항목(세번, tariff headings)의
변경기준을 사용하는데 부가가치기준이 높을수록 또는 관세항목번호가 세분화되어 있을수록 역외국에
대해서는 보호주의적이라고 할 수 있다.

이러한 지역주의경향이 세계적으로 팽배하였던 것은 1960년대와 1980년대 후반 이후 부터였다고 할 수 있다. 따라서 1960년대 이후의 지역주의 경향을 '구지역주의' 또는 '제1차 지역주의'라고 하고, 1980년대 후반 이후의 지역주의 경향을 '신지역주의' 또는 '제2차 지역주의'로 구분하기도 한다.[10]

이하에서는 이러한 「지역주의 흐름의 역사적 추이」를 살펴보고 1990년대 이후에 나타난 「신지역주의의 배경과 특성」에 대해 논의한다.

2.1 지역주의 경향의 역사적 추이

(1) 1960년대 구지역주의

2차 대전 이후 선진국들 간의 지역경제통합이 활발하게 이루어졌는데, 베네룩스관세동맹(1947)을 시작으로 1950년대 말부터 1960년대에 이러한 움직임이 활발하게 이루어졌다. 우선 유럽지역에서는 EEC(유럽경제공동체, 1957)가 출범하여 EC(유럽공동체, 1967)로 발전하였다. 또한 EFTA(유럽자유무역연합, 1960)가 결성되었고 호주와 뉴질랜드 간 자유무역협정(1965)이 맺어져 이 협정이 ANZCERTA(오스트레일리아 경제관계 긴밀화협정, 1983)의 모태가 되었다.

1960년대에는 개도국들 간의 지역경제통합도 활발히 이루어졌다. 중남미지역의 경우 LAFTA(라틴아메리카 자유무역지역, 1960)·CACM(중미공동시장, 1961)·안데안협정(Andean Pact, 1969)이 출범하였다. 또한 중동지역에 있어서 ACM(아랍공동시장, 1964)이 결성되었으며 아프리카에서도 UDEAC(중부아프리카 관세동맹)를 비롯한 경제공동체가 이 시기에 결성되었다.

이같이 유럽을 중심으로 하는 선진국의 지역주의와 중남미·중동·아프리카지역을 중심으로 하는 개도국들의 지역주의가 활발하였던데 비하여 북미지역과 아시아지역에서의 지역통합 움직임은 별로 활발하지 못하였다. ASEAN(동남아국가연합, 1967)이 설립되었지만 그 당시 어떤 구체적인 무역자유화 계획을 갖추고 있지 못하였다.

이렇게 1960년대 세계적인 지역주의의 움직임이 있었지만, EC·EFTA 등 선진국이 주도한 유럽지역의 경제통합을 제외한 중남미·중동·아프리카 등 개도국들이 주도한

---

10 J. Bhagwati, "Regionalism versus Multilateralism: An Overview," in J. de Melo and A. Paragariya eds., *New Dimension in Regional Integration* (Cambridge University Press, 1993) pp.21-51; L. Fawcett and A. Hurrel eds. *Regionalism in World Politics: Regional Organization and International Order* (Oxford University Press, 1995).

지역경제통합은 크게 성공적이지 못하였다. 남미지역의 경우 정치경제적 불안으로 말미암아 그 성과가 미미하였지만, 보다 근본적으로는 개도국간의 경제통합은 선진국간의 경제통합과 달리 시장통합을 통한 무역 및 생산구조의 개편과 경제성장 촉진 등 중장기적인 목표가 추구되지만 자본 등 개발자원이 부족한 개도국들이 서로 동일한 목표를 추구하는 과정에서 경제적 갈등이 커져 장기간 경제통합이 지속되기가 어려웠기 때문이다.

(2) 1980년대 후반 이후 신지역주의

이와 같이 1960년대 지역주의의 주요 목표는 공업화에 필요한 시장확보를 위해 협소한 국내시장을 상호통합 하는데 있었다. 따라서 1960년대 지역주의는 EEC를 제외하면 대부분 개발도상국(중남미·중동·아프리카)들에 의해 추진되었으며 세계무역에서 그들의 무역비중 역시 미약하여 세계경제 전체의 질서에 큰 영향을 미치지도 못하였다. 이후 1970년대와 1980년대에는 전반적으로 지역경제통합의 움직임이 활발하지 못하였다. 그러나 1980년대 후반 냉전체제가 종식하고 세계전체가 하나의 시장경제권으로 재통합되면서 지역주의는 다시 확산되기 시작하였다.

그동안 지역경제통합에 소극적이었던 미국이 이스라엘(1985)·캐나다(1988)와 자유무역협정을 체결하였고 1990년대 초에는 남미지역의 새로운 자유무역협정 체결, CACM(중미공동시장)과 안데안협정(Andean Pact) 부활, 새로운 남미공동시장(MERCOSUR)의 창설 등이 이어졌다. 특히 1994년에는 미국·캐나다·멕시코가 NAFTA(북미자유무역협정)를 체결하였고 이후 전 북남미를 포괄하는 FTAA(미주자유무역지역)의 결성을 추진하고 있다.

유럽에서도 EC(유럽공동체)가 EU(유럽연합, 1993)로 확장한 이후 1995년에는 오스트리아·핀란드·노르웨이를 회원국으로 영입하여 전체 15개 회원국이 되었고. 2002년부터는 통화통합체로서 EURO를 출범시켰으며 2004년 이후에는 동구 등 13개국을 포함시켜 28개국의 회원국을 가진 경제연합으로 발돋움하였다. 다만 2016년 들어와 영국의 탈퇴, 이른바 브렉시트(Brexit) 문제가 대두되어 이와 관련된 조정과정이 예상된다.

한편, 동아시아지역을 중심으로 하는 아·태지역 내의 지역통합 움직임도 나타나기 시작했는데 APEC(Asia-Pacific Economic Cooperation, 1989)이 그 대표적인 예이다. 이외에도 아세안 자유무역지대(ASEAN Free Trade Area: AFTA, 1990.12)와 말레이시아 마하티르 수상이 제안한 동아시아 경제협의체(East Asia Economic Caucus: EAEC) 창설구상도 지역통합의 또 다른 움직임이라고 할 수 있으며, 호주와 뉴질랜드 간의 ANZCERTA(Australia

-New Zealand Closer Economic Relations Trade Agreement)도 이와 맥을 같이하는 것으로 볼 수 있다. 이상과 같은 지역 내 협력체가 아닌 지역 간 협력체로서 경제분야 뿐만 아니라 정치·경제·사회 및 문화 등 3대 분야에서의 협력을 추구하는 포괄적인 협력체인 ASEM(아시아유럽정상회의)이 한국·중국·일본·ASEAN 7개국·EU회원국의 국가원수 또는 정부수반 등이 모여서 2년에 한번 씩 개최되고 있다.

이와 같이 1990년대 이후에 나타난 지역경제통합의 움직임을 보면 오늘날의 지역주의 강화추세는 단순한 통상전략적 차원이 아니라 21세기 신세계질서의 중심적 현상으로 자리 잡아 가고 있음을 알 수 있다.

표 8-4   세계의 주요 지역경제통합체 목록

약어(한국명)	원명
ACM(아랍공동시장)	Arab Common Market
AFTA(아세안자유무역지역)	ASEAN Free Trade Area
AMU(아랍·마그레브연합)	Arab Maghreb Union
Andean Pact(안딘협약)	Andean Pact
ANZCERTA(호주뉴질랜드 경제관계 긴밀화협정)	Australia-New zealand Closer Economic Relations Trade Agreement
APEC(아태지역경제협력체)	Asia Pacific Economic Cooperation
ACM(아랍공동시장)	Arab Common Market
ASEAN(동남아국가연합)	Association of Southeast Asian Nations
ASEM(아시아 유럽 정상회의)	Asia-Europe Meeting
CACM(중미공동시장)	Central American Common Market
CARICOM(카리브공동시장)	Caribbean Common Market
CEFTA(중부유럽자유무역연합)	Central European Free Trade Association
EC(유럽공동체)	European Community
ECOWAS(서아프리카경제공동체)	Economic Community of West African States
ECSC(유럽 석탄·철강공동체)	European Coal and Steel Community
EEA(유럽경제지역)	European Economic Area
EEC(유럽경제공동체)	European Economic Community
EFTA(유럽자유무역연합)	European Free Trade Association
EU(유럽연합)	European Union
FTAA(미주자유무역지역)	Free Trade Area of Americans
GCC(걸프만 연안협력위원회)	Cooperation Council of the Arab States of the Gulf
LAFTA(라틴아 자유무역지역)	Latin America Free Trade Area
LAIA(라틴아메리카 통합연합)	Latin American Integration Association
MERCOSUR(남미공동시장)	Mercado Comum del Sur
NAFTA(북미자유무역협정)	North America Free Trade Agreement
SADC(남부아프리카개발공동체)	Southern African Development Community
SAPTA(서아시아 특혜무역협정)	South Asian Preferential Trade Arrangement
UDEAC(중부아프리카 관세동맹)	Central African Customs and Economic Union

주: 본서에서 인용한 경제통합체를 대상으로 알파벳순서로 정리함

2.2 신지역주의의 확산 배경

1980년대 후반 이후 새로운 지역주의가 확산된 이유와 배경에 대해서는 다양한 논의가 가능하지만 대체로 다음과 같은 정치경제적 요인들을 그 배경으로 들 수 있다.

유럽의 지역주의 강화   유럽공동체 회원국들은 1980년대 들어오면서 그리스·스페인·포르투갈을 가입시켜 지역적 영역을 확장한 후 단일시장을 위한 합의도출(1987), 마스트리트조약 체결(1991), 단일유럽시장 완성(1992), 유럽연합(EU) 결성(1993), 단일화폐 유로(Euro) 창설(1999)을 추진하였다. 이러한 유럽 내 지역주의 강화는 다른 지역 국가들에게 위협적인 상황이 되었고 이로 인하여 간접적인 피해를 보는 현상도 발생하였다. 이러한 유럽의 지역주의강화에 자극을 받은 다른 나라들도 지역통합체를 결성하려는 노력을 강화하게 되었다.

냉전의 종식   1980년대 동구권의 몰락과 시장경제체제로의 전환에 따라 동서간의 관계개선과 국제체제의 분권화가 이루어졌다. 이에 종전까지 이념적으로 경쟁하던 냉전시대에 많은 나라들이 자신의 정치적 세력확장을 위한 군사동맹을 결성하였듯이 이제는 경제적으로 경쟁하는 시대에 국익을 극대화하기 위한 경제동맹을 결성하게 되었다. 따라서 각국은 다른 국가들이 결성하는 배타적 경제블록으로부터 자신이 배제되는 최악의 상태를 피하기 위하여 되도록 많은 국가들과 지역적 통합을 이룩하려는 노력을 경쟁적으로 하게 되었다.

다자체제의 약화   다자간 무역기구인 WTO에 가입하는 회원국 수가 빠르게 늘어나면서 WTO내에서 어떤 의미 있는 협상결과를 도출하기가 점점 어려워졌다. 도하개발아젠다(DDA)협상에서 볼 수 있듯이 많은 참여국 수와 많은 협상의제들, 선후진국 간의 대립은 물론 선진국그룹과 개도국그룹 내의 다양한 이해관계들로 인하여 다자주의적 협상이 성공하기 어렵고 WTO 내의 확고한 거버넌스(governance)도 작동하지 못하게 되었다. 이에 개별국가들은 상대적으로 더 쉽고 빠르게 타결할 수 있는 지역적 협정을 다자적 체제보다 선호하는 방향으로 선회하고 있다.

이러한 현상을 다른 측면에서 보면, UR과 같은 다자적 협상과정에서 미국과 EU 가맹국들은 나름대로 자국의 이익을 대변할 수 있었지만 그렇지 못한 개도국들은 협상과정과 결과에 대하여 엄청난 반감과 위기의식을 가졌다. 이러한 상황에서 그들이 선택할 수 있는 대외통상정책은 당연히 지역적 경제통합이나 무역협력협정으로 귀결될 수밖에 없었다. 또한 이러한 지역주의경향은 2000년대 초 일종의 밴드웨곤효과

(bandwagon effect)와 위기의식을 증폭시키며 폭발적인 지역경제통합이나 협력협정 타결로 이어졌다.

미국통상정책의 기조변화   1980년대 이후 미국은 통상정책에 있어 이른바 「다궤도(multi-track)전략」을 활용하여 왔다. 이것은 미국이 통상정책을 자국의 이익을 극대화하는 방향으로 하기 위하여 일방적·쌍무적·다자적·지역적 정책을 동시에 혼합하여 사용하였다는 것이다. 1980년대 후반 이후 미국은 다자주의적 무역자유화를 가장 중요한 통상전략으로 사용하던 전통적 정책기조로부터 지역주의를 적극적으로 수용하는 방향으로 전환하였다.

이에 따라 미국은 단순히 지역통합을 지지하는 수준을 넘어 스스로 북미자유무역협정(NAFTA)을 결성하고 더 나아가 남북아메리카(FTAA)와 태평양연안(APEC) 등 광역지역의 통합가능성마저 조심스럽게 타진하기 시작하였고 최근에는 개별국가들과의 자유무역협정체결에도 앞장서고 있다. 이러한 미국의 태도변화가 1980년대 후반 이후의 지역주의가속화에 결정적 계기를 제공하였다.

이렇게 미국 통상정책의 전환이 이루어진 데에는 몇 가지의 요인들이 작용하고 있다. 우선 1980년대 후반 이후 시장경제체제로 전환된 동구권국가들이 연이어 EU에 가입하였고 ASEAN이 무역자유화를 확대하고 APEC의 결성을 추진함에 따라 많은 나라들이 서둘러 주변국가와의 경제협력과 통합을 모색하게 되자 미국 자신도 이러한 지역주의경향을 가볍게 볼 수 없었고, 또한 지금까지 자신이 누리던 패권적 지배능력이 상대적으로 약화되기 시작하면서 다자간 국제통상체제에 대한 관리능력 이 약화되어 다자주의적 자유화가 정체되고 있었기 때문이다.

2.3 신지역주의의 특성

그런데 이러한 신지역주의는 종래의 지역주의와 다른 시대적 배경과 목표에 따라 전개된 만큼 구지역주의와 구별되는 여러 가지 특성을 보여주고 있다.

□ 경제통합의 동기 및 범위 확대

경제적 동기의 통합   구지역주의가 미국과 소련 간의 체제대결 과정에서 촉발된 반면 신지역주의는 서구중심의 자본주의체제 내에서 특정국 그룹 또는 특정지역의 경제적 이익을 극대화하기 위한 목적으로 가속화되고 있다.

자본 및 금융의 통합   경제적 동기를 위한 경제통합을 행함에 있어서도 종래의 경제통합이 무역자유화·관세인하와 밀접한 관련을 가졌지만 새로운 지역통합에서는 국제자본이동이나 다국적기업의 행태가 매우 중요한 역할을 담당함으로써 통합체 내의 자본 및 금융의 통합이 상당한 정도 이루어지고 있어 그 범위가 넓어지고 있다.

정책지향형 통합   또한 전통적 지역통합의의 경제적 동기는 주로 대규모시장을 확보하기 위한 시장지향형 통합이었음에 비하여 신지역주의의 경우에는 시장지향형 통합을 넘는 정책지향형 통합으로 전환되는 특성을 보여준다. 그동안 GATT체제 하의 다자간 관세인하협상을 통하여 이미 상당한 수준의 무역자유화가 실현된 만큼 무역 이외의 투자·환경·노동 분야 등에서 국가 간 정책협조의 필요성이 높아짐에 따라 다양한 정책협조를 도모하기 위한 경제통합이 시도되었기 때문이다.

□ 경제통합 주체의 변화

원격지 간 경제협력   전통적 지역주의가 지리적 인접성과 지역적 특수성을 기반으로 하는 경제통합을 시도해 온 반면 새로운 지역주의는 지리적 요인과 지역적 요인을 고려하지 않은 원격지 간의 경제협력이 빈번하게 시도되고 있다.

선후진국 간 통합 증대   1960년대의 경제통합이 주로 선진국그룹 또는 개도국그룹 간의 통합이었던 것과는 달리 새로운 지역주의는 선진국그룹 또는 개도국그룹의 통합은 물론 선진국과 개도국 간의 통합이 많이 추진되고 있다.

hub & spoke의 출현   이렇게 선후진국 간의 통합이 증대됨에 따라 자유무역협정이나 관세동맹을 체결한 회원국이 역외에 있는 비회원국들과 별개의 특혜협정을 경쟁적으로 체결하여 자전거바퀴의 축(hub)에 해당되는 회원국과 바퀴살(spoke)에 해당되는 여러 비회원국들이 각각의 별개적인 쌍무협상을 맺는 지역경제통합체가 형성되는 모습을 보여주고 있다.[11] 예컨대 미국(hub)이 이스라엘·캐나다·멕시코·카리브해 연안국가 들과 같은 협정국들(spokes)과 각각의 무역협정을 맺으면 자전거바퀴 축과 바퀴살 (hub and spoke)형태의 무역협정체계가 출현하게 된다.

□ 개방적 지역주의 및 통합체 간 경쟁

개방적 지역주의   종래의 지역주의는 역내우선·역외차별을 내용으로 하는 '역내외

---

11 이러한 체제는 중심국과 주변국들 사이에만 자유무역협정이 체결되고 주변국들 사이에는 자유무역협정이 체결되지 않아 무역자유화와 투자유치에 있어서의 혜택을 중심국이 거의 독차지하게 된다. 그럼에도 불구하고 많은 나라들이 이러한 체제에 편입하려하는지에 대하여서는 R. J. Wonnacott, "Trade and Investment in a Hub-and-Spoke System vs Free Trade Area," *The World Economy* (1996) pp.237-252 참조. 한편 바그와티는 이러한 형태를 스파게티 그릇(spaghetti bowl)과 같다고 비유하였다.

차별주의'를 기본으로 하였지만 새로운 지역주의는 기본적으로 역내우선에 기초를 두
고 있지만 역외지역에 대한 협력가능성과 개방성도 병행하는 이른바 '개방적 지역주
의'(open regionalism)의 성격을 띠고 있어 통합의 기본정신이 변화되고 있다는 특성을
보여준다.

　경제통합체 간 경쟁체제　새로운 지역주의는 주요 통상 현안에 대하여 개별 국가적
차원보다는 지역경제통합체 간의 집단적 차원의 경쟁적 성격을 나타내고 있다. 1980
년대 후반 이후 EC가맹국들이 집단적 차원에서 무역협상에 임하면서 이러한 경향이
나타나기 시작하여 지역경제통합이 확대되면서 더욱 강화되는 모습을 보여주었다. 이
에 따라 최근에는 이미 설립된 지역통합체 간의 상호경쟁과 함께 지역통합체 간의 연
계와 협력이 모색되는 등 지역통합체 간의 경쟁과 협력이 더욱 증대되고 있다.[12]

3 지역주의와 다자주의

3.1 양자의 상호관계와 전망

(1) 지역주의와 다자주의의 상호관계

　국제경제관계에 대한 접근방법은 크게 GATT나 WTO와 같은 다자주의와 지역
경제통합과 같은 지역주의로 대별된다. 그런데 이 양자는 일견 상호 모순되는 측면
을 지닌다. 「다자주의」(multilateralism)는 비차별주의를 기본이념으로 하여 세계적 차
원의 자유화를 추구하는 것임에 대하여 「지역주의」(regionalism)는 일부 지역의 국가
들끼리 특혜를 공유하며 자유화를 추구하면서 역외국들에게 차별적인 성격을 나타
내기 때문이다. 따라서 지역주의는 자유주의적 성격과 보호주의적 성격을 동시에 지
니고 있다.

　지역주의의 이러한 양면성 가운데 어느 측면에서 보느냐, 실제의 지역주의가 어떤
측면에 중점을 두고 진행되느냐에 따라 양자의 관계가 달라진다. 지역주의를 자유주
의적 측면에서 보는 사람들은 다자주의가 세계적인 자유화를 추구하는 것이라면 지역

---

12 이러한 경향은 1990년대 후반 이후 ① EU 15개국과 동아시아 10개국이 결성한 아시아·유럽회의
　(ASEM), ② 북미·유럽 간의 범대서양자유무역지역(TAFTA), ③ 유럽·남미 간의 자유무역지역(EU-
　MERCOSUR FTA), ④ 남북미 국가들 간의 자유무역지역(FTAA) 등에서 나타났음은 물론, 최근 FTA결
　성의 경쟁 속에서 ① 미국 중심의 환태평양 경제동반자협정(TPP), ② 세계최대 선진경제권이 될 미국
　·EU 간의 범대서양자유무역협정(TAFTA), ③ 범아시아 단일시장을 기도하는 포괄적 경제동반자협정
　(RCEP) 등 FTA의 광역화 추진움직임에서도 나타나고 있다.

주의는 지역적 자유화를 추구하여 그 범위가 서로 다를 뿐이라고 전제하고, 지역주의
는 부분적으로나마 자유화를 증대시킴으로써 세계전체의 자유화에 「기여」할 수 있다
는 점을 강조한다. 반면 지역주의를 보호주의적 측면에서 보는 사람들은 지역경제통
합의 역외국에 대한 차별성을 강조하며 지역주의가 다자주의적 자유화를 「저해」할 수
있다고 주장한다.

　　이렇게 다자주의와 지역주의는 상호 모순적이고 경쟁적인 성격을 가질 수도 있고
상호 보완적인 성격을 가질 수도 있다. 다시 말하면 지역경제통합체의 결성이 세계무
역의 자유화를 저해하는 원인이 될 수도 있고 이를 촉진시키는 원인이 될 수도 있다.
이 때문에 오늘날 지역주의에 관한 논쟁의 핵심은 지역주의적 접근이 과연 다자주의
적 무역자유화와 양립가능하며 다자주의의 궁극적 목표인 세계무역자유화에 긍정적으
로 작용할 것인가 아니면 부정적으로 작용할 것인가라는 문제라고 할 수 있다.

　　양자 관계를 부정적으로 보는 사람들은 지역주의가 다자주의적 자유화에 「걸림돌」
(stumbling block)이 되어 왔고 앞으로도 그러할 것이라고 주장하는 반면, 양자 관계를
긍정적으로 보는 사람들은 지역주의가 다자주의적 자유화에 「디딤돌」(building block) 역
할을 해왔고 또 앞으로도 그러할 것이라고 주장한다. 이하에서는 이와 관련된 논쟁들
을 살펴본다.

(2) 다자주의에 대한 부정적 효과

　　다자주의적 자유화에 대한 지역주의의 역할을 부정적으로 보는 사람들은 현재 진
행되고 있는 지역통합이 다자주의로 연결되기에는 기본적으로 많은 문제점을 안고 있
다고 지적하면서 그 논거로서 다음과 같은 요인들을 제시하고 있다.

　　지역주의의 내재적 속성　　지역주의 그 자체가 역내국과 역외국 간의 차별화를 포함
하는 특혜무역협정이므로 이로 인한 무역전환효과가 무역창출효과를 능가하여 세계
전체적 입장에서 볼 때 비효율을 초래한다. 또한 많은 경우 지역주의의 강화와 확산
이 지역 간·국가 간 대립과 갈등을 초래하였다는 역사적 경험에 비추어 볼 때 과도한
지역주의의 강화와 확산이 장기적으로 다자주의적 자유화에 부정적인 영향을 초래할
것이다. 이렇게 지역주의와 다자주의는 상호 대립적 성격을 지니는 만큼 지역적 차원
의 경제통합이 강화될 경우 이에 관여한 국가들은 지역주의에만 관심을 기울일 뿐 다
자주의적 교역자유화에 대한 노력을 등한시할 수 있다. 말하자면 지역주의는 본질적
으로 다자주의적 자유화에 대한 잠재적 위험성을 지니고 있다는 것이다.

경쟁적 지역주의의 폐해　지역주의가 다자주의적 자유화를 저해하고 모순되는 경우 다자체제의 세분화와 무력화가 이루어질 수 있다. 예컨대 지역주의가 배타적·차별적으로 확산되는 경우 상호경쟁적인 경제블록이 형성됨으로써 다자체제가 세분화될 수 있고, 만약 이러한 경제통합체가 다자주의적 통합체인 WTO에 위배되는 특혜규정을 경쟁적으로 채택하는 경우 WTO체제가 와해될 수도 있다. 또한 경쟁적인 지역통합이 이루어지면 결국 지역통합체 간의 마찰로 인하여 보호주의적 경향이 발생할 수도 있다.

특수이익집단의 이기적 결정　다자주의적 자유화과정에서 보다 지역주의적 자유화과정에서는 특수이익집단, 특히 경쟁력이 약한 산업집단들이 자신이 속하는 산업부문을 무역자유화 대상에서 제외시키려는 경향이 높아진다. 예컨대 과거 ASEAN국가들이 지역통합을 이룩하면서 거의 모든 중요산업을 자유화대상에서 제외시켰고 EC가 지역통합 시 농산물·철강 등을 예외로 하였던 것이 전형적 예이다. 지역무역특혜협정이 체결된 이후 무역전환효과에 의하여 새로운 수출기회를 얻게 된 수출업자들은 지역무역협정이 다자간무역협정으로 발전할 경우 그들의 수출기회를 상실할 가능성이 있기 때문에 지역주의가 다자주의로 발전하는 것을 반대하는 입장에 서게 된다.

다자주의에 대한 정치적 지지훼손　지역주의와 다자주의의 의사결정 순위에 있어 지역주의에 우선권이 주어져 지역주의가 먼저 시도되면 다자주의적 접근이 지장을 받게 되고 협상자들이 지역협정에 몰두할 경우 다자적 자유화에 투입할 여력이 감소될 수 있다. 만일 어떤 나라가 현상유지냐 다자적 무역자유화냐를 놓고 양자택일하는 경우에는 자유무역세력이 보호무역세력을 누를 수 있지만 지역주의라는 제3의 대안이 존재할 경우에는 다자적 자유화보다는 지역통합이 선호될 가능성이 높다. 바그와티(J. Bhagwati)도 지역주의가 현실적 대안으로 존재할 경우 아예 다자주의로부터 이탈하려는 속성이 있음을 지적하였다.

hub & spoke의 출현　자유무역협정이나 관세동맹을 체결한 회원국이 역외에 있는 비회원국들과 별개의 특혜협정을 경쟁적으로 체결하면, 자전거바퀴의 축(hub)에 해당되는 회원국과 바퀴살(spoke)에 해당되는 여러 비회원국들이 각각의 별개적인 쌍무협상을 맺는 지역경제통합체가 형성된다.[13] 예컨대 미국(hub)이 이스라엘·캐나다·멕시

---

13 이러한 체제는 중심국과 주변국들 사이에만 자유무역협정이 체결되고 주변국들 사이에는 자유무역협정이 체결되지 않아 무역자유화와 투자유치에 있어서의 혜택을 중심국이 거의 독차지하게 된다. 그럼에도 불구하고 많은 나라들이 이러한 체제에 편입하려하는지에 대하여서는 R. J. Wonnacott, "Trade and Investment in a Hub-and-Spoke System vs Free Trade Area," *The World Economy* (1996) pp.237-252 참조. 한편 바그와티는 이러한 형태를 스파게티 그릇(spaghetti bowl)과 같다고 비유하였다.

코·카리브해 연안국가들 같은 협정국들(spokes)과 각각의 무역협정을 맺으면 자전거바퀴 축과 바퀴살(hub and spoke)형태의 무역협정체계가 출현한다. 이러한 경우 각각의 무역협정이 하나로 통합되지 않는 한 세계적 무역자유화가 저해된다.

이러한 체제 하에서는 일반적인 특혜협정에서보다 자유화가 배제되는 산업의 숫자나 규모가 커지기 쉽고 축을 이루는 중심국가(hub)에 기득권적 이익집단이 출현할 가능성이 높아져 이들은 이후 추가적인 무역자유화를 반대하는 정치세력이 되기 쉽기 때문이다. 또한 이러한 경우 중심국가의 입장에서 보면, 관세가 낮은 어떤 협정체결국(예컨대 이스라엘)으로부터 수입되어 관세가 높은 다른 협정체결국(예컨대 멕시코)에 무관세로 재수출되는, 이른바 무역우회(trade deflection)가 이루어지지 않도록 하기 위해서는 개별 특혜협정마다 서로 다른 특별원산지규정을 적용할 수밖에 없다. 그런데 이러한 특별원산지규정이 까다롭고 복잡할수록 보호주의 경향이 높아져 세계적 교역활성화에 적지 않은 부담이 될 것이다.

(3) 다자주의에 대한 긍정적 효과

이처럼 지역주의는 다자주의와 상호모순적인 성격을 지니고 있지만 지역주의가 오히려 다자주의적 자유화에 긍정적인 효과를 가질 수 있는 측면도 많다. 양자의 관계에 대하여 낙관적 견해를 가지고 있는 사람들은 다음과 같은 긍정적 측면을 강조한다.

효율적 자유화 협상가능   지역주의는 일반적으로 경제수준이 비슷하거나 지역적으로 인접한 소수국가들이 참여하므로 경제수준이나 이해관계가 서로 다른 다수의 국가들이 참여하는 다자주의에 비하여 자유화에 대한 양허와 협상이 용이해진다. 또한 지역통합체의 성립으로 인해 다자간협상의 참여주체 수가 줄어들게 되면 협상이 손쉽게 진행될 수 있다. 따라서 다자주의적 방법으로는 도달되기 어려운 자유화협상을 지역주의적 방법을 통하여 보다 효율적으로 달성할 수 있고 이러한 과정은 이후 세계전체의 자유화에 대한 디딤돌이 될 수 있다.

효율적 자유화 이행보장   소수의 역내회원국들이 합의한 지역경제통합의 각종 의무사항은 다자주의체제에 비하여 감시와 통제가 용이하기 때문에 보다 강력한 구속력을 갖는다. 또한 지역경제통합은 그동안 다자주의체제에서 합의하지 못하였거나 앞으로 논의될 의제들에 대한 도전과 실험의 기회를 제공해 줄 수 있다. 특히 개도국의 경우 경제발전과정에서 필요한 국내제도개혁에 대한 외부로부터의 감시장치를 제공해 줌으로써 지역통합이 개도국의 경제발전과 개방화에 기여할 수 있다. 따라서 다자적 체제에서 해결하지 못하는 무임승차자(free rider) 문제에 대하여 지역주의는 보다 더 효율적인 제재와 예방이 가능해진다.

인식제고와 학습효과   지역통합이 배타적 민족주의를 배제시키고 국가 간 상호의존성을 인식시키는 계기가 될 뿐만 아니라 지역무역협정의 협상과정에서 다자간자유화협정에 대한 노하우를 배우게 된다. 또한 지역무역협정에 따른 통상규범의 이행과정이 다자간 국제규범에 쉽게 적응할 수 있는 학습효과도 가져다준다. 또한 지역차원에서 이루어지는 자유화의 실시는 해당 국가의 관료·정부·국민들에게 일종의 전시효과(demonstration effect)를 발생시켜 자유화조치를 보다 쉽게 수용할 수 있는 환경을 만들어준다.

경쟁적 자유화와 톱니바퀴효과   지역통합 결성에 따른 경쟁적 자유화(competitive liberalization)가 이루어지는 경우 지역주의적 자유화가 다자주의적 자유화로 이어질 수 있다. 또한 지역적 수준의 자유화는 한번 맞물려 돌아가면 다시 뒤로 돌아갈 수 없는 톱니바퀴효과(ratcheting up effect)가 작용하므로 지역적 자유화와 다자주의적 자유화는 서로 맞물려 돌아가게 된다.[14]

개방적 지역주의 확대   경제통합체가 새로이 가입하고자 하는 신규회원국을 배제하지 않고 GATT 24조의 요건을 충족시키며 비회원국인 역외국과 자유화를 진전시키는 데 아무런 제약을 두지 않는 개방적 지역주의(open regionalism)를 추구할 경우 다자주의적 자유화에 모순되지 않는다.

(4) 다자주의와 지역주의의 향후 전망

⑴ 이상에서 살펴본 바와 같이, 지역주의는 다자주의적 세계무역자유화를 훼손하는 장애물이 될 수 있는 동시에 이를 촉진시키고 보완해주는 역할을 할 수도 있어 무역자유화에 대한 도전이자 기회가 되고 있다. 따라서 양자의 관계를 부정적으로 보는 사람들은 지역주의가 다자주의적 자유화에 걸림돌(stumbling block)이 되어 왔고 앞으로도 그러할 것이라고 주장하는 반면, 양자의 관계를 긍정적으로 보는 사람들은 지역주의가 다자주의적 자유화에 디딤돌(building block) 역할을 해왔고 또 앞으로도 그러할 것

---

14 C. F. Bergsten, "APEC and World Trade: A Force for Worldwide Liberalization," *Foreign Affairs*, 73. 3.(May–June 1994). 이러한 과정은 GATT의 다자간라운드에서도 찾아볼 수 있는데 1950년대 EEC형성이 딜론라운드와 케네디라운드 추진의 계기가 되었고 EC가 9개국으로 팽창하자 도쿄라운드가 출범하였다. 또한 미국-캐나다 및 미국-이스라엘간의 지역협정이 타결되자 EC가 UR협상개시에 찬동하였으며 미국이 UR협상의 막바지에 NAFTA·APEC 등을 연출한 것도 이러한 시각에서 볼 수 있다.

이라고 주장한다. 이에 따라 오늘날과 같은 세계화시대에 다자주의와 지역주의가 공존하는 이유에 대해서는 두 가지의 상반된 해석이 존재한다.

(1) 지역주의가 세계화시대의 다자주의로 가기 위한 징검다리라고 해석하는 견해이다. 소규모의 지역적 자유무역협정을 수행해가면서 국내경제의 구조와 체계를 미리 정비하고 취약한 부문을 미리 고쳐나가는 과정을 통하여 앞으로 전개될 세계 전체의 통합과 단일화에 미리 대비하는 효과가 있기 때문이다. 또한 최근 많은 나라들이 이러한 노력의 일환으로 양자 간 무역협정 체결을 확대해가고 있는데 이는 협상이 이루어지기 어려운 다자간 협상 대신에 상대적으로 협상이 더 쉬운 양자협정부터 해나간다는 취지로 이해할 수 있다는 것이다.

(2) 지역주의를 세계화현상에 대한 방어수단이라고 해석하는 견해이다. 세계화로 인해 무역경쟁이 더욱 치열해지고 아울러 금융의 자유화·탈규제가 심화됨에 따라 국제금융체제의 위기요인이 더 높아졌다. 그런데 이러한 경쟁압박과 금융위기 등 세계화의 도전에 대하여 개별국가들이 독자적으로 대체하기에는 역부족이고 따라서 지역적 차원에서 협력기반을 마련하기 위하여 지역주의가 확대되고 있다는 것이다.

② 이처럼 다자주의와 지역주의 간에는 서로 다른 속성이 존재하는데 이 중 어떤 속성이 더 강한가? 여기에 대해서는 아직까지 이론적으로나 경험적으로 명확한 결론이 내려지고 있지 않아 아직 일치된 견해를 발견하기 어렵다. 따라서 오늘날처럼 지역주의와 다자주의가 공존하고 있는 상태에서 보다 중요한 것은 다자주의와 지역주의가 서로 보완적으로 작용할 수 있도록 여건을 만들어주는 작업일 것이다.

이에 대하여 버그스텐(C. F. Bergsten)은 지금까지는 지역주의가 다자주의를 훼손하였다기보다는 오히려 상호보완적인 관계로 작용하였다고 보고 WTO로 상징되는 다자무역체제가 미국·일본·유럽의 3대 강대세력에 의하여 집단적으로 잘 경영될 수 있다면 지역주의가 다자주의에 긍정적 영향을 미칠 수 있다고 전제하면서, 범세계적인 자유화를 촉진시킬 수 있도록 지역협정들을 통합하기 위한 대협상을 제안하기도 하였다.[15]

결국 세계적으로 확산되고 있는 지역주의경향 그 자체를 억제하여 다자주의적 메커니즘 속으로 단일화시킬 수 없다면, 다자적으로 해결하지 못한 통상이슈들을 지역협정을 통하여 돌파구를 마련하는 기회를 갖도록 하는 동시에 WTO가 지역적인 경제

---

15 C. F. Bergsten, *Open Regionalism, IIE Working Paper* 97-3 (Institution of International Economics, 1997).

통합의 차별적 요소를 제한하고 규율하여 이른바 개방적 지역주의로 나아가도록 함으로써, 지역주의가 다자주의에 긍정적으로 작용하도록 하는 노력이 더욱 강화되고 보완되어야 할 것이다.

3.2 지역경제통합체와 GATT/WTO 체제

(1) 지역경제통합체에 대한 GATT/WTO 규범

① 기본적으로 지역경제통합에 따른 지역주의는 각국의 협정상대국에 대해서만 관세양허를 부여되기 때문에 GATT/WTO의 기본원칙인 비차별주의(특히 최혜국대우원칙)에 위배된다고 볼 수 있다. 그러나 GATT/WTO는 비차별주의 원리에 대한 예외조항으로서 지역경제통합을 허용하는 규정을 두어 왔다.

GATT 출범 당시 그 이전부터 유럽에 존재하였던 특혜적 지역무역협정이 다자체제의 비차별주의·최혜국대우원칙과 상충되기 때문에 다자체제를 출범시키려는 미국과 유럽이 이 문제를 두고 고심하지 않을 수 없었다. 만약 비차별주의에 충실한 다자체제를 만들면 이미 특혜협정을 맺은 유럽국가들이 참여하지 않을 수 있기 때문이다. 이러한 고심 끝에 비차별주의·최혜국대우원칙에 대한 예외로서 지역경제통합에 의한 특혜무역협정의 체결을 허용하게 되었다.

이렇게 비차별주의·최혜국대우 원리와 배치되는 지역주의가 GATT에 의하여 합법적으로 허용됨에 따라 GATT1947 이후의 지역주의는 그 이전시대와는 달리 이른바 「다자주의 속의 지역주의」가 되었다고 할 수 있다.[16] 다만 GATT/WTO규정은 이렇게 지역통합을 원칙적으로 허용하되 이에 대한 기본요건을 두어 지역주의가 남용되지 않도록 하였는데, 이러한 예외조항들의 내용을 살펴보면 다음과 같다.

□ GATT 24조

「GATT 24조」는 '자유무역의 증진을 위해 회원국들은 관세동맹·자유무역지대 또는 이들을 목표로 하는 잠정협정을 체결할 수 있다'고 규정하고 있다. 이와 관련하여 우선 역내국들은 역내국에서 생산되는 상품에 대하여 실질적으로 모든 교역(substantially all trade)에서 관세 및 기타 제한적 무역조치들을 제거하여야 하며, 역외국에 대해서는 ① 결성된 이후 역외국에 대한 전체적인 무역장벽수준이 결성 이전보다 더 높거나 제

---

16 E. Mansfield and H. Milner, "The Wave of Regionalism," *International Organization* 53.3 (1999) p.601.

한적이어서는 안 되며, ② 잠정협정의 경우 합리적인 기간 내에 관세동맹이나 자유무역지대로 발전해야 한다는 요건이 첨부되어 있다.

또한 1994년에 합의된 「GATT 24조에 대한 양해」에는 지역협정 이후의 관세나 무역규제수준을 측정하기 위하여 가중평균관세율과 수입관세징수액을 사용하기로 결정하였고 임시협정을 위한 합리적 기간도 불가피한 경우를 제외하고는 10년 이내여야 한다고 규정하였다. 이외에도 만약 GATT/WTO회원국이 관세동맹에 가입함으로써 역외국에게 기존에 부과하던 관세보다 더 높은 역외공동관세를 부과하는 경우 관세인상에 따른 피해를 보상하기 위하여 관련 역외국과 보상교섭에 응할 것을 요구하고 있다.

□ GATS 5조

「서비스무역에 관한 일반협정(GATS) 제5조」도 GATT 24조와 마찬가지로 일정한 요건과 감시를 전제로 지역경제통합체의 결성을 허용하고 있다. 다만 GATT 24조와는 달리 그 대상을 자유무역협정(FTA)과 관세동맹(CU)으로 규정하지 않고 '경제통합'(economic integration)이라는 이름으로 규정하였다.

이렇게 허용되는 경제통합체의 요건으로서는 ① 경제통합은 실질적인 서비스부문을 포괄하여야 하고, ② WTO회원국에 대한 모든 실질적 차별(substantially all discriminations)을 철폐하여야 하며, ③ 협정의 체결로 제3국에 대한 무역 및 투자 장벽의 수준이 더 높아져서는 안 된다는 것을 규정하고 있다. 한편 이 규정은 GATT 24조와는 달리 협정체결로 피해를 보는 제3국은 보상에 대한 합의가 이루어지지 않는 경우 구속력 있는 중재를 요청할 수 있고 중재가 이행되지 않을 경우에 보복을 가할 수 있다고 규정하고 있다.

□ 수권조항

GATT/WTO는 개도국이 처한 경제적 어려움을 감안하여 개도국에 대한 특혜를 제공할 경우 비차별주의·최혜국대우원칙에 대한 예외를 허용하는 「수권조항」(enabling clause)을 두고 있다. 이 조항은 개도국의 수출품에 대한 일반특혜관세제도(GSP)의 법적 기반을 제공하였다는 점에서 의의를 가질 뿐만 아니라 동 조항은 일부 개도국 간의 특혜적 무역협정 체결을 따로 허용하고 있다.

그러나 이러한 수권조항은 GATT 24조가 자유무역지대와 관세동맹 등과 같이 협정의 형태를 명시한 것과는 달리 협정형태에 대한 명시가 없어 어떠한 형태의 협정도 가능하도록 되어 있고, '역외국에 대한 무역장벽을 높이는 것이 되어서는 안 된다'는 제한규정을 두고 있으나 그 정도가 상기 GATT 24조나 GATS 5조에 비하여 매우 약한 수준에 머물러 있어 이에 대한 논란이 계속 이루어지고 있다.

② 이상과 같이 지역경제통합에 대한 GATT/WTO규정이나 절차들은 여전히 대단히 미흡한 상태로 남아 있다는 평가를 받고 있다. 따라서 WTO와 같은 다자주의가 강화되면서도 지역주의 역시 강화되는 이유로서 지역주의에 대한 다자체제의 규범들이 너무 미흡하고 느슨하기 때문이라는 지적도 받고 있다. 또한 지역무역협정을 규율하기 위한 GATT 24조가 채택될 50여 년 전 당시에는 경제통합은 어쩌다 체결되는 예외적인 경우라고 생각하여 이를 다자규범으로 채택하였다.

그러나 1980년대 후반 이후 지역통합체의 수가 급격히 늘어나고 실제로 역내외차별에 다른 현실적 문제가 나타남에 따라 기존의 자유무역협정 관련 다자간 규범 자체와 다자체제의 규범적용능력에 대하여 회의적인 시각이 증대되게 되었다. 이와 관련한 비판들을 대체로, 자유무역협정의 기준 또는 협정체결 후 역외국에 대한 무역장벽이 종전보다 높아서는 안 된다는 규정을 두고 있으나 규정의 의미가 명확치 않고 해석의 여지가 너무 광범위하여 실제로 이를 해석·적용하는 데에는 문제가 많다든지, 지역통합에 따른 차별은 거의 암묵적으로 이루어지고 있는 것이 현실인데도 WTO규정은 명백한 차별의 증거로 인한 피해의 경우에만 보상을 규정하고 있어 실효성을 기대하기 어렵다는 내용이다.

이러한 문제점들을 개선하고 해당 조문의 투명성을 높이기 위하여 UR협상과정에서 상술한 바와 같은 「GATT 제24조 해석에 관한 양해각서」를 WTO 최종협정문에 포함시켰다. 그러나 이를 통하여 약간의 투명성을 높인 것은 사실이지만 여전히 불투명한 곳이 많이 남아 있어 회원국들 간 갈등의 소지를 남기고 있다.

(2) WTO의 지역무역협정위원회

지금까지 논의한 대로 지역주의와 다자주의의 상호관계를 정확하게 규명하기는 어려우나 WTO로 대표되는 다자체제에서는 지역협정이 다자체제를 보완하여 무역자유화에 기여하도록 하여야 한다는 입장을 견지하고 있다. 이를 위하여 GATT/WTO는 한편으로는 지역경제통합에 관한 허용규정을 두어 비차별주의·최혜국대우원칙에 대한 예외를 규정하면서 또 다른 한편으로는 이러한 지역주의가 남용되지 않도록 지역무역협정에 대한 규율을 강화하여 역외국에 대한 차별적 요소를 완화시키고 지역무역협정에 의한 무역자유화조치가 역외국에게도 확대될 수 있는 방안을 강구하고 있다.

그러나 이와 관련된 규정의 미흡함과 불명확성 때문에 지역주의의 내재적 속성인 차별주의와 WTO의 기본원리인 비차별주의 간의 모순과 긴장을 조화롭게 절충하려는 당초의 목적을 충분히 달성하지는 못하고 있다. 상술한 대로 지역무역협정을 규율하기 위한 GATT 24조가 채택될 50여 년 전 당시에는 경제통합은 어쩌다 체결되는 예외적인 경우라고 생각하여 이를 다자규범으로 채택하였지만 오늘날과 같이 지역협정체가 급격히 확산되어 효과적인 통제를 할 수 없게 되자 UR협상과정에서 이에 대한 개정문제가 거론되었다.

그러나 다자체제의 규범은 다수의 국가들에 의하여 정해지므로 한번 결정되기도 어렵지만 결정된 이후 다시 개정되기도 쉽지 않은 속성을 가지고 있다. 따라서 UR협상과정에서도 「GATT 제24조 해석에 관한 양해각서」를 WTO최종협정문에 포함시켜 약간의 투명성을 높이는 작업이 이루어진 것 이외에는 별다른 성과를 가져오지 못하였고, 다만 지역무역협정위원회를 신설하여 관련 문제를 논의하자는 것으로 결론이 나고 말았다.

이에 따라 1995년 WTO 내에 「지역무역협정위원회」(CRTA: Committee on Regional Trade Agreements)를 상설기구로서 설치하였다. 이 위원회는 지역무역협정들을 총괄적으로 검토하고 지역주의와 다자체제 간의 근본적인 관계에 대한 연구 등을 중점적으로 행하는 상설기구로서 WTO 일반이사회는 ① 지역무역협정의 내용 검토, ② 의무보고 내용 검토 및 적절한 정책권고, ③ 신속한 검토절차의 개발, ④ 적절한 권고 등의 업무를 이 위원회에 위임하였다. 그러나 이 위원회가 전반적으로 당초 기대했던 만큼의 뚜렷한 실질적 효과를 내지는 못하고 있다는 것이 일반적 평가이다.

2절 지역경제통합의 경제적 효과

지역경제통합은 〈표 8-5〉가 보여주는 바와 같이 경제통합에 참여하는 역내국에게는 물론 통합에 참여하지 않는 역외국 또는 세계경제에 대해서도 다양한 정치경제적 영향을 미치게 된다. 이하에서는 이러한 경제통합의 경제적 효과를 역내국에 대한 효과(정태적 효과와 동태적 효과)를 중심으로 설명하고 끝으로 역외국 및 세계후생에 미치는 경제적 효과에 대하여 설명한다. 이때 정태적 효과(static effect)란 경제통합으로 생산조건이 변화되지 않는다는 전제 하에 발생될 수 있는 단기적인 효과를 말하고, 동태적 효과(dynamic effect)란 경제통합으로 생산조건이 변화함에 따라 발생할 수 있는 장기적 효과를 말한다.

표 8-5   지역경제통합의 경제적 효과

구분		경제적 효과의 내용
정태적 효과	▪ 무역창출효과 ▪ 무역전환효과	▪ 역내 무역장벽철폐→역내무역의 증가→후생증가 ▪ 더 효율적 역외국에서 역내국으로의 수입선 전환→후생감소
	▪ 입지효과 ▪ 교역조건효과	▪ 생산입지 재배치(비교우위국의 입지증대, 비교열위국의 산업이탈) ▪ 무역창출이나 무역전환에 따른 대외교역조건의 변화
동태적 효과 (대시장효과)	▪ 규모경제효과 ▪ 경쟁촉진효과 ▪ 효율증대효과 ▪ 투자유치효과	▪ 무역장벽철폐→시장의 통합·확대→규모의 경제 달성 ▪ 무역장벽철폐→경쟁의 증가→효율성과 생산성 증진 ▪ 요소의 자유로운 이동으로 인한 자원의 효율성증대 ▪ 무역장벽철폐→역내 직접투자 및 역외국의 직접투자 증대
정치경제적 효과	▪ 안전보장효과 ▪ 협상력효과 ▪ 개혁개방효과	▪ 통합체 내의 정치적 동맹·결속강화로 안전보장 강화 ▪ 소수국가의 통합·경제공동체결성을 통한 대외협상력 증강 ▪ 외부적 힘(개혁의 조류)에 의한 국내의 개혁·개방의 성취
역외국에 대한 효과	▪ 역외국 효과 ▪ 세계후생효과	▪ 1차적·직접적인 부정적 효과와 2차적·간접적인 긍정적 효과 ▪ 어떤 지역의 경제통합으로 인한 세계후생의 변화 효과

1 역내국의 정태적 효과

1.1 무역창출/무역전환효과

경제통합의 경제적 효과를 설명하는 이론은 결국 '원산지가 어디냐에 따라 관세를 차별화하는 경우 어떠한 경제적 효과가 나타나는가'에 대한 이론이다. 경제통합으로 역내국에 대해서는 관세를 인하하거나 철폐하는 한편 역외국에 대해서는 종전과 같은 관세를 부과하거나 아니면 공동의 관세를 부과함으로써 결국 역내국과 역외국에 대한 관세가 차별화되기 때문이다.

① 경제통합이 역내국의 후생에 어떠한 영향을 미치는가를 가장 먼저 체계화한 이론은 바이너(J. Viner)의 「관세동맹이론」이었다. 관세동맹에 대한 이러한 연구가 고전이 되어 오늘날까지도 여전히 이러한 개념의 원용을 통한 논의가 이루어지고 있다. 바이너 이전의 관세동맹에 대한 일반적인 견해는, 관세동맹이 일정지역 내의 자유무역을

가능케 함으로써 세계의 무역자유화에 기여한다고 생각하였으므로, 가입국의 후생은
물론 세계의 후생도 증가시킨다는 것이었다. 이에 대하여 바이너(J. Viner)는, 관세동맹
을 통하여 역내국 간에 관세 및 비관세장벽을 철폐하면 역내회원국 모두가 이익을 얻
게 될 것처럼 보이지만, 관세동맹의 결성이 역내국의 후생에 반드시 유리한 결과만을
가져오는 것이 아니라는 것을 무역창출효과와 무역전환효과를 통하여 설명하였다.[17]

□ 무역창출효과

무역자유화로 인하여 종전에 발생하지 않았던 새로운 무역이 발생되는 효과가 「무
역창출효과」(trade creating effect)인데, 이로 인하여 역내국의 후생이 증대된다.

관세동맹으로 동맹국 상호간의 관세가 철폐되면 어떤 역내국이 다른 역내국으로
부터 수입하는 상품의 국내가격은 하락한다. 따라서 지금까지 국제적으로 교역되지
않았던 상품이 경제통합으로 인해 역내에서 교역되기 시작한다. 경제통합이 이루어지
기 전에는 역내국 간 무역장벽 때문에 비효율적인 국내생산자에 의하여 생산된 제품
을 소비하였지만 통합 후에는 자신보다 더 효율적으로 생산하는 역내 다른 동맹국의
제품을 소비함으로써 지금까지 이루어지지 않았던 새로운 무역이 창출되는 효과이다.
이처럼 무역창출효과는 역내의 효율적인 자원배분을 가능하게 하므로 소비증가·무역
확대로 연결되어 역내국들의 소득과 후생을 증가시키는 효과가 발생된다.

□ 무역전환효과

관세동맹이 성립되기 전에 역외국으로부터 수입되던 상품이 관세동맹 후 그 제품
의 수입선이 역내에 있는 타 가맹국으로 전환되는 효과가 「무역전환효과」(trade diverting
effect)인데, 이로 인하여 역내국의 후생은 감소된다.

관세동맹 후 역내국 간에는 관세가 철폐되고 역외국에 대해서는 차별관세가 부과
되면 이러한 무역장벽의 차이 때문에 역외수출국에 비하여 오히려 생산비가 더 높은

---

17 J. Viner, T*he Customs Union Issue* (Carnegie Endowment for International Peace, 1950). 1960년대
  이후 라이벤슈타인(Leibenstein), 롭슨(Robson)과 코던(Corden)은 관세동맹 결성이 시장 확대를 통해 기
  업효율성에 영향을 미치는 동태적 효과에 관한 연구, 쿠퍼(Cooper)와 마셀(Massell)은 관세동맹의 무차
  별적 관세인하에 관한 연구, 존슨(Johnson)은 관세동맹이 선호되는 이유에 관한 연구들을 통해 이러한
  관세동맹이론을 더욱 더 발전시켜 왔다. H. Leibenstein "Allocative Efficiency versus X-efficiency,"
  American Economic Review vol. 56 (1966) pp.392-415; P. Robson & W. M. Corden, "The
  Efficiency Effects of Trade and Protection," in I .A. McDogall, & R. H Snape, eds, *Studies in
  International Economics* (1970) pp.1-17; C. A, Cooper & B. F, Massell, "Toward a General Theory
  of Customs Union Theory for Developing Countries," *Journal of Political Economy* (Oct., 1965)
  pp.742-47; H,. Johnson "An Economic Theory of Protectionism, Tariff Bargaining and the
  Formation of Customs Union," *Journal of Political Economy* (June, 1965).

역내 타 동맹국의 제품이 수입될 수 있기 때문이다. 이러한 무역전환효과가 발생하면 상품생산지가 생산비가 더 낮은 역외국으로부터 더 높은 역내 동맹국으로 이동하여, 더 효율적인 역외생산이 오히려 덜 효율적인 역내생산으로 대체되므로 자원의 비효율적 배분이 초래된다. 따라서 이러한 무역전환효과로 인하여 역내국들의 후생수준을 감소시킨다.

② 이와 같은 경제통합의 무역창출효과와 무역전환효과를 〈표 8−6〉이 비교하고 있다. 경제통합으로 인한 최종적인 경제후생의 순효과(net-effect)는 결국 무역창출효과(+후생효과)와 무역전환효과(−후생효과)의 크기가 어떠한가에 따라 결정된다. 따라서 무역전환효과가 무역창출효과를 능가하는 경우 때로는 경제통합이 가맹국의 후생을 오히려 감소시킬 수도 있다.

표 8-6   무역창출효과와 무역전환효과의 비교

구분	무역창출효과	무역전환효과
역내무역규모변화	증대됨	증대됨
무역발생패턴변화	새로운 무역이 창출됨 (역내자유화 따른 무역창출)	기존의 수입선이 변경됨 (수입선: 역외수출국 → 역내회원국)
생산입지의 변동	비효율적인 자국 내 생산→ 더 효율적인 역내 타국생산	더 효율적인 역외국 생산→ 덜 효율적인 역내국 생산
비교우위의 원리	비교우위원리 적용됨	비교우위원리에 역행됨
자원의 배분효과	효율적인 자원배분 달성됨	비효율적 자원배분 초래됨
국민의 후생수준	역내무역자유화 의한 후생증대효과	역외차별화로 인한 후생감소효과

경제통합에 대한 이러한 바이너(J. Viner)의 경제적 효율성평가에 대해서는 ① 정태적인 측면만을 분석하여 경제통합의 동태적인 효과를 무시하고 있다는 비판, ② 생산측면만을 고려하려 관세동맹 이후 소비패턴과 소비후생의 변화를 고려하고 있지 못하다는 비판,[18] ③ 관세동맹 결성 전 역내국 간에 존재하는 무역장벽이 관세인 경우에는 무역전환으로 인한 후생감소가 발생하지만 그러한 무역장벽이 비관세장벽(NTB)인 경우는 반드시 그렇지 않을 수도 있다는 비판 등이 행하여졌다.

---

18 실제로 이러한 관세동맹의 소비효과에 대한 연구가 J. E. Meade와 R. G. Lipsy 등에 의해 전개되었다.

1.2 관세동맹의 후생효과

이상과 같은 관세동맹의 무역창출효과·무역전환효과·후생효과를 부분균형분석방법으로 보여주고 있는 것이 [그림 8-3]이다. 이때 D는 국내수요곡선, S는 국내공급곡선을 나타내고 PA선과 P_0B선은 각각 A국과 B국의 수출공급곡선을 나타내는데, 이것이 수평선으로 나타나 있는 것은 이들이 대국(우리나라가 소국)이어서 우리나라의 수입량변화에 그들의 수출가격이 영향을 받지 않음을 가정하였기 때문이다.

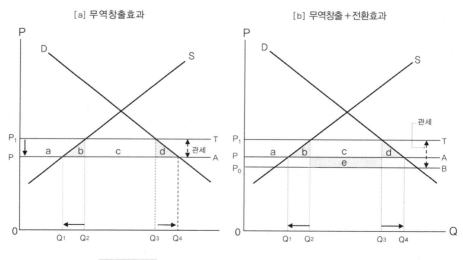

그림 8-3 관세동맹의 무역창출효과와 무역전환효과

분석의 편의를 위하여 세계가 3개 국가(우리나라·역내국 A국·역외국 B국)로 구성되어 있다고 가정하자. 이때 우리나라의 가격이 가장 높고 역외국인 B국의 가격(P_0)이 가장 낮아 우리나라는 이 제품을 역외국인 B국으로부터 수입하고 있다. 그런데 우리나라와 A국 간에 관세동맹이 체결되어 양국 간에는 관세가 철폐되는 대신 B국에 대해서는 높은 공동관세가 부과되면 우리나라의 수입선이 B국으로부터 A국으로 전환된다. 이 경우 역내국인 A국과는 새로운 무역이 발생되어 「무역창출효과」가 발생하지만 역외국인 B국으로부터의 수입이 A국으로 대체되어 「무역전환효과」가 발생된다.

관세동맹에 따른 이러한 무역창출효과와 무역전환효과로 인하여 우리나라의 생산·소비·무역·후생이 어떻게 변동되는가를 [그림 8-3]을 통하여 살펴보면 다음과 같다.

(1) 무역창출효과만 발생하는 경우

왼쪽 그림 [a]는 무역창출효과만 존재하는 경우를 나타내고 있는데 관세동맹이 체결되기 전 우리나라는 A국의 수출가격 P에 $P_1P(=TA)$만큼의 관세를 부과하여 국내가격이 P_1이 되었다. 이러한 가격 하에서 OQ_2만큼 국내생산하고 OQ_3만큼 소비하여 부족분 Q_2Q_3를 A국으로부터 수입하고 있다. 관세의 경제적 효과와 관련하여 학습하였듯이, 이러한 관세부과로 인하여 우리나라는 면적 $b+d$만큼의 후생순손실을 입게 되고 면적 c만큼의 재정수입이 발생하고 있다.

이때 우리나라와 A국 간에 관세동맹이 체결되어 관세($P_1P=TA$)가 철폐되면 국내가격은 수입가격과 동일한 P가 되어 국내생산은 OQ_2에서 OQ_1으로 감소하고 국내소비는 OQ_3에서 OQ_4로 증가하여 수입량이 Q_2Q_3에서 Q_1Q_4로 증가한다. 이러한 변화로 인하여 소비자후생은 면적 $a+b+c+d$만큼 증가하는데 이 중 면적 a는 생산자잉여가 소비자잉여로 이전된 것이고 면적 c는 정부의 관세수입이 소비자잉여로 이전된 것으로서 결국 우리나라의 순후생은 면적 $b+d$만큼(관세부과로 인하여 감소되었던 순후생만큼) 증대된다.[19] 따라서 무역창출효과만 발생하는 경우 관세동맹은 가맹국의 후생을 증가시킨다는 것을 알 수 있다.

(2) 무역창출 및 무역전환효과 동시 발생 경우

무역창출효과만 발생하는 왼쪽 그림 [a]와 달리 오른쪽 그림 [b]는 무역창출효과와 무역전환효과가 동시에 발생하는 일반적인 경우를 나타나고 있다. 관세동맹이 체결되기 이전 외국의 수출가격이 A국의 경우 P이지만 B국의 경우 P_0이므로 우리나라는 당연히 수출가격이 가장 낮은 B국으로부터 이 제품을 수입하고 있다.

그런데 이제 우리나라와 A국 간에 관세동맹이 체결되어 양국간에는 관세($P_1P=TA$)가 철폐되는 대신 역외국인 B국에 대해서는 높은 공동관세($P_1P_0=TB$)가 부과되면, 역내국인 A국의 수출가격(P)이 역외국인 B국의 수출가격에 관세를 더한 가격(P_1)보다 낮아지게 되어 우리나라의 수입선이 더 효율적인 B국으로부터 덜 효율적인 A국으로 전환되는 무역전환효과가 발생된다.

---

19 관세동맹의 결성으로 인한 순후생증대 면적 $b+d$ 중 면적 b는 국내생산이 고비용인 우리나라로부터 저비용인 A국으로 전환됨에 따른 후생증대이고 면적 d는 국내소비가 우리나라로 제품으로부터 A국의 제품으로 전환됨에 따른 후생증대이다. 바이너(J. Viner)는 그의 관세동맹이론에서 전자에 대해서만 주목하였을 뿐 후자에 대해서는 간과하였다.

이와 같이 무역창출효과와 무역전환효과가 동시에 발생하는 경우의 후생효과를 살펴보면, 무역창출효과로 인한 후생증가가 면적 $b+d$ 만큼 존재하지만 무역전환효과로 인한 관세수입의 손실이 면적 e 만큼 추가되므로, 결국 순후생효과는 면적 $b+d-e$ 로 표시된다. 만약 무역창출효과가 무역전환효과보다 큰 경우($b+d>e$) 우리나라의 순후생은 증가하지만 무역창출효과가 무역전환효과보다 작은 경우($b+d<e$) 우리나라의 순후생은 오히려 감소하게 된다. 말하자면 관세동맹으로 인하여 역내국의 후생이 항상 증가(+)되는 것이 아니라 상황에 따라서는 오히려 감소(−)될 수도 있다는 것이다.

이러한 결론에 따라 관세동맹의 후생효과가 실질적으로 어떻게 나타나는가를 실증적으로 측정하기 위한 연구가 많이 이루어졌다. 이에 대한 대표적인 연구로서는 EEC에 대한 연구결과를 종합 검토한 발라사(B. Balassa)의 연구를 들 수 있다.[20] 그는 EEC의 경우 무역창출효과가 절대적으로 상당한 수준에 이르러 무역전환효과를 몇 배 능가하는 수준이라고 평가하고 다만 농산물의 수입이 미국·캐나다·호주와 같은 효율적인 역외국으로부터 덜 효율적인 유럽 내 국가로 전환되어 무역전환효과 역시 상당히 컸을 것이라고 분석하였다.

1.3 관세동맹의 교역조건효과

위에서 살펴본 관세동맹의 경제적 효과는 소수의 국가들이 동맹에 참여하고 많은 역외국들이 존재하는 경우를 상정하여 역외국의 수출공급곡선이 수평적인 직선임을 가정하였다. 따라서 관세동맹이 교역조건을 변동시킬 만큼 대규모로 형성된 것이 아니므로 세계시장에 어떠한 지배력을 가지지도 못하는 경우를 전제로 하였다. 그러나 관세동맹에 참여하는 국가의 수가 많아져 세계시장에 대한 그 동맹의 시장지배력이 커지면 역외국의 수출공급곡선이 완전탄력적일 수 없다. 이러한 경우 관세동맹은 역외국의 수출가격에 영향을 미치게 되어 관세동맹에 따른 교역조건효과가 발생된다.

관세동맹의 가맹국들이 역외국에 공동관세를 부과하면 이로 인해 역내상품이 보호받게 되고 따라서 역내국으로의 수입전환효과가 발생하여 역외국에 대한 수입수요가 감소한다. 이때 역내 회원국들의 수입수요가 세계시장에서의 국제가격에 영향을 미칠 정도로 크게 감소되면, 역외국은 수출량의 감소를 막기 위하여 수출가격을 낮추게 되어 경제통합 이전보다 저렴한 가격으로 수입이 가능해진다. 따라서 관세동맹은

---

20 B. Balassa, *European Economic Integration* (North Holland, 1975) p.116.

이러한 무역전환효과를 통하여 역내국의 교역조건을 개선시킬 수 있다. (말하자면 우리가 제3장 제3절에서 논의한 최적관세론의 이론이 적용되게 된다.)

이러한 교역조건개선효과는 역내국의 경제규모가 크면 클수록, 또한 역외국의 수입상품에 대한 공급의 가격탄력성이 비탄력적일수록 더 커진다. 왜냐하면 공급의 가격탄력성이 낮을수록 수요변화에 대한 가격의 변화폭이 크므로 수입전환효과 등으로 인하여 수입수요가 감소하는 경우에 수입가격이 더 크게 하락하기 때문이다. 따라서 관세동맹의 경제규모가 작아서 세계시장가격에 영향을 주지 못하거나 수출국의 공급에 대한 가격탄력성이 탄력적인 경우 이러한 교역조건개선효과는 나타나지 않으며 때로는 교역조건이 악화될 수도 있다. 특히 관세동맹으로 인하여 무역창출효과가 나타나고 이러한 무역창출효과에 따른 소득증가로 인하여 수입수요가 증가하는 경우 교역조건이 악화될 수 있다.

1.4 성공적인 관세동맹의 조건

① 이상과 같은 관세동맹의 경제적 효과에 대한 분석결과를 토대로 관세동맹이 역내후생을 증대시키고 성공적인 경제통합이 되기 위한 조건을 살펴보면 다음과 같다.

관세율과 가격탄력성   관세동맹이 이루어지기 전 최초의 관세율이 높을수록, 국내공급 및 수요의 가격탄력성이 클수록(공급곡선과 수요곡선의 기울기가 작을수록) 관세동맹으로 인한 무역창출효과와 후생증대효과가 커져 바람직한 관세동맹형태가 된다. 또한 관세동맹 이전 역내국과 역외국에 대한 관세율(무역장벽)의 차이가 클수록, 관세동맹 이후 역내국과 역외국 간의 관세율(무역장벽)의 차이가 낮을수록 무역창출효과는 크고 무역전환효과가 작아서 바람직한 관세동맹형태가 된다.

가격(생산비)의 차이   관세동맹 이전 역내국의 가격(생산비)과 역외국의 가격(생산비)의 차이(AB)가 작을수록 무역전환에 따른 후생감소효과(면적 e)가 작아지므로 바람직한 관세동맹 형태가 된다.

관세동맹의 크기   역내국 간의 무역량이 클수록 또는 가맹국 수가 많을수록 역내에 더 낮은 비용으로 생산하는 효율적인 기업이 많을 가능성도 있고 더 큰 규모의 경제를 달성하기도 쉬우므로 무역창출효과 및 후생증대효과가 커진다. 또한 가맹국 수가 많고 역내 무역량이 커지게 되면 상술한 교역조건개선효과로 인한 후생증대효과도 발생할 수 있다. 극단적인 경우 세계전체의 모든 나라들이 관세동맹에 참여한다면 전 세계가 자유무역을 하는 것과 같아지므로 가장 바람직한 형태가 될 것이다. 이와 반대로 역외국과의 무역량이 크거나 역외국의 숫자가 매우 많은 경우 무역전환효과가 커진다.

역내국의 생산구조 역내국들의 생산구조가 유사하여 생산이 중첩되는 부분이 많고 상호 경쟁적일수록 바람직한 관세동맹형태가 된다. 역내국들이 모두 서로 다른 별개의 제품을 생산하여 수출한다면 생산 측면의 무역창출효과가 발생하지 않기 때문이다. 따라서 보완적인 생산구조를 가진 공업국과 농업국 간의 관세동맹보다는 경쟁적인 생산구조를 가진 공업국과 공업국 간의 관세동맹이 전문화(특화)로 인한 이익을 더 크게 기대할 수 있으므로 더 바람직한 관세동맹형태가 된다.[21]

지리적·역사적 근접성 가맹국끼리의 거리가 가까울수록 수송비 등이 작아져서 무역창출에 대한 장애가 감소되며 관세동맹 이전 가맹국 간의 무역 및 경제관계가 긴밀할수록 더 큰 무역창출효과를 기대할 수 있으므로 바람직한 관세동맹형태가 된다.[22]

② 이상에서 알 수 있듯이 바람직한 관세동맹의 형태는 결국 통합을 통하여 자원의 효율적 배분이 증대되거나 자원의 효율적 배분이 저해되는 요소가 작아질 때이다. 그런데 어떠한 국가가 바람직한 자유무역협정의 대상국이 될 있는가라는 문제와 관련된 논의로서 이른바 「중력모델」(gravity model)이 있다.

이 이론은 원래 물리학의 중력이론을 국제무역에 응용하여 국제무역의 흐름이 경제규모(국민총생산)와 국가 간 거리(수송비용)에 의하여 결정된다는 이론이다. 경제통합의 경제적 효과분석에 이러한 논리를 적용하면 잠재적 가맹국들의 경제규모·인구규모·1인당 소득수준·가맹국 간의 지리적 거리 등이 경제통합의 경제적 효과에 영향을 미친다고 할 수 있다. 따라서 경제통합을 행함에 있어 경제규모가 크고 클수록, 소득수준이 높으면 높을수록, 지리적으로 가까운 국가일수록 더 매력적인 경제통합의 체결대상국이라고 평가하였다.[23]

---

21 이에 대해서는 정반대의 입장에 서 있는 경제학자들이 있다. 그들은 가맹국들의 산업구조가 보완적인 성격을 가질수록 생산요소들이 서로 경합하지 않고 대량생산으로 인한 이득도 커지므로 농업국과 공업국간의 관세동맹이 경제통합으로 인한 이득이 커질 것이라고 주장한다.

22 크루그만은 지리적으로 서로 인접한 국가들 간의 경제통합을 '자연적 무역블록'(natural trade bloc)이라고 하고 이러한 무역블록의 경우 수송비·통신비의 이점을 극대화하면서 무역전환효과나 후생감소효과도 그리 크지 않다고 주장하였다. Paul R. Krugman, "Free Trade: A Loss of Nerve? The Narrow and Broad Arguments for Free Trade," *American Economic Review* 83.2 (May 1993) pp.63-64.

23 Jeffrey A. Frankel, *Regional Trading Blocks in the World Economic System* (Institute for International Economics, 1997) pp.165-95. 프랑켈은 이 논문에서 중력모델의 개념을 경제규모·지

2 역내국의 동태적 효과

이상에 우리는 경제통합에 따른 무역창출효과와 무역전환효과가 정태적인 자원배분효과나 후생효과를 발생시킨다는 것을 분석하였지만 경제통합은 이러한 정태적 효과 뿐만 아니라 역내국의 경제성장과 경제발전을 촉진시키는 동태적인 효과도 발생시킨다. 경제학자들 중에는 앞에서 설명한 경제통합의 정태적 효과보다는 경제통합에 의하여 달성될 수 있는 이러한 동태적 효과가 더 중요하다고 강조하는 사람들이 많다.[24]

① 경제통합에 따르는 여러 가지 동태적 효과들이 발생하지만 대체로 다음과 같은 경제적 변화들이 대표적인 동태적 효과로 예거된다.

시장의 확대   경제통합으로 인하여 대규모생산이 가능하게 되면 이에 따른 규모의 경제효과(economies of scale)가 발생한다. 시장규모가 확대됨으로써 생산비용이 낮아져 저렴한 가격의 상품을 역내시장에 공급할 수 있을 뿐만 아니라 역외시장에서 역내상품의 가격경쟁력이 강화된다. 경제규모가 크지 않는 소국들의 경제통합의 유력한 근거가 된다. 또한 시장이 확대되는 것은 이러한 규모의 경제와 함께 범위의 경제(economies of scope)가 실현될 수 있다. 시장규모가 확대되면 제품차별화나 생산공정의 다양화를 통하여 세계적 수요의 다양화에 대한 적응력을 높여 신축적 생산체제와 신축적 국제분업체제가 가능해지기 때문이다.

경쟁촉진 및 경제성장   경제통합을 통한 시장개빙이 이루어지면 역내 동종 기업들 간 치열한 경쟁이 이루어지는 경쟁촉진효과가 발생되어 역내기업의 경쟁력이 강화되고 비효율적인 산업이 도태되어 역내경제의 효율성이 증대된다. 또한 지역경제통합으로 실질적인 무역장벽과 불확실성이 제거되면 이에 따른 투자증대·R&D활성화 등이 수반되어 경제성장이 가속화 될 수 있다.

생산효율증대 및 거래비용감소   경제통합으로 역내국 간의 노동과 자본 등 생산요소

리적 거리 이외에 국제적 생산네트워크·문화적 유사성 등으로 확대하였다.

24 일반적으로 관세동맹의 정태적 효과에 대한 추정치는, 비록 이것을 실증적으로 측정하기가 쉽지 않지만, 그 크기가 매우 작은 것으로 나타나고 있다. 한 예로 존슨(H. G. Johnson)의 연구에 따르면 영국이 EEC에 가입하였을 때 얻을 수 있는 효과는 GNP의 1%에 불과한 것으로 추정하였고, 발라사(B. Balassa)도 관세동맹의 동태적 효과가 정태적 효과보다 크다고 주장하였다. H. G. Johnson, "The Gains from Freer Trade with Europe: An Estimate," *Manchester School of Economics and Social Studies*, vol.26 (Sept. 1958) pp.247-255.

의 자유로운 이동이 이루어지면 보다 효율적인 자원의 이용으로 생산효율성 증대효과가 나타난다. 또한 경제통합은 연구개발투자의 활성화를 초래하여 기술혁신과 생산성 향상이 촉진된다. 또한 경제통합은 역내국 간에 존재하는 각종 무역장벽을 제거해 주고 역내국 간에 기술·규격 등에 대한 표준화가 이루어짐에 따라 제조 및 마케팅 비용이 절감되는 거래비용감소효과도 발생된다.

자본·기술이전 촉진과 대외협상력제고   경제통합으로 역내국 간 무역장벽이 제거되면 역내국 간의 자본·기술의 이전은 물론 역외국기업들이 경제통합으로 인한 역외차별화 장벽을 피하기 위하여 역내국에 대한 생산기지 이전이나 합작투자를 증가시킴에 따라 역내국에 대한 자본 및 기술이전이 촉진된다. 뿐만 아니라, 경제통합으로 시장규모와 경제력이 확대됨에 따라 무역협상에서도 우위를 점할 수 있어 역내국의 대외협상력이 제고될 수 있다.

② 시토브스키(T. Scitovsky)는 일찍이 경제통합이 결성됨에 따라 '대시장화(大市場化) → 경쟁격화 → 대량생산방식 채택 → 코스트인하 → 가격하락 → 소비증가 → 대시장화'라는 경제순환의 확대과정을 통하여 경제통합의 이익이 발생된다는 「대시장이론」을 제시하였다.[25] 그는 경제통합의 동태적 효과로서 ① 대량생산과 규모의 경제, ② 외부경제(기술혁신·특화·경영관리상의 이익 등), ③ 경쟁이 격화되는 시장구조, ④ 대외거래의 불확실성 및 위험성 감소로 인한 무역확대 및 투자확대의 과정을 통해 관련 국가들의 경제성장을 촉진하는 효과를 예거하고 있다.

3 역외국 및 세계후생에 미치는 효과

3.1 역외국에 미치는 경제적 효과

지역경제통합체가 결성되는 경우 역내국들은 관세철폐 등으로 특혜를 받지만 역외국은 역내국과 동일한 특혜를 받지 못하여 그 자체가 차별적일 뿐만 아니라 역외국에 대한 공통관세가 부과되면 더욱더 차별대우를 받게 된다. 이러한 차별이 비록 역내국 간의 경제협력증대에 따른 반사적인 결과라고 하더라도 역외국은 그만큼 불리해지는 것이 사실이다. 역내국은 무역전환효과로 인한 손실을 무역창출효과를 통하여

---

25 T. Scitovsky, *Economic Theory and Western European Integration* (Stanford University Press, 1958).

상쇄할 수 있는 기회가 있지만 역외국은 일방적으로 손실을 강요당하기 때문이다.

그러나 역외국의 경우에도 이러한 부정적 효과 뿐만 아니라 장기적으로는 일정한 긍정적 효과를 일정부분 누릴 수 있게 되는데 다른 나라의 경제통합으로 인하여 역외국이 받을 수 있는 긍정적·부정적 효과를 살펴보면 다음과 같다.

부정적 효과　우선 역외국들이 받게 되는 손실은 역내국이 받게 되는 편익의 반대 방향에서 발생된다. 즉 ① 종전까지 역외국에서 수입되던 상품이 경제통합 이후 역내국에서 수입되는 무역전환효과로 인하여 역외국의 수출이 감소되고, ② 경제통합으로 역내국의 교역조건개선효과가 발생되는 경우 역외국의 교역조건이 악화될 수 있으며, ③ 경제통합으로 역내국 기업의 경쟁력이 강화되면 역외국 기업들은 통합지역 내에서는 물론이고 제3시장에서 역내국 기업들과 치열한 경쟁을 해야만 하며, ④ 세계적 다국적기업들이 이러한 지역경제통합체로 생산기지를 옮기거나 자국 기업들이 국내투자 대신 경제통합 지역에 대한 직접투자로 진출하는 경우 투자전환(investment diversion)에 따르는 손해를 볼 수 있다.

긍정적 효과　그러나 경제통합으로 인하여 역내국 간의 시장통합이 이루어져 이로 인해 그들의 실질소득이 증가하고 경제발전이 이루어지면 역외국들 역시 이에 따른 몇 가지의 긍정적 효과를 누릴 수 있게 된다. 즉 ① 경제통합으로 인하여 역내국의 실질소득이 증대되고 경제가 성장하면 역내국의 수입수요가 증가됨으로써 역외국의 수출기회가 확대되는 무역증대효과. ② 역내국시장의 확대로 발생하는 규모의 경제효과, ③ 경제통합으로 역내국의 기술 및 규격 등이 표준화되고 간소화되는 경우 역외국의 수출비용이 감소되어 역내국과의 교역이 촉진되는 효과, ④ 역외생산이 역내생산에 비하여 불리할 경우 역외국의 역내국에 대한 투자가 촉진되는 효과 등이 그것이다.

이렇게 역외국 역시 경제통합체의 출현으로 인한 부정적 효과와 긍정적 효과를 동시에 가질 수 있지만 역외국이 받게 되는 경제적 효과들 중 부정적 효과는 보다 직접적이고 1차적인 효과임에 비하여 긍정적 효과는 보다 간접적이고 2차적인 성격을 지니고 있는 것이 사실이다.

3.2 세계후생에 미치는 경제적 효과

지금까지의 분석이 모두 경제통합의 경제적 효과를 일 국가적 차원에서 논의한 것인데 비하여 오늘날과 같이 지역경제통합이 세계경제의 보편적 현상으로 나타나고 있고 각각의 경제통합체가 독립된 무역블록으로 작용할 때 이로 인해 세계 전체의 후생수준이 어떻게 될 것인가에 대한 논의가 이루어지기도 하였다.

이러한 경우 세계 전체의 후생수준이 어떻게 변화되느냐는 각각의 경제통합체들이 역외국에 대한 관세수준을 어떻게 유지하느냐에 따라 달라진다. 그러나 관세수준이 동일하더라도 경제통합체의 숫자에 따라 그 후생수준이 어떻게 될 것인가에 대한 논의도 관심을 끌고 있다. 만약 세계 전체가 하나의 경제통합체로 존재한다면 세계전체가 하나의 자유무역체제를 달성하는 것인 만큼 세계후생은 극대화될 것이고, 세계전체가 무수히 많은 경제통합체로 분리될 경우 각 통합체는 제한된 시장지배력만을 가지므로 이 또한 후생의 감소문제는 무시되어도 좋을 것이다.

결국 이러한 양극단의 어떤 중간상태에 머무는 경우 세계후생은 필연적으로 감소하는데 과연 몇 개의 경제통합체가 배타적으로 존재하는 경우 세계의 무역잠재력을 가장 왜곡할 수 있는가 하는 문제가 제기되었다. 이에 대해 크루그만(Paul Krugman)은 무역블록 수와 상품 간의 대체탄력성을 매개변수로 하여 무역블록에 따른 경제적 후생변화를 분석하였다.[26]

이러한 그의 분석결과는 놀랍게도 세계가 3개의 무역블록으로 분할되어 정립되어 있을 때 세계의 후생감소효과가 극대화된다는 것이었다. 공교롭게도 EU·미국·일본을 중심으로 하는 세계경제의 3극화(triard)가 시현되고 있는 현실에서 이러한 가설이 주는 의미는 매우 크다. 그러나 이러한 그의 결론은 국제무역에 있어 국가 간의 대칭성이라는 비현실적 가정 위에서 정립된 결론이므로 제한적인 측면을 지니고 있고 그 자신도 무역블록 숫자와 경제적 후생 간에는 직접적인 연관이 없을 수도 있다는 점을 인정하였다.

현실세계가 크루그만이 상정하였듯이 무역블록 수의 감소에 따라 역외국에 대한 관세율이 높아지고 세계 전체가 소수의 배타적 무역블록으로 분리되어 있다면 지역주의는 분명 세계후생을 저해하게 되므로 엄격히 규제되어야 할 것이다. 그러나 현실세계가 3대 경제권으로 분리되고 있음에도 불구하고 역외관세가 높아지거나 추가적인 무역장벽이 높아지고 있지는 않은 점을 고려할 때 이러한 그의 모델은 하나의 이론적 기준점은 될지언정 현실정책상의 시사점은 약하다는 것이 일반적인 평가이다.

---

26 P. Krugman, "Regionalism versus Multilateralism: An Analytical Notes," in J. de Melo and A. Paragariya eds., *New Dimension in Regional Integration* (Cambridge University Press, 1993) pp.60–64.

▌인명색인▐

▌사항색인▐

저자 소개

노 택 환 (盧 宅 煥) roth@ynu.ac.kr

현) 영남대학교 상경대학 명예교수
영남대학교 상경대학 국제통상학부 교수
　　　　총장비서실장, 신문사주간, 학생처장, 야강대학장, 사회과학연구소장, 경영대학원장
한국무역학회 · 국제통상학회 · 국제경제학회 이사
사단법인 영상아카데미학회 회장, 대경미래포럼 회장
Washington State University (USA) 경제학과 객원교수
Macquarie University (Sydney) 경영대학원 객원교수
대구시사 및 대구상의 100년사 편찬위원, 국가고시(관세직) 출제위원
국립 낙동강생물자원관 감사,

저서 : 무역학개론 (박영사, 1985) (공저)
　　　다국적기업의 해외직접투자이론 (학문사, 1990)
　　　기업의 합병 매수론 (영남대 출판부, 1994) (공저)
　　　국제통상의 이해 (박영사, 2004) (공저)
　　　국제통상정책론 (박영사, 2008)
　　　경제 · 경영 · 정보시스템의 이해 (페가수스, 2008) (공저)
　　　다국적기업 경제학 (율곡출판사, 2012)
　　　다국적기업의 경제적 영향과 정책 (영남대 출판부, 2012)
　　　국제경제관계의 정치경제론 (영남대 출판부, 2014)
　　　신 국제통상의 이해 (박영사, 2015) (공저)
　　　통상정책론 (박영사, 2017)

통상정책론

초판발행   2017년 1월 10일
중판발행   2019년 2월 10일

지은이   노택환
펴낸이   안종만

편 집   김효선
기획/마케팅   장규식
표지디자인   권효진
제 작   우인도 · 고철민

펴낸곳   (주)**박영사**
             서울특별시 종로구 새문안로3길 36, 1601
             등록 1959. 3. 11. 제300-1959-1호(倫)

전 화   02)733-6771
f a x   02)736-4818
e-mail   pys@pybook.co.kr
homepage   www.pybook.co.kr
ISBN   979-11-303-0372-7   93320

정 가   29,000원